Spielintelligenz im Fußball

Fußball, der im Kopf beginnt und mit den Füßen endet.

Fútbol a la medida del niño

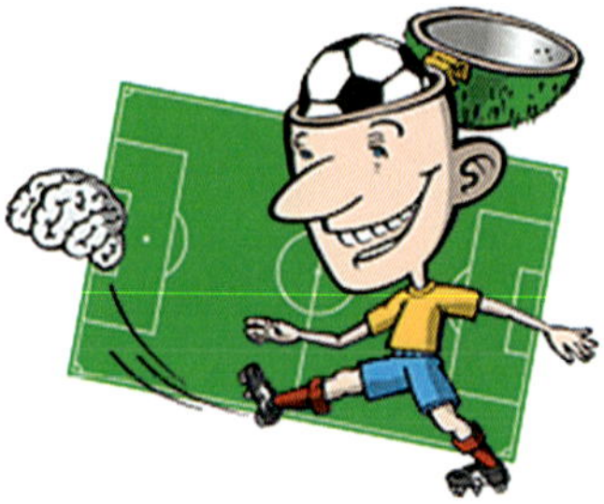

Aus Gründen der besseren Lesbarkeit haben wir uns entschlossen, durchgängig die männliche (neutrale) Anredeform zu nutzen, die selbstverständlich die weibliche mit einschließt.

HORST WEIN

Spielintelligenz im Fußball

kindgemäß trainieren

Meyer & Meyer Verlag

Spielintelligenz im Fußball – kindgemäß trainieren

Bibliografische Information der Deutschen Nationalbibliothek
Die Deutsche Nationalbibliothek verzeichnet diese Publikation in der Deutschen Nationalbibliografie; detaillierte bibliografische Details sind im Internet über <http://dnb.d-nb.de> abrufbar.

4., überarbeitete und ergänzte Auflage 2016
6. Auflage 2022
Auckland, Beirut, Dubai, Hägendorf, Hongkong, Indianapolis, Kairo, Kapstadt, Manila, Maidenhead, Neu-Delhi, Singapur, Sydney, Teheran, Wien

Member of the World Sport Publishers' Association (WSPA)
Gesamtherstellung: Print Consult GmbH, München

MIX
Paper from responsible sources
FSC® C084279

ISBN 978-3-89899-946-5
www.dersportverlag.de
E-Mail: verlag@m-m-sports.com

INHALT

Vorwort von Bernhard Peters 9
Vorwort des Autors 10

A EINFÜHRUNG 12

1 Das Fußballentwicklungsmodell mit seinen 5 Stufen 13
2 Warum ein Entwicklungsmodell? 19
3 Eine neue Periodisierung der Wettkampfstruktur im Kinder- und Jugendfußball – wichtiger Baustein einer optimalen Leistungsentwicklung 21
4 Die Notwendigkeit einer perfekten Anpassung des Wettspiels an die Fertig- und Fähigkeiten der Kinder und Jugendlichen 24
5 Training und Wettspiel bilden eine Einheit 27
6 Das Training findet im Spiel statt 29
7 Die Entwicklung der Spielintelligenz im Kinder- und Jugendfußball 30
8 Was ist Spielintelligenz? 33
9 Wie manifestiert sich Spielintelligenz im Spiel? 35
10 Was ein Jugendtrainer wissen sollte, bevor er die Spielintelligenz seiner Schüler stimuliert 38
11 Neue Tendenzen im Fußballcoaching 41
12 Der Lern-und Lehrprozess zur Entwicklung der Spielintelligenz in 4 Phasen 45
13 Besseres Spielniveau durch ein optimales Coaching des Spielintelligenz-Prozesses 54

B Die erste Fußballentwicklungsstufe: SPIELE FÜR GRUNDLEGENDE FERTIGKEITEN UND FÄHIGKEITEN 65
I Organisatorische und psychopädagogische Aspekte, die vor der Anwendung der „Spiele für grundlegende Fertigkeiten und Fähigkeiten“ zu beachten sind 66
1 Der Sportkindergarten
Lehr- und Lernziele im Sportkindergarten mit Fünf-, Sechs- und Siebenjährigen 66
2 Die Fußballschule 69
3 Vitale Bedürfnisse junger Fußballspieler 73
4 Charakteristische Eigenschaften der Kinder zwischen 7 und 10 Jahren und wie sich der Ausbilder daran orientieren sollte 76
5 20 Eigenschaften, die der Jugendtrainer haben sollte, um von seinen Spielern akzeptiert zu werden 78
6 Die Wettkampfphilosophie im Kinder- und Jugendfußball 80
7 Was ist für die Ausbildung junger Fußballspieler wichtiger, zu siegen oder sich optimal auf die Zukunft vorzubereiten? 81
8 Wettspielmenüs für Kinder und Jugendliche 86
9 Warum sollten Wettspiele 11:11 im Ligaformat erst ab 14 Jahren ausgetragen werden? 88
10 Die Wahl der Spielfeldausmaße 90

11 Zur Benutzung der breiten Tore ... 91
12 Das Gewicht und der Umfang des Balls – 25 Gründe, die für einen Ball Nr. 4 für die 7-13-Jährigen sprechen ... 92
13 Das Spiel mit dem schwächeren Fuß ... 94
14 Vorbereitung einer Trainingseinheit mit Anfängern ... 95

II SPIELE FÜR GRUNDLEGENDE FERTIGKEITEN UND FÄHIGKEITEN ... 97
1 Spiele zur Ballführung ohne und mit Gegner ... 98
2 Spiele zum Passen, zur Ballan- und -mitnahme und zum Torschuss ... 117
3 Spiele zur Abwehr ... 132
4 Spiele im Labyrinth ... 140
5 Fußballdekathlon ... 143
5.1 Warum ein Fußballdekathlon? ... 146
5.2 Verschiedene Möglichkeiten der Organisation eines Dekathlons ... 146
5.3 Hinweise zur Einführung eines Dekathlontests im Kindertraining ... 147
6 Fußballtriathlon 2:2 ... 148
7 Die Bedeutung von Mehrzweckspielen ... 150

C Die zweite Fußballentwicklungstufe: SPIELE FÜR FUNiño ... 152
I FUNiño kindgemäß trainieren ... 153
1 Die vereinfachten Spiele – der wichtigste Baustein des Kinder- und Jugendfußballs ... 153
2 Was sind vereinfachte Spiele? ... 154
3 Für das Spiel trainieren ... 154
4 10 Gründe für das Lernen und Lehren mit vereinfachten Spielen ... 155
5 Schlussfolgerung ... 157
6 Die Korrekturspiele oder -übungen – integraler Bestandteil der vereinfachten Spiele 158
7 Warum und wozu Korrekturübungen und -spiele? ... 158

II Programm von 10 vereinfachten Spielen für Zweiermannschaften ... 160
1 Voraussetzungen, um mit vereinfachten Spielen zu lehren und zu lernen ... 190
2 Unterrichtsmodell für einen Wettkampf in einem vereinfachten Spiel ... 191
3 Dem Training den Reiz des Spiels verleihen ... 192
4 Fußballtriathlon 3:3 ... 194
5 Fußballpentathlon 3:3 ... 196
6 Die 10 Gebote des Fußballtrainings mit Kindern ... 197
7 Zergliederungs- oder Ganzheitsmethode? ... 198
8 FUNiñoregeln ... 200
9 Warum FUNiño? ... 203

III Vorbereitende Spiele für FUNiño zum Erlernen und Lehren technischer und intellektueller Fähigkeiten ... 206
1 Über die Notwendigkeit, Fragen zu stellen ... 217
2 Test der Spielfähigkeit im FUNiño ... 219
3 Der FUNiñopentathlon ... 221

IV Entwicklung der Spielintelligenz mit den Varianten von FUNiño ... 225
1 Vorschlag für eine Saisonplanung mit FUNiñowettkämpfen ... 238

V Vom FUNiño zum Fußball 7:7 ... 242
1 Warum FUNiño 3:3 mit vier Toren und nicht 4:4 mit zwei Toren? ... 246
2 Die Rechte der Kinder beim Fußballspielen ... 248

D Die dritte Fußballentwicklungstufe:
SPIELE FÜR FUSSBALL 5 UND FUSSBALL 7 ... 249
I Fußball 5 und Fußball 7 kindgemäß trainieren und verstehen lernen ... 249
1 Regeln für Fußball 5 (Futsal) ... 250
2 Regeln für Fußball 7 ... 252
3 Warum Fußball 7 und nicht Fußball 11? ... 253

II Vereinfachte Spiele für Dreiermannschaften ... 257

III Die Ausbildung des jungen Torhüters ... 287
1 Das Profil eines Torhüters ... 289
1.1 Schnelligkeit ... 289
1.2 Wahrnehmung und Entscheidungsfindung ... 290
1.3 Mut ... 291
1.4 Psychisch-physische Qualitäten eines erfolgreichen Torhüters ... 292
2 Einige wichtige Tipps für Torhüter ... 293
3 Das Torhüterentwicklungsmodell ... 294
3.1 Die Bereitschaftsstellung ... 295
3.2 Das Stellungsspiel ... 295
3.3 Übungen zum Einnehmen einer optimalen Bereitschaftsstellung und für das Stellungsspiel ... 296
3.4 Übungen zur Verbesserung der Reaktionsschnelligkeit ... 299
4 Das Abfangen oder Blockieren von flachen, halbhohen und hohen Bällen und das Ablenken des Balls ... 302
4.1 Übungen zur Verbesserung der Torwartabwehr durch die Aufnahme von flachen, halbhohen und hohen Bällen und durch das Ablenken des Balls ... 303
5 Das Spiel des Torwarts außerhalb des Tors ... 305
5.1 Hohe Ballannahme und Fausten ... 305
5.2 Übungen zur Verbesserung der optisch-motorischen Berechnung der Flugbahn des Balls ... 307
5.3 Übungen zum Erlernen der hohen Ballannahme ... 310
5.4 Zum Zweikampfverhalten des Torwarts außerhalb seines Tors ... 311
5.4.1 Übungen zur Verbesserung des Zweikampfverhaltens ... 312
5.5 Die häufigsten Fehler des Torwarts beim Spiel außerhalb des Tors ... 315
6 Das offensive Spiel des Torhüters ... 316
6.1 Übungen zur Verbesserung des offensiven Spiels des Torhüters ... 318
7 Der Torhüterzehnkampf ... 321

IV Der Fussball-Triathlon 4:4 329

V Heptathlon – Test zur Optimierung technischer Fertigkeiten für 10- bis12-jährige Fußballspieler 330

VI FORMIño 5:5 – Programm von 14 Spielen auf 4 Tore für Zehnjährige 335
1 FORMiño mit offiziellen Regeln 335
2 FORMiño Überdribbeln der gegnerischen Endlinie 337
3 FORMiño mit durchdribbeln von 2 breiten Toren 338
4 FORMiño mit Handicap 339
5 FORMiño auf diagonal gegenüberstehende Tore 339
6 FORMiño auf umgekehrte Tore auf den 6-m-Linien 341
7 FORMiño im längsgeteilten Feld 342
8 FORMiño Ballhalten in der 5:3 – Situation mit abwägen von Risiken 343
9 FORMiño Ballhalten in der 5 gegen 4-Situation 344
10 FORMiño mit TORSCHUSS in eines der 6 Tore 345
11 FORMiño mit 2 Bällen gleichzeitig 346
12 FORMiño mit kontern nach jedem Gegentor 347
13 FORMiño schnelles Umschalten 348
14 FORMiño Risiko kalkulieren 349

E Die vierte Fußballentwicklungstufe: Vereinfachte Spiele für Fussball 8 350
I Fußball 8 kindgemäß trainieren 350
1 Regeln für Fußball 8 351
2 Warum Fußball 8 und nicht Fußball 11? 353

II Programm von 12 vereinfachten Spielen für Vierermannschaften 355

III Test der Spielfähigkeit für 12 und 13 Jahre alte Spieler 384

IV Notwendige Voraussetzungen für die Entwicklung kreativer Fußballspieler 386

V Unterschiede zwischen einer modernen und der traditionellen Lehrweise des Fußballs 392
1 Wie das Talent eines Spielers bis zu seinem 13. Lebensjahr unterstützt und stimuliert werden sollte 397
2 10 Regeln für eine ständige Verbesserung 401
3 100 Vorteile beim Arbeiten mit dem altersgerechten Fußballentwicklungsmodell 402

ANHANG 416
1 Literaturverzeichnis 416
2 Der Autor: Horst Wein 418
3 Bildnachweis 420

VORWORT

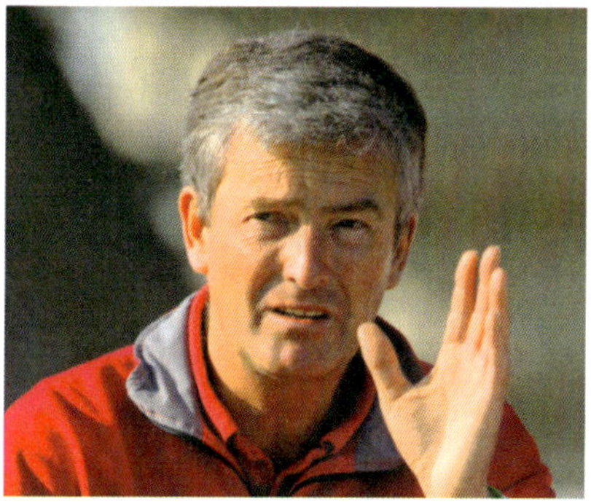

„Wir brauchen intelligente und kreative Spieler!" Eine Forderung, die man von Trainern dauernd hört. Nicht unbegründet, denn Kreativität und Spielwitz sind entscheidende Kriterien eines erfolgreichen Spiels. Doch wie können wir die dazugehörigen Spieler ausbilden? Spieler, die zum richtigen Zeitpunkt das Richtige tun. Eben Spieler, die – um ein Spiel erfolgreich zu gestalten – in jeder Spielsituation die richtige Entscheidung treffen und einen passenden Lösungsweg finden. Hierfür bedarf es einer systematischen Entwicklung aller fußballerischen und intellektuellen Fähigkeiten vom Grundlagentraining (Kindesalter) bis zum Leistungstraining. Ein Aspekt, der in der Trainingsplanung leider immer noch viel zu sehr vernachlässigt wird.

Horst Wein beschäftigt sich seit vielen Jahren intensiv mit diesem Thema und beschreibt in seinem Buch auf beeindruckende und nachvollziehbare Art und Weise seine Lehr- und Lernmodelle zur optimalen Entwicklung der Spielintelligenz bei jungen Fußballspielern. Er zeigt Spiel- und Übungsformen auf, die Schritt für Schritt in methodisch sinnvoller Vorgehensweise das Potenzial von Kindern und Jugendlichen erwecken und stimulieren. Der Wechsel zwischen deduktiven und induktiven Trainervorgaben beinhaltet sowohl das freie, unangeleitete Spiel, in dem die Kinder – wie z. B. im Straßenfußball – selbst entdeckend Erfahrungen sammeln, als auch Übungsformen, bei denen ein Ablauf präzise vorgegeben ist. Horst Wein ist ein Meister darin, Kinder aktiv durch gezielte Fragestellungen zu selbstständigem Denken und Handeln in ihrem Fußballentwicklungsprozess aufzufordern.

Die kindgemäße Lehrweise von Horst Wein hat mich so überzeugt, dass wir diese Spiel- und Übungsformen fest in unser Ausbildungskonzept beim HSV Hamburg aufgenommen haben. Sie ist ein wichtiger Baustein in unserer ganzheitlichen Kinderausbildung. So spielen zum Beispiel unsere Kindermannschaften beim HSV Hamburg anstelle normaler 7:7-Spiele größtenteils FUNiño festivals im 3:3 auf vier Tore nach dem Modell von Horst Wein, umgesetzt und organisiert durch unseren Koordinator für diesen Bereich, Frank Fröhling.

Ich stimme Horst Wein voll und ganz zu: „Fußball beginnt im Kopf und nicht im Fuß!"

Meine Empfehlung: Jeder Kinder- und Jugendtrainer sollte sich mit den hervorragenden Gedanken von Horst Wein intensiv auseinandersetzen!

Bernhard Peters
Direktor für Sport- und Nachwuchsausbildung
HSV Hamburg

VORWORT des Autors

Kennen Sie die interessante Geschichte eines weltberühmten Konditors? Nein? Dann werde ich sie Ihnen erzählen, weil ich glaube, dass Sie dann mit Ihren jungen Fußballspielern ein sehr viel besseres Training durchführen werden.

Es war einmal ein Konditor, der nicht nur in seiner Heimatstadt, sondern auch weit darüber hinaus mit Abstand die beste Schokoladentorte herstellte, die man sich vorstellen kann. Mit den Jahren wurde er nicht nur bei seiner Kundschaft, sondern auch weit über die Landesgrenzen hinaus bekannt. Nebenbei wurde er auch sehr wohlhabend, weil immer mehr Menschen seine köstliche Torte probieren wollten.

Was glauben Sie? Sind auch Sie dazu imstande, eine ebenso köstliche Torte wie unser Konditormeister zu backen? Ja oder nein? Natürlich sind Sie dazu imstande! Dies setzt jedoch voraus, dass er Ihnen sein Erfolgsrezept verrät, dessen Herstellung ihn viele Jahre lang viel Schweiß, Mühe und Hunderte von Experimenten mit vielen Fehlern und wenigen Erfolgserlebnissen kostete.

Das Gleiche würde Ihnen passieren, wenn Sie anstatt einer köstlichen Torte optimale Resultate bei der Entwicklung Ihrer jungen Fußballspieler erzielen möchten, insofern Sie über kein vernünftiges Rezept dafür verfügen. Bevor Sie diese verantwortungsvolle und wichtige Aufgabe

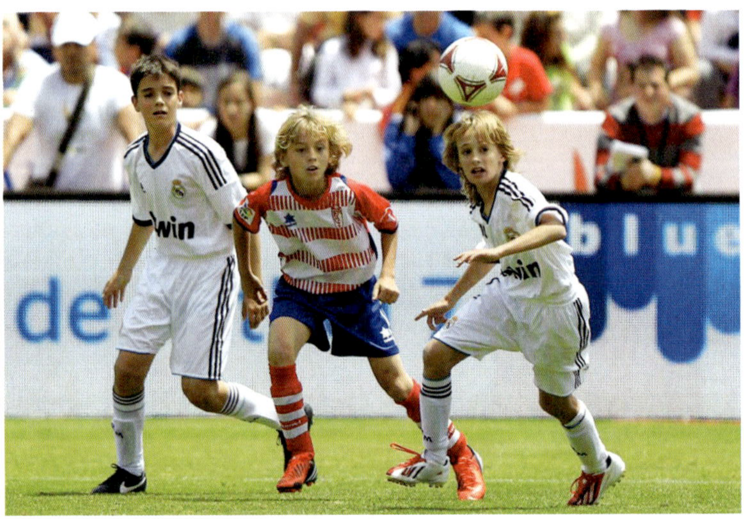

mit der Jugend übernehmen können, wäre es daher sinnvoll, einen speziellen Plan für das über Jahre dauernde Training zu haben, der Ihnen Auskunft darüber gibt, wie Sie in jeder Entwicklungsphase des jungen Fußballspielers vorgehen sollten, um die gewünschten Ergebnisse zu erzielen.

Welche Informationen gibt Ihnen denn ein Rezept? Es gibt Ihnen Auskünfte über alle Zutaten (Mehl, Eier, Zucker etc.), die Sie für Ihre Arbeit brauchen. Aber reichen diese Informationen aus, um eine köstliche Torte zu backen bzw. ein optimales Training im Fußball durchzuführen, das alle Kinder stimulieren kann? Natürlich nicht! Man muss darüber hinaus auch die Menge von jeder einzelnen Zutat kennen (Im Fußball würde das bedeuten: Welches technisch-taktische und konditionelle Anforderungsprofil muss ein junger Fußballspieler in seiner jeweiligen Altersklasse erfüllen?) und wissen, in welcher Reihenfolge sie anzuwenden sind, um zum Erfolg zu kommen.

Was würde passieren, wenn Sie am Anfang des Kuchenbackens bzw. des Anfängertrainings im Fußball die Handlungen ausführen würden, die der Konditormeister in seinem Rezept für den Schluss vorgesehen hat? Würde Ihre Schokoladentorte dann so appetitlich sein, wie die des berühmten Konditormeisters bzw. würde Ihr Training dann Ihre Kinder begeistern und ihr Lernen stimulieren? Ich habe meine Zweifel.

Sicherlich aber wird Ihre Arbeit sowohl als Konditor als auch als Fußballtrainer von Erfolg gekrönt sein, wenn Sie über ein gutes Rezept mit den richtigen Zutaten, den entsprechenden Mengen und einem genauen Ablauf der auszuführenden Handlungen verfügen und es dann mit Sorgfalt Punkt für Punkt anwenden.

Nun frage ich Sie noch einmal: Wäre es Ihnen möglich, eine so wohlschmeckende Schokoladentorte zu backen, wie es nur der weltberühmte Konditormeister konnte bzw. ein Fußballtraining mit Kindern zu leiten, in dem das vereinfachte Spiel der Meister ist (und nicht der Trainer). Er lässt die jungen Spieler Schritt für Schritt und ohne Eile durch eigenes Entdecken wichtige neue Erfahrungen sammeln, die dann im Langzeitgedächtnis gespeichert werden?

Im Falle einer bejahenden Antwort lade ich Sie dazu ein, die nächsten 366 Seiten zu lesen und die vorgeschlagenen Menüs von

„Spielintelligenz im Fußball kindgemäß trainieren"

mit Ihren jungen Spielern auszuprobieren.

A EINFÜHRUNG

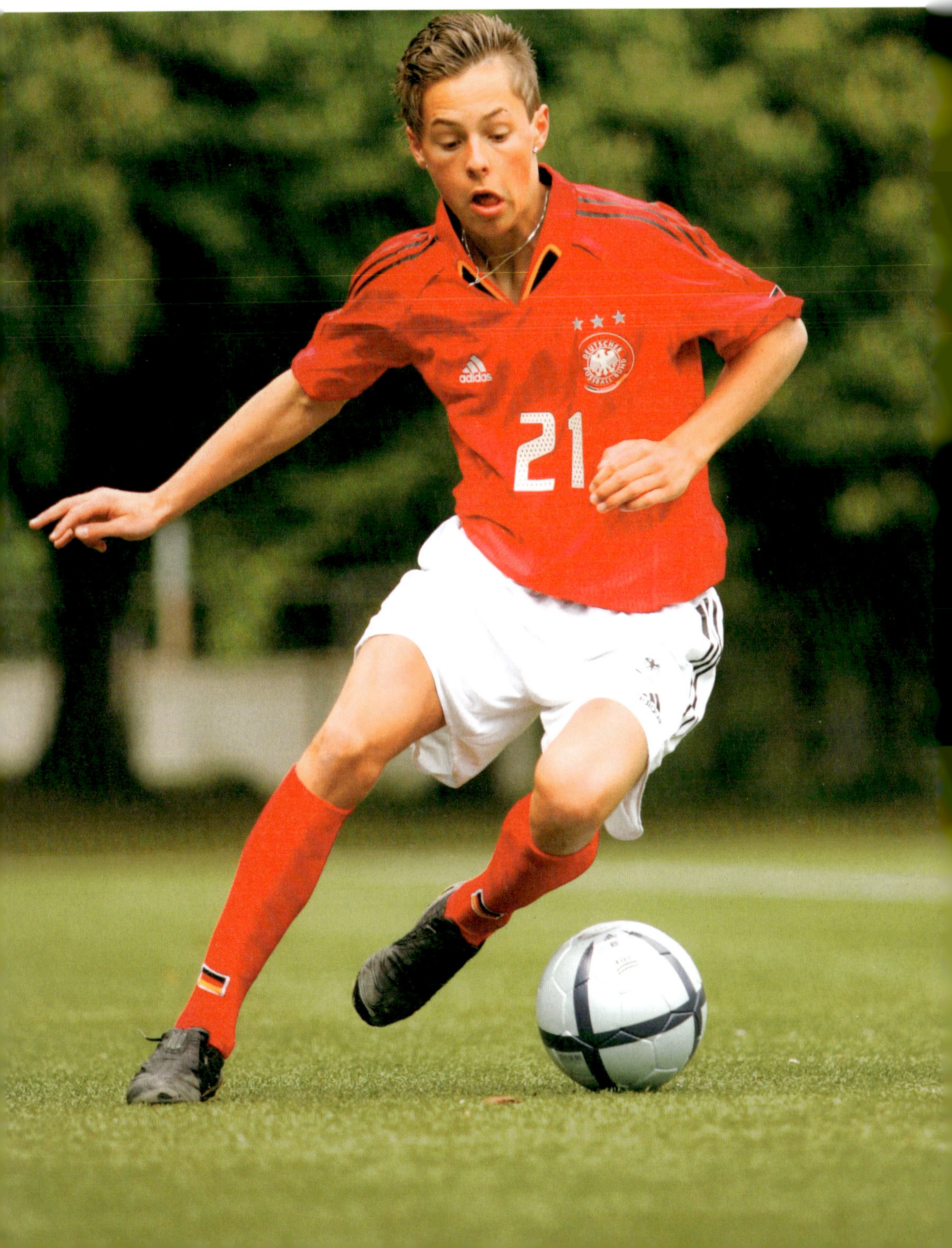

1 Das Fußballentwicklungsmodell mit seinen 5 Stufen

In der Natur hat alles seinen geregelten Ablauf. Eine Nacht geht allmählich und ohne jegliche Eile in einen neuen Tag über, so wie ein Nachmittag langsam zum Abend wird und sich dann in eine neue Nacht verwandelt. Eine Jahreszeit folgt der nächsten immer in einer seit Jahrhunderten vorprogrammierten Folge. Die Pflanzen entwickeln sich aus den Samen, so wie jeder Mensch – und auch der Fußballspieler – obligatorisch jede einzelne der vielen Entwicklungsphasen durchlaufen muss, bevor er erwachsen wird. Alles befindet sich in einer natürlichen Ordnung ohne jegliche Eile, weil die Natur keine abrupten Sprünge kennt.

Nur wir, Trainer, Eltern, Spieler oder Offizielle, sind ungeduldig und überstürzen oft die Ereignisse, weil sich unsere Gedanken häufig schneller bewegen als unser Leben. Unsere Hast, die natürlichen Prozesse in der Entwicklung unserer jungen Fußballspieler zu beschleunigen oder gar nicht zu beachten, führt in vielen Fällen zu enttäuschenden Leistungen vieler unserer Berufsfußballer, die in ihrer Jugend noch als große Talente galten.

Ein Fußballtraining traditioneller Prägung, welches sich den Gesetzen der Natur und ihren Normen nicht anpasst und ihre charakteristischen psychophysischen Besonderheiten nicht berücksichtigt, ist leider im Fußball und insbesondere im Jugendfußball noch weit verbreitet, da, in Ermangelung entsprechender Kenntnisse, weiterhin nach konventionellen Methoden trainiert wird. Jede Veränderung führt zunächst zu einer gewissen Ermüdung und Unbequemlichkeit, bis man sich auf den Wechsel und die neuen Anforderungen eingestellt hat. Zum Schluss können dann nach einer gewissen Zeit die Früchte geerntet werden, die man vorher gesät hat.

Der Lehrweise des Fußballspiels sollte heute wegen ihrer unzweifelhaften Bedeutung, die sie für die Zukunft junger Fußballspieler besitzt, mehr Aufmerksamkeit geschenkt und diese sollte so präzise definiert werden, dass sich jeder Jugendtrainer daran orientieren kann, um dann effektiver und attraktiver lehren zu können.

Die improvisierten Lehr- und Lernmodelle, mit denen in den meisten Klubs in den letzten Jahrzehnten experimentiert wurde, sollten wegen ihrer geringen Effektivität durch ein programmiertes Lehren und Lernen (siehe das Programm von „Fußball kindgemäß trainieren") abgelöst werden, das bereits in einigen Ländern zu optimalen Ergebnissen beim Lernen des Fußballspielens mit den jüngeren Altersstufen führte.

Um die Lernerfolge in allen Vereinen im Kinder- und Jugendfußball zu optimieren, ist es notwendig, eine Methodik und Didaktik einzuführen, an der sich alle Kinder- und Jugendtrainer orientieren können. Nur so kann erreicht werden, dass alle Kinder und Jugendlichen, unabhängig davon, in welchem Land oder Klub sie aufwachsen, die gleichen Entwicklungsmöglichkeiten haben. Als Folge würde natürlich die Zahl der Talente durch die Verbesserung der Lehrmethoden deutlich ansteigen.

„Von einem gelungenen Anfang an entwickelt sich alles zwangsläufig!"

D. Millmann

Immer noch wird gefordert, dass die besten Fußballlehrer für den Kinder- und Jugendfußball zur Verfügung stehen sollten. Dies bleibt jedoch eine Utopie, weil Trainer im Kinder- und Jugendfußball generell sehr wenig verdienen und alle die, die über ausreichend Erfahrung und Kenntnisse verfügen, eher im Erwachsenenfußball tätig werden, weil hier die Gehälter deutlich höher sind.

Um dieses delikate Problem zu lösen und den Kinder- und Jugendfußballern keinen dauerhaften Schaden zuzufügen, sollten sich die Verantwortlichen in den Verbänden auf ein kindgemäßes Lehr- und Lernmodell für den Kinder- und Jugendfußball einigen, das den wenig erfahrenen Trainern genaue Hinweise darüber gibt, welche Trainingsinhalte und Wettkämpfe in jeder Altersstufe (z. B. für Achtjährige, 10-Jährige oder 12-Jährige) am effektivsten die Spielfähigkeit der Kinder stimulieren können. Die Folgen wären, ähnlich wie im Mathematikunterricht oder in anderen Schulfächern, weniger Irrtümer oder Fehler der Lehrer, die optimale Nutzung des Potenzials vieler junger Spieler und somit eine deutliche Anhebung des Spielniveaus von den F-Junioren aufwärts.

Für ein optimales kindgemäßes Lehr- und Lernmodell sprechen insbesondere **der Schwierigkeitsgrad und die Komplexität des Fußballspiels.** Oft müssen wir feststellen, dass sich selbst die besten Fußballspieler sehr häufig im Spiel irren und das mehrmals pro Minute. So ist es üblich, dass bei Jugendspielen und bei den Amateuren innerhalb von einer Minute (davon ist der Ball nur 40 Sekunden im Spiel) beide Mannschaften etwa 5 x den Ball verlieren.

Die traditionelle Lehrweise des Fußballs ist überholt

Das schwache Spielniveau, das in vielen Wettspielen durch die zu häufigen Fehler zum Ausdruck kommt, ist u. a. auf die Mängel in der tradionellen Lehrweise des Fußballs zurückzuführen, die das Potenzial der Spieler nicht optimal entwickeln konnte. Immer noch wissen die meisten Trainer nicht, wie ein Fußballspieler am besten lernt. Das wiederholte Einüben von technischen Fertigkeiten als Voraussetzung eines jeden Spiels dominiert noch immer in den meisten Klubs und Institutionen, in denen Fußball gelehrt wird. Die Trainer wollen häufig alles kontrollieren, anstatt ihren Schülern wiederholt Freiheiten zu geben, um ihrer Fantasie, Kreativität und Vorstellungskraft freien Raum zu geben. Stattdessen instruieren die Fußballlehrer, Ausbilder oder Trainer zu viel und denken für ihre Spieler. Diese sollten vielmehr mit altersgemäßen Problemen auf dem Spielfeld konfrontiert werden, die sie dann auch selbst zu lösen in der Lage sind.

Fußball für Kinder und Jugendliche sollte immer kind- und spielgemäß gestaltet sein

Fußball wird leider noch in den meisten Teilen der Welt für die Kinder auf die gleiche Art und Weise gelehrt wie für die Erwachsenen, ohne das Spiel in jeder Entwicklungsstufe des Spielers an seine körperlichen und geistigen Fähigkeiten anzupassen, so wie es das nachfolgende Modell vorschlägt. Mit einer attraktiven und effektiven Lehrweise des Fußballs, die ihre Inhalte und Methoden immer dem jungen Spieler anpasst, kann das Spielniveau erheblich angehoben werden.

Das hier beschriebene Fußballentwicklungsmodell wird in fünf Stufen unterteilt (siehe Modell), die sich dem natürlichen Wachsen des Kindes anpassen. Vier Entwicklungsstufen werden dem Spiel der Erwachsenen vorgeschaltet, bis in der fünften Entwicklungsstufe Fußball so gespielt wird, wie man es fast täglich im Fernsehen beobachten kann.

Das Fortschreiten von einer zur anderen Entwicklungsstufe geschieht durch die allmähliche Zunahme der Schwierigkeit und der Komplexität der Spielsituationen (jedes Mal gibt es mehr Spieler und weniger Spielraum), aber auch durch die Forderung, diese immer besser „lesen" und verstehen und die getroffenen Entscheidungen immer schneller ausführen zu können.

STUFE	INHALT	ALTER	SPIELKLASSE
1º	Spiele grundlegender Fertig- und Fähigkeiten	ab 7 Jahren	E-Junioren
2º	FUNiño-Spiele	ab 8 Jahren	E-Junioren
3º	Spiele für Fußball 5 und Fußball 7	ab 10 Jahren	D-Junioren
4º	Spiele für Fußball 8	ab 13 Jahren	C-Junioren
5º	Spiele für Fußball 11:11	ab 14 Jahren	B-Junioren

Jede der fünf Entwicklungsstufen beinhaltet eine Zusammenstellung von verschiedenen, aufeinander abgestimmten Lehrinhalten, mit denen die Intelligenz und die Spielfähigkeit der jungen Spieler schrittweise entwickelt wird und die dabei immer an bereits bekannte und schon beherrschte technische und taktische Fertigkeiten und Fähigkeiten der vorhergehenden Stufe anschließen. Auf jeder Stufe lernt der junge Spieler meist durch seine Fehler, die ihm durch die Einfachheit der Spielaufgaben fast immer selbst bewusst werden. Weil er die vom Trainer angebotenen Probleme im Spiel, die immer seinem physischen und psychischen Leistungsstand entsprechend angepasst wurden, häufig selbstständig lösen kann, anstatt sie vom Trainer gelöst zu bekommen, wird sein Lernen beschleunigt, gefestigt und in der Qualität verbessert.

Jugendtrainer, die dieses hier ausführlich beschriebene Lehr- und Lernprogramm einige Jahre lang mit ihren jungen Spielern anwenden, befinden sich plötzlich nach acht Jahren an ihrem Lehrziel, d. h. ihre Schüler dazu befähigt zu haben, das Fußballspiel zu beherrschen und es auch in seinen Einzelheiten zu verstehen.

Bevor die Kinder- und Jugendtrainer anhand des Fußballentwicklungsmodells ihre Schüler stimulieren, haben diese, laut Gallahue (1973), die folgenden vier wichtigen Phasen in ihrer motorischen Entwicklung durchlaufen:

Erste Phase der Reflexbewegungen
Bereits vor der Geburt bis ungefähr zum achten Lebensmonat.

Zweite Phase der rudimentären Bewegungen
Ab etwa dem ersten Lebensjahr bis zum Ende des zweiten Lebensjahres.

„Alle haben sich heute an Sofortlösungen in unserem Leben gewöhnt, wie z. B. bei der Zubereitung des Essens (Instantessen), der Aufnahme von Fotos mit der Digitalkamera, beim Kaffeetrinken und bei der sofortigen Übermittlung von Daten per E-Mail. Nun erwarten viele, dass sich auch beim Fußballspielen sofortige Erfolge einstellen."

Dritte Phase der grundlegenden Bewegungen
Vom zweiten Lebensjahr an bis ungefähr zum sechsten:
a. initiale Etappe zwischen dem zweiten und dritten Lebensjahr,
b. ilementare Etappe bis zum fünften Lebensjahr und
c. Reifungsetappe bis etwa zum sechsten Lebensjahr.

Vierte Phase der spezifischen oder sportlichen Bewegungen
Vom sechsten und siebten Lebensjahr an werden die verschiedenen grundlegenden Bewegungen miteinander kombiniert, wie z. B. das Laufen und während des Laufens einen Ball werfen oder mit dem Fuß spielen, einen Ball auf verschiedene Weise zupassen oder laufen, springen und einen Ball in der Luft mit dem Kopf spielen.

Es wird empfohlen, dass die Kinder in dieser Phase mit allgemeinen Übungen ihren Körper, aber auch die verschiedensten Bewegungsformen kennen lernen, bevor sie in einer fünften Phase eine sportspezifische Ausbildung bekommen.

In eine Fußballschule sollten die Kinder ab dem siebten Lebensjahr nur nach ausreichender vorhergehenden Erfahrungssammlung im allgemeinen motorischen Bereich eintreten, um dann mit dem Programm der ersten Entwicklungsstufe, „Spiele für grundlegende Fertigkeiten und Fähigkeiten", stimuliert zu werden. Von diesem Zeitpunkt an durchläuft dann der junge Spieler das im Entwicklungsmodell konzipierte Programm.

„Alle Trainer haben das gleiche Ziel, aber sie wählen alle verschiedene Wege, um es zu erreichen."

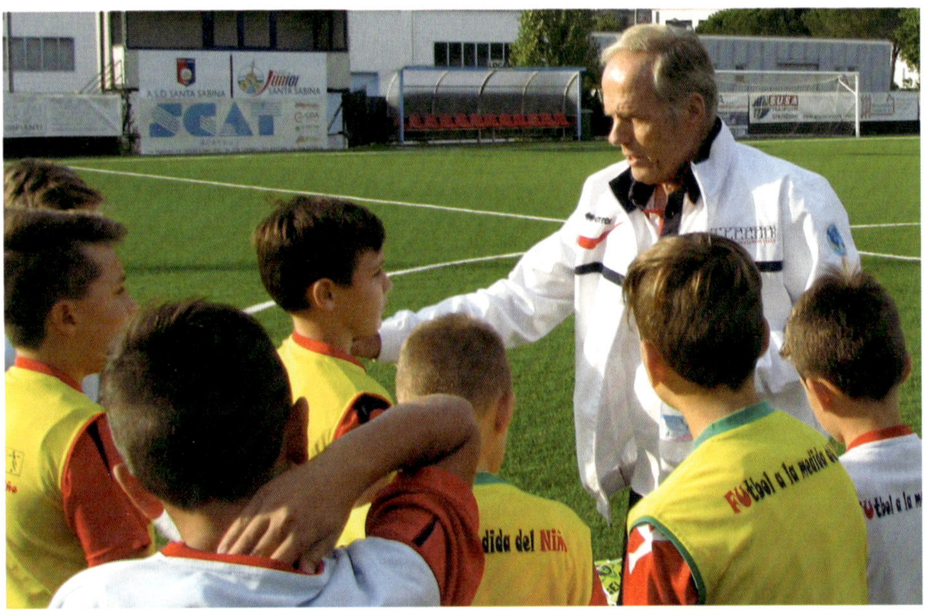

Die Periodisierung der Ausbildung junger Fußballspieler

Ein optimales Lehr- und Lernmodell zum Erwecken und Entwickeln des Potenzials junger Fußballspieler

Erste Fußballentwicklungsstufe
(normalerweise für Mädchen und Jungen ab 7 Jahren)

SPIELE FÜR GRUNDLEGENDE FERTIG- UND FÄHIGKEITEN
Spiele für grundlegende Fertig- und Fähigkeiten

- Ballschule
- Ballführung ohne und mit Gegner
- Spiele zum Passen, zur Ballannahme und zum Torschuss
- Spiele im Labyrinth
- Spiele für individuelle Abwehr
- Mehrzweckspiele
- Triathlon 2:2

Dekathlon

Zweite Fußballentwicklungsstufe
(normalerweise für Mädchen und Jungen ab 8 Jahren)

SPIELE FÜR FUNIÑO
Spiele für FUNIÑO

- Spiele für grundlegende Fertig- und Fähigkeiten
- Test der Spielfähigkeit im FUNIÑO
- Vorbereitende und Korrekturspiele für FUNIÑO
- Vereinfachte Spiele 2:2 mit Korrekturspielen
- Triathlon 3:3

FUNIÑOpentathlon

FUNIÑO 3:3

Dritte Fußballentwicklungsstufe
(normalerweise für Mädchen und Jungen ab 10 Jahren)

SPIELE FÜR FUSSBALL 5:5 UND 7:7
Spiele für Fußball 5:5 und 7:7

- Spiele für FUNIÑO
- Schulung der jungen Torhüters u. a. mit Dekathlon
- Vereinfachte Spiele 3:3 mit Korrekturspielen
- Spiele für grundlegende Fertig- und Fähigkeiten
- Hallenfußball 5:5 (Futsal)
- Spiele für FORMIÑO
- Triathlon 4:4

Fußball 5:5 und 7:7

Vierte Fußballentwicklungsstufe
(normalerweise für Mädchen und Jungen ab 13 Jahren)

- Spiele für Fußball 7:7
- Test der Spielfähigkeit für Fußball 8:8
- Programme für das Spielverständnis in Angriffsaktionen (Schnellangriff – Positionsangriff – Direktspiel – Ballannahme – Torschuss mit Nachsetzen – Ballhalten – Steilpässe usw.)
- Vereinfachte Spiele 4:4/5:5 mit Korrekturspielen
- Programme für das Spielverständnis in Abwehraktionen (Annäherung an einen Stürmer im Ballbesitz – Aushelfen – Antizipation – Pressing usw.)
- Triathlon 6:6

Fußball 8:8 zwischen beiden Strafräumen des normalen Feldes

Fünfte Fußballentwicklungsstufe
(normalerweise für Spieler ab 14 Jahren)

- Spiele für Fußball 8:8
- Mannschafts- und Gruppentraining zur Verbesserung des Angriffs- und Abwehrverhaltens
- Individuelles Training je nach Schwächen und Position des Spielers
- Training von Standardsituationen in Angriff und Abwehr

11:11

„Die Ausbildung junger Fußballspieler kann man mit einer Reise vergleichen. Bevor sie beginnt, sollte zunächst eine Karte oder ein Programm konsultiert werden, um zu wissen, wohin es geht, damit man sich nicht verläuft und auch nicht unnötig Zeit und Energie verliert."

2 Warum ein Entwicklungsmodell?

Um mit diesem Entwicklungsmodell arbeiten zu können, sind für den Trainer spezifische Vorkenntnisse und Erfahrungen in der Sportart Fußball zwar wünschenswert, jedoch nicht zwingend erforderlich. Seine Begeisterung für die Kinder und den Fußball sowie der Wille, das Training mithilfe des Entwicklungsmodells so effektiv und attraktiv wie möglich zu gestalten, ist viel wichtiger.

Wenn der Trainer einmal die angebotenen „Rezepte" studiert und verstanden hat, so kennt er nicht nur die Lehr- und Lerninhalte in jeder der Entwicklungsstufen (unter acht, unter 10, unter 12, unter 14 und unter 16 Jahren), sondern auch die Lehrmethoden, die er anwenden muss, um die Ziele in jeder der Altersstufen zu erreichen.

Dank des Fußballentwicklungsmodells kennen darüber hinaus auch die jungen Spieler die verschiedenen Haupt- und Nebenziele jeder Saison. So wissen sie zu jedem Zeitpunkt, was ihnen noch fehlt, um diese zu erreichen. Diese Kenntnisse motivieren sie, alle ihre Kräfte zu mobilisieren, um die vorgegebenen Lernziele zu erfüllen. Aber auch für den Trainer ist es leicht, am Schluss der Saison festzustellen, ob alle seine Lehrziele mit seinen Schülern erreicht wurden oder nicht.

Das Fußballentwicklungsmodell ist in jeder seiner Entwicklungsstufen hierarchisch aufgebaut, denn jedes globale Ziel, das in einer Entwicklungsstufe erreicht werden soll (z. B. die „Spiele für Minifußball"), hat mehrere partielle und spezifische Ziele, wie z. B. das vereinfachte Spiel „2:2 auf vier Tore über Kreuz" auf einer noch elementareren Stufe verschiedene Korrekturspiele, deren Anwendung erst die korrekte technisch-taktische Ausführung des oben genannten vereinfachten Spiels möglich macht.

Bei der Festlegung der globalen und partiellen Lehr- und Lernziele wurde immer der psychisch-motorische Entwicklungsstand der Spieler in jeder der fünf Entwicklungsstufen berücksichtigt, wobei davon ausgegangen wurde, dass bestimmte Ziele erst bei einem bestimmten Reifungsgrad der jungen Spieler erreicht werden können und nicht früher.

Anstatt den jungen Spielern zu schwierige und zu komplexe Übungen oder vereinfachte Spiele anzubieten, was leider noch häufig im Training, aber besonders in der problematischen Wettkampfstruktur geschieht, wurden Übungen und Spiele mit Problemen programmiert, welche die Spieler ohne viele Schwierigkeiten lösen können. Diese Übungen und vereinfachten Spiele wurden immer ihren Fähigkeiten, Interessen und Erwartungen angepasst. Das heißt, dass sich nicht der Spieler dem Fußball anpassen muss, sondern dass die Inhalte und Methoden des Fußballs sich der jeweiligen Altersstufe des Kindes anpassen! Dadurch, dass diese Übungen und Spiele den Situationen gleichen, die das Kind am Wochenende im Wettspiel antrifft, kommt es für die jungen Spieler zu einem unproblematischen Transfer zwischen dem, was der Wettkampf verlangt und dem, was im Training geübt wird.

Das Fortschreiten von einer zur anderen Entwicklungsstufe oder von einem Lehrziel zum nächsten wird durch eine allmähliche Zunahme der Schwierigkeit und Komplexität der

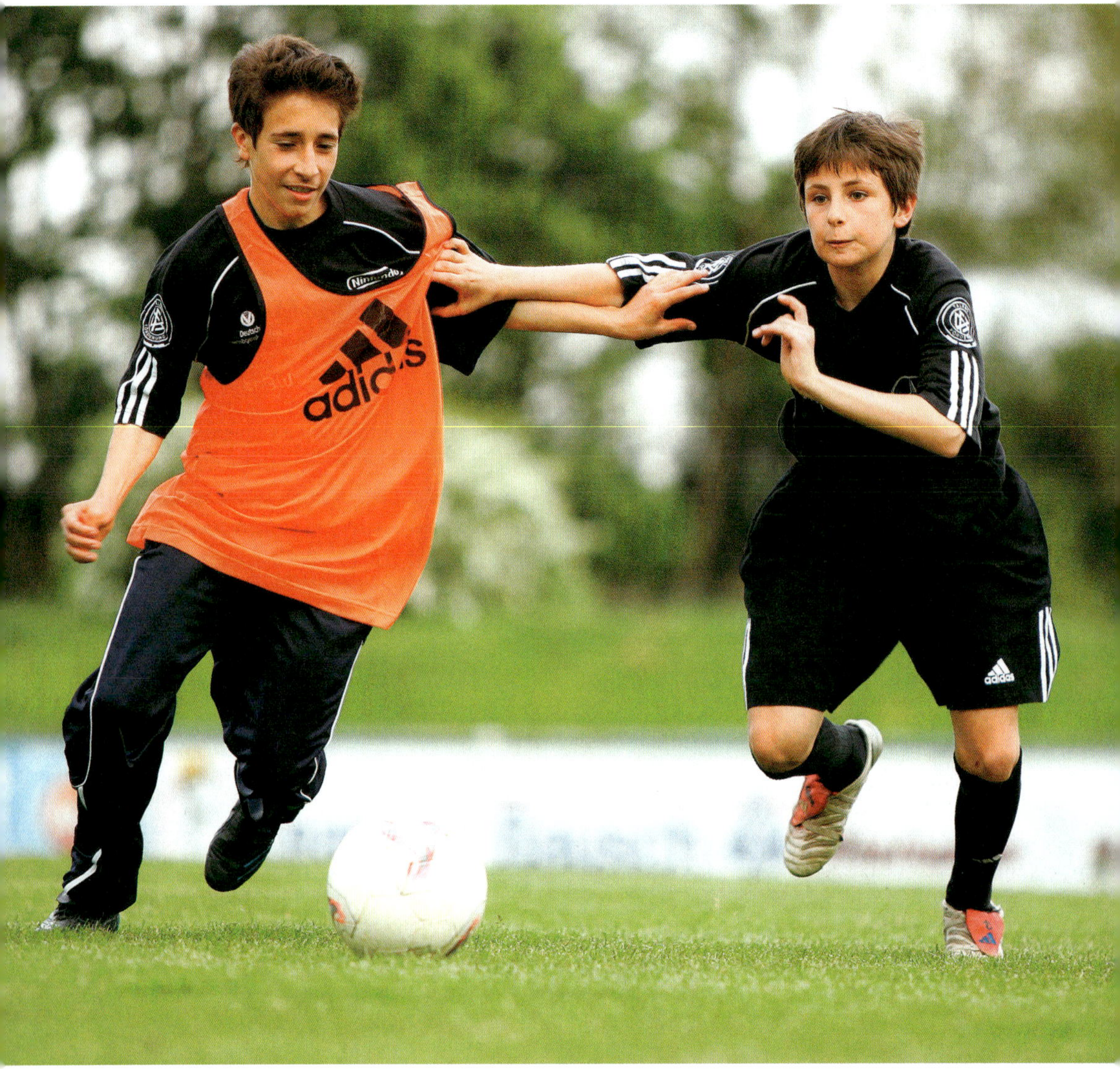

vereinfachten Spiele oder der Übungen erreicht, wobei der Drei-Phasen-Prozess (Vier-Phasen-Prozess) der **Wahrnehmung, (des Verstehens und der Analyse) der Entscheidungsfindung und auch der Ausführung der technisch-taktischen Spielaktion** durch die zunehmende Erfahrung der Spieler jedes Mal schneller ablaufen wird.

Das Endziel der Arbeit mit dem Fußballentwicklungsmodell besteht darin, nach Durchlauf aller Trainingsprogramme der fünf Entwicklungsstufen, intelligentere und komplettere Fußballspieler als bisher zur Verfügung zu haben, welche den hohen Ansprüchen des modernen Fußballs gewachsen sind.

3 Eine neue Periodisierung der Wettkampfstruktur im Kinder- und Jugendfußball – wichtiger Baustein einer optimalen Leistungsentwicklung

Wenn selbst die besten Spieler in wichtigen Spielen in ihren Aktionen auf dem Feld mehr als 30 % Fehler begehen, dann muss man zugeben, dass Fußball ein sehr komplizierter und schwierig zu erlernender Sport ist.

Und wenn uns die Statistiken von Jugendspielen zeigen, dass in einer Minute Spielzeit (d. h. in 40 Sekunden mit dem Ball im Spiel) der Ballbesitz zwischen den Mannschaften häufig bis zu 5 x wechselt, dann sollten wir uns fragen: Sind unsere Lehrmethoden vielleicht überholt? Sind die Trainer heute ungenügend ausgebildet? Oder müssen wir die jungen Spieler für diese hohe Prozentzahl von Fehlern verantwortlich machen?

Ohne Zweifel, die Verantwortlichen für die zu hohe Fehlerquote und das häufig schwache Niveau der Spiele im Kinder- und Jugendfußball sind jene, die unsere jungen Spieler mit dem Fußball 11:11 auf dem großen Feld völlig überfordern und ihnen auf dem Platz die gleichen Probleme zu lösen geben, mit denen auch die professionellen Fußballspieler konfrontiert werden, und dass, ohne vorher die jungen Spieler systematisch an die Komplexität und die Schwierigkeit des Erwachsenenspiels herangeführt zu haben.

Jedes Mal, wenn Kinder an eine neue Aufgabe, sowohl im motorischen als auch im mentalen Bereich, nicht langsam und progressiv herangeführt werden, haben sie Schwierigkeiten und scheitern häufig. Bedingt durch die im großen Spiel zu beobachtende Fehlerhäufigkeit, verlieren viele junge Spieler ihr Selbstvertrauen, das Interesse und auch die Motivation zum Weiterlernen. Sie fühlen sich unfähig, die komplizierten Probleme in den Griff zu bekommen und sie mit Erfolg zum Nutzen ihrer Mannschaft zu lösen, weil sie bei den häufigen Zusammenballungen von vielen Spielern rund um den Ball nicht genügend Zeit und Raum haben, um einen guten Spielzug auszuführen. Aus diesem Grunde lösen sie die komplexen Spielsituationen auf ihre Weise: mit einem weiten Befreiungsschlag des Balls aus der Gefahrenzone. Sie spielen Fußball mehr gegen als mit dem Ball!

Das Gefühl, die auftretenden Probleme auf dem großen Spielfeld nicht lösen zu können, bewegt viele junge Spieler zwischen 10 und 16 Jahren dazu, sich vom Fußballspiel abzuwenden und eine andere Sportart zu betreiben, in denen sie mehr Hauptdarsteller sein können und darüber hinaus die Gewissheit haben, kompetenter als im Fußball zu sein. Die Motivation eines Spielers ist es, nicht nur seine Umgebung zu beherrschen und sich fähig für etwas zu fühlen, sondern auch seinen Freunden gegenüber seine Fertigkeiten und Fähigkeiten im Sport beweisen zu können.

Aus diesem Grunde ist es wichtig, die Jugend mit einem Fußballspiel zu konfrontieren, das sich ihren körperlichen und geistigen Fähigkeiten in jeder Altersstufe perfekt anpasst. **Denn nur, wenn sich die Anforderungen des Spiels mit den geistigen und körperlichen Fähigkeiten des Kindes decken, wird der junge Spieler effektiv und mit Spaß das Fußballspiel erlernen.**

FUNiño auf vier Tore und seine vielen Varianten ist für die Acht- und Neunjährigen ein maßgeschneiderter Wettkampf, der alle ihre Wünsche und Erwartungen erfüllt, genauso wie es Fußball 5:5 für die 10-Jährigen, das Fußballspiel 7:7 quer über das normale Spielfeld für die 11- und 12-Jährigen ist. In beiden Wettspielformen hat der junge Spieler, bedingt durch die geringere Spielerzahl, das kleinere Spielfeld und den Ball Nr. 4, mehr Erfolgserlebnisse und Glücksgefühle, als das beim großen Spiel auf dem großen Platz der Fall ist. Die Spieler identifizieren sich mit diesen Spielen, weil sie das Gefühl haben, fähig zu sein und das Spiel zu verstehen und zu beherrschen.

In der gleichen Weise, wie ein junger Spieler geistig und körperlich wächst, sollte auch der Schwierigkeitsgrad und die Komplexität seines Fußballspiels zunehmen. In diesem natürlichen Prozess darf es keine Eile geben, genauso wie auch das Wachstum der Jugend langsam, aber ständig und ohne jegliche Hast fortschreitet. In einer gut geplanten Fußballausbildung wächst der junge Spieler zusammen und gleichzeitig mit der Komplexität seines Fußballspiels.

Das größte Hindernis für den Fortschritt beim Fußballspiel ist die Gewohnheit, immer das Gleiche zu tun. Ohne viel zu überlegen und kritisch zu sein, werden aus Bequemlichkeit häufig alte, längst ausgediente Angewohnheiten, Regeln und Normen übernommen, obwohl sie bereits seit Jahren als überholt gelten. Das gilt sowohl für das Training als auch für die Struktur der Fußballwettspiele im Kinder- und im Jugendfußball.

Das Bewusstsein, in der Vergangenheit Fehler in der Ausbildung unserer jungen Fußballspieler begangen zu haben und aus diesen zu lernen, ist wichtig für die weitere Entwicklung unseres Fußballspiels.

PERIODISIERUNG EINER OPTIMALEN WETTKAMPFSTRUKTUR IM DEUTSCHEN KINDER- UND JUGENDFUSSBALL

Altersklasse	Spielformen	Rotation	Ball	Spielfeld	m²/ Spieler	Dauer	Schiedsrichter
8/9 Jahre	FUNiño 3v3	1	Nr. 3 (4)	25 x 35 m	125 m²	3 x 10 min	16 Jahre
10 Jahre	FORMiño + Fußball 5	1 oder 2	Nr. 4	20 x 40 m	80 m²	3 x 15 min	18 Jahre
11/12 Jahre	Fußball 7	3	Nr. 4	60 x 40 m	170 m²	3 x 20 min	18 Jahre
13 Jahre	Fußball 8	4	Nr. 4	zwischen Strafräumen	262 m²	3 x 25 min	20 Jahre
ab 14 Jahre	Fußball 11	5	Nr. 5	60 x 100 m	272 m²	3 x 35 min	21 Jahre

„Wenn man das tut, was man immer getan hat, wird man nie Fortschritte erreichen. Anstatt zu versuchen, das Training zu optimieren, sollte zuerst einmal die aktuelle Wettkampfstruktur in Frage gestellt werden, denn sie beeinflusst ganz erheblich die Art und Weise, wie trainiert wird."

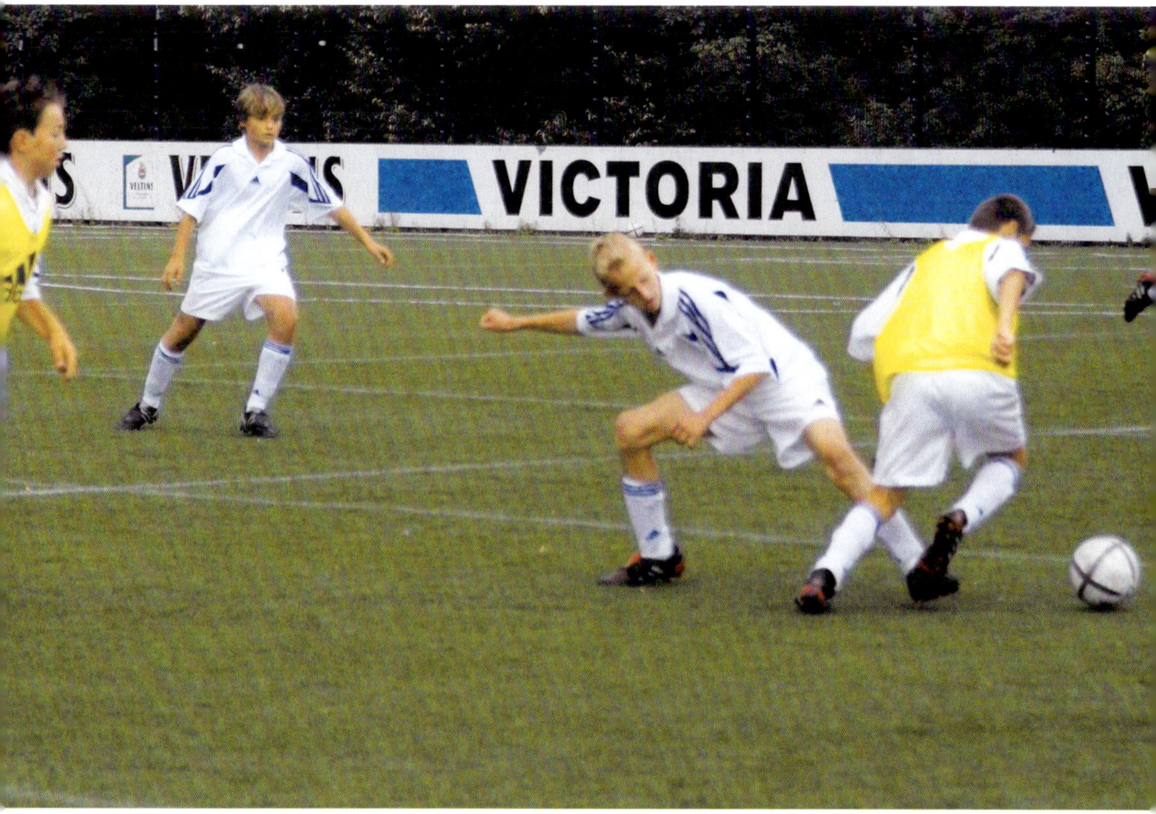

Im vorliegenden Wettkampfmodell wird in jeder Altersklasse von den F-Junioren bis zu den D-Junioren immer im Sinne des Spiels geübt und alle Kinder und Jugendlichen wachsen mit den Jahren von einer Aufgabe zur anderen über Rollen mit steigender Differenzierung spielend in das große Spiel mit einer Mannschaft von 11 Spielern hinein.

Wenn auf diese Art und Weise die junge Spieler auf das Fußballspiel vorbereitet werden, ist es ihnen in jeder Entwicklungsstufe möglich, die immer komplexer werdenden Wettkämpfe im Fußball Schritt für Schritt zu verstehen und auch zu meistern.

„Der erste Schlüssel zum Erfolg ist eine optimale Wettkampfstruktur im Fußball für Kinder unter 14 Jahren. Sie sollte ein Gleichgewicht herstellen zwischen den Anforderungen des Wettspiels und den aktuellen geistigen und körperlichen Fähigkeiten eines jungen Spielers in einer bestimmten Entwicklungsphase."

4 Die Notwendigkeit einer perfekten Anpassung des Wettspiels an die Fertig- und Fähigkeiten der Kinder und Jugendlichen

Seine Leistungen mit anderen zu messen, ist für jeden von uns so selbstverständlich, natürlich und vital, wie z. B. essen und schlafen. In Wettkampfsituationen zeigt sich der wahre Charakter des Spielers und es entwickeln sich in ihm Gewohnheiten, die auch das Verhältnis des Betreffenden zu seinen Mitmenschen beeinflussen.

Das Wettspiel ist für die jungen Fußballspieler und ihre optimale Entwicklung sehr wichtig, solange die Ausbildung der Spieler und nicht das Ergebnis im Vordergrund steht.

Damit im Wettspiel keine unerwünschten Verhaltensweisen bei den Kindern und Jugendlichen erzeugt werden – wie es heute überall durch eine verfrühte Konfrontation mit dem Erwachsenenspiel 11:11 auf dem großen Feld geschieht – ist es notwendig, die Struktur der Fußballwettkämpfe für die 8-14-Jährigen zu modifizieren, ohne dabei jedoch dem Fußball seine Essenz zu nehmen. **Es ist an der Zeit, dass die regionalen und nationalen Fußballverbände nicht nur das Gewicht und den Umfang des Balls, die Torgröße und die Spielfeldausmaße, sondern andere Regeln, wie z. B. die Anzahl der Spieler, die eine Mannschaft bilden, den körperlichen und den geistigen Fähigkeiten der jungen Spieler in den verschiedenen Altersstufen des Kinder- und Jugendfußballs perfekt anpassen.**

„Das Training und die Wettkämpfe der Kinder im Fußball sollten genauso sein wie ihre Schuhe – sie sollten perfekt passen, nicht zu groß und nicht zu klein (eng) sein, damit sich das Kind bequem darin bewegen kann und sich wohlfühlt."

Um aber die Spielregeln der Erwachsenen modifizieren bzw. vereinfachen zu können, müssen die charakteristischen Merkmale der jungen Spieler in jeder Entwicklungsphase sowie ihre Wünsche und Erwartungen in Betracht gezogen werden. Es ist deshalb nur logisch, dass das Wettspiel der Achtjährigen eine andere Struktur hat als das für die 12-Jährigen. **Der Fußball muss wie ein Anzug dem Jugendlichen alle zwei Jahre neu zugeschnitten werden, damit er für ihn auch „bequem" ist.** Niemand würde als Vater seinem 10-jährigen Sohn seinen Anzug anziehen oder seine Schuhe leihen. Aber im Fußball tun wir es.

Alle Maßnahmen zur Modifizierung oder Vereinfachung des Fußballspiels für die Spieler unter 14 Jahren hängen von den charakteristischen Verhaltensweisen der jungen Spieler in den verschiedenen Altersstufen und vom Niveau ihrer augenblicklichen körperlichen und geistigen Fertigkeiten und Fähigkeiten ab. Dies gilt natürlich auch für den Trainingsprozess, in dem genauso wie bei den Wettkämpfen ein logisches Vorgehen von einfachen Spielsituationen zu immer schwierigeren und komplexeren angeboten werden soll. Das Lernziel ist es schließlich, alle grundlegenden Situationen, die für den jeweiligen Wettkampf charakteristisch sind, so zu üben und verstehen zu lernen, dass am Ende der Saison die Spielfähigkeit im FUNiño (8/9 Jahre), im Fußball 5:5 (10 Jahre) im Fußball 7 (11/12 Jahre) oder im Fußball 8 mit 13 Jahren erreicht werden kann.

Zwei verschiedene Wege, die im Fußball zum Erfolg führen

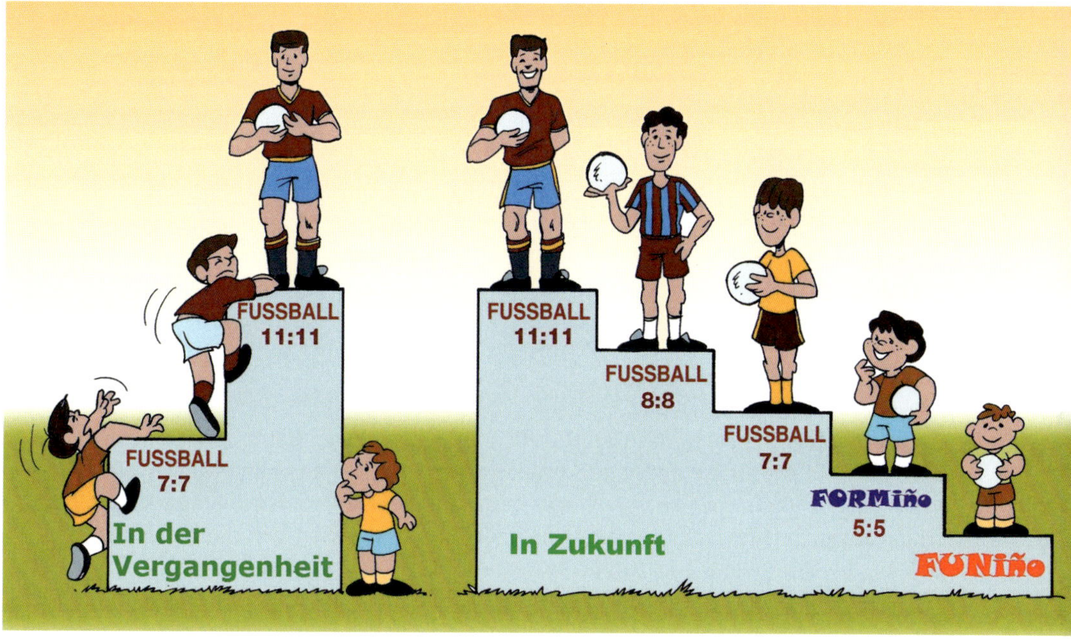

Im Fußballentwicklungsmodell wird nicht nur vorgeschlagen, mit welchen Inhalten und Methoden der junge Fußballspieler am besten im Trainingsprozess an das Spiel der Erwachsenen Schritt für Schritt herangeführt wird, sondern es gibt auch konkrete Vorschläge für eine logische Progression von Wettkämpfen, die ihrerseits wieder die Inhalte des Trainings bedingen. Während die Jüngsten in ihrer Fußballschule im Laufe der Saison eine interne Liga mit allen Varianten des FUNiños bestreiten (begleitet von Wettkämpfen im Fußballdekathlon, im Triathlon 2:2 und im Pentathlon für FUNiño), spielen die 10-Jährigen Fußball 5, die 11- und 12-Jährigen Fußball 7 und die 12-13-Jährigen Fußball 8 zwischen den Strafräumen auf Fußball-7-Tore, die auf den 16, 5-m-Linien stehen. Immer wird mit dem Ball Nr. 4 gespielt.

Ein Jugendtrainer, der die vitalen Bedürfnisse der Kinder kennt und sie in jeder Trainingseinheit in seinen Übungen und vereinfachten Spielen auch zum Wettstreit anregt, hat keine Schwierigkeiten, das Interesse und die Motivation seiner Schüler mit Wettkampfformen dauernd wachzuhalten und sie dazu anzuhalten, sich anzustrengen und sich selbst zu überwinden. Beim Wetteifern lernen die jungen Spieler nicht nur die Technik des Fußballspiels und die Lösung verschiedener, in einer grundlegenden Spielsituation enthaltenen Probleme, sondern auch, nach dem Sieg zu streben (jedoch nicht um jeden Preis) und die Niederlage zu akzeptieren, sofern man vorher sein Bestes gegeben hat.

Aktuelle Tendenzen in den bedeutendsten Fußballländern zeigen, dass dem Kinder- und Jugendfußball jedes Jahr mehr Bedeutung zugemessen wird, wobei die Gefahr besteht, dass seine kreativen, sozialen und anderen Werte mehr und mehr infrage gestellt werden.

Das unbekümmerte, spontane, intuitive, fantasiereiche und kreative Handeln, das dem Spiel eigen ist, glänzt häufig durch Abwesenheit und wird heute bereits bei den Kindern durch ein „eingedrilltes", verantwortungsbewusstes und diszipliniertes Handeln im Sinne der Mannschaft, das vom Trainer gefordert wird, abgelöst.

Johan Cruyff behauptet, dass ein Spieler nur dann seine optimale Leistungsfähigkeit erreichen kann, wenn er sich im Spiel vergnügt, und Dante Panzeri aus Argentinien sagt: „Wenn die Freude und das Vergnügen fehlen, dann lässt man sich nicht zu etwas verführen! Der Ernst beim Fußballwettspiel der Kinder hat heute ihre Freude und das neugierige Entdecken der Geheimnisse des Spiels begraben."

Nichts ist beständig und dauerhaft im Fußball, weder der Trainer oder ein Funktionär noch die Spielregeln oder die Wettkampfstruktur im Kinder- und Jugendfußball. Alles ändert sich, und nur der Wechsel ist beständig!

Einige wichtige Konzepte des traditionellen Fußballs müssen heute infrage gestellt werden, wie z. B. die für die optimale Ausbildung unserer jungen Fußballspieler hinderliche Wettkampfstruktur, weil sie überall seit Jahrzehnten die Entwicklung junger Fußballspieler nicht nur bremst, sondern sogar behindert. Heute wissen wir, dass sich diejenigen Spieler, die bereits mit 7-12 Jahren systematisch jedes Wochenende mit dem Erwachsenenspiel konfrontiert und so zu Zuschauern verdammt wurden, falsche Verhaltungsweisen im technischen, taktischen, körperlichen und visuellen (perzeptiven) Bereich aneigneten, die dann später nur schwer zu korrigieren sind. Das verfrühte Spiel auf dem großen Feld nach den FIFA-Regeln hat die meisten Spieler davon abgehalten, ihr optimales Potenzial im Erwachsenenalter zu erreichen.

„Anstatt die Kinder und Jugendlichen dazu anzuhalten, sich dem Spiel der Erwachsenen anzupassen, sollten die Erwachsenen das Spiel entsprechend dem körperlichen und geistigen Entwicklungszustand der Jugend gestalten."

Damit in Zukunft nicht noch mehr Profifußballer ihre Karriere beenden, ohne je ihr optimales Spielniveau erreicht zu haben (so wie es aus Gesprächen mit ehemaligen Profifußballern hervorgeht), müssten die Verbände den Kindern beim Fußballspielen wieder erlauben, Kind sein zu dürfen, ohne sie zu frühzeitig aus dem Garten der Kindheit zu stoßen. Die Natur will, dass die Kinder Kinder sind, bevor sie später erwachsen werden. Wenn aber die Fußballverbände diese natürliche Ordnung nicht akzeptieren und den Prozess zu sehr beschleunigen, dann werden sie nur unreife Früchte (Spieler) ernten, die keinen Saft und keine Kraft haben (frei nach Jean Jacques Rousseau)!

Das Eingeständnis, dass die Kinder im besten motorischen Lernalter zwischen sieben und 11 Jahren, anstatt des offiziellen Fußballspiels, für das sie noch nicht vorbereitet sind, besser andere, für sie maßgeschneiderte Wettkämpfe bestreiten sollten, in denen sie häufiger im Ballbesitz sind und ihre Fähigkeiten ausspielen können, ist der erste Schritt zur Ausrottung des „Krebses im Kinder- und Jugendfußball bis 13 Jahren": das Spiel 11:11.

5 Training und Wettspiel bilden eine Einheit

Training und Wettspiel müssen immer als Einheit gesehen werden, weil sie zusammengehören. Im Spiel erkennen wir, was wir im Training zu üben haben und beim Training ergeben sich neue Einsichten, die im Wettspiel erprobt sein wollen.

Seit Jahrzehnten wird auf Kongressen und in wissenschaftlichen Beiträgen immer wieder diskutiert, wie das Spielniveau im Fußball durch ein noch besseres Training gesteigert werden kann. Neben den vielen nützlichen Vorschlägen geht der Autor einen ganz anderen Weg. Er macht besonders die Struktur des Wettkampfs im Kinder- und Jugendfußball und auch die Art und Weise, wie Kinder und Jugendliche auf diese vorbereitet werden, für die keineswegs optimale Leistungsentwicklung der jungen Fußballspieler verantwortlich.

Seiner Meinung nach weichen die Trainingsinhalte im Kinder- und Jugendfußball zu wenig vom Training der Erwachsenen ab, da das Training der Kinder und das der Erwachsenen auf die gleiche Wettkampfform ausgerichtet ist. Würde aber die Wettkampfstruktur im Kinder- und Jugendfußball modifiziert, dann würden sich auch die Inhalte der Trainingseinheiten und die Lehrweise im Kinder- und Jugendfußball dramatisch ändern.

Den körperlichen und intellektuellen Fähigkeiten des Kindes und Jugendlichen angepasste, maßgeschneiderte Wettkämpfe sind ein erster Schritt, um die Lehrweise des Fußballspiels zu modernisieren und zu erreichen, dass das Training wieder, wie im Straßenfußball, den Reiz des Wettspiels bekommt.

Es ist abwegig, dem Straßenfußball, der die großen Stars der Vergangenheit hervorbrachte, nachzutrauern, denn das hier vorgestellte Fußballentwicklungsmodell hat die Philosophie des Straßenfußballs übernommen und ist sowohl in seinen Möglichkeiten der Variation als auch in seiner Lerneffektivität dem Straßenfußball weit überlegen, sofern es die Trainer lernen, ihre Schüler zu stimulieren (das Kind durch geeignete Anleitung die Lösungen der Spielprobleme entdecken lassen!) und nicht zu instruieren (d. h. alle Lösungen vorzugeben)!

Die magischen Zutaten des Straßenfußballmenüs, die seine Faszination ausmachen, sind:

- Bälle verschiedener Größe, Elastizität, Gewichte, Sprung- oder Prelleigenschaften.
- Spielräume unterschiedlicher Größe.
- Unterschiedliche Bodenbeschaffenheiten (Zement, Asphalt, Grass, Kunstrasen oder Sand).
- Unterschiedliche Torgrößen sowohl in der Breite als auch in der Höhe sowie die unterschiedliche Anzahl von Toren, in denen man zum Erfolg kommen kann.
- Spielaufgaben, Rollen oder Funktionen unterschiedlichster Art, die das Interesse und die Fähigkeiten eines jeden Spielers berücksichtigen und stimulieren können.
- Mitspieler und Gegenspieler, die häufig wechseln.
- Variable Spielerzahl in der Mannschaft, die sich während des Spiels häufig ändert.
- Variable Spielregeln, die den augenblicklichen Gegebenheiten immer angepasst werden, damit das Spiel für alle weiterhin interessant bleibt.

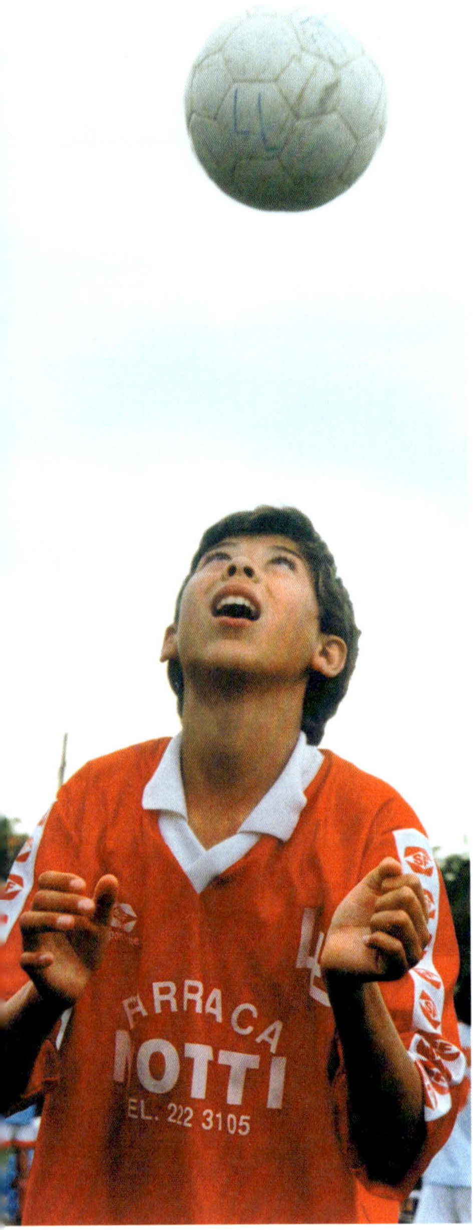

„Das effektive Lernen durch Entdecken beginnt erst dann, wenn es der Trainer mit seinen Problemstellungen versteht, die Entscheidungen, die er früher selbst zu treffen pflegte, nun seinen Schülern zu überlassen, so wie es im Straßenfußball der Fall war."

Das hier vorgestellte „Fußballentwicklungsmodell" beinhaltet die im Straßenfußball gemachten Erfahrungen und ist ihm deshalb sowohl in der Lerneffektivität als auch in der Attraktivität des vielseitigen Angebots weit überlegen, sofern die Fußballlehrer nicht zu häufig in den Lern- und Lehrprozess eingreifen. Es ist ein Lehr- und Lernmodell, das auf wissenschaftlichen Kriterien basiert und Aussagen darüber gibt, wie ein Kind in einer bestimmten Entwicklungsstufe am effektivsten das komplexe und schwierige Fußballspiel lernen kann. Dabei wird die traditionelle Lehrweise des Fußballs infrage gestellt.

Dank des Modells ist es nun allen Trainern im Kinder- und Jugendfußball leicht möglich, den Lern- und Lehrprozess zu jeder Zeit bestens zu überschauen. Stets wissen sie, wo sie gerade im Lehrprogramm sind und wie viel Zeit und Wegstrecke noch vor ihnen bis zum Erreichen des nächsten Lehrziels liegt.

Die Entwicklung des Spielers von den ersten Ballkontakten bis zum Profifußballer wird in fünf Entwicklungsstufen untergliedert, wobei sich das Trainings- und Wettkampfprogramm jeder einzelnen Entwicklungsstufe den physischen, mentalen und intellektuellen Fähigkeiten des Kindes oder Jugendlichen dieser Phase anpasst. Dabei wird das motorische Lernen dauernd mit Kenntnissen und neuen taktischen Erfahrungen verbunden, wodurch das Lernen erst bedeutend, effektiv und dauerhaft wird.

„Die im Leistungssport auftretenden Mängel sind ein getreues Abbild der Art und Weise, wie Fußballspieler in ihrer Jugend an das Training und den Wettkampf herangeführt wurden."

6 Das Training findet im Spiel statt

Der Lern- und Lehrprozess beinhaltet ein stufenweises Vorgehen mit veränderten Aufgabenstellungen und Rahmenbedingungen innerhalb kleiner Wettkämpfe in vereinfachten Spielen, in denen die Spielidee erhalten bleibt.

In jeder Entwicklungsstufe werden die Spielfeldausmaße, Torgröße, die Art und Weise, wie Tore erzielt werden müssen, die Größe und das Gewicht des Balls, die Anzahl der Spieler sowie das Regelwerk auf das Alter und die Leistungsfähigkeit der Kinder und Jugendlichen abgestimmt.

Bei Anwendung der Inhalte dieses Entwicklungsmodells werden die 8-13-jährigen Fußballspieler die Fähigkeit erwerben, mit Freude und Erfolg verschiedene Modalitäten des Fußballs zu spielen, die sich ihren körperlichen und intellektuellen Fähigkeiten perfekt anpassen und so für sie zu einem idealen Trainingsmittel werden.

„Alle Jugendtrainer haben das gleiche Ziel, aber alle gehen verschiedene Wege, mit sehr unterschiedlichen Ergebnissen."

Im FUNiño, Fußball 5, Fußball 7 und Fußball 8 werden neben den technischen Fertigkeiten, bedingt durch den häufigen Ballbesitz, auch andere wichtige Fähigkeiten, wie die zur Spielintelligenz gehörende Wahrnehmungsfähigkeit, die Analyse von Spielsituationen, die Antizipation, die Spontaneität, Fantasie und Kreativität geweckt und Schritt für Schritt ohne Eile entwickelt.

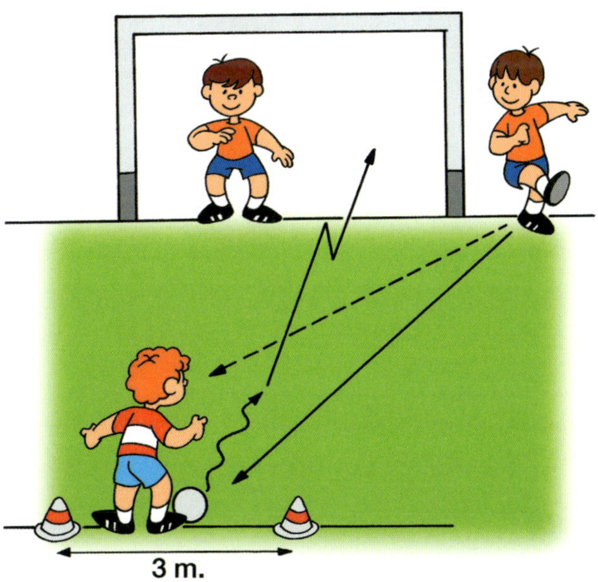

7 Die Entwicklung der Spielintelligenz im Kinder- und Jugendfußball

So, wie auch in allen Bereichen des Lebens wurde und wird auch der Fußball in jeder Epoche von bestimmte Tendenzen oder Moden geprägt. Während das Training in den 50er und 60er Jahren hauptsächlich technikorientiert war, wurde im darauf folgenden Jahrzehnt mit der „Konditionswelle" der physischen Verfassung der Spieler mehr Beachtung geschenkt, bevor dann in den 80er und 90er Jahren die taktische Schulung in den Vordergrund trat.

Und jetzt, zu Beginn des neuen Jahrhunderts, welcher Trend wird in der Ausbildung der Fußballspieler vorherrschen? Während heute eine optimale technische, taktische und physischen Verfassung für jeden Spieler selbstverständlich ist, um Erfolg zu haben, tritt immer mehr ein bisher im Training vernachlässigter Aspekt in den Vordergrund: die Spielintelligenz. Sie ist verantwortlich für die Qualität des Spiels und vielleicht das wichtigste Kriterium für die Beurteilung der Leistung eines Fußballspielers.

Aus diesem Grunde sollte der Ausbildung der Wahrnehmung und der intellektuellen Fähigkeiten aller jungen Spieler im Training mehr Raum gegeben werden, weil die Entwicklung ihrer Spielintelligenz meist durch den autoritären Lehrstil des Trainers verhindert wird. Ihre während des Spiels gegebenen technisch-taktischen Unterweisungen reichen einfach nicht aus, um das Spiel auf ein höheres Niveau zu führen. Anstatt bei der Ausbildung junger Spieler bevorzugt das Erlernen technisch-taktischer Fertigkeiten in den Vordergrund zu stellen, sollte, neben den Muskeln und Nerven, mehr als zuvor auch der „Kopf" stimuliert werden. Damit würde das gesamte Potenzial des Kindes oder des Jugendlichen optimaler ausgeschöpft.

Es ist bekannt, dass das einfache Experimentieren, Üben und Beobachten beim Kind Erfahrungen schafft. Werden nun diese Erfahrungen vom Kind beachtet, führen sie in den mannigfaltigsten Lebenssituationen zu richtigen Verhaltensweisen. Wenn nun ein Kind allein mit den eigenen Erfahrungen auskommen müsste, würde es kaum ein hohes geistiges oder motorisches Niveau erreichen; es benötigt dazu die Erfahrungen der Erwachsenen, in Wort und Beispiel. Das gilt nicht nur in den verschiedensten Lebenssituationen des Kindes (z. B. in der Schule oder in der Familie), sondern auch für den Bereich des taktischen Denkens und Verhaltens im Fußball.

Die Spielintelligenz wird sowohl durch freies Spielen wie im Straßenfußball (impliziertes Training) als auch durch expliziertes Training gefördert. Der Erwerb taktischer Kenntnisse kommt nicht nur allein durch bewusstes und unbewusstes Handeln im freien Spiel zustande, sondern ergibt sich häufig erst in Verbindung mit einem zielgerichteten pädagogischen Prozess. Deshalb sollte den Jugendlichen im Spielunterricht so früh, wie es ihr technisch-taktisches Können zulässt, Gelegenheit gegeben werden, durch selbstständiges Denken und Handeln, taktische Kenntnisse und Erfahrungen zu sammeln, die Auskunft darüber geben, welches Verhalten in welchen Spielsituationen zu welchen Konsequenzen führt. Je mehr diese Kenntnisse durch eigenes Beobachten, Denken und Experimentieren erworben werden, umso fester werden sie.

Eine subjektive Spielerfahrung allein, wie sie im Straßenfußball gemacht wird, genügt aber nicht. Dem Trainer fällt in diesem zielgerichteten pädagogischen Prozess (expliziertes Training) die wichtige Aufgabe zu, die vom Spieler schöpferisch selbst gewonnenen oder durch Fremdinformation erworbenen taktischen Kenntnisse sichtbar und bewusst zu machen, sie nach der sorgfältigen Demonstration in allen Einzelheiten zu erläutern und der besseren Übersicht wegen zu systematisieren. Erst eine präzise Anleitung und Demonstration durch eine Lehrkraft sowie eine ausreichende Wiederholung der gleichen taktischen Handlung in der gleichen Spielsituation und schließlich die Übertragung der gefundenen Lösung auf ähnliche Spielsituationen legt ein solides Fundament für ein intelligentes Spiel.

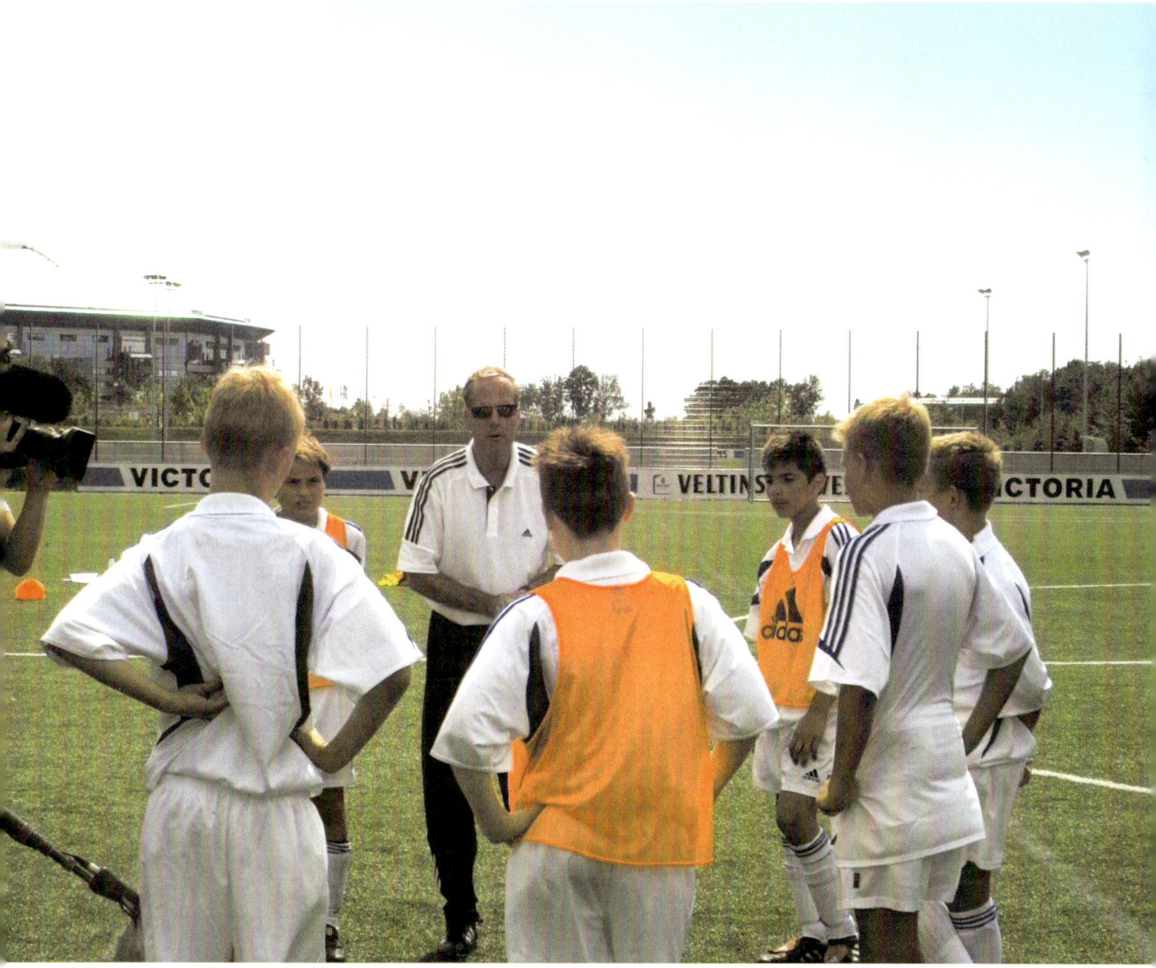

Beim expliziten Training der Spielintelligenz präsentiert der Trainer nur bestimmte Teile des Spieles (z. B. Spielformen für die Lösung der 2:1-Situation, für den Konterangriff oder für das Aushelfen in der Abwehr). Beim wiederholten Üben erfahren die Spieler, bei welchem Gegnerverhalten welche Handlungsalternativen abgerufen werden müssen. Der Trainer hilft ihnen dabei, durch Fragestellung die Aufmerksamkeit auf für die Spielsituation relevante Beobachtungspunkte zu richten, die das Erkennen der bestmöglichen Handlung erleichtern.

Das methodische Vorgehen reicht vom Üben der Spielaufgabe ohne vorgegebenes Verhalten zum Erkennen des Problems über das Üben der Spielaufgabe mit präzis vorgegebenem Abwehr- oder Angriffsverhalten bis zum freien Spiel ohne Spielbeschränkungen. Hier muss nun der Spieler nach den vorher gemachten Erfahrungen lernen, bei welchem Gegnerverhalten welche unter den zahlreichen Lösungsmöglichkeiten die beste Handlungsalternative ist.

In den folgenden Trainingseinheiten werden dann diese Erfahrungen in Spielformen mit zunehmendem Schwierigkeits- und Komplexitätsgrad angewendet, bevor sie im Wettkampf (**FUNiño**, Fußball 5, Fußball 7 oder Fußball 8) erfolgreich angewendet werden können.

Die Spielintelligenz im Fußball lässt sich besonders gut mithilfe von technisch-taktischen Spielformen (wie z. B. 3:1, 2:1 oder 3:2) entwickeln, weil hier den Spielern schon mehrere Lösungsmöglichkeiten zur Wahl stehen. Die vereinfachten Spiele für Zweier-, Dreier- und Vierermannschaften, aber auch das **FUNiño**spiel, ein 3:3-Spiel auf vier Tore, sowie die „Spiele grundlegender Fertigkeiten und Fähigkeiten" in der ersten Fußballentwicklungsstufe sind geeignete Lehrmittel, um das spieltaktische Denken und Verhalten der Kinder und Jugendlichen und somit ihre Spielintelligenz schrittweise zu entwickeln.

Werden die jungen Spieler in den ersten Jahren ihrer Fußballkarriere mit den hier vorgeschlagenen Inhalten des Fußballentwicklungsmodells konfrontiert, ist ihr Erfahrungsschatz mit 14 Jahren so groß, dass sie für die wichtigsten Spielsituationen mehrere Lösungswege kennen und verstehen, sie im richtigen Augenblick entsprechend anzuwenden.

„Fußball zu spielen, ohne zu denken, ist wie aufs Tor zu schießen, ohne zu zielen!"

Ob sein taktisch richtiges Verhalten im Wettspiel als Schablone einer oft im Training geübten taktischen Handlung entsteht oder ob es der schöpferischen Fähigkeit des jungen Spielers entspringt, sich entsprechend der Situation taktisch richtig zu entscheiden, ist unwichtig, solange die zweckmäßigste technisch-taktische Handlung gefunden und erfolgreich ausgeführt wurde.

Die Fähigkeit, eine erlernte taktische Verhaltensweise schnell und zweckmäßig zu variieren, kann nur dann erworben werden, wenn vom Anfängerunterricht bis zum Leistungstraining eine systematische Entwicklung der intellektuellen Fähigkeiten eines jeden Spielers garantiert wird und mehr als je zuvor die Fähigkeit der Wahrnehmung mithilfe von vielen vereinfachten Spielen geschult und verbessert wird.

8 Was ist Spielintelligenz?

Antonelli und Salvini (1982) definieren die Intelligenz als eine „Fähigkeit, sich mit einem Denkprozess den Forderungen und neuen Situationen, die sich ergeben, anzupassen und bereit zu sein, sie zu lösen". Die Spielintelligenz eines Fußballspielers wird in seiner bewussten Suche nach optimalen Lösungen für alle im Spiel auftretenden Probleme deutlich. Während er die Aktionen seiner Mitspieler und Gegner assimiliert, sieht, kennt und beherrscht er die verschiedenen Möglichkeiten zur Lösung dieser Probleme und zeichnet sich dadurch aus, dass er häufig richtig handelt.

Wie alle Personen so sind auch alle Fußballspieler intelligent, aber die Ausprägung oder der Grad und der Typ ihrer Intelligenz können sehr verschieden sein. Jede Spielposition und auch jede Spielaufgabe, die der Spieler bekommt, erfordert eine andere Intelligenz, denn die Probleme, die ein Torwart zu lösen hat, sind sehr verschieden von denen einer Sturmspitze oder eines Stoppers. Probleme in der Abwehr sind sehr verschieden von jenen im Angriff, so wie die des Feldspielers sich vom Torwart unterscheiden.

Die Intelligenz eines Spielers ist der authentische Motor seines sportlichen Handels und ein entscheidendes Kriterium für den Erfolg. Ein hochklassiger Fußball ohne Spielintelligenz ist nicht denkbar. Der Unterschied zwischen zwei Spielern wird mehr und mehr vom Grad ihrer Spielintelligenz bestimmt. Was nützt einem Spieler die bessere körperliche Verfassung oder ausgefeiltere Technik, wenn diese nicht intelligent zum Vorteil seiner Mannschaft im richtigen Augenblick eingesetzt werden kann? Oder wie beurteilen wir jene Spieler, die die Fähigkeit besitzen, die Spielkonflikte ohne Schwierigkeiten mental zu lösen, aber dann nicht dazu fähig sind, ihre gedachte Lösung in eine motorische Aktion umzusetzen?

„Nichts kann das Spielgeschehen so stark beeinflussen wie die Spielintelligenz seiner Akteure."

Antonelli & Salvini, 1982

Die Mehrzahl der Fußballtrainer hat **beschränkte Kenntnisse über die Entwicklung der Spielintelligenz. Um in Zukunft mehr intelligente Spieler auf dem Feld zu haben, müssen die Trainer lernen, mehr zu stimulieren und weniger zu instruieren.** Schon Johann Wolfgang von Goethe sagte: **„Die Jugend zieht es vor, mehr stimuliert und weniger instruiert zu werden."** Unsere Trainer müssen lernen, dass das motorische Lernen im Fußball immer Hand in Hand mit dem Erwerb von Kenntnissen (kognitivem Lernen) stattfindet, damit es zu einem signifikanten Lernen kommt.

Die Wirklichkeit sieht heute so aus, dass die Trainer die Bedeutung der Entwicklung der Spielintelligenz im Lehr- und Lernprozess häufig ignorieren. Sie tun es, nicht, weil sie ihre Wichtigkeit unterschätzen, sondern weil sie wenige Erfahrungen haben, wie man am besten damit umgeht und darüber hinaus **sind sie nicht bereit, ihre Art und Weise des Lehrens zu ändern.** Immer noch wollen sie die Hauptdarsteller auf dem Platz sein, die alles wissen, anstatt ihre Schüler als denkende und nicht nur Befehle ausführende Akteure zu behandeln.

Unsere Jugendtrainer sind mitverantwortlich für die Anhebung des Spielniveaus auf allen Ebenen. Aber dies kann nur erreicht werden, wenn sie mehr als zuvor vereinfachte Spiele im Trainingsprogramm anbieten, in denen die Prozesse

- der Wahrnehmung,
- der korrekten Analyse einer Spielsituation,
- der richtigen gedanklichen Lösung derselben als auch
- die einwandfreie technische Ausführung der geplanten Spielaktion

Junge Spieler werden so die Fähigkeit erwerben, nicht nur eine Spielsituation richtig wahrzunehmen und zu lesen, sondern ihre mögliche Weiterentwicklung aufgrund der aufgenommenen und verarbeiteten Informationen auch richtig zu antizipieren! Die **Antizipationsfähigkeit**, der immer eine optimale Wahrnehmungsfähigkeit und Entscheidungsfindung vorausgeht, ist eine wichtige „Waffe" intelligenter Spieler. Aber nur dann, wenn vorher im motorischen Lernprozess die Stufe der Automatisierung der sportartspezifischen Technik erreicht wurde, hat der Spieler wichtige Kapazitäten frei, um intelligent und antizipativ entscheiden zu können, ohne dauernd auf den Ball zu sehen. Je mehr intelligente Spieler wir auf dem Feld haben, umso höher ist die Wahrscheinlichkeit, dass das Spiel auf einem höheren Niveau stattfindet.

*„Je mehr ein guter Trainer weiß, desto weniger gibt er preis.
Ein guter Trainer lehrt seine Spieler praktisch gar nichts, sondern konfrontiert seine Schüler nur mit für sie verständlichen und lösbaren Problemen, damit sie dann durch Selbstentdeckung oder auch mit seiner Hilfe bestmöglich gelöst werden können."*

Intelligenz hat nichts mit der großen Anzahl der Neuronen im Gehirn eines Spielers zu tun, sondern mit der Anzahl der Verbindungen oder Konnexionen, die die nervösen Zellen untereinander herstellen können. Damit es zu unzähligen dieser Verbindungen kommt, muss der betreffende Mensch häufig und richtig stimuliert werden. Intelligenz ist wie ein außergewöhnlicher Weinstock. Er bringt erst dann einen Qualitätswein der Spitzenklasse hervor, wenn er auf dem richtigen Boden steht (Umgebung) und dort regelmäßig mit Wasser und viel Sonne (Stimuli) versorgt wird.

*„Freilaufen, passen, schießen, den Ball an- und mitzunehmen, den Gegner auf verschiedene Weise zu umspielen oder den Ball abzufangen, sind alles Spielelemente, die mit Übung relativ leicht zu erlernen sind.
Erst die Intelligenz eines Spielers vermag alle diese grundlegenden Elemente zu einem höheren, sinnvollen und effektiven Ganzen zu verschmelzen."*

Die Spielintelligenz im Fußball ist also nur bedingt vom Genetischen abhängig. Sie kann und muss heute im modernen explizierten Training mittels einer Vielzahl progressiv angebotener, vereinfachter Spiele in integraler Form entwickelt werden, sowie es die hier dargestellten Lehr- und Lernprogramme aufzuzeigen versuchen. Darüber hinaus sollte nicht darauf verzichtet werden, die Spielintelligenz auch durch ein impliziertes Trainieren (freie Spielen) zu fördern, so wie es früher im Straßenfußball oder auf dem Bolzplatz der Kinder der Fall war.

9 Wie manifestiert sich Spielintelligenz im Spiel?

Ein intelligenter Spieler

- kann auf dem Spielfeld bessere Entscheidungen schneller treffen.

- hat die Fähigkeit, eine Spielsituation oder den augenblicklichen Stand des Spiels nicht nur richtig wahrzunehmen und zu verstehen (Vernetzung der bisher gemachten Erfahrungen und des Wissens), sondern darüber hinaus diese mit gleichen oder ähnlichen Spielsituationen zu vergleichen und dadurch eine sichere Entscheidung für die effektivste motorische Lösung der aktuellen Spielsituation zu treffen, um schließlich ohne Zeitverlust die mental vorbereitete Aktion in die Praxis umzusetzen.

- kann in fast allen Spielsituationen die Konsequenzen seines Handelns präzise vorhersagen. Er weiß, welche Handlungen in welchen Situationen zu welchen Konsequenzen führen.

- besitzt darüber hinaus die Fähigkeit, sich nicht nur den dauernd verändernden Spielsituationen, sondern auch dem Gegner, dem Schiedsrichter und dem Mitspieler mit seinen charakteristischen Besonderheiten anzupassen, was von ihm viel geistige Flexibilität erfordert.

- versucht zunächst, mit seinem konvergenten taktischen Denken für die jeweils vorgegebene Spielsituation die optimalste Lösung zu finden, versucht dann aber, mit zunehmender Erfahrung kreativ zu spielen. Dabei versteht er es, seine in der Kindheit im freien Spiel entdeckten **kreativen Fähigkeiten im Sinne des Erfolgs der Mannschaft einzusetzen**, die, auf sein kreatives Verhalten eingehend, davon profitiert.

- denkt und handelt für seine Mitspieler, deren Situation er richtig einzuschätzen vermag, wodurch es erst zum Mannschaftsspiel kommt. Ein Spieler, der für sich spielt, ohne an die anderen zu denken und ohne seine Intelligenz in den Dienst der Mannschaft zu stellen, wird nie triumphieren, weil er nur Teile des Spiels sieht und sich selbst sieht.

- lernt schnell aus seinen Fehlern und fragt häufig. Auf der Suche nach der bestmöglichen Lösung der Spielaufgabe sieht er schnell die **Möglichkeiten, aber auch die Gefahren.** Er lässt sich dabei nicht ablenken und sieht außerdem alternative Lösungsmöglichkeiten.

„Ein Spieler wird dann Situationen richtig verstehen und lösen können, wenn er weiß, welche Verhaltensweisen unter welchen Bedingungen zu welchen Erfolgswahrscheinlichkeiten (realistische Einschätzung der eigenen Fähigkeiten) und zu welchen Nutzenwerten (realistische Einschätzung der Ergebnisfolgen) führen."

Klaus Roth 2008, http://www.schulsport-in-essen.de/agsportlehrer/fundgrube/taktik.pdf

- bemüht sich, immer im **Gleichgewicht zwischen Risiko und Sicherheit** zu bleiben. Ein intelligenter Spieler **antizipiert die möglichen Erfolgsaussichten**, bevor er seine im perzeptiven und kognitiven Bereich vorbereitete motorische Handlung ausführt. **Er schätzt also unter den verschiedenen, zur Verfügung stehenden Handlungsmöglichkeiten ab, welche die höchste Wahrscheinlichkeit hat**, die angestrebten Ergebnisse zu erreichen.

- Zu viel Risiko im Spiel führt zum Ballverlust oder zur Niederlage und zu viel Sicherheit zur Stagnation.

- **hat nie Eile** und fühlt sich in seinem jeweiligen Spielraum in der sich entwickelnden Spielsituation absolut sicher und selbstbewusst, weil er die Unterschiede eng, weit, vorne, hinten, Raum auf den Flügeln oder im Zentrum optisch und motorisch beherrscht. Es sieht so aus, als ob er immer Zeit hat. Hast und Eile sind für ihn schlechte Weggenossen, weil sie zu Fehlern führen.

- **weiß, dass er nicht immer alles richtig machen kann**, weshalb seine Leistung durch eventuelle Fehler nicht negativ beeinflusst wird.

- weiß, wann und wohin er den Ball passen muss, und wann er ihn besser in seinem Besitz halten sollte.

- macht den Ball schnell und das Spiel langsam, wenn es notwendig ist.

- schätzt den ihm zur Verfügung stehenden Raum und die sich ständig ändernde Entfernung zu Mit- und Gegenspielern aus Erfahrung richtig ein, weil er durch ein gezieltes langjähriges und progressives Spieltraining vom vereinfachten bis zum großen Spiel, das auch Spielzüge und Spielkonzeptionen beinhaltete, seine Qualität der **optisch-motorischen Berechnung und Entscheidungsfindung auf ein hohes Niveau bringen konnte**.

- entwickelt sich ständig weiter.

„Ein Spieler, der läuft, muss ständig denken und der, der gerade denkt, darf das Laufen nicht vergessen."

Cesar Luis Menotti

- **spielt einfach.** Nur ein Meister kann simpel vorgehen.

- **weiß bereits vor der Ballannahme, welches seine nächste motorische Aktion sein wird.**

- zeichnet sich durch ein **fast fehlerfreies Spiel ohne Ball aus**, indem er seinen Mitspielern optimale Lösungen zur Spielsituation anbietet.

- **setzt seine von ihm beherrschten Fähigkeiten optimal ein und macht nur das, was er kann.** „Schuster, bleib bei deinen Leisten."

- **teilt sich seine Kräfte gut ein.** Weiß, wo sich der Laufweg lohnt und wo nicht.

- ist emotionell gefestigt, lässt sich nicht provozieren und hat die Fähigkeit, **Stress zu verarbeiten**. Unter zu großem Stress verengt sich die Wahrnehmung und verschlechtert sich die Entscheidungsfindung, weshalb auch viele „intelligente" Spieler in wichtigen Spielen eher blass wirken. Der Druck nimmt ihnen ihre Spielintelligenz!

Das Ziel einer Schulung ist nicht nur die Vermittlung von Wissen und Kenntnissen, sondern insbesondere die Fähigkeit zu erlangen, das neu gelernte Wissen korrekt anzuwenden, d. h. zu handeln. Was nützt mir alles Wissen, wenn ich es nicht zu meinem Vorteil einsetzen kann?

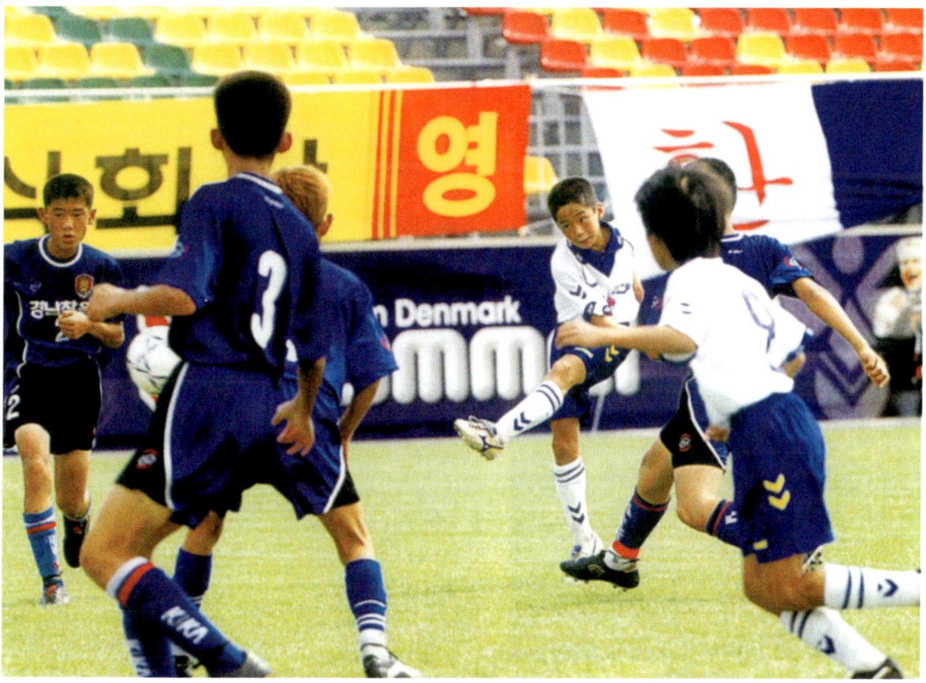

10 Was ein Jugendtrainer wissen sollte, bevor er die Spielintelligenz seiner Schüler stimuliert

Die Entwicklung der Spielintelligenz eines jungen Fußballspielers wird durch die Vielzahl verschiedener Reize und Anregungen bedingt, die er im täglichen Training, aber auch im Wettspiel (besonders im FUNiño und im Fußball 5 und am wenigsten auf dem großen Feld beim 11:11) erhält. Durch jeden neuen Reiz oder neue Anregung wird eine neue Verbindung zwischen der Vielzahl der Neuronen hergestellt, sofern der junge Spieler zu diesem Zeitpunkt nicht nur aufmerksam und motiviert, sondern darüber hinaus auch interessiert und von seinen Fähigkeiten überzeugt ist. Auch seine unmittelbare Umgebung (Trainer, Mit- und Gegenspieler) beeinflusst ihn, denn sie hält für ihn Modelle zum Imitieren bereit.

Die Zahl seiner nervösen Gehirnzellen (ungefähr 100 Billionen) hängt von den Genen eines jeden Fußballspielers ab. Nach den letzten Untersuchungen sind die Neuronen zusammen mit den Gliazellen, die diese Neuronen ernähren und schützen, verantwortlich für die Kenntnisse, Erfahrungen und die Intelligenz, die der Spieler zum Nutzen seiner Mannschaft auf dem Feld einsetzen kann. R. Douglas Fields behauptet in seinem Artikel *„Has science missed half of the brain?", veröffentlicht in der Zeitschrift „Scientific American" vom April 2004,* dass der Neurologe Marian C. Diamond in einer Autopsie des Gehirns von Albert Einstein bei ihm eine fast normale Zahl von Neuronen sowie eine normale Größe von ihnen feststellte, aber die Anzahl der Gliazellen, die die Neuronen vollständig umgeben, war ungewöhnlich groß. Davon leitete C. Diamond ab, dass die Gliazellen, und nicht, wie man bisher annahm, die Neuronen, die wirklich verantwortlichen Träger der Kenntnisse und Erfahrungen sind. R. Douglas Fields behauptet, dass das gigantische Netz der Gliazellen ständig mit den Neuronen kommuniziert.

Der genetische Schlüssel eines Jugendlichen kann man mit dem Samen vergleichen, der ohne Wasser und Sonne nichts produzieren kann. So, wie die besten Weintrauben noch keinen ausgezeichneten Wein ergeben, wenn sie auf einem ungeeigneten Boden bei einem ungünstigen Klima kultiviert werden, so genügt der genetische Code eines Spielers allein noch nicht, um ihn zum Star zu machen. Dazu ist ständig eine Vielzahl von positiven Reizen und Anregungen notwendig, die dem Entwicklungsstand des jungen Spielers optimal angepasst werden müssen, um die Neuronen zu verlängern und so das gigantische Netz immer weiter auszubauen.

Ein Fußballspieler wird nicht geboren, sondern erst die Art und Weise, wie er in seinen jungen Jahren von seinen Eltern, Freunden, Trainern und Mitspielern kind- und spielgemäß motiviert und angeregt wird, macht ihn dazu.

Die Fähigkeit, die die Neuronen besitzen, sich zu verlängern und ein Netz (circuits) zu bilden, ist nicht immer konstant im Leben eines Spielers, aber wenn erst einmal die Verbindungen oder Anschlüsse hergestellt sind, muss man sie auch systematisch und häufig stimulieren, damit sie nicht atrophieren oder verkümmern. Leonardo da Vinci lehrt uns: **„Das Talent verlieren wir, wenn es nicht angeregt wird und nicht arbeitet."**

Um einen Spieler optimal zu formen, benötigt er nicht nur ein optimales Entwicklungsprogramm, sondern auch viel Liebe, Aufmerksamkeit, Willen und Beharrlichkeit.

E. Kovacz

Auf die gleiche Art und Weise, wie die Reifung und die Gehirnleistung Fortschritte machen, müssen die Reize und Anregungen, mit denen das Gehirn konfrontiert wird, komplizierter werden, damit es zu einem stetigen Wachstum kommt. Deshalb ist es auch ratsam, eine Folge von Reizen und Anregungen so progressiv zu planen und im Training anzuwenden, dass sie dem Entwicklungsgrad des Gehirns angepasst werden, so wie es z. B. die Programme der vereinfachten Spiele mit zwei, dann drei und schließlich mit vier Spielern in einer Mannschaft zeigen. Selbst innerhalb dieser Programme wird ein langsames Fortschreiten vom Leichten zum Schwierigen, vom weniger Komplexen zu komplexeren Aufgaben gezeigt. Schließlich werden auch die Wettkämpfe der Jugendlichen ihrem derzeitigen mentalen und körperlichen Entwicklungsstand (das heißt ihrem Alter entsprechend) angepasst, genauso wie es mit ihren Schuhen geschieht, die sich immer dem Wachsen ihrer Füße anpassen müssen, damit sie auch bequem sind und nicht schmerzen.

Es ist normal, dass ein junger Mensch seine Umgebung erforschen will. Aber bevor er sie anfängt zu beherrschen, muss er sie zunächst verstehen. Das ist auch beim Fußballspielen so. Eine korrekte Ausbildung garantiert, dass dieses Erforschen in Anwesenheit eines hierfür geschulten Lehrers zum Erfolg führt.

Aus diesem Grund muss ein Jugendtrainer außer einem wenig autoritären Lehrstil, der die Spieler mit vielen Fragen mit in den Lernprozess einbezieht, über für die Kinder geeignete Spiele verfügen, damit diese nicht nur Freude am Spiel haben, sondern darüber hinaus gleichzeitig beim Spielen auch die notwendigen Impulse für die optimale Entwicklung ihrer zerebralen Kapazitäten erhalten. Alle vereinfachten Spiele im vorliegenden Fußballentwicklungsmodell erfüllen diese Voraussetzungen.

Ein gut entwickeltes Gehirn, in dem es die größtmögliche Zahl von Verbindungen untereinander gibt, ist fähig, eine größere Zahl von Konzepten besser und auch schneller zu verarbeiten, die Vorkommnisse, die den Spieler umgeben, besser und auch gründlicher zu analysieren, sich in einer bestimmten Spielsituation mehrere und bessere Lösungsmöglichkeiten für das gleiche Problem vorzustellen und zu finden, bevor er eine abschließende Entscheidung trifft über was, wie, wann und wo auf dem Platz er es ausführen soll.

Spieler mit einem geringeren genetischen Talent, die jedoch im „Sportkindergarten" und später in der „Fußballschule" mit korrekten Methoden und Inhalten optimal stimuliert wurden, können mehr neuronale Verbindungen untereinander herstellen als jene genetisch höher begabten Spieler, deren Ausbildung auf der traditionellen Methode *(siehe mehr dazu auf der folgenden Seite)* basierte, die heute noch in vielen Klubs und Fußballschulen vieler Länder vorherrscht.

Die traditionelle Lehrweise in der Ausbildung von jungen Fußballspielern ist jedoch für sie wenig motivierend. Überall gibt es noch zu viele Instruktoren auf den Fußballfeldern, die ihren hungrigen Schülern regelmäßig Fische überreichen, anstatt „Stimulatoren", die ihnen zeigen, wie man sie am besten selbst fängt, um dann unabhängig von den täglichen Gaben zu werden. Die traditionelle Fußballlehrweise mit ihren häufig langweiligen Trainingseinheiten und ihrer falschen Struktur der Wettkämpfe hat die Entwicklung vieler junger Spieler nur geschädigt, weil sie der Entwicklung der geistigen Aspekte keinen Raum gibt.

In diesem kurzen Abriss werden nur acht der vielen Kennzeichen einer traditionellen Lehrweise aufgezeigt:

- Die traditionelle Lehrweise geht vom Erwachsenenspiel mit den FIFA-Regeln aus, ohne das Spiel dem Kind anzupassen. So müssen Sieben- und Achtjährige die gleichen Probleme lösen wie es auch Pelé, Zidane oder Beckenbauer taten.

- Beschleunigt die Entwicklung des Spielers und konfrontiert sie zu früh mit komplizierten und komplexen Problemen des offiziellen Fußballs, was zu falschen Verhaltungsweisen und Erfahrungen führt.

- Bietet in den Trainingseinheiten Inhalte an, die wenig mit dem zu tun haben, was im Wettspiel gefordert wird. Training und Wettkampf werden nicht als Einheit gesehen und bedingen sich nicht gegenseitig. Im Wettspiel wird ein anderer Fußball gespielt als im Training.

- Anstatt am Anfang des Trainings immer mit einem vereinfachten Spiel (globale Methode als Ausgangspunkt) anzufangen und dann anschließend Korrekturspiele zur Verbesserung eines Gesichtspunkts (analytische Methode) durchzuführen, werden in der traditionellen Lehrweise anfangs immer geschlossene Übungen mit der analytischen Methode angeboten, bis es anschließend zum vereinfachten Spiel („offene" Übungen – globale Methode) und zuletzt zum abschließenden großen Spiel kommt. Das Spiel wird als Prämie gesehen und nicht als eine Notwendigkeit.

- Die Technik, die Taktik, die körperliche und mentale Fitness werden nicht integriert, sondern als selbstständige Aspekte gesehen und gelehrt, ohne zu wissen, dass die Summe aller vier Komponenten keine gute Leistung erbringt.

- Der Technik eine übergeordnete Stellung im Training einräumen. Das „Wie" der Lehrmethode hat viel mehr Bedeutung als das „Wenn" (zu welchem Zeitpunkt die Technik „wo" und „warum" auf dem Spielfeld einzusetzen ist). Die traditionelle Lehrweise instrumentalisiert die verschiedenen technischen Fertigkeiten losgelöst vom Spielgeschehen und wenn der Spieler alle Techniken beherrscht, so meinte man, dann kann er auch Fußball spielen. Technik wird isoliert vom Spiel eingeübt, anstatt das Üben der Technik im Spiel stattfinden zu lassen!

- Betrachtet die jungen Spieler als passive Akteure, die den Anweisungen ihres Trainers folgen müssen. Sie werden mehr als die Spieler angesehen, die Befehle ihres Trainers ausführen und nicht als denkende Spieler, die eigene Entscheidungen zu treffen in der Lage sind. Ihre Abhängigkeit vom Trainer ist absolut.

- Es besteht eine enge Verbindung zwischen Trainer und Spieler, die so schnell wie irgendmöglich Erfolg haben wollen.

Gott wertet einen Baum nicht nach seinen Wurzeln, sondern nach seinen Früchten!

Arabisches Sprichwort

11 Neue Tendenzen im Fußballcoaching

DIE WELT DES FUSSBALLS ENTDECKT DAS GEHIRN UND DIE MÖGLICHKEITEN, DIE LEISTUNG DER SPIELER UND DAS SPIELNIVEAU WEITER ZU VERBESSERN

Seit Jahren ist im deutschen Fußball eine Tendenz zu beobachten, die sicherlich auch in anderen Sportarten triumphieren wird. Zum ersten Mal seit langer Zeit kann der Fußball, der normalerweise neuen oder modernen Trends und Tendenzen wenig aufgeschlossen gegenübersteht, zum Vorreiter einer Entwicklung werden, die das Erreichen einer optimalen Leistungsfähigkeit auch in anderen Sportarten möglich machen wird.

Kurze Bemerkungen zu den bisherigen Tendenzen im Fußballcoaching
So wie auch in allen Bereichen des Lebens wurde und wird auch der Fußball in jeder Epoche von bestimmte Tendenzen oder Moden geprägt. Am Anfang, vor mehr als 100 Jahren, als es noch keine Trainer gab, **stand das komplette Spiel im Vordergrund der Trainingsarbeit,** bis die ersten Trainer auf der Fußballbühne in Großbritannien auftauchten. Sie ließen sich vom Training anderer, zu jener Zeit populären Sportarten, wie Leichtathletik und Schwimmen, beeinflussen und erkannten die Notwendigkeit, besonders die **fußballspezifischen Techniken in den Mittelpunkt ihrer Trainingsarbeit zu stellen.** Technikorientiertes Training blieb dann für mehr als ein halbes Jahrhundert die große Mode im Fußballcoaching und wurde erst in den frühen 60er Jahren durch das Auftreten von Konditionstrainern im Fußball (eingeleitet von Hennes Weissweiler) und die dadurch entstandene **Konditionswelle** abgelöst.

Auf der Suche nach weiteren brachliegenden Möglichkeiten zur Ausschöpfung des optimalen Leistungspotenzials beschlossen dann viele Klubs und Verbände, angeregt durch die Explosion von Höchstleistungen der Russen und Amerikaner in olympischen Sportarten, dank ihres systematischen **mentalen Trainings, Psychologen** zurate zu ziehen. Und schließlich wurde in den 80er Jahren der damalige Trend, der Taktik mehr Raum als je zuvor einzuräumen, mit der Weltmeisterschaft 1990 bestätigt, denn am Anfang dieser Taktikwelle gab es weniger attraktiven Fußball als zuvor zu sehen. Die WM in Italien machte Geschichte, denn nie zuvor bei einer Weltmeisterschaft gab es eine geringere effektive Spielzeit (Ball im Spiel) als 1990.

Ende des letzten und am Anfang dieses neuen Jahrhunderts, als die **Technologie** schon seit Jahren das tägliche Leben vieler Menschen bei ihrer Arbeit und auch in ihrer Freizeit beeinflusste, gewann diese auch bei der Planung und Analyse des Trainings an Bedeutung, bis auf der dauernden Suche nach weiteren, noch nicht genutzten Möglichkeiten zur Verbesserung der Leistungsfähigkeit in den ersten Jahren des ersten Jahrzehnts das bis heute noch am wenigsten erforschte Organ im menschlichen Körper für das Fußballtraining entdeckt wurde: **das Gehirn.**

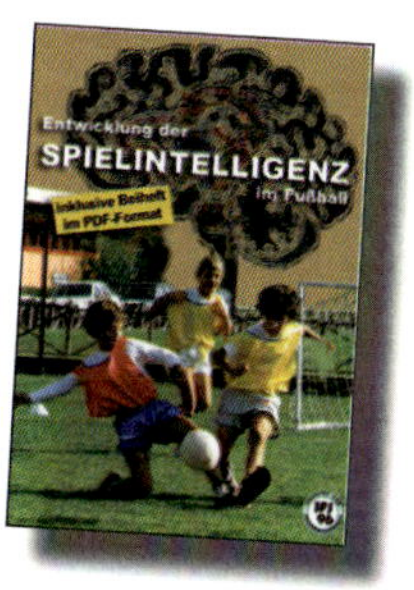

Das Gehirnjogging
Den Anlass zu diesem wichtigen Schritt zur Verbesserung der Leistungsfähigkeit des Fußballspielers gaben viele, auf höheren Absatz spekulierende Firmen. Seit Jahren schulten sie bereits ihre Mitarbeiter während der Arbeitszeit mit

gezielten, das Gehirn stimulierenden Kursen, um ihnen auch noch im gereiften Alter bessere geistige Leistungen zu ermöglichen. Die Resultate dieser neuen Initiative, des Gehirntrainings, wurden schnell bekannt, und immer mehr Firmen tendierten dazu, ihre Arbeitskräfte regelmäßig fortbilden zu lassen, um sie zu effektiveren und produktiveren Mitarbeitern auszubilden. Die betreffende Firma poduzierte mehr und expandierte.

Der Fußball, der heute mehr ein Wirtschaftsfaktor als ein Sportspiel ist, blieb dieser Entwicklung nicht fern. So wie alle Muskeln des menschlichen Körpers (dem Herzmuskel wurde im Fußballtraining erst am Anfang der 60er Jahre besondere Bedeutung zugemessen), so braucht auch das Gehirn ein kontinuierliches, wohldosiertes Training. Glauben wir den Wissenschaftlern, so benutzt die große Mehrheit der Menschen nur einen geringen Teil ihres Gehirns (etwa 2 %) im täglichen Leben, während der Rest noch brachliegt und nicht genutzt bzw. nicht stimuliert wird. Studien haben gezeigt: Ein trainiertes Gehirn kann mit 60 oder 70 Jahren dem untrainierten Gehirn eines 30-Jährigen haushoch überlegen sein. Diese Eigenschaft des Gehirns stellt sich aber nicht „von alleine" ein – das Gehirn braucht Reize von außen und muss ständig gefordert werden.

Jeder weiß, dass ein angemessenes Niveau an geistiger Leistungsfähigkeit in allen Bereichen des täglichen Lebens erhebliche Vorteile einbringt. Das ist nicht nur in der Schule, sondern auch im Berufsleben, beim Erhalten einer guten Lebensqualität im Seniorenalter und im Fußballspiel so.

Es gibt Anzeichen dafür, dass heute das Gehirn im Fußballtraining wie ein Muskel betrachtet wird. Es braucht dauernd neue Herausforderungen und sollte mit Reizen von außen trainiert werden, damit es auch in Form bleibt. Fehlt jedoch im Training eine hohe Anzahl und Intensität von neuen Reizen und werden kaum neue Bewegungskombinationen vom Spieler erprobt und vom Trainer gefordert, dann kommt es schnell zu einer gewissen Routine und das Gehirn wird träge, weil die Leistungsfähigkeit der Nervenzellen nachlässt.

Durch ein „Gehirnjogging" jedoch wird das Neuronennetz im Kopf nicht nur in Funktion gehalten, sondern es werden mit den unterschiedlichsten Stimuli weitere Verbindungen zwischen den neuen Neuronen geknüpft, die dem Fußballspieler beim Erreichen seiner optimalen Leistung nur behilflich sein können.

Mediziner, Psychologen und Sportpädagogen arbeiten seit Anfang dieses Jahrhunderts fieberhaft an speziellen Methoden, um das Gehirn auf die verschiedenste Art und Weise zu aktivieren. Auch der Autor versuchte, seinen Beitrag zu leisten und veröffentlichte zwischen 2002 und 2010 in Wort und Bild Bücher und DVDs in Zusammenarbeit mit dem Institut für Jugendfußball (www.ifj96.de) mit praktischen, fußballspezifischen Vorschägen zur Entwicklung der Spielintelligenz im Fußball.

In Zukunft wird nicht nur für Menschen aller Altersgruppen vom Kindergarten bis hin zum Hochleistungssportler, sondern auch für Berufstätige, Kranke und Pensionäre zum Aufrechterhalten einer gewissen Lebensqualität im Alter ein spezifisches, das Gehirn stimulierendes Training durchgeführt, das ihre Leistungsfähigkeit im täglichen Leben genauso verbessert wie ein körperliches Fitnesstraining.

Beim Gehirntraining wird die „Hardware", der Arbeitsspeicher im Gehirn, der die Basis für die geistige Leistungsfähigkeit darstellt, mit einem vorrangig spielerischen Training so sensibilisiert, dass sich nicht nur die Zahl der neuen Neuronen um mehrere Millionen vermehrt, sondern auch neue Neuronenverbindungen (Synapsen) geschaffen werden, die die Nutzung des immder größer werdenenden Speichers verbessern.

Gehirnjogging wird im zweiten Jahrzehnt dieses Jahrhunderts zum wichtigen Bestandteil in der Ausbildung von Fußballspielern. Bekannte Fußballvereine, wie z. B. TSG 1899 Hoffenheim und Borussia Dortmund, haben bereits das Gehirntraining mit speziell dafür ausgebildeten Fachkräften in ihr Ausbildungsprogramm und ins Training der Berufsfußballer aufgenommen. Andere Fußballklubs und Sportvereine im In- und Ausland werden genauso folgen wie private und öffentliche Schulen, Krankenhäuser und Seniorenheime.

Was ist eigentlich Gehirnjogging?
Normalerweise führen speziell für das Gehirnjogging ausgebildete Fachkräfte mit den Fußballern 2 x die Woche (für je eine Stunde) eine Reihe von speziellen Übungsformen durch. Diese haben den Zweck, ihre intellektuellen und auch die anderen lebenswichtigen Fähigkeiten zu stimulieren und mit bestimmten motorischen Fertigkeiten, wie Ballpassen oder Ballannahme, in Verbindung zu setzen bzw. zu integrieren.

Zur besseren Erklärung dieser Methode, die von Horst Lutz „Lifekinetik" genannt wurde, hier nur eines von vielen praktischen Beispielen. Einem Spieler werden gleichzeitig zwei Bälle zugeworfen. Seine Aufgabe ist es, beide zu fangen. Das ist für ihn eine halbautomatische Bewegung, die jedoch einen gewissen Grad von Aufmerksamkeit und Wahrnehmung verlangt. Würden ihm aber gleichzeitig vier Bälle zugeworfen, von denen er nur zwei fangen muss (wahrscheinlich die, die für ihn am leichtesten zu erreichen sind), dann würden höhere Anforderungen an seine Aufmerksamkeit und Wahrnehmungsfähigkeit gestellt, um sein Ziel zu erreichen.. Im Falle, dass der Trainer nun von ihm verlangt, von den verschiedenfarbigen Bällen, nur zwei der gleichen Farbe zu fangen, (z. B. die beiden gelben), dann erfordert dies nicht nur eine vermehrte Aufmerksamkeit und Wahrnehmung, sondern darüber hinaus auch die Fähigkeit der Auswahl zwischen den verschiedenen Farben und die motorische Ausführung des Fangens ausführen zu können. Einige Tage oder Wochen später wird die gleiche Aufgabe erschwert und komplexer gemacht. Den verschiedenen Farben der Bälle werden dann bestimmte Nummern, Buchstaben, Pflanzen oder Tiere zugeordnet. Um nun erfolgreich zu sein, wird

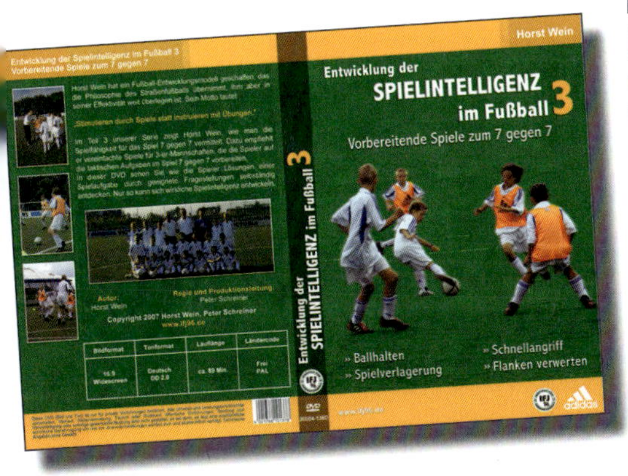

von dem Spieler nicht nur ein noch höherer Grad von Aufmerksamkeit und Wahrnehmung verlangt, sondern auch die Fähigkeit, vor der motorischen Antwort (d. h. dem Fangen) einen logischen Denkprozess durchzuführen. Durch diese Art und Weise der progressiven Stimulation des Gehirns wird nicht nur die Zahl der Neuronen um Millionen vermehrt, sondern sie verlängern sich auch und bilden ein Netz von neuen Circuits, was für den Fußballspieler auf dem Feld von unschätzbaren Wert sein wird.

Fußball, der im Kopf beginnt und mit den Füßen endet.

Fútbol a la medida del niño

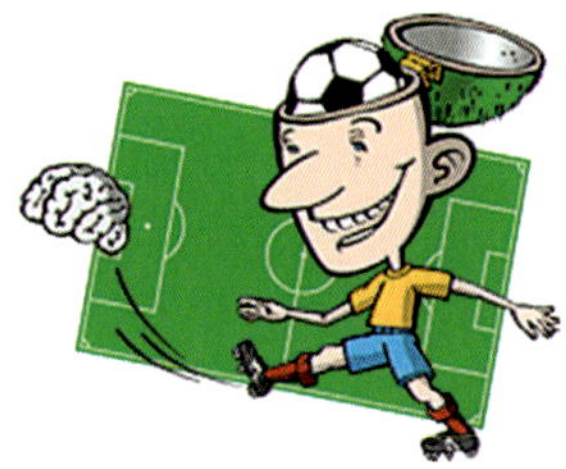

Vorteile durch Gehirnjogging

Ziel dieser aktuellen Mode oder Tendenz in unserer Gesellschaft ist es, die Leistungsfähigkeit von Geist und Gedächtnis optimal zu fördern. Beim Training werden gezielt die Grundfunktionen unseres Gehirns, sowohl die logische als auch die kreative Gehirnhälfte, angesprochen. Nur wer sein Gehirn mehrmals in der Woche mit einer Vielfalt von Stimuli trainiert, ist **im Spiel kreativer und flexibler,** hat eine **bessere Aufmerksamkeit** und **kann Informationen schneller aufnehmen, verarbeiten und einordnen,** neue **Erfahrungen besser und auch länger im Gedächtnis speichern sowie Stresssituationen besser in den Griff bekommen.** Er hat ein **erhöhtes Reaktionsvermögen** und **kann** durch ein verbessertes Koordinations- und Assoziationsvermögen **leichter Probleme lösen und sich auf neue Situationen einstellen.**

Wurde bisher die Leistung von Fußballspielern besonders an ihrer Technik, Spieltaktik und körperlichen und psychischen Fitness gemessen, so ist jetzt auch ihre geistige Fitness gefragt, um durch eine weitere Verbesserung der Spielfähigkeit eines jeden Spielers bessere Ergebnisse im Mannschaftsspiel Fußball zu erzielen. Geistig fit und auf der Höhe zu sein, ist jetzt allen Fußballspielern mit relativ wenig Aufwand und viel Spaß möglich.

Aus diesem Grunde wurde vom Autor in den 80er Jahren für alle Kinder und Jugendliche das Minifußball mit vier Toren propagiert, das heute **FUNiño** genannt wird. **FUNiño** wird heute in über 35 Ländern gespielt und wurde von der UNICEF als Werkzeug gegen die Ausbreitung der Fettleibigkeit (Obesität) und der passiven Lebensweise der Jugend empfohlen.

„Der Geist ist kein Schiff, das man beladen kann, sondern ein Feuer, das man entfachen muss."

Plutarch

12 Der Lern- und Lehrprozess zur Entwicklung der Spielintelligenz in 4 Phasen

Je weniger Fehler ein Spieler beim Durchlaufen der 4 Phasen der Problemlösung begeht, desto höher muss man sein Niveau der Spielintelligenz einstufen. Hier werden alle Attribute, die erst die Spielintelligenz ausmachen oder ein intelligenter Spieler besitzen sollte, aufgezeigt. Je nach ihrem Ausprägungsgrad kann man einen Spieler heute als mehr oder weniger intelligent in seinem Spielverhalten bezeichnen.

1. Wahrnehmung/Bewusstsein
2. Verstehen und richtig einordnen
3. Entscheidungsfindung mit Abwägen der Risiken und Erfolgschancen
4. Technische Ausführung

DIE 4 PHASEN BEI DER LÖSUNG VON PROBLEMEN, DIE IM SPIEL AUFTRETEN
WAHRNEHMUNG Was passiert hier? – **Observation** – Relevante Information der Spielsituation erkennen und sie gleichzeitig richtig einordnen bzgl. Raum und Zeit.
VERSTEHEN UND INTERPRETIEREN **Analyse** – Frühere Erfahrungen und gesamten Wissensschatz konsultieren. Das Problem der Spielsituation erkennen und sich ihre mögliche Lösung im Geist vostellen („mentales Kino“).
ENTSCHEIDUNGSFINDUNG Was muss ich tun, um das Problem zu lösen? – **Verschiedene Optionen gegeneinander abwägen (Risiken berücksichtigen)** – Die geeignetste Lösung auswählen.
TECHNISCHE AUSFÜHRUNG Wie mache ich es motorisch? – **Lösung des Problems mit einer motorischen Antwort, die zeitgerecht (nicht zu früh und nicht zu spät) korrekt ausgeführt wird.**

„Nur dank seiner Spielintelligenz ist es einem Spieler möglich, seine technischen und physischen Fähigkeiten in eine effektive Leistung umzusetzen.“

1. PHASE: DIE BEDEUTUNG DER WAHRNEHMUNG FÜR DIE LEISTUNG EINES FUSSBALLSPIELERS

Wenn Xavi Hernandez vom FC Barcelona, bester Spieler des Europapokalbewerbs 2008, den Ball erhält, zeigt er selten Stress und er steht auch nicht unter Gegner- oder Zeitdruck. Dies ist deshalb so, weil er sich vor seiner Ballannahme – meistens auch mit einen schnellen Blick nach links und rechts und über seine Schulter – ein optimales Blickfeld für seine Folgeaktion verschafft.

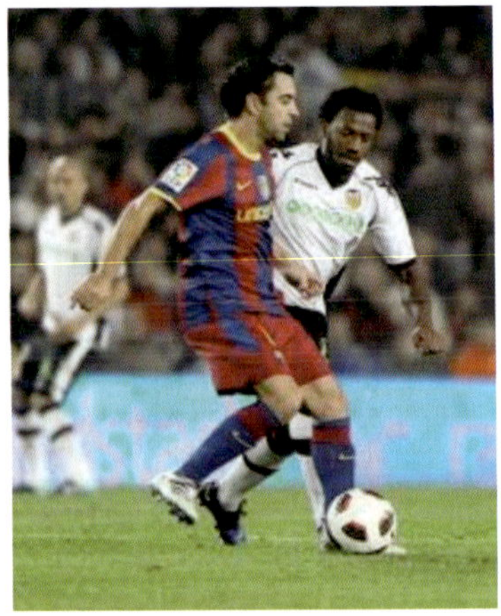

Xavi („mit Chamäleon Augen") entscheidet bereits über sein nächsten Abspiel, bevor er den Ball erhält!

Bevor er den Ball erhält, nutzt er seine Wahrnehmungsfähigkeiten, um sein erstes Ziel zu erreichen: die Aufrechterhaltung des Ballbesitzes in seiner Mannschaft.

Seine Wahrnehmung informiert ihn vor der Ballannahme:

1. ob er von einem oder zwei Gegnern bedrängt wird,
2. welches seine besten Zuspieloptionen sind oder
3. ob er den Ball besser dribbeln sollte.

Manchmal empfehlen ihm seine Augen und das Gehirn den Ball vom Gegner abschirmend zu dribbeln und manchmal ihn zu passen, doch immer bleibt er dabei ruhig und entspannt und nur sehr selten verliert er den Ball. Bedeutende Spieler in verschiedensten Sportarten, die ebenso über hervorragende Wahrnehmungsfähigkeiten verfügen, sind häufig in der Lage spektakuläre Aktionen und geniale Zuspiele zum genau richtigen Zeitpunkt zum bestpostierten Mitspieler auszuführen. Sehr oft sogar zum Erstaunen ihrer Fans und vor allem ihrer Mitspieler.

Worüber muss sich ein Spieler während des Spiels bewusst sein:
Intelligente Spieler sind immer bestrebt, diejenigen Faktoren visuell auszumachen, welche für ihre Entscheidungsfindung wesentlich sind. Dazu gehören:

- **Der Raum:** Wo auf dem Spielfeld gibt es einen vom Gegner nicht gedeckten Raum, den der Spieler für sich selbst oder auch für seine Mitspieler nutzen kann?
- **Der Ball:** Wer ist gerade im Ballbesitz? In welchem Bereich des Spielfeldes befindet er sich? Welche Optionen stehen ihm zur Verfügung? Welche Geschwindigkeit, welche Höhe, welche Flugkurve und welchen Effekt hat ein Zuspiel von einem Mitspieler, was nicht nur für den ballannehmenden Spieler, sondern auch für einen nahstehenden Verteidiger von Bedeutung ist?
- **Seine Teamkollegen:** Bedingt durch das System, das seine Mannschaft spielt, weiß ein Spieler in der Regel, wo sich seine Mitspieler aufhalten sollten. Er „scannt" besonders seine unmittelbare Umgebung, um herauszufinden, wer ihm zur Hilfe eilen könnte oder wen er in der Verteidigung und auch im Angriff unterstützen kann.

- **Die Gegner:** Wie weit ist der nächststehenden Gegenspieler entfernt, was tut er gerade und was wird er und seine Mitspieler wahrscheinlich als nächstes tun? Welche Gefahr stellen sie dar?
- **Bereich des Spielfeldes, in dem die Aktion stattfindet:** Spielt sich die Situation im eigenen Verteidigungsdrittel, im Mittelfeld oder im Angriffsdrittel, im Zentralstreifen oder in einem der Außenstreifen ab?

Um alle diese Faktoren gleichzeitig wahrnehmen zu können, müssen Spitzenspieler neben einer guten Tiefenwahrnehmung ein großes Blickfeld haben. Das erreichen sie durch das konstante Verändern ihrer Körperstellung und besonders auch durch schnelle Kopfbewegungen. Eine optimale Wahrnehmung erfordert zudem dauernde Wachsamkeit und Konzentrationsfähigkeit. Ohne diese psychologischen Eigenschaften häufen sich die Fehler in der Wahrnehmung und damit auch im Spiel.

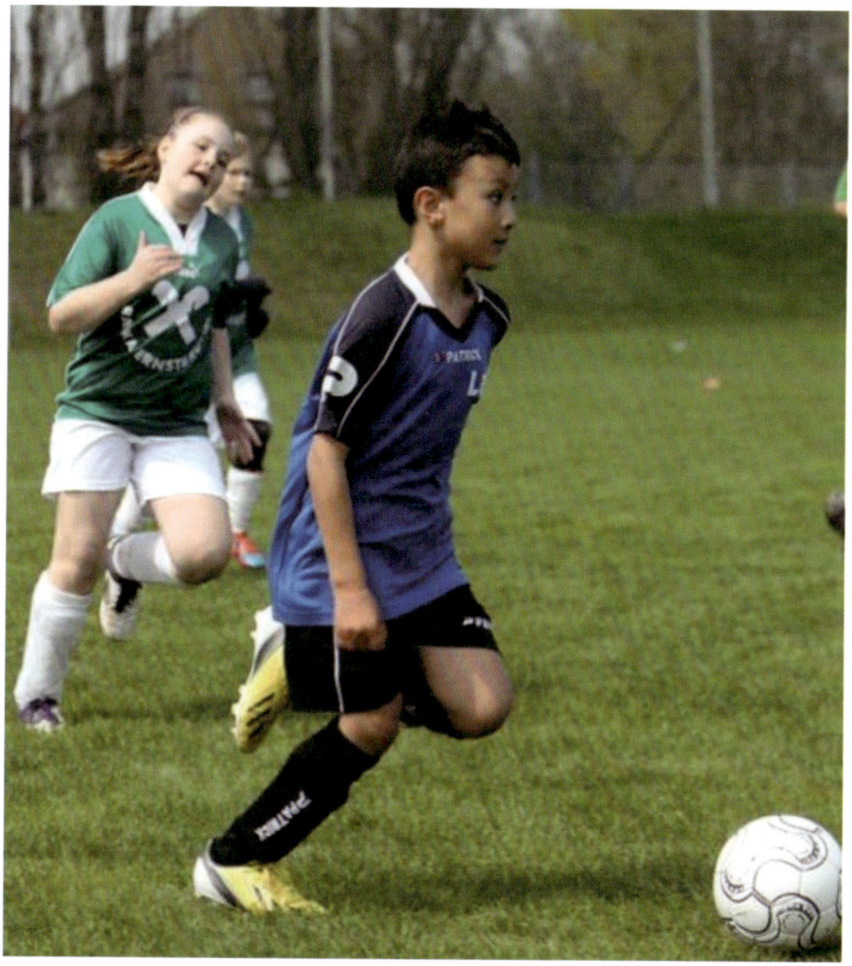

Allerdings **muss sich die Wahrnehmung nicht unbedingt auf visuelle Faktoren beschränken.** So spielen etwa der Tastsinn, akustische Einflüsse sowie z. B. folgende psycho-physische Faktoren eine nicht zu unterschätzende Rolle:

- der aktuelle Spielstand,
- die eigene physische Verfassung sowie jene der eigenen Mitspieler und Gegenspieler,
- die kritischen Momente eines Fußballspiels (z. B. die erste und letzte Spielminute in jeder Halbzeit, die ersten drei Minuten nach einem Torerfolg oder auch nach einem Gegentor, Standardsituationen mit dem ruhenden Ball)
- Stimmung im Stadion (z. B. beinflusst durch Zuschauer, Fans)

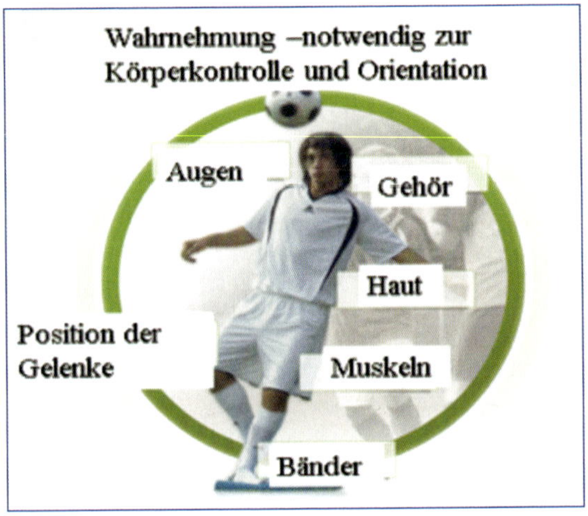

Hinweis: Die meisten Spieler fokussieren ihre Aufmerksamkeit – so wie viele Trainer es von ihnen verlangen – auf den Ball, aber das konstante „ball-watching" kann besonders bei Abwehrspielern in Tornähe schwerwiegende Folgen haben. So kann es z. B. passieren, dass ein Verteidiger seinen persönlichen Gegner aus den Augen verliert, weil er sich ausschließlich auf den Ball konzentriert. Intelligente Abwehrspieler versuchen das zu vermeiden und positionieren sich immer so, dass sie nicht nur den Ball, sondern gleichzeitig auch ihren persönlichen Gegenspieler beobachten können. Zudem versuchen sie auch permanent andere Informationen zu erfassen, welche das Spiel in diesem Augenblick entscheidend beeinflussen könnten.

Das Training der Wahrnehmungsfähigkeit

Der Ausbildung der Wahrnehmungsfähigkeiten von Spitzensportlern wird heute viel mehr Bedeutung geschenkt als noch vor zehn Jahren. Die Zahl renommierter Fußballtrainer, die ihre Spielern befähigen, das Spiel in allen seinen Einzelheiten richtig lesen und auch verstehen zu können, nimmt ständig zu. Damit tragen diese Personen entscheidend zur Leistungsverbesserung ihrer Spieler bei, denn dem Training, welches auch die Sinne eines Fußballspielers stimuliert, wird die Zukunft gehören.

Leider sind sich immer noch zu wenige Trainer der Vorteile bewusst, die ein systematisches visuelles Training (im Sinne eines kontinuierlichen Training der Wahrnehmungsfähigkeiten durch entsprechende Stimuli und Reize) für die Leistung eines Spielers hat.

Ein Fußballspieler erhält 85 % aller seiner Informationen über seine Augen, während dieser Prozentanteil bei den meisten Menschen in der Regel viel geringer ist. **Je mehr ein Spieler in der Lage ist, visuelle und andere Informationen wahrnehmen zu können, desto mehr kann er auf dem Spielfeld leisten. Wichtig jedoch ist, daß die Wahrnehmung selektiv ist, d. h. dass der Spieler die richtigen und wichtigen Dinge erkennen muss. Dies ist eine**

Fertigkeit, die jeder Spieler lernen kann und muss. Dabei muss beachtet werden, dass die Augen nur das sehen und erkennen können, was der Spieler auch versteht bzw. was das Gehirn des Spielers erkennt! Je mehr Wissen und Erfahrung ein Fußballspieler hat, desto mehr ist er auch in der Lage eine Spielsituation richtig lesen und beurteilen zu können.

Viele Profi-Fußballer sind der Meinung, dass ihre Fähigkeiten der Wahrnehmung, der Antizipation, der Reaktionsschnelligkeit und der Aufmerksamkeit angeboren und nicht erlernbar und verbesserungsfähig sind. Dem ist nicht so. Will ein Spieler seine optimale Leistung erreichen, dann müssen diese Fähigkeiten mit vielen praktischen Übungen und insbesondere mit vereinfachten Spielen stimuliert werden. Mit anderen Worten ausgedrückt: Das sensomotorisches System des Spielers muss kontinuierlich gestärkt werden.

Fußballspieler müssen heute also lernen, sich verändernden Spielsituation so schnell wie möglich anzupassen, weshalb schnelle Entscheidungen unbedingt notwendig sind. Das Training der Wahrnehmungsfähigkeiten mit dem Ziel des richtigen Verarbeitens aller relevanter Informationen einer Spielsiuationen wird noch in vielen Vereinen unterschätzt. Dadurch kann es ihnen auch nicht gelingen, ihr Spiel dauerhaft auf ein höheres Niveau zu heben.

Die systematische Entwicklung der Wahrnehmungsfähigkeiten von Spielern sorgt also dafür, dass sie sich erhebliche Wettbewerbsvorteile gegenüber anderen Spielern verschaffen können, deren Ausbildung nur auf die drei wichtigsten Bausteine des traditionellen Fußballtrainings ausgerichtet waren: Technik, taktisches Wissen und optimale körperliche Verfassung.

Spieler mit einer hervorragenden Wahrnehmung (wie Xaxi und Iniesta vom FC Barcelona) sind fähig, Dinge zu sehen, die andere Spieler nicht wahrnehmen. Diese Fähigkeit erlaubt es sogar körperlich weniger robusten Spielern, sich gegen größere und stärkere Gegner zu behaupten. Zudem führt das häufige Vorausahnen des Spiels des Gegners dazu, dass man sich gegen physisch schnellere Spieler durchsetzen kann.

Häufig ist somit festzustellen, dass der Unterschied zwischen einem guten und hervorragenden Spieler der Ausprägungsgrad der Spielintelligenz ist.

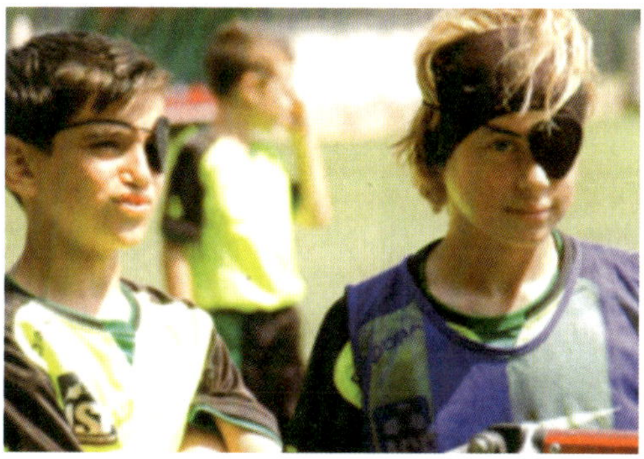

Deshalb sollte es von nun an auch eine wichtige Aufgabe im Training sein, die 1. Phase der Wahrnehmung mithilfe von verschiedenen, vereinfachten Spielen Schritt für Schritt zu entwickeln. Immer mehr setzt sich die Überzeugung durch, dass Spieler ihre Leistung im Spiel durch ein visuelles Training erheblich verbessern können. So können alle FUNiño-Spiele mit ihren vielen Varianten auch mit einer Augenklappe gespielt werden, die das dominierende Auge verdeckt und so nur das schwächere Auge schult oder auch mit einem mentalen „Gehirnjogging".

2. PHASE: DIE WICHTIGKEIT DES VERSTEHENS UND DER INTERPRETATION DER WAHRGENOMMENEN INFORMATION

Sobald ein Spieler **alle relevanten visuellen Informationen** über eine bestimmte Spielsituation gesammelt hat, muss er diese **in seinem Gehirn verarbeiten**, d. h. **er muss sich idealerweise bewusst und aktiv mit den Informationen auseinandersetzen.** Dabei werden neue, soeben erhaltene Informationen mit denjenigen konfrontiert und vernetzt, die sich aufgrund von im Training und bei Wettspielen erworbenen Erfahrungen (und zwar aus sehr ähnlichen Situationen) bereits in seiner umfassenden „Gehirn-Datenbank" befinden.

Wir müssen uns bewusst sein: Das Fußballspiel ist sehr komplex und beinhaltet viele Variablen und permutable Siuationen, die der Spieler lernen muss „intelligent zu lesen". Das einfachste Beispiel einer wiederkehrenden Spielsituation ist die 2-gegen-1-Situation, die 17 verschiedene Probleme beinhaltet, die ein Spieler in Sekundenschnelle zu lösen hat. Die 2-gegen-1-Situation ist so quasi die kleinste Komponente des gesamten Fußballspiels („sein Atom") und tritt etwa 3 x pro Minute oder mehr als 300 x im gesamten Spiel auf. Trotzdem gibt es aber immer noch Spieler im Profifußball, die das Vorhandensein einer 2-gegen-1-Situation während des Spiels nicht bemerken oder beim Verstehen Schwierigkeiten haben. Logischerweise können diese Spieler in der Folge auch nicht optimal handeln.

In einem Fußballspiel von 90 Minuten ist die durchschnittliche Zeit, die ein Feldspieler in Ballbesitz ist, weniger als 90 Sekunden oder 2 % seiner Zeit auf dem Spielfeld. Die meiste Zeit während des Spiels geht es nicht darum, was ein Spieler mit dem Ball am Fuß leisten kann, sondern wie er sich gerade in seinem Spiel ohne Ball verhält. Die meisten seiner Entscheidungen sind „wohin" und „wann" er freilaufen, passen oder dribbeln muss. **Sich dauernd für konkrete Handlungen im Spiel, entweder im Angriff oder in der Abwehr, zu entscheiden, ist eine überaus wichtige Aufgabe eines jeden Spielers. Zu deren Lösung muss er idealerweise seine besten entwickelten, kognitiven Fähigkeiten nutzen.**

Im Prozess der Wahrnehmung, des Verstehens und der Interpretation der visuellen Informationen konfontiert bzw. vernetzt der Spieler diese mit seinem bisherigen Wissen und seinen früher gemachten Erfahrungen und beantwortet darauf aufbauend Fragen, wie z. B.:

- Ist das Problem im Angriff oder ein Problem in der Abwehr?
- In welchem Teil des Spielfeldes läuft diese Spielsituation ab?
- Hat seine Mannschaft in diesem Augenblick in der entsprechenden Zone eine Überzahl oder spielt sie in Unterzahl?
- Welche Möglichkeiten hat sein Mitspieler sich in dieser Situation nützlich zu machen?
- Ist seine Mannschaft dabei, das Spiel zu gewinnen oder zu verlieren?

„Sich eines Problems bewusst zu sein ist der Anfang allen Lernens. Wenn jedoch dieses Bewusstsein fehlt, kann weder das Lernen noch Fortschritt stattfinden."

3. PHASE: ÜBER DIE BEDEUTUNG RICHTIGE ENTSCHEIDUNGEN TREFFEN ZU KÖNNEN

Risiko- und Erfolgsmanagement in der Entscheidungsfindung

Bei der Entscheidungsfindung erwägt der Spiele eine Reihe von möglichen Lösungen, bevor er zu handeln beginnt (siehe die letzte Phase des Prozesses der Problemlösung im Fußball). Dabei hilft ihm seine Erfahrung, dass es in verschiedenen Teilen des Spielfeldes bestimmte Zonen gibt, in denen mit mehr oder weniger Risiko gespielt werden sollte.

Zum Beispiel macht es Sinn, dass **kein Abwehrspieler in seinem eigenen defensiven Drittel irgendwelche Risiken mit dem Ball eingeht,** da die Folgen nach einem Ballverlust direkt zu einem Gegentor oder sogar unmittelbar zu einer Niederlage führen können. Im mittleren Drittel sind beim Versuch, den Ball im Spielaufbau zu halten, geringere Risiken angezeigt. Im Falle eines Fehlpasses verliert die angreifende Mannschaft zwar den Ball, allerdings relativ weit entfernt vom eigenen Tor, sodass die Gefahr eines unmittelbaren Gegentores viel geringer ist. Dafür besteht die Chance, etwa durch einen erfolgreichen Steilpass zu einer freilaufenden Sturmspitze direkt zu einer Torchance oder sogar zum Torerfolg zu kommen.

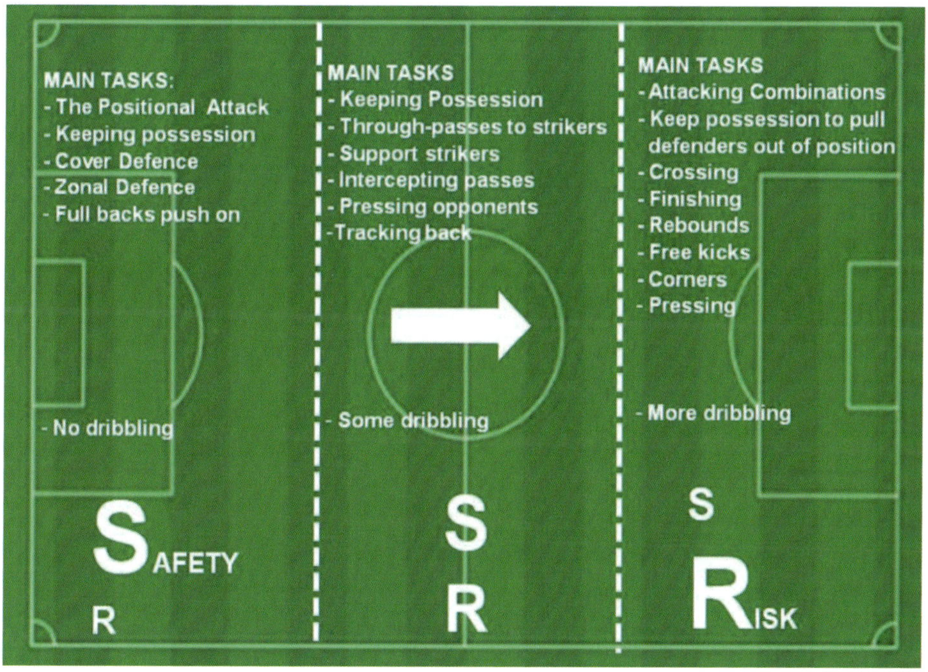

In dem angreifenden Drittel des Feldes kann ein zum richtigen Zeitpunkt ausgeführtes Dribbling oder auch eine gute, riskante Kombination zwischen 2 oder 3 Angreifern einen Raum oder sogar eine Torchance schaffen, sodass eine **hohe Risikobereitschaft in dieser Zone die größte Aussicht auf einen Torerfolg bei einem gleichzeitig kleinen Risiko hat.**

Bei einem Spiel keine Risiken einzugehen ist abzulehnen, aber zu wissen, wann und wo man mit mehr oder weniger Risiko agieren soll, ist häufig spielentscheidend. Die meisten Spiele werden von jenen Mannschaften gewonnen, die es verstehen, in den verschiedenen Zonen des Spielfeldes mit mehr oder weniger Risiken zu spielen.

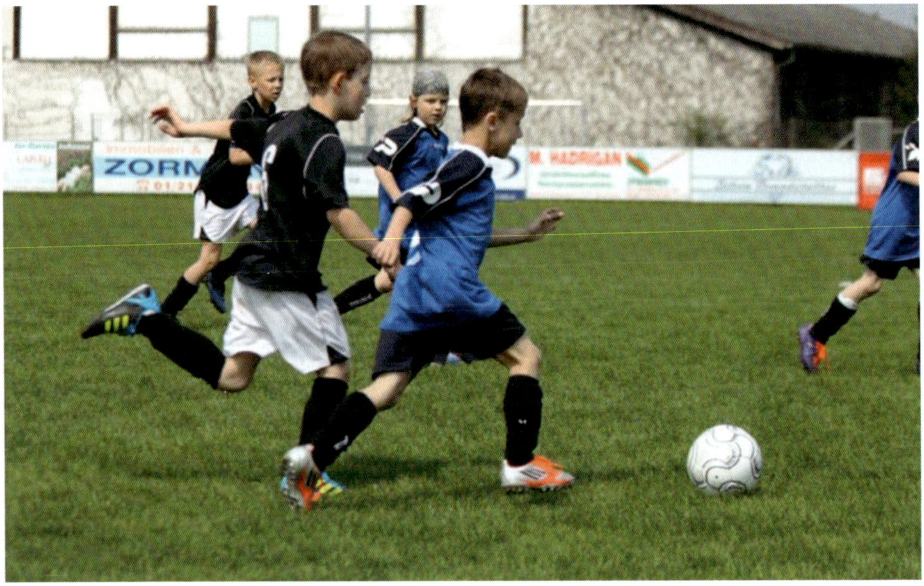

Ein Spitzenspieler weiß also nicht nur, wie er sich in den verschiedenen Zonen des Spielfelds im Hinblick auf Risiko und Sicherheit zu verhalten hat, sondern ihm sind auch die **kritischen Momente eines Fußballspiels** bewusst, z. B. unmittelbar nach einem erzielten Tor, bei Standardsituationen mit dem ruhendem Ball in der Nähe des Tores sowie auch besonders der Zeitraum in den ersten und letzten fünf Minuten jeder Halbzeit. In diesen kritischen Momenten eines Spiels die Ruhe zu bewahren, bewusst die Möglichkeiten und Gefahren in diesem Spielsituationen zu erkennen und sich dann entsprechend zu verhalten kann absolut spielentscheidend sein.

Zeichen von maximaler Konzentration sind z. B. schnelle Ausführungen eines Einwurfs oder eines Freistoßes, besonders wenn der Gegner durch eine Schiedsrichterentscheidung abgelenkt wurde.

„Unter Berücksichtigung der Bedeutung, welche die Spielintelligenz in Zukunft für die Leistung eines jeden Fußballspielers hat, sollte das Lernen im Training als ein dauernd fortschreitender Aufbauprozess von neuem Wissen gesehen werden."

4. PHASE: ÜBER DIE WICHTIGKEIT EINER SOLIDEN TECHNISCHEN AUSFÜHRUNG

Es ist offensichtlich in einem Fußballspiel, dass erst die korrekte motorische Ausführung mit entsprechenden, technischen Fertigkeiten den Prozess in Richtung Spielintelligenz abschließt. Wie bereits erwähnt **beginnt der moderne Fußball immer im Kopf und endet mit den Füßen!**

Dennoch gilt es nochmals festzuhalten: Es ist bewiesen, dass selbst auf höchstem Spielniveau die meisten Ballverluste auf Fehler in den ersten drei Phasen zur Lösung von Spielsituationen zurückzuführen sind, nämlich auf Fehler in der Wahrnehmung, im Verständnis und Einordnen der Information und in der Entscheidungsfindung. Es ist also nicht so, wie lange Zeit behauptet wurde, dass eine schlechte Ausführungstechnik die Hauptursache für Ballverluste darstellt.

In diesem Zusammenhang ist wesentlich, dass noch viel zu oft die Technik isoliert von den grundlegenden Spielsituationen und ohne jeglichen Zeit- oder Gegnerdruck trainiert wird. **Das isolierte Techniktraining sollte durch ein integriertes Training, in dem alle Komponenten des Spiels gleichzeitig auftreten, abgelöst werden.**

Darüber hinaus hängt eine gute technische Ausführung auch vom Selbstvertrauen und der Konzentration des betreffenden Spielers ab. Die traditionelle Art und Weise des Coachings im Training, die Spieler mit lauten Kommandos zu instruieren (anstatt sie dazu anzuleiten, selbst die Probleme durch aktives Lernen zu lösen) wirkt sich häufig negativ auf das (Selbst-) Vertrauen und die Konzentration aus. **Deshalb muss beim Training der Spielintelligenz eine neue Art und Weise des Coaching angewendet werden, die diese Faktoren berücksichtigt.** Den Spielern sollte erlaubt werden, Fehler zu machen und aus ihnen zu lernen. Und sie sollen das Vertrauen ihrer Trainer haben, um zu lernen, selbst eigene Verantwortung zu übernehmen und selbst „richtige" Entscheidungen auf dem Spielfeld treffen zu können.

Ein intelligenter Spieler, selbst wenn er unter Zeit- oder Gegnerdruck steht, hat nie Eile und überstürzt nichts. Bevor er den Ball erhält, hat er bereits entschieden, was er als nächstes zu tun gedenkt. Intelligente Spieler haben sich bereits genügend Zeit und Raum für eine korrekte Ausführung ihrer nächsten Aktion verschafft, während weniger intelligente Spieler erst anfangen zu denken, wenn sich der Ball in der Nähe ihrer Füße befindet. Aus diesem Grunde kommt es auch seltener vor, dass intelligente Spieler vom Ball getrennt werden oder ihre Zuspiele nicht ankommen. Die besten Spieler haben einen sehr hohen Anteil an erfolgreichen Zuspielen, deren Erfolgsquote (siehe Xavi, Busquets und Iniesta vom FC Barcelona) fast immer zwischen 90 und 100 % liegt.

„Übungen zur Technikverbesserung anzubieten, ist zweifellos wichtig, aber sie ohne jeglichen Bezug zum Spiel zu praktizieren, ist nicht attraktiv, denn der Lernende braucht immer eine Referenz zum Spiel, um sich zu motivieren."

Brenda Read

13. BESSERES SPIELNIVEAU DURCH EIN OPTIMALES COACHING DES SPIELINTELLIGENZ-PROZESSES

Ein einzigartiger Ansatz zum modernen Coachen

Wenn ab einem sehr frühen Alter die Wahrnehmung und das Denkvermögens der Spieler im Training systematisch entwickeln werden (so wie es hier am Beispiel der FUNiño-Spiele gezeigt wird), führt dies zwangsläufig zu einer Anhebung des Spielniveaus. **So wie der Spieler dauernd seine technischen Qualitäten mit dem Ball verbessert, so sollte er auch mit den im Entwicklungsmodell „Fútbol a la medida del niño" enthaltenden vereinfachten Spielen seine kognitiven Kenntnisse vom Fußballspiel als Grundlage für seine Spielintelligenz erweitern. Der Gehirnmuskel wird bei diesen Spielen genauso und zur gleichen Zeit stimuliert wie die Skelettmuskeln des jungen Fußballspielers.**

Der erste Schritt auf diesem Weg ist, dass die Kinder durch Spielen, Üben und Experimentieren mit Freunden – auf eigene Faust und ohne beaufsichtigt zu sein – eine breite Palette von ersten wichtigen Erfahrungen machen. Wenn sie dabei möglichst auf vier Tore (und nicht wie früher immer auf zwei zentral stehende Tore) spielen, dann führt neben den technisch-taktischen und körperlichen Aspekten auch das Experimentieren und das aufmerksame Beobachten des Kindes zu einer großen Vielfalt von wichtigen Erfahrungen und intelligenten Spielhandlungen.

Der nächste Schritt ist, dass der Spieler in der Lage ist, die beim Spielen aufgenommenen Informationen mit seinen bisherigen Erfahrungen in ähnlichen Spielsituationen zu konfrontieren, um korrekte Verhaltungsweisen zu entwickeln. Wenn möglich, sollte ihm dabei ein Trainer oder Coach mit einer Sequenz von mehreren Fragen (entdeckendes Lernen) behilflich sein, was das „schlafende" Potenzial des jungen Fußballspielers erweckt. Diese Grundlogik zur Entwicklung junger Menschen gilt im übrigen nicht nur im Fußball, sondern natürlich generell, etwa in der Schule oder in der Familie.

Sobald die Kinder mit sieben oder acht Jahren Fußball zu spielen beginnen, sollten sie – wie im Modell aufgezeigt – mit einer **Vielfalt von vereinfachten Spielen** konfrontiert werden, nicht nur um technisch-taktisches Wissen zu erwerben, sondern auch, um sich korrekte Gewohnheiten aneignen zu können. **Je mehr Wissen das Kind durch die Praxis von vereinfachten Spiele aufnehmen kann, desto besser! Es kann dieses Wissen in der Folge unbewusst (!) oder intuitiv nutzen!**

Allerdings genügen subjektive Erfahrungen, die das Kind selbst macht, nicht! Der Erwerb von Wissen und Erfahrung wird erst dann erheblich verbessert, wenn der Trainer scharfsinnige Fragen stellt und mit Demonstrationen die Inhalte klar und verständlich für den jungen Spieler aufbereitet.

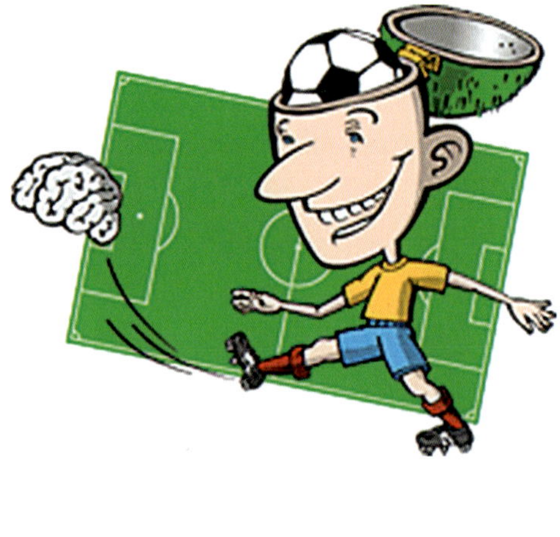

Anstatt die Spieler zu belehren oder zu instruieren, sollte der Trainer sie mit verschiedenen vereinfachten Spielen dazu anregen, alle enthaltenden Probleme selbstständig zu lösen. Bei Bedarf bietet er auch Ratschläge, Erklärungen oder Demonstrationen an. Wichtig ist es jedoch, dass er den Spielern durch eine optimale Anzahl von Wiederholungen (mindestens sieben) genügend Gelegenheiten gibt, durch Probieren und Experimentieren selbst die Lösungen zu entdecken, damit sie sie dann im Wettspiel (FUNiño, Fußball 5 gegen 5, 7 gegen 7 oder 8 gegen 8) korrekt angewendet werden können. Beim wiederholten Experimentieren lernen die Spieler, ihre Fehler zu erkennen und dann aus ihnen zu lernen, bis sich mit den Jahren ein solides Fundament für die Entwicklung der Spielintelligenz entwickeln kann.

Spielintelligenz wird also in erster Linie durch Anwendung der globalen Lehrmethode (durch Spiele) anstatt durch die analytischen Methode (durch Einüben oder „drills") entwickelt. Dies bedeutet, dass der Spieler in einer Reihe von vereinfachten Spielen wie 2 gegen 1, 3 gegen 1 oder 3 gegen 2 „experimentieren" muss. Je nachdem, welches vereinfachte Spiel auf dem Programm steht, muss jeder Spieler eine Reihe von unterschiedlichen Problemen im Angriff und in der Abwehr lösen, die seinen körperlichen, technischen und geistigen Fähigkeiten angepasst sind. In diesem Buch wird eine große Auswahl von Spielen und Übungen mit ansteigender Komplexität vorgestellt, die es dem jungen Spieler unter Anleitung eines motivierenden Trainers erlauben, Schritt-für-Schritt sein Denken so zu entwickeln bis er selbst ein umfassendes „Menü" von Lösungen für nahezu jede der grundlegendsten Situation des Fußballspiels bereit hat.

Das häufige Wiederholen der gleichen Spielsituation im Training führt dazu, dass diese von allen beteiligten Spieler voll verstanden wird. Zudem werden sie dazu angeregt, durch eigenes spontanes und kreatives Denken die bestmögliche Lösung zu finden.

So wie ein intelligenter Spieler in der Lage ist, die unmittelbare Situation auf dem Feld zu verstehen und schnell zu analysieren, so kann er auch aufgrund seiner Erfahrungen vorhersagen bzw. intuitiv spüren, wie sich das Spiel in den nächsten Sekunden wahrscheinlich entwickeln wird. **Diese Fähigkeit der Antizipation ist ein wichtiges charakteristisches Element für die Spielintelligenz.**

Leider sieht man heute noch in zu vielen Klubs Trainer, die beim Coaching noch Hauptdarsteller sind, weil sie dauernd ihren Spielern helfen und Anweisungen geben, was sie zu tun haben. Stattdessen sollten sie besser ihre jungen Spieler mit einer Vielfalt von vereinfachten Fußballspielen mit kindgemäßen Problemen konfrontieren oder stimulieren, damit diese von den Kindern durch eigenes Entdecken selbst gelöst werden. In einem modernen Fußballtraining sollte der Spieler immer der Hauptdarsteller des Lern- und Lehrprozesses sein! Erst so kommt es zu einem aktiven Lernen, dessen Lernergebnisse im Langzeitgedächtnis der jungen Spieler haften bleiben. Findet jedoch ein traditionelles, passives Lernen statt, weil der Trainer noch zu häufig instruiert, dann gehen die Lernergebnisse schnell wieder verloren.

„Ein Spieler, dessen Fußball in seinem Kopf beginnt, hat kaum Probleme, wenn er es dann mit seinen Füßen spielt. Aber derjenige, der Fußball nur mit seinen Füßen spielt wird Schwierigkeiten haben, das Spiel mit dem Kopf zu lesen und entsprechende Spielintelligenz zu entwickeln."

Das Fußballspiel entwickelt sich ständig weiter. Es verlangt heute **einen anderen Spielertyp** als noch vor zehn Jahren. Dieser Spieler hat nicht nur eine sehr gute Technik und enorme körperlichen Fähigkeiten, sondern darüber hinaus auch alle wichtigen Elemente der Spielintelligenz, d. h. die Fähigkeit wahrzunehmen, zu interpretieren und die richtigen Entscheidungen je nach Spielsituation zu treffen.

Die Fähigkeit, die Spielintelligenz eines Spielers zu erwecken und systematisch auszubilden ist heute nur wenigen Trainern möglich, weil es zur Zeit noch zu wenig Literatur und Ausbildungsmöglichkeiten über diesen kritischen Aspekt der Leistung eines Fußballers oder anderer Sportler gibt. Zudem sind die meisten Trainer noch zu wenig darauf vorbereitet, diese wichtige Aufgabe zu übernehmen, weil sie dann ihren Coaching-Stil radikal verändern müssten.

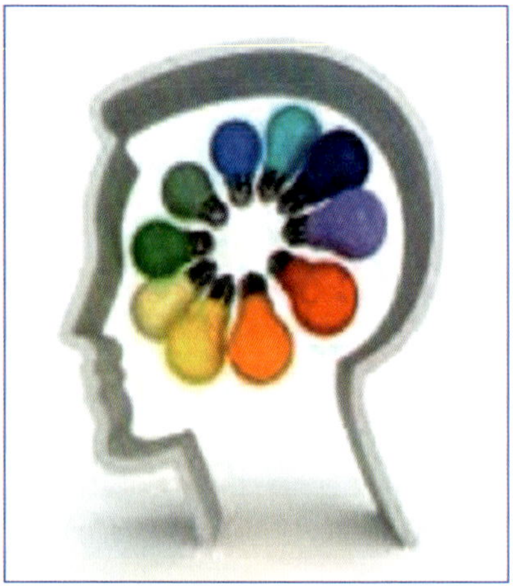

Die ständige Flut von Befehlen und Anweisungen, die die Mehrheit der Trainer im Training und im Wettspiel an die Spieler gibt, verhindert aber, dass die meisten Spieler ihre Intelligenz beim Spiel einbringen können. Anstatt die Spieler im Training mit einer Vielzahl von Problemen zu konfrontieren, die von ihnen selbst gelöst werden sollten, gibt ihnen häufig ihr Coach seine eigenen fertigen Lösungen vor. Diesen brauchen die Spieler nur zu gehorchen oder ihnen einfach ohne jegliches Nachdenken zu folgen! Dieser starre und autoritäre Coaching-Stil des Trainers kann natürlich keine intelligenten Spieler hervorbringen. Spieler, die sich jederzeit ihres Handels bewusst sind und auch Verantwortung zeigen.

Um mehr intelligente Spieler auf dem Feld zu haben, müssen Trainer weniger instruieren oder belehren und mehr stimulieren. Sie sollten mehr Berater und Coach sein. Ihre primäre Aufgabe ist es, ihren Spielern größere Lernerfahrungen zu ermöglichen, indem sie diese mit Problemsituationen konfrontieren, die es ihnen selbst erlauben, viel Fußball-spezifisches Wissen und Erfahrung anzusammeln und dieses dann kreativ zu nutzen.

„Zur Entwicklung und Verbesserung der Spielintelligenz im Fußball ist ein abwechslungsreiches und progressives Trainingsprogramm mit vereinfachten Spielen der beste Weg"

Die 3 vitalen Komponenten des Coachings der Spielintelligenz:

1. Spielerzentriertes Coaching
   - „Stimulieren anstatt instruieren (Anweisungen geben)."
   - Den Spielern muss es erlaubt sein, durch Fehler zu lernen.
   - Die Spieler haben Freiheit, zu experimentieren und Risiken einzugehen.

2. Spielorientiertes Training (anstatt einüben mit „drills")
   - Vereinfachte Spiele führen zu weniger Fehlern, weil sie einfacher zu verstehen und für den Trainer einfacher zu korrigieren sind.
   - Die Spiele sind altersgemäß.
   - Die Spiele sind in ihrer Anordnung progressiv.
   - Die Spiele haben eine große Vielfalt bzw. einen großen Variantenreichtum.
   - Das Training ist spielspezifisch, integral und global.

3. Entdeckendes Lernen mit gezielten Fragen des Lehrers
   - Die Notwendigkeit, Fragen zu stellen. Der Trainer ermutigt den Schüler am Lernprozess teilzunehmen.
   - Der Trainer sollte Fachwissen haben und seine Themen beherrschen

Spielerzentriertes Coaching

In einem spielerzentrierten Coaching (im Vergleich zu einem trainerzentrierten Coaching) ist der Trainer mehr ein Berater und Helfer. Er schafft ein offenes Umfeld, in dem die Spieler ihre Meinung sagen, sich vom Trainer geschätzt fühlen und sich aktiv beim Lernen beteiligen. Der alte Coaching-Stil im Sinne permanenter Anweisungen hat sich als wenig effektiv erwiesen und die jungen Spieler wenig motiviert.

Anstatt den Spielern beim Üben permanent Anweisungen zu geben, damit sie die Grundlagen des Spiels beherrschen lernen und weniger Fehler begehen, werden jetzt effektive Fragen gestellt. Diese erlauben es ihnen, neue Informationen selbst zu erwerben, ihr Verständnis zu vertiefen, eine bessere Entscheidungsfindung zu ermöglichen und in der Folge unabhängig vom Trainer zu sein.

Aktives Lernen führt zu einer wesentlich größeren und langfristigen Merkfähigkeit für den Spieler! John Whitmore sagt, dass bis zu 70 % der Informationen **nach 3 Wochen** noch abgerufen werden können, wenn die Informationen einfach nur mitgeteilt werden. Etwa 72 % können abgerufen werden, wenn sie mitgeteilt und auch bildlich gezeigt werden. 85 % der Informationen sind abrufbar, wenn mitgeteilt, gezeigt und auch persönlich vom Schüler praktiziert wird. **Nach 3 Monaten** sind nur noch 10 % jener Informationen abrufbar, wenn nur erzählt wurde, 32 % der Infos, bei welchen mitgeteilt und bildlich gezeigt wurde und 65 % der Informationen, wenn der Spieler die Situation selbst erlebt hat.

In diesem Zusammenhang ist die Atmosphäre, welche der Trainer im Lehr- und Lernprozess schafft, für alle Beteiligten sehr wichtig. Der Trainer sollte eine sichere, komfortable und entspannte Umwelt schaffen. Das heißt, er ist idealerweise jederzeit ansprechbar und nicht nachtragend, sondern zeigt sich in der Regel sehr verständnisvoll. Er sollte seine Spieler dazu ermutigen, Risiken einzugehen und sie dazu animieren, neue Aktionen auszuprobieren. Bei eventuellen Fehlern sind die Spieler bestmöglich nicht zu kritisieren und auch nicht zu bestrafen. Selbstverständlich ist es dennoch wichtig, dass klare Spielregeln in der Mannschaft gelten und diese von allen Akteuren auch eingehalten werden.

Spielorientiertes Training (anstatt einüben mit „drills")

Vereinfachte Spiele sind besonders dazu geeignet, die wichtigsten Verhaltensweisen für die Verbesserung im Spiel der Abwehr und des Angriffes mit und ohne Ball zu lernen. In den vereinfachten Spielen werden spezifische Themen unter einfacheren Bedingungen gelehrt und erlernt als das im eigentlichen Spiel der Fall ist. Es kommt zu erheblich mehr Ballkontakten und jederzeit ist es möglich, die Größe des Spielfelds, die Zahl der Spieler (in Über- ,Gleich- oder Unterzahl) sowie die Regeln (z. B. Spiel mit einem oder mehreren Toren, mit ein, zwei oder auch mehr Ballkontakten) zu modifizieren.

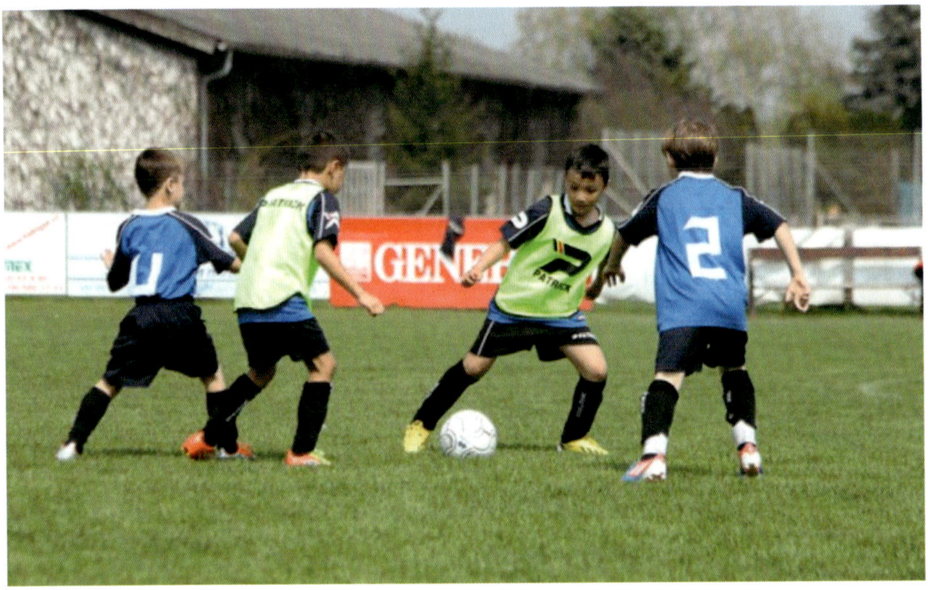

Folgende Aspekte sind vor diesem Hintergrund besonders zu beachten:

- Der Trainer sollte den Spielern sowohl in der Abwehr als auch im Angriff mit mehreren Wiederholungen (die optimale Anzahl ist 7) die Gelegenheit geben, die Probleme zu verstehen und nach dem Entdecken der Lösung diese auch sofort in der Praxis anzuwenden. All diese Elemente bilden im Lernprozess eine solide Grundlage für die Entwicklung der Spielintelligenz. **Fußballspielen lernt man nur durch Spielen und nicht durch Einüben!**
- Durch das spielorientierte Training ist es den Spielern eher möglich, **Erfolgserlebnisse zu haben.** Da sich kein Spieler in den vereinfachten Spielen verstecken kann, werden sie durch die häufigeren Ballberührungen technisch und auch physisch intensiver gefördert als das im normalen Spiel der Fall ist. Alle Spieler haben mehr Möglichkeiten, Tore zu schießen.
- Die Spieler sind in der Regel **leichter zu coachen**, weil sie weniger komplexe Spielsituationen haben und daher auch fokussierter Herausforderungen analysieren und Zusammenhänge verstehen können. Der Trainer hat mehr Zeit für jeden von seinen wenigen Spielern.

- Die vereinfachten Spiele sind somit ein Schlüssel zur Entwicklung der Spielintelligenz. **Sie erlauben einen besseren Transfer zum wirklichen Spiel als das mit der analytischen Methode im Training der Fall ist.**
- Konzepte im technischen und besonders im taktischen Bereich werden mit einer progressive Spielreihe, d. h. mit wachsendem Zeit- und Gegnerdruck **vermittelt bis eine reale Spielsituation erreicht wird.**

„Es ist eine sehr wichtige Aufgabe eines Trainers seine Spieler zum Denken anzuregen, anstatt ihnen die Lösungen für die Probleme zu geben!"

Es ist hier sehr wichtig, nochmals die wichtige, veränderte Rolle der Trainer im spielorientierten Training zu betonen. Trainer, die dauernd Anweisungen bei ihrem Spiel geben, motivieren die Spieler auf Dauer nicht, sondern machen sie in der Regel unselbstständig und zum Teil auch nervös. Um Fußball auf einem höheren Niveau spielen zu können ist es natürlich wichtig, die Anzahl von Fehlern zu reduzieren. Um dies nachhaltig zu erreichen muss der Spieler aber selbst (!) aufmerksam das Spiel verfolgen und alle ihm zur Verfügung stehenden Möglichkeiten erkennen, um die optimalste Lösung des Problems zu finden. Während des Trainings sollte es den Spielern somit auch erlaubt sein, mit ihren eigenen Ideen zu experimentieren, Verantwortung für ihr Handeln zu übernehmen und Fehler zu machen. Sobald die Spieler erkennen, dass sie Fortschritte in ihrem Spiel machen, werden sie durch eigene Fehler auch weniger beunruhigt. Sie erkennen, dass Fehler immer Schritte für dem Weg zu einer ständigen Verbesserung sind.

Die Berücksichtigung von vereinfachten Spielen im Training, welche den körperlichen und geistigen Kapazitäten der Spieler angepasst sind, ist ein wichtiger Schritt zur Modernisierung des Fußballtrainings. Die Trainingseinheiten sollten so ähnlich wie möglich unter wettspielähnlichen Bedingungen stattfinden.

Entdeckendes Lernen mit gezielter Fragestellung des Trainers

Der Lehr- und Lernprozess im Fußball ist eine kommunikative Beziehung zwischen Lehrer und Schüler. **Anstatt einen Monolog zu führen, der die Spieler zur Untätigkeit verurteilt, sollte der Trainer besser einen Dialog anstreben.** Zu viele Fußballtrainer haben leider immer noch die Gewohnheit, ihren Schülern alles mitzuteilen, was sie wissen. Anstelle häufiger Instruktionen oder Befehle zur Ausführung einer bestimmten Handlung sollte eine systematische Stimulation von Spielsituationen, in welchen verschiedene Probleme aufgezeigt werden, in den Fokus rücken.

So werden die jungen Spieler zunächst zum Nachdenken und zu einer aktiven Mitarbeit aufgefordert, bis sie dann ohne oder mithilfe des Trainers zur Lösung des Problems erkennen. **Ein guter Jugendtrainer teilt seinen Schülern praktisch gar nichts mit, sondern leitet sie nur mit geschickter Fragestellung Schritt für Schritt zur eigenen Lösung eines Spielproblems.**

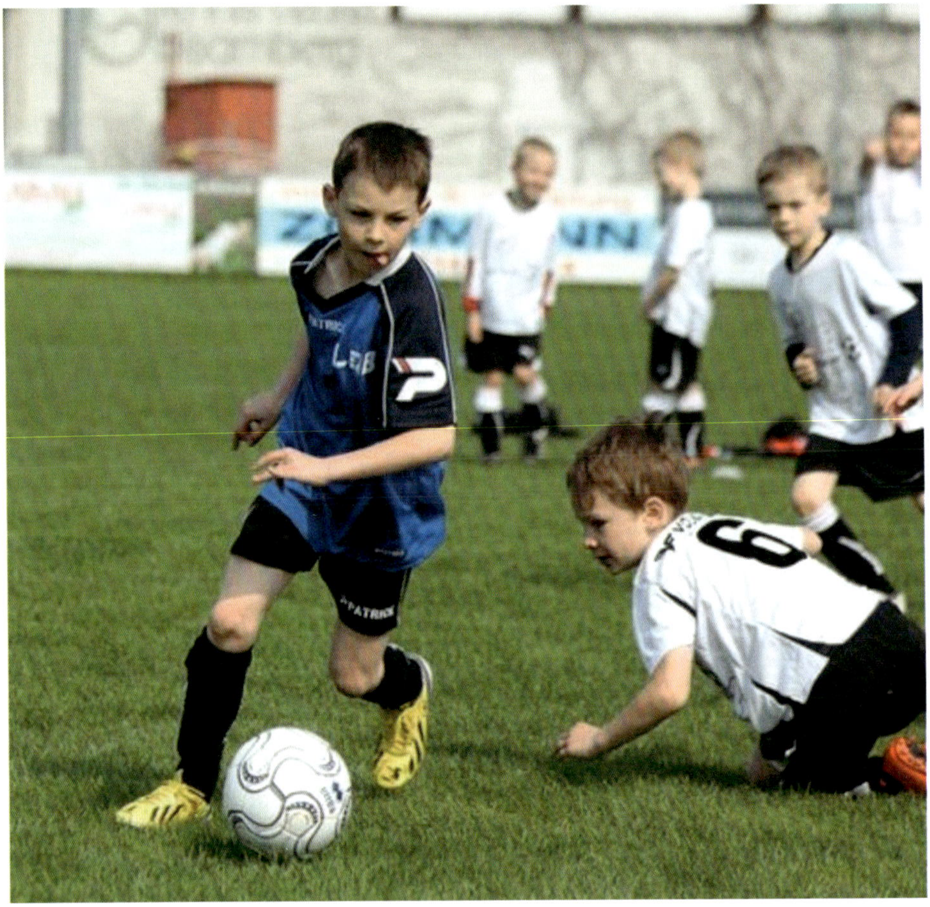

Erst durch eine geschickte Fragestellung durch den Lehrer (wobei Folgefragen eingeschlossen sind) wird dem Schüler ein Problem im Spiel bewusst. Der Spieler soll dann aufbauend auf seiner optimierten Wahrnehmungsfähigkeit eine korrekte Entscheidungsfindung erkennen und schließlich seine mentale Lösung in die Praxis umsetzen (z. B. den Pass spielen, den Ball halten oder dribbeln). Bei der Entscheidungsfindung wendet der Spieler seine Fußballkenntnisse und seine Erfahrungen, die er in ähnlichen Spielsituationen gewonnen hat, sofort an. Das Verstehen des Spielproblems kann durch eine zusätzliche Demonstration durch den Trainer ergänzt werden, bis alle Spieler das Problem erkannt und die richtige Lösung der Spielaufgabe gefunden haben.

Durch geschickte Fragestellung sollten also die verschiedensten Spielsituationen sowohl im Angriffs- als auch im Abwehrverhalten aus verschiedenen Blickwinkeln gesehen und klargestellt werden.

Hier sind einige Voraussetzungen und Vorschläge für die Fragestellungen:

- Als Ausgangspunkt ist es für den Trainer wichtig, die verschiedenen Lernziele eines vereinfachten Fußballspiels zu kennen.
- Anstatt zu instruieren, Befehle oder fertige Lösungen zur Ausführung einer Handlung zu geben („Passe den Ball nach rechts!"), sollte der Trainer besser Fragen stellen oder den Schülern Probleme aufzeigen.
- Der Trainer soll weniger „geschlossene" Fragen stellen, die nur mit „Ja" oder „Nein", „Links" oder „Rechts" beantwortet werden können. Stattdessen sollte er so oft wie möglich „offene" Fragen stellen, die zur Reflexion anleiten. Dazu gehören alle Fragen, die mit „Wie?", „Wo?", „Wann?", „Wohin?" oder „Wie viele?" beginnen und rege zum Nachdenken anregen.
- Die Kunst ist, Fragen zu stellen, welche für die Spieler interessant genug und auch ihrer Spielerfahrung und ihrem Alter angemessen sind. Nach dem Anhören verschiedener Antworten sollte der Trainer den Dialog mit seinen Schülern mit Folgefragen fortsetzen, bis eine befriedigende gedankliche Lösung des Problems gefunden wurde.
- Das Umsetzen dieser Empfehlungen in die Praxis stellt für die Trainer insbesondere zu Beginn eine große Herausforderung dar und erfordert ein ständiges Üben und Reflektieren. So lange, bis diese Methoden für ihn ganz einfach zur Normalität werden.

Hier einige offene Fragen für bestimmte Spielsituationen:

- Wie beeinflusst das Stellungsspiel eines Abwehrspielers das Angriffsverhalten des Ballführenden?
- Wann spielst du den Ball am besten ab?
- Warum spielst du den Ball nach rechts und nicht nach links?
- Welche Nachteile siehst du, wenn der Ball zu früh (zu spät) abgespielt wird?
- Wie soll der Verteidiger den ballführenden Spieler angreifen?
- Wie beeinflusst die Geschwindigkeit des gepassten Balls unser Angriffsspiel?

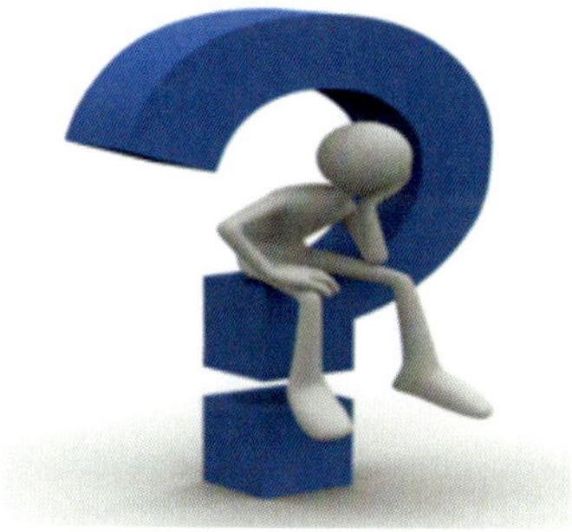

- Was wird passieren, wenn der Ball zu langsam läuft?
- Wie sollte der Ball vom Mitspieler angenommen werden? Mit welchem Fuß?
- Wie stellt sich ein Stürmer am besten zum deckenden Verteidiger, um den Ballbesitz zu sichern?
- Was passiert, wenn der Abwehrspieler seine Abwehraktion verzögert?

„Man sollte nie aufhören, Fragen zu stellen."

Albert Einstein

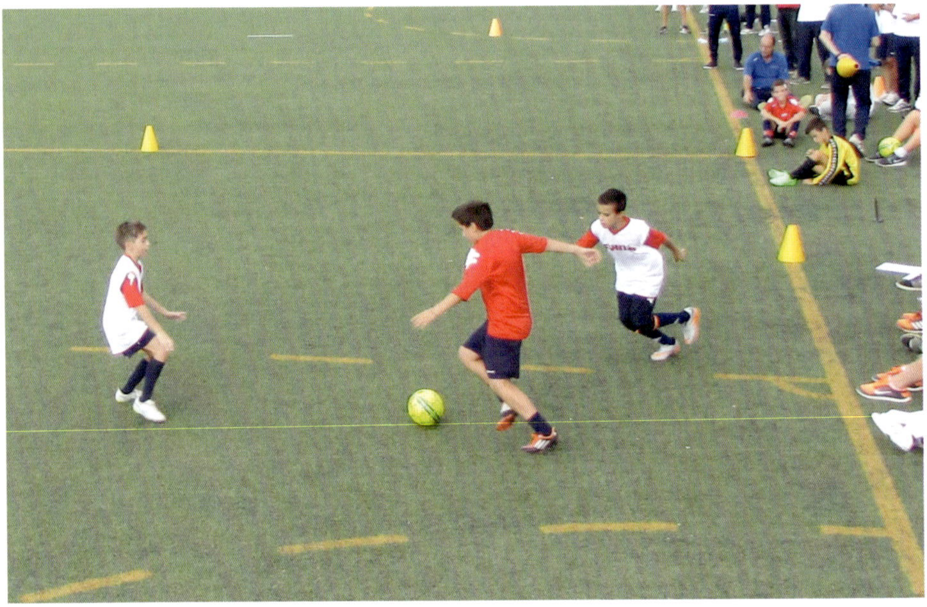

Rolle und Aufgaben der Lehrperson

Nur wenn der Trainer als Vorbild dient, also selbst eine Forscherhaltung einnimmt, können auch die Spieler diese Haltung einnehmen. Neben der Bereitstellung eines geeigneten Lernumfeldes hat der Trainer die Aufgabe, den Lernprozess der Spieler zu beaufsichtigen, in geeignetem Maße einzugreifen und den Spielern dabei zu helfen, einen Lernstil zu entwickeln, der entdeckendes Lernen ermöglicht. Die Spieler müssen sich erst an diesen neuen Lernstil gewöhnen und brauchen Zeit, um mit Irrtümern zurechtzukommen. Da das entdeckende Lernen nicht lernziel- sondern prozessorientiert ist, sollte der Trainer Umwege und Irrtümer zulassen und ihnen die notwendige Zeit für den Lernprozess geben.

Coaching ist ein Kumunikationsprozess zwischen dem Trainer und den Spielern. **Der Lern- und Lehrprozess ist also mehr ein Dialog als ein Monolog. Das Befragen durch den Trainer erfordert von ihm, dass er sein Wissen zurückhält, um damit den Spieler zum Denken anzuregen. Dies widerspricht der natürlichen Neigung vieler Trainer, die meinen, ihre Kenntnisse und Erfahrungen ihren Spielern dauernd mitteilen zu müssen.**

Während die meisten jungen Spieler in einer Umgebung leben, die von dauernden Hinweisen und Anordnungen geprägt ist, werden sie also vom modernen Trainer in die Entscheidungsfindung miteinbezogen. Viele Studien haben gezeigt, dass Spieler, die ihre Bedürfnisse und Defizite selbst entdecken, viel motivierter an sich arbeiten, als jene, denen alles von anderen vorgegeben wird.

„Ein intelligenter Trainer regt seine Spieler dauernd zu neuen Ideen an und erlaubt es ihnen, aktiv zu lernen, denn seine Aufgabe ist es, sie zum Denken anzuregen anstatt für sie zu denken. Um dieses zu erreichen, sollte er ihnen gewisse Freiräume gewähren, und sie durch geschickte Fragestellung anleiten, selbst ihre Probleme zu lösen und korrekte Entscheidungen zu treffen."

Effektive Befragung oder „entdeckendes Lernen" bedeutet, dass der Trainer einen eher indirekten Weg einschlägt, um die Probleme von den Spielern lösen zu lassen. Er schärft ihr Bewusstsein durch eine Sequenz von mehreren, gezielten offenen oder auch durch geschlossene Fragen und leitet sie so Schritt für Schritt an, die Fragen selbst zu beantworten. Es findet also ein aktives Lernen statt.

Das vom Trainer geführte Entdecken bietet so den Spielern eine Vielzahl von Möglichkeiten zur Lösung einer Spielsituation. **Offensichtlich muss der Trainer ein volles Verständnis von den Lern- und Lehrzielen des vereinfachten Spiels haben und die verschieden Möglichkeiten zur Lösung grundlegender Spielsituationen kennen. Aber letztlich ist das Zurückhalten seiner Informationen und das Stellen der richtigen Fragen die Stimulation für den Spieler, selbst zu denken und innovative Wege einzuschlagen.**

Durch ein entdeckendes Lernen im Fußballtraining prägen sich also die Inhalte viel besser ein, was eine nachhaltige Qualitätssteigerung zur Folge hat. Der Erinnerungswert ist um ein Vielfaches höher.

Ein weiterer, nicht zu unterschätzender Vorteil bei dieser Lehrmethode ist, dass die Spieler jetzt viel motivierter sind, weil sie beim Experimentieren und beim Entdecken, bedingt durch ihre Neugier, Spaß haben! Das Lernklima wird durch das ungezwungene Entdecken verbessert. Die Lernenden entwickeln Spaß und Interesse am Lernen selbst, was durch die natürliche Neugier der Spieler am Entdecken und Experimentieren sogar noch unterstützt wird.

„Fußballspielen zu lernen kann man mit dem Erlernen einer Sprache vergleichen. Den Ball zuzuspielen, ihn anzunehmen, zu erobern oder aufs Tor zu schießen sind einfache technische Elemente, die relativ leicht zu lernen sind, so wie verschiedene Wörter einer anderen Sprache. Um aber alle diese einfachen Elemente zu etwas Höherem und Ganzen zu verschmelzen, ist eine viel schwierige, komplexere Aufgabe (wie Fußball spielen oder richtig sprechen), die vom Betreffenden viel Verstand und Intelligenz erfordert."

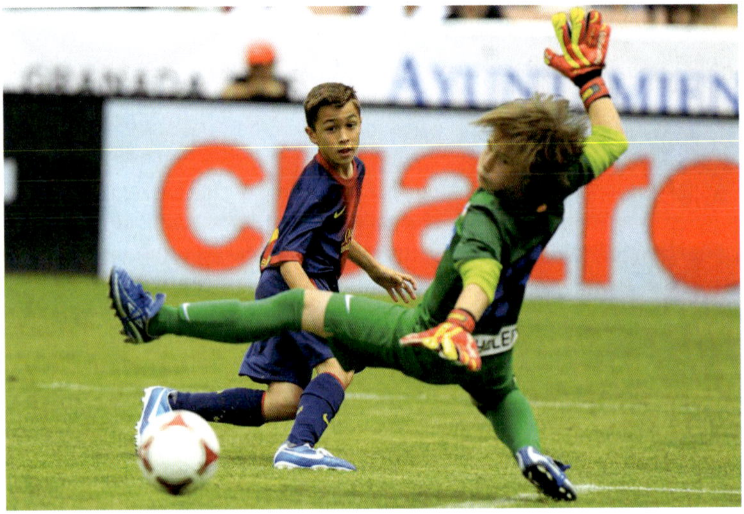

B DIE ERSTE FUSSBALLENTWICKLUNGSSTUFE: SPIELE FÜR GRUNDLEGENDE FERTIGKEITEN UND FÄHIGKEITEN

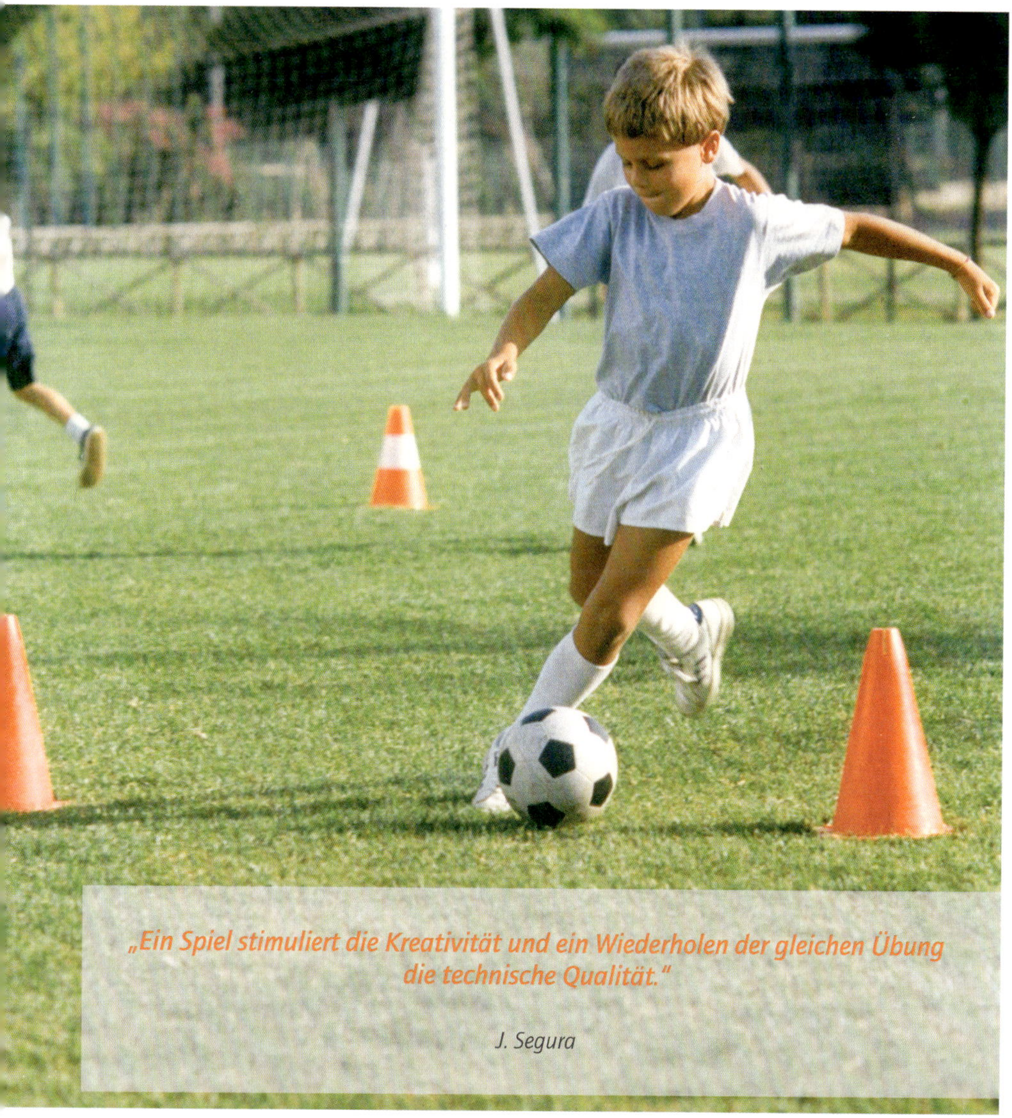

„Ein Spiel stimuliert die Kreativität und ein Wiederholen der gleichen Übung die technische Qualität."

J. Segura

I ORGANISATORISCHE UND PSYCHO-PÄDAGOGISCHE ASPEKTE, DIE VOR DER ANWENDUNG DER „SPIELE FÜR GRUNDLEGENDE FERTIGKEITEN UND FÄHIGKEITEN“ ZU BEACHTEN SIND

1 Der Sportkindergarten

Lehr- und Lernziele im Sportkindergarten mit Fünf-, Sechs- und Siebenjährigen

Alle Fußball- und Sportklubs sollten für ihre fünf-, sechs- und siebenjährigen Mitglieder Sportkindergärten einrichten, in denen auf sehr spielerische Art und Weise mit einer großen Vielfalt von motorischen Aufgaben nicht nur die motorischen Defizite der Kinder ausgeglichen werden sollen, sondern darüber hinaus diese ihren Körper auch kennen und beherrschen lernen sowie wichtige Erfahrungen im Beherrschen der Parameter Zeit und Raum gewinnen. Letztlich sollte auch eine Ballschule angeboten werden, in der die Kinder mit Bällen verschiedener Größe, aus unterschiedlichen Materialien, mit unterschiedlichen Flug- und Prelleigenschaften experimentieren.

Diese Sportkindergärten ersetzen heute das freie Spiel, das die vorhergehenden Generationen noch täglich auf der Straße, im Hof oder im Park nebenan betrieben. Sie sollen den negativen Effekten einer modernen Gesellschaft mit Informatik und Fernsehen begegnen, die der Jugend Bewegungsarmut beschert und sie von der Natur und einer gesunden Lebensweise entfernt.

Um den Fünf-, Sechs- und Siebenjährigen zu erlauben, gesünder und mehr im Einklang mit der Natur aufzuwachsen, sollten sie mindestens 2 x die Woche Gelegenheit erhalten:

- ihren Körper kennen zu lernen, seine Möglichkeiten und strukturellen und funktionalen Grenzen als Ganzes, aber auch in den einzelnen Segmenten aufgezeigt zu bekommen, um mit der Zeit eine große Vielfalt von motorischen Grundfertigkeiten zu beherrschen, wie z. B.: rollen-gehen-traben-aufsteigen-ziehen-kriechen-anhalten-laufen-heruntersteigen-werfen-ausweichen-schieben-gleiten-balancieren-stoßen-kicken-fangen und passen.
- ihren mentalen, emotionalen und sozialen Zustand mit populären Spielen zu entwickeln, wie z. B.: Staffeln, Hindernisparcours, Hasche- oder Fangspiele sowie grundlegende motorische Fertigkeiten mit dem Partner, mit und ohne Ball die Fähigkeit beweisen, verbal und auch mit Gesten zu kommunizieren und sich in eine Gruppe zu integrieren.
- sich in einem Raum entsprechend zu orientieren (drinnen-draußen-vor-hinter-nah-weit-zwischen-drumherum usw.) und die grundlegendsten zeitlichen Eigenschaften zu kennen, wie z. B. schnell-langsam-zur gleichen Zeit-danach usw. sowie das Gefühl für den Rhythmus und verschiedene Bewegungskombinationen zu entwickeln.

- wichtige Erfahrungen mit verschiedenen Bällen zu sammeln und aus der großen Vielfalt der Stimuli zu lernen, u. a. ihre Geschwindigkeit richtig einzuschätzen, ihren höchsten Punkt der Flugkurve zu erkennen, ihren möglichen Landepunkt genau vorauszusehen, den Effet, der dem fliegenden Ball aufgezwungen wurde, zu erkennen, ihre Prelleigenschaften auf verschiedenen Untergründen kennen zu lernen usw. Deshalb ist es unabdinglich, Bälle mit verschiedenen Eigenschaften, wie Größe, Material, Gewicht und Prelleigenschaften, zu benutzen.
- den Ball wie ein Zauberkünstler in allen möglichen Situationen zu beherrschen. Mit dem Ball zaubern. Für jedes Kind zwischen fünf und sieben Jahren ist die Beherrschung des Balls ein wichtiges Ziel. Deshalb ist es auch daran interessiert, mit dem Ball so häufig zu spielen, bis er ihm gehorcht! Diese freundschaftliche Beziehung zwischen Spieler und Ball, die bei seinem Besitz Genugtuung, Befriedigung und Freude des Kindes auslöst, gilt es zu nutzen, während der junge Spieler immer dann frustriert wird, wenn der Ball abgespielt werden muss oder wenn er ihn an einen Gegner verliert.

Hier nun noch einige wenige Anregungen, die bei den Kindern im Sportkindergarten mannigfaltige neurologische Verbindungen zwischen den verschiedenen Gehirnteilen herstellen können:

1. Einen Ball, aus verschiedenen Materialien bestehend, mit unterschiedlicher Größe, Gewicht, Prell- und Flugeigenschaften dribbeln:

- mit der rechten oder linken Hand nach vorne, zurück oder auch seitlich führen,
- mit Prellen bis Schulterhöhe, Hüfthöhe, Kniehöhe oder auch in gemischter Form,
- mit halben oder kompletten Drehungen um die eigene Körperachse,
- mit Prellen zwischen beiden Beinen, vor- und rückwärts,
- einen Ball im Nacken tragen und den anderen mit einem Fuß oder einer Hand spielen,
- einen Ball mit dem Fuß und den anderen Ball mit der Hand führen,
- einen Ball in jeder Hand dribbeln, aber immer zur gleichen Zeit oder auch versetzt.

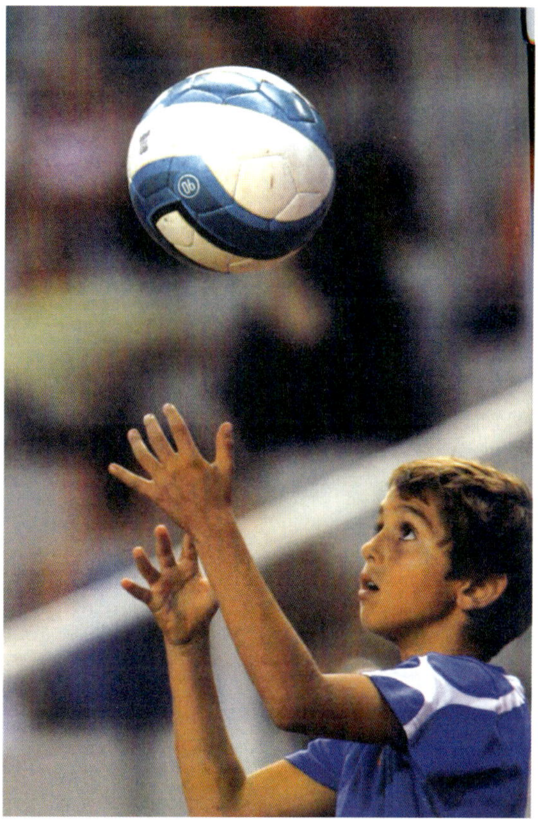

„Mit Begeisterung wird selbst die härteste Arbeit ein Vergnügen!"

2. Einen Ball aus verschiedenen Materialien, mit unterschiedlicher Größe, Gewicht, Prell- und Flugeigenschaften passen:
- mit einer Hand mit einem frontalen Wurf,
- mit einer Hand von einer Seite über den Kopf,
- mit einer Hand als Aufsetzer zunächst auf dem Boden,
- mit einer Hand durch die gegrätschten Beine,
- mit einer Hand wie beim Diskuswerfen oder Kugelstoßen,
- mit beiden Händen wie beim Basketball,
- mit beiden Händen wie beim Fußballeinwurf,
- mit dem Rücken zum Partner den Ball über den eigenen Kopf passen,
- mit beiden Händen durch die gegrätschten Beine nach hinten,
- mit einer Hand durch die gegrätschten Beine von hinten nach vorne.

3. Einen Ball aus verschiedenen Materialien, mit unterschiedlicher Größe, Gewicht, Prell- und Flugeigenschaften annehmen oder auch fangen:
- auf dem Boden, in Hüfthöhe, in Kopfhöhe oder auch höher,
- auf dem Boden den Ball mit verschiedenen Berührungspunkten am Fuß (Innen- oder Außenrist, Vollspann) annehmen und auch in Hüfthöhe,
- den Ball mit dem Oberschenkel, mit der Brust oder dem Kopf annehmen und ihn dann bis zu seiner Kontrolle höchstens 2 x zu berühren, bis er mit beiden Händen, einer Hand oder auch dem Fuß auf dem Boden kontrolliert werden kann,
- den zugeworfenen Ball ohne oder mit Drehung um die eigene Körperachse fangen und das Gleiche mit Hinsetzen nach dem Wurf und Aufstehen vor der Ballannahme.

4. Minivolleyball mit nur zwei Spielern in der Mannschaft, die ausschließlich die Zuspieltechnik aus dem Handballspiel praktizieren.

5. Verschiedene Variationen des Völkerballspiels.

6. Verschiedene Zuspielfinten ausführen und den Ball sowohl mit Richtungs- als auch mit Tempobeschleunigung dribbeln.

Erst dann, wenn im Sportkindergarten ein akzeptables koordinatives Niveau und eine Beherrschung aller grundlegenden motorischen Fertigkeiten ohne und mit verschiedenen Bällen erreicht wurde, sollten die Kinder ab dem siebten Lebensjahr in die Fußballschule des Klubs oder der Gemeinde aufrücken. Hier werden sie nicht nur mit vielseitigen allgemeinen motorischen Problemen konfrontiert, sondern auch mit einer Vielfalt von fußballspezifischen, technisch-taktischen Übungen und Spielen, die in der ersten und zweiten Entwicklungsstufe des Fußballentwicklungsmodells („Spiele für grundlegende technische und taktische Fertigkeiten und Fähigkeiten" sowie den „Spielen für Minifußball") aufgezeigt werden.

2 Die Fußballschule

Eine Fußballschule hat die wichtige Aufgabe, Kinder nach der Vollendung des siebten Lebensjahrs in dieser wichtigen Periode ihrer frühen Entwicklung kind- und spielgemäß an das komplexe Fußballspiel heranzuführen und sie dafür so zu begeistern, dass der Fußball den jungen Menschen das ganze Leben lang begleitet.

Die Fußballschule ist neben dem obligatorischen Schulbesuch eine weitere, zusätzliche, formative Einrichtung, die in Übereinstimmung mit der Schule ein gesundes und harmonisches körperliches als auch kognitives Wachsen stimuliert, wobei die soziale und affektive Ausbildung der Kinder jederzeit positiv beeinflusst wird.

Die Fußballlehrer dieser Zentren sollten ihre Ausbildung in einer familiären, angenehmen Atmosphäre so durchführen, dass ihre Ausbildungsinhalte für die Kinder nicht nur attraktiv, sondern vom Standpunkt des Lernens aus auch effektiv sind. Ihre Aufgabe ist es, die Kinder in den wenigen, zur Verfügung stehenden Stunden auf die Ansprüche vorzubereiten, die sie in den von ihnen bestrittenen Wettspielen antreffen werden.

„Wenn es heute keine Vielfalt von Ansichten und Meinungen geben würde, dann wären die Leute verloren."

Jean Monnet, Gründer der EWG

Leider aber gibt es immer noch zu wenig Fußballschulen, die einer optimalen Ausbildung der jungen Spieler Vorrang vor dem Gewinnen um jeden Preis geben. Häufig kann man beobachten, dass energiegeladene, hoch motivierte und ballgewandte Talente von der Bildfläche verschwinden, weil sie mit längst überholten Lehrmethoden und Unterichtsstilen konfrontiert wurden, die sie in ihrer Entwicklung eher negativ als positiv beeinflussten.

Viele Fußballschulen werden auch mehr als Kinderhort denn als Ausbildungsstätte angesehen, wo die Eltern ihre Kinder am Wochenende „parken". Hier kommt man über das Lernen, „WIE" etwas gemacht wird, nicht hinaus und gibt den Fragen, „WO", „WANN und „WARUM" eine Technik oder Aktion am besten auf dem Feld angewandt werden sollte, wenig Aufmerksamkeit. Anstatt das Spiel dem entsprechenden Entwicklungszustand des Kindes anzupassen, muss sich dieses immer noch dem Fußballspiel anpassen.

Zusammenfassend muss gesagt werden, dass in vielen Fußballschulen noch immer das Einüben von technisch-taktischen Einzelelementen (analytisches Vorgehen) dem Spiel (oder der globalen Lehrmethode) vorgezogen wird. Bedingt durch die geringe Variabilität in der Auswahl der Ausbildungsinhalte beim analytischen Vorgehen, tritt schnell Langeweile ein, statische Spielsituationen dominieren genauso wie die Autorität des Lehrers, was zusammen mit der unveränderbaren Struktur der Wettkämpfe dazu führt, dass die aufgeweckten, spritzigen Spieler schnell ermüden, weil ihnen neue Reize und Anregungen fehlen, um ihr Leistungspotenzial zu entwickeln. Alle diese Mängel führen dazu, dass viele junge Spieler im Alter zwischen 16 und 17 Jahren den Fußballsport für immer verlassen.

Im Folgenden werden einige organisatorische und psychopädagogische Gesichtspunkte erwähnt, die den Verantwortlichen der Fußballschule in seiner wichtigen Arbeit eine Hilfestellung geben sollen.

Infrastruktur und Ausrüstung

- Verantwortlicher für die Fußballplätze (Bewässerung, Reinigung, Spielfeldlinien markieren, Eckfahnen und Tore aufstellen u. a.).
- Verantwortlicher für das Materialdepot (Bälle verschiedener Größe und Gewichte, Hütchen mit verschiedenen Farben, Minitore, Leibchen verschiedener Farben, Reifen, Hindernisse u. a.).
- Umkleideräume, Toiletten und Duschen.
- Bar und Getränkeautomaten.
- Besprechungsraum mit Tafel, Fernsehen, DVD und Projektor.
- Transportmöglichkeiten zum Training und zu den Spielen.
- Finanzplanung der Fußballschule (Material, Gehälter für die Lehrkräfte und den Koordinator, Reisen, Schiedsrichtergebühren, Sekretärin u. a.).

Talentsuche

- Versuchen, neue, talentierte Spieler bei Tagen der offenen Tür im Klub, bei Exhibitionsspielen in Gemeinden, die keinen Fußballklub haben, bei Messen und mit systematischen Besuchen von Schulen in der Umgebung des Vereins zu gewinnen, nachdem vorher mit diesen eine Übereinkunft der Partnerschaft getroffen wurde.
- Suche von neuen, talentierten Spielern durch Mitglieder, durch die eigenen Spieler oder durch Kurse in den Ferien.
- Verteilen von Postern, Broschüren, Videos und Aufklebern.

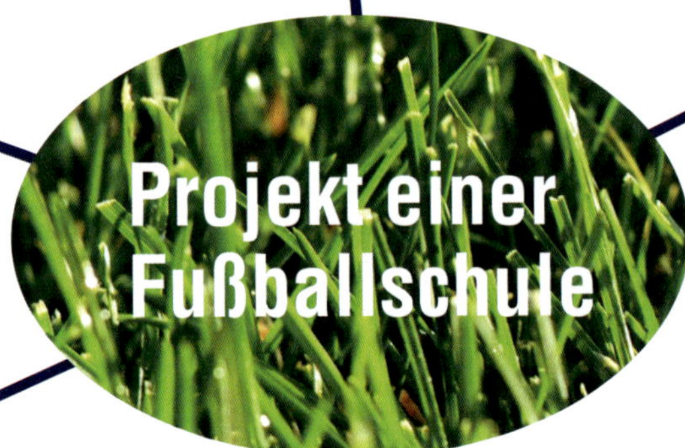

Mögliche Hilfen von der Familie

- Aktive Teilnahme an den Wettspielen als „Scouts" in Abstimmung mit dem verantwortlichen Trainer.
- Ein Vater als Delegierter jeder Kinder- und Jugendfußballmannschaft.
- Mithelfen bei der Erziehung der jungen Spieler im Sinne des Trainers, der den Eltern jeden Monat (z. B. erster Montag des Monats) in einer Besprechung konkrete Anweisungen gibt.

Mögliche Hilfen durch die Direktion der Fußballschule

- Permanente Verbindung des Fußballdirektors mit der Vereinsführung.
- Immer nach neuen Finanzierungsmöglichkeiten Ausschau halten.

Unterrichtsqualität

- Es ist wichtig, ein Fußballentwicklungsmodell zu haben, an dem sich das Training von jeder Mannschaft so ausrichten kann, dass jedes Team in jedem Jahr neue Ziele hat. Jeder Ausbilder muss wissen, welche Ziele für seine Mannschaft am Saisonende zu erreichen sind, d. h., die Mannschaften unter acht, unter 10, unter 12, unter 14 und unter 16 Jahren verfolgen unterschiedliche Ziele.
- Einen „Manager" (Koordinator) zusammen mit einem Trainer (der einen Assistenten hat, der für eine jüngere Mannschaft hauptverantwortlicher Trainer ist), zwei Fitnesstrainer und einen Psychologen sowie ein Team für die sportmedizinische Betreuung benennen.
- Wie viele Spieler sollten eine Mannschaft bilden? Wie viele aus jedem Jahrgang? Stellen wir die Mannschaften aufgrund der einzelnen Jahrgänge zusammen oder richten wir uns nach der jeweiligen Kategorie des Landesverbandes?
- Jeden Montag Besprechung zur Berichterstattung, was am Wochenende passiert ist.
- 1 x im Monat Fortbildung aller Übungsleiter.
- Begeisterung und Freude am Lernen erreichen.
- Das Training entweder auf lange Sicht planen (zwei Jahre), auf mittlere Sicht (eine Saison lang) und auf kurze Sicht (ein Monat).
- Die bisher ausgeführte Arbeit kritisch begutachten und eventuell zusammen mit den Eltern Veränderungen vornehmen.
- Teilnahme der Trainer an Fortbildungskursen oder Seminaren, außerdem sollten sie durch das Studium von Fachliteratur neue Erfahrungen sammeln.
- Aufgabe des Koordinators ist es, 1 x im Monat die Arbeit aller seiner Ausbilder auf dem Spielfeld zu beobachten und dann einen Gedankenaustausch zu suchen.

Organisation der Zeit

- 10 Monate im Jahr Training planen.
- Mindestens drei Trainingseinheiten pro Woche.
- Training immer auf lange Sicht planen.
- Was machen wir an Regentagen?
- Wie gestalten wir die Vorsaison?
- Was machen wir nach der Meisterschaft, an Feiertagen und in den Ferien (vereinsinterne Wettkämpfe im Triathlon, Pentathlon und Dekathlon sowie Klubkämpfe mit mehreren Mannschaften gleichzeitig)?
- Wochentrainingsplan für jede Altersstufe mit Einteilung der verantwortlichen Trainer.

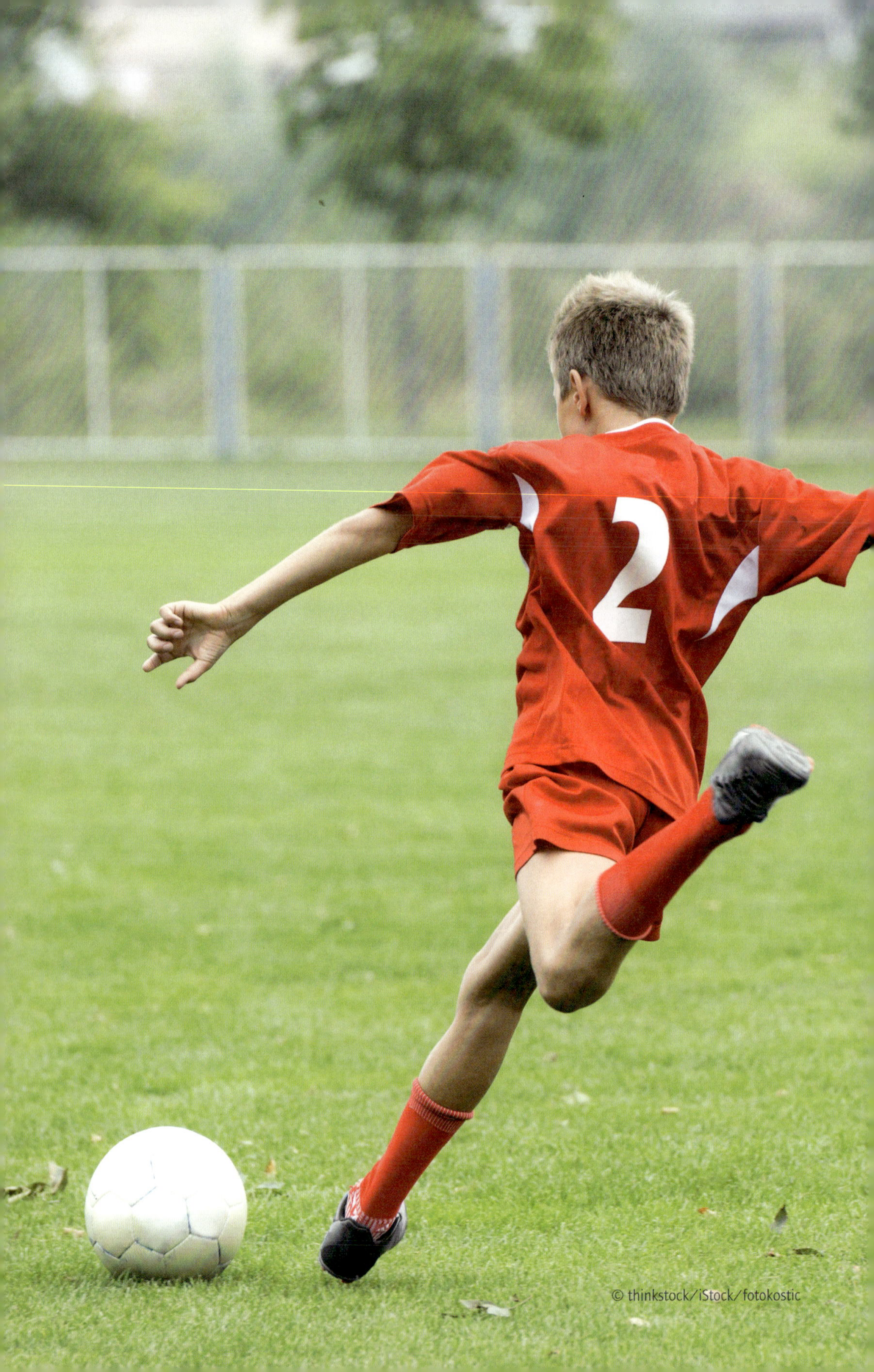

3 Vitale Bedürfnisse junger Fußballspieler

1. Das Bedürfnis nach Sicherheit

Der junge Spieler benötigt auch im Training eine vertraute, ihm angenehme Atmosphäre, weil diese ihm Sicherheit und Selbstvertrauen gibt. Seine Beziehungen zu den Lehrern und Mitspielern sollten so sein, wie er es auch in seiner Familie gewohnt ist. Es ist deshalb empfehlenswert, weder den Ort des Trainings noch seinen Trainer häufig zu wechseln. Darüber hinaus sollte der Trainer das Lernen von neuen Erfahrungen häufig mit Spielen und Übungen einleiten, deren Grundformen den Schülern bereits bekannt sind, denn **das Lernen sollte immer an bereits gemachten Erfahrungen und Erkenntnissen anknüpfen, weil es dann leichter fällt.**

Im Training sollten Regeln angewandt werden, die gewalttätige und gefährliche Situationen vermeiden helfen, und das Trainieren sollte immer auf dafür geeigneten Spielflächen (z. B. keine Steine) durchgeführt werden, um Unfällen vorzubeugen.

2. Das Bedürfnis, eigene Erfahrungen zu gewinnen

Nichts kann vollständig verstanden werden, wenn es vorher nicht geübt wurde. Anstatt den jungen Spielern zu sagen, was sie tun müssen, wäre es angebrachter, ihnen zu erlauben, die Probleme, die ihnen der Trainer stellt, selbst zu lösen. Die jungen Spieler haben nicht nur das Recht, die Welt, sondern auch den Sport und das Fußballspiel selbst zu entdecken, ohne dabei dauernd instruiert zu werden. Infolgedessen bevorzugt es der junge Spieler, mehr angeregt als angewiesen zu werden, was der Trainer durch eine große Vielzahl von vereinfachten Spielen und vielseitigen motorischen Fertigkeiten erreicht, die den intellektuellen und körperlichen Fähigkeiten der Schüler perfekt angepasst wurden. **Die Möglichkeit, in jedem Training und Wettkampf neue Erfahrungen zu sammeln, entwickelt die Spielintelligenz des jungen Spielers, der, anstatt den Anordnungen seines Trainers zu gehorchen, dazu ermutigt wird, selbst zu entscheiden.**

3. Das Bedürfnis, dass seine Anstrengungen auch anerkannt werden

Für jeden jungen Spieler ist es motivierend, wenn seine Anstrengungen in der Öffentlichkeit anerkannt werden. Ein Lob ermutigt ihn, sich noch mehr anzustrengen oder zu bemühen. Die Ausbilder und auch die Eltern sind für die jungen Spieler unter 11 Jahren wie ein Spiegel, in dem sie ihre Kapazität oder Unfähigkeit sehen. **Infolgedessen müssen die Ausbilder und auch die Eltern versuchen, immer positiv zu sein und viel mehr zu loben, anstatt Kritik zu üben. Der junge Spieler zieht es vor, fast alles selbst zu tun, ohne von den Erwachsenen abhängig zu sein. Er möchte so schnell wie möglich unabhängig sein. Die Methodik der Fußballausbildung sollte diese Notwendigkeit der meisten Kinder respektieren und deshalb sicherstellen, dass die jungen Spieler häufig ihre eigenen Lösungen zu den vom Ausbilder präsentierten Problemen beitragen können, anstatt von ihm abhängig zu werden. Der Trainer sollte nur dann (mit Fragen helfend) eingreifen, wenn das Problem vom Spieler nicht erkannt oder nicht gelöst werden kann.**

Das Bedürfnis, anerkannt zu werden, kommt auch immer dann zum Ausdruck, wenn der Lehrer ab und zu seinen Schülern im Training einen Freiraum von 10 Minuten gibt, damit diese dann das tun können, worauf sie gerade Lust haben. Auch wenn der Fußballlehrer von seinen Schülern nach der Praxis eines vereinfachten Spiels neue Regeln verlangt, die das Spiel variieren können, fühlt sich der junge Spieler vom Erwachsenen anerkannt.

4. Das Bedürfnis, spielen zu können

Spielen ist für die Kinder wie Essen oder Schlafen: notwendig für ihren körperlichen und mentalen Zustand. Das Kind lernt beim Spielen. Im Spiel wird sein Wunsch nach Bewegung und Entdeckung seiner Umgebung erfüllt. Infolgedessen sollte das Spiel immer der zentrale Punkt jeder Trainingseinheit sein. **Die Kunst beim Lehren besteht darin, das Fußballspiel den Fähigkeiten und Fertigkeiten der Kinder perfekt anzupassen und nicht umgekehrt, wie es noch fast überall der Fall ist.** Mit anderen Kindern zu spielen, fördert ihre Fähigkeit der Kommunikation und regt den Prozess der Entscheidungsfindung an. Spielen, ohne zu denken, ist, wie aufs Tor zu schießen, ohne zu zielen.

5. Das Bedürfnis. sich mit anderen zu sozialisieren

Jeder sucht instinktiv Gesellschaft. Je älter ein Spieler ist, desto mehr sucht er Gleichgesinnte, um Interessengruppen zu bilden. Sich mit einer Gruppe zu identifizieren und mit ihr die vorgegebenen Ziele zu erreichen, ist für den jungen Spieler ein vitales Bedürfnis.

6. Das Bedürfnis nach Bewegung

Ein junger Spieler ist von Natur aus aktiv. Normalerweise entdeckt er seine Umgebung und experimentiert mit allen Dingen, die ihn umgeben. Er hat keine Geduld, so lange in der Reihe zu warten, bis er dran ist. **Aktiv und dynamisch zu sein, ist kindgemäßer, als passiv zu sein und sich statisch zu verhalten.** Kein Kind ist damit zufrieden, auf der Reservebank zu sitzen oder während des Spiels dauernd Anordnungen von seinem Lehrer zu erhalten, was es in jedem Moment des Spiels zu tun hat. Die vereinfachten Spiele mit nur wenigen Spielern garantieren eine intensivere Teilnahme (sowohl geistig als auch körperlich), als das in den offiziellen Wettspielen 11:11 der Fall ist.

7. Das Bedürfnis, in der Gegenwart zu leben

Den jungen Spieler interessiert weder die Zukunft noch die Vergangenheit, denn er lebt immer in der Gegenwart. Sein Gefühl für die Zeit ist mit dem eines Erwachsenen kaum zu vergleichen. **Er lebt den Moment immer sehr intensiv, weshalb er heute nie an morgen denkt, was für ihn noch weit entfernt ist.**

8. Das Bedürfnis nach Abwechslung

Je vielseitiger das Angebot des Lehrers ist, desto weniger Langeweile und Ermüdung treten ein. **Eine Vielzahl von Reizen und Anregungen ist notwendig, um die Aufmerksamkeit für längere Zeit beibehalten zu können.** Ohne häufige Wechsel in der Methodik der Darstellung (von der globalen Methode zum analytischen Vorgehen oder zur Zergliederungsmethode) und der Inhalte lässt normalerweise die Aufmerksamkeit der jungen Spieler nach. Es ist auch notwendig, nicht nur den Intensitätsgrad der verschiedenen Übungen und Spiele zu variieren, sondern auch zwischen fußballspezifischen und allgemein motorischen Anregungen sowie zwischen dem Training in der Gruppe (z. B. alle Angreifer oder Mittelfeldspieler) und dem Einzeltraining (z. B. nur die Außenstürmer oder Torhüter) zu wechseln.

9. Das Bedürfnis, von den Erwachsenen verstanden zu werden

Die Kinder scheinen in einer anderen Welt zu leben als die Erwachsenen. Lehrer sollten sie nicht als „Erwachsene en miniature sehen und behandeln". Sie haben andere Probleme als die Erwachsenen, lernen auf andere Art und Weise und gehen beim Denken nicht so logisch vor, wie das normalerweise die Erwachsenen tun. Beim Handeln lassen sie sich weniger vom Verstand, sondern mehr von ihrem Gefühl leiten. Es mangelt ihnen an Kohärenz. **Ihre emotionale Stabilität hängt in hohem Maße von der Geschwindigkeit ihres biologischen Wachstums ab. Sie können ihre Anstrengungen kaum dosieren und werden deshalb schnell müde. Aus all den oben angegebenen Gründen müssen die Erwachsenen, die ihren Lernprozess steuern, bestens für ihre Aufgabe vorbereitet werden, damit sie ihre Schüler bei der Suche nach ihrer Identität richtig führen können.**

„Das vielleicht größte Problem in der Ausbildung junger Fußballspieler besteht darin, dass viele Jugendtrainer den Fußball bestens kennen, aber nicht ihre jungen Schüler."

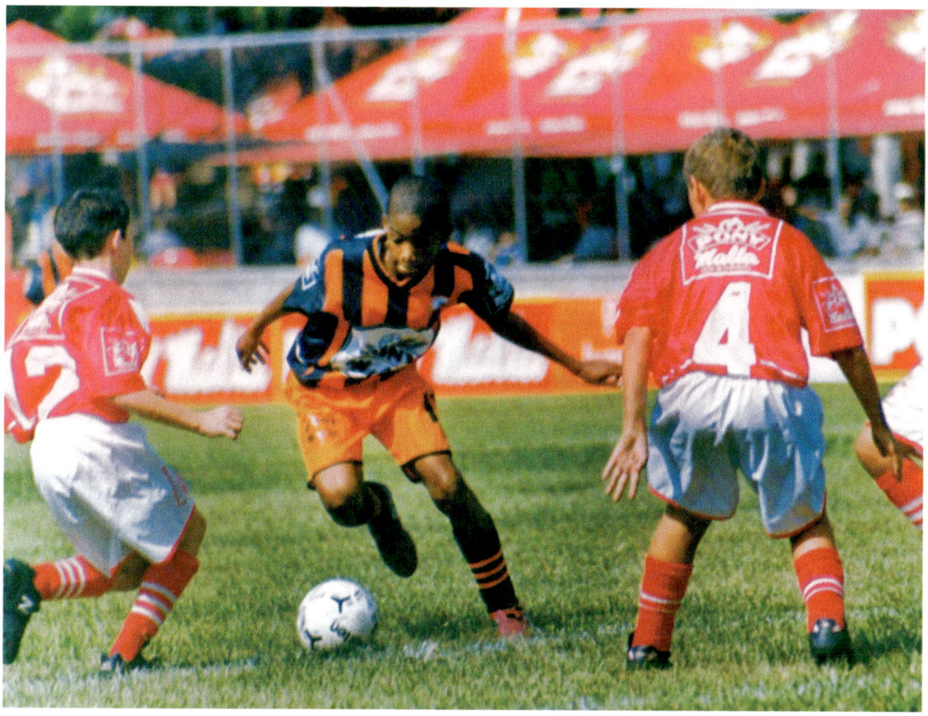

4 Charakteristische Eigenschaften der Kinder zwischen 7 und 10 Jahren und wie sich der Ausbilder daran orientieren sollte

CHARAKTERISTISCHE EIGENSCHAFTEN DER KINDER	WAS SOLLTE DER AUSBILDER TUN?
1. Das Potenzial der Mädchen und Jungen in dieser Entwicklungsphase ist nahezu gleich.	1. Jungen und Mädchen sollten zusammen trainieren und auch Wettspiele durchführen, weil beide Geschlechter davon profitieren.
2. Die Mädchen und Jungen zwischen 7 und 10 Jahren sind hoch motiviert, leicht zu begeistern und lieben die Bewegung.	2. Ihre Motivation sollte durch eine große Vielzahl von Übungen und von Spielen angeregt werden. Lange Reihen und auch statische Übungen vermeiden, in denen die Kinder stillstehen. Der Ausbilder sollte auf die Kommentare der Kinder während des Trainings hören.
3. Sie sind sehr egoistisch, denken mehr an sich und nicht an ihre Gruppe. Wollen so viel wie möglich in Ballbesitz sein.	3. Genügend Bälle zur Verfügung haben und Wettspiele im 1:1 (siehe Fußballdekathlon) organisieren, damit ihr egozentrisches Denken optimal genutzt werden kann. Das „Fair Play" sollte gefördert werden.
4. Es mangelt ihnen noch an guter Technik und besonders an einem akzeptablen Niveau der koordinativen Fertigkeiten. Häufig verstehen sie ihre Aufgabe nicht, weder im Angriff noch in der Verteidigung.	4. Ihnen genügend Zeit zum Lernen bestimmter Techniken lassen und zwar nicht nur, wie man es macht, sondern auch in welchem Moment und wie man es anwenden kann. Dies kann nicht nur durch eine angemessene Anzahl von Wiederholungen der Übungen, sondern besonders durch die Anwendung von Varianten erreicht werden. Zum Schluss sollte der Perfektionsgrad der Technik mittels einer Übung, die eine korrekte Durchführung dieser Technik verlangt, festgestellt werden.
5. Alle sind davon faziniert, Tore zu erzielen. Fähigkeiten im Torschuss zu beweisen, gibt ihnen viel Selbstvertrauen und ermutigt sie, auch andere Teile des Spiels zu verstehen und zu lernen, sie zu beherrschen.	5. Es sollten häufig vereinfachte Spiele 2:2 und 3:3 sowie Minifußball praktiziert werden, damit alle Kinder häufig den Ball spielen und Tore erzielen können.
6. Ihre Aufmerksamkeit ist sehr begrenzt, weil sie noch nicht viele Informationen verarbeiten können.	6. Zwischen den fußballspezifischen Übungen häufig Mehrzweckspiele einbauen. Alle 15 Minuten sollte der Trainer den Inhalt variieren. Anstatt zu viel erklären zu wollen, wäre es besser, mehr zu demonstrieren, weil viele Kinder mit den Augen lernen. Nur immer einen Gesichtspunkt aufzeigen und nicht zu viele auf einmal.

CHARAKTERISTISCHE EIGENSCHAFTEN DER KINDER	WAS SOLLTE DER AUSBILDER TUN?
7. Sie fangen erst an zu lernen, wie man mit den anderen zusammenarbeitet (in der Gruppe spielen).	7. Spiele auswählen, in denen die Zusammenarbeit gefördert wird, um zum Sieg zu kommen (Minifußball).
8. Sie haben noch keine klare Vorstellung von einem idealen Modell des Spiels oder von einer technischen Fertigkeit.	8. Mehrmals demonstrieren, wie man es am besten ausführt und dabei das Alter der Kinder berücksichtigen.
9. Sie sind Kritik gegenüber sehr empfindlich.	9. Er muss alles durch eine positive Brille sehen und häufig die Bemühungen und Fortschritte der Kinder loben.
10. Sie sind wenig tolerant gegenüber Temperaturschwankungen.	10. Darauf achten, dass die Sportkleidung der Kinder den Umständen entsprechend ist (Sommer oder Winter) und dass sie alle 15 Minuten die Möglichkeit haben, Flüssigkeit aufzunehmen.

„Obwohl wir alle unter demselben Himmel leben, haben wir alle verschiedene Horizonte."

Konrad Adenauer

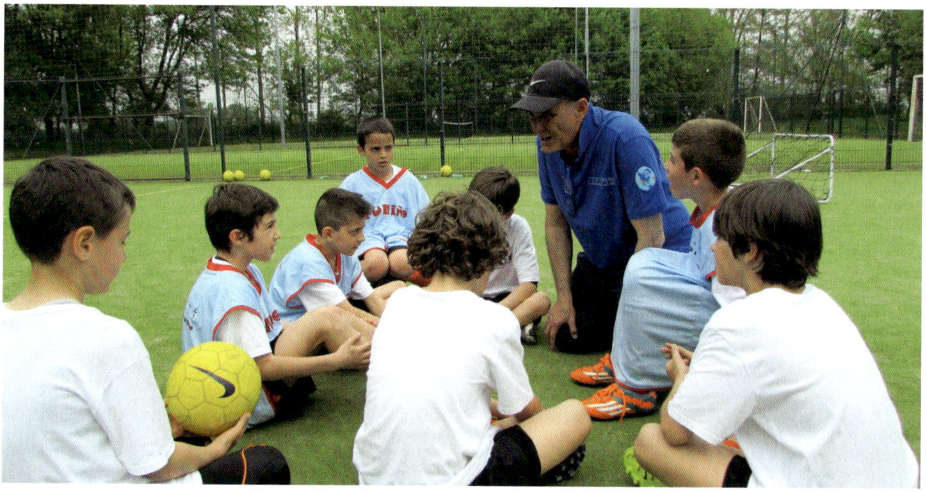

5 20 Eigenschaften, die der Jugendtrainer haben sollte, um von seinen Spielern akzeptiert zu werden

1. Er sollte eine ausgeprägte Persönlichkeit haben und viele Kenntnisse vorweisen.

2. Er sollte als Trainer erfolgreich gewesen sein.

3. Er sollte gepflegt aussehen und sich immer den Umständen entsprechend kleiden.

4. Er sollte gute Gewohnheiten haben, die zum Nachmachen einladen.

5. Er sollte zum Training pünktlich erscheinen und gewissenhaft sein.

6. Er sollte sowohl das Training als auch die Besprechungen und Reisen gut organisieren.

7. Er sollte nicht zu viel sprechen, aber gut erklären und zuhören können. Er sollte häufig klare Fragen stellen.

8. Er sollte immer Zeit für seine Spieler haben.

9. Er sollte über reichliches Wissen im Fußball sowie über die technischen und taktischen Aspekte verfügen.

10. Er sollte zum Unterrichten fähig sein, rasch Fehler entdecken und sofort korrigieren.

11. Er sollte die jungen Spieler motivieren, sie häufig loben und ermutigen, um sich immer wieder anzustrengen.

12. Er sollte begeisterungsfähig und positiv sein.

13. Er sollte Humor haben und Spaß verstehen.

14. Er sollte von der Bank aus das Spiel analysieren und auch positiv beeinflussen.

15. Er sollte seine Mannschaft sowohl von der Bank aus als auch in der Garderobe gut leiten bzw. betreuen.

16. Er sollte ausgeglichen sein und in konfliktreichen Situationen Ruhe und Gelassenheit bewahren.

17. Er sollte den Willen haben, sich ständig zu verbessern, und selbstkritisch genug sein und jede Möglichkeit, sich weiterzubilden, nutzen.

18. Er sollte ehrlich sein und alle Spieler gleich behandeln, ohne jemand zu bevorzugen. Er sollte „hart", aber gerecht sein.

19. Er sollte flexibel und Verbesserungsvorschlägen seiner Spieler gegenüber offen sein.

20. Er sollte ein wirkliches Interesse an seinen Spielern haben, egal, ob es sich um Belange im Fußball oder um Schul- oder Familienprobleme handelt.

„Ein Ausbilder, der viel weiß, gibt wenig preis."

Der ausbildende Trainer ist das Verbindungsglied zwischen dem Fußballspiel und dem jungen Spieler. Er sieht am Anfang seiner Laufbahn seine jungen Spieler gewöhnlich als „Kumpel" oder wie Kameraden, während er später, nachdem er mehr Erfahrungen gesammelt hat, seine Autorität mehr in den Vordergrund treten lässt, um zum Schluss, wenn er seinen Job mehr und mehr beherrscht, mit seiner Lehrweise sicherstellt, dass sowohl er als auch seine Schüler dauernd Anregungen geben und auch erhalten. Anstatt zu erklären und zu demonstrieren, wird er mehr und mehr zu einem Lehrer, der beobachtet, plant und kreativ ist und seine Schüler zur aktiven Mitarbeit auffordert.

Ein Fußballlehrer sollte nicht nur auf sportlicher, sondern auch auf sozialer und pädagogischer Ebene Verantwortung übernehmen. Seine sportliche und gesellschaftliche Verantwortung ist sehr wichtig, denn die Fehler, die er in den ersten Jahren der Ausbildung seiner Schüler begeht, werden deren zukünftige Laufbahn negativ beeinflussen.

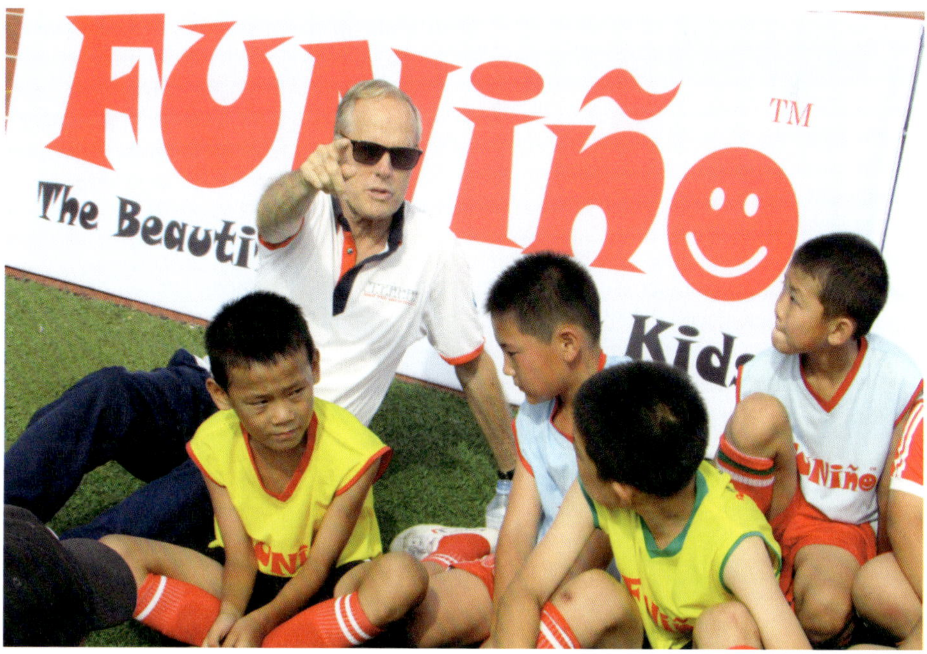

6 Die Wettkampfphilosophie im Kinder- und Jugendfußball

1. Im Kinder- und Jugendfußball sollte der guten Spielleistung mehr Beachtung geschenkt werden als dem nackten Ergebnis des Wettspiels. Um gut spielen zu können, muss der Spieler das gegenwärtige Resultat des Wettkampfs außer Acht lassen. Ab und zu sollte mit Risiken gespielt werden, auch dann, wenn dadurch der Gegner ein Tor erzielen kann. **Das Wettspiel sollte nur als ein weiteres Training angesehen werden.**

2. Immer sollte mit vollem Einsatz der Sieg angestrebt werden, aber niemals sollte man ihn um jeden Preis suchen, als ob es nichts Wichtigeres gäbe.

3. Zu verlieren ist nicht so schlimm, denn eine Niederlage ist immer eine der drei Möglichkeiten eines Wettspiels. Eine Garantie auf den Sieg gibt es nicht. Aber immer wenn uns eine Mannschaft besiegt, dann sollte es auf Grund ihres besseren Spiels sein und nie, weil wir nicht um den letzten Meter gekämpft und keinerlei Mühe gescheut haben, uns dagegen zu wehren. **Unsere Spieler sollten sich nie als Verlierer fühlen, wenn sie vorher alles Mögliche getan haben, um das Spiel für sich zu entscheiden.**

4. **Gewinnen ist weder so gut und bedeutend wie Verlieren schlecht und tragisch sein kann.** Alles hängt davon ab, wie eine Mannschaft zum Sieg oder zu einer Niederlage kommt. Man kann gewinnen und sehr schlecht und in einer unangenehmen Atmosphäre spielen oder auch verlieren und dabei gut gespielt haben und viel Vergnügen gehabt zu haben.

5. **Man muss lernen, im Wettkampf so zu spielen, als ob es ein Training wäre und so zu trainieren, als ob es sich um ein Wettspiel handeln würde.**

6. **Gewinnen ist meist die Konsequenz einer guten Spielleistung, weshalb wir die Spieler motivieren sollten, ihre Aufgaben auf dem Spielfeld so gut wie irgendmöglich zu lösen.** Ihre individuellen Spielleistungen sind wie reife Früchte, die, bedingt durch ihr eigenes Gewicht, vom Baum fallen.

7. Bei den E- und F-Junioren ist gewinnen leichter zu erlernen, als guten Fußball zu spielen. Um zu gewinnen, wird Bekanntes wiederholt angewendet und keine „unnötige" Zeit beim Erlernen neuer Erfahrungen verloren. Nur die Spielelemente werden gepflegt, die zum Sieg führen, wie z. B. das Wegdreschen des Balls aus der Gefahrenzone, ein Pressing des Gegners in seiner Hälfte und der direkte Angriff durch die Spielfeldmitte.

„Am wichtigsten ist nicht zu gewinnen oder zu verlieren, sondern sich zu amüsieren."

7 Was ist für die Ausbildung junger Fußballspieler wichtiger, zu siegen oder sich optimal auf die Zukunft vorzubereiten?

Der alte Slogan, dass die Teilnahme am Spiel wichtiger als alles andere sei, wurde bereits vor langer Zeit von den meisten Fußballvereinen verworfen, weil es überall Jugendtrainer gibt, die ihre auszubildenden Spieler dazu „benutzen", sich auf beruflicher und sozialer Ebene zu profilieren.

Die überall zu beobachtende Kultur des Sieges im Fußball unter 14 Jahren verursacht in allen Teilen der Welt viel Schaden, nicht nur für die jungen Spieler, sondern auch für die Vereine, weil die Qualität der Ausbildung der jungen Talente durch das „Gewinnenmüssen" sehr beeinträchtigt wird.

Wenn der Sieg von heute einer optimalen Ausbildung des jungen Fußballtalents für morgen vorgezogen wird, dann stimmt etwas nicht. Nur in wenigen Vereinen wird die Qualität ihrer jahrelangen Ausbildung an der Zahl der Spieler gemessen, die am Saisonanfang in die Repräsentativmannschaft des Klubs aufrücken. Für sie bedeutet, einen Pokal weniger im Jugendfußball zu gewinnen, häufig ein optimal vorbereitetes Talent mehr für ihre erste Mannschaft „produziert" zu haben.

Die spanische Zeitung *El Pais* veröffentlichte am 5. September 2000 einen Artikel, in dem behauptet wurde, dass von den 20 Millionen nordamerikanischen Kindern, die am organisierten Sport teilnahmen, 14 Millionen dem Sport den Rücken zukehrten, bevor sie das Alter von 13 Jahren erreichten. Auch im spanischen Fußball wird die konstante Zunahme von Kindern, die nach sechs und mehr „stressigen" Jahren von 11:11-Spielen, zwischen 13 und 15 Jahren den Fußball enttäuscht verlassen, mit Besorgnis beobachtet, ohne diesem Phänomen Aufmerksamkeit geschenkt und die Gründe hierfür untersucht zu haben.

Das massive Abwandern ist eine Folge der Frustration vieler junger Spieler, die sich ursprünglich auf dem Fußballplatz mit Freunden nur vergnügen wollten (so wie es früher im Straßenfußball der Fall war). Mit den Jahren jedoch sind sie zu der bitteren Erkenntnis gekommen, dass ein Spiel, das die Erwachsene zu faszinieren vermag, nicht unbedingt auch für die Kinder funktionieren muss. Die Rechte des jungen Spielers beim Fußballspielen werden meist sträflich missachtet. Ohne viel zu überlegen, wird das Erwachsenenspiel auch mit den Kindern praktiziert, ohne es dem Kind anzupassen. Die zu komplexen und schwierigen Spielsituationen führen bei den noch im Lernprozess befindlichen Kindern zu einer viel höheren Fehlerquote, als das bei den Erwachsenen der Fall ist. Außerdem werden viele Kinder, bedingt durch die hohe Teilnehmerzahl am Spiel, zum passiven Zuschauen verurteilt. Das gesamte Spiel über stehen sie unter Erfolgszwang, weil die Erwartungen ihrer erfolgsorientierten Trainer und ihrer Eltern normalerweise sehr hoch sind.

Die Welt des Profifußballs hat mit den Jahren auch die der Kinder und Jugendlichen nur negativ beeinflusst. **Ein Sieg wird heute von vielen Trainern als absolut notwendig erachtet, unabhängig davon, ob die Kinder und Jugendlichen Freude am Spiel haben oder nicht.**

Sich beim Spiel zu vergnügen, zu experimentieren und neue Erfahrungen zu machen, sich wohl und fähig zu fühlen, sich etwas Neues einfallen zu lassen, um den Gegner zu täuschen und alle fünf Sinne zu mobilisieren, wird heute beim Wettspiel immer mehr ersetzt durch ein Um-den-Sieg-Bangen, beim Spiel Angst vor einer Blamage haben und unter viel Druck zu stehen, weil man weiß, dass man die hohen Erwartungen der Eltern und Trainer nicht erfüllen kann.

R. Denoueix, Ex-Coach des spanischen Klubs Real Sociedad San Sebastian, behauptete wenige Wochen vor der Vizemeisterschaft im Jahre 2003: „Unser Hauptziel ist es nicht, dem Erfolg nachzulaufen, sondern auf dem Platz Vergnügen am Spiel zu haben."

Die Debatte, „den Sieg zu fordern, anstatt sich optimal auf die zukünftigen Herausforderungen ab 17 Jahren vorzubereiten", wird seit Jahren nicht nur von den Verantwortlichen von Fußballschulen, von ihren Trainern und Mitarbeitern der verschiedenen Abteilungen eines Fußballklubs geführt, sondern auch von den Eltern der jungen Talente, die häufig den Fußball als Grundstein eines brillanten ökonomischen und sozialen Aufstiegs ihres Sohnes bzw. ihrer Familie sehen.

Den Schlüssel für die Lösung dieses Problems haben in aller Welt die Fußballverbände in der Hand, die fast überall, so wie es auch im Berufsfußball üblich ist, selbst für die sieben- und achtjährigen Anfänger, eine Meisterschaft im Ligaformat propagieren. Das führt dann automatisch dazu, dass viele Trainer ihre Spieler so schnell wie irgendmöglich auf die Ligaspiele vorbereiten, während es nur wenige gibt, die, trotz der Möglichkeit, ein Spiel zu verlieren, eine optimale und integrale Ausbildung ihrer Spieler auf lange Sicht einem Sieg vorziehen.

Je nachdem, wie sich der Trainer auch entscheidet, die Konsequenzen für die Spieler werden in folgendem Schema verdeutlicht:

ZIEL: GEWINNEN	ZIEL: AUSBILDEN
• Es werden nur Spieler berücksichtigt, die körperlich frühentwickelt und kräftig sind. Ihre technischen Fertigkeiten sind weniger bedeutend. Auch ihre Wettkampffähigkeit spielt als Auswahlkriterium eine Rolle.	• Alle spielen und besonders jene, die für die Zukunft viel versprechen. Es werden technisch versierte und intelligente Spieler ausgewählt und nicht diejenigen, die nur körperlich den Ansprüchen genügen. Ein Auswahlkriterium ist auch ihr Verhalten außerhalb und innerhalb des Spielfeldes.
• Die Spieler, die in ihrer Entwicklung weniger fortgeschritten, technisch aber besser sind, bleiben auf der Bank. Dieser Fußball ist antidemokratisch.	• Alle haben das Recht zu spielen, unabhängig von ihrer körperlichen Fitness und den technischen Fertigkeiten. Deshalb ist ihr Fußball viel demokratischer.

ZIEL: GEWINNEN	ZIEL: AUSBILDEN
• In der Fußballschule wird neben dem körperlichen auch ein taktisches Konzept eingeübt, weil sich das im Resultat sofort bemerkbar macht.	• Das Hauptaugenmerk liegt in dieser Entwicklungsphase auf der Verbesserung der individuellen technischen Fertigkeiten, während im körperlichen Bereich nicht die Kraft, sondern nur die Koordination und Schnelligkeit stimuliert werden.
• Man passt das System dem Gegner an, um ihn zu beherrschen und gegen ihn gewinnen zu können.	• Die Auswahl des Spielsystems wird nicht durch den Gegner bestimmt, sondern es wird öfters gewechselt, damit die Spieler Erfahrungen sammeln können.
• Im Angriff wird der Ball aus der Abwehr direkt zur Sturmspitze gespielt. Die Mannschaft hat es eilig und spielthäufig viel schneller, als sie kann.	• Die Philosophie des Zusammenspiels wird gepflegt, wobei im Angriff sowohl die Breite als auch die Tiefe des Feldes genutzt wird. Man wechselt häufig die Geschwindigkeit beim Ballvortrag.
• Es werden sehr viele lange Pässe gespielt (auch der Torwart schlägt den Ball immer mit dem Fuß weit ab).	• Viele Spieler berühren beim bevorzugten Kurzpassspiel den Ball (der Torwart serviert den Ball immer mit der Hand).
• Es kommt kaum ein Spiel im Mittelfeld zustande, weil wenig „konstruiert" wird.	• Der Ball wird normalerweise langsam vorgetragen, von der Abwehr in das Mittelfeld und von dort in den Sturm. Es wird Wert auf eine gute Kommunikation und Zusammenarbeit gelegt.
• Man sieht wenige Spielverlagerungen.	• Um Räume für den Angriff in die Tiefe zu schaffen, wird das Spiel häufig verlagert.
• Der verantwortliche Trainer instruiert seine Spieler von der Seitenlinie aus und diese gehorchen, weil sie das Spiel und die Meisterschaft gewinnen wollen. Der Spieler ist trainerabhängig.	• Der verantwortliche Trainer stimuliert von der Bank aus das Denken seiner Spieler, die letztlich entscheiden. Die Spieler sind unabhängig vom Trainer.
• Um den Sieg um jeden Preis zu sichern, werden unerlaubte Aktionen erfunden, die sowohl den Gegner als auch den Schiedsrichter in die Irre führen sollen.	• Das Spiel ist von der „Fairness", Ehrlichkeit und der Beachtung der Regeln geprägt.
• Man spielt mehr gegen als mit dem Ball! Es gibt keine Zeit für Finten und Täuschungsmanöver.	• Der Ball gilt als bester Freund, den man liebevoll behandelt. Die systematische Anwendung von Finten und Täuschungsmanövern wird gepflegt.
• Es wird besonders im Spielaufbau jegliches Risiko vermieden.	• Es werden bewusst Risiken eingegangen, auch dann, wenn dadurch ein Tor gegen die eigene Mannschaft fallen kann.

ZIEL: GEWINNEN	ZIEL: AUSBILDEN
• Frühzeitige Spezialisierung auf eine bestimmte Position oder Rolle auf dem Feld. Es spielen immer die Besten. Die Reservespieler spielen wenig.	• Alle bekommen häufig Gelegenheit, Erfahrungen in verschiedenen Spielpositionen zu sammeln. Die Ersatzspieler werden häufig eingewechselt.
• Junge Spieler werden zu früh an die Komplexität des Erwachsenenspiels herangeführt. Dadurch werden falsche Gewohnheiten eingeschliffen, die später die optimale Entwicklung des Spielers erschweren. Das Fußballspiel der unter 12-Jährigen hat mit Fußball wenig zu tun.	• Der Wettkampf im Fußball wird dem jeweiligen körperlichen und geistigen Entwicklungszustand des jungen Spielers angepasst. Im Minifußball und Fußball 7 wird so gespielt, wie wir es auch bei den „Großen" sehen können.
• Weil der Sieg im Vordergrund steht, wird fast immer mit der traditionellen Lehrweise trainiert, bei der der Trainer genau vorschreibt, wie der Spieler seine Aufgaben zu lösen hat. Vom Spieler wird keine geistige Mitarbeit verlangt, da er nur Instruktionen bekommt.	• In einer optimalen Ausbildung junger Fußballspieler sollte häufiger die globale Lehrmethode zur Anwendung kommen, weil sie den jungen Spielern die Gelegenheit gibt, das Spiel Schritt für Schritt zu entdecken. Der Spieler wird nicht als ein nur ausführendes, sondern als ein denkendes Mitglied eine Mannschaft gesehen.
• Die Bedeutung eines Spielers wird allein durch sein Spielverhalten bestimmt und er wird auch dann in der Mannschaft spielen, wenn er nicht zum Training erscheint oder außerhalb des Feldes sein Auftreten nicht entsprechend war.	• In der Ausbildung wird nicht nur der Spieler, sondern auch die Person durch den Fußball geformt. Fußball als Schule des Lebens.

*„Ein Jugendtrainer, der von Sieg zu Sieg eilt,
hat mehr für seine Zukunft getan, als für die seiner jungen Spieler."*

Die Besessenheit vieler Trainer und besonders der Eltern, mit den jungen Spielern von 8-13 Jahren in kürzester Zeit optimale Resultate zu erreichen, führt häufig dazu, dass im Training besonders die körperliche Verfassung der Spieler verbessert wird, weil man in diesem Bereich sehr schnell Resultate sieht, was jedoch im technisch-taktischen Bereich erst in Jahren zu beobachten ist. Die Folge ist, dass sich bei einem vorrangig körperlichen Training sichtbare Erfolge kurzfristig einstellen, aber auf Kosten anderer fußballspezifischer Aspekte, die zwangsläufig in den Hintergrund treten müssen.

Es ist wissenschaftlich bewiesen, dass nur eine breit angelegte motorische Ausbildung im besten Lernalter zwischen sieben und 11 Jahren eine ideale Grundlage für ein schnelles und effektives Lernen neuer fußballspezifischer Fertigkeiten und Fähigkeiten bietet.

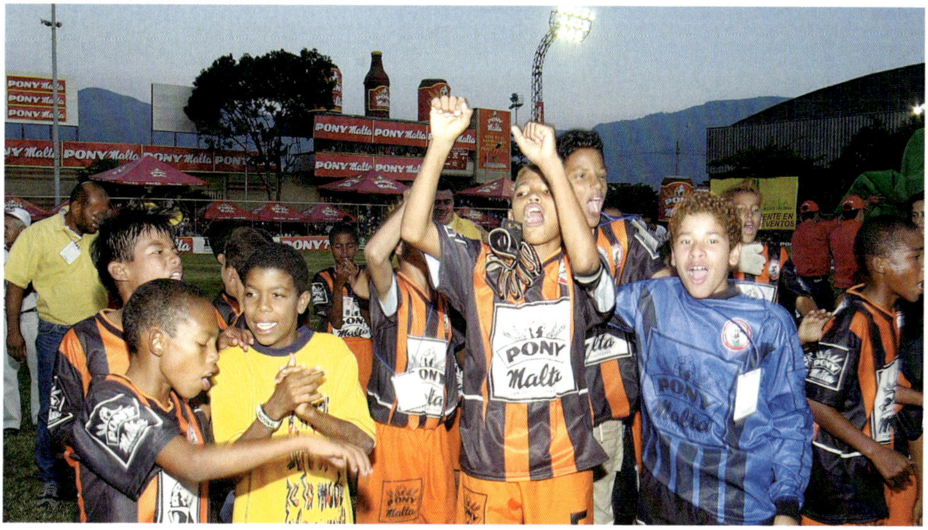

Um die Ausbilder dazu anzuregen, mehr vielseitige anstatt fußballspezifische Inhalte im Training der jüngeren Kinder zu berücksichtigen, müsste die Struktur der Wettkämpfe für die Jüngsten verändert werden. Nur wenn die Kinder zwischen sieben und 11 Jahren in Zukunft Wettkämpfe bestreiten, die neben einem bestimmten Niveau von Fußballfertigkeiten auch andere motorische Fertigkeiten und Fähigkeiten verlangen (wie zum Beispiel die Koordination), werden die Trainer dazu gezwungen, in ihrem Training ein optimales Verhältnis zwischen vielseitigen und fußballspezifischen Übungen und Spielen zu garantieren.

Ein gutes Beispiel hierfür ist der *Minifußballpentathlon*. Mit einer völlig anderen Struktur wird hier ein lernintensiver und attraktiver Wettkampf angeboten, bei dem sowohl physisch-koordinative wie auch fußballspezifische, technische und auch taktische Aspekte vom jungen Spieler verlangt werden. Auch die Wettkampffähigkeit wird geschult, weil der Spieler in mehr oder weniger als einer Stunde mehrere Siege verarbeiten, aber auch Niederlagen verdauen muss und dabei viel Spaß hat, weil er der Hauptdarsteller ist und mehrmals zum Torerfolg kommt.

„Im Kinderfußball wird nicht geerntet, sondern nur gesät!"

8 Wettspielmenüs für Kinder und Jugendliche

Wenn ein Junge oder Mädchen bestimmte grundlegende Fertigkeiten und Fähigkeiten beherrscht, möchte er/sie sich sofort mit anderen seines/ihres Alters in wettkampfähnlichen Situationen messen. Anstatt nun Freude und Vergnügen am Wettkampf mit anderen Gleichaltrigen zu haben, versuchen die von der Wettkampfmentalität der Erwachsenen angesteckten Kinder, den hohen Anforderungen ihrer Eltern und Trainer gerecht zu werden, d. h., dass ihr Wettspiel von negativen Effekten begleitet wird, wie z. B. dem Druck vonseiten der Eltern, vom Trainer oder auch von ihren gleichaltrigen Freunden. Das Wettspiel verwandelt sich in eine Tätigkeit, deren Konsequenzen (ein Sieg oder eine Niederlage) den jungen Spieler formen, während alle anderen positiven Gesichtspunkte, die noch beim Straßenfußball zu beobachten waren, in den Hintergrund treten. Zu früh wird für die Kinder der Sieg mit Erfolg und die Niederlage mit einem Versagen verbunden!

Dennoch würde es ein Fehler sein, auf Wettkämpfe für die Kinder zwischen sieben und 10 Jahren zu verzichten, da ihnen sonst die Motivation fehlt, regelmäßig zu trainieren. Außerdem gilt es zu beachten, dass ab acht Jahren der junge Spieler häufig den Wettbewerb sucht, um in der Gruppe von Freunden beachtet zu werden.

Das „Fußballentwicklungsmodell" bietet dem Ausbilder für jede Altersstufe verschiedene Wettkämpfe an, die den Interessen und den Fähigkeiten der Kinder perfekt angepasst sind: in den verschiedenen „Triathlonwettkämpfen" (drei vereinfachte Spiele für Zweier-, Dreier-, Viereroder Fünfermannschaften) oder „Dekathlonwettbewerben", die in 10 Tests vom jungen Spieler die Lösung der unterschiedlichsten technisch-taktischen Probleme verlangen. Auf diese Art und Weise kommt jeder teilnehmende Spieler häufig zum Erfolg und zur gleichen Zeit muss er auch lernen, eine Niederlage zu verkraften, die ihn hoffentlich zu mehr Anstrengungen motiviert.

Durch die progressive Zunahme der Spieleranzahl in einer Mannschaft (von 3-8) wird der junge Spieler alle zwei Jahre vor neue Herausforderungen gestellt, bis er mit 14 Jahren für das reguläre Spiel reif ist.

Die Pflicht, für unter 10-Jährige und unter 12-Jährige jedes Wochenende regelmäßig Wettspiele in einer offiziellen Liga auszutragen, verursacht mehr Probleme als Vorteile. Anstatt mit Kindern zwischen acht und 11 Jahren während der gesamten Saison fast jedes Wochenende Ligaspiele zu bestreiten, deren Ergebnisse noch in drei Monaten den Tabellenstand beeinflussen, ist es empfehlenswerter, vereinsinterne Wettbewerbe durchzuführen.

Hier können z. B. in einer „FUNiño Champions League" (s. S. 238-241) jedes Wochenende die Wettkampfregeln leicht geändert werden, womit den Trainern die Möglichkeit gegeben wird, bestimmte technische oder taktische Aspekte des Fußballspiels in den dem Wettkampfspiel vorgeschalteten Trainingseinheiten besonders herauszuheben. Diese vereinsinterne Liga sollte durch Festivals im Dekathlon, Triathlon oder Pentathlon regelmäßig unterbrochen werden. Somit muss sich der junge Fußballspieler immer wieder neu anpassen und der Trainer während der Woche im Training neue Schwerpunkte vorgeben, die dieser bis zum Wochenende den Kindern unbedingt näherbringen sollte.

Vereinsinterne Wettkämpfe erlauben es, den Terminkalender im Beisein der Eltern zu gestalten, weil diese, besonders bei den 8-10-jährigen Kindern, noch den Wunsch haben, ab und zu ein Wochenende mit der gesamten Familie zu verbringen.

Ab 14 Jahren sollten dann regelmäßig Wettspiele im 11:11 stattfinden, die jedoch nicht länger als drei Monate dauern sollten, womit es zu drei verschiedenen Meisterschaften kommt. Hier kann es drei verschiedene Sieger geben, während bei einer einzigen Liga in einer Saison nur wenige junge Spieler feiern können. Zwischen den drei Meisterschaften werden Turniere und Festivals in anderen Fußballmodalitäten wie Fußball 5, Fußball 7 und Fußball 8 angeboten, um die Saison der jungen Spieler so abwechslungsreich wie irgendmöglich zu gestalten, was ganz im Sinne der jungen Spieler ist.

„Sowohl das Training als auch der Wettkampf der Kinder und der Erwachsenen gehören zu zwei sich diametral gegenüberstehenden Welten."

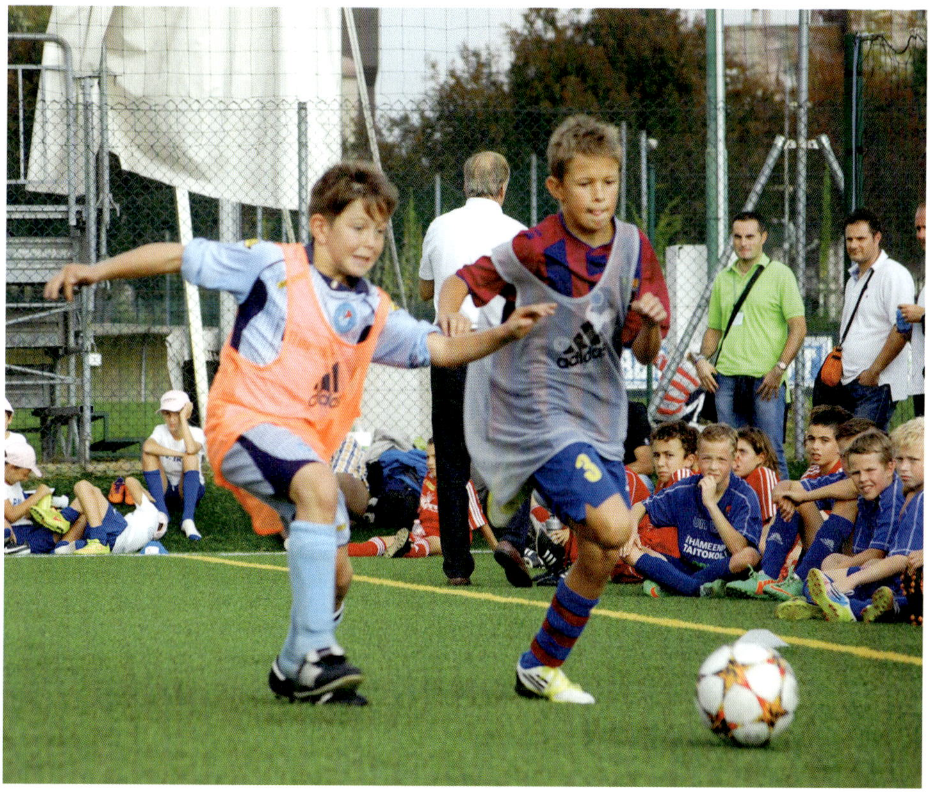

9 Warum sollten Wettspiele 11:11 im Ligaformat erst ab 14 Jahren ausgetragen werden?

Von den ersten Eindrücken, die ein Kind in einer Fußballschule erhält, hängt es häufig ab, wie lange es diesem Sport treu bleiben wird. Aus diesem Grunde sollte darüber nachgedacht werden, wie man am besten das junge Talent nicht nur an den langjährigen Trainingsprozess, sondern auch an die an den Wochenenden stattfindenden Fußballwettspiele heranführt.

Kinder leben in einer ganz anderen Welt als die Erwachsenen und in jeder von ihren Entwicklungsphasen zeigen sie charakteristische Eigenschaften in ihrem Verhalten und in ihrem Denken. Das Hauptziel eines Unter-11-Jährigen ist es, beim Spiel vor allem Spaß zu haben und darüber hinaus will er seine Geschicklichkeit und Fähigkeit im Spiel den „anderen" demonstrieren. Normalerweise bewertet er seine Spielleistung auf zwei verschiedene Arten: Er vergleicht sie mit derjenigen seiner Mit- und Gegenspieler oder er vergleicht sie mit den Möglichkeiten, die er besitzt.

Um seine Leistung jedoch korrekt beurteilen zu können (Kinder unter 11 Jahren haben noch nicht genügend Elemente des Urteils zur Verfügung, um ihre eigene Fertigkeit oder Fähigkeit richtig einschätzen zu können), ist er vom Urteil der Erwachsenen (z. B. vom Trainer oder seinen Eltern) abhängig, denn sie sind für ihn wie ein Spiegel, in dem er seine Fähigkeit oder auch Unfähigkeit sieht.

Das erklärt auch, wie leicht es für einen Erwachsenen ist, ein Kind mit Lob oder auch Tadel zu lenken, denn der Erwachsene weiß alles, hat immer recht und ist für den Unter-11-Jährigen noch ein Vorbild. Selbst eine 1:6-Niederlage versteht ein psychologisch geschulter Trainer, Vater oder eine Mutter mit entsprechenden Bemerkungen in einen Sieg umzuwandeln.

Die große Mehrheit aller Kinder sucht den Wettbewerb im Sport, um Spaß und Freude mit Gleichgesinnten zu haben, wozu es für sie von Wichtigkeit ist, den Anforderungen des Wettkampfs auch gewachsen zu sein. Für ein acht- oder neunjähriges Kind bedeutet deshalb eine Niederlage viel weniger als für seinen Vater, der sie monatelang nicht verdrängen kann, während das Kind die Niederlage bereits nach dem nächsten Speiseeis vergessen hat.

Spaß am Spiel hat jedes Kind, wenn es häufig am Ball ist und, bedingt durch die geringe Spielerzahl in seiner Mannschaft, auch nur wenige Fehler begeht und damit eine Leistung zeigt, die von den anderen respektiert wird.

Wenn jedoch alles getan wird (wie z. B. Spiel mit einem Ball Nr. 5, ein reguläres Spielfeld, mit Mannschaften von je 11 Spielern auf große Tore), um dem Kind sein Vergnügen am Spiel zu nehmen und sich Situationen entwickeln, die es noch nicht zu lösen in der Lage ist, gerät es vor dem Wettspiel, aber auch während der Spielzeit und besonders am Ende unter Stress, der seiner zukünftigen Entwicklung nur schädlich ist.

Junge Kinder lernen besonders schnell und effektiv in Situationen ohne jeglichen Stress, weil dann das Ergebnis ihrer Aktionen nicht dauernd bewertet wird und so zu keiner negativen Selbsteinschätzung führen kann. **Stresssituationen entstehen immer dann, wenn Kinder glauben, nicht fähig zu sein und sie die hohen Anforderungen, die das Spiel von ihnen verlangt, nicht erfüllen können.**

Erst ab 13 Jahren, wenn sich ihre Urteilsfähigkeit verbessert hat und sie die Erwachsenen mit anderen Augen sehen, entscheiden viele junge Spieler (besonders diejenigen, die wenig in Ballbesitz waren und wenig Spaß hatten), dem Fußball den Rücken zuzukehren.

Einem Bericht des *Kicker Sportmagazins* vom 05.11.1989 zufolge ergab eine von der bayerischen Regierung in Auftrag gegebene Studie, dass sich in den Jahren 1978-1988 eine massive Abwendung der Jugend vom Fußballspiel vollzog. Von den gemeldeten Mannschaften mit Spielern von 12 und 14 Jahren existierte beim Wechsel in die nächste Altersklasse zu den 15- und 16-Jährigen nur noch die Hälfte. Mehr alarmierende Zahlen gibt es aus dem letzten Jahrzehnt aus den Vereinigten Staaten, wo angeblich 73 % der Schüler, die mit 6-8 Jahren zum Fußball kamen, diesen zwischen 14 und 16 Jahren wieder verließen.

„In jedem Menschen verbirgt sich ein Kind, was spielen (Friedrich Nietzsche) und nicht nur gewinnen will und nicht nur gewinnen muss (Horst Wein). "

Die hohe „Drop-out"-Quote der letzten Jahrzehnte sagt uns, dass nun endlich die Zeit gekommen ist, unseren jungen Spielern zu erlauben, wieder Kind sein zu dürfen, ohne ihnen in der Welt des Fußballs ihre Kindheit zu nehmen und sie bereits vor 13 Jahren wie Erwachsene Fußball spielen zu lassen und von ihnen den Sieg zu verlangen. Das heißt, dass wir uns in Zukunft mehr Gedanken über eine neue Struktur der Fußballwettkämpfe für die Jüngsten unter 12 Jahren machen müssen, damit die Kinder, wie im Straßenfußball, mehr Freude und Spaß haben werden und diese den zur Zeit herrschenden Stress und das „Gewinnenmüssen" ersetzen.

Wenn Spieler ab 14 Jahren in organisierter Form regelmäßig ihre Punktspiele im 11:11 bestreiten und in die Fußballwelt der Erwachsenen eintreten, sollten ihre Eltern und Trainer nicht allein Wert auf das Ergebnis legen, sondern auch auf die Erfüllung spezifischer Rollen, die den jungen Talenten bereits vor dem Spiel vom Trainer aufgetragen wurden (wie z. B. auf eine korrekte Ausführung bestimmter technisch-taktischer Spielelemente, wie die begleitende Abwehr, das Antizipieren als Abwehrspieler oder das Flanken von den Außenpositionen).

Spieler, die sich während des Spiels auf eine, zwei oder höchstens drei vom Trainer vorgeschlagene Aufgaben konzentrieren müssen – eine Haupt- und zwei Nebenrollen –, werden dadurch kaum Zeit haben, sich viele Gedanken über das Spielergebnis zu machen. **Gewinnen heißt dann für sie, nicht nur das Spiel für sich zu entschieden, sondern zur gleichen Zeit auch ihre persönlichen Rollen, die sie vom Trainer bekamen, optimal erfüllt bzw. ausgeführt zu haben.**

Um gut zu spielen, sollte der Fußballer Freude am Spiel haben, das Ergebnis kaum beachten und nur an seine nächste Aktion denken, damit diese so erfolgreich wie irgendmöglich ausgeführt werden kann. Dies erfordert vom Spieler seine volle Aufmerksamkeit.

10 Die Wahl der Spielfeldausmaße

Um mit den sieben- und achtjährigen Spielern das Programm der „Spiele für grundlegende Fertigkeiten und Fähigkeiten" durchzuführen, wird kein normales Fußballfeld benutzt, sondern nur eine Fläche von etwa 20 x 40 m.

Wenn der Trainer ein Spiel zwischen zwei Mannschaften organisiert, sollte er beachten, dass, je weniger technisch versiert seine Spieler sind, desto mehr Raum und auch Zeit benötigen sie, um ein akzeptables Spielniveau zu erreichen. Leider wird dieser wichtige Hinweis von der großen Mehrheit der Kinder- und Jugendtrainer nicht respektiert, was der optimalen Leistungsentwicklung ihrer jungen Spieler nicht förderlich ist.

Bei wenigen Spielern in einer Mannschaft wird von diesen mehr Aufmerksamkeit als auf einem großen Feld erwartet.

Die Wahl der optimalen Ausmaße eines Spielfeldes ist für die Fortschritte eines Anfängers im technischen, körperlichen und mentalen Bereich sehr wichtig, und es sollte nicht dem Zufall überlassen bleiben, die entsprechenden Spielfeldausmaße dem Alter und der Anzahl der Spieler in jeder Mannschaft anzupassen (siehe die Programme der vereinfachten Spiele für Zweier-, Dreier- und Vierermannschaften). Wenn die Spielfläche für das Training beschränkt wird, was in vielen Vereinen der Fall ist, dann sollte der Trainer die Übung oder das Spiel unbedingt mit weniger Spielern durchführen, um sein Lernziel zu erreichen.

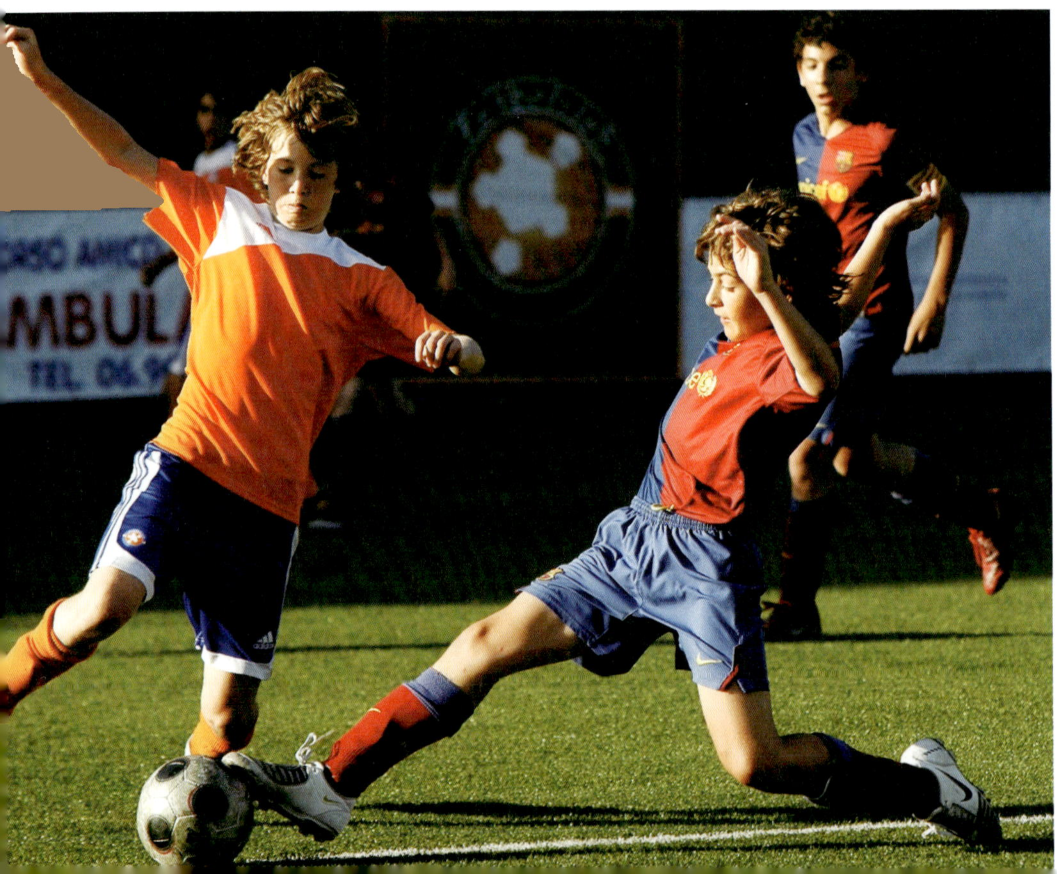

11 Zur Benutzung der „breiten" Tore

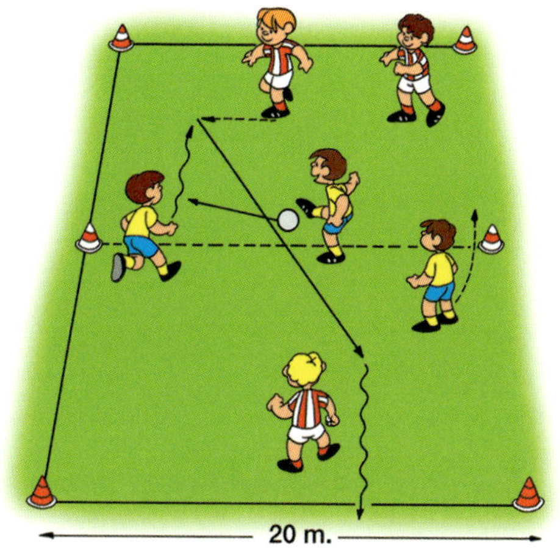

Die Tore haben in der Ausbildung der jungen Spieler eine wichtige Funktion. Ohne Tore würde das Fußballspiel seinen Reiz verlieren. Damit sich aber die Anfänger nicht immer in unmittelbarer Nähe des Balls aufhalten (was u. a. durch die zentrale Stellung der Tore verursacht wird), sollte von ihnen im ersten und zweiten Jahr oft statt eines Torschusses ein Überdribbeln der gegnerischen Torlinie gefordert werden. Dies hat für die Verbesserung ihrer Wahrnehmungsfähigkeit besondere Bedeutung, denn je breiter die Hütchentore sind, desto leichter hat es der angreifende junge Spieler, einen unbewachten Raum im Tor wahrzunehmen, bevor er sich dazu entscheidet, mit dem Ball am Fuß über die Torlinie zu dribbeln. Dadurch, dass im Minifußball die in den Außenpositionen befindlichen Spieler zu mehr Torerfolgen kommen als die zentral orientierten Spieler, wird systematisch über die Flügel gespielt und eine unerwünschte Zusammenballung der Spieler um den Ball herum verhindert.

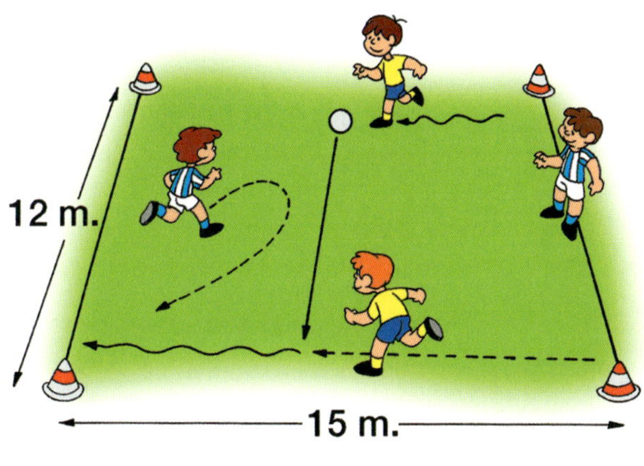

12 Das Gewicht und der Umfang des Balls

25 Gründe, die für einen Ball Nr. 4 für die 7-13-Jährigen sprechen

Gesundheitliche Gründe

Der Ball Nr. 4

- beschädigt weder die Gelenkkapseln des Knöchels noch die des Knies, wenn es zum Zusammenprall zwischen Fuß und Ball kommt.
- verhindert, dass es zum gefürchteten Syndrom Osgood-Schlatter kommt.
- vermeidet Verletzungen in der Halswirbelsäule und auch kleine Spaltbrüche am Schädel, die beim Kopfballspiel entstehen können.
- vermeidet bei der Abwehr eines Freistoßes in der Mauer Traumen durch Auftreffen des Balls auf den noch fragilen Körper des jungen Spielers.
- verursacht keine Schäden an den Füßen der Anfänger.

Pressenotiz vom 19.8.1999:

Das Kopfballspiel beeinträchtigt das Gehirn

Laut den Ergebnissen von Magnetresonanzuntersuchungen des finnischen Röntgenologen Taina Autti, die die bekannte britische Fachzeitschrift *The Lancet* veröffentlichte, wird das Gehirn eines Fußballspielers durch Kopfstöße, die er während des Spiels ausführt, beeinträchtigt. Die Untersuchung wurde mit 15 Fußballspielern, 17 amerikanischen Footballspielern und 20 Nichtsportlern, alle ungefähr 25 Jahre alt, durchgeführt. Die radiologischen Resultate zeigen kleine Gehirnverletzungen, wie sie auch häufig beim Boxen zu beobachten sind. In der Forschungsarbeit konnte jedoch kein Fall beschrieben werden, in dem das Köpfen eines Balls zu einer Beeinträchtigung der geistigen Fähigkeiten des Spielers geführt hätte.

Gründe, die die technische Ausbildung betreffen

Der Ball Nr. 4

- erleichtert dem jungen Spieler die Ausführung fast aller fußballspezifischen Techniken, wie Abspiel, Torschuss, Ballführung, Umspielen, Freistöße, Einwürfe, Ballannahme und -mitnahme, aber auch die Ausführung von Täuschmanövern.
- erhöht die Ausführungsgeschwindigkeit aller technischen Fertigkeiten, was zu weniger Fehlern und mehr Toren führt.
- erleichtert das Flankenschlagen und das Kopfballspiel.
- gibt dem jungen Spieler mehr Ballgefühl, weil ihm der kleinere und leichtere Ball besser gehorcht als ein Ball Nr. 5. Außerdem passt sich der Ball durch seinen geringeren Umfang und sein Gewicht mehr seinem noch kleinen Fuß an.
- fordert mehr koordinative Fähigkeiten als explosive Kraft, womit einem geschickten Techniker mehr Bedeutung zukommt als einem körperlich frühzeitig entwickelten Spieler.
- erhöht den Anreiz, dass häufiger mit dem schwächeren Fuß gespielt wird.

Psychologische Gründe

Der Ball Nr. 4

- gibt dem jungen Spieler zwischen 7 und 13 Jahren mehr Selbstvertrauen und auch Persönlichkeit, weil er viel häufiger, als das mit dem Ball Nr. 5 der Fall ist, Erfolgserlebnisse hat.
- unterstützt die Entwicklung seiner Kreativität, seiner Fantasie und seiner Vorstellungskraft, weil er den kleineren und leichteren Ball viel besser beherrschen kann.
- gibt ihm mehr Freude am Spiel und vermeidet die Angst, sich in bestimmten Spielsituationen wehzutun oder sogar zu verletzen.

Gründe, die die taktische Ausbildung betreffen

Der Ball Nr. 4

- verhindert durch sein geringes Gewicht die häufigen Zusammenballungen von Spielern um den Ball herum.
- hilft, die Wahrnehmung aller Spieler zu verbessern, da durch das geringere Gewicht des Balls jeder Mitspieler im reduzierten Feld erreichbar wird, so wie es auch bei den „Großen" der Fall ist.
- verbessert die Aufmerksamkeit, die mentale Teilnahme am Spiel und das Spiel ohne Ball, weil in jedem Augenblick jeder Spieler den Ball bekommen kann.
- Auf diese Art und Weise lernt die Mannschaft auch, sich optimal im Feld zu postieren und bei Ballbesitz das Spielfeld so groß wie möglich zu machen.
- verbessert die Dynamik des Spiels und erlaubt einen Spielrhythmus, der sich an dem des Profifußballs anlehnt. Die größere Geschwindigkeit des Balls bedingt, dass die Parameter von Zeit und Raum dem Profifußball ähnlich sind.
- fordert vom Torhüter eine schnellere Reaktion, und dem Abwehrspieler bleibt weniger Zeit, um einen Pass zu unterbinden (weil der Ball weniger Zeit braucht, um sein Ziel zu erreichen).
- erlaubt es, häufig das Spiel zu verlagern und die Breite des Feldes optimal zu nutzen, was mit einem regulären Ball für die Kinder unmöglich wäre.
- stimuliert den Torschuss auch aus mittlerer und weiter Entfernung vom Tor, so wie wir es auch vom Berufsfußball kennen.
- fördert das „Fair Play", weil es zu weniger Freistößen und Elfmetern kommt. Da diese jetzt häufiger zu Toren führen als mit dem Ball Nr. 5, werden es sich die Gegner überlegen, ob sie ein Foul begehen oder nicht.
- verhindert, dass im Kinder- und Jugendfußball ein Pressing gegen die ballbesitzende Mannschaft immer Erfolg hat.
- fördert die Anwendung von grundlegenden Prinzipien im Angriff, wie Breite und Tiefe.

13 Das Spiel mit dem schwächeren Fuß

Während der ersten beiden Jahre sollte der Jugendtrainer bei den Übungen und Spielen dafür sorgen, dass durch eine Regeländerung der Spieler dazu gezwungen wird, vermehrt mit dem schwächeren Fuß zu spielen. Der Ball Nr. 4 erleichtert das Spiel mit dem schwächeren Fuß. Amerikanische Untersuchungen (2013) beweisen, dass ein Training des nicht dominierenden Fußes (Hand) die technische Ausführung des anderen, dominierenden Fußes (Hand) sehr positiv beeinflusst!

Alberto Castillo Díaz* führte im Profifußball eine Analyse durch, die ergab, dass der Ball zu 84,35 % mit dem dominierenden Spielbein und zu 15,64 % mit dem nicht-dominierenden Fuß gespielt wird.

Die Prozentzahlen für die verschiedenen Techniken zeigen, dass die am häufigsten mit dem nicht-dominierenden Bein angewandten Techniken die Ballannahme (41,60 %) und das Zuspiel (39,70 %) sind, während die am wenigsten ausgeführten Techniken das Flanken (3,31 %) und der Torschuss (4,33 %) sind.

Während die Abwehrspieler in 30,02 % aller ihrer Aktionen mit dem schwächeren Fuß spielen, benutzen die Mittelfeldspieler praktisch beide Füße mit fast gleichen Anteilen (47,94 %), und bei den Stürmern (nur 22,03 %) ist eine Spezialisierung am deutlichsten, obgleich hier die Fähigkeit, mit beiden Füßen spielen zu können, am wichtigsten wäre.

** Alberto Castillo Diaz: „Estudio en competición sobre el grado de utilization de la pierna no dominante en el futbol profesional" albertocastillo77@vodafone.es*

„Eine Trainingseinheit für die Jüngsten zu gestalten, ist wie eine fünfblättrige Blume zu entblättern."

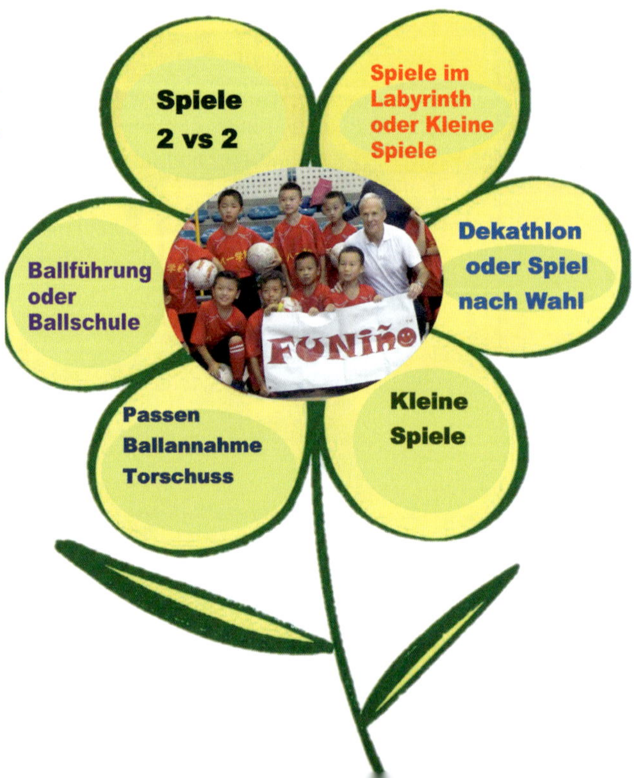

14 Vorbereitung einer Trainingseinheit mit Anfängern

Nicht nur die Qualität und die Anzahl, sondern besonders die Vielzahl der vorgeschlagenen motorischen Aufgaben, die der Trainer den sieben- und achtjährigen Anfängern anbietet, ist für den Erfolg und die Annahme der Trainingsinhalte durch diese von Wichtigkeit.

So wie wir beim Besuch einer Gaststätte ein abwechslungsreiches Menü erwarten, so wollen die Kinder von ihrem Trainer auch ein abwechslungsreiches und vielfältiges Trainingsprogramm von 90 Minuten bekommen, das ihren Hunger nach „Spielen" stillen soll.

Der Trainer stellt aus den „Spielen für grundlegende Fertigkeiten und Fähigkeiten" (erste Fußballentwicklungsstufe) ein attraktives Menü zusammen, wie z. B.

- als Aperitif ein vereinfachtes Spiel zwischen zwei Mannschaften, die nur von zwei Spielern gebildet werden,
- als erste Hauptspeise ein Spiel der Ballführung ohne oder mit Gegner sowie eine Variante und ein Korrekturspiel,
- als zweite Hauptspeise ein Mehrzweckspiel mit einer Variante oder auch zwei oder drei Varianten der Spiele im Labyrinth,
- als Beilage zum Fleisch oder Fisch ein Abwehrspiel mit Variante oder auch ein Spiel zum Passen, zur Ballannahme und zum Torschuss,
- als Nachtisch ein Test aus dem Fußballdekathlon, um den Gewinner unter allen Beteiligten zu ermitteln, oder ein Spiel, das der Trainer ausgesucht hat,
- als Kaffee ein Mehrzweckspiel oder auch wie am Anfang ein vereinfachtes Spiel 2:2.

Es liegt auf der Hand, dass der Ausbilder bei der Zusammenstellung des Programms Spiele von großer Intensität mit solchen von geringer Intensität wechselt. Es ist außerdem wichtig, möglichst gleich starke Gruppen zu bilden, damit das Üben für die jungen Spieler auch stimulierend wirkt.

Je interessanter, mannigfaltiger und attraktiver das Programm der ersten Entwicklungsstufe für den jungen Spieler ist, desto mehr beginnt er, das Fußballspiel zu schätzen, bis er es schließlich nicht mehr missen möchte.

Bevor ein Trainer das Fach Fußball unterrichtet, ist es notwendig, nicht nur das Fach, sondern auch seine Schüler sehr gut zu kennen, denn nur so stellt er fest, dass ein Kind anders lernt als ein Jugendlicher und dieser wiederum anders als ein Erwachsener.

Das „Fußballentwicklungsmodell" analysiert im Detail die Aspekte, die die Lernfähigkeit in den verschiedenen Entwicklungsstufen beeinflussen und gibt klare Richtlinien über die verschiedenen Lehrinhalte, die unterschiedlichen Methoden und Lehrziele.

Im gleichen Maße, wie der junge Organismus wächst und sich entwickelt, kommt es zu einer Vielzahl von physiologischen, kognitiven und sozial-emotionalen Veränderungen, die die Aneignung verschiedener Fertigkeiten und Fähigkeiten direkt beeinflussen. Eine logische Folge ist, dass sich die Ausbildung im Fußball immer dem biologischen und dem mentalen Alter des jeweiligen Spielers anzupassen hat und nicht umgekehrt. Dies ist sowohl für die spezifische Didaktik als auch für die Methodik zutreffend.

„Nicht nur die Vielfalt der Zutaten eines Menüs (einer Trainingseinheit), sondern auch die Art und Weise, wie der Koch (Trainer) das Menü bereitet und serviert, entscheidet über den Erfolg oder die Zufriedenheit des Gastes (Spielers)."

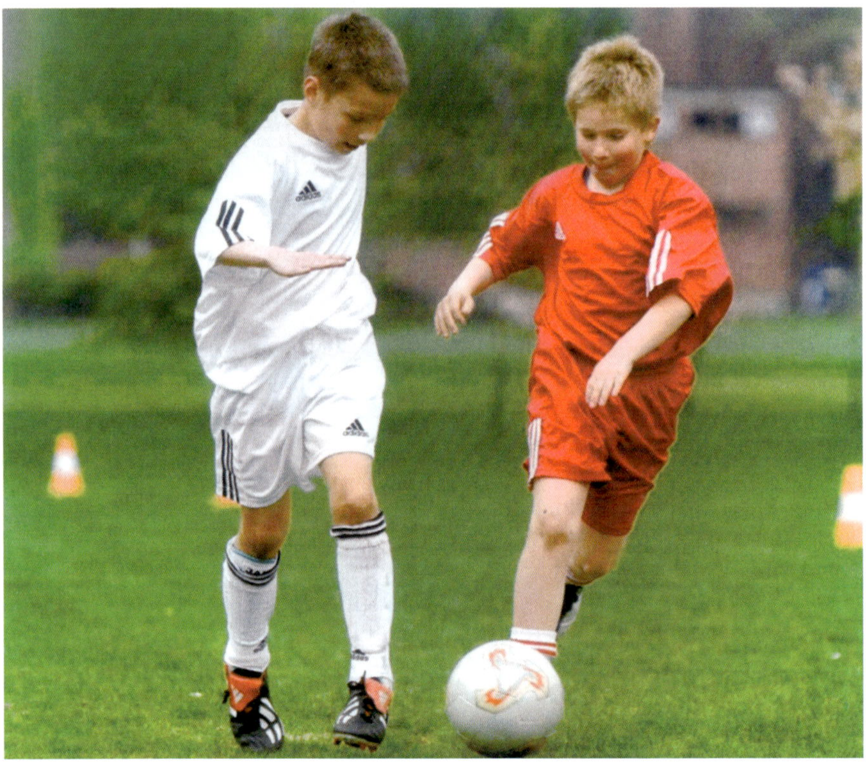

II SPIELE FÜR GRUNDLEGENDE FERTIGKEITEN UND FÄHIGKEITEN

Mit der Anwendung der Spiele für grundlegende Fertigkeiten und Fähigkeiten wird versucht, den Kindern zwischen 7-10 Jahren wichtige Erfahrungen in den grundlegendsten Situationen des Fußballspiels zu vermitteln:

- den Ball dribbeln (mit den Spielen zur Ballführung ohne und mit Gegner, mit den Spielen im Labyrinth, mit dem Dekathlon, mit den vereinfachten Spielen 2:2);
- den Ball abspielen, annehmen und auf das Tor schießen (mit den Spielen für das Passen, die Ballannahme und den Torschuss, mit dem Dekathlon, mit den vereinfachten Spielen 2:2);
- den Ball erobern (mit den Spielen für die Ballführung mit Gegner, mit den Spielen für die Abwehr, mit dem Dekathlon, mit den vereinfachten Spielen 2:2).

In dieser ersten Entwicklungsphase des jungen Fußballspielers ist er noch nicht in der Lage, im Kollektiv zu spielen. Seine Natur will es, dass er immer Hauptdarsteller des Spiels ist, den Ball für lange Zeit in seinem Besitz hält und alles auf eigene Faust versucht. Dies alles sollte sein Fußballlehrer wissen, der deshalb auch Spielsituationen mit Ball für jeden anbietet, die eine geschickte Ballbeherrschung verlangen, so wie zum Beispiel die Jonglierübungen mit dem rechten und linken Fuß, mit beiden Oberschenkeln, mit der Ferse, mit dem Kopf und beiden Schultern (in allen ihren Varianten). Die vom DFB herausgegebene DVD mit dem Titel „Ballzauber" wird hier wärmstens empfohlen, damit die Kinder auch im Eigentraining ihre technischen Fähigkeiten in den Bereichen Dribbeln, Jonglieren, Zaubern und Tricksen verbessern können.

Es wäre ein großer Fehler des Ausbilders, wenn er sich mit den sieben- und achtjährigen Spielern im ersten Jahr der Fußballschule nicht der Natur (d. h. dem Entwicklungszustand der Kinder) anpassen würde und sie stattdessen mit komplizierten Spielsituationen konfrontiert (wie sie z. B. im Fußball 7:7 auftreten), die sie noch nicht verstehen und auch nicht beherrschen können.

Im folgenden werden Spiele zur Ballführung (einschließlich der Spiele im Labyrinth), zum Passen, zur Ballannahme, für den Torschuss und zur Abwehr aufgezeigt. Sie sollten in einer Trainingseinheit mit dem Schwerpunkt FUNiño immer direkt nach dem anfänglichen Spiel FUNiño auf 2 FUNiño-Feldern mit je 8 Spielern angewendet werden, um technisch-taktische oder koordinative Fertigkeiten der Spieler zu optimieren bzw. zu korrigieren. Es wird also immer für eines der vielen FUNiño-Spiele trainiert, dem ersten wichtigen Baustein auf dem Weg der Konstruktion eines kompletten Fußballspielers.

1 Spiele zur Ballführung ohne und mit Gegner

Durch wiederholte Berücksichtigung der folgenden Übungen und Spiele im Lern- und Lehrprozess der ersten Entwicklungsstufe werden u. a. folgende Lernziele erreicht:

- den Ball in gerader Richtung führen,
- den Ball mit dem Innenrist, dem Außenrist, dem Vollspann oder der Sohle führen,
- den Ball mit dem linken oder rechten Fuß führen,
- den Ball seitlich, vorwärts oder auch rückwärts führen,
- den Ball in Kurven oder mit Richtungswechseln führen,
- den Ball mit Tempowechsel führen,
- den Ball mit erhobenem Kopf führen, was die Wahrnehmung erleichtert,
- den Ball an einem Abwehrspieler vorbeiführen, d. h. ihn umspielen,
- bei der Ballführung verschiedene Ballfinten und Körpertäuschungen ausführen und
- den Ball beim Dribbeln vor einem Gegner schützen.

1. Tunnel

- Der Ball muss mit einem von beiden Füßen 30 Sekunden lang hin und zurück durch die gegrätschten Beine des Partners gespielt werden.
- Der passive Spieler zählt mit lauter Stimme, damit es auch die übrigen Paare und der Ausbilder hören können, die erzielten Tore.
- Nach 30 Sekunden wechseln beide Spieler ihre Plätze und Aufgaben. Wer in zwei Durchgängen (Hin- und Rückspiel) mehr Tore als sein Partner erzielt, gewinnt. Im Falle eines Unentschiedens nach zwei Durchgängen fällt die Entscheidung im dritten Durchgang.

Variante 1

- Der den Tunnel bildende Spieler steht inmitten einer von zwei parallelen Linien gebildeten, 2 m breiten Zone, in der er den Ball nicht spielen darf, d. h. ein Tor kann nur mit einem Pass durch die gegrätschten Beine von außerhalb der Zone erzielt werden. Dabei sollte der Ausführende animiert werden, den Ball immer abwechselnd mit beiden Füßen zu spielen, was seine Ausführung beschleunigt.

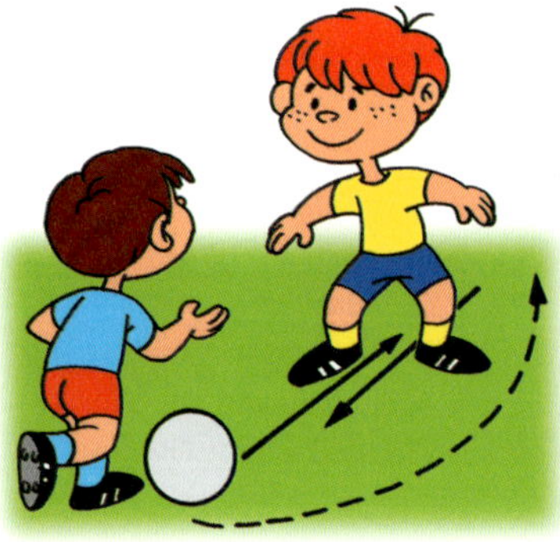

Variante 2

- Der den Tunnel bildende Spieler verändert nach jedem erzielten Tor die Position seines rechten Fußes, während der linke Fuß auf seinem Platz verharrt. Er führt also einen Basketballsternschritt aus.

2. Lösen des Blicks vom Ball beim Ballführen

- Drei Spieler stellen sich in 20 m Entfernung so gegenüber auf, wie es die Abbildung zeigt. Der erste Spieler dribbelt den Ball mit erhobenem Kopf zum gegenüberstehenden Spieler und muss während seiner Ballführung die Anzahl der Finger lesen, die ihm sein gegenüberstehender Partner 3 x anzeigt.

- Nach der Übergabe des Balls an den zweiten Spieler dribbelt dieser in Gegenrichtung und zählt die Anzahl der Finger, die ihm der dritte Spieler anzeigt.

Variante 1

- Ein Spieler führt seinen Ball drei- oder auch mehrmals zwischen zwei 20 m auseinander stehenden Partnern hin und her und muss dabei versuchen, auf jeder Strecke die Anzahl der Finger zu zählen, die ihm sein gerade gegenüberstehender Spieler anzeigt. Es gewinnt, wer sich nie irrt.

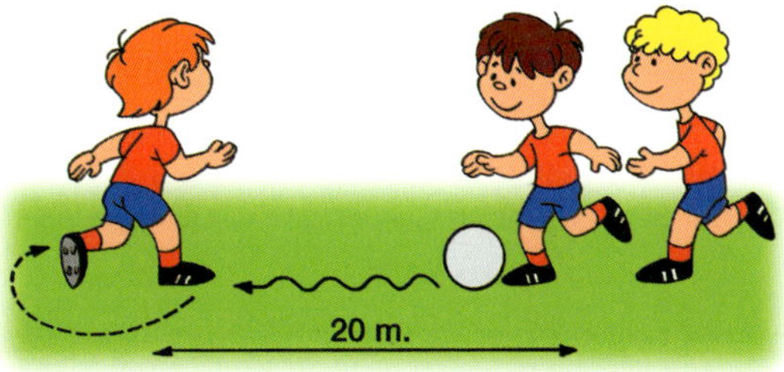

Variante 2

- Der Übungsleiter fordert eine bestimmte Technik der Ballführung (mit dem Vollspann, Innenrist, Außenrist, kombiniert oder auch mit der Sohle in frontaler Position oder in seitlicher Stellung), sowohl mit dem rechten als auch mit dem linken Fuß.

Variante 3

- Zur Rhythmusschulung wird die Entfernung zwischen den Spielern auf 30 m vergrößert. Vom Dribbler sollen entweder zwei, vier oder auch fünf Ballkontakte gefordert werden.

Variante 4

- Siehe Variante 3, aber jetzt müssen beide Füße abwechselnd nacheinander den Ball spielen.

Variante 5

- Zwei Bälle müssen zur gleichen Zeit zum Partner gedribbelt werden.

Variante 6

- Jeder der drei Spieler ist im Ballbesitz. Die beiden, die gerade keine Ballführung praktizieren, prellen ihren Ball im Stand mit der Hand wie ein Basketballspieler, während der dribbelnde Spieler jedes Mal, wenn der Ball des gegenüberliegenden Partners Bodenkontakt hat, seinen Ball mit dem Fuß berühren muss. Der dribbelnde Spieler läuft 4 x zwischen seinen Mitspielern hin und her, bevor er abgelöst wird.

3. Richtungs- und Tempowechsel mit dem Ball

- Zwei Spieler müssen ihren Ball 20 Sekunden lang so häufig wie möglich über zwei parallel gezogene Linien, die 2 m oder auch 5 m voneinander entfernt sind, führen. Dabei sollte der Ball mit beiden Füßen gespielt werden.
- Der Übungsleiter kann eine bestimmte Technik beim Richtungswechsel (mit dem Innenrist, mit dem Außenrist, mit der Sohle oder der Hacke) fordern, damit alle seine Schüler die verschiedenen Möglichkeiten des Richtungswechsels mit dem Ball kennen lernen, was später bei der Lösung einer 1:1-Situation nützlich sein wird.

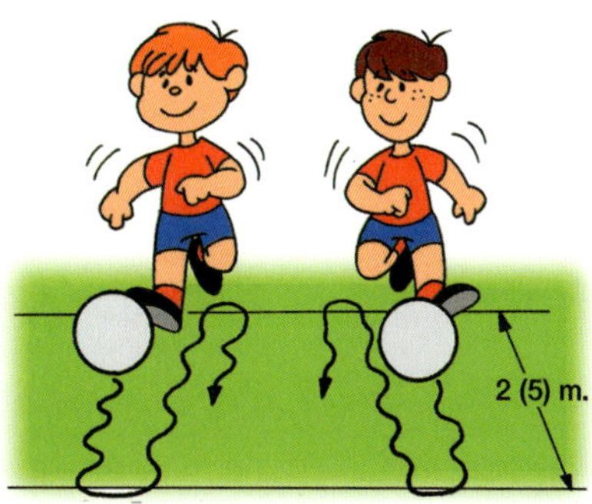

4. Zickzack

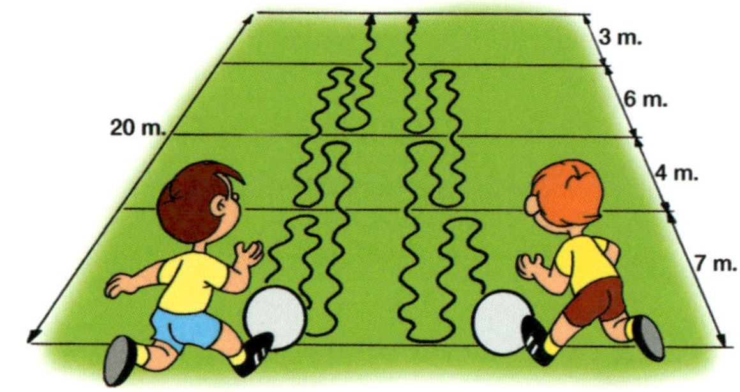

- Es werden vier verschieden breite Zonen markiert, so wie es die Abbildung verdeutlicht.
- Von der Startlinie aus dribbeln alle Spieler ihren Ball zur zweiten Linie, überschreiten sie mit dem Ball, um dann zur Startlinie zurückzukehren. Anschließend laufen sie zur dritten Linie, dann zurück zur zweiten, und von der zweiten zur vierten Linie, die sie als Erste mit dem Ball am Fuß überlaufen müssen.
- Bevor man mit dem Ball übt, wird das Zickzacklaufen mit korrekter Technik demonstriert und auch erklärt, bevor jeder Spieler Gelegenheit zum Üben bekommt, bevor alles in einem Wettkampf gefestigt wird.
- Nachdem alle Fehler ausgemerzt wurden, findet ein Wettkampf zwischen je fünf Spielern statt, wobei sich die beiden Ersten für das A-Finale und die restlichen Spieler für das B-Finale qualifizieren.

Variante „Staffel mit Dreiermannschaften"

- Fünf Hütchen werden in jeder Reihe hintereinander im Abstand von 5 m aufgestellt. Je ein Ball wird neben das erste und zweite Hütchen gelegt, während zwei der drei Spieler jeder Mannschaft 5 m vor dem ersten Hütchen in Reihe Aufstellung nehmen und der dritte Spieler am Ende des Parcours 5 m hinter dem fünften Hütchen steht. Mehrere Dreiermannschaften kämpfen um den Sieg.
- Nach dem optischen Signal des Trainers läuft der erste Spieler von jeder Mannschaft zum ersten Ball, um ihn am übernächsten Hütchen abzulegen (2), holt dann den zweiten Ball am zweiten Hütchen (3), legt ihn neben das vierte Hütchen (4), holt den ersten Ball am dritten (siehe 5) und legt ihn neben das fünfte Hütchen (6) und läuft dann zum zweiten Spieler (7), um ihm mit Handschlag das Zeichen zum Start zu geben.
- Der zweite Spieler verfährt dann in Gegenrichtung genauso wie der erste Spieler und am Schluss der dritte Spieler, bis die Staffel beendet ist.

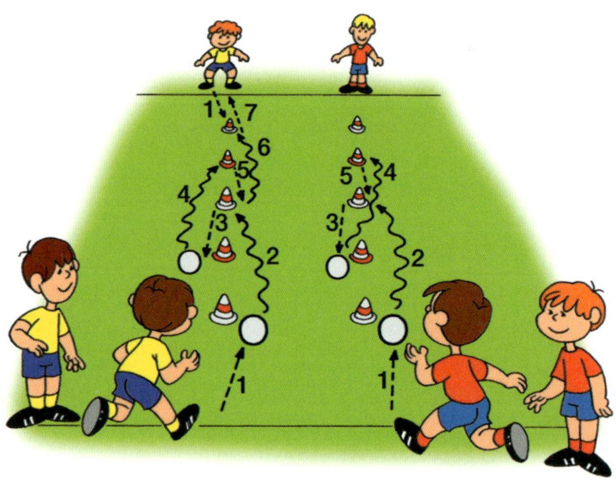

- Es wird empfohlen, die Übung zuerst ohne Ball ausführen zu lassen, wobei die Abstände zwischen den Hütchen auch verändert werden können. Dabei sollte der erste Spieler auf dem Hinweg die fünf Hütchen im Hin- und Rücklauf mit dem Fuß umstoßen, während sie der zweite Spieler mit der Hand wieder aufstellt und der dritte Spieler genauso wie der erste verfährt.
- Es sollten Bälle verschiedener Größe und mit unterschiedlichem Gewicht, wie z. B. ein Fußball und ein Tennisball, benutzt werden.

5. Schwarz oder weiß

- Eine Spielfläche von mindestens 20 x 20 m wird von einer Mittellinie in zwei Hälften geteilt, die wiederum von einer Endlinie begrenzt werden. Zwei Mannschaften stehen sich, beide zu verschiedenen Endlinien blickend, gegenüber. Auf ein Signal des Ausbilders hin muss jeder Spieler der beiden Mannschaften seinen Ball am Fuß über seine Endlinie führen. Die Mannschaft, die zuerst alle ihre Bälle am Fuß aus dem Spielfeld herausdribbeln konnte, gewinnt einen Punkt.
- Das Gleiche kann auch als Nummernwettlauf durchgeführt werden, indem der Trainer eine oder auch zwei Nummern (d. h. Spieler jeder Mannschaft) gleichzeitig aufruft.

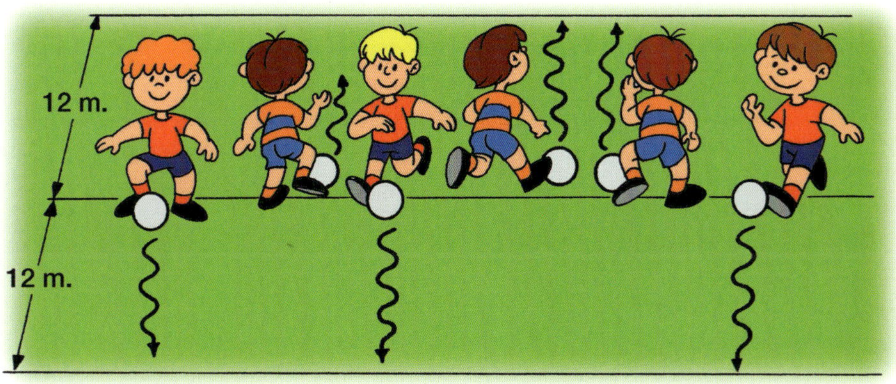

Variante

- Auf ein Kommando („schwarz oder weiß") des Trainers dribbeln die Spieler der schwarzen (weißen) Mannschaft ihre Bälle zur Endlinie, während die nicht aufgerufenen Spieler ihre Bälle zurücklassen und versuchen, ihren persönlichen Gegenspieler vom Ball zu trennen, um diesen dann zur Mittellinie zurückzuführen. Für jedes Überschreiten der Endlinie in 20 m Entfernung mit dem Ball am Fuß gibt es einen Punkt.
- Anstatt direkt auf der Mittellinie zu stehen, wird ein Abstand von 3 m zwischen den Spielern beider Mannschaften geschaffen.

6. Zusammenstoß am Schnittpunkt vermeiden

- 6-8 Spieler stellen sich so in Kreuzform auf, wie es die Abbildung zeigt.
- Ein Spieler jeder Mannschaft muss seinen Ball durch die Mitte des Quadrats zu seinem gegenüberstehenden Mitspieler führen und dabei einen möglichen Zusammenstoß mit einem der anderen Spieler vermeiden. Dies wird durch eine entsprechend aufrechte Körperhaltung erreicht, die eine optimale Übersicht und Entscheidungsfindung ermöglicht.

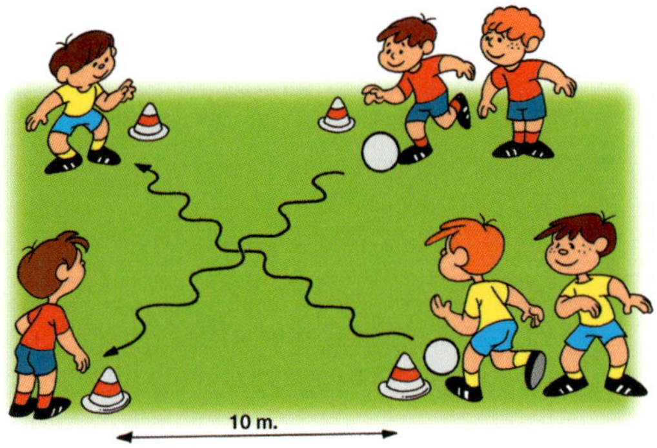

Variante 1

- Vier Spieler dribbeln zur gleichen Zeit ihren Ball aus ihren vier Ecken (Hütchen) heraus durch die Mitte des Übungsfelds zum gegenüberstehenden freien Hütchen, umlaufen es und kehren dann zum Startplatz zurück, bis jeder von ihnen den Hin- und Rückweg 10 x mit entsprechenden Pausen, in denen beide Mitspieler laufen müssen, absolviert hat.

Variante 2

- Anstelle eines Hütchens werden jetzt in allen Ecken des Vierecks 2 m breite Hütchentore errichtet, durch die der Ball zugespielt werden muss.
- Zwei Mannschaften mit je vier Spielern, die sich in Paaren gegenüberstehen, bestreiten mit je einem Ball einen Wettkampf. Auf ein optisches Signal hin läuft der erste Spieler mit dem Ball bis zur Mitte. Von dort spielt er einen frontalen Pass durch das gegenüberstehende Hütchentor zum ersten Spieler des gegenüberstehenden Paares, der ihn hinter dem Tor erwartet. Anschließend macht er das Gleiche wie sein Vorgänger, während der erste Spieler sich in der zweiten Reihe anschließt.
- Die Vierermannschaft, die zuerst 20 Tore mit einem beliebigen oder auch nur mit dem linken Fuß erzielt, gewinnt.

7. Ballführung mit Abspiel nach links und rechts

- Es werden zwei Mannschaften zu je zwei Spielern gebildet. Jede Mannschaft besetzt die nebeneinanderliegenden Tore. Nach dem Signal laufen die beiden gegenüberstehenden Spieler mit ihrem Ball zur Mitte, überdribbeln das Hütchen auf der linken (rechten) „Fahrbahn" und geben dann einen genauen Pass nach links (rechts) durch das linke (rechte) Hütchentor. Hinter dem Tor erwartet sein Mitspieler den Ball, während der vorige Zuspieler nach seinem genauen Pass geradeaus weiterläuft und sich hinter das freie Tor stellt, um das neue Zuspiel seines Mitspielers aus der Mitte des Feldes zu erwarten.

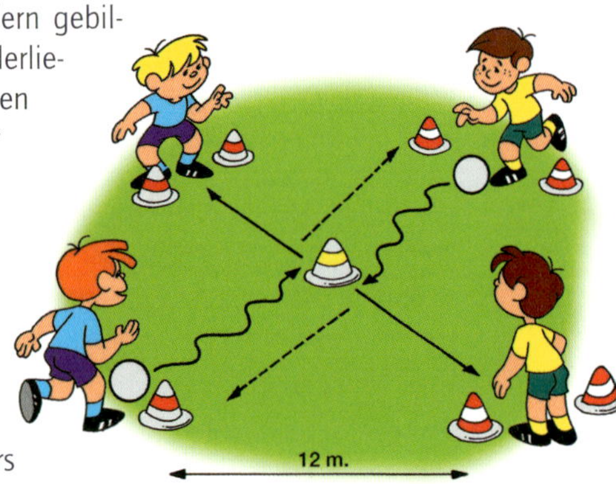

- Es gewinnt das Paar, das zuerst 10 Tore aus der Mitte erzielen kann. Bevor der Wettkampf beginnt, demonstriert und erklärt der Trainer seinen vier Schülern die verschiedenen Techniken des Abspiels sowohl nach rechts wie auch nach links und kommentiert mit ihnen die Vor- und auch die Nachteile verschiedener Zuspieltechniken.

Variante

- Ohne dass es zu einem Wettkampf kommt, werden alle Spieler dazu angehalten, vor dem Abspiel zu einer Seite eine Zuspieltäuschung in die Gegenrichtung auszuführen.

8. Wechsel des Quadrats

- Es werden vier Vierer- oder Dreiermannschaften gebildet. Jede von ihnen besetzt eines von vier Quadraten (8 x 8 m), die alle voneinander 12 m entfernt sind.
- Zunächst dribbeln alle Spieler ihren Ball innerhalb ihres Vierecks, bis der Ausbilder ein Signal gibt, das sie dazu auffordert, ihren Ball so schnell wie möglich in das nächste Viereck (im Uhrzeigersinn) zu führen.
- Es gewinnt die Mannschaft, deren Mitglieder sich zuerst auf ihre Bälle im neuen Quadrat setzen können.

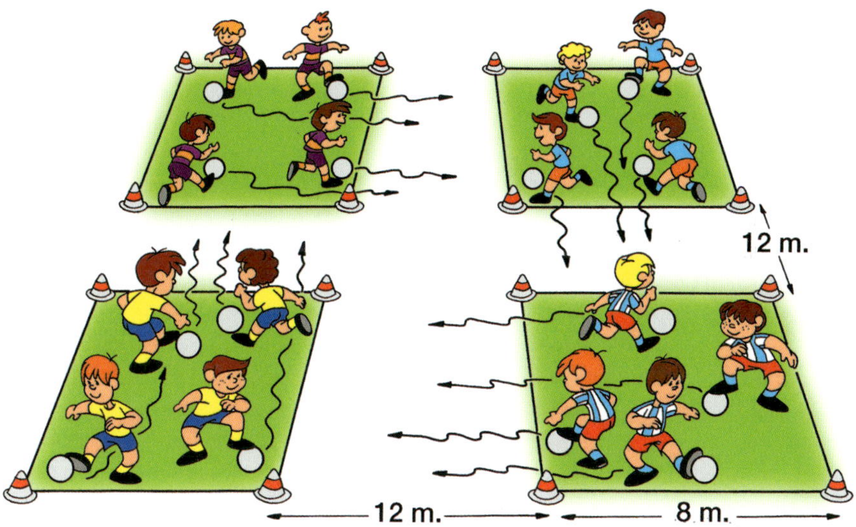

Variante „Verkehrspolizei"

- Der im Zentrum der vier Quadrate stehende „Polizist" zeigt mit einem entsprechenden Ausbreiten seiner Arme die Richtung an, in die zwei der vier Mannschaften ihren Ball dribbeln müssen, um das Viereck des Gegners mit allen Spielern eher zu besetzen. Der „Verkehrspolizist", um Zusammenstöße zu verhindern, muss darauf bestehen, dass immer Rechtsverkehr herrscht.

9. Suche ein freies Tor

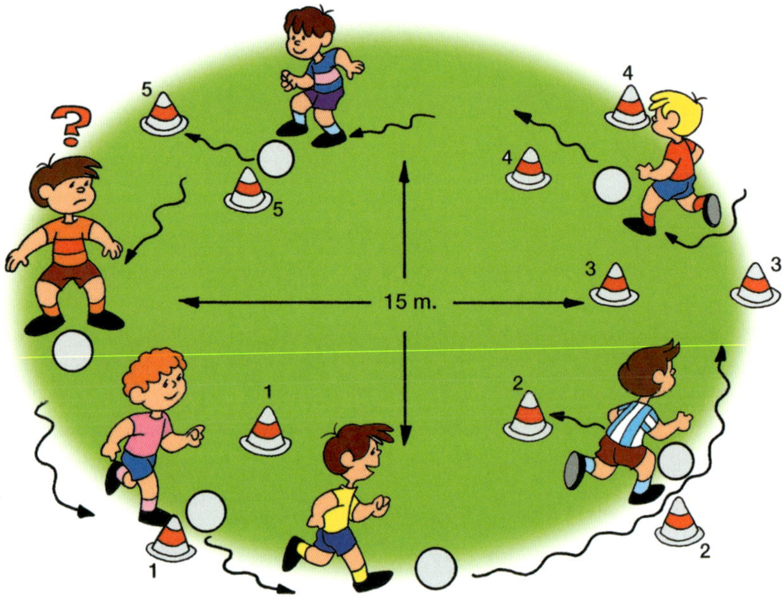

- Auf einer Kreislinie werden für fünf (sechs) Spieler nur vier (fünf) Hütchentore aufgebaut, so wie es die Abbildung zeigt. Alle Spieler dribbeln ihren Ball in beliebiger Richtung um den Kreis herum, bis ein Signal ertönt, das alle Spieler dazu auffordert, mit ihrem Ball ein „Haus" (Tor) zu besetzen.
- Wer übrig bleibt, und kein Tor findet, bekommt einen Minuspunkt.
- Zur Verbesserung der Aufmerksamkeit, der Reaktionsschnelligkeit und der Orientierungsfähigkeit sollte der Ausbilder das gleiche Spiel am Anfang auch ohne Ball anbieten.

Variante 1

- Vier Spieler besetzen vier der fünf Hütchentore, die auf der Linie eines Kreises mit einem Durchmesser von nur 15 m stehen. Der fünfte Spieler startet immer außerhalb des Kreises und gegenüber dem nicht besetzten Tor und versucht, dieses mit seinem Ball zu besetzen, ohne dass er dabei den Kreis betritt.
- Solange beide Füße eines Spielers die Torlinie eines der fünf Tore berühren, kann das Tor nicht besetzt werden. Alle Spieler ohne Ball versuchen, den Erfolg des Ballführenden durch geschickte Zusammenarbeit zu verhindern.
- Siehe auch das Spiel „Freies Pferd" im Kapitel „Die Entwicklung der Spielintelligenz im Kinder- und Jugendfußball"

Variante 2

- Die Tore werden beliebig innerhalb einer Spielfeldhälfte eines Volley- oder Basketballfeldes aufgestellt.

10. Schattenspiel

- Ein Spieler läuft an einem sonnigen Tag langsam eine Spielfeldlinie auf und ab, wobei sein Körper einen Schatten auf das Spielfeld produziert, in dem ein zweiter Spieler seinen Ball halten muss. Nach einer Eingewöhnungszeit für die Ballführenden erhöht der erste Spieler sein Tempo und führt häufiger einen Richtungswechsel aus.
- Es ist empfehlungswert, zuerst ohne und dann mit Ball zu üben.

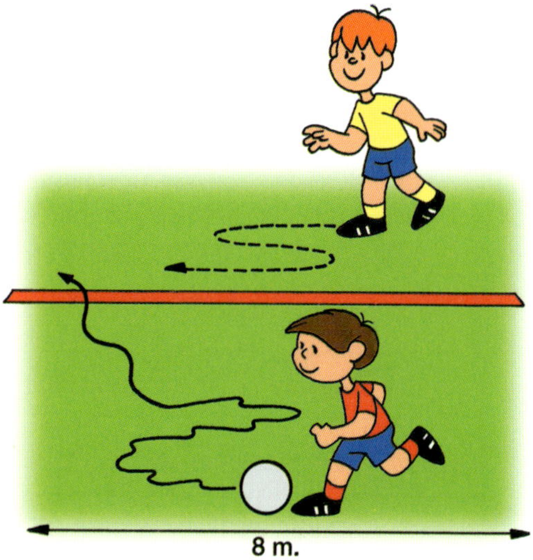

Variante

- Jetzt muss sich der Abwehrspieler immer im Schatten des Angreifers mit dem Ball aufhalten, obwohl der Spieler mit dem Ball dauernd Richtungs- und Tempowechsel parallel zur Linie ausführt.

11. Vorbereitung des Umspielens

- Es werden drei Hütchen, immer im 15-m-Abstand zwischen ihnen, auf eine Linie gestellt. 3 m rechts von den Hütchen befindet sich eine Seitenlinie.
- Der Spieler dribbelt seinen Ball von der Startlinie aus zum ersten Hütchen, das er mit einem Eigenpass nach rechts so umspielt, dass der nur einmal berührte Ball rechts über die Seitenlinie läuft. Dort angekommen, wird der Ball vom gleichen Spieler sofort wieder kontrolliert, um ihn dann zum zweiten, in 15 m Entfernung stehenden Hütchen zu dribbeln, wo er die gleiche Umspieltechnik mit Richtungs- und Tempowechsel nach rechts anwendet. Nach dem Umspielen der drei Hütchen (passive Verteidiger) und einem anschließenden Torschuss schließt sich der betreffende Spieler wieder in der Reihe von höchstens vier Spielern an.

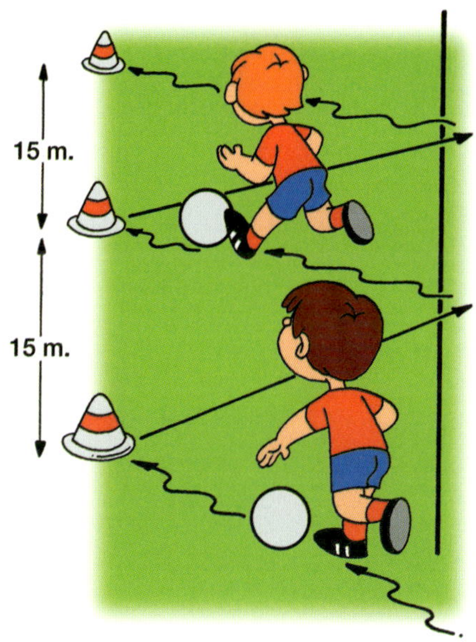

- Der Ausbilder sollte von den Schülern verschiedene Umspieltechniken mit beiden Füßen fordern, die dann auch demonstriert und von den Spielern kopiert werden. Für jede technisch richtige Ausführung des Umspielens kann der Trainer dem betreffenden Spieler Punkte geben.

- Beim nächsten Training werden alle Spieler aufgefordert, Finten beim Umspielen zu demonstrieren, wobei die orginellste Täuschung ausgezeichnet wird.

Variante

- Die Hütchen befinden sich auf der rechten Seite der Seitenlinie. Der Ball muss jetzt vor dem Hütchen mit einem Eigenpass seitlich nach links mit dem linken Außenrist oder mit dem rechten Innenrist gespielt werden, bis er die linke Seitenlinie 3 m links vom Hütchen überschreitet, wo er dann schnell wieder unter Kontrolle gebracht wird.

12. Rechts umspielen

- Die vier Hütchentore werden so aufgebaut, wie es die Abbildung zeigt.
- Der erste Spieler jeder Gruppe führt seinen Ball zum linken Hütchen des ersten Tores, spielt ihn dann mit einem Eigenpass fast im rechten Winkel zum rechten Hütchen, wobei er gleichzeitig mit dem Richtungswechsel einen Tempowechsel ausführen sollte. Nie sollte der Ball in das Tor geführt werden.
- Anschließend wird der Ball zum nächsten Tor gedribbelt, wo das gleiche Umspielmanöver wiederholt wird, bevor sich der Spieler in die gegenüberstehende Gruppe einreiht. Es sollten nie mehr als sechs Spieler auf dem Parcours beschäftigt werden.
- Jedem Spieler sollte es nach je fünf Minuten Demonstrationen, Erklärungen und Übung gelingen, vier Tore nacheinander ohne technische Fehler rechts zu umspielen.
- Um die Kreativität der Spieler zu fördern, sollte der Übungsleiter seine Spieler dazu anhalten, beim Umspielen verschiedene Möglichkeiten der Täuschung zu demonstrieren. Wer zeigt uns den originellsten Trick beim Rechtsumspielen?
- Ein technischer Fehler ist, den Ball beim Umspielen zur Seite 2 x hintereinander zu berühren, ihn nicht weit genug aus der Reichweite des späteren Gegners herauszulegen, beim Richtungswechsel den Tempowechsel zu vergessen (explosives Abstoßen vom Standbein) oder ein Hütchen zu berühren, d. h. mit dem Ball zu nah an den Gegner heranlaufen.

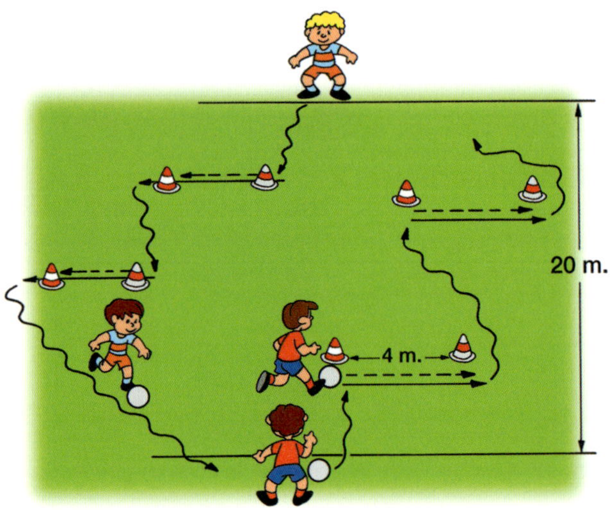

13. Links umspielen

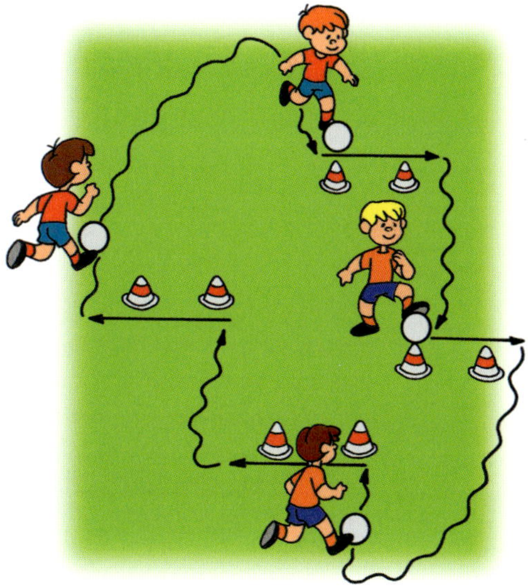

- Die Übung ist die Gleiche wie vorher, nur dass der Spieler mit dem Ball frontal in Richtung des rechten Hütchens läuft, um ihn dann plötzlich mit einer Ballberührung im rechten Winkel nach links zum linken Hütchen zu passen. Sofort nach Passieren des Hütchens wird er wieder mit dem rechten oder linken Fuß aufgenommen und in Richtung des nächsten Hütchentores gedribbelt, wo das gleiche Manöver wiederholt wird.
- Es ist wichtig, dass der Angreifer mit dem Querspielen des Balls gleichzeitig seinen Körper mit einem kräftigen Abdruck vom äußeren rechten Bein in die neue gewünschte Richtung katapultiert, wobei es zu einer kompletten Streckung des rechten gebeugten Beins kommt.
- Ein zweimaliges Berühren des Balls beim Seitpassen, das Überdribbeln der Linie zwischen beiden Hütchen und eine Berührung eines Hütchens mit dem Ball wird als Fehler angesehen.
- Nach etwa drei Minuten Üben beurteilt der Übungsleiter oder ein vorher nominierter Spieler die korrekte Ausführung des Umspielens von jedem Spieler, indem er ihnen je nach Ausführungsqualität zwischen 1 und 10 Punkte zuteilt. Für jeden Mangel wird ein Punkt abgezogen.

Variante 1

- Es gewinnt der Spieler, der die orginellste Finte mit dem Körper und/oder Ball ausführen kann, wie z. B. ein Seitpassen des Balls hinter dem Standbein, wenn sich dieses im Augenblick des Umspielens vor dem Ball befindet.

Variante 2

- Der übende Spieler umspielt das erste Tor auf der linken und das zweite Tor auf der rechten Seite. Siehe auch die nächste Übung.

14. Variation beim Umspielen

- Der Übungsparcours mit den vier Hütchentoren ist der Gleiche wie in den vorangegangenen Übungen. Nachdem zunächst das erste Tor rechts umspielt wird (Ball zum linken Hütchen führen und dann plötzlich 2 m nach rechts ausweichen), führt der Angreifer den Ball senkrecht zum nächsten Tor, in dem ein Verteidiger steht, der jedoch die Torlinie nicht verlassen darf. Wenn dieser sein Körpergewicht so verlagert, dass es sich über seinem rechten (linken) Bein befindet, dann wird er rechts (links) umspielt, d. h. immer auf der von ihm nicht gedeckten Seite.
- Um das Verhalten des Verteidigers zu interpretieren und zu einer richtigen Entscheidungsfindung zu kommen, muss der Angreifer beim Dribbeln den Blick vom Ball lösen.

- Alle Umspielungsversuche sollten später mit verschiedenen Täuschmanövern verbunden werden (z. B. mit dem Übersteiger (Fotos), mit einer Körpertäuschung mit Ausfallschritt, mit einer Passfinte mit Dribbeln in die andere Richtung (Scholl-Finte), Drehtrick von Zidane, Schussfinte (Fotos) usw.

„Übungen zur Technikverbesserung anzubieten, ist zweifellos wichtig, aber sie ohne jeglichen Bezug zum Spiel zu praktizieren, ist nicht attraktiv, denn der Lernende braucht immer eine Referenz zum Spiel, um sich zu motivieren."

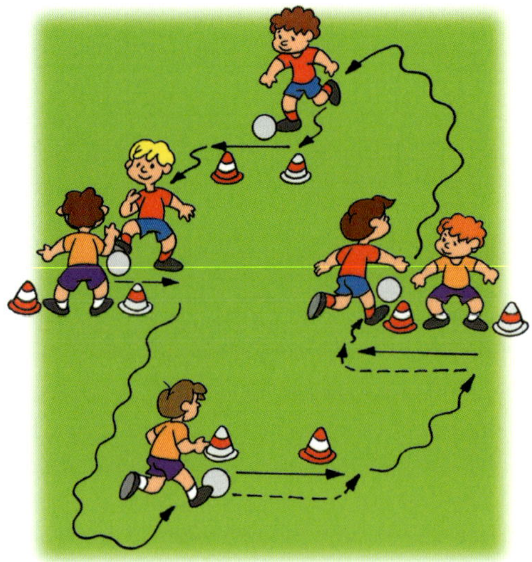

Variante

- Ohne die Torlinie des Hütchentors zu verlassen (ein Fuß muss immer auf der Linie bleiben), führt der Verteidiger einen Ausfallschritt zum Ball aus, mit der Absicht, ihn berühren zu können.
- Auf diese Art und Weise lernt der Angreifer, den Aktionsradius des Verteidigers einzuschätzen, um mit dem Umspielen rechtzeitig anfangen zu können und nicht mit dem Ball in seine Reichweite zu gelangen.
- Nach fünfminütigem Üben haben die Angreifer ihre optisch-motorische Berechnung verbessert und beginnen mit dem Umspielungsversuch bereits 3 m vom Verteidiger entfernt.

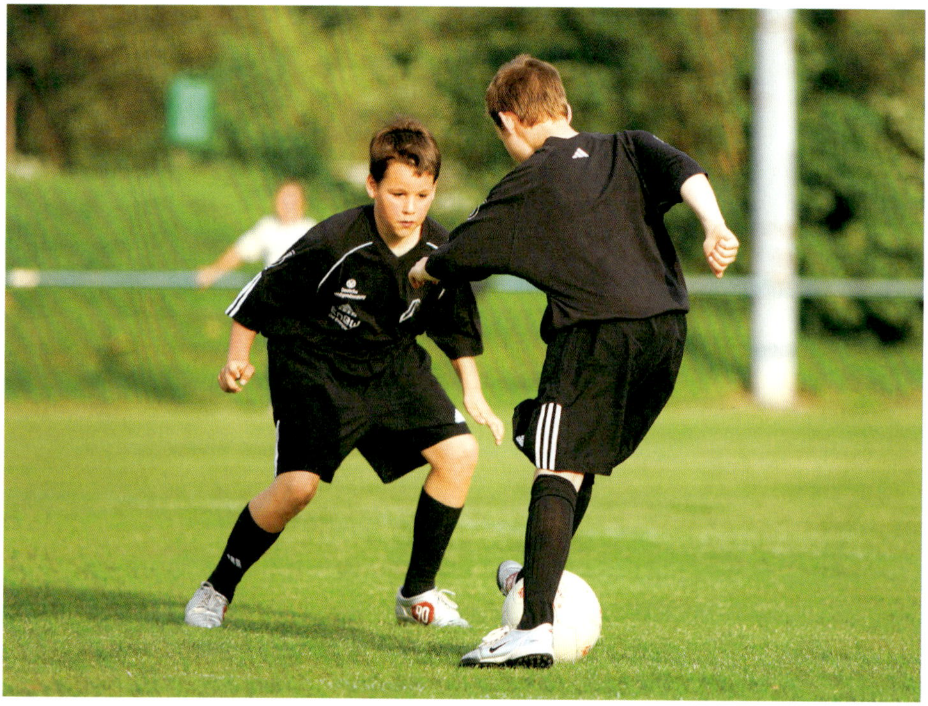

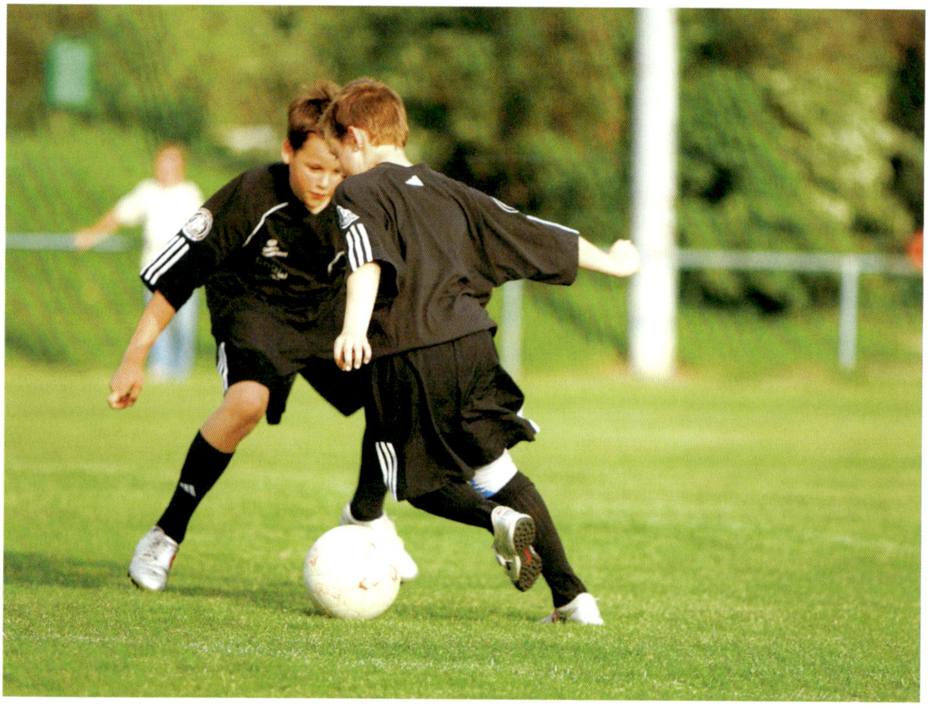

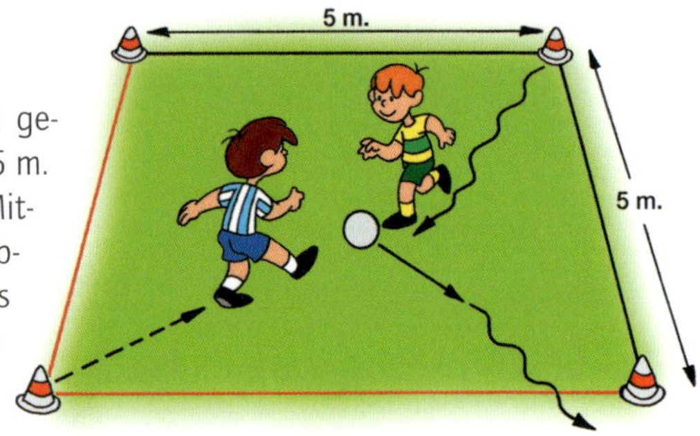

15. 1:1 in einem Viereck von 5 m

- Beide Spieler befinden sich in den diagonal gegenüberliegenden Ecken eines Quadrats von 5 m. Während ein Spieler seinen Ball in Richtung Mitte führt, wird er vom gegenüberstehenden Abwehrspieler bedrängt. Er muss verhindern, dass der Angreifer den Ball über eine der beiden Seitenlinien hinter ihm führen kann.
- Am Anfang sollte ohne Ball geübt werden, wobei der Verteidiger den Stürmer abschlagen muss.

Variante

- Beide Spieler befinden sich wieder in den diagonal gegenüberliegenden Ecken eines Vierecks von 5 m. Auf ein Startsignal hin laufen beide um die vier Hütchen des Quadrats. Wer nach einer Runde zuerst den Ball in der Mitte des Vierecks erobert, wird Angreifer, der jetzt genauso das Gleiche versucht, wie oben angegeben: mit dem Ball über eine der beiden Seitenlinie hinter dem Verteidiger laufen.

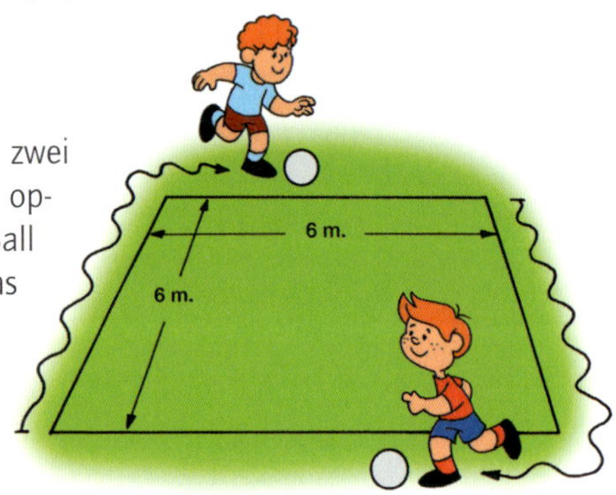

16. Rund um das Quadrat

- Zwei Spieler stehen außerhalb eines Quadrats an zwei diagonal gegenüberliegenden Hütchen. Auf ein optisches Signal hin laufen beide zunächst ohne Ball und später mit Ball in gleicher Richtung 2 x um das Viereck herum, ohne es dabei zu betreten.
- Es gewinnt, wer sich nach zwei Runden zuerst in der Startecke auf seinen Ball setzen kann.

Variante 1

- Alle Ecken des Quadrats werden von einem Spieler mit Ball besetzt. Zuerst üben sie ohne, dann mit Ball.

Variante 2

- Einer der Spieler ist der Kapitän, der die Schnelligkeit der Ballführung angibt, die alle anderen so kopieren, dass sie wie der Kapitän immer zum gleichen Zeitpunkt am nächsten Hütchen ankommen.

Variante 3

- Wie vorher, nur wird jetzt die Dribbeltechnik des Kapitäns kopiert.

Variante 4

- Nachdem der Ball eine halbe Runde außerhalb um das Viereck geführt wurde, macht der ballführende Spieler nach dem Erreichen des dritten Hütchens kehrt und läuft zum Startpunkt zurück. Wer dies 2 x hintereinander schneller als sein Gegenspieler in der gegenüberliegenden Ecke ausführen kann, gewinnt den Wettkampf.

Variante 5

- Das Originalspiel wird als Staffel mit acht Spielern (je zwei außerhalb jeder Ecke des Quadrats), d. h. mit vier Bällen gleichzeitig, ausgetragen. Jeder Spieler läuft nur eine Runde, bevor er den Ball dem Mitspieler übergibt. Um den Sieger zu ermitteln, muss jeder Spieler seinen Ball 3 x um das Viereck herumführen.

Variante 6

- 4-5 Spieler, alle mit dem gleichen Abstand zueinander, dribbeln ihren Ball auf der Mittelkreislinie. Auf ein Signal des Übungsleiters versucht jeder, seinen Vordermann einzuholen.

17. Rund um das Dreieck

- Zwei Spieler, jeder im Ballbesitz, laufen außerhalb um ein Dreieck herum und betreten es nur, wenn sie auf einer Seitenlinie im Slalom die Hütchen umlaufen müssen.
- Dabei sollen sie zu jedem Zeitpunkt die effektivste Dribbeltechnik anwenden und lernen, wann der Ball entweder eng oder auch weit genug vom Körper geführt werden muss.
- Zuerst sollte ohne und dann auch mit Ball geübt werden.

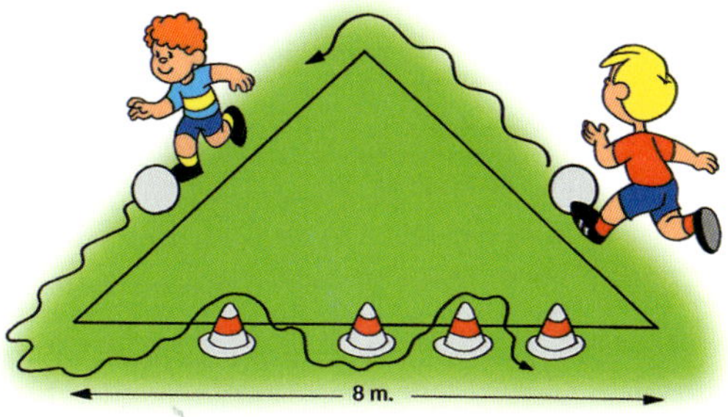

18. Verfolgungsjagd rund um das Viereck

(erste Schwierigkeitsstufe)

- Ein Angreifer mit Ball und ein Abwehrspieler ohne Ball stehen sich außerhalb eines Vierecks von 6 (8) x 6 (8) m an zwei diagonal gegenüberliegenden Ecken gegenüber.
- Wenn der Angriffsspieler startet, reagiert der Verteidiger und nimmt die Verfolgungsjagd rund um das Viereck auf, bis er den Ball spielen oder den Angreifer abschlagen kann. Jedes Mal, wenn der Angreifer mit dem Ball am Fuß eines der in jeder Ecke stehenden Hütchen hinterläuft – ohne den Ball an den Verfolger verloren oder einen Abschlag bekommen zu haben –, bekommt er einen Punkt gutgeschrieben.
- Anschließend findet eine Wiederholung und dann erst ein Rollenwechsel zwischen beiden Spielern statt. Wer nach sechs Ballführungen die höchste Punktzahl erreicht, wird zum Sieger erklärt.
- Im Augenblick der Annäherung des Verteidigers lernt der Angreifer, seinen Körper so zwischen dem Ball und dem Gegenspieler zu platzieren, dass dieser vom Verteidiger nicht gespielt werden kann und ein Überholen des Angreifers nicht möglich ist, weil dieser ihn sperrt.

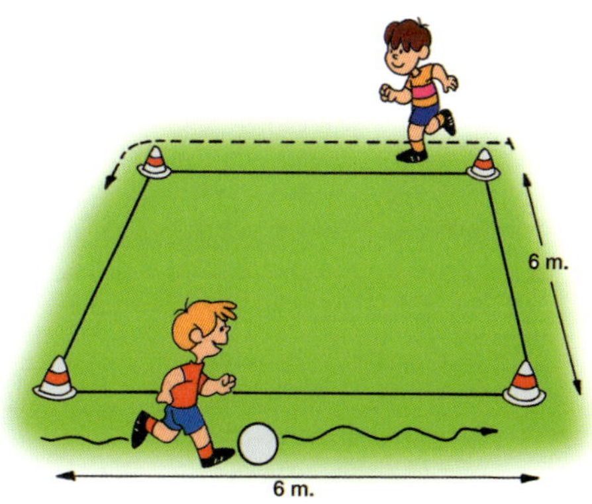

Variante mit vier Spielern

- Vier Spieler, zwei Angreifer und zwei Verteidiger, üben gleichzeitig so, wie vorher beschrieben, nur dass sich jetzt der Abstand zwischen beiden Spielern (Angreifer und Verfolger) um je 6 (8) m verringert hat.

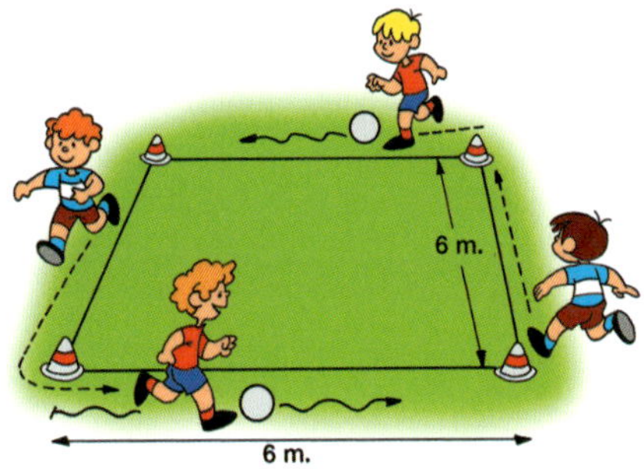

19. Verfolgung mit Handicap

- Siehe die Abbildung. Ein Spieler startet mit dem Ball und umläuft ein von drei Hütchen abgestecktes Dreieck, um dann im Dribbling die Torlinie zu überschreiten. Ein Verteidiger, der neben dem Angreifer startet, muss ohne Ball einen weiteren Weg laufen (um vier Hütchen herum im Trapez) und versucht, das Überlaufen der Torlinie durch den Angreifer zu verhindern.
- Jeder Spieler hat fünf Angriffe gegen denselben Abwehrspieler, bevor die Rollen und Positionen getauscht werden.
- Wer nach je fünf Angriffen den Ball am häufigsten am Fuß über die Torlinie führen kann, ist Sieger. Es sollte im und auch gegen den Uhrzeigersinn geübt werden, aber auch mit anschließendem Torschuss nach Überdribbeln der Torlinie.

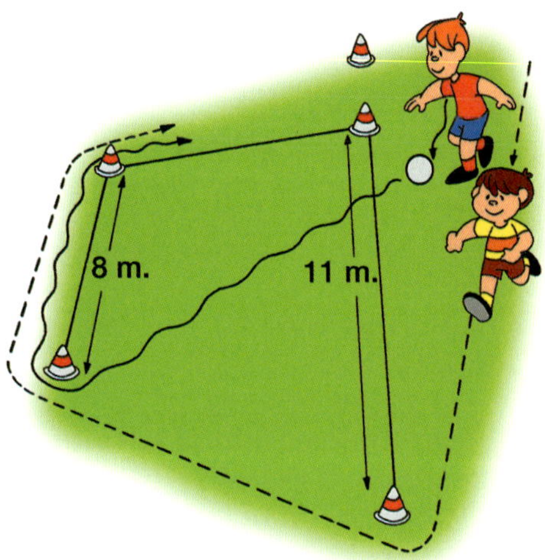

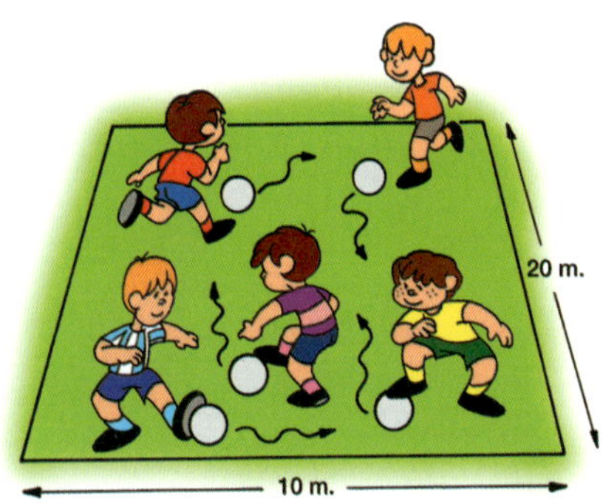

20. Abdecken des Balls mit dem Körper bei der Ballführung

- Innerhalb eines Rechtecks (20 x 10 m) führen fünf Spieler gleichzeitig ihren Ball und versuchen, während ihres Dribblings, mit überraschenden Abwehraktionen, so viele Bälle der Gegner wie möglich aus dem Viereck herauszubefördern. Wer seinen Ball verliert, scheidet zunächst aus, bis feststeht, welcher der fünf Spieler seinen Ball am längsten in seinem Besitz halten konnte.
- Es gewinnt derjenige, der nach 10 Wiederholungen am häufigsten Sieger blieb.

21. Räuber und Gendarm

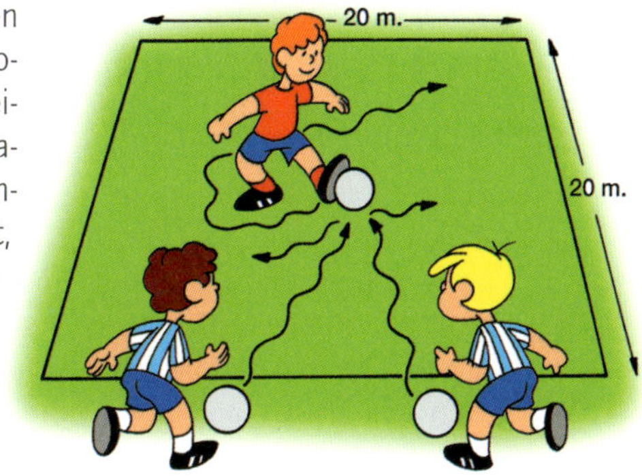

- Zwei „Polizisten", jeder im Ballbesitz, verfolgen in einem Viereck von 20 x 20 m einen dribbelnden „Räuber", der mit häufigen Richtungs- und Tempowechseln sowie Täuschungen versuchen muss, seine dribbelnden Verfolger abzuschütteln, ohne dabei das Viereck zu verlassen. Es werden die Sekunden gezählt, die der Räuber im Ballbesitz bleibt, ohne von einem der Polizisten abgeschlagen zu werden.
- Sollte es dem Räuber gelingen, den Ball für 6 (8) Sekunden nahe an seinen Füßen zu halten, dann gewinnt er einen Punkt.
- Der Abschlag des „Polizisten" ist nicht gültig, wenn zu diesem Zeitpunkt sein Ball nicht in unmittelbarer Nähe seiner Füße ist.
- Jeder der 3 Spieler hat als „Räuber" drei Versuche, seinen Ball 15 Sekunden lang im Besitz zu halten.
- Um wichtige Erfahrungen im visuellen und koordinativen Bereich zu sammeln, ist es ratsam, diese Übung anfangs ohne Ball durchzuführen.

22. Fünf Abwehrversuche

- Ein Verteidiger verfolgt in einem Viereck von 10 x 10 m drei dribbelnde Angreifer.
  Er hat nur fünf Versuche, um den Ball von einem der drei Gegner aus dem Viereck herauszubefördern.
- Dadurch, dass seine Abwehraktionen auf fünf beschränkt werden, sollte der Verteidiger nie überstürzt handeln, sondern muss den richtigen Augenblick abwarten, um den Ball herausspielen zu können. Währendessen lernen die Angreifer, den Verteidiger beim Dribbeln ständig zu beobachten, seine Nähe zu meiden und bei seinem Näherkommen den Ball mit ihrem Körper abzudecken.

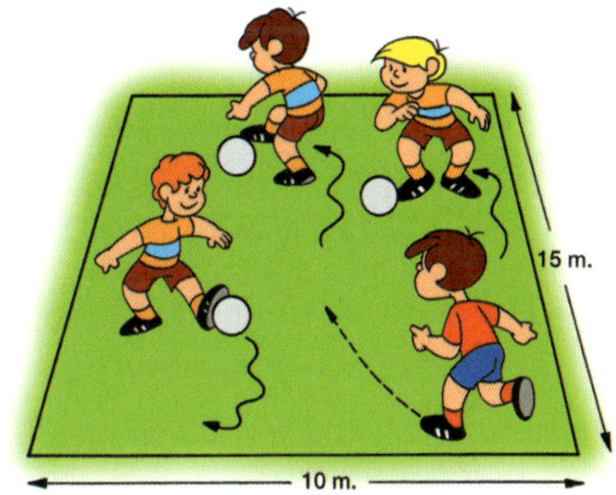

- Es gewinnt der Verteidiger, der mit fünf Abwehrversuchen am häufigsten zum Erfolg kommt.
- Ein Abwehrversuch findet immer dann statt, wenn der Verteidiger ein Bein völlig streckt, um den Ball spielen zu können.

23. Katze und Maus

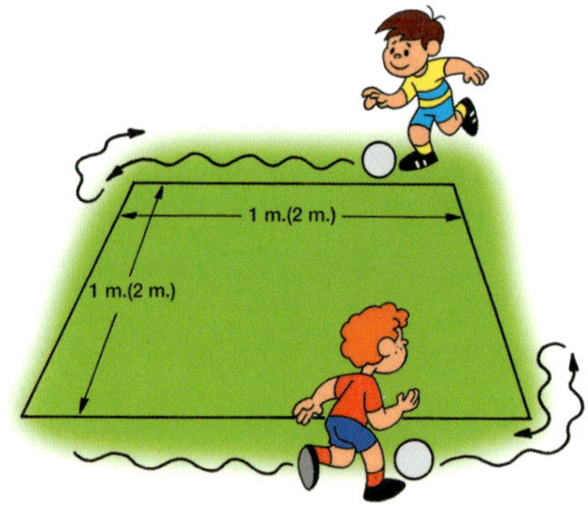

- Zwei Spieler (eine „Katze" und eine „Maus") postieren sich außerhalb des Vierecks an diagonal gegenüberliegenden Hütchen mit der Aufgabe, dass die „Katze" die „Maus" fangen muss (abschlagen), ohne dabei das Viereck zu betreten.
- Zunächst wird ohne Ball geübt, damit die Spieler lernen, zum richtigen Zeitpunkt Körpertäuschungen anzuwenden und den Körperschwerpunkt niedrig zu halten.
- Anschließend führen beide Spieler ihren Ball. Während des Dribbelns müssen sie häufig den Blick vom Ball lösen, um ihren Gegner beobachten zu können, der in jedem Augenblick überraschend seine Laufrichtung ändern kann, was eine entsprechende Reaktion der „Maus" erfordert.
- Sollte der Angreifer („Maus") seinen Ball für 15 (20) Sekunden gegen den Abwehrspieler („Katze") im Besitz halten, so gewinnt er einen Punkt. Nach vier Versuchen in der gleichen Rolle werden die Funktionen zwischen beiden Spielern getauscht.

24. Ausbrechen aus dem Mittelkreis

- Auf einem Fußball-7- oder auch auf dem großen Feld dribbeln acht Spieler, in zwei Mannschaften geteilt, ihren Ball in einem Mittelkreis, wobei jedem Spieler ein gleichwertiger Gegenspieler zugeteilt wird.
- Wenn der Jugendtrainer den Namen einer Mannschaft ruft, werden die vier Spieler dieser Mannschaft automatisch Angreifer und müssen mit ihrem Ball am Fuß aus dem Spielfeld herausdribbeln (1 Punkt). Ihr persönlicher Gegenspieler, der nach dem Aufruf seinen Ball

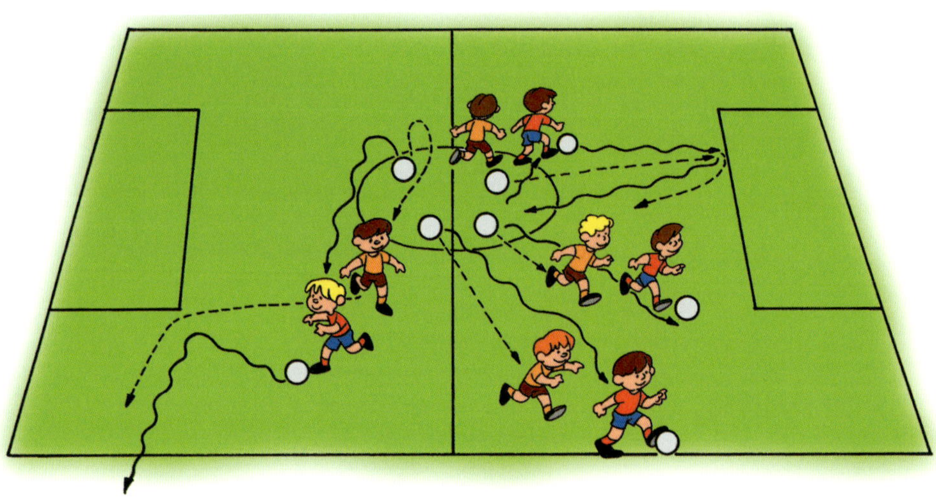

im Mittelkreis zurückgelassen hat, versucht, das Herausdribbeln des Balls aus dem Spielfeld zu verhindern. Wer den Ball zurückerobern kann, muss ihn wieder zum Mittelkreis zurückbringen (1 Punkt).

- Derjenige oder die Mannschaft, der (die) nach Ballbesitz häufiger das Duell zu seinen (ihren) Gunsten entscheiden kann, wird zum Sieger erklärt.
- Der Angreifer sollte seinen Ball, besonders wenn sein Gegenspieler noch weiter entfernt ist, nicht eng, sondern weit genug vom Fuß führen, damit er schneller laufen kann. Er sollte ihn immer außerhalb des Aktionsradius des Verteidigers führen und wenn dieser zu nahe kommt, sollte er ihn mit dem Körper abdecken (Körper zwischen Ball und Gegner bringen). Außerdem sind häufige Richtungswechsel und Tempowechsel dazu geeignet, dem Verteidiger das Näherkommen zu erschweren. Es ist wichtig, dass der Dribbler zu jedem Zeitpunkt weiß, wo sich sein Gegenspieler befindet.

Variante 1

- Anstatt eines akustischen Signals kann auch ein optisches Zeichen gegeben werden, um die angreifende Mannschaft festzulegen.

Variante 2

- Anstatt mit dem Ball am Fuß über eine der Außenlinien des Fußball-7-Feldes oder des großen Spielfeldes zu dribbeln, müssen die vier Angreifer nun in einen der beiden Strafräume eindringen, um dann ein Tor zu erzielen.

Warum gibt es im Kinder- und Jugendfußball so wenige variantenreiche und kreative Dribbler?

1. Das Dribbeln sollte weniger als „geschlossene" Übung, in der nicht variiert werden kann, sondern mehr als „offene" Übung angeboten werden, damit der Spieler auch Freiräume hat, sodass er Eigeninitiative entwickeln und auch einmal selbst entscheiden kann (siehe „Spiele im Labyrinth" (S. 126ff.), in denen zusammen mit der Technik des Dribbelns die Wahrnehmungs-, Orientierungs- und Anpassungsfähigkeit gleichzeitig gefördert werden). Durch diese Möglichkeiten, selbst etwas einzubringen, wird der Spieler zur Eigeninitiative angeregt, anstatt immer dem Willen des Trainers zu folgen.

2. Das Dribbeln sollte möglichst häufig Hauptbestandteil einer Spielform sein, in der der junge Spieler selbst Entscheidungen treffen und kreativ sein soll. Da sich in einer Spielform normalerweise reale Spielsituationen des Wettkampfs widerspiegeln sollen, fällt es dem Spieler später leichter, im Wettspiel unter ähnlichen Bedingungen die im Training gemachten Erfahrungen anzuwenden.

3. Die korrekte Aneignung von Dribbeltechniken sollte bereits früh mit taktischen Problemen verbunden werden, damit der Spieler beim Dribbeln immer sehen (und verstehen) und auch denken muss. Fußball und auch das Dribbeln beginnt mit dem Kopf und nicht mit den Füßen! Siehe z. B. die Fang- oder Haschespiele mit Ball.

4. Häufig das Dribbeln unter wachsendem Gegnerdruck (von hinten, von der Seite oder auch von vorne) üben, weil das den jungen Spieler optimal auf das Wettspiel am Wochenende vorbereitet. Zum besseren Verständnis sollte im Lehr- und Lernprozess der Gegner am Anfang etwas passiver agieren.

5. Im Lehr- und Lernprozess des Dribbelns soll in der Konsolidationsphase die Ballführung auch unter Zeitdruck und Sauerstoffmangel geübt werden, ohne dass dabei die Qualität der Ausführung leiden sollte. So trainieren, wie es der Wettkampf erfordert!

6. Der Trainer sollte während der Wettspiele der D- und E-Junioren das häufige Dribbeln **nicht** unterbinden und Pässe fordern, obwohl das Letztere für das Endergebnis des Spiels besser wäre. Aber in dieser Altersstufe ist die Erfahrungssammlung beim kreativen und variantenreichen Dribbeln wichtiger als das Resultat des Spiels.

7. Damit das Dribbeln für die introvertierten und egozentrischen Sieben- bis Neunjährigen wieder an Bedeutung gewinnt (so wie es einst im Straßenfußball der Fall war), sollte dem Spiel 11:11 und 7:7 für die Acht- und Neunjährigen der Kampf angesagt werden. Die vielen Varianten des FUNiños sind ein idealer Nährboden für variantenreiche und kreative Dribbler, von denen es zurzeit noch zu wenige gibt. Das große Feld ermüdet den kleinen Spieler und verlangt von ihm vor allem ein Passspiel, während der kleine Spieler auf dem kleinen Feld durch den dauernden Ballkontakt ballverliebt sein kann und zum Meister des Dribbelns aufsteigt. Die Natur ist der bessere Trainer!

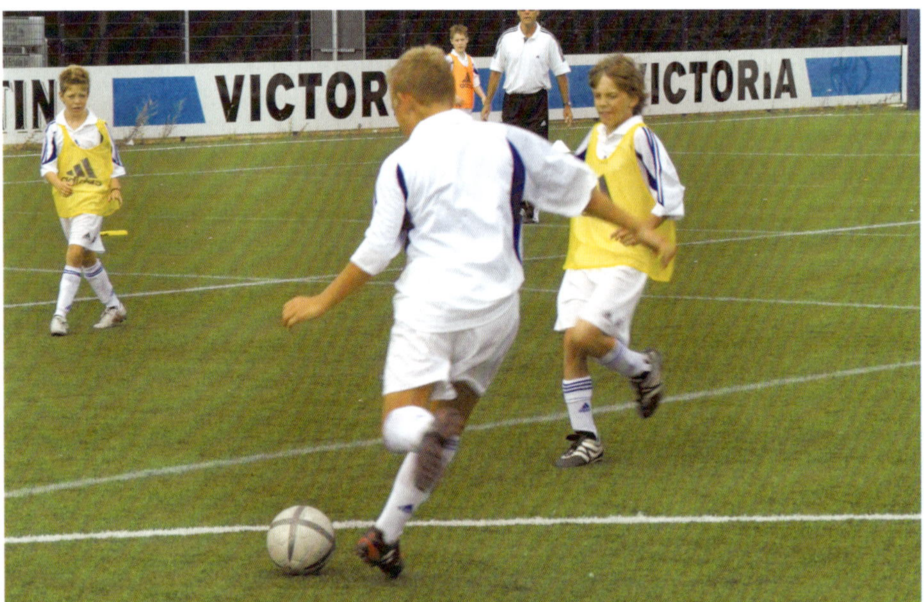

2 Spiele zum Passen, zur Ballan- und -mitnahme und zum Torschuss

A Spiele mit dem ruhenden Ball

1. Präzision in verschiedenen Passtechniken

- Aus 6 m Entfernung (später 8 m) schießt ein Spieler den Ball so präzise und hart gegen eine glatte Wand oder Mauer, dass er den zurückprallenden Ball, ohne sich von der Stelle bewegen zu müssen, erneut ohne Ballannahme gegen die Wand zurückpassen kann.
- Derjenige Spieler, der die höchste Anzahl von Direktpässen gegen die Wand ausführen kann, gewinnt den Wettbewerb.
- Während der Praxis entdeckt der junge Spieler, dass ein Abspiel mit der Innenseite mehr Erfolg hat als ein Pass mit dem Außenrist oder Vollspann.
- Der Trainer kann auch vorschreiben, mit welcher Technik das Zuspiel oder der Torschuss ausgeführt werden soll, ob der Spieler es flach oder hoch, mit mehr oder weniger Wucht, mit dem rechten oder dem linken Fuß, mit dem Innen- oder Außenrist oder auch dem Vollspann gegen die Wand ausführen soll.

Variante

Zuspiel des Balls mit verschiedenen Techniken (Innenseite, Vollspann oder Außenrist) zum Partner in 3, 6 oder 10 m Entfernung.

- Der Ball wird mit der Hand in die Luft geworfen und nach der Bodenberührung aus der Luft zum Partner gepasst, der das Gleiche tut.
- Spieler A wirft B den Ball zu, der ihn in der Luft in die Hände von A zurückspielt. Nach 10 Zuspielen mit einer Technik kommt es zu einem Rollentausch zwischen beiden Spielern, bevor die gleiche Technik des Zuspiels auch mit dem schwächeren Fuß und bei verschiedenen Entfernungen probiert werden sollte.
- Dgl., nur dass jetzt hinter dem Ballempfänger ein Verteidiger steht, der diesen zu einer Bewegung nach links, nach rechts oder nach vorne zum Ball hin anregt. So bekommt der Zuspieler einen Hinweis, wohin er den Ball werfen soll.
- Beide Spieler befinden sich im Ballbesitz und spielen sich den Ball gleichzeitig zu, wobei ein Spieler den Ball immer hoch und der andere ihn immer flach zuspielt.

2. Feststellung der Schärfe und der Genauigkeit des Torschusses

- Es wird auf einem Fußball-7-Feld und für die älteren Spieler auf dem regulären Fußballplatz geübt. Eine beliebige Anzahl von Spielern postiert sich mit einem Ball hinter der Endlinie des Spielfeldes. Nach Freigabe durch den Trainer schießt jeder seinen Ball mit der vom Trainer vorgeschriebenen Technik so weit wie möglich in Richtung gegnerisches Tor.
- Erst wenn alle Bälle zur Ruhe gekommen sind, gibt der Trainer das Kommando für den zweiten und auch dritten Torschuss.
- Es gewinnt der Spieler, der die wenigsten Schüsse benötigt, um den ruhenden Ball ins gegnerische Tor zu befördern.

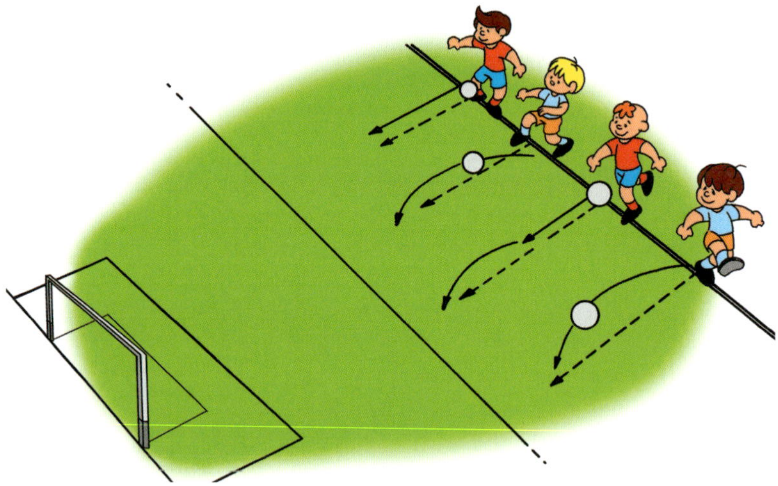

- Für ältere und erfahrenere Spieler können die Regeln so geändert werden, dass immer der Spieler gewinnt, der seinen in Bewegung befindlichen Ball so schnell wie möglich im gegnerischen Tor unterbringt.
- Der Trainer kann einigen weniger talentierten Spielern erlauben, den Wettbewerb von der Höhe des Elfmeterpunkts aus zu starten. Er hat auch die Möglichkeit, eine bestimmte Schusstechnik zu fordern oder den Ball mit dem schwächeren Fuß spielen zu lassen.

3. Passen zu dritt

- Ein Hütchentor von 1 m Breite wird in der Mitte zwischen zwei 16 m voneinander entfernten Linien aufgestellt. Spieler A passt den Ball durch das Tor zum Spieler B, der ihn immer hinter der gegenüberliegenden Linie annimmt, um ihn dann zum Spieler C zu passen. Nach seinem Zuspiel muss der betreffende Spieler sofort in die Position laufen, in der sich der Ballempfänger befand.

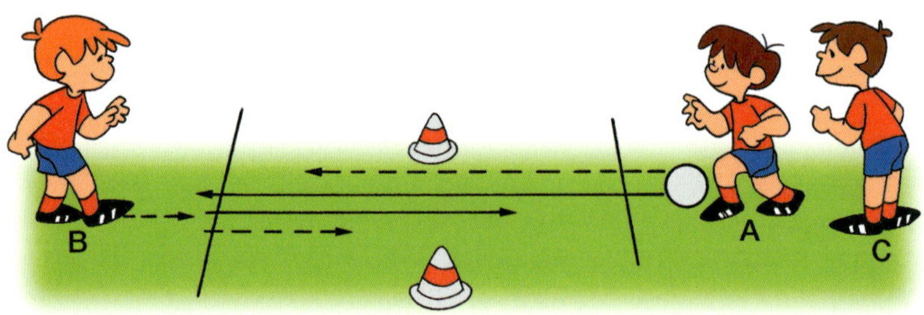

Variante 1

- Es gewinnt die Dreiermannschaft, die, ohne den Ball in der neutralen Zone berührt zu haben, zuerst 10 Tore mit der Technik erzielen konnte, die vom Trainer für alle beteiligten Spieler gefordert wurde.

- In dieser Übung machen die Spieler auch die Erfahrung, wie wichtig die Ballannahme ist, denn sie sollte so ausgeführt werden, dass so wenig Zeit wie möglich bis zum nächsten Abspiel verloren wird.

Variante 2

- Der dritte Spieler bildet mit seinen beiden gegrätschten Beinen ein Tor. Immer dann, wenn ein Tor erzielt wurde, wechselt er den Platz mit dem Torschützen.

Variante 3

- Der Trainer kann von den Außen auch hohe Flanken mit dem ruhenden Ball über den Mittelspieler hinweg fordern, die dann vom gegenüberstehenden Spieler kontrolliert werden müssen. Nach jeder gelungenen Flanke wechselt der Spieler seinen Platz mit dem Mittelspieler.

Variante 4

- Ohne Hütchentor. Es gewinnt immer die Dreiermannschaft, die zuerst 10 Pässe über die beiden Linien spielen konnte.

Variante 5

- Der dritte Spieler verteidigt als Torwart das auf 3 m erweiterte Hütchentor in der Mitte. Jedes Mal, wenn es einem Spieler gelingt, aus 8 m Entfernung ein Tor zu erzielen, wird er automatisch Torhüter. Es gewinnt, wer nach sieben Minuten am häufigsten Torwart war.

Variante 6

- Das Tor wird auf 10 m verbreitert. Der dritte Spieler verteidigt es, ohne die Torlinie zu verlassen. Die beiden 16 m voneinander entfernten Außenspieler versuchen, sich ihren Ball Nr. 4 so häufig wie möglich mit 10 Freistößen zuzupassen.

4. Elfmeterkönig

- Wettbewerb zwischen drei Spielern, die alle 5 Punkte haben. Das Los entscheidet, wer zuerst das Fußball-7-Tor besetzt. Immer dann, wenn der Torwart einen Treffer kassiert, verliert er einen Punkt. Wenn der Spieler aus 9 m kein Tor erzielen kann, wird er automatisch Torwart.
- Sieger ist, wer als letzter Spieler noch Punkte besitzt.

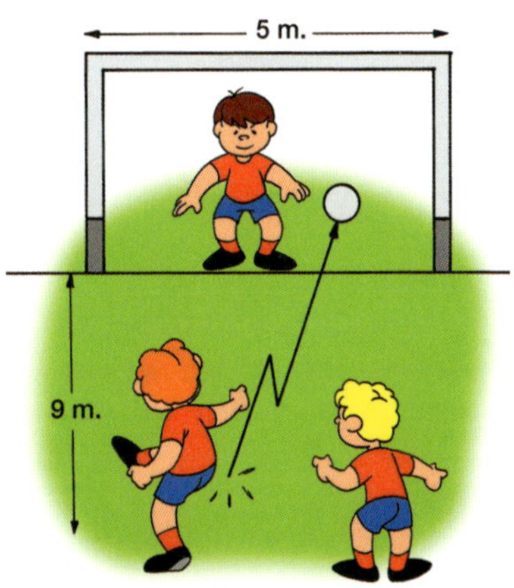

Variante

- Ein Tor ist nur dann gültig, wenn es mit der vom Trainer geforderten Technik oder mit dem geforderten Fuß erzielt wurde.

5. Torpedo

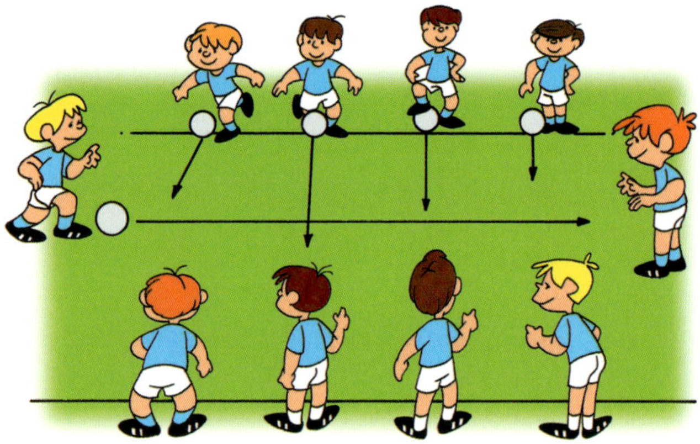

- Die zur Verfügung stehenden Spieler bilden ein Spalier, in dem sie sich auf einer Entfernung von 10-12 m gegenüberstehen. Jeder von ihnen besitzt einen Ball. An beiden Enden des „Tunnels" befinden sich zwei weitere Spieler oder der Trainer mit seinem Assistenten, die sich gegenseitig durch den „Tunnel" hindurch ihren Ball flach und weich zuspielen müssen.
- Die außen stehenden Spieler müssen versuchen, mit ihrem Ball den von links (rechts) nach rechts (links) laufenden Ball zu treffen, was von ihnen Fähigkeiten in der optisch-motorischen Wahrnehmung sowie Genauigkeit und ein Abspiel zum richtigen Zeitpunkt erfordert. Die außen stehenden Spieler müssen ihre „Torpedos" immer von außerhalb des „Tunnels" abschießen.

6. Treibball 1:1

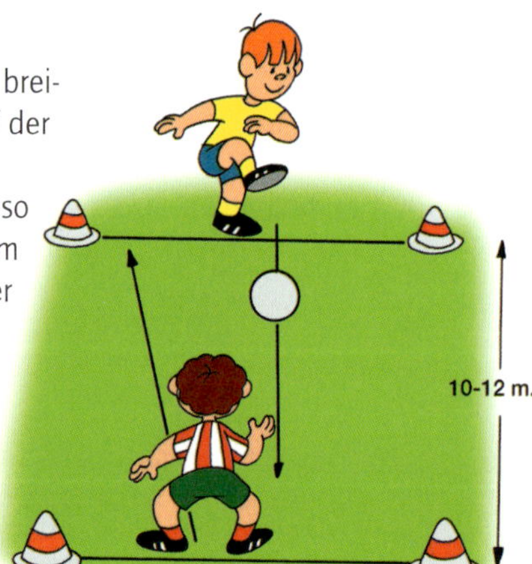

- Ein Spieler muss den ruhenden Ball durch ein 8 m breites Tor in 10-12 m Entfernung passen, was der auf der Torlinie stehende Gegner zu verhindern sucht.
- Bei hohen Schüssen (über Kniehöhe) gibt es genauso einen Freistoß aus der Spielfeldmitte, wie bei einem Betreten des Spielfeldes während des Abspiels oder bei der Ballannahme.

Variante 1

- Ein Tor ist nur gültig, wenn der Ball zwischen Knie- und Kopfhöhe die Torlinie überschreitet. Auf diese Art und Weise wird von den beteiligten Spielern die Annahme von hohen Bällen gefordert.

Variante 2

- Der Abstand zwischen beiden Toren wird vergrößert, damit der den Ball annehmende Spieler immer von der Endlinie aus dem Ball entgegenlaufen kann, um ihn dann von dort, wo er ihn kontrolliert, auf das gegnerische Tor zu schießen.

7. Treibball 2:2

- Um den Ball am Überschreiten der Torlinie zu hindern, muss der betreffende Spieler immer die Torlinie verlassen und ihm entgegenlaufen. Er sollte dann von dort, wo er kontrolliert wurde, auf das gegnerische Tor geschossen werden. Es gewinnt das Paar, das nach drei Minuten Spielzeit die meisten Tore erzielt.

8. Verdeckes Abspiel

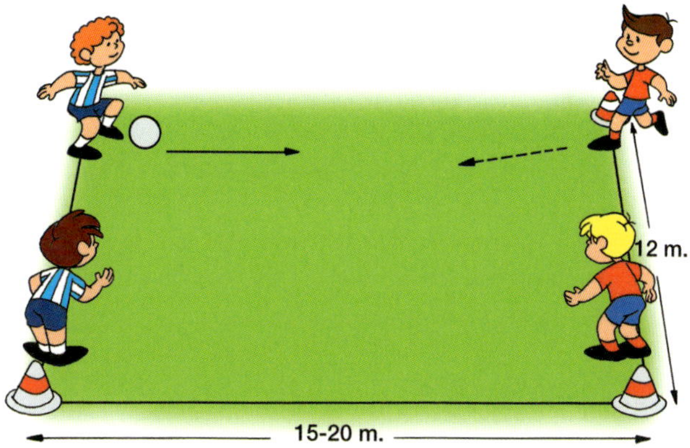

- Aus 10 m Entfernung soll der ruhende Ball durch eines der beiden 1,50 m breiten Hütchentore zum Mitspieler hinter einem der beiden Tore gepasst werden. Ein Abwehrspieler verhindert es, indem er sich in unmittelbarer Nähe von beiden 4 m voneinander entfernten Toren befindet, ohne sich dabei dem Zuspieler zu nähern. Wer mit 10 Pässen am häufigsten den Mitspieler anspielt, gewinnt den Wettbewerb.
- Nach jedem Zuspiel muss der Verteidiger seine Stellung so verändern, dass er sich immer in die Mitte zwischen und vor die beide Tore stellt.
- Nach je 10 Zuspielen (fünf von jeder Seite) kommt es zu einem Wechsel zwischen den drei Spielern, bis jeder die Möglichkeit hatte, 20 Zuspiele zu unterbinden.

Variante

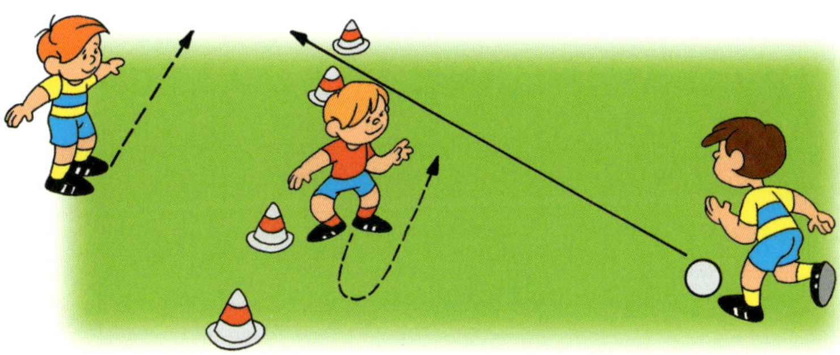

- Fortgeschrittene können diese Übung auch als Zuspiel nach einer Ballführung ausführen. Dabei muss der Angreifer den Ball von einer bestimmten Spielfeldmarkierung aus abspielen, ohne dabei dem Gegner Hinweise über die Richtung seines Zuspiels zu geben.

B Spiele mit dem Ball in Bewegung

9. Ballan- und -mitnahme von hohen Bällen

Einzelübungen

- Den in die Luft geworfenen Ball im Augenblick des Bodenkontakts mit der Innenseite (Außenseite) „töten" (ein „Dach" bilden) und ihn dann sofort nach links oder rechts mitnehmen. Die Ballmitnahme sollte mit beiden Füßen geübt werden.

- Den in die Luft geworfenen Ball mit dem Vollspann sanft empfangen und ihn sofort nach seinem ersten Kontakt mit dem Boden in eine beliebige oder vorher angegebene Richtung führen.
- Den in die Luft geworfenen Ball mit einem der beiden Oberschenkel (einmal mit dem rechten und das andere Mal mit dem linken) sanft empfangen und ihn sofort nach seinem ersten Bodenkontakt in eine beliebige oder vorher angegebene Richtung führen.
- Den in die Luft geworfenen Ball erst mit dem Kopf, dann mit dem Oberschenkel annehmen und im Augenblick des ersten Bodenkontakts mit dem Innen- oder Außenrist mitnehmen (drei Ballkontakte).

Partnerübungen

- Ein Spieler wirft den Ball zu einem Mitspieler in 5 oder 10 m Entfernung. Dieser muss den in der Luft befindlichen Ball so schnell wie möglich mit einem Fuß annehmen, ihn sofort zu Boden bringen, um ihn dann zurück in die Hände des Partners zu passen. Das Paar gewinnt, das zuerst 10 Bälle zurück in die Hände des Zuspielers passt.
- Der Ball wird in beliebiger Höhe so zugeworfen, dass der den Ball annehmende Spieler entweder seinen Kopf, seine Brust, seinen Oberschenkel oder auch seinen Fuß benutzen muss. Wenn der Ball zum ersten Mal den Boden berührt, sollte er dort mit dem Innen- oder Außenrist, mit dem ein „Dach" über dem Ball gebildet wird, „getötet" werden.

10. Fußballtennis an der Wand

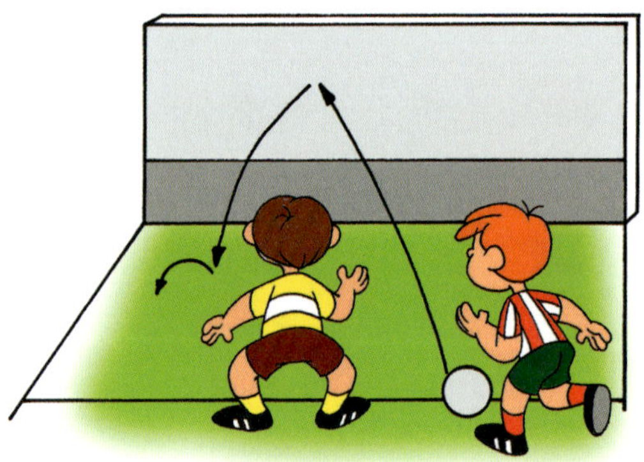

- Aus 6-10 m Entfernung schießt ein Spieler den Ball über die markierte Linie (1,50 m Höhe) gegen eine Wand. Den zurückprallenden Ball muss der Gegner, bevor dieser zum zweiten Mal den Boden innerhalb des Spielfeldes berührt, über die Linie an der Wand zurückpassen. Es gewinnt, wer zuerst 15 Punkte erzielt.

Varianten mit einem Partnerzuspiel in der Luft

- Der in den Händen befindliche Ball soll nach dem Auftippen auf dem Boden mit der Innenseite oder dem Vollspann oder auch als „Dropkick" (Aufsetzer) in die Hände des Partners in 10-15 m Entfernung gepasst werden. Dieser wiederholt bzw. kopiert das, was ihm sein Gegenüber gezeigt hat.
- Den hoch zugeworfenen Ball mit der Innenseite oder dem Vollspann in der Luft präzise in die Hände des 10 m entfernten Partners zurückpassen. Welches Paar kann zuerst 10 Pässe mit der Innenseite oder dem Vollspann ausführen? Es sollte sowohl mit dem linken als auch mit dem rechten Fuß geübt werden. Anschließend tauschen beide Spieler ihre Funktionen.
- Dgl. mit einem Verteidiger, der sich im Rücken des Ballempfängers aufhält (Spielsituation eines Einwurfs).

- Dgl., nur dass sich der Ballempfänger vor der Ballrückgabe zu einer Seite oder auch zum Zuspieler hin bewegt.
- Übung zu dritt in Dreieckformation, wobei abwechselnd beide Zuspieler dem dritten vor ihnen postierten Spieler ihren Ball einmal hoch und das andere Mal flach zuwerfen, damit dieser den Ball in ihre Hände zurückpassen kann. Es werden die präzisen Zuspiele in einer Minute gezählt. Anschließend wechseln die drei Spieler ihre Plätze und Aufgaben. Es sollte mit Bällen verschiedener Größe und unterschiedlichen Gewichts sowie mit verschiedenen Techniken (Direktwurf oder Aufsetzer) geübt werden.
- Die drei Spieler befinden sich in einem Abstand von je 10 m voneinander auf einer Linie. Der in der Mitte stehende Spieler erhält abwechselnd von links ein hohes Zuspiel mit der Hand und von rechts ein flaches Zuspiel mit dem Fuß. Das Zuspiel von außen erfolgt, wenn sich der Ballempfänger seinem Zuspieler zuwendet. In beiden Fällen passt er den hohen oder flachen Ball auf die gleiche Art und Weise mit dem Fuß nach außen zurück.
- Zwei Spieler, jeder im Ballbesitz, stehen sich in einem Abstand von 15 m gegenüber. Während einer die Übung mit einem flachen Zuspiel beginnt, wirft der andere seinen Ball hoch in die Luft, passt dann den zugespielten Ball mit dem Fuß zurück und fängt anschließend seinen hochgeworfenen Ball auf. Um Erfolg zu haben, muss er seine Aktionen sowohl mit den Händen als auch mit den Füßen optimal koordinieren.
- Siehe die Übung zuvor. Anstatt seinen Ball im Augenblick des Zuspiels in die Luft zu werfen, passt er ihn hoch zum Zuspieler, der ihm den Ball flach zurückpasst.

11. Torschussübung im Kreis

- Der Torschuss von einer halbrechten oder halblinken Angriffsposition wird so ausgeführt, wie es die Illustration zeigt. Zwei Spieler (Nr. 2 und Nr. 5) starten zur gleichen Zeit in entgegengesetzte Richtungen aus dem rechten Hütchentor, das sich vor dem vom Torhüter bewachten Tor befindet. Jeder von ihnen dribbelt den Ball durch das in 20 m Entfernung aufgebaute zweite Hütchentor, um dann sofort auf das links (später. rechts) vor ihnen stehende Tor zu schießen. Nach ihrem Torschuss und eventuellem Nachschuss übernehmen sie die Rolle eines Torhüters, während der Torwart mit dem gehaltenen Ball oder einem Reserveball, der sich in unmittelbarer Nähe des Tores befindet, zum Angriffsspieler wird und genauso verfährt wie der den Torschuss ausführende Spieler.

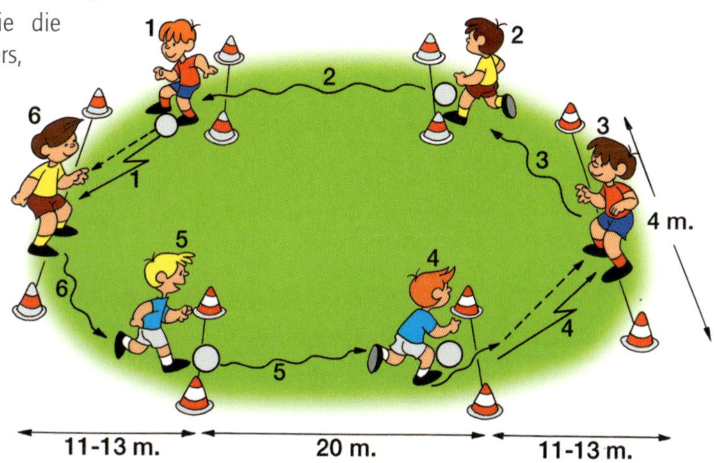

Variante 1

- Nach dem Durchdribbeln des zweiten Hütchentors muss der Angreifer den Ball innerhalb einer 3-m-Schusszone auf das Tor schießen. Der Spieler, dem es in fünf Minuten gelingt, die meisten Tore zu erzielen, wird zum besten Torschützen erklärt.

Variante 2

- Es wird jetzt im Uhrzeigersinn trainiert, d. h., es wird aus einer halblinken Angriffsposition auf das Tor geschossen. Auf dem Weg zum zweiten Hütchentor kann zusätzlich noch ein Hindernis umdribbelt werden.

12. Torschusstraining im Kreis unter Wettkampfbedingungen

- In beiden 4 m breiten Hütchentoren befinden sich zunächst keine Torhüter, weil sich diese nur 5 m vor den Angreifern in der Mitte des Spielfeldes aufhalten. Wenn ihr Angreifer hinter ihnen zum ersten Mal den Ball berührt, laufen sie so schnell wie möglich in ihr Hütchentor, um dort eine optimale Bereitschaftsstellung einzunehmen und den Torschuss ihres Angreifers aus der Schusszone parieren zu können. Es kommt also zu einem Wettlauf zwischen dem Angreifer und einem Torwart.
- Nach je vier Torschüssen im Rotationsverfahren tauschen beide Spieler ihre Plätze und Funktionen, um festzustellen, wer der bessere Spieler ist.
- Dem Trainer wird empfohlen, für den Wettkampf möglichst gleich schnelle Spieler mit ähnlichem Leistungsniveau auszuwählen.

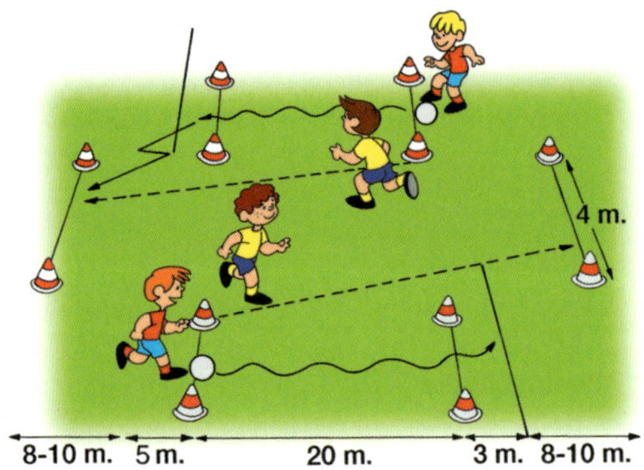

Variante 1

- Ein nur 2 m hinter dem Angreifer befindlicher Verteidiger startet nach der ersten Ballberührung des Angreifers und versucht, ihn vor dem Torschuss vom Ball zu trennen.

Variante 2

- Die gleiche Übung wie Variante 1 mit einem Torwart im Tor.

Variante 3

- Es wird im Uhrzeigersinn geübt, d. h., dass die Torschüsse aus einer halblinken Angriffsposition ausgeführt werden müssen.

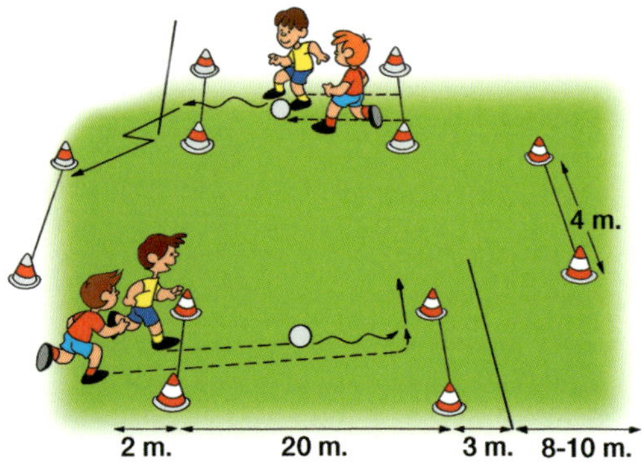

13. Genaues Flanken von rechts und auch von links

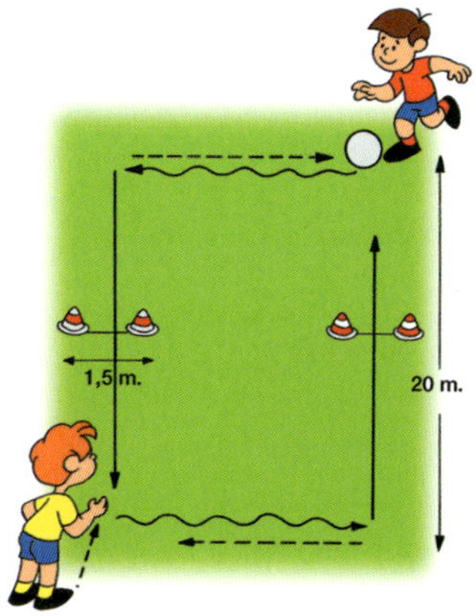

- Zwei Hütchentore befinden sich im Abstand von 15-20 m auf gleicher Höhe. Ein Spieler mit Ball beginnt 10 m vom Tor entfernt sein Dribbling parallel zu den beiden Hütchentoren, bis er die Höhe des zweiten Tores erreicht. In diesem Augenblick passt er den Ball durch das 1,50 m Meter breite Hütchentor zum hinter dem Tor wartenden Mitspieler.
- Anschließend läuft er in seine Startposition zurück, wo er das Zuspiel des zweiten Spielers erwartet, der ebenso verfährt.
- Wer zuerst 10 genaue Flanken durch ein Hütchentor von rechts nach links schlägt, wird zum Sieger erklärt.
- Um eine präzise Flanke auch unter Zeitdruck zu schlagen, werden von allen am Wettbewerb teilnehmenden Spielerpaaren die Tore gezählt, die sie auf die gleiche Weise in ihrem Viereck in zwei Minuten erzielen können.

Variante 1

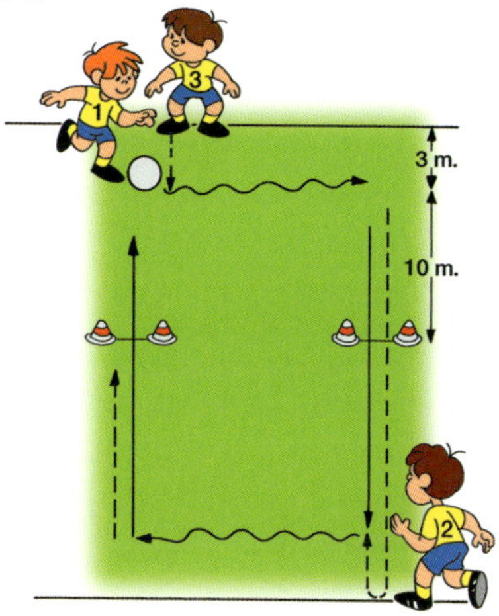

- Beide Spieler befinden sich in der Linksaußenposition und schlagen mit dem linken Fuß Flanken von links nach rechts, d. h., es wird gegen den Uhrzeigersinn geübt.

Variante 2

- Variante 1 wird jetzt mit drei Spielern durchgeführt, wobei sich der dritte Spieler hinter dem Ballbesitzenden aufstellt.
- Nach seiner Flanke durch das Tor muss der jeweilige Spieler seinem Pass folgen, so wie es die Illustration zeigt.
- Es findet ein Wettkampf zwischen mehreren Dreiermannschaften in verschiedenen Vierecken statt. Die Mannschaft, die zuerst 10 Tore erzielt, gewinnt den Wettbewerb.

14. Zuspiel in den Lauf eines aufgerufenen Spielers

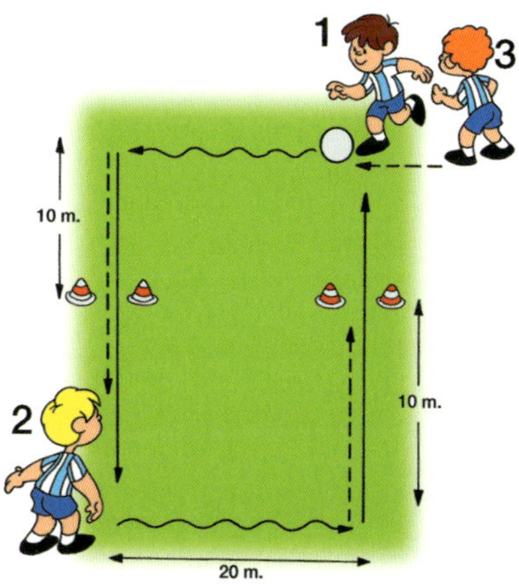

- Drei Spieler laufen sich dauernd in einer Spielfeldhälfte eines Fußball-7-Feldes frei. Der vierte, im Ballbesitz befindliche Spieler muss den Ball nach Zuruf des Trainers so schnell wie möglich in den Lauf des aufgerufenen Spielers passen.
- Das Ziel der Übung ist es, 10 genaue Zuspiele zu erreichen, ohne dass der Ball dabei das Spielfeld verlässt. Dem Trainer wird empfohlen, immer den Spieler aufzurufen, der sich gerade mehr als 15 m vom Ballbesitzenden entfernt befindet.

Variante 1

- Ein Abwehrspieler versucht, den Pass zum aufgerufenen Spieler zu unterbinden. Es wird nun von 10 Zuspielversuchen die Anzahl der nicht erfolgreichen Pässe gezählt.

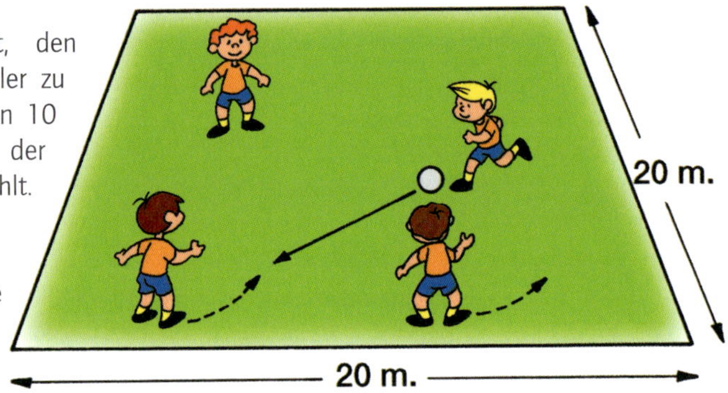

Variante 2

- Es werden nur hohe Zuspiele erlaubt, womit höhere Anforderungen an die Ballannahme gestellt werden.

15. Passen des Balls rund um ein Viereck

- Vier Spieler außerhalb des Vierecks sowie ein fünfter, der hinter dem ballbesitzenden Spieler steht, müssen den Ball so schnell wie möglich im Uhrzeigersinn und später auch gegen den Uhrzeigersinn um ein Viereck passen, ohne dass der Ball dabei in das Quadrat eindringt.
- Der den Ball zupassende Spieler muss nach seinem Zuspiel immer den Platz des ballannehmenden Spielers besetzen.

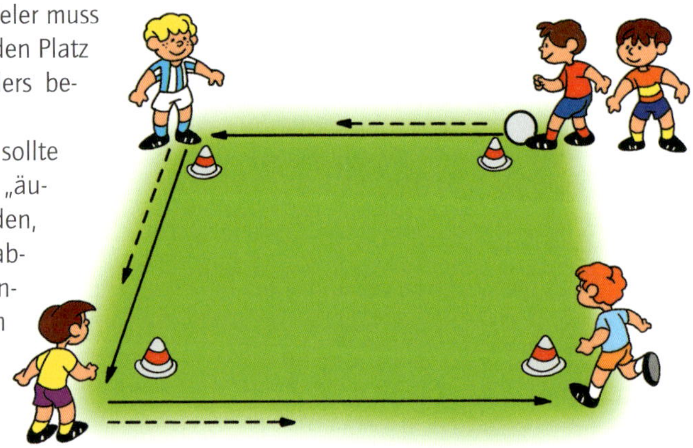

- Um keine Zeit zu verlieren, sollte der Ball immer so mit dem „äußeren" Fuß empfangen werden, dass er zum „inneren" Fuß abspringt (orientierte Ballkontrolle, die die nächste Aktion berücksichtigt), mit dem dann das nächste Abspiel erfolgt.
- Der Schlüssel zum Erfolg dieser Übung liegt außer in der Genauigkeit des Zuspiels (immer den Ball 1 m vor den Spieler passen) in einer entsprechenden Härte des Passes.

Variante 1

- Ein sechster Spieler, der sich neben dem ballbesitzenden und dem fünften Spieler befindet, startet im Augenblick des ersten Zuspiels um das Viereck, um dem Ball nachzulaufen. Alle fünf Spieler müssen versuchen, den Ball schneller zu passen, als der sechste Spieler laufen kann. Nach zwei Runden um das Viereck wird festgestellt, wer das Wettrennen gewonnen hat (der Läufer oder die Zuspieler).
- Jedes Mal, wenn der Ball in das Viereck eintritt, wird der Läufer zum Sieger erklärt.
- Jeder der sechs Spieler muss 1 x dem Ball nachlaufen.
- Die Übung sollte in beide Richtungen durchgeführt werden.

16. 3:3 mit flachen Pässen über die Linie

- Eine aus drei Spielern bestehende Mannschaft versucht, den Ball so aus ihrer Spielfeldhälfte durch die von ihren drei Gegnern verteidigte Hälfte zu passen, dass dieser das Spielfeld über die Endlinie (15 m) verlässt. Vor dem Pass in die Tiefe des 15 x 30 m großen Feldes darf der Ball nur 1 x von den drei Spielern einer Mannschaft berührt werden.
- Jeder Verstoß gegen diese Regel, jedes Handspiel oder eine Mauerbildung auf der Endlinie wird mit einem Strafstoß von der Mittellinie aus bestraft.
- Wenn der Ball das Spielfeld über die Außenlinien verlässt, wird er vom gleichen Ort ins Spiel gebracht.

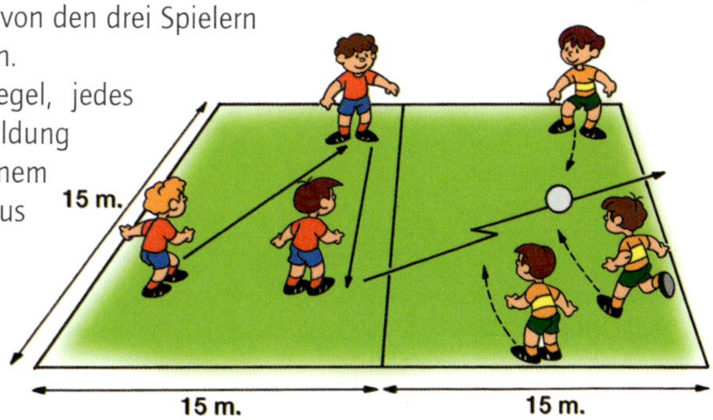

17. Torschuss mit Gegner

- Mehrere Paare (ein Verteidiger und ein Stürmer) üben vor den beiden Toren des Fußball-7-Feldes, die beide von je einem Torwart verteidigt werden.
- Der in unmittelbarer Nähe des Tores stehende Verteidiger schießt den Ball von der Endlinie aus durch ein 3 m breites Hütchentor, das sich in der Mitte der Strafraumlinie (11 m) befindet. Ein Angreifer steht vor dem Tor und nimmt den flach oder halbhoch gepassten Ball so an, dass er trotz einer aktiven Abwehr des herbeieilenden Verteidigers auf das von einem Torhüter bewachte Fußball-7-Tor schießen kann.
- Der Pass von der Endlinie sollte sowohl von der rechten als auch von der linken Seite des Fußball-7-Tors zum Angreifer gespielt werden.
- Nach sechs Duellen „1:1" tauschen beide Spieler ihre Positionen und Funktionen. Für den Fall, dass ein Abstoß das Hütchentor des Angreifers verfehlt, kommt es zu einer Wiederholung.
- Es gewinnt der Spieler, der mit sechs gültigen Angriffsaktionen mit Nachschuss die meisten Tore erzielt.

Variante

- Neben dem passenden Verteidiger befindet sich ein zweiter Abwehrspieler, der ihn beim Herauslaufen und Annähern nach hinten absichert.

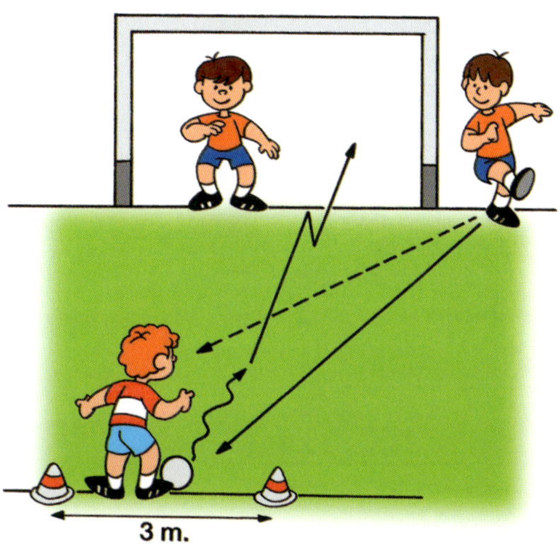

18. Torschuss 2:1

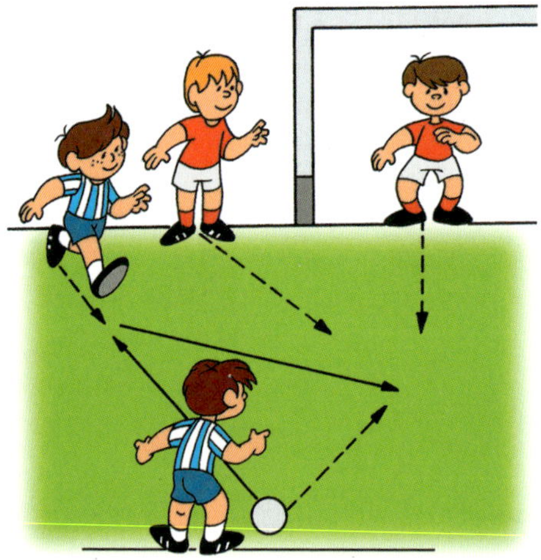

- Es wird wieder vor den beiden Fußball-7-Toren mit zwei Angreifern, einem Verteidiger und einem Torwart geübt.
- Ein Angreifer passt den Ball von der Strafraumlinie zu seinem auf der Endlinie neben dem Verteidiger wartenden Mitspieler, um sich dann für einen eventuellen Rückpass seines Mitspielers anzubieten.
- Beide Angreifer müssen innerhalb von sechs Sekunden ein Tor erzielen, was der Verteidiger und der Torhüter zu verhindern suchen.
- Jeder der drei Spieler muss 6 x in jeder der drei Positionen zum Einsatz kommen. Für jeden Torerfolg gibt es einen Punkt für beide Angreifer.
- Es gewinnt, wer nach 18 Angriffen die meisten Punkte hat.

Variante

- Die drei Spieler erwarten außerhalb des Strafraums den Abstoß des Torwarts. Derjenige, der den Ball annimmt, wird automatisch zum Angreifer, während die beiden restlichen Spieler sich arrangieren müssen, um einen Torerfolg des Ballbesitzenden zu verhindern.

19. Genaue Steilpässe 3:1

- Drei Angriffsspieler passen sich in einem Viereck von 15 x 15 m trotz Behinderung durch einen Verteidiger den Ball zu. Ihre Aufgabe ist es, den Ball nach einer Blickverbindung (visuelle Vereinbarung zwischen Zuspieler und Ballempfänger) zu einem korrekten Zeitpunkt zu einem der drei Mitspieler im 8 m entfernten Nachbarfeld zu passen, obwohl diese auch von einem Verteidiger gedeckt werden.
- Weder die beiden Dreiermannschaften noch der Verteidiger dürfen ihr Spielfeld verlassen, das in seinen Ausmaßen dem Spielniveau der jungen Spieler angepasst werden sollte.

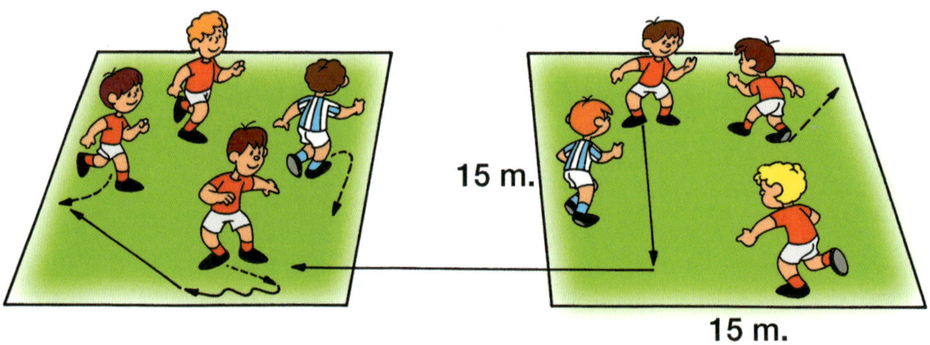

Variante

- Anstatt 2 x „3:1" wird jetzt in den gleich großen Feldern 2 x „2:1" mit einem Steilpass gespielt.

20. Torschuss nach einem Duell 1:1

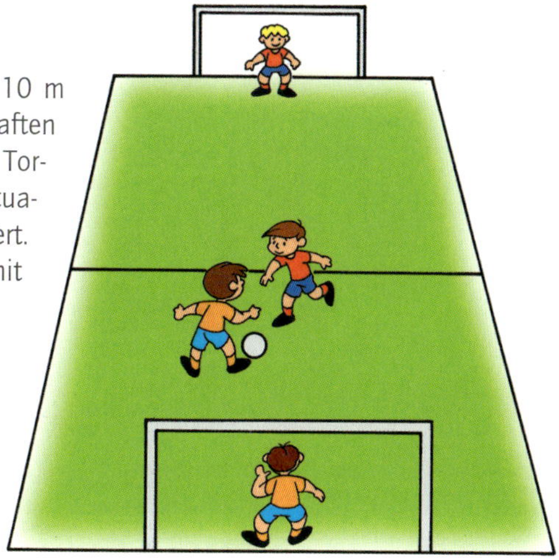

- In einem Spielfeld, das 15 m lang und 10 m breit ist, stehen sich zwei Zweiermannschaften gegenüber. Einer der beiden Spieler ist Torwart, während der andere, je nach Spielsituation, als Angreifer oder Verteidiger fungiert. Nach jedem Tor tauschen die Torhüter mit den Feldspielern ihre Plätze.

Variante 1

- Jede Mannschaft besitzt einen neutralen Spieler, der sich neben dem gegnerischen Tor auf der Endlinie für einen Doppelpass anbietet.

Variante 2

- Der neutrale Spieler jeder Mannschaft bietet sich auf der rechten Außenlinie für einen Doppelpass an.

21. 2 x 1:1 im Minifußballfeld

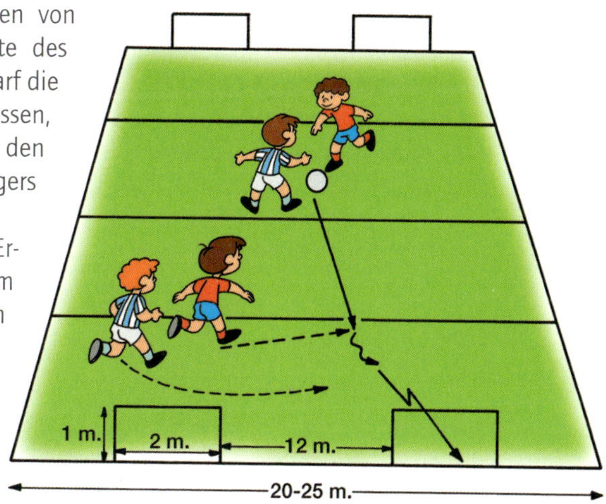

- Zwei Mannschaften postieren je einen von ihren Spielern in einer Spielfeldhälfte des FUNiñofeldes. Keiner von ihnen darf die für ihn bestimmte Spielfeldhälfte verlassen, sodass je nach Ballbesitz einer von den Spielern die Funktionen eines Verteidigers ausführt.
- Dieser muss darüber hinaus nach der Eroberung des Balls einen Steilpass zum gedeckten Angreifer in der anderen Hälfte des Spielfeldes spielen.
- Um ein gültiges Tor zu erzielen, muss der Ball aus der Schusszone in eines der beiden Minitore geschossen oder bei 6 m breiten Toren über die Linie gedribbelt werden.
- Das Spiel wird in einer Spielfeldhälfte mit einem Hochball begonnen.
- Spieldauer: Vier Perioden zu je zwei Minuten.

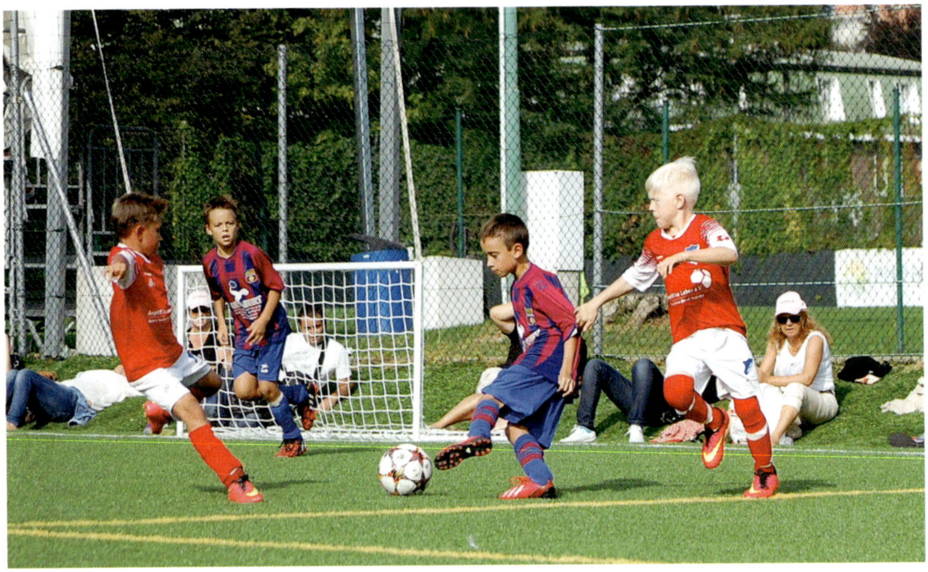

Hinweis: Mit der Praxis dieses Spiels werden verschiedene Lern- und Lehrziele verfolgt, wie z. B.

1. Als Abwehrspieler den Angreifer möglichst eng decken, um dann das Zuspiel voraussehen zu können.
2. Als Abwehrspieler nach der Balleroberung den Steilpass sofort in den Raum oder in die Füße des Mitspielers passen, was von der Art und Weise abhängt, wie er gedeckt wird. Schnelles Umschalten von der Defensive in die Offensive.
3. Sich als Angreifer nach einer visuellen Übereinstimmung (Blickkontakt) mit dem Zuspieler in dem vom Verteidiger entfernten Raum freilaufen.
4. Als Angreifer nach der gelungenen Ballannahme nicht in den Aktionsradius des Verteidigers eindringen, sondern den Ball beim Dribbeln möglichst mit dem Körper abdecken sowie Tempowechsel und Richtungsänderungen beim Dribbeln als Waffe einsetzen, um den Verteidiger zu überwinden.

22. 3:3 auf Fußball-7-Tore im doppelten Strafraum

- Die Ausmaße des Strafraums im Fußball-7-Feld werden verdoppelt und ein zweites Tor, in 22 m Entfernung gegenüber dem anderen Tor, aufgestellt.
- Beide Tore werden von je einem Torhüter bewacht. Vor ihnen spielen jeweils drei Mitspieler, die in vier Spielzeiten von je fünf Minuten unzählige Möglichkeiten zum Torschuss bekommen.

Variante

- Jede Mannschaft postiert ihren vierten Spieler auf der Endlinie des anzugreifenden Tors. Nach seinem Zuspiel muss der Spieler den Ball zu einem seiner freigelaufenen Mitspieler zurückpassen, ohne dabei das Spielfeld zu betreten.

Zusätzliche Informationen

Phasen, die im Lehrprozess der Ballannahme zu berücksichtigen sind

1. **In der Vorbereitungsphase**

- Während der Wahrnehmung den Ball genau fixieren, um seine Flugkurve, seine Höhe, seine Geschwindigkeit, seinen Effet und auch die Entfernung zwischen Zuspieler und Ballempfänger richtig einschätzen zu können. Alle diese Faktoren der optisch-motorischen Berechnung beeinflussen sowohl die Linie der Annäherung an den Ball als auch die Wahl der effektivsten Technik für die Ballannahme.
- Den Ort voraussehen (antizipieren), wo der Ball am besten unter Kontrolle gebracht werden soll.
- Eine optimale Linie der Annäherung an den Ball suchen.
- Die bestmögliche Fläche des Fußes auswählen, um den Ball, der Spielsituation entsprechend, an- oder mitzunehmen (was von der Entfernung und dem Verhalten des deckenden Gegners abhängt).
- Eine optimale Körperstellung zum Ball wählen (seitlich, frontal oder auch mit dem Rücken zum Zuspieler, aber den Kopf leicht verdreht, damit der Ball über die Schulter hinweg beobachtet werden kann), um nach der Ballannahme die offensive Aktion sofort fortsetzen zu können.
- Kurz vor der Ballannahme den Blick für eine Sekunde von der Flugbahn des Balls abwenden, um die weiteren offensiven Möglichkeiten abzuwägen, die dem Spieler nach einer erfolgreichen Ballkontrolle zur Verfügung stehen (u. a. auch ein direktes Abspiel ohne vorhergehende Ballannahme).

„Anstatt nach Schuldigen zu suchen, sollten wir besser die Fehler abstellen."

Henry Ford

2. **In der Hauptphase**

- Die Muskulatur bei der Ballannahme so zu entspannen, dass der ankommende Ball mit einem beliebigen Körperteil absorbiert werden kann, ohne ihn dabei weit abspringen zu lassen.
- Bei der Ballannahme immer im Gleichgewicht bleiben und dabei die Arme benutzen.
- Eine Körperfinte mit der Ballannahme verbinden.
- Eine orientierte Ballannahme „suchen", d. h., den Ball bei der Annahme immer vom Gegner weghalten, um die nachfolgende Spielaktion mit Vorteilen zu beginnen. Den Ball immer so annehmen, dass die Zeit zwischen Ballannahme und dem Zuspiel, einem Torschuss oder einer Ballführung so gering wie irgendmöglich ist.
- Das Wissen und die Erfahrung über die effektivste Technik besitzen, die es dem Spieler erlaubt, hohe, flache, ungenaue Zuspiele und auch „Aufpraller" optimal anzunehmen.
- Hohe Bälle so schnell wie möglich auf den Boden bringen.

„Eine perfekte Ballannahme vermag ein ungenaues Zuspiel in ein gutes Zuspiel zu verwandeln."

3 Spiele zur Abwehr

A Vorbereitende Übungen

1. Fuß des Gegners berühren

- Zwei Spieler stehen sich frontal gegenüber und legen ihre Hände auf die Schultern ihres Gegners. Jeder versucht, nur mit einem Fuß den seines Gegners zu berühren, was dieser durch geschicktes Ausweichen zu verhindern sucht, um dann seinerseits anzugreifen, ohne dem Gegner dabei wehzutun.

2. Die Schlange

- Ein Spieler bewegt eine Kordel (dicke Schnur) mit seitlichen Handbewegungen am Boden entlang und fordert dann drei Spieler dazu auf, diese mit einem schnellen Fußtritt zu berühren.

B Übungen mit dem ruhenden Ball

Lern- und Lehrziele

- Vor der Abwehrbewegung immer eine korrekte Ausgangsstellung einnehmen, in der aus Gründen des Gleichgewichts immer ein Fuß leicht vor dem anderen postiert wird, beide Beine leicht gebeugt werden, der Körperschwerpunkt etwas gesenkt und der Oberkörper leicht nach vorne geneigt wird.
- Sich nicht direkt frontal zum Angreifer, sondern etwas seitlich und in Linie mit seiner rechten (im Falle eines Linksfüßlers seiner linken) Schulter postieren, wobei der linke Fuß vor den rechten – als Linksfüßler umgekehrt – gesetzt wird.
- Die Abwehrbewegung zum Ball muss schnell und überraschend ausgeführt werden.
- Die Abwehrbewegung zum Ball zum geeigneten Zeitpunkt ausführen.

3. Abwehr mit aktivem Angreifer

- Der Ball liegt auf einer Linie vor den Füßen eines Angreifers. Aus 1 m Entfernung muss ein Verteidiger aus einer optimalen Bereitschaftsstellung die Übung beginnen.
- Der Angreifer beobachtet aufmerksam jede Bewegung des Verteidigers mit einem Fuß. Der Verteidiger muss den ruhenden Ball berühren, bevor der Angreifer mit ihm seitlich ausweichen kann, um ihn dann durch eines der beiden Hütchentore (3 m breit) zu dribbeln.
- Der Verteidiger sollte so überraschend und schnell den Ball herausspielen, dass dem Angreifer keine Zeit bleibt, die Abwehraktion des Verteidigers zu antizipieren.
- Nach jedem Ausfallschritt zum Ball muss der Verteidiger 1 m zurückweichen, sich erneut auf seine Linie begeben und dann mindestens fünf Sekunden warten, bevor er mit seiner zweiten Abwehraktion beginnt.. Nach fünf Abwehrversuchen tauschen beide Spieler ihre Plätze und Aufgaben.

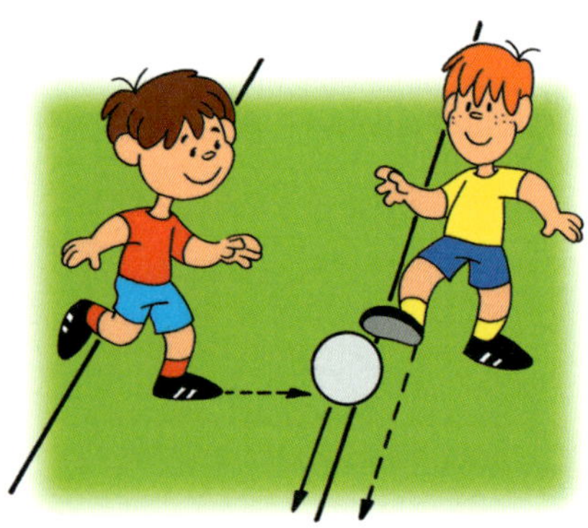

- Wer als Abwehrspieler mit fünf Ausfallschritten am häufigsten den Ball berühren und damit einen Torerfolg des Angreifers verhindern kann, ist Sieger.

Variante

- Der Verteidiger hat jetzt die Möglichkeit, nicht nur den ruhenden Ball zu spielen, sondern auch dem seitlich aus seiner Reichweite herausgespielten Ball zu folgen, weil der Angreifer den Ball durch eines der beiden Hütchentore (3 m breit) dribbeln muss.
- Er hat also die Möglichkeit, den ruhenden oder den in Bewegung befindlichen Ball herauszuspielen.

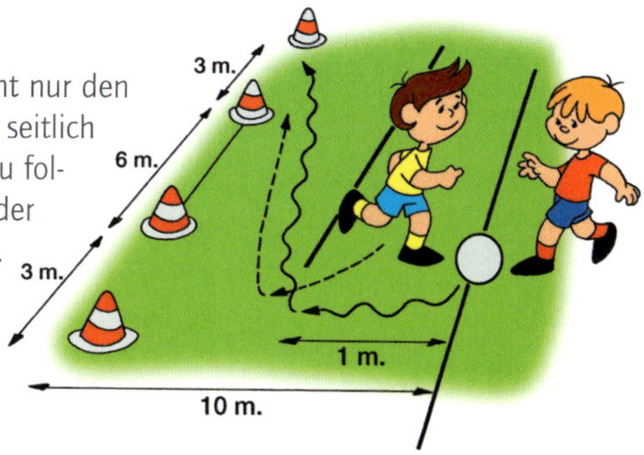

C Übungen mit dem Ball in Bewegung

4. Abwehr gegen einen Angreifer, der den Ball nur geradeaus führt

- Ein Verteidiger muss den vom Angreifer in seinen Aktionsradius passiv geführten Ball mit einer schnellen Abwehrbewegung herausspielen. Wichtig dabei ist, dass der Angreifer den Ball mit Geschwindigkeit dribbelt und den Verteidiger nicht zu umspielen versucht. Nach fünf individuellen Angriffen bzw. Abwehraktionen aus einer mehr oder weniger frontalen Bereitschaftsstellung tauschen beide Spieler ihre Aufgaben.
- Es gewinnt, wer von beiden Spielern am häufigsten den dicht am Fuß geführten Ball des Angreifers herausspielen kann.

Variante 1

- Anstatt den Angreifer frontal vor sich zu haben, stellt sich der Verteidiger nach einer leichten Körperdrehung so seitlich zum Angreifer (in Schrittstellung mit dem linken Fuß vor dem rechten und mit seiner rechten Schulter frontal zur rechten Schulter des Angreifers), dass er ihn auf die Seite drängt (normalerweise nach rechts auf seine starke Seite), für die er bestens vorbereitet ist. Nach einer Körperdrehung von 180° begleitet er ihn Schulter an Schulter in Richtung der Ballführung, bis er den geeigneten Augenblick erkennt, um den noch „passiv agierenden" Angreifer vom Ball zu trennen.
- Am Anfang dribbelt der Angreifer den Ball langsam zum Verteidiger, damit dieser die begleitende Abwehr in allen Phasen richtig auszuführen lernt. Wenn der Verteidiger Fortschritte in seiner Abwehr zeigt, sollte der Stürmer seinen Angriff beschleunigen, ohne jedoch den Verteidiger umspielen zu wollen.

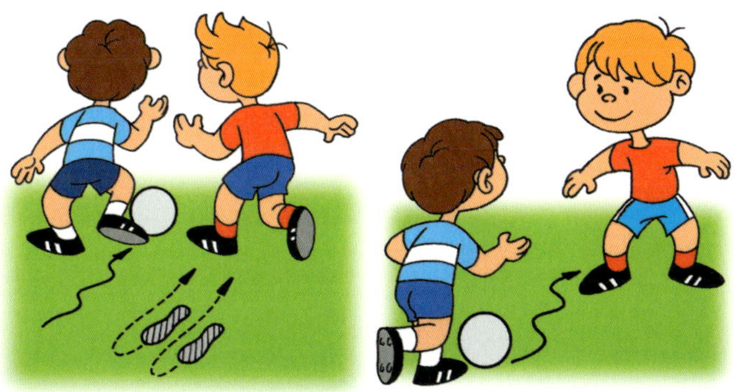

Variante 2

- Wie vorher, aber der Verteidiger wird gezwungen, vor dem Herausspielen des Balls eine Abwehrfinte durchzuführen.
- Wenn der Ballführende noch 3 m vom Verteidiger entfernt ist, simuliert dieser einen Ausfallschritt mit einer leichten Körpergewichtsverlagerung auf den vorderen Fuß, um den Angreifer zu einem Umspielen zu verleiten. Unmittelbar nach dieser Finte nimmt er wieder seine vorhergehende seitliche Abwehrstellung zum Angreifer ein, begleitet ihn, um zu warten, dass der Ball weit genug vom Fuß des Angreifers entfernt ist, damit er ihn dann leicht herausspielen kann.

5. Fünf Abwehrversuche

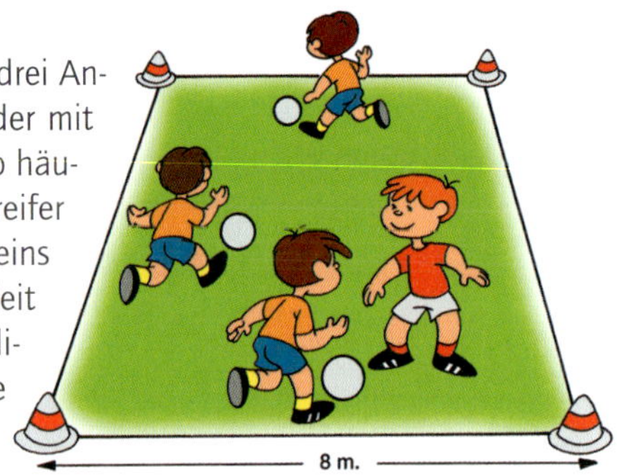

- In einem Feld von 8 x 8 m dribbelt jeder der drei Angreifer seinen Ball gegen einen Verteidiger, der mit nur fünf Abwehrmanövern versuchen muss, so häufig wie möglich den Ball eines der drei Angreifer zu berühren. Jedes Ausstrecken des Spielbeins zum Ball hin zählt als Abwehrversuch. Die Zeit für die fünf Abwehrmanöver des Verteidigers wird nicht begrenzt, sodass er in Ruhe entscheiden kann, wann der geeignete Augenblick für eine überraschende Abwehr gekommen ist.
- Die drei Angreifer lernen bei einer Annäherung des Verteidigers, ihren Ball mit dem Körper zu schützen, indem sie sich so zwischen dem Gegner und dem Ball platzieren (seitlich), dass sie den Abwehrspieler immer sehen können.
- Jeder der vier Spieler sollte 1 x die Aufgabe des Verteidigers übernehmen. Wer mit nur fünf Abwehrversuchen am häufigsten den Ball eines der drei Angreifer berührt, wird bester Abwehrspieler.
- **Kommentar:** Ein cleverer Abwehrspieler lernt, sein Abwehrmanöver nicht zu überstürzen, sondern so lange zu verzögern, bis der Ball weit genug vom Fuß des Angreifers entfernt ist. In diesem Augenblick sollte er entschlossen und schnell handeln.

Variante

- Das Gleiche wie vorher, nur dass alle vier Spieler im Ballbesitz sind und jeder versucht, einen seiner Gegner durch Herausspielen des Balls aus dem Viereck vom Spiel auszuschließen. Während der Abwehr sollte sich sein Ball in seiner unmittelbaren Nähe befinden.

6. Ballhalten in der Spielsituation „1:1" in einem Viereck von 12 x 12 m

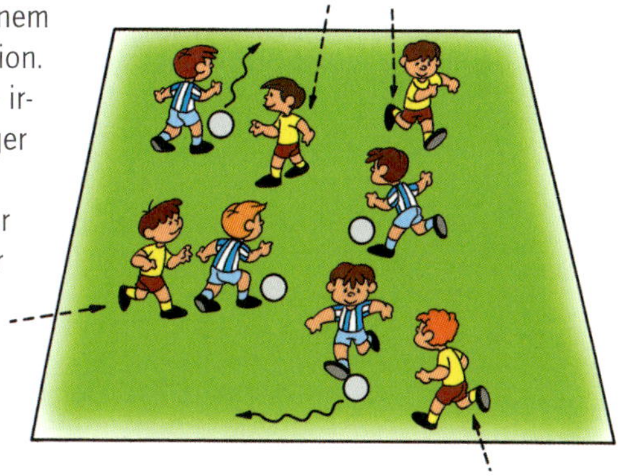

- Paare zu je zwei Spielern befinden sich in einem Viereck von 12 x 12 m in einer „1:1"-Situation. Ein Angreifer versucht, den Ball so lange wie irgendmöglich gegen einen aktiven Verteidiger in seinem Besitz zu halten.
- Es gewinnt der Verteidiger, der in kürzester Zeit den Angreifer vom Ball trennen kann. Der Verteidiger beginnt seine Abwehr immer aus einer Position von einer der Seitenlinien des Vierecks aus oder auch von außerhalb des Feldes.

Variante

- Es wird die Zeit gemessen, die die vier Verteidiger benötigen, um alle vier Bälle aus dem Viereck zu spielen.

7. Der Käfig

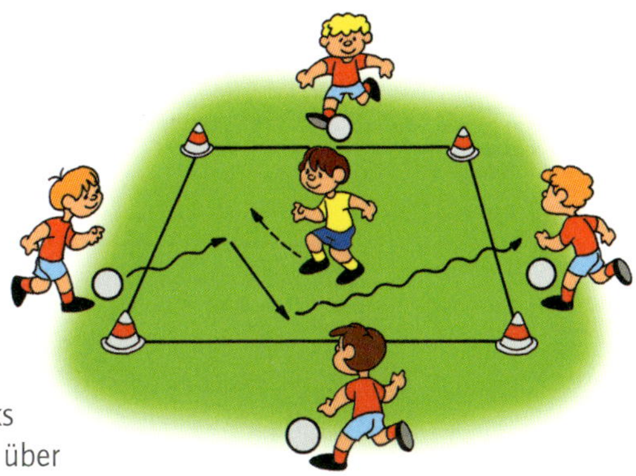

- Ein Abwehrspieler verteidigt ein Viereck von 10 x 10 m, durch das keiner der aus vier verschiedenen Richtungen individuell angreifenden Stürmer mit dem Ball dribbeln darf. Der Verteidiger darf bei der Abwehr das Viereck nicht verlassen.
- Ein Stürmer startet nach Aufruf des Trainers von einer Position 6 m außerhalb des Vierecks mit der Aufgabe, den Ball durch das Viereck über die hintere Linie des Quadrats zu dribbeln.
- Nach acht individuellen Angriffen aus vier verschiedenen Richtungen tauscht der Verteidiger mit einem Angreifer die Plätze, bis jeder der an der Übung beteiligten fünf Spieler 1 x für acht Angriffe als Abwehrspieler fungierte.
- Nach 40 Angriffen gewinnt der Verteidiger, der sich am seltensten umspielen ließ.

8. 1:1

- In einem 16 m langen Feld bestreiten nach einem Hochball je zwei Spieler ein Duell, bis einer von beiden mit dem Ball über die gegnerische breite Torlinie (8 m) dribbeln kann.
- Nach jedem Tor oder Ausball über die Endlinie wird das Spiel von einem zweiten Spielerpaar fortgesetzt, während sich die ersten beiden Spieler, jeder hinter seinem zu verteidigenden Tor, erholen.
- Es gewinnt die Zweiermannschaft, die zuerst sechs Tore erzielt.

„Wir sollten uns Ziele auf lange Sicht setzen, um nicht durch die vielen Fehler, die beim Erreichen der Ziele auf kurze Sicht entstehen, frustriert zu werden."

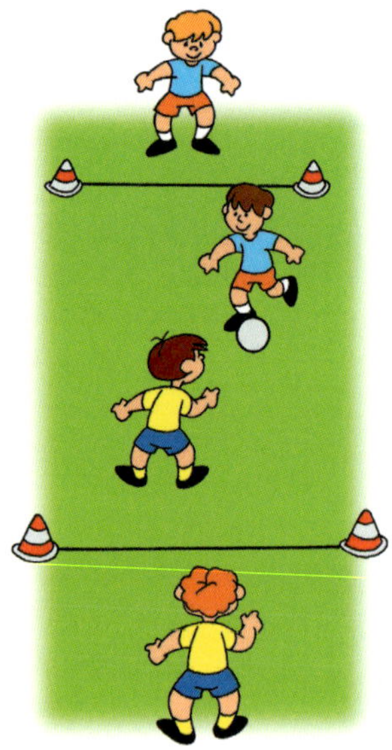

- **Kommentar:** Je nach Schnelligkeit des Angreifers, seinen technischen Fertigkeiten und Gewohnheiten im Umspielen lernt der Verteidiger, mit verschiedenen Abwehrtechniken (frontale Abwehr, begleitende Abwehr oder auch mit einem „Sliding Tackling") zu antworten.
- Siehe auch die Übungen und Spiele im Kapitel „Spiele zum Passen, zur Ballan- und -mitnahme und zum Torschuss" (Nummer 17, 18, 20 und 21, s. S. 113-116).

9. Spiel mit vier Toren

- In einem rechteckigen Spielfeld (12 x 16 m) befindet sich ein Angreifer mit dem Ball in einem 4 m breiten Hütchentor. Er hat die Aufgabe, mit dem Ball durch das linke (rechte) oder auch durch das gegenüberstehende Tor zu dribbeln, was ein aus dem gegenüberstehenden Tor startender Verteidiger verhindern muss. Im Augenblick der ersten Ballberührung des Gegners darf der Verteidiger sein Tor verlassen, um den Ball zu erobern.

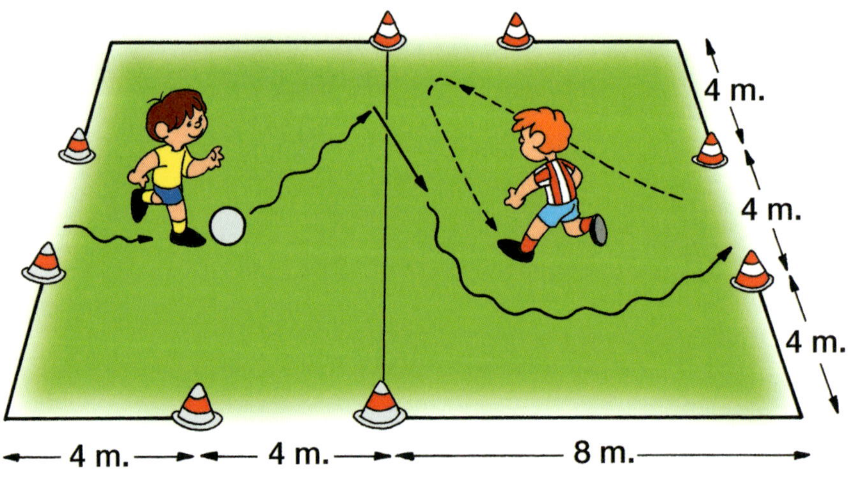

- Im Falle eines Ballverlusts durch den Angreifer schaltet der Verteidiger blitzschnell auf Angriff um und versucht, seinerseits in einem der beiden vom vorhergehenden Angreifer zu verteidigenden Toren zum Erfolg zu kommen.
- Nach 5 x Ballbesitz werden die Rollen zwischen beiden Spielern getauscht.
- Bei einem Regelverstoß muss der Abwehrspieler das Duell aus einer Position 1 m hinter dem Angreifer fortsetzen.
- Es gewinnt, wer nach je fünf Einzelangriffen die meisten Tore erzielen konnte.

Variante

- Anstatt das linke oder gegenüberstehende Tor anzugreifen, muss der Ball durch das rechte oder gegenüberstehende Tor geführt werden. Dabei ist darauf zu achten, dass das auf der rechten Seitenlinie stehende Tor immer näher zum Verteidiger als zum Angreifer aufgestellt wird.

10. 1:1 im FUNiñofeld

- Das Spiel beginnt in der Spielfeldmitte mit einem Hochball. Jeder der beiden Spieler versucht, den Ball durch eines der beiden 2 m breiten Hütchentore zu dribbeln.
- Nach jedem Tor oder Ausball über die Endlinie wird das Spiel von einem zweiten Spielerpaar fortgesetzt, während sich die ersten beiden Spieler, jeder hinter seinen zu verteidigenden Toren, erholen.
- Es gewinnt der Spieler, der nach 10 Minuten Spielzeit die meisten Tore erzielen konnte.

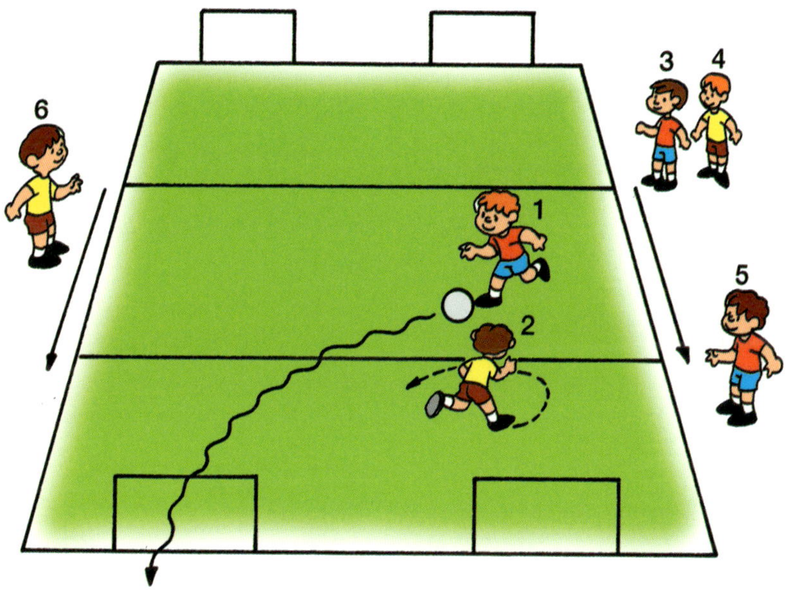

Variante

- Um den Stürmer in eine bestimmte Richtung zu leiten, wird ein Torerfolg in eines der beiden Tore unterschiedlich bewertet. Ein Torerfolg im linken Tor wird mit 1 Punkt belohnt, während die Kontrolle des Balls im rechten Tor 3 Punkte ergibt. Durch diese Maßnahme wird der Verteidiger dazu angehalten, den Angreifer immer nach rechts auf seine starke Seite umzuleiten, d. h., ein Rechtsfüßler sollte sich nie frontal, sondern seitlich links vom Angreifer postieren.

Zusätzliche Informationen

A Faktoren, die die Abwehr bedingen

1. Der Zustand des Balls (in Ruhe oder in Bewegung).
2. Die Beschaffenheit des Spielplatzes (nasser Rasen, holpriger Rasen, zu hoher Rasen, Hartplatz, Kunstrasenplatz).
3. Die Position des Abwehrspielers auf dem Spielfeld im Vergleich zu den vorhandenen Spielfeldlinien, wie z. B. Strafraumlinie oder Außenlinien.
4. Die Position des Abwehrspielers auf dem Spielfeld im Vergleich zur Position des im Ballbesitz befindlichen Angreifers und zur Position von dessen Mitspielern.
5. Die Position des Abwehrspielers auf dem Spielfeld im Vergleich zu den Positionen seiner Mitspieler.
6. Die technischen Fertigkeiten des Ballbesitzenden.
7. Die Abwehrfertigkeiten des Verteidigers.
8. Die koordinativen und physischen Fähigkeiten des Angreifers, aber auch die des Abwehrspielers, z. B. die Schnelligkeit und Ausdauerfähigkeit.
9. Die vorher angewandten Abwehrtechniken.
10. Die taktischen Anweisungen, die die Abwehrspieler (Angriffsspieler) vom Trainer bekommen haben, z. B. Pressen erst ab der Mittellinie, Pressen im Vorfeld, Anbieten des Mittelfelds.

B Allgemeine Regeln, die bei der Abwehr zu beachten sind

Ein erfahrener Abwehrspieler versucht, seinen Gegner nur dann vom Ball zu trennen, wenn er einigermaßen sicher ist, dass er sein Ziel auch erreicht. Im Zweifelsfalle sollte er lieber einen geeigneteren Zeitpunkt auswählen, um eine Abwehrfinte auszuführen oder seine Abwehr durch ein Zurückweichen verzögern. Außer der charakterlichen Eigenschaft, sich bei der Abwehr nicht zu überstürzen und für die jeweilige Spielsituation die effektivste Technik auszuwählen, sollte der Abwehrspieler:

1. sich immer näher zu seinem Tor befinden als sein Gegenspieler.

2. niemals einem Angreifer in Ballbesitz entgegenlaufen, sondern ihn besser begleiten, um den geeignetsten Zeitpunkt für die Abwehr abwarten zu können.

3. sich dem Angreifer korrekt (zuerst schnell und dann langsamer auf einer Linie) annähern.

4. eine optimale Bereitschaftsstellung vor der Abwehr einnehmen (d. h. das Körpergewicht ist gleichmäßig auf die beiden halbgebeugten Beine verteilt, der Abwehrspieler steht auf den Fußspitzen mit dem Oberkörper leicht nach vorne gebeugt, achtet nicht auf den Ball, sondern mehr auf die Füße des Gegenspielers).

5. beim Begleiten des Angreifers Abwehrfinten bzw. Körperfinten ausführen, um den Gegner abzulenken und eventuell zu einem Umspielungsversuch zu verleiten, auf den er mit Zurückweichen antwortet.

6. den Angreifer durch Zeit- und Raumdruck dazu zwingen, voreilig zu handeln und Fehler zu machen.

7. nicht immer auf die gleiche Art und Weise verteidigen, sondern seine Abwehr variieren.

8. durch sein Verhalten bei der Abwehr sicherstellen, dass es im Falle eines „Nichtherausspielens" des Balls eine zweite Möglichkeit der Abwehr gibt.

9. ein sofortiges Umschalten auf Angriff voraussehen, falls seine Abwehr Erfolg haben sollte.

10. die Geschwindigkeit des Angriffs verlangsamen, um bessere Möglichkeiten für die Abwehr zu haben.

11. den Angreifer durch eine schnelle Abwehrbewegung überraschen.

12. die Art und Weise, wie der Gegner angreift, voraussehen.

13. niemals den ballbesitzenden Angreifer aus dem Blickfeld verlieren.

Wer das erste Knopfloch verfehlt, kommt mit dem Zuknöpfen nicht zurande.

J. W. von Goethe

4 Spiele im Labyrinth

1 Individuelle Dribbelübungen

Spiele 1-9 (Wettkämpfe zwischen zwei und mehr Spielern)

1. Zwei Spieler stehen mit je einem Ball außerhalb des Labyrinths von acht Toren. Nach einem optischen Signal versucht jeder von ihnen, mit seinem Ball durch alle acht Hütchentore, die verschiedene Farben haben sollten, zu laufen. Es gewinnt der Spieler, der zuerst wieder auf seinem Startplatz ankommt.
   Zu Anfang lässt der Trainer die Spieler ohne Ball laufen. Wer den Parcours am schnellsten durchläuft, wird Favorit für den anschließenden Dribbelwettstreit. Ein Vergleich beider Wettkämpfe gibt dem Trainer Auskunft über die Dribbelfertigkeit seiner Spieler.
   Anmerkung: Die 1,50 m breiten Hütchentore können auch durch acht Spieler ersetzt werden, die mit ihren Beinen einen Tunnel bilden.
2. Wettbewerb für jedes Geburtsjahr. Es gewinnt der Spieler, der die kürzeste Zeit benötigt, um den Ball durch alle acht Tore zu dribbeln.

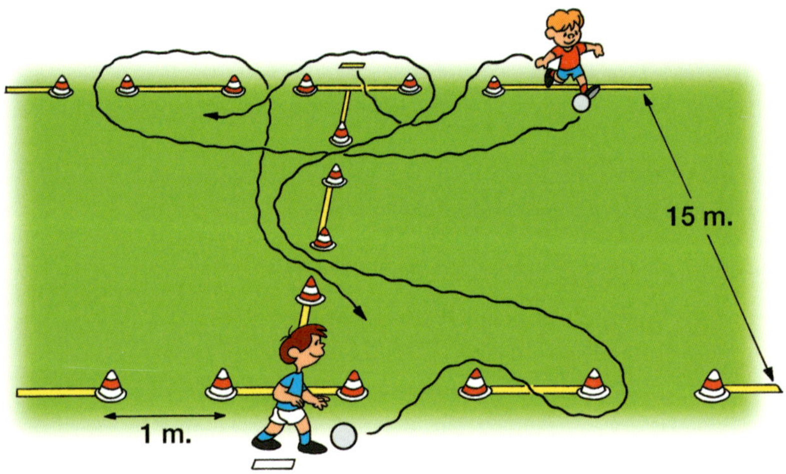

3. Wettbewerb zwischen drei oder vier Spielern, die von verschiedenen Positionen außerhalb des Labyrinths starten. Zur Verbesserung ihrer koordinativen Fertigkeiten müssen alle Spieler beim Überschreiten einer Torlinie mit dem Ball eine komplette Drehung ausführen.
4. Der Ball muss mit dem schwachen Fuß durch das Hütchentor gepasst werden, um ihn dann, ohne durch das Tor zu laufen, wieder unter Kontrolle zu bringen und das nächste Tor ansteuern zu können.
5. Es gewinnt der Spieler, der zuerst sechs Tore durchdribbelt, ohne dabei 2 x durch das gleiche Tor zu laufen. Nicht der schnellste Spieler wird gewinnen, sondern derjenige, der den kürzesten Dribbelweg auswählt. Jedes Durchlaufen eines Tors muss mit lauter Stimme gezählt werden, damit der Gegner oder die Gegner immer über den augenblicklichen Stand des Wettbewerbs informiert sind.

6. Jeder der zwei oder drei am Wettbewerb beteiligten Spieler hat 10 Sekunden Zeit, um seinen Ball durch so viele Tore wie möglich zu dribbeln. Hierbei ist es wichtig, das laute Zählen beim Durchlaufen eines Hütchentors nicht zu vergessen.
7. Während zwei oder drei Spieler ihren Ball durch das Labyrinth dribbeln, wird der Standort von verschiedenen Toren durch zwei Helfer verändert. Auf diese Art und Weise müssen sich die dribbelnden Spieler, wie im Spiel auch, der veränderten Situation anpassen.
8. Zwei oder auch drei Verteidiger versuchen, ein angegriffenes Hütchentor zu besetzen, ohne dabei den Ball der drei oder vier Angreifer berühren zu wollen. Wenn die Angreifer sehen, dass das Tor besetzt ist, laufen sie zu einem anderen, noch unbesetzten Tor, um dort zum Erfolg zu kommen. Siehe auch die Varianten 5, 6 und 7.
9. Es werden Hütchentore mit verschiedenen Farben (am besten drei Farben) aufgestellt. Um ein gültiges Tor zu erzielen, muss immer in das Tor gelaufen werden, das die vom Trainer gerufene oder auch gezeigte Farbe hat.

Lern- und Lehrziele der neun Übungen

- Den Ball technisch sauber und in der Nähe eines Hütchentors nahe am Fuß führen.
- Je nach der Spielsituation oder Spielaufgabe den Ball mit der geeignetsten Technik führen, weshalb der Spieler die Ballführung sowohl mit dem Innenrist, mit dem Spann und auch mit dem Außenrist beider Füße beherrschen sollte. Er sollte außerdem imstande sein, schnelle Richtungs- und Tempowechsel ausführen zu können.
- Während der Ballführung den Blick vom Ball lösen, um Informationen wahrnehmen und anschließend in der Entscheidungsfindung nutzen zu können.
- Nachfolgende Spielhandlungen oder -aufgaben voraussehen.

2 Übungen mit zwei Spielern

Spiele 10-13

10. Verschiedene Spielerpaare müssen sich ihren Ball durch alle acht Hütchentore zupassen. Es gewinnt das Paar, welches seine Aufgabe zuerst lösen und als Erstes wieder zum Startpunkt zurückkehren kann.
    Unmittelbar nach seinem Pass sollte sich der Zuspieler hinter einem anderen Tor freilaufen, damit dann der ballannehmende Spieler vor seinem erneuten Zuspiel den Ball seiner folgenden Aktion entsprechend annehmen kann.

Variante

- Es gewinnt das Paar, das zuerst sechs Tore in verschiedene Hütchentore erzielen kann.

11. Nur jene Tore sind gültig, die von den Spielern in den vom Trainer aufgerufenen Toren (z. B. blaues Tor oder gelbe Tore) erzielt wurden.
12. Damit ein Tor gültig ist, muss jeder Spieler seinen schwächeren Fuß beim Passen benutzen.
13. Es gibt drei Verteidiger, die von Tor zu Tor eilen, um sie zu besetzen (beide Füße müssen die Torlinie berühren) und damit die Spielerpaare immer dazu zwingen, ein unbesetztes Tor ausfindig zu machen und dort zum Erfolg zu kommen. Dabei ist es den Verteidigern untersagt, den Ball außerhalb der Tore zu spielen.

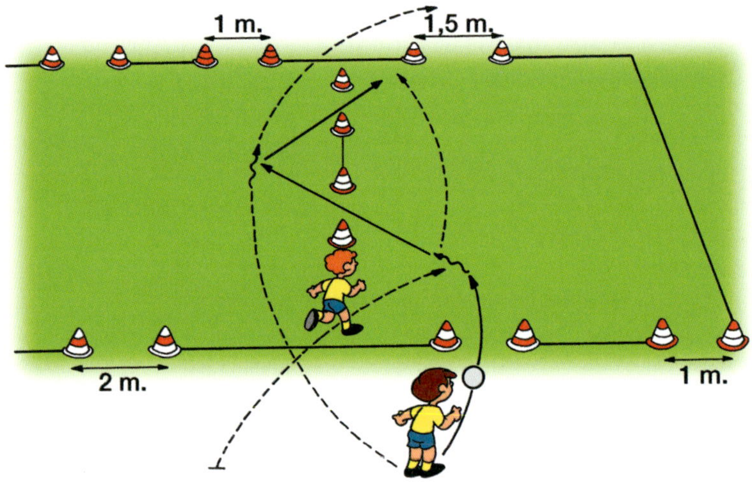

Lern- und Lehrziele der vier Übungen

- Vor jedem Zuspiel mit dem ballannehmenden Spieler eine visuelle Vereinbarung (Blickverbindung) herstellen.
- Lernen, dass die Richtung des Freilaufens des ballannehmenden Spielers und die gegenseitige visuelle Übereinkunft über den Augenblick und die Richtung des Zuspiels entscheidet und dieses nicht vom Zuspieler bestimmt wird.
- Den Ball mit Genauigkeit und genügender Härte zuspielen.

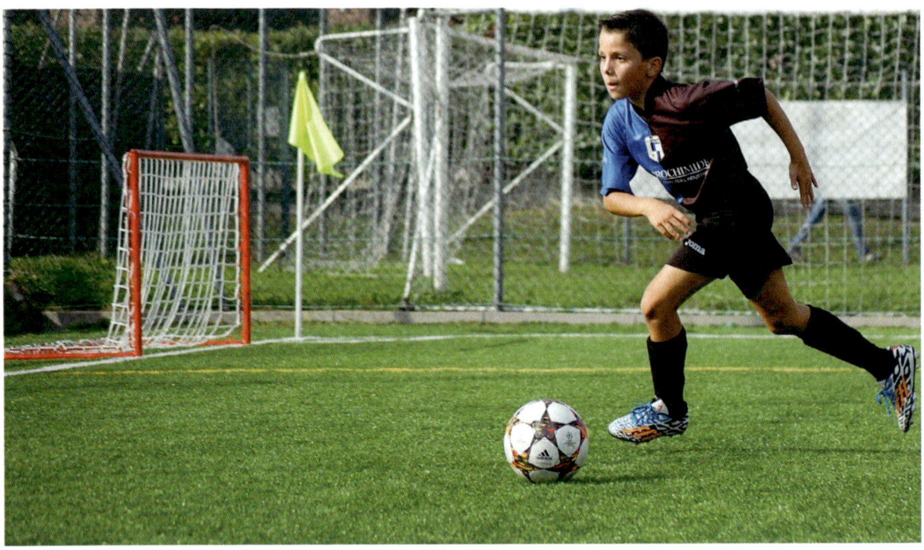

5 Fußballdekathlon

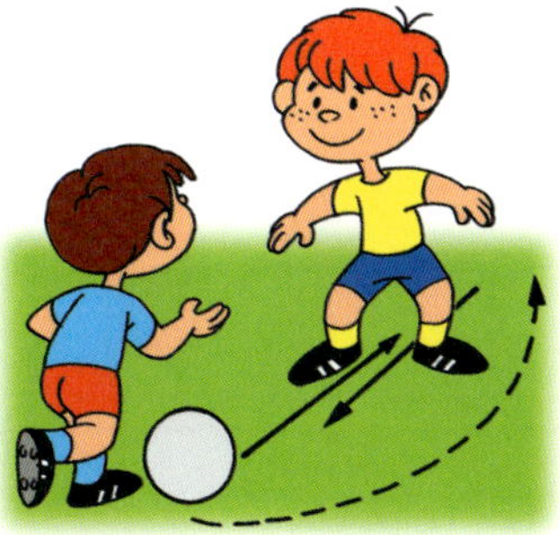

1. Tunnel

- Spiele den Ball 30 Sekunden lang durch den Tunnel.
- **Es gewinnt, wer in zwei Durchgängen mehr Tunnel erreicht.**

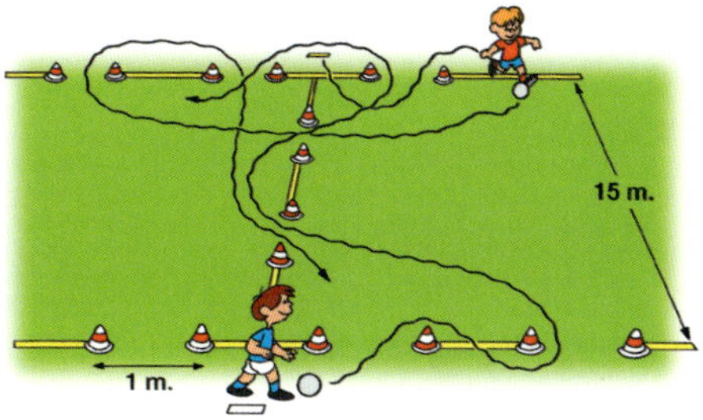

2. Dribbeln im Labyrinth

- Dribble deinen Ball durch alle acht Tore.
- Versuche, den kürzesten Weg zu finden.
- Zur gleichen Zeit wie dein Gegner.
- **Es gewinnt, wer zuerst zum Startplatz zurückkehrt.**

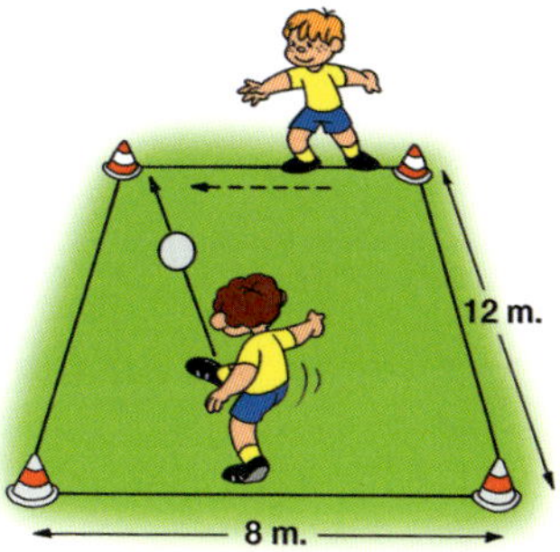

3. Schuss und Ballannahme

- Schieße den Ball von der Torlinie aus flach durch das Tor des Gegners.
- Beim Abwehren ist keine Ballberührung mit den Händen erlaubt.
- **Wer zuerst fünf Tore schießt, gewinnt.**

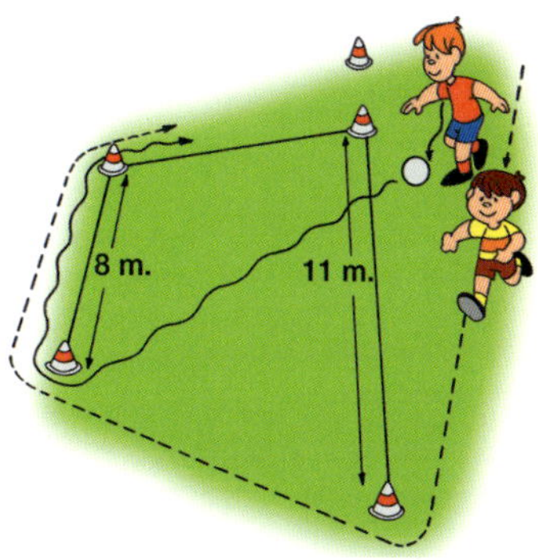

4. Verfolgung um das Trapez

- Der Angreifer dribbelt um das Dreieck herum, um dann den Ball durch das Hütchentor führen zu können.
- Er wird vom Verteidiger verfolgt, der außen um das Trapez herumlaufen muss.
- Der Verteidiger versucht, den Angreifer so zu stören, dass er nicht zum Torerfolg kommt.
- Jeder Spieler hat 3 x Ballbesitz (Angriffe).
- **Es gewinnt, wer mehr Tore erzielt.**

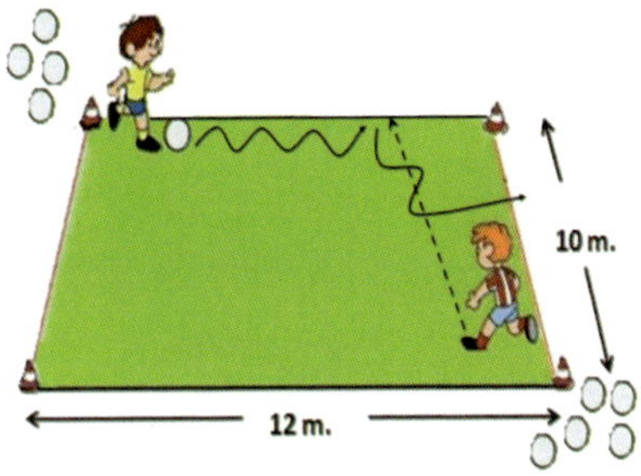

5. Individuelle Abwehr

- Der Verteidiger steht in der entfernten Ecke des 10 m breiten Hütchentors.
- Startet, wenn der Angreifer den Ball berührt.
- Der Angreifer mit Ball steht diagonal gegenüber 12 m vor dem Tor, um die Torlinie zu überdribbeln.
- Er hat fünf Angriffe und muss dann auch 5 x das breite Tor verteidigen.
- Rollentausch nach je fünf Angriffen.
- **Es gewinnt, wer weniger Tore zulässt.**

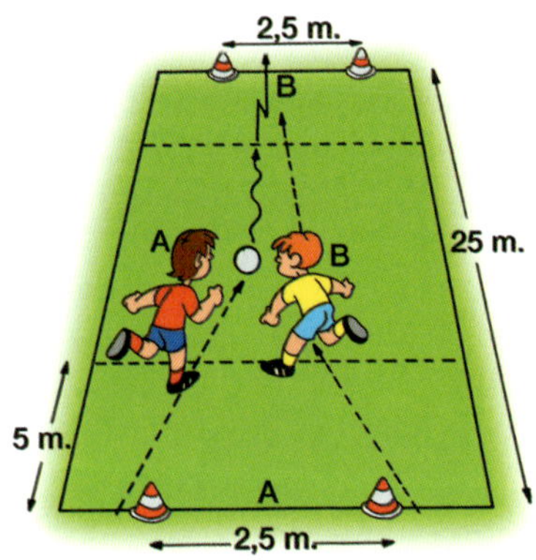

6. Duell

- Nach visuellem Signal laufe zum Ball in der Mitte und erobere ihn.
- Der Angreifer dribbelt in den gegnerischen Strafraum, bedrängt vom Abwehrspieler.
- Der linke Spieler attackiert das obere und der rechte das untere Tor. Ein Tor wird mit Schuss innerhalb des Strafraums erzielt.
- Bei Foul im Feld gibt es ein freies Dribbling mit dem Gegner 1 m hinter dem Ball.
- **Es gewinnt, wer in sechs Duellen mehr Tore erzielt.**

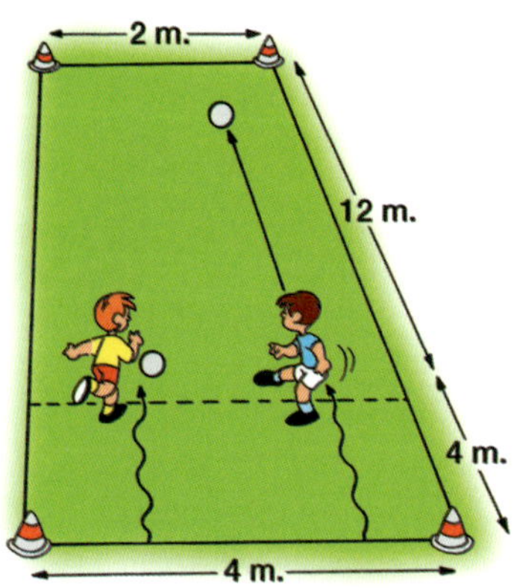

7. Schnelles Tor

- Start für beide nach einem visuellen Signal.
- Dribble den Ball über die 4-m-Linie.
- Schieße ihn dann aus beliebiger Entfernung auf das Tor.
- Erziele das Tor eher als dein Gegner.
- **Wer in fünf Versuchen öfter Erfolg hat, gewinnt.**

8. Flankenschlagen

- Nach 15 m Ballführung passe den in Bewegung befindlichen Ball durch das 1,5 m breite Hütchentor in 7,50 m Entfernung.
- **Es gewinnt, wer zuerst fünf Tore erzielt.**

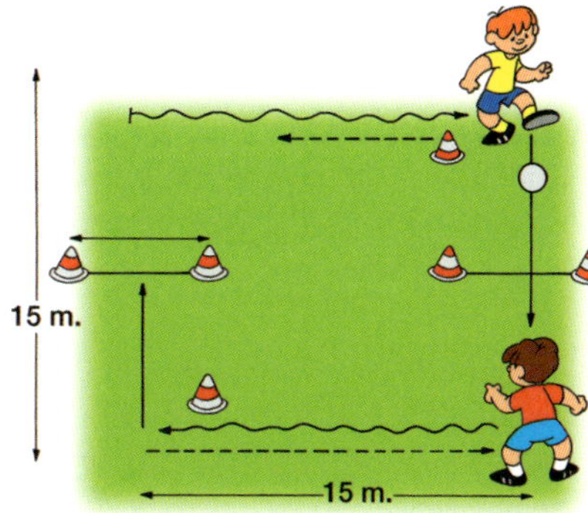

9. Kopfball aufs Tor

- Der Torhüter wirft (serviert) den Ball mit den Händen zum Angreifer.
- Dieser köpft aufs Tor oder verweigert das Zuspiel.
- Aus 2 m Entfernung muss er fünf Kopfbälle auf das vom Torwart gehütete Tor richten.
- Dabei darf der Torhüter die Torlinie nicht verlassen.
- **Es gewinnt, wer mehr Tore mit dem Kopf erzielen kann.**

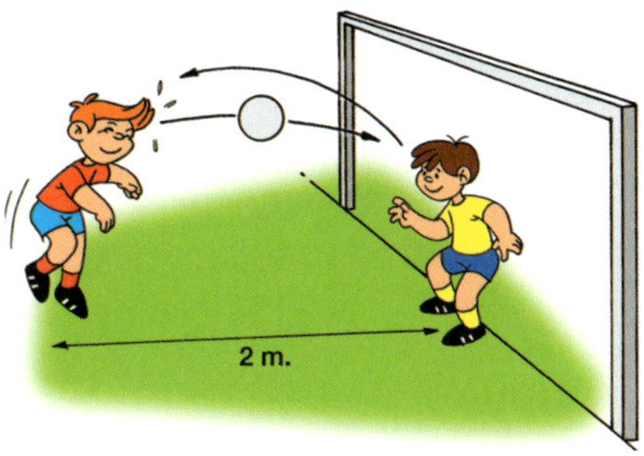

10. Spiel mit vier Toren

- Wenn der ballführende Spieler aus seinem Tor startet, reagiert der Gegner.
- Der Angreifer muss den Ball durch eines der beiden gegnerischen Tore dribbeln.
- Bei Ballverlust kontert der Verteidiger auf die zwei Tore des Angreifers.
- **Es gewinnt, wer mit fünf Angriffen öfter zum Erfolg kommt.**

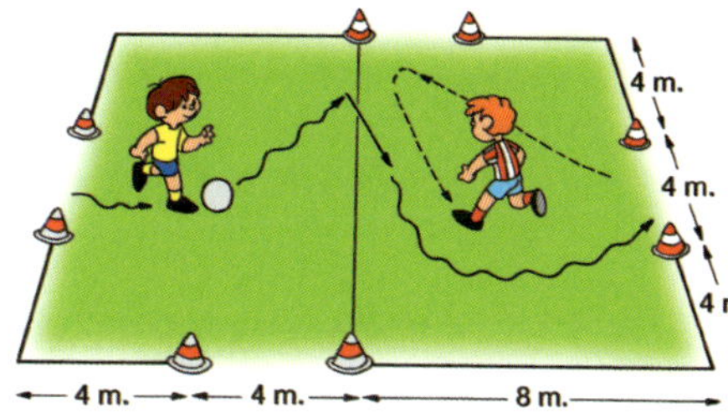

5.1 Warum ein Fußballdekathlon?

Kinder mit acht und neun Jahren leben in einer anderen Welt als ihre älteren oder jüngeren Freunde. Je nach Altersstufe sind ihre Wünsche und Erwartungen verschieden. Zwei charakteristische Merkmale der Acht- und Neunjährigen sind ihr Egoismus oder Egozentrismus und das Bedürfnis nach Variation, nach Abwechslung.

Je vielseitiger das Angebot des Lehrers ist, desto weniger Langeweile und Ermüdung treten ein. Eine Vielzahl von Reizen und Anregungen ist notwendig, um ihre Aufmerksamkeit für längere Zeit zu gewinnen. Ohne häufige Wechsel in der Methodik der Darstellung (von der globalen Methode zum analytischen Vorgehen oder zur Zergliederungsmethode) und der Inhalte lässt normalerweise die Aufmerksamkeit der jungen Spieler nach. Es ist auch notwendig, nicht nur den Intensitätsgrad der verschiedenen Übungen und Spiele zu variieren, sondern auch zwischen fußballspezifischen und allgemein motorischen Anregungen sowie zwischen dem Training in der Gruppe (z. B. alle Angreifer oder Mittelfeldspieler) und dem Einzeltraining (z. B. nur die Außenstürmer oder Torhüter) zu wechseln.

Auch bezüglich der Wettkämpfe sollte das Angebot für die Kinder sehr vielseitig sein, wobei Spiele im FUNiño und Fußball 5 mit Veranstaltungen im Fußballdekathlon, Fußballtriathlon, Fußballpentathlon 3:3 oder auch im FUNiñopentathlon miteinander abwechseln.

Ein Prinzip für ein effektives Lernen ist, dass sich der Ausbilder im Fußball der Natur anpassen sollte. Wenn sich nun seine achtjährigen Schüler gerade in einer egozentrischen Phase befinden, dann wäre es vom Lehrer ein Fehler, sie dauernd zum Zusammenspiel anzuhalten. Vielmehr wäre es besser, ihren Egoismus so zu nutzen, dass Wettkämpfe, wie ein Fußballzehnkampf, angeboten werden, die dem egoistischen Verhalten der acht- und neunjährigen Schüler eher entsprechen. Ein erfahrener Lehrer weiß, dass sich das Kind innerhalb kurzer Zeit mehr der Gemeinschaft öffnen wird und dann bereit ist, seine Spielsachen, seine Schokolade und auch den geliebten Fußball mehr als zuvor mit seinen Freunden zu teilen.

Ein Fußballzehnkampf sollte in jeder Fußballschule für die 8-12-Jährigen am Anfang, in der Mitte und am Ende der Saison angeboten werden, um ihre Wettkampffähigkeit zu schulen und eine Rangliste der talentiertesten Spieler jeder Altersgruppe auf individueller Basis zu erstellen.

5.2 Verschiedene Möglichkeiten der Organisation eines Dekathlons

Zwei Tage dauernder Wettkampf

An jedem Tag werden mit einer beschränkten Anzahl von Spielern nur fünf Tests durchgeführt.

Individueller Wettkampf

1. In jedem Test trifft der junge Spieler auf einen anderen Gegner. Das Los bestimmt, wer in welchem Test gegen wen antreten muss. Wer nach Ablauf der 10 Tests die meisten für sich entscheiden konnte, ist Sieger. Im Falle eines Unentschiedens zwischen zwei oder mehr Spielern kommt es zu einem „Tiebreak“ in Test 10.

2. Der Trainer teilt jedem Spieler für alle 10 Tests den gleichen Rivalen zu, weil dieser in seiner Konstitution und körperlichen Leistungsfähigkeit ein ähnliches technisch-taktisches Niveau hat wie sein Gegner. Wer nach Ablauf der 10 Tests die meisten Wettkämpfe für sich entscheiden konnte, ist Sieger des Dekathlons.

Mannschaftswettkampf

3. Die gleiche Anzahl von Spielern von zwei verschiedenen Klubs oder Fußballschulen bestreitet einen Wettkampf im Dekathlon. In jedem der 10 Tests bestimmt das Los, wer gegen wen spielt. Es gewinnt die Mannschaft, die nach Ablauf der 10 Tests die meisten Tests für sich entscheiden konnte.

Wettkampf über mehrere Tage

4. Bei jedem Training wird unter allen beteiligten Spielern (ab 16) im K.-o.-System ein einziger Test durchgeführt, bis nach mehreren Ausscheidungswettkämpfen der endgültige Sieger ermittelt wurde, sowohl in der Runde der Sieger als auch in der Runde der Verlierer.

- Bei weniger als sieben beteiligten Spielern wird eine Runde „jeder gegen jeden" durchgeführt.
- Ab acht und bis 14 Teilnehmer werden zwei Gruppen zu je 4-7 Spielern gebildet, deren Gewinner nach der Runde „jeder gegen jeden" im Finale den Sieger des Dekathlons ermitteln.

5.3 Hinweise zur Einführung eines Dekathlontests im Kindertraining

1. Zu Anfang wird der Test mit zwei Spielern demonstriert. Alle Regeln werden aufgezeigt und eventuell diskutiert. Wichtig ist, dass alle Spieler genau wissen, welches ihre Aufgabe ist und wie sie den Test am besten für sich entscheiden können.
2. Damit eventuelle Unklarheiten ausgeräumt werden können, wird allen Spielern Gelegenheit gegeben, den Test 3-5 Minuten lang mit einem beliebigen Partner zu üben.
3. Anschließend entscheidet das Los, wer gegen wen anzutreten hat.
4. Gemeinsam wird analysiert, warum ein Spieler den anderen im Test bezwingen konnte.
5. Um neue Erfahrungen zu sammeln, bietet der Trainer allen Spielern Korrekturübungen an, die gewisse Mängel, die die Niederlage verursachten, verbessern sollen.
6. Anschließend spielen sowohl die Gewinner als auch die Verlierer des gleichen Tests gegeneinander.
7. Der Trainer erarbeitet zusammen mit seinen Spielern die Voraussetzungen, die den Sieg im Test möglich machen und bietet eventuell weitere Korrekturübungen an (z. B. Spiele zur Ballführung, zum Passen, zur Ballannahme, zum Torschuss oder auch zur individuellen Abwehr).
8. Erneut treffen in einem dritten Wettkampf die bisher immer siegreich gebliebenen Spieler, aber auch die bisher immer sieglos gebliebenen Spieler aufeinander.
9. Der Trainer erklärt und zeigt seinen Spielern, welche Aspekte für den Ausgang des Wettkampfs wichtig sind.
10. Letzter Wettkampf im gleichen Test des Dekathlons zur Ermittlung des besten Spielers.

6 Fußballtriathlon 2:2

Ein Wettkampf für 9- und 10-Jährige

EUROPA GEGEN SÜDAMERIKA						
	Deutschland	Spanien	Italien	Brasilien	Argentinien	Kolumbien
Namen der Spieler:						

2:1 auf breite Tore
GER-BRA
ESP-ARG
ITA-COL

2:1 auf breite Tore

- Spielzeit: Vier Zeiten zu je zwei Minuten.
- Alle zwei Minuten wechseln die Angreifer mit den Verteidigern.
- Zwei Spieler greifen zwei Minuten lang abwechselnd beide 12 m breiten Tore an, die von je einem Gegner verteidigt werden.
- Falls dieser den Ball erobern kann und ihn 3 x berührt, ist der Angriff genauso zu Ende wie bei einem Tor oder Ball über die Endlinie.
- Ein Tor wird durch Überdribbeln der Torlinie erzielt.

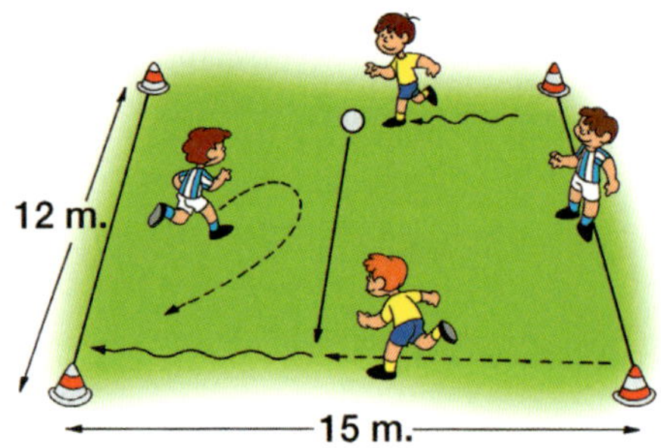

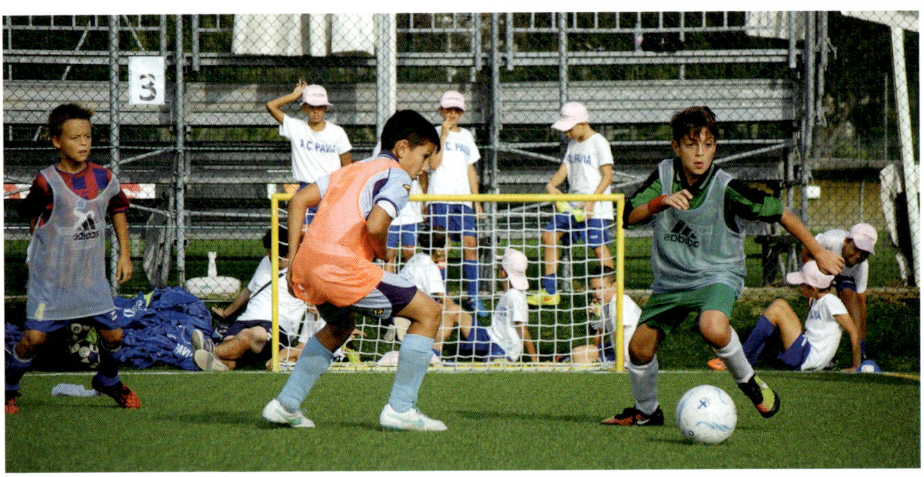

2:2 auf je zwei gegenüberliegende Tore
GER-ARG
ESP- COL
ITA-BRA

2:2 auf je zwei gegenüberliegende Tore

- Spielzeit: Drei Zeiten zu je drei Minuten mit einer Minute Pause.
- Das Spiel wird mit einem Hochball in der Mitte des Spielfelds gestartet.
- Jede Zweiermannschaft greift zwei gegenüberliegende breite Tore an und verteidigt die anderen beiden bei Ballverlust.
- Bei Regelverstoß freies Dribbeln mindestens 3 m vom Tor entfernt.
- Ein Tor wird durch Überdribbeln von einem der beiden gegnerischen Tore erzielt.

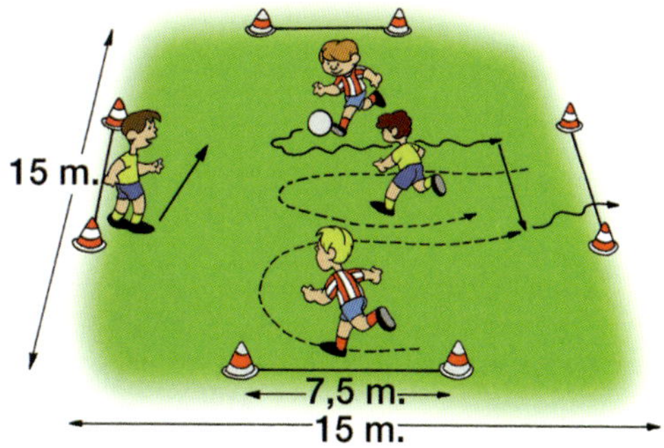

2:2 auf zwei breite Tore
GER-COL
ESP-BRA
ITA-ARG

2:2 auf zwei breite Tore

- Spielzeit: Drei Zeiten zu je drei Minuten mit einer Minute Pause.
- Spielfeld: 15 m lang mit 12 m breiten Toren.
- Das Spiel wird mit einem Hochball in der Mitte des Spielfelds gestartet.
- Bei Regelverstoß freies Dribbeln von mindestens 3 m vom Tor entfernt.
- Ein Tor wird durch Überdribbeln der 12 m breiten Torlinie erzielt.

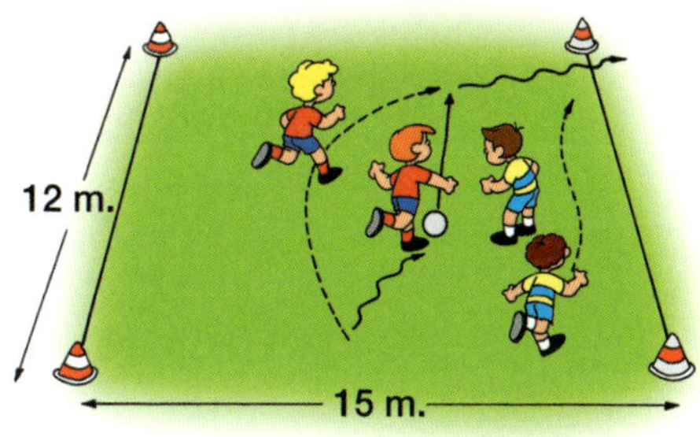

Endresultat: Europa – Südamerika

Hinweis: Die Zusammensetzung der Zweiermannschaften darf während des Triathlons nicht geändert werden.

7 Die Bedeutung von Mehrzweckspielen*

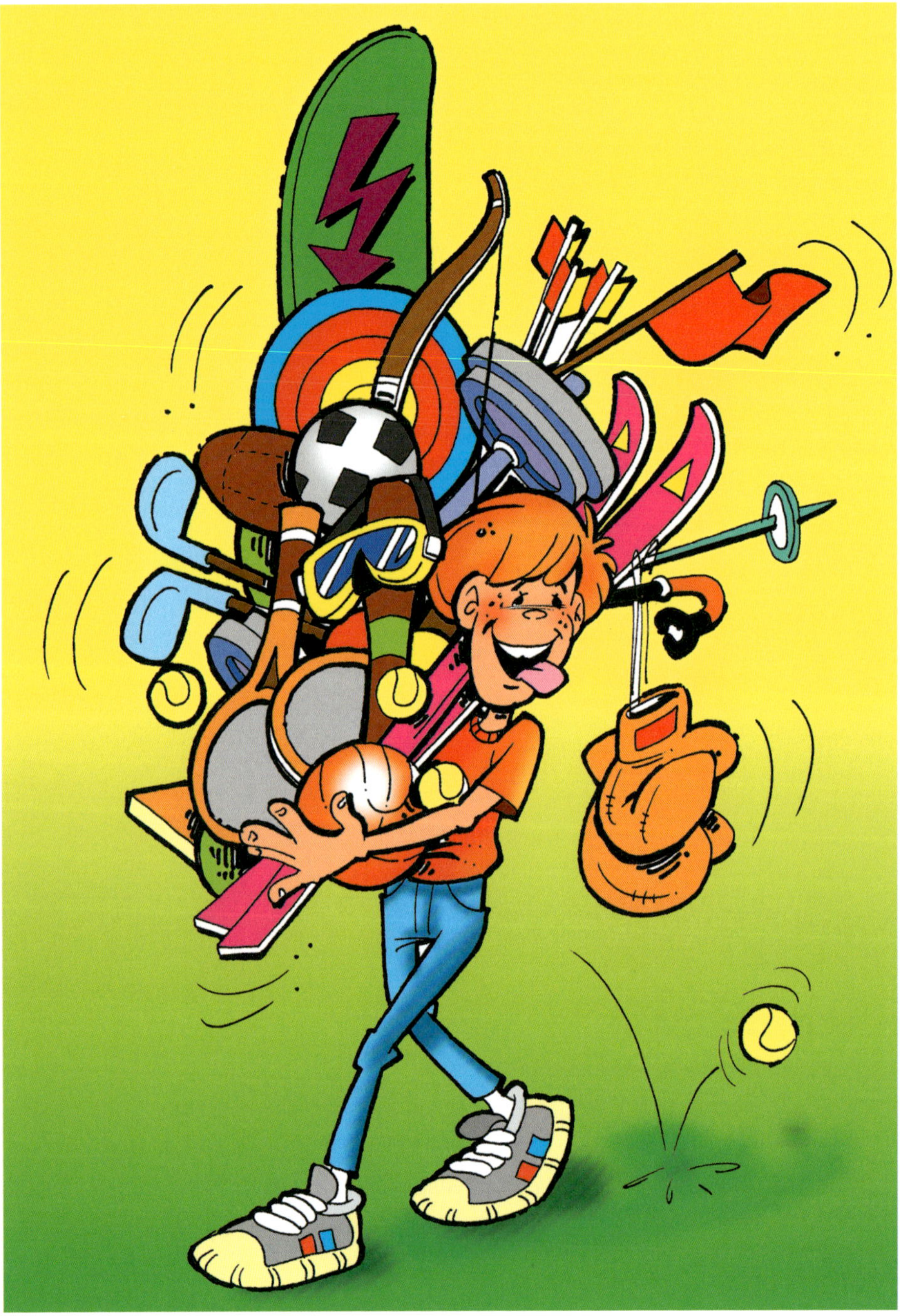

* *Empfohlende Literatur: „Kleine Spiele" von Hugo Döbler und Erika Döbler (2003).*

Besonders im Sportkindergarten, aber auch in den ersten Jahren seiner Zugehörigkeit zur Fußballschule (bis 12 Jahren), sollte mehr als die Hälfte der 90 Minuten langen „Bewegungszeit" für die allgemeine, vielseitige Ausbildung mit Mehrzweckspielen reserviert werden.

Dem „Fußballentwicklungsmodell" folgend, sollte sich von Jahr zu Jahr der Anteil der Mehrzweckspiele zugunsten der fußballspezifischen Ausbildung vermindern. Wenn im ersten Jahr der Zugehörigkeit zur Fußballschule ein Verhältnis von 40 % zu 60 % (fußballunspezifisches gegenüber fußballspezifisches Training) angestrebt werden sollte, wird es im zweiten Jahr ein 30 % zu 70 % sein, d. h., der fußballspezifischen Ausbildung wird zunehmend mehr Raum gegeben.

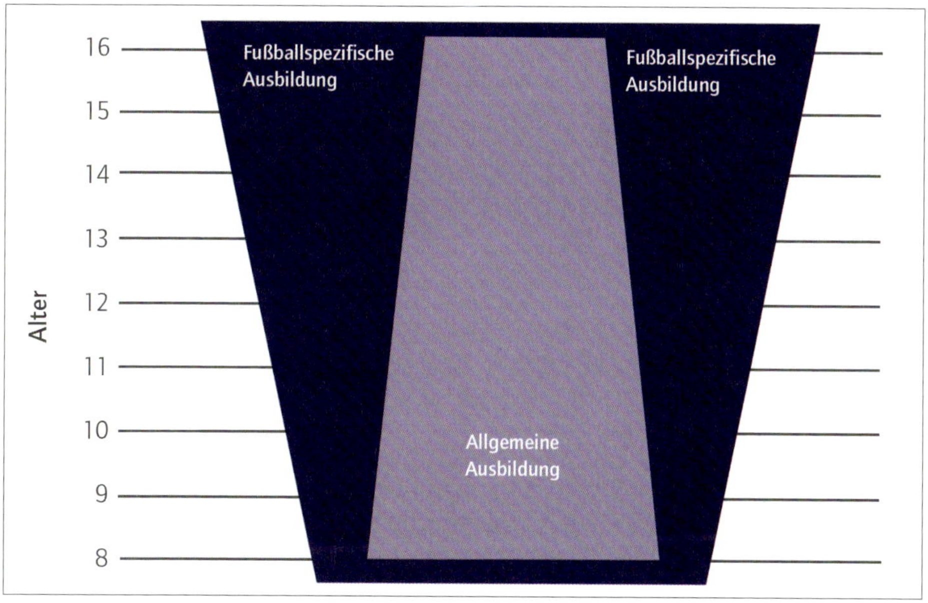

„Erst seine vielseitige körperliche Verfassung erlaubt es einem Spieler, sein wirkliches Talent für das Fußballspiel sichtbar zu machen."

César Luis Menotti

So wie die Schule für die intellektuelle Ausbildung ihrer Schüler eine große Anzahl von Fächern und Spezialgebieten anbietet, dürfen in der Ausbildung eines jungen Fußballspielers Anregungen und Reize für die motorische Vielseitigkeit nicht fehlen. Gerade diese sind notwendig, um eine so solide koordinative Basis zu schaffen, auf der dann später im technisch-taktischen und physischen Bereich Spitzenleistungen erreicht werden können.

Die Berücksichtigung einer Vielzahl von Mehrzweckspielen, die nicht nur die Koordination, sondern auch die verschiedenen Eigenschaften der Kraft, der Schnelligkeit und der Ausdauer sowie die Wahrnehmung und Entscheidungsfindung verbessern, garantiert, dass die Trainingseinheiten nicht nur vielseitig, sondern auch intensiv und attraktiv gestaltet werden.

C DIE ZWEITE FUSSBALLENTWICKLUNGSSTUFE: SPIELE FÜR FUNiño™

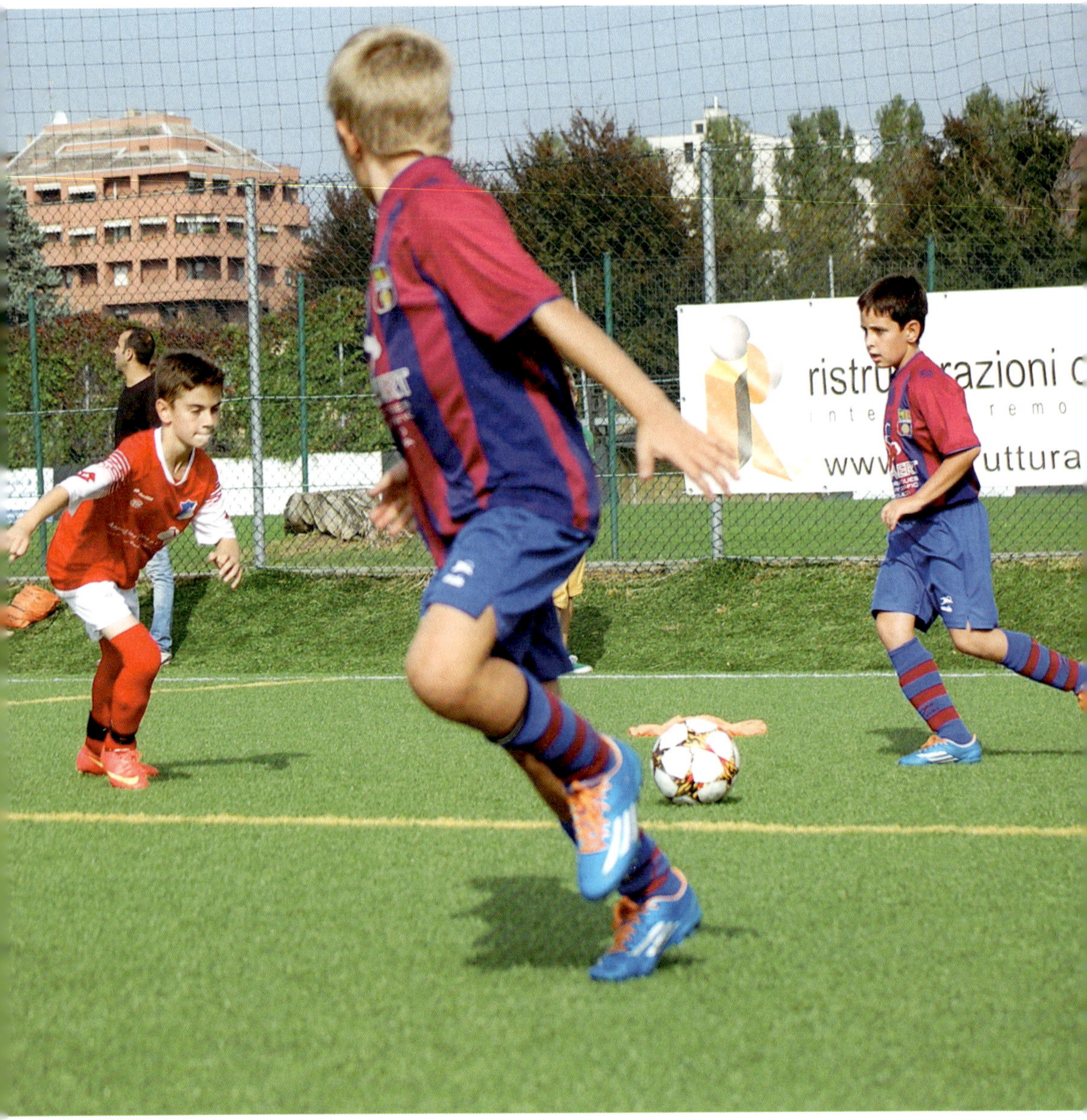

I FUNiño KINDGEMÄSS TRAINIEREN

1 Die vereinfachten Spiele – der wichtigste Baustein des Kinder- und Jugendfußballs

Um aus der Schulbevölkerung die größtmögliche Zahl von Talenten für den Fußball zu entdecken und dann dazu anzuhalten, regelmäßig zu trainieren, ist es notwendig, über ein attraktives Lehr- und Lernmodell für die Trainingsgestaltung und die Wettkämpfe zu verfügen. Mithilfe dieses altersgemäßen Lehr- und Lernprogramms sollten die Spieler nicht nur für das Fußballspiel begeistert, sondern darüber hinaus auch dauernd neu motiviert und ihr ganzes Leben an das Spiel gebunden werden.

Die Inhalte der vereinfachten Trainingsspiele für Zweier-, Dreier- und Vierermannschaften vereinen alle Forderungen nach einer effektiven, attraktiven und modernen Lehrweise, weil sie die Spieler vielseitig stimulieren, zur **eigenen Initiative anregen, das Entdecken neuer Erfahrungen ermöglichen, das eigene Lernen ohne Anwesenheit des Trainers garantieren und ihre Kreativität und ihr Selbstvertrauen entwickeln.** Welches immer auch der Grund gewesen sein mag, dass das Kind Fußball spielen wollte (das familiäre Vereinsleben, die Anwesenheit seiner Freunde oder auch nur der Wunsch der Eltern, den Sohn oder die Tochter weg vom Computer oder Fernsehen zu locken), den größten Einfluss auf das Interesse und die Motivation der jugendlichen Spieler hat wohl der Trainer, der den jungen Spieler Schritt für Schritt und ohne Hast und Zwang in das komplizierte Fußballspiel einführt.

Es hängt von seinen Lehrinhalten und -zielen, von seiner Methodik und besonders von der Atmosphäre beim Training ab, ob sich das Kind endgültig für das Fußballspielen entscheidet oder nicht.

Weit mehr als eine Million deutsche Jugendliche im Schulalter spielt regelmäßig Fußball, ohne und mit Akkreditierung vom Verband. Leider aber werden nur wenige von ihnen mit einer Vielzahl von vereinfachten attraktiven Spielen mit den dazugehörigen Korrekturspielen, die besonders der Technikverbesserung dienen, optimal auf dem Fußballfeld stimuliert. Es fehlt ein kind- und zeitgemäßes „Fußballentwicklungsmodell", an dem sich alle Ausbilder, Kinder- und Jugendtrainer orientieren können, um im Training mit den Kindern und Jugendlichen weniger Fehler zu begehen.

„Wenn du das machst, was du immer gemachst hast,
kommst du nie weiter, als dorthin,
wohin du bis jetzt immer gekommen bist."

2 Was sind vereinfachte Spiele?

Vereinfachte Spiele sind Spiele:

- mit einer reduzierten Spielerzahl.
- mit reduzierten Spielfeldausmaßen.
- mit einem vereinfachten und reduzierten Regelwerk, das viele flexible Regeln hat, die sich je nach den vorliegenden Bedingungen anpassen lassen.
- die im Vergleich zum großen komplizierten Spiel eine reduzierte, aber repräsentative Anzahl von grundlegenden Spielsituationen beinhalten.
- in denen die Probleme für die jungen Spieler so vereinfacht werden, dass sie von ihnen allein und ohne Hilfe des Trainers gelöst werden können, wodurch der Spieler, was für sein Lernen wichtig ist, die Lernziele selbst entdeckt und löst.
- die es dem Übungsleiter erlauben, die Leistung der Spieler optimal und schnell zu beurteilen, weil der Prozess seiner Beobachtung, Analyse und der anschließenden Korrektur viel einfacher und schneller ablaufen kann, als das im Fußball 11:11 der Fall ist.

3 Für das Spiel trainieren

Um Spaß und Freude am Spiel und Wettkampf zu haben, ist es gar nicht notwendig, über eine gute Technik und Fußballkenntnisse zu verfügen. Dank der Einfachheit aller hier aufgezeigten Fußballspiele für Zweiermannschaften ist der junge Spieler immer Hauptdarsteller des Lern- und Lehrprozesses.

Wenn der Übungsleiter eine Schwäche eines Spielers im technischen oder taktischen Bereich bemerkt, wird diese aus dem globalen Spiel herausgelöst und im Anschluss nach der Spieldiagnose mit mehreren Korrekturübungen oder -spielen, die wie Tabletten für einen Kranken zu sehen sind, ausgemerzt.

Auf diese Art und Weise bekommt das Training eine ganz andere Funktion. Es werden jetzt nicht mehr im Training vor dem Spiel verschiedene Techniken als Grundlage des abschließenden Spiels geübt, sondern genau umgekehrt. Das Spiel steht jetzt immer am Anfang jeder Trainingseinheit und seine kritische Analyse durch den Trainer dient dazu, zu entscheiden, welche technischen und taktischen Momente im Anschluss an das Spiel zu verbessern sind, damit das Spielniveau angehoben werden kann. **Man trainiert also eine technische Fertigkeit oder ein taktisches Verhalten, nicht, weil es der Trainer vorher so geplant hat, sondern weil jetzt die jungen Spieler am eigenen Leib erfahren, dass ohne ihre Beherrschung das Spiel nicht gemeistert oder gewonnen werden kann.**

Alle jungen Spieler sind deshalb nach der Befriedigung ihres Spieltriebs durch das Anfangsspiel für das normalerweise langweilige Techniktraining mit der analytischen Methode mehr motiviert.

Nur wenn der junge Spieler davon überzeugt ist, dass ihm für das Spiel noch etwas fehlt, ist er auch bereit dazu, einige wichtige Aspekte des globalen Spiels mit verschiedenen Übungen isoliert zu verbessern, denn er weiß ja, dass er dank des Übens verschiedener Einzelaspekte des Spiels dieses dann eher gewinnen kann.

Durch die vereinfachten Spiele, die als wichtigster Baustein des Lehr- und Lernprozesses der jungen Spieler zu betrachten sind, wird die notwendige enge Verbindung zwischen dem Lernen, Festigen und der Vervollkommnung wichtiger technischer Fertigkeiten und taktischer Fähigkeiten außerhalb des Spielgeschehens und ihrer korrekten Anwendung in bestimmten globalen Spielsituationen erreicht.

„Junge Spieler sollten frühzeitig stimuliert werden, mit dem Kopf zu spielen, bevor sie ihre Füße einsetzen."

Von einer Aufgabe zu einer anderen wachsen die Kinder bei Anwendung der hier aufgezeigten vereinfachten Spiele über Rollen mit steigender Differenzierung spielend Schritt für Schritt und Entwicklungsstufe für Entwicklungsstufe mit den Jahren in das Spiel einer Fußballmannschaft mit 11 Spielern hinein.

4 10 Gründe für das Lernen und Lehren mit vereinfachten Spielen

1. Alle vereinfachten Spiele passen sich mit ihrer spezifischen Struktur dem körperlichen und intellektuellen Niveau der jungen Spieler an. Begleiten ihn ohne große Probleme von der wiederholten Ausführung einer bestimmten Technik zur korrekten Anwendung derselben in einer komplexen Spielsituation.
   Die Tatsache, dass eine Technik oder ein taktisches Verhalten, das der Spieler nach dem vereinfachten Spiel gerade isoliert eingeübt hat, unter gleichen Bedingungen in der Wiederholung des gleichen vereinfachten Spiels wiederkehrt, erlaubt es dem jungen Spieler, viele Erfolgserlebnisse zu erleben, was ihn natürlich motiviert, sich weiter zu verbessern.
   Der Lernprozess mit den vereinfachten Spielen wird erleichtert, wenn der Trainer sie Schritt für Schritt und ohne jegliche Hast anbietet, damit auch jeder Spieler in allen Einzelheiten das Spiel versteht und beherrschen lernt. In der Spielreihe für Zweiermannschaften bleibt häufig von einem zum nächsten Spiel vieles gleich, aber dem bereits Bekannten werden immer neue, noch nicht beherrschte Verhaltensweisen hinzugefügt.

2. Die vereinfachten Spiele sind als Brücke zwischen dem noch heute im Training dominierenden analytischen Einüben von technisch-taktischen Fertig- und Fähigkeiten und ihrer korrekten Anwendung im komplexen Wettkampf zu sehen. Ihre häufige Berücksichtigung im Lehr- und Lernprozess verhindert die häufig zu beobachtenden Misserfolge der Jugendlichen, wenn sie zum ersten Mal mit 14 Jahren 11:11 spielen.

3. Bedingt durch die geringe Zahl der am Spiel teilnehmenden Kinder, die genügend Zeit und Raum zur Beobachtung, zum gedanklichen Lösen der Probleme und zur motorischen Ausführung der geplanten Aktionen geben, hat der junge Spieler mehr Erfolgserlebnisse als im Spiel 11:11.

4. Um ein hohes Spielniveau zu erreichen, muss der Spieler nicht nur verstehen, was er auf dem Spielfeld wahrnimmt, sondern darüber hinaus muss er auch lernen, alle aufgenommenen spielrelevanten Informationen schnell und nach Wichtigkeit zu verarbeiten, wie z. B. den augenblicklichen Standort und die Laufrichtungen seiner Mit- und Gegenspieler und des Balls sowie der Elemente, die sich nicht bewegen, wie die Tore und die Linien des Spielfeldes. Eine getreue Ausführung der vereinfachten Spiele entwickelt Schritt für Schritt und ohne Eile nicht nur die wichtige Wahrnehmungsfähigkeit des jungen Spielers, sondern auch seine Fähigkeit, aufgrund dessen, was er beobachtet, kluge Entscheidungen schnell treffen zu können.

„Je mehr Vergnügen und Motivation dabei ist, desto besser lernt man."

5. Das häufige Auftreten der gleichen grundlegenden Spielsituationen, das die vereinfachten Spiele auszeichnet, erlaubt es dem jungen Spieler, sie zu verstehen und dann verschiedene Lösungsmöglichkeiten auszuprobieren, bis er schließlich nach mehreren Fehlern und Erfolgserlebnissen dazu fähig wird, die Probleme selbst und ohne Hilfe des Übungsleiters zu lösen. Wenn der Übungsleiter die hier vorgeschlagenen vereinfachten Spiele Schritt für Schritt in die Praxis umsetzt, erlaubt er es den Kindern, wertvolle Erfahrungen in den grundlegendsten Situationen des Fußballspiels zu gewinnen. Und wenn der Spieler später während des Wettspiels am Wochenende diese Situationen wiedererkennt, muss er nur seine vorher beim Training mit den vereinfachten Spielen gemachten Erfahrungen anwenden, um erfolgreich zu sein.

6. Bedingt durch die geringe Zahl der mitwirkenden Spieler, nehmen auch die weniger talentierten Spieler intensiv am Spiel teil. Neben ihrer körperlichen Beanspruchung müssen sie auch dauernd mental auf der Höhe sein, um in jedem Moment mit hoher Aufmerksamkeit „das Spiel lesen" und richtige Entscheidungen treffen zu können.

7. Die Praxis der vereinfachten Spiele stimuliert die Fähigkeit der Kommunikation und Zusammenarbeit aller Spieler, ein Aspekt, der leider im Kinder- und Jugendfußball zu wenig beachtet wird.

8. Alle Spieler haben den Wunsch, den Ball so häufig wie möglich zu spielen. Unglücklicherweise berücksichtigen die traditionellen Fußballwettspiele diesen Wunsch nicht. Da jeder den Ball spielen will, kommt es häufig zu konfusen Zusammenballungen von Spielern rund um den Ball, die die Übungsleiter mit lauten Befehlen aufzulösen versuchen, indem sie jeden Spieler dazu anhalten, in seiner Position zu verharren, wo sie den Ball mit Ungeduld erwarten, der sie nur selten erreicht.

Dies ist einer der Gründe, die aktuelle Struktur der Wettkämpfe für die 8-12-Jährigen sowie ihr Trainingsprogramm infrage zu stellen, weil sie nicht kindgemäß sind und ihren Wünschen, Vorstellungen und Erwartungen nicht entsprechen. Eine optimale Vorbereitung auf die „neuen" Wettspiele FUNiño, FORMiño, Fußball 5, Fußball 7 und Fußball 8, in denen jeder Spieler zum Hauptdarsteller wird, sind die vereinfachten Spiele für Zweier-, Dreier- und Vierermannschaften.

9. Während die Kinder in den vereinfachten Spielen mit überschaubaren und für sie lösbaren Problemen konfrontiert werden, gehen sie innerhalb weniger Minuten durch alle Höhen und Tiefen ihres Gefühlslebens, weil sich beim intensiven Spiel dauernd Erfolgserlebnisse mit Misserfolgen abwechseln. Vereinfachte Spiele erziehen den jungen Spieler dazu, sich emotional zu beherrschen und sich durch Verdrängung negativer Aktionen eine positive Basis für eine nächste erfolgreiche Spielaktion zu schaffen. Vereinfachte Spiele, die immer ihrem Entwicklungs- und Leistungsstand angepasst werden sollten, können für sie viel dynamischer und reizvoller werden als ein großes Spiel.

10. Die Lernziele jedes vereinfachten Spiels sind zur Orientierung und Hilfe für die Kinder- und Jugendtrainer klar definiert worden, sowohl in der Abwehr als auch im Angriff. Auf diese Art und Weise wird erreicht, dass alle jungen Fußballer durch die Praxis des Spiels und besonders durch die häufige Fragestellung ihres Ausbilders alle im Spiel enthaltenen Inhalte und Lernziele kennen lernen.
    Wenn ein junger Spieler in einem vereinfachten Spiel lernt, eine bestimmte Technik oder ein taktisches Verhalten korrekt anzuwenden oder wenn er einen Spielzug durch die dauernde Wiederholung festigt und perfektioniert, ist es für sein Lernen sehr wichtig, sofort nach seiner Aktion zu wissen, was er gut oder falsch gemacht hat. In einem vereinfachten Spiel, das er leicht überschaut und versteht, hat kein Spieler mit seiner Analyse Schwierigkeiten, wodurch sein Selbstlernen ohne Hilfe des Ausbilders stimuliert wird.

5 Schlussfolgerung

Im Lehren und Lernen im Kinder- und Jugendfußball war es bisher üblich, dass jeder Trainer oder Ausbilder mit der Methodik und Didaktik seine Jugendlichen unterrichtete, die er für geeignet hielt, was, bedingt durch die unterschiedliche Qualität seines Lehrprogramms, zu sehr unterschiedlichen Ergebnissen führte.

Damit aber die Qualität des Unterrichts und die Effektivität des Lernens der jungen Spieler in allen Fußballschulen mit den neuesten Erkenntnissen der Pädagogik und der Erziehungswissenschaften übereinstimmt, ist es notwendig, ein für das Kind oder für den Jugendlichen maßgeschneidertes Entwicklungsmodell zu schaffen, das unsere häufig wenig erfahrenen Fußballpädagogen für ihre Arbeit benötigen. Nur so erreichen wir, dass alle jungen Fußballspieler, wo immer sie auch wohnen und welchen Übungsleiter sie auch haben mögen, die gleichen Möglichkeiten zur Entwicklung ihres Fußballtalents haben werden, was eine wichtige Grundlage für ein effektiveres Lernen und eine Anhebung des Spielniveaus ist.

6 Die Korrekturspiele oder -übungen – integraler Bestandteil der vereinfachten Spiele

Während ein vereinfachtes Spiel vor den Augen des Kinder- oder Jugendtrainers abläuft, wird dieser mit Aufmerksamkeit die von beiden Mannschaften gezeigten positiven und negativen Aktionen beobachten und gleichzeitig analysieren, was aufgrund der wenigen Spieler relativ einfach ist. Eine richtige Analyse der gezeigten Spielleistungen erlaubt es dem Ausbilder im Anschluss an das vereinfachte Spiel, entsprechende Optimierungsmaßnahmen oder Korrekturenhilfen, d. h. Korrekturübungen oder -spiele, zu planen, die dann sofort auf demselben Spielfeld mit denselben Spielern durchgeführt werden sollten.

„Eine richtige visuelle und gedankliche Lösung eines Problems, das sich im Spiel ergibt, ist der Schlüssel, der uns die Tür zur nächsten korrekten Spielaktion aufschließt."

Mit den Korrekturübungen oder -spielen versucht der Ausbilder, einen Aspekt des Spiels, der vorher unsere Spielleistung negativ beeinflusst hat, zu verbessern. Die Schwächen, die erkannt wurden, können technischer, taktischer oder auch körperlicher Art sein.

Nachdem die „kranken Patienten ihre Medizin" (Korrekturübungen und -spiele) erhalten haben, kehrt der Ausbilder zum ursprünglichen vereinfachten Spiel zurück, um dann zu überprüfen, ob jetzt eine Verbesserung erreicht wurde.

Jedes der hier angebotenen vereinfachten Spiele muss mit seinen Varianten und den dazugehörigen Korrekturübungen und -spielen als ein Mikrozyklus des Trainings angesehen werden, während die gesamte Spielreihe der vereinfachten Spiele für Zweier-, Dreier- oder Vierermannschaften als Makrozyklus zu betrachten ist.

7 Warum und wozu Korrekturübungen und -spiele?

Eine optimale Entwicklung von technisch-taktischen Fertigkeiten und Fähigkeiten macht es ratsam, dass der Übungsleiter nach der Ausführung jedes einzelnen vereinfachten Spiels nicht nur Fragen an seine Spieler richtet, um die einzelnen Aspekte des Spiels besser zu verstehen, sondern er sollte auch anschließend eine Serie von Optimierungsübungen und -spielen anbieten. Diese haben das Ziel, das oft spontane, unüberlegte und falsche Verhalten der Spieler in ein korrektes, logisches und geplantes Verhalten zu verwandeln, wobei sich der Ausbilder immer an den Verhaltensweisen der weltbesten Fußballspieler orientieren sollte.

„Pädagogisch sinnvoll und gerechtfertigt scheint spezielles Üben von Fertigkeiten erst in dem Stadium, in dem die Spieler von sich aus Interesse zeigen, und das Üben, im Dienste des Spielens stehend, erfahren wird."

J. Hilmer

Schritt für Schritt bekommt der junge Spieler so durch die Herausnahme eines Spielmoments aus dem globalen Spiel wichtige Kenntnisse, die ihm helfen, das Spiel, das von Jahr zu Jahr komplexer angeboten wird, besser zu „lesen".

Ein akzentuiertes Üben einzelner Komponenten des „großen Spiels" ist eine wichtige Grundlage für die Anhebung der Spielniveaus und um dieses auch zu beweisen, sollte der Trainer nach dem Einüben immer wieder zum globalen Anfangsspiel zurückkehren, damit der junge Spieler seine gewonnenen Erfahrungen auch ausprobieren oder anwenden kann.

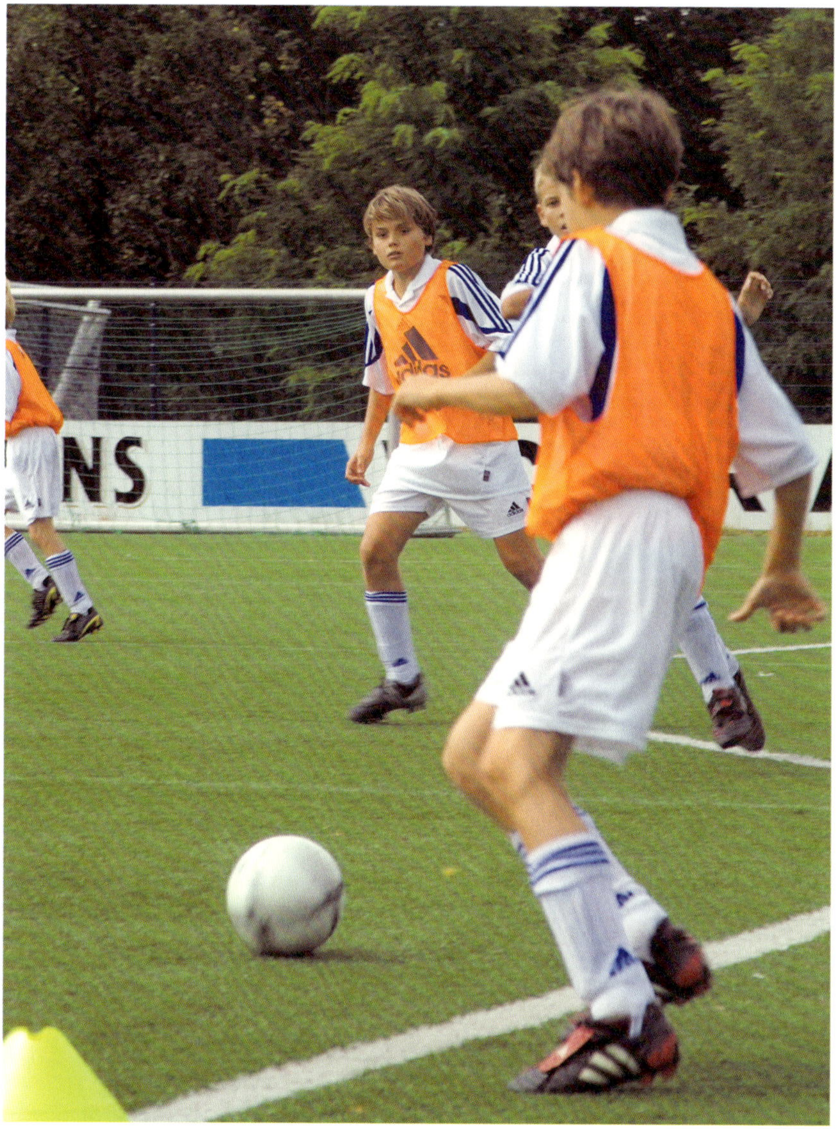

II PROGRAMM VON 10 VEREINFACHTEN SPIELEN FÜR ZWEIERMANNSCHAFTEN

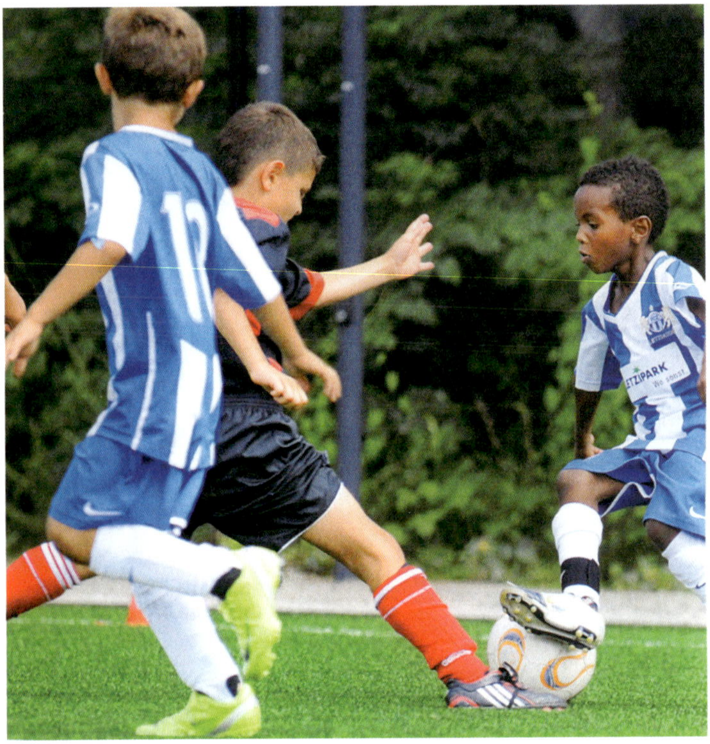

Erstes vereinfachtes Spiel: 2:1 auf zwei breite Tore

Spielregeln

- Zwei Spieler einer Mannschaft greifen abwechselnd zwei gegenüberstehende breite Tore (12 m) an. Jedes Tor ist von dem anderen 15 m entfernt und wird von einem gegnerischen Spieler verteidigt.
- Jede Zweiermannschaft führt fortlaufend 10 Angriffe durch, fünf auf jedes Tor. Danach wechseln beide Mannschaften ihren Standort und auch ihre Aufgaben.
- Der Angriff gilt als beendet, wenn:
- einer der Stürmer mit dem Ball am Fuß über die Torlinie laufen kann,
- ein Verteidiger den Ball in seinen Besitz bringt und dann 3 x mit dem Fuß berührt,
- die Angreifer einen Regelverstoß begehen oder
- der Ball über die Torlinie hinausrollt.

- Wenn ein Verteidiger einen Regelverstoß begeht, muss der Angreifer das Spiel entweder mit einem Pass (Freistoß) oder auch mit einer Ballführung fortsetzen! Auf diese Art und Weise lernt der gegnerische Verteidiger zu entscheiden, ob er besser einen freien Angreifer oder den Raum decken soll.
- Es gibt keine Seitenlinien.
- Das Paar gewinnt, das mit 10 Angriffen die meisten Tore erzielt. Im Falle eines Unentschiedens wird ein „Tiebreak" mit je zwei Angriffen ausgeführt.
- Als Schiedsrichter können verletzte Spieler fungieren, aber besser wäre es, wenn sich, wie im Straßenfußball, die beteiligten vier Spieler selbst einigen.

Kommentar

Die Einfachheit des Spiels erlaubt das sofortige Verstehen und das „Endecken" der Probleme, die darin enthalten sind. Der Trainer macht mit offenen und geschlossenen Fragen alle diese Probleme deutlich und erlaubt es seinen Schülern, in einem offenen Dialog wichtige technische und taktische Erfahrungen zu sammeln, um ihre Spielintelligenz zu entwickeln.

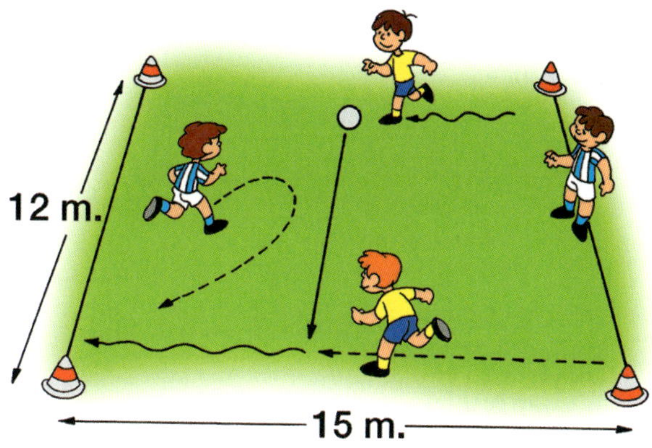

In diesem ersten vereinfachten Spiel werden Angriff und Abwehr noch voneinander getrennt, damit sich die Anfänger nur auf eine ihrer zwei Aufgaben (Angriff oder Abwehr) konzentrieren können. Damit wird das Lernen erleichtert.

Die Breite der Hütchentore wird dem Spielniveau der Kinder oder Jugendlichen angepasst.

Wenn die Spieler einmal das Hauptproblem des Spiels erkannt haben (den Ball passen oder dribbeln), wird von ihnen erwartet, dass sie in 10 Angriffen mindestens fünf Tore erzielen. Wenn es mehr als sieben sind, kann der Ausbilder ohne Bedenken das nächste vereinfachte Spiel anbieten, das etwas schwieriger und komplexer als das erste ist, weil es einige neue Probleme enthält.

In diesem und in den meisten nachfolgenden Spielen kann der Kindertrainer den erfolgreichen Angreifer auch dazu auffordern, nach dem Überdribbeln der Torlinie sofort einen Torschuss auf ein 10 m dahinter stehendes Fußball-7-Tor (ohne und mit Torhüter) auszuführen. Dabei darf ihn der Verteidiger nach dem Überschreiten der Endlinie nicht mehr stören, was den Torschuss erleichtert.

Lern- und Lehrziele

a) Technische Fertigkeiten

1. Ballführung mit verschiedenen Techniken und beiden Füßen.
2. Lösen des Blicks vom Ball beim Dribbeln.
3. Mit dem rechten oder linken Fuß (dem „inneren" Fuß) den in Bewegung befindlichen Ball, wenn irgendmöglich, mit dem Außenrist zur Seite passen.
4. Ballannahme und -mitnahme im Lauf.
5. Passtäuschungen mit anschließendem Tempowechsel und Dribbling.
6. Den Gegner auf dessen Außenseite umspielen.
7. Abspiel mit Genauigkeit und genügender Härte.

b) Taktische Fähigkeiten

1. Den Blick vom Ball lösen, um die Spielsituation besser erkennen und analysieren zu können.
2. Den richtigen Augenblick für das Abspiel erkennen (nicht zu früh und nicht zu spät) und dabei nicht mit dem Ball in den Aktionsradius des Gegners eindringen.
3. Lernen, wann es angezeigt ist, den Ball zu passen oder wann mit ihm in den freien Raum eingedrungen werden sollte.
4. Bei der Ballan- und -mitnahme eine Körperhaltung einnehmen, die es neben einer optimalen Wahrnehmung des Spielgeschehens erlaubt, die nachfolgende Spielaktion ohne Zeitverlust fortzusetzen.
5. Den Ball, statt in Ruhe, im Lauf annehmen.
6. Das eigene Spielverhalten dem Mitspieler anpassen.
7. Als Verteidiger die Aktionen der Angreifer vorausahnen (antizipieren).
8. Den geeignetsten Augenblick für die Abwehraktion erkennen und diese eventuell verzögern. Sich beim Verteidigen in Unterzahl in einer seitlichen, nicht frontalen Stellung zwischen beide Gegner begeben, um ein 1:1 zu schaffen. Außerdem sollte der Spieler wissen, wann der Gegner frontal angegriffen werden muss und wann er begleitet werden sollte, um eventuell ein „Sliding Tackling" auszuführen.
9. Schnell und für den Ballbesitzenden überraschend abwehren.
10. Ab und zu den Ballbesitzenden mit Körpertäuschung zum voreiligen Handeln verleiten.

„Ein Fußballspieler sollte nicht vergessen, dass seine augenblickliche Leistung auf sein Verhalten in der Vergangenheit zurückzuführen ist, genauso wie seine Zukunft von seinem heutigen Verhalten bedingt wird."

10 Mögliche Varianten

Kreative Fußballpädagogen besitzen die Fähigkeit, jedes vereinfachte Spiel durch einen Wechsel von nur einer oder auch durch mehrere Regeln dahingehend zu verändern, dass bestimmte individuelle oder kollektive Aspekte in der Technik, der Taktik oder auch im physisch-koordinativen Bereich entsprechend geschult werden.

1. Jedes Spielerpaar hat 10 Angriffe ohne Zeitbeschränkung.
2. Die beiden Angreifer haben 90 Sekunden Zeit, um beide Tore abwechselnd so häufig wie möglich anzugreifen.
3. Ein Tor ist nur mit einem Zuspiel des rechten Angreifers nach links oder mit einer Passfinte mit anschließendem Dribbling gültig.
4. Ein Tor ist nur mit einem Zuspiel des linken Angreifers nach rechts oder mit einer Passfinte mit anschließendem Dribbling gültig.
5. Ein Tor ist nur nach einer Ballan- bzw. einer Ballmitnahme im Lauf gültig.
6. Jedes Spielerpaar hat 4 x 20 Sekunden Zeit, um so viele Tore wie möglich mit einem Dribbling über die Torlinie zu erzielen. Nach jeweils 20 Sekunden eine Minute Pause.
7. Es darf nur der schwächere Fuß benutzt werden.
8. Beide Stürmer müssen während des Angriffs ihre Positionen wechseln!
9. Es kann jedes der beiden Tore beliebig angegriffen werden. Die Stürmer beginnen ihre 10 Angriffe von der Mittellinie aus, wobei die Verteidiger mindestens 4-5 m entfernt sein müssen.
10. Spiel auf 8 m breite Minitore, die von einem der beiden ballbesitzenden Spieler durchdribbelt werden müssen, um ein Tor zu erzielen. Jede Zweiermannschaft hat 10 x Ballbesitz. Alle anderen Regeln wie im Spiel Nr. 9.

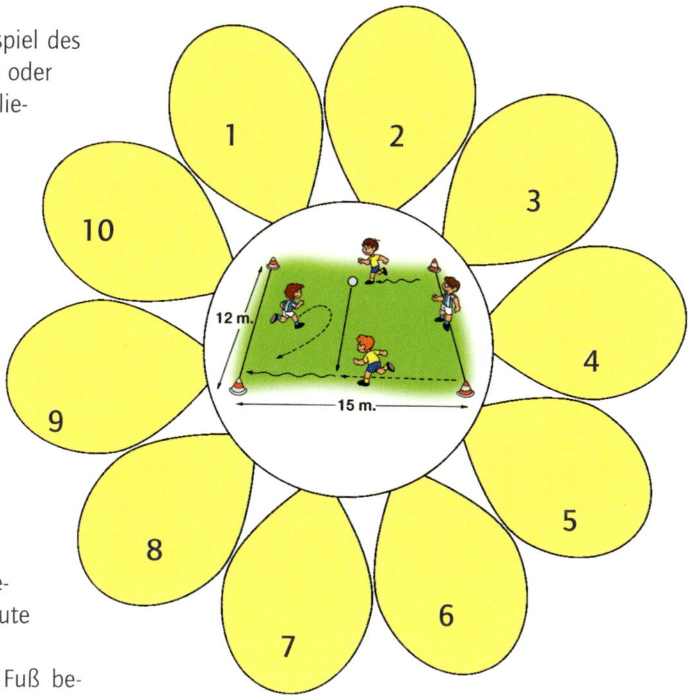

„Spielen ist wie Schlafen – notwendig, um unsere mentale und körperliche Gesundheit zu wahren."

VARIANTE	LERNZIEL
1. Jede Zweiermannschaft muss in beliebiger Zeit 10 Angriffe durchführen.	Sowohl die Verteidiger als auch die Angreifer sollen das Spiel verstehen.
2. Die Stürmer haben 90 Sekunden Zeit (oder zwei Minuten), um so viele Angriffe wie möglich auf beide Tore erfolgreich abzuschließen.	Erfahrungen sammeln.
3. Damit ein Tor gültig ist, wird nur ein Pass nach links (rechts) oder eine Abspielfinte nach links (rechts) mit anschließendem Dribbling erlaubt.	Den Verteidiger mit nur einem Pass oder auch mit einer Abspielfinte und anschließendem Dribbling überlaufen. Anwendung von Täuschungen.
4. Der linke Angreifer entscheidet sich zwischen einem Pass nach rechts oder einer Passfinte und anschließendem Dribbling.	Das Kennenlernen einer der effektivsten Lösungen der 2:1-Situation.
5. Damit das Tor gültig ist, muss die letzte Ballannahme immer im Lauf stattfinden.	Ballannahme und -mitnahme, wenn möglich, immer im Lauf.
6. Jedes Paar hat 4 x 20 Sekunden Zeit, um die höchste Anzahl von Toren zu erzielen. Nach jeweils 20 Sekunden gibt es eine Pause von einer Minute.	Ausführung von technisch-taktischen Kombinationen unter Zeitdruck und mit hoher Geschwindigkeit.
7. Beide Angreifer dürfen während des Spiels nur ihren weniger geschulten Fuß benutzen.	Spiel mit dem weniger geschulten Fuß.
8. Damit das nächste Tor gültig ist, müssen während des Angriffs beide Stürmer ihre Angriffspositionen wechseln.	Systematische Anwendung des Kreuzens („Switch").
9. 10 Angriffe aus der Spielfeldmitte auf ein beliebiges Tor, wobei die beiden Verteidiger am Anfang 4-5 m von den Angreifern entfernt stehen. Sie können dort verteidigen, wo sie wollen.	Immer dort eine Überzahl 2:1 suchen, wo mehr Aussichten auf Erfolg bestehen.
10. Spiel auf 8 m breite und 12 m voneinander entfernte Tore. Ein Tor wird durch Überdribbeln der rechten oder linken Torlinie erzielt.	Dem Angriff genügend Breite geben.

Wenn der Jugendtrainer nach dem Überdribbeln der Torlinie noch einen Torschuss fordert, wird außerdem noch der Angriffsabschluss geschult.

Variante mit Torschuss im Fußball-7-Feld

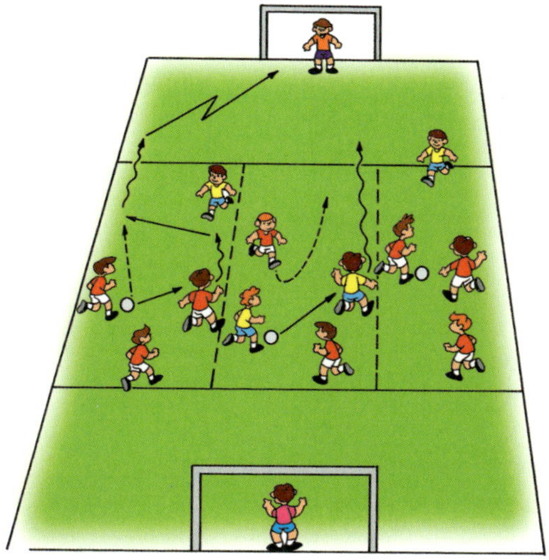

Variante mit sechs Spielern: 2:1 mit drei Mannschaften auf breite Tore

Spielregeln

- Die Regeln sind die vom Spiel „2:1 auf breite Tore", nur dass anstelle von vier Spielern nun sechs teilnehmen. Es gibt wiederum keine Seitenlinien.
- Hinter jedem breiten Hütchentor wartet auf einer Seite ein zweiter passiver Verteidiger, der nur dann als Angreifer aktiv wird, wenn sein Vordermann den Ball erobert und diesen 3 x in Folge berührt hat, oder wenn der Ball über die Torlinie ins Aus gerollt ist.
- Beim nächsten Angriff auf das gleiche Tor wechseln die beiden Verteidiger ihre Plätze und auch ihre Funktionen.
- Es gewinnt die Zweiermannschaft, die in fünf Minuten am häufigsten den Ball über die gegnerischen Torlinien führen kann.

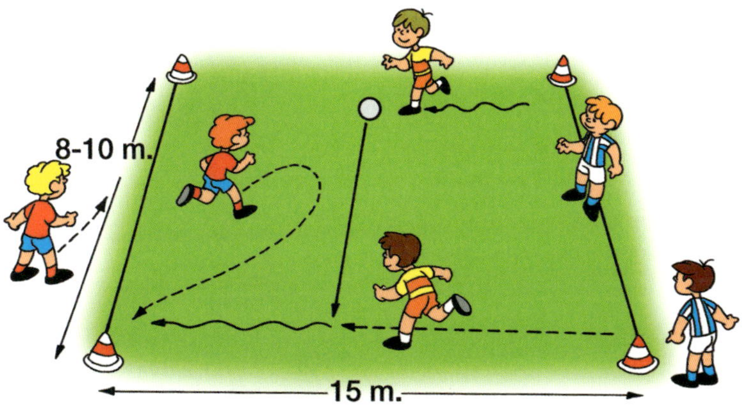

Korrekturübungen und -spiele

1 Abspiel nach links und Ballannahme und -mitnahme in Lauf

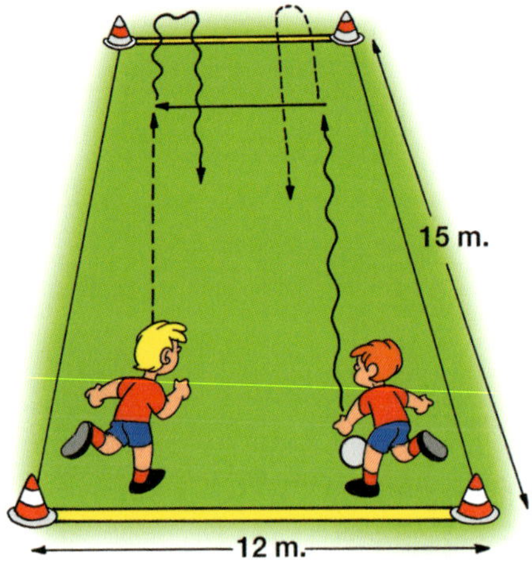

- Zwei Spieler starten im selben Spielfeld auf ein optisches Signal hin von der Grundlinie aus auf das breite, gegenüberliegende Tor. Der rechte Angreifer dribbelt den Ball vorwärts und bevor er das Tor erreicht, spielt er den Ball mit dem Innenrist seines linken Fußes nach links zum Mitspieler, der fast auf gleicher Höhe im Abstand von 10 m mitgelaufen ist. Dieser muss den Ball im Lauf annehmen und durch das Tor führen, dann in Richtung des anderen Tors kehrtmachen und das Gleiche mit seinem Partner wiederholen.
- Damit das Tor gültig ist:
  - müssen beide Stürmer immer einen Mindestabstand von 10 m einhalten.
  - muss der Stürmer ohne Ball immer hinter dem ballbesitzenden Spieler bleiben.
  - muss sich die Ballannahme und -mitnahme immer im Lauf vollziehen.
  - muss der Ball immer am Fuß auf der Torlinie kontrolliert werden.
- Diese Regeln sollten Schritt für Schritt und nicht alle auf einmal angeboten werden. Ein Spieler der gegnerischen Mannschaft überwacht die Einhaltung der Regeln, die die Spieler zu korrekten Verhaltensweisen zwingen.
- Das Paar, welches mit 10 Angriffen die meisten Tore erzielt, gewinnt.
- Zuerst üben beide Paare getrennt voneinander, ein Paar nach dem anderen, um später zugleich aus beiden Toren zu starten, wobei es dann notwendig wird, den Blick häufig vom Ball zu lösen, um Zusammenstöße zu verhindern.

2 Abspiel nach rechts und Ballannahme und -mitnahme in Lauf

Wie 1, nur dass jetzt der Ball mit dem Innenrist des rechten Fußes nach rechts gepasst wird.

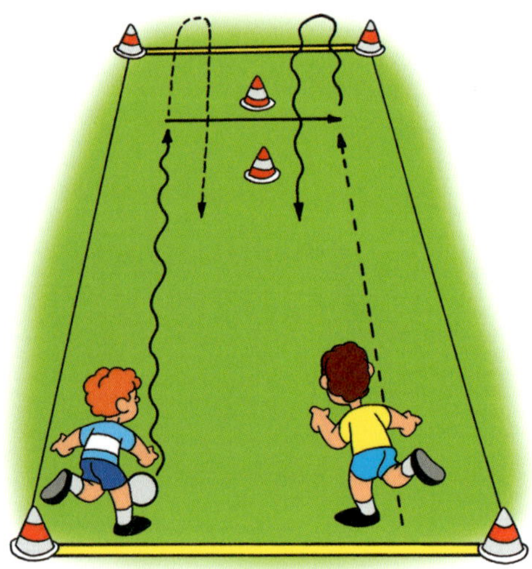

Variante

- Das Zuspiel wird durch ein zweites, 1 m breites Hütchentor zum Partner ausgeführt, der den Ball nach der Mitnahme durch das hintere breite Hütchentor dribbelt.

3 Nach links (rechts) sehen und nach rechts (links) passen

- Jedes Paar muss 10 präzise Zuspiele mit verschiedenen Techniken durch das 1 m breite Hütchentor zum dahinter wartenden Mitspieler ausführen.

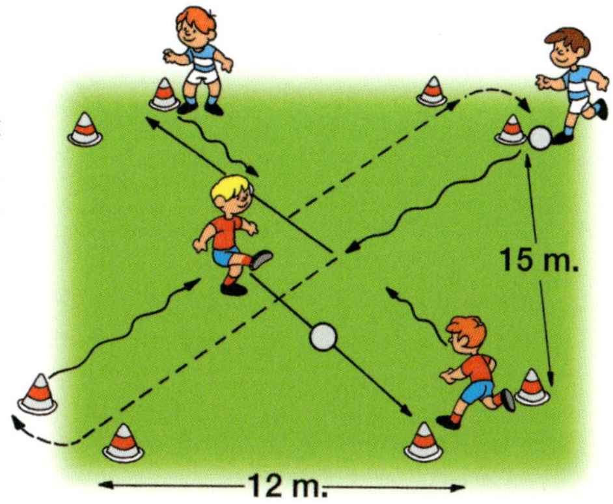

Variante

- Bevor das Zuspiel aus der Mitte des Quadrats durch das Tor zum Mitspieler stattfindet, muss eine Abspieltäuschung zur gegenüberliegenden Seite ausgeführt werden.

4 Ballan- und -mitnahme im Lauf

- Vier Spieler besetzen zwei diagonal gegenüberliegende Ecken des mit vier Hütchen begrenzten Feldes (12 x 15 m). Spieler 1 passt den Ball in den Lauf von 2, der ihn an- und mitnimmt, bevor er ihn zum Spieler 3 zurückpasst und danach seinen Platz einnimmt. Währenddessen hat Spieler 3 den gerade aufgenommenen Ball über 12 m dem ankommenden Spieler 4 in den Lauf gepasst, während Spieler 1 zum Startplatz hinter einem der beiden Hütchen auf der Grundlinie läuft und dann das Gleiche macht wie anfangs Spieler 2.

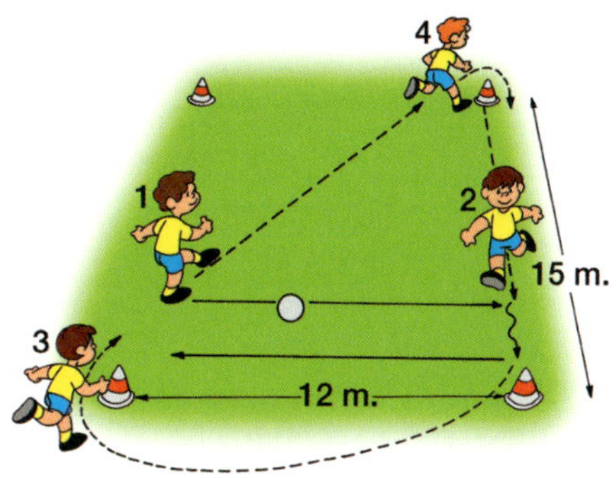

5 Der Zopf

- Es wird wiederum auf demselben Feld geübt. Eine Zweiermannschaft, gefolgt von der anderen, startet vom gleichen Tor aus.
- Der Ballbesitzende passt den Ball zum 10 m entfernten Mitspieler, der ihn dann diagonal in die jetzt freie Position des vorhergehenden Passspielers dribbelt und mit seinem Partner die Plätze tauscht („Zopf"). Anschließend beginnt alles wieder von Neuem, bis ein Tor durch Überdribbeln der Torlinie erzielt wurde. Es wird in beiden Richtungen im Gegenstrom geübt.

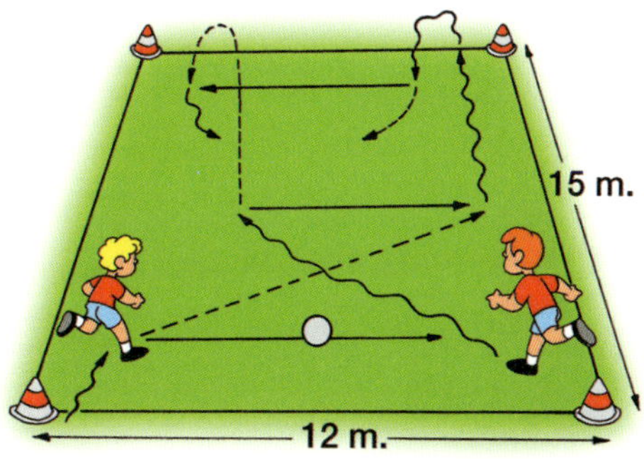

6 Umspielen auf der rechten (linken) Seite

- Wie man auf der Zeichnung sieht, dribbeln die Spieler, einer nach dem anderen, ihren Ball von außerhalb des Spielfeldes auf das Hütchen in der Mitte des Tores zu, um es dann mit einem 2-m-Pass schräg nach rechts oder parallel nach links zu umgehen. Im Augenblick des Seitpassens sollte der Spieler mit einer Änderung seiner Laufgeschwindigkeit explodieren, um dann den Ball so schnell wie möglich wieder unter Kontrolle zu bringen. Die „Explosion" wird mit einen kräftigen Abstoß von seinem „entfernten" Bein, auf das sein Körpergewicht verlagert war, eingeleitet. Anschließend läuft der Spieler mit dem Ball zur Mitte des anderen Tors, wo er das seitliche Umspielen des Hütchens (imaginäre Gegenspieler) wiederholt.
  Siehe auch die Übungen 11-15 in der ersten Entwicklungsstufe, Kap. „Spiele zur Ballführung ohne und mit Gegner", S. 84ff.

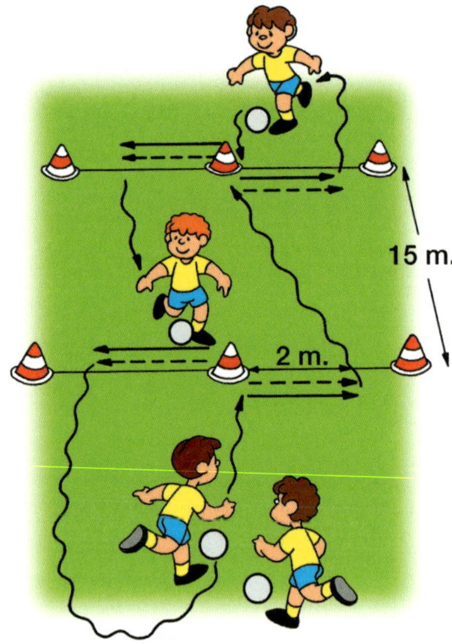

Zusätzliche Informationen

VERHALTEN IM ERSTEN VEREINFACHTEN SPIEL (2:1 AUF ZWEI BREITE TORE)	
Spontanes, natürliches und fehlerhaftes Verhalten	**Erarbeitetes und korrektes Verhalten**
1. Der Mitspieler befindet sich zu nah am Ballbesitzenden.	Um die Abwehr des Gegners zu erschweren, sollte der Mitspieler sich weit entfernt vom Ballbesitzenden anbieten.
2. Der Mitspieler bietet sich vor dem Ball an, wodurch er den Ballbesitzenden dazu verleitet, einen Diagonalpass zu spielen, den der Verteidiger leicht abfangen kann.	Der Mitspieler sollte normalerweise hinter dem Ball bleiben, um zu verhindern, dass der Ball durch den Aktionsradius des Verteidigers gepasst wird. Das geschieht, wenn sich der Mitspieler vor dem Ball befindet.
3. Der den Ball annehmende Spieler erwartet ihn im Stand, wodurch der Verteidiger Zeit zum Stören bekommt.	Der Spieler ohne Ball sollte ihn immer im vollen Lauf erhalten, damit er den freien Raum vor sich nutzen kann, ohne dass der Verteidiger stören kann.
4. Der den Ball erwartende Spieler passt sich der Richtung des Balls an.	Bevor der Ball abgespielt wird, muss der Passspieler die Position seines Mitspielers berücksichtigen.

VERHALTEN IM ERSTEN VEREINFACHTEN SPIEL (2:1 AUF ZWEI BREITE TORE)	
5. Der ballbesitzende Spieler passt den Ball genau in die Füße seines Mitspielers.	Wenn sich die beiden Stürmer in Überzahl befinden, muss der Ball immer in den Lauf des Mitspielers gepasst werden, wo er mit höchstmöglicher Geschwindigkeit angenommen werden sollte.
6. Das Abspiel erfolgt entweder zu früh (der Verteidiger ist noch zu weit weg) oder zu spät, wodurch die Abwehr erleichtert wird.	Jeder Spieler muss den richtigen Zeitpunkt des Abspiels entdecken und außerdem wissen, wann der Ball nicht abgespielt werden sollte.
7. Die Zweierangriffe sind zu langsam.	Ohne Zeit zu verlieren, sollte die 2:1-Situation so schnell wie möglich gelöst werden.
8. Der Verteidiger kann die Richtung und den Zeitpunkt des Abspiels voraussehen.	Der ballbesitzende Spieler muss lernen, seine Absichten zu tarnen, indem er Täuschungen anwendet.
9. Der Ball wird mit zu geringer Geschwindigkeit gepasst.	Um dem Verteidiger weniger Zeit zum Abfangen des Abspiels zu geben, sollte das Zuspiel hart genug, aber auch schnell genug ausgeführt werden.
10. Beide Angreifer brauchen mehr als einen Pass, um den Verteidiger auszuspielen.	Beide Angreifer sollten mit so wenigen Aktionen wie möglich den Verteidiger überlaufen, d. h. am besten Ballführung, Abspiel und Tor.
11. Der Verteidiger läuft dem Stürmer im Ballbesitz entgegen. Er „verkauft" sich.	Der Verteidiger sollte den Angreifer weit genug vor dem Tor erwarten, um ihn zu begleiten und ohne jegliche Überstürzung eingreifen zu können.
12. Der Abwehrspieler greift den ballbesitzenden Stürmer frontal an.	Um das Spiel des Stürmers zu beeinflussen, muss der Verteidiger eine seitliche Stellung zwischen beiden Stürmern einnehmen. Beim Begleiten hat er nicht nur eine, sondern mehrere Möglichkeiten für eine erfolgreiche Abwehr.
13. Der Verteidiger verbleibt auf der Torlinie und überlässt die Initiative dem Stürmer.	Um besser abwehren zu können (auch in der Rückwärtsbewegung), muss der Verteidiger weit aus dem Tor herausgehen und den Stürmer früh treffen und entsprechend abdrängen.
14. Ohne die Situation vorher zu studieren und Körpertäuschungen auszuführen, überstürzt der Verteidiger seine Abwehraktion.	Um den Stürmer abzulenken und ihn dazu zu zwingen, das zu tun, was der Verteidiger will, muss er häufig eine Abwehrbewegung vortäuschen.
15. Der Abwehrspieler stellt sich nicht seitlich zwischen die beiden Angreifer, wodurch deren Spiel erleichtert wird.	Mithilfe eines klugen Positionsspiels und von Finten versucht der Verteidiger, die Überzahl 2:1 in ein 1:1 umzuwandeln.
16. Der Abwehrspieler ist zu passiv und reagiert häufig zu spät auf die Handlungen der Stürmer.	Mithilfe seines klugen Positionsspiels und der Finten zwingt der Verteidiger die Stürmer dazu, das zu machen, worauf er vorbereitet ist.

Zweites vereinfachtes Spiel: 2:1 mit zwei breiten Toren und Konterangriff

Spielregeln

- Das Los entscheidet, welche Zweiermannschaft zuerst drei Minuten lang beide 6-8 m breiten Tore abwechselnd angreift. Jedes Tor wird von einem Abwehrspieler verteidigt.
- Ein Tor wird durch das Überdribbeln der gegnerischen Torlinie erzielt.
- Ein Angriff endet, wenn ein Tor erzielt wurde oder der Ball über die Torlinie ins Aus rollt.
- Bei einem erfolgreichen Stören des Angriffs durch den Abwehrspieler spielt dieser sofort einen Steilpass zum Mitspieler im gegenüberstehenden Tor, der wie eine Sturmspitze agiert, den zugespielten Ball annimmt und ihn durch sein Tor führt. Das heißt also, dass in diesem vereinfachten Spiel beide Zweiermannschaften Tore erzielen können. Allerdings wird den Stürmern nach ihrem Ballverlust verboten, den Ball im Rückfeld zurückzugewinnen, während dies im Vorfeld erwünscht ist.
- Im Falle eines Regelverstoßes der Angreifer gibt es einen Freistoß für den Verteidiger, der ihn so schnell wie möglich zu seiner Sturmspitze ausführt, die ihre Spielfeldhälfte nicht verlassen darf.
- Unabhängig vom Ergebnis des Angriffs wird der nächste Angriff auf das gegenüberstehende Tor ausgeführt, wobei dann beide Verteidiger ihre Aufgaben tauschen.
- Nach je drei Minuten Spielzeit wechseln beide Zweiermannschaften ihre Plätze und Aufgaben. Sieger ist die Mannschaft, die in vier Spielzeiten zu je drei Minuten mehr Tore erzielen kann.

Lern- und Lehrziele

Außer den im ersten vereinfachten Spiel trainierten technisch-taktischen Fähigkeiten beinhaltet das zweite vereinfachte Spiel neue Lernziele:

- Schnelles Umschalten von Abwehr auf Angriff, auch beim Freistoß.
- Spielverständnis zwischen dem Abwehrspieler und seiner Sturmspitze. Bevor der Steilpass gespielt wird, muss der Verteidiger das Verhalten, die Zeichen und die Wünsche seines Mitspielers berücksichtigen.
- Nach Ballverlust schnell auf Abwehr umschalten.
- Verbesserung der Zusammenarbeit der beiden Angreifer auf einem engeren Feld.
- Festigung der Abwehrtechnik und der Wahl des geeignetsten Augenblicks, um den Ausfallschritt auszuführen. Verbesserung der Antizipationsfähigkeit.

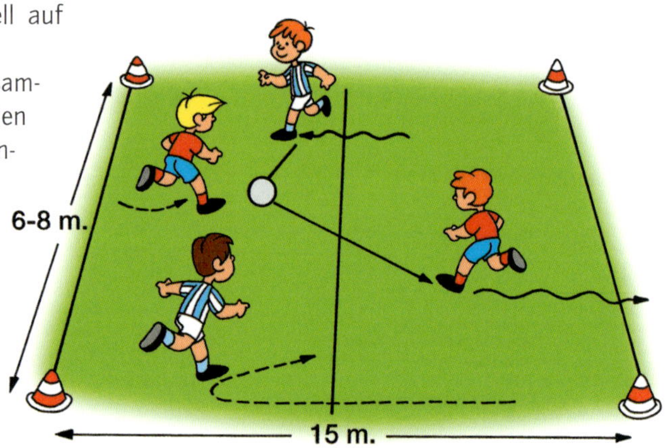

Korrekturübungen und -spiele

A) In der Abwehr

1 Abwehr in der Situation 1:1

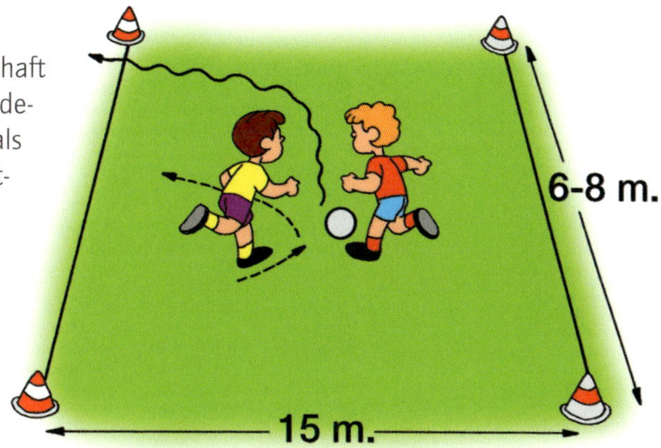

- Ein Spieler jeder Zweiermannschaft spielt 1:1 im Feld, während der andere außerhalb wartet oder auch als Schiedsrichter fungiert. Das Los entscheidet, welcher Spieler zuerst in seinem Tor den Ball zugesprochen bekommt.
- Um ein Tor zu erzielen, ist es notwendig, den Ball über die gegnerische Torlinie zu führen. Nach einem Torerfolg oder bei einem Toraus bestreiten die beiden Auswechselspieler ihr Duell, das damit beginnt, dass jeder Spieler von seiner Torlinie aus startet.
- Es gewinnt der Spieler, der nach acht Zweikämpfen mehr Tore erzielen kann.

Variante

- Die Variante beginnt wie der Test Nummer 5 vom Dekathlon. Ein Stürmer mit Ball steht in der Spielfeldmitte einem Verteidiger gegenüber, der die Übung mit einem Ausfallschritt in Richtung zum ruhenden Ball eröffnen muss. Darauf reagiert der Stürmer und versucht, den Ball vor der Berührung durch den Verteidiger zur Seite zu legen, um ihn dann durch das Tor des Gegners zu dribbeln.

2 Ein Verteidiger gegen drei Angreifer

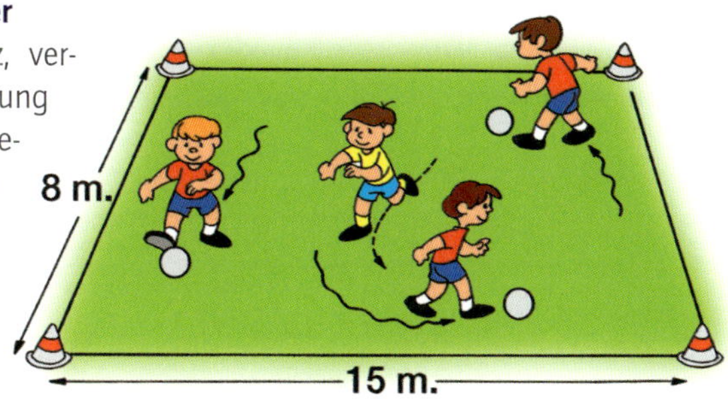

- Drei Angreifer, jeder im Ballbesitz, versuchen, ihren Ball trotz Behinderung durch einen Verteidiger in ihrem Besitz zu halten, ohne dabei das 8 x 15 m große Feld zu verlassen. Dem Verteidiger stehen nur sechs Abwehrmöglichkeiten zur Verfügung, um den Ball so häufig wie möglich herauszuspielen.
- Es gewinnt von den vier zum Einsatz kommenden Verteidigern derjenige, der mit sechs Abwehrversuchen (vollkommene Streckung des Spielbeins zum Ball) mehr Bälle herausspielen kann.

3 Drei Angreifer gegen einen Verteidiger

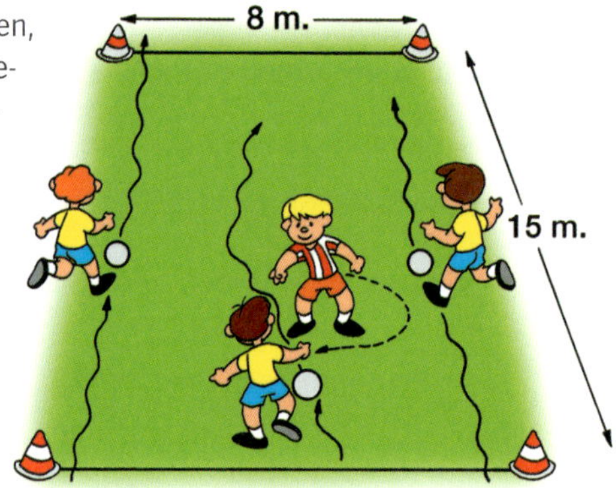

- Drei Angreifer, jeder im Ballbesitz, versuchen, zur gleichen Zeit ihren Ball trotz der Behinderung durch einen Verteidiger in der Spielfeldmitte durch das 15 m „tiefe" Feld von einer Grundlinie zur anderen zu führen, ohne dabei das Feld zu verlassen. Sie haben sechs Versuche.
- Es gewinnt der Angreifer, der seinen Ball am häufigsten ohne Ballverlust durch das Feld führen kann.
- Nach je sechs Angriffen wird der Verteidiger gewechselt.

„Bei den Korrekturübungen oder -spielen vollzieht sich das Üben immer eingebettet in das Ganze des Spielgeschehens."

B) Im Angriff

4 Pass über die Grundlinie

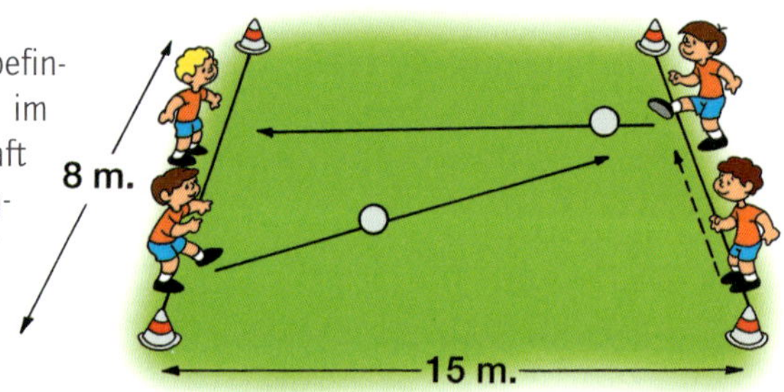

- Beide Zweiermannschaften befinden sich auf ihrer Torlinie. Die im Ballbesitz befindliche Mannschaft versucht, den Ball durch das gegnerische Tor zu schießen oder zu passen. Dabei darf er nicht über Schulterhöhe steigen. Der Übungsleiter kann die Spieler dazu anhalten, den Ball nur mit dem weniger geschulten Fuß oder mit einer bestimmten Technik zu passen. Bei der Abwehr dürfen die Hände nicht benutzt werden. Es ist ratsam, an jedem Torpfosten mindestens einen Ersatzball bereitzuhalten und vor einem Zaun zu üben.
- Es gewinnt das Paar, das in drei Minuten mehr Tore erzielt.

Variante

- Es wird zur gleichen Zeit mit zwei Bällen gespielt.

5 Lauf zum Ball vor seiner Annahme

- Ein Spieler jeder Zweiermannschaft ist auf der Grundlinie in Ballbesitz. Nach einem optischen Signal muss er ihn so schnell wie möglich zum Mitspieler im gegenüberstehenden Tor passen. Dieser orientiert sich im Augenblick des Zuspiels (und nicht vorher) zum Ball, nimmt ihn mindestens 2 m innerhalb des Feldes an, um ihn dann als Erster über die Torlinie zu führen, von der er gestartet ist. Eine seitliche Stellung bei der Ballannahme beschleunigt das Mitnehmen des Balls.

- Wer den Ball zuerst auf der Torlinie kontrolliert, bekommt 1 Punkt für seine Mannschaft. Anschließend geht es in entgegengesetzter Richtung weiter. Der Übungsleiter kann auch hohe Pässe verlangen oder die Ballannahme nur in seitlicher Stellung und nicht mit dem Rücken zum Tor erlauben.

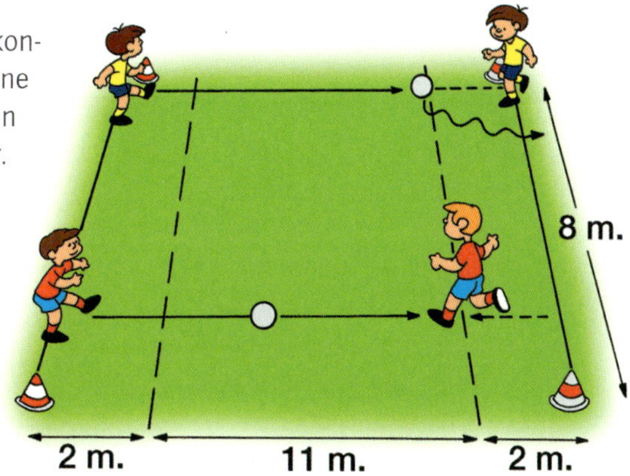

6 Staffel

- Auf dem Feld, auf dem das „Hauptspiel" 2:1 auf zwei breite Tore stattfand, wird mit denselben vier Spielern ein Staffelwettkampf gegen andere Vierermannschaften durchgeführt. Der Kapitän steht immer in der Mitte eines Tors und die restlichen drei warten in einer Reihe hinter der gegenüberliegenden Torlinie auf das Anspiel ihres Kapitäns.
- Nach der Ballannahme jenseits der 2-m-Linie passt jeder der drei Spieler den Ball zum Kapitän zurück, um dann eine „Ehrenrunde" um das Spielfeld zu laufen und sich anschließend erneut in der Reihe anzuschließen, ohne dabei das Übungsfeld zu betreten.
- Es gewinnt die Mannschaft, die zuerst 12 gültige Pässe spielen kann.

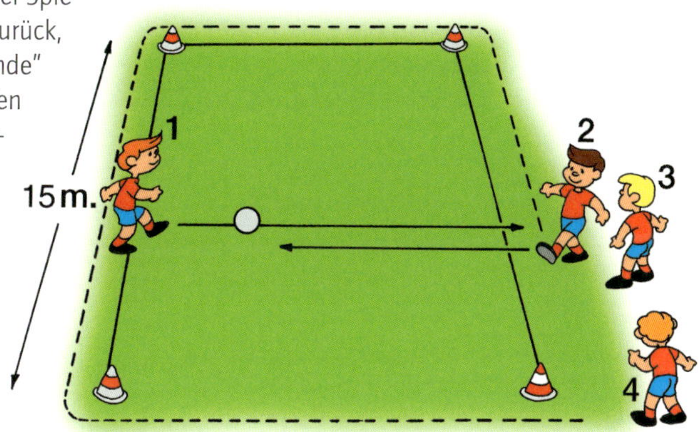

Drittes vereinfachtes Spiel: 2:2 auf vier gegenüberstehende Tore

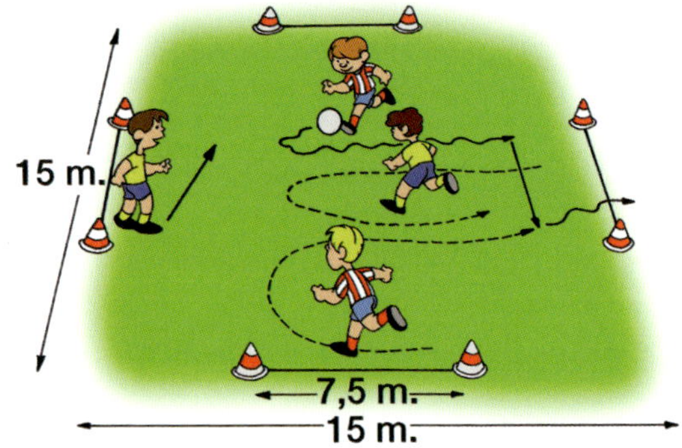

Spielregeln

- Jede Zweiermannschaft greift zwei gegenüberstehende Hütchentore an und verteidigt die beiden anderen. Das Spiel wird mit einem Schiedsrichterball im Zentrum des Feldes (15 x 15 m) eröffnet.
- Ein Tor wird durch ein Überdribbeln von einer der gegnerischen Torlinien mit dem Ball am Fuß erzielt.
- Bei einem Ausball oder einem Freistoß, der nicht näher als 3 m von einem Hütchentor enfernt mit den Gegenspielern auf mindestens 3 m Abstand ausgeführt wird, kann der Ball entweder abgespielt oder auch gedribbelt werden.
- Spieldauer: Vier Spielzeiten zu je drei Minuten.

Lern- und Lehrziele

- Während der Ballführung den Blick vom Ball lösen, um die Spielsituation besser zu überschauen, zu verstehen und richtige Entscheidungen treffen zu können.
- Durch Dribblings mit häufigen Richtungs- und Tempowechseln systematisch eine Überzahl im Angriff herstellen.
- Lernen, den Ball mit dem Körper abzudecken und dann über die weniger verteidigte Seite auszubrechen.
- Ohne Ball die vom Gegner wenig gedeckten Spielräume besetzen.
- Durch eine entsprechende Handlung, z. B. Täuschung oder Körperstellung, sowohl im Angriff wie auch in der Abwehr, den Gegner dazu zu verleiten, das zu tun, was man beabsichtigt.
- Festigen von Fertigkeiten und Fähigkeiten, die in den vorangegangenen Spielen gelernt wurden.

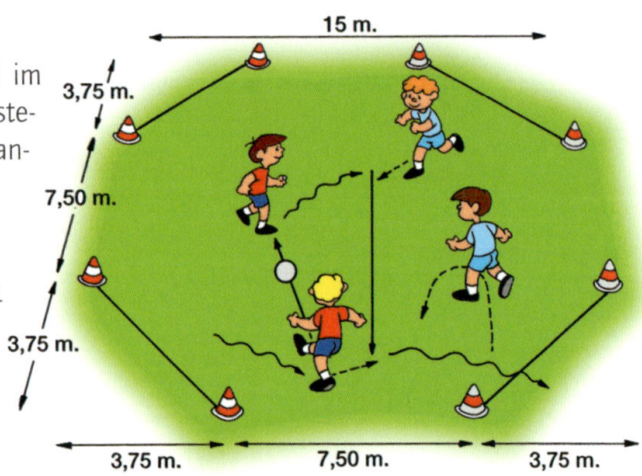

Variante 1

- Jede Mannschaft greift auf zwei im rechten Winkel nebeneinanderstehende Tore an und verteidigt die anderen beiden.

Variante 2

- Die Tore werden den Mannschaften so zugeordnet, wie es die Zeichnung verdeutlicht.
- Während des Spiels sollten die Standorte der Tore gewechselt werden, d. h., sie sollten sowohl an den jetzigen als auch an den ursprünglich vorgesehenen Standorten errichtet werden, was am besten mit zwei Helfern geschieht.

Korrekturübungen und -spiele

1 Richtungswechsel

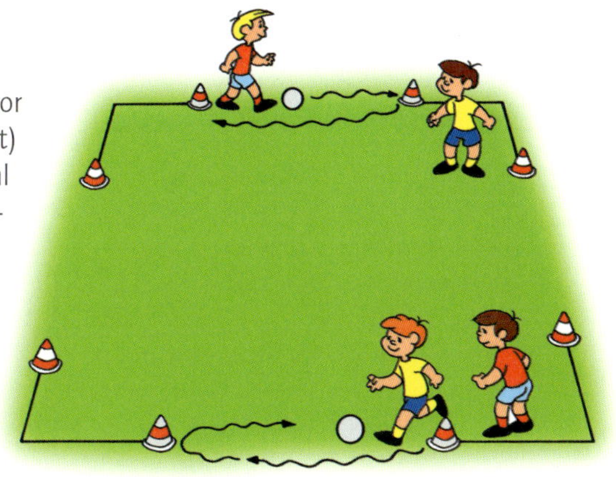

- Ein Spieler stellt sich mit seinem Ball vor einem Hütchen des Tores (7,5 m breit) und dribbelt ihn nach dem Startsignal parallel zur Torlinie zum zweiten Hütchen desselben Tores. Dort angekommen, macht er mit einer akzentuierten Körpergewichtsverlagerung und einem Abstoß vom vorderen Fuß kehrt, um dann zum ersten Hütchen zurückzudribbeln. Dort ändert der Spieler erneut seine Dribbelrichtung, genauso wie sein Gegenspieler, der auf der hinteren Seite des Tores oder auch in einem anderen Tor mit ihm einen Wettkampf von 10 Richtungswechseln ausführt.
- Es gewinnt der Spieler, der bei 10 Richtungswechseln die beste Technik mit Tempowechsel demonstriert.

Variante

- Wenn die Technik des Richtungswechsels und Tempowechsels verstanden und einigermaßen gut ausgeübt wird, kann der Übungsleiter auch einen Wettkampf von zwei Spielern verschiedener Mannschaften nach Schnelligkeit ausführen lassen. Während zwei Spieler üben, spielen die anderen die Rolle von Kampfrichtern.
- Es gewinnt, wer am schnellsten 10 x zwischen den beiden Torpfosten hin- und herläuft.

2 Spiel 1:1

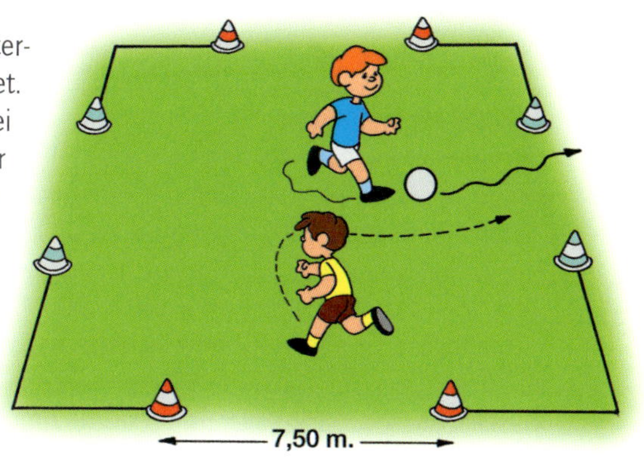

- Das Spiel wird mit einem Schiedsrichterball am Spielfeldmittelpunkt eröffnet. Jedem der beiden Spieler werden zwei im rechten Winkel stehende Tore für den Angriff und die anderen beiden zur Verteidigung zugeordnet. Das Duell endet mit einem Tor (Ball durch eines der beiden gegnerischen Tore führen) oder wenn der Ball außerhalb des Spielfelds ist.
- Während die ersten beiden Spieler eine Ruhepause einlegen oder Schiedsrichter spielen, beginnt das Duell der beiden restlichen Spieler beider Mannschaften. Im Falle eines Regelverstoßes muss der den Fehler begehende Spieler sich mindestens 3 m entfernt vom Ballbesitzenden stellen.

Variante

- Beide Spieler müssen andere Tore als vorher angreifen bzw. verteidigen.

3 Ballführung im Zickzack

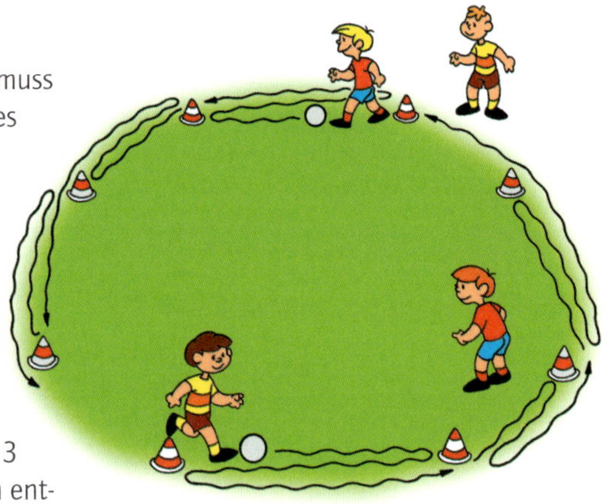

- Je ein Spieler einer Zweiermannschaft muss seinen Ball vom linken Torpfosten (erstes Hütchen) aus im Zickzack von Hütchen zu Hütchen außerhalb des Spielfeldes auf dem in der Zeichnung vorgegebenen Weg führen und zwar schneller als sein aus dem gegenüberliegenden Tor startender Gegner. Das Dribbeln geschieht von Hütchen 1 zu 2, zurück von 2 zu 1, von 1 zu 3, zurück von 3 zu 2, von 2 zu 4, zurück von 4 zu 3 und von 3 zu 5, was dem ersten Hütchen entspricht, von dem aus der Wettkampf begann. Wer zuerst ankommt, siegt.

4 Slalom

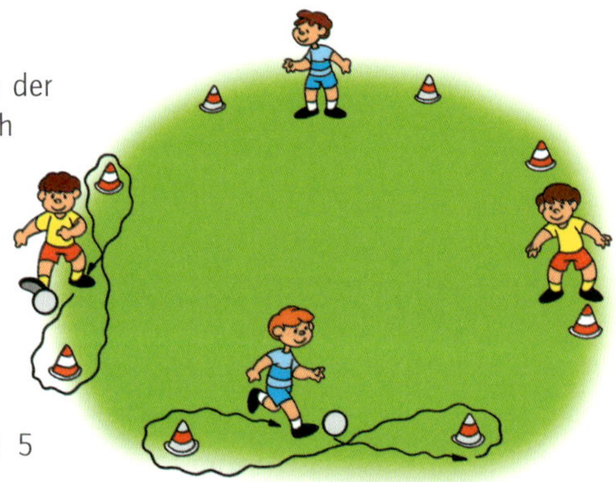

- Je ein Spieler jeder Mannschaft steht in der Tormitte eines Hütchentors und muss nach dem Signal des Trainers mit seinem Ball so schnell wie möglich fünf „Achten" um die Hütchen seines Tores beschreiben. Während zwei Spieler üben, sind die anderen als Kampfrichter tätig. Für jedes gewonnene Duell gibt es 1 Punkt für die betreffende Mannschaft.
- Es gewinnt die Mannschaft, die zuerst 5 Punkte erzielt.

5 Abspiel mit Freilaufen

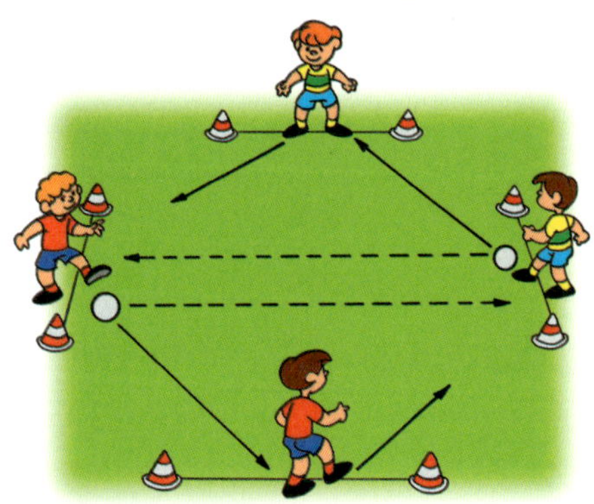

- Die beiden Spieler jeder Mannschaft stellen sich in der Mitte von zwei sich gegenüberstehenden Toren auf. Der im linken Tor stehende Spieler hat einen Ball, den er nach dem Signal des Ausbilders nach rechts durch das 7,5 m breite Tor zu seinem Mitspieler passt, der ihn hinter dem Tor annimmt. Währenddessen tauschen beide Passspieler die Plätze, und zwar so schnell, dass ihr Mitspieler erneut den Ball nach rechts abspielen kann. Das Abspiel kann auch in die entgegengesetzte Richtung (nach links) gefordert werden.
- Die Spieler lernen hier:
  - sich nach dem Abspiel sofort freizulaufen.
  - beim Freilaufen den Kopf zu heben, um Zusammenstöße verhindern zu können.

- sich vor dem Abspiel durch Blickkontakt zu vergewissern, ob der Mitspieler bereit ist, den Ball zu erhalten.

6 Schnelle Ballführung

- Jeder der vier Spieler steht mit einem Ball vor einem der vier Tore. Nach dem Startsignal muss jeder nacheinander und so schnell wie möglich von innen nach außen durch die vier Tore laufen.
- Es gewinnt, wer zuerst mit dem Ball durch das vierte Tor läuft oder zuerst nach zwei Runden acht Tore mit einer Ballführung erzielt hat.

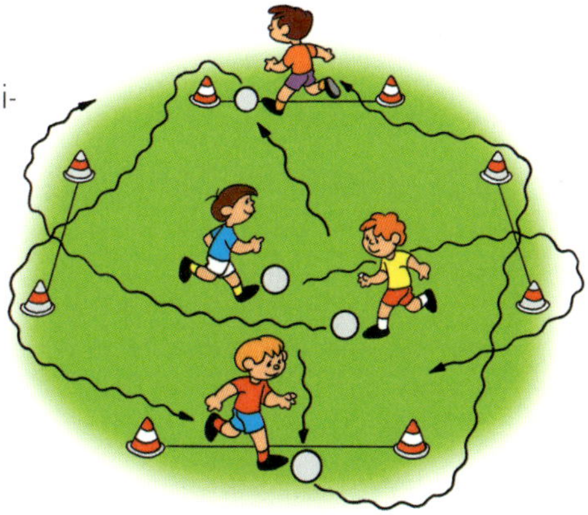

7 Abspiel mit dem weniger geschulten Fuß

- Je zwei Spieler einer Mannschaft stellen sich wieder in der Mitte von zwei nebeneinanderstehenden Toren auf. Der rechte Spieler ist in Ballbesitz. Nach dem Startsignal dribbelt er seinen Ball auf der rechten Seite zum Hütchen in der Mitte des Vierecks. Sofort nach dem Überlaufen des Hütchens spielt er den Ball mit dem Außenrist des linken Fußes nach links zum wartenden Mitspieler hinter dem Hütchentor. Anschließend läuft er in gerader Richtung weiter zum gegenüberstehenden Tor, wo er den nächsten Pass seines Mitspielers erhält, der seine Handlungen kopiert hat.

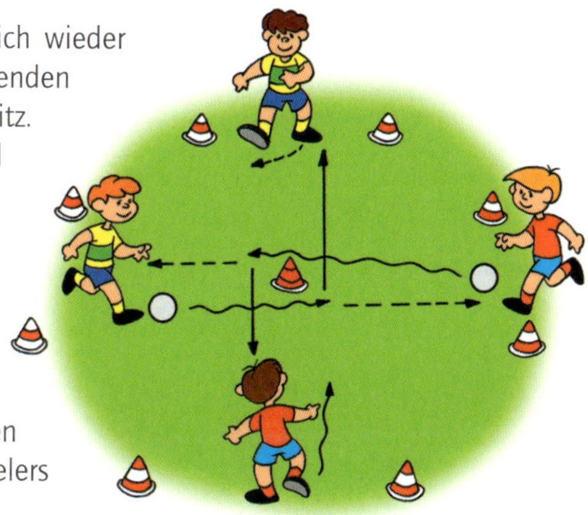

Variante

- Das Gleiche mit einem vom rechten Außenrist durchgeführten Abspiel nach rechts sowie abwechselnd ein Zuspiel mit dem rechten Außenrist und der Innenseite des linken Fuß nach rechts.

8 3:1

- Drei der vier Spieler besetzen je eines der vier Tore, während sich der vierte Spieler zum Verteidigen in die Spielfeldmitte orientiert. Einer der drei Spieler ist in Besitz des Balls, den er nach Eingreifen des Verteidigers zum besser stehenden Mitspieler in dessen Tor passt. Die Ballannahme ist nur dann gültig, wenn sie auf einer der vier Torlinien erfolgt.

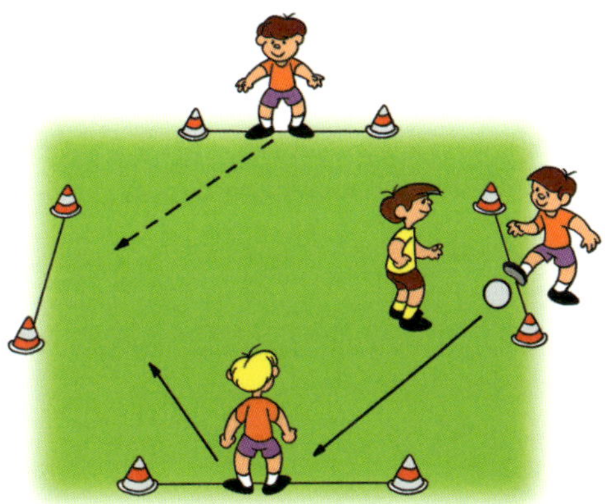

Die zwei Mitspieler ohne Ball müssen sich so zu den Toren orientieren, dass der Ballbesitzende immer zwei Abspielmöglichkeiten hat.

- Nach drei Balleroberungen oder Ausbällen tauscht der Verteidiger seinen Platz und seine Aufgabe mit einem Angriffsspieler.

Viertes vereinfachte Spiel: 2-3 x 2:1 mit Torschuss

Spielregeln

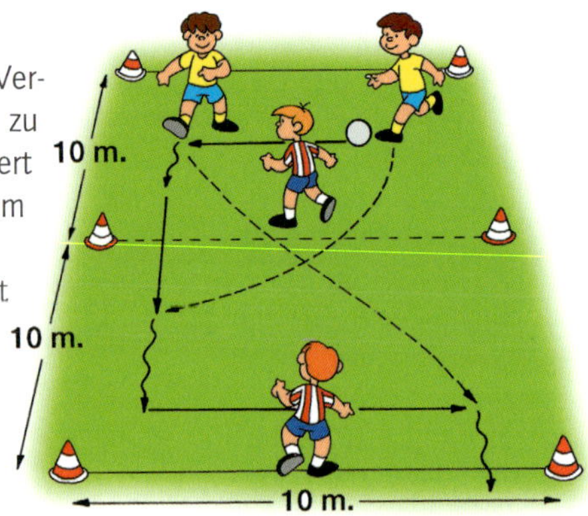

- Zwei Angreifer haben 10 Versuche, um einen Verteidiger und anschließend einen weiteren so zu überwinden, dass sie mit dem Ball ungehindert durch die zwei hintereinanderstehenden, 10 m breiten Hütchentore laufen können.
- Das Los bestimmt, welches der Paare angreift und abwehrt.
- Beide Abwehrspieler können nur vor ihrem Tor stören und der zweite darf erst dann seine Torlinie verlassen, wenn die Stürmer das erste Tor durchlaufen haben.
- Der Angriff gilt als abgeschlossen, wenn:
    - die Stürmer auch im zweiten Tor erfolgreich waren;
    - einer der Verteidiger den Ball wegschlägt oder ihn 3 x hintereinander berühren kann;
    - ein Stürmer einen Regelverstoß begeht.

Bemerkung: Bei einem häufigeren Üben des gleichen Spiels wäre es ratsam, auch eine Zeitbegrenzung für den Angriff vorzunehmen.

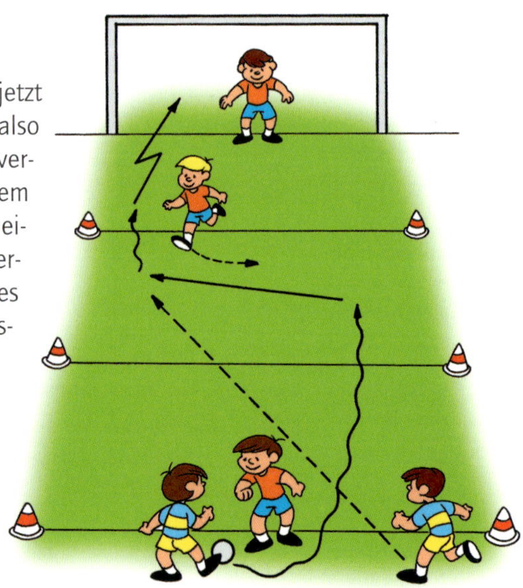

Variante 1

- Anstelle des zweiten Verteidigers spielt jetzt ein Torwart, der ein 4-m-Hütchentor (also viel kleiner) gegen die beiden Angreifer verteidigen muss. Ein Tor wird jetzt nach dem Ausspielen des ersten Verteidigers mit einem Torschuss aus jeder beliebigen Entfernung oder auch mit einem Umspielen des Torwarts erzielt. Dabei sollte die Abseitsregel nicht angewandt werden.

Variante 2

- 3 x 2:1. Nachdem auch der dritte Verteidiger im dritten Tor auf der 16,50-m-Strafraumlinie ausgespielt wurde, muss einer der beiden Stürmer innerhalb von zwei Sekunden auf das leere oder von einem Torhüter bewachte Fußball-7-Tor schießen. Es gewinnt das Paar, welches nach dem Überspielen von drei Verteidigern mit 10 Angriffen mehr Tore im Fußball-7-Tor erzielt.

Variante 3

- Statt in jedem der drei Tore einen Verteidiger zu postieren, wird jetzt auch das zweite vom ersten Abwehrspieler verteidigt. Auf diese Art und Weise simuliert er eine Wettkampfsituation, die ihn zum Rückwärtslaufen zwingt. Allerdings ist es jetzt für die beiden Angreifer nicht mehr notwendig, den Ball auf den ersten beiden Torlinien zu berühren, sondern nur im dritten Tor, bevor der Torschuss ausgeführt wird.

Variante 4

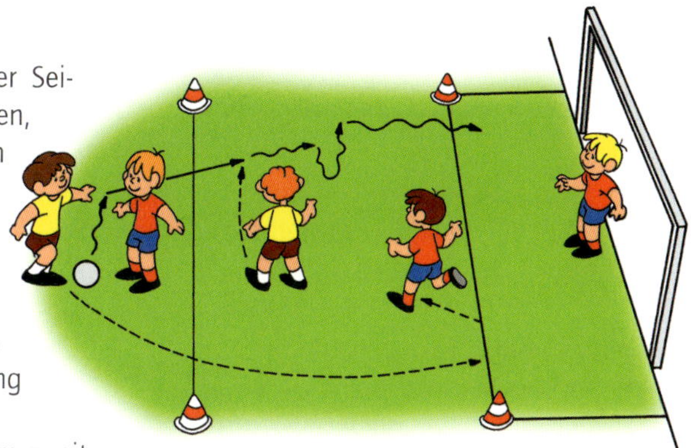

- Anstatt sich wie immer auf einer Seite des Ballbesitzenden anzubieten, kann sich der Mitspieler jetzt auch hinter den Verteidiger und sein Hütchentor begeben, wo er sich für ein 2:1-Zusammenspiel mit dem Ballbesitzenden anbietet oder auch dessen Umspielen des Verteidigers nach Zuspieltäuschung beobachtet.
- In dieser Position darf er nicht vom zweiten Verteidiger gedeckt werden, denn dieser darf seine zweite Torlinie erst dann verlassen, wenn der Ball die erste Torlinie überschritten hat.

Korrekturübungen und -spiele

1 2:1 mit Doppelpass oder Umspielen

Erste Phase (Doppelpass)

- Zwei Spieler, ein Angreifer und ein Verteidiger, befinden sich in einem 10 m breiten Tor auf der Linie. Der Angreifer mit dem Ball steht dem Verteidiger in 10 m Entfernung direkt gegenüber.
- Der Stürmer mit dem Ball hat die Wahl, den Verteidiger individuell mit und ohne Zuspieltäuschung zu umspielen oder auch mithilfe seines auf der Torlinie platzierten Mitspielers mit einem in den Lauf gespielten Doppelpass zu überwinden. Dem Verteidiger ist es dabei nicht erlaubt, die Linie zu verlassen.

Zweite Phase (Umspielen)

- Nach dem Angriff des ersten Stürmers startet der zweite Angreifer. Er läuft mit dem Ball auf den Spieler zu, der vorher den Doppelpass spielte oder nur zur Abspieltäuschung diente, während sein Nebenmann (vorher der Verteidiger) sich nun dem Ballbesitzenden zum Abspiel und Doppelpass anbietet, ohne dabei die Torlinie zu verlassen.

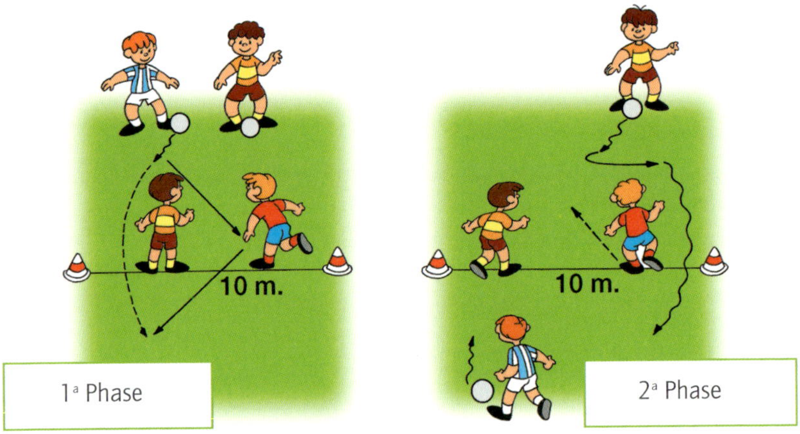

- Nach 10 Angriffen von beiden Stürmern, die abwechselnd von beiden Seiten des Tors ausgeführt werden, müssen diese ihre Positionen und Aufgaben mit den beiden im Tor stehenden Spielern tauschen.

2 2:1 oder 1:1

- Vier Spieler stellen sich in der Mitte der Seitenlinie eines Quadrats von 10 m auf und passen den Ball von einem zum anderen Spieler, bis das Signal des Jugendtrainers ertönt.
- Der sich in diesem Augenblick in Ballbesitz befindliche Spieler muss ihn zum gegenüberstehenden Spieler passen, um diesem dann entgegenzulaufen und versuchen, ihn vom Ball zu trennen.
- Der Angreifer kann den entgegenlaufenden Verteidiger umspielen oder den Ball vor der Ankunft des Verteidigers seitlich zu einem links oder rechts stehenden Mitspieler passen, die dem Ball entgegengehen, um dann einen Doppelpass zum ersten Zuspieler so diagonal zurückspielen, dass der Angreifer durch das gegenüberliegende Tor des Verteidigers dribbeln kann.
- Anschließend daran wird das Ballpassen von Spieler zu Spieler wieder aufgenommen, bis das nächste Signal ertönt.

„Wenn du Zweifel hast, hast du schon verloren!"

César Luis Menotti

Fünftes vereinfachtes Spiel: 2:2 mit Steilpass zu einer Sturmspitze

Spielregeln

- Es wird im FUNiño-Feld zwischen drei Zweiermannschaften gespielt. Je zwei Zweiermannschaften stehen sich im Mittelfeld gegenüber. Nach dem Schiedsrichterball in der Spielfeldmitte versuchen die beiden im Ballbesitz befindlichen Spieler aus dem Mittelfeld heraus Steilpässe zu „ihrer" Sturmspitze zu spielen, wobei sie von den anderen zwei Mittelfeldspielern gestört werden. Keiner der vier Mittelfeldspieler darf die Schusszonen betreten, solange der Ball sich nicht in ihr befindet. Auch der jeweiligen Sturmspitze ist es untersagt sich im Mittelfeld aufzuhalten. Nach einer erfolgreichen Ballkontrolle in einer seitlichen Stellung muss die Sturmspitze in einem der beiden Tore zum Torerfolg kommen.
- Nach jedem Torerfolg oder Ausball über die Grundlinie wird das Spiel erneut mit einem Schiedsrichterball eröffnet. Bei einem Regelverstoß gelten die Regeln von FUNiño mit einem Abspiel oder einem Dribbling, wobei die Gegner mindestens 3 m entfernt sein müssen.
- Spieldauer: Drei Spielzeiten zu je drei Minuten ohne Pause. Nach jeder Spielzeit wechseln die Mittelfeldspieler jeder Mannschaft ihre Rollen mit den beiden Sturmspitzen.

Bemerkung: Im achten vereinfachten Spiel für Dreiermannschaften und seinen Varianten sowie in den Varianten des siebten vereinfachten Spiels werden wichtige Informationen zum Training von Steilpässen gegeben.

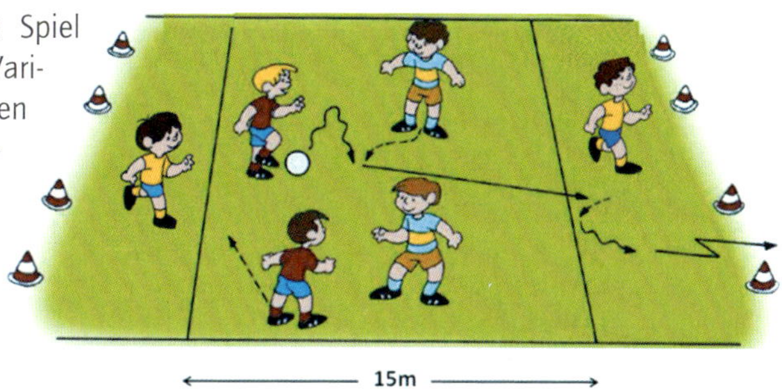

Lern- und Lehrziele

- Vor jedem Zuspiel sollte der passende Spieler mit dem vermutlichen Ballempfänger eine visuelle Vereinbarung treffen, um Missverständnisse zu verhindern.
- Während der Ballführung und der Ballannahme muss der betreffende Spieler immer die Situation lesen und wissen, was im Mittelfeld und in der Schusszone vor sich geht. Deshalb ist es auch wichtig, bei der Ballannahme eine seitliche Stellung zu wählen, die dem Spieler eine optimale Spielübersicht erlaubt. Darüberhinaus beschleunigt eine orientierte Ballannahme die Folgeaktionen der Sturmspitze.
- Die Spieler sollen lernen, dass ein Steilpass einem Querpass vorzuziehen ist und dass ein Freistoß so schnell wie möglich ausgeführt werden sollte, bevor sich die gegnerische Deckung formieren kann.
- Einen schnellen Wechsel von Abwehr auf Angriff und umgekehrt ausführen. Besonders wichtig ist es, zu lernen, sofort nach einer erfolgreichen Abwehr den Steilpass zu spielen.
- Die Richtung des Steilpasses sollte möglichst verschleiet werden, sodass ein Abwehrspieler den Pass nicht unterbinden kann.

Variante

Um die Annahme von hohen Zuspielen zu schulen sind bei fortgeschrittenen Spielern nur hohe Steilpässe zur Sturmspitze gültig.

Sechstes vereinfachtes Spiel: 1:1 im Wechsel

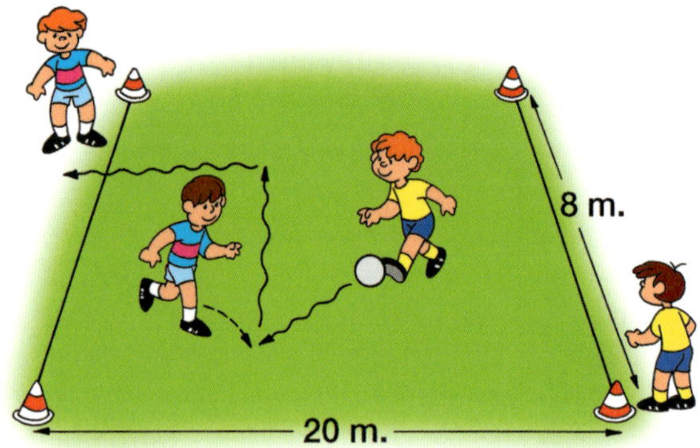

Spielregeln

- Zwei Spieler bestreiten in einem Spielfeld von 20 m Länge ein Duell auf zwei 8 (12) m breite Tore. Den ersten Angriff führt der jüngere Spieler aus, mit dem Ziel, seinen Ball über die gegnerische Torlinie zu führen.
- Im Falle eines Ballverlusts kontert der Verteidiger, bis einer von beiden Spielern zum Torerfolg kommt.
- Nach jedem Tor oder einem Ausball über die Grundlinien des Feldes wechseln beide Spieler ihre Plätze mit ihren Mitspielern, die während ihres Duells hinter ihrem zu verteidigenden Tor auf den Einsatz warten.
- Es gewinnt die Zweiermannschaft, die zuerst 6 x den Ball durch das gegnerische Hütchentor dribbeln konnte.
- Als Vorbereitung dieses Spiels kann der Ausbilder von beiden Spielern auch ein Fang- oder Haschespiel 1:1 ausführen lassen. Es gewinnt, wer über die gegnerische Torlinie bzw. Seitenlinie (die 20 m breit ist) laufen kann, ohne vom Gegner abgeschlagen zu werden.

Lern- und Lehrziele

A) Im Angriff

1. Umspielen des Gegners, ohne in seinen Aktionsradius zu kommen.
2. Außer einer guten Technik und Täuschungen auch Tempo- und Richtungswechsel als Waffe benutzen.
3. Während der Ballführung aufmerksam das Verhalten des Gegenspielers analysieren.
4. Verschiedene Techniken des Umspielens ausprobieren, um den Gegner zu überraschen.

B) In der Abwehr

1. Nie eine frontale Stellung zum Gegner einnehmen. Der Rechtsfuß (Linksfuß) sollte sich immer seitlich zum Gegner stellen, sodass seine linke (rechte) Schulter zum Gegner zeigt und sein linker (rechter) Fuß sich vor dem rechten (linken) befindet. Aus dieser seitlichen Stellung heraus kann er den Angreifer dazu verleiten, den Ball so zu dribbeln, wie er es als Verteidiger gerne hätte.
2. Den Ausfallschritt bei der Abwehr schnell und für den Ballbesitzenden überraschend ausführen.
3. Täuschungsmanöver anwenden, die den Gegner verunsichern.
4. Die Abwehr verzögern, bis der geeignete Augenblick für ein erfolgreiches Verteidigen eintritt.

Korrekturübungen und -spiele

1. Spiele zur Ballführung ohne und mit Gegner, Spiele für die individuelle Abwehr, 10 Tests des Fußballdekathlons und 1:1-Spiele im FUNiñofeld.

SIEBTES VEREINFACHTES SPIEL: BALLKONTAKT MIT ANSCHLIEßENDEM UMSPIELEN DES GEGNERS

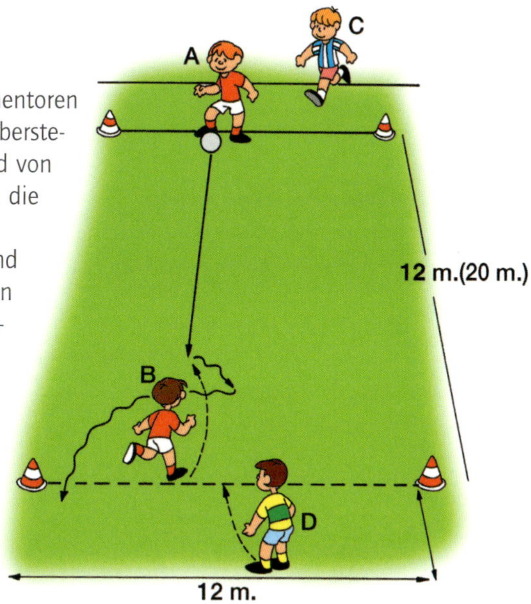

Spielregeln

- Es wird zwischen zwei 12 m breiten Hütchentoren gespielt, die sich in 12 m Entfernung gegenüberstehen. Hinter jedem Tor wird in einem Abstand von 2 m parallel zur Torlinie eine weitere Linie, die zweite Torlinie, gezeichnet.
- Ein Angreifer (A), mit dem Ball am Fuß und dem Blick nach vorne gerichtet, passt ihn von der ersten Torlinie aus zum gegenüberstehenden Mitspieler B, der das Zuspiel von A, bedrängt von einem Verteidiger D, erwartet. Beide starten von der zweiten Torlinie aus zum ankommenden Ball.
- Im Augenblick des Blickkontakts mit A startet B, verfolgt von Verteidiger D, zum Ball, den er jenseits der ersten Torlinie annehmen muss, während der Verteidiger ihn nur bis zur ersten Torlinie verfolgen darf.
- Wenn er den Ball außerhalb dieser 2-m-Zone zwischen beiden Torlinien kontrollieren konnte (bevorzugt in einer seitlichen Stellung), muss er versuchen, den Ball an D vorbei über die zweite Torlinie zu dribbeln.
- Sollte ihm jedoch D bei seinem Umspielungsversuch den Ball abnehmen, so bekommt D das Angriffsrecht, d. h., er muss den ruhenden Ball von der ersten Linie zu seinem Mitspieler C passen, der ihn, zusammen mit A als Verteidiger auf der zweiten Torlinie stehend, erwartet. Sie versuchen, es jetzt besser als A und B zu machen, die jetzt Abwehraufgaben übernehmen müssen.
- Es gewinnt das Paar, das zuerst 10 Tore erzielen konnte. Sollten vier oder mehr Spielerpaare zur Verfügung stehen, dann kann der Ausbilder ein Turnier organisieren.

Lern- und Lehrziele

- Verbesserung des gegenseitigen Spielverständnisses beim Abspiel und bei der Ballannahme.
- Niemals auf den Ball warten, sondern ihm schnell entgegenlaufen und dabei die ballnähere Position gegenüber dem Abwehrspieler behaupten, weil dieser dem Ballempfänger meist zuvorkommen will, besonders wenn das Abspiel zu schwach war.

- Die Ballannahme sollte die nächstfolgende Spielaktion erleichtern, d. h. eine der Situation angepasste, „orientierte" Ballannahme oder auch -mitnahme sollte geschult werden, besonders dann, wenn sich der Gegenspieler in unmittelbarer Nähe befindet.
- Nach der Ballannahme nicht in den Aktionsradius des Verteidigers hineinlaufen, sondern besser versuchen, ihn auf eine Seite zu locken, um ihn dann mit schnellem Tempo- und Richtungswechsel auf der anderen Seite zu überraschen.
- Den Körper zwischen Ball und Gegner bringen, wenn der Verteidiger nahe ist.
- Wenn der Verteidiger feststellt, dass der Angreifer den Ball sicher annehmen kann, muss er einige Schritte zurückweichen, um Zeit zu gewinnen und seine Abwehraktion verzögern zu können. Wichtig ist, den richtigen Augenblick für die Abwehraktion auszuwählen.
- Als Abwehrspieler versuchen, vor den Angreifer zu kommen, um den Ball zu spielen, bevor ihn der Stürmer annehmen kann.

Variante 1 für ältere Spieler

- Um auch die Ballannahme und -mitnahme von hohen Zuspielen zu verbessern, sollten die Bälle hoch zugespielt werden.

Variante 2 für ältere Spieler

- Die Beschränkung für den Verteidiger wird aufgehoben, sodass er den Angreifer auch jenseits der ersten Torlinie stören kann.

Achtes vereinfachtes Spiel: Abspiel zum gedeckten Mitspieler

Spielregeln

- Zwei Spieler stehen je 10 m außerhalb eines Vierecks (10-15 m) auf gegenüberliegenden Seiten, um ihrem persönlichen Mitspieler im Quadrat den Ball trotz einer engen Manndeckung durch einen Verteidiger zuzupassen.
- Bedingt durch die Art und Weise, wie der Verteidiger deckt, passt der Zuspieler seinem Mitspieler den Ball zu. Wird er von hinten gedeckt, so bekommt er den Ball direkt in seine Füße gespielt, wobei er ihm entgegenläuft, ihn möglichst in einer seitlichen Stellung annimmt und ihn dann trotz Behinderung durch den Verteidiger zum zweiten Mitspieler außerhalb des Vierecks passt.
- Steht jedoch der Verteidiger seitlich zum Stürmer, dann bekommt dieser den Ball immer auf die Seite in den freien Raum zugespielt, die dem Abwehrspieler abgewandt bzw. von ihm am weitesten entfernt ist. Bei der Ballannahme und -mitnahme muss er seinen Körper sofort zwischen den Ball und den herbeieilenden Verteidiger bringen, womit er nicht nur Zeit für die Ballannahme, sondern auch für sein Abspiel zum zweiten Zuspieler gewinnt.
- Im Falle, dass der Verteidiger deckt, verständigt sich der hinter dem Verteidiger freilaufende Stürmer durch Handzeichen mit seinem Zuspieler.
- Jeder Angreifer bekommt im Viereck 10 Pässe zugespielt, von denen er so viele wie möglich zum gegenüberstehenden Zuspieler weiterleiten muss. Wenn der Verteidiger den Ball erobert, muss er ihn zum gleichen Zuspieler zurückpassen.
- Nachdem alle vier Spieler 10 x die Ballannahme bei enger Deckung geübt haben, wird es dem Stürmer im zweiten Durchgang erlaubt, den Ball nach Erhalt zum Zuspieler zurückzupassen, um ihn dann erneut, eventuell unter besseren Bedingungen, im Quadrat anzunehmen.

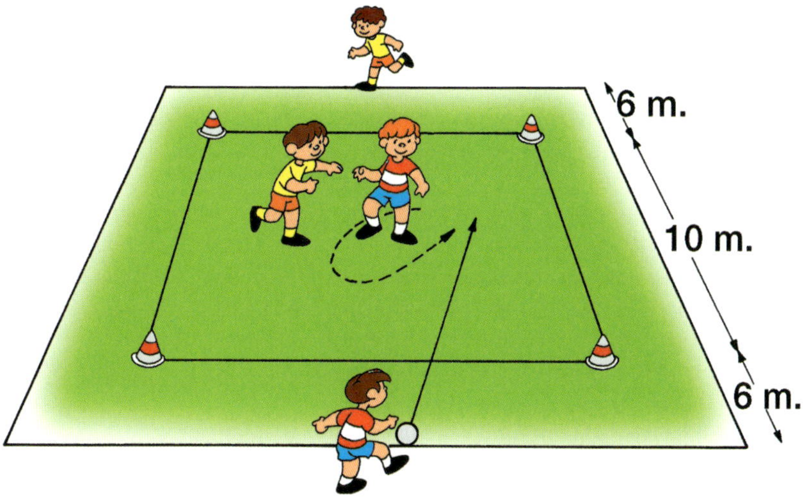

Lern- und Lehrziele

- Verbesserung des gegenseitigen Spielverständnisses zwischen Zuspieler und Ballempfänger.
- Lernen, die Spielsituation richtig zu analysieren und die Passrichtung und den Zeitpunkt des Abspiels der Art und Weise der Deckung des Verteidigers anzupassen.
- Um den Ball mit einem Vorteil annehmen zu können, muss es der Stürmer lernen, sich vor seiner Ballannahme im Vergleich zum Verteidiger in eine günstigere Stellung zu begeben. Er sollte auf jeden Fall verhindern, dass ihn der Abwehrspieler aus seiner Stellung hinter ihm überrascht und ihn „überholt".
- Die Technik der Ballannahme so wählen, dass der Erfolg der nachfolgenden Handlung erleichtert wird.
- Lernen, den Ball sofort nach der Ballannahme weiterzuleiten, wodurch der Verteidiger weniger Möglichkeiten und Zeit zum Stören hat.
- Falls ein schnelles Weiterleiten des Balls nicht möglich ist, sollte er in einen vom Verteidiger nicht kontrollierten Raum geführt werden, wodurch Zeit für ein gutes Abspiel gewonnen wird.

„Erziehung heißt, ein Feuer entfachen, und nicht, einen leeren Eimer füllen."

Heraklit

Variante 1

- Wenn es dem Stürmer gelingt, das Abspiel direkt zum zweiten Zuspieler weiterzuleiten, dann bekommt er 2 Punkte und wenn er den Ball vorher annimmt, nur 1 Punkt.

Variante 2

- Es nehmen nur drei Spieler teil: ein Zuspieler außerhalb des Quadrats und ein Ballempfänger mit einem ihn deckenden Abwehrspieler innerhalb des Quadrats. Für jede Ballkontrolle und Dribbling aus dem Quadrat heraus gibt es für beide beteiligten Spieler 1 Punkt. Das heißt, dass auch der Verteidiger im Falle einer Eroberung des Balls ihn aus dem Viereck führen muss.
- Nach je 10 Freistößen wechseln die drei Spieler ihre Plätze und Aufgaben.

Neuntes vereinfachtes Spiel: Ballhalten in der 2:1-Situation

Spielregeln

- Zwei Spieler einer Mannschaft müssen ihren Ball in einem Spielfeld von 15 x 15 m so lange wie möglich gegen einen einzigen Verteidiger in Besitz halten, ohne dabei einen Regelverstoß zu begehen oder ihren Ball ins Aus rollen zu lassen.
- Der Verteidiger beginnt seine erste Abwehraktion, indem er sich aus der Mitte des Spielfeldes zum Ballbesitzenden begibt. In diesem Augenblick fängt sein Mitspieler, der außerhalb des Feldes auf einen Spielerwechsel mit dem Verteidiger wartet, mit dem Zählen der Sekunden an und zwar so laut, dass es jeder hören kann. Bei einem Ausball für die Angreifer wird das Zählen unterbrochen, bis der Ball wieder im Spiel ist.
- Das Ziel der beiden Angreifer ist es, mit sechs Versuchen oder 6 x Ballbesitz diesen so häufig wie möglich 10 Sekunden lang zu besitzen.
- Ein Ballbesitz der Angreifer endet, wenn der Verteidiger den Ball berühren (erster Schwierigkeitsgrad), aus dem Viereck herausbefördern (zweiter Schwierigkeitsgrad) oder nach der Balleroberung aus dem Quadrat dribbeln kann (dritter Schwierigkeitsgrad). Nach einem Regelverstoß oder einem Ballverlust der Angreifer tauscht der Verteidiger seinen Platz und seine Aufgabe mit seinem außerhalb wartenden und zählenden Mitspieler.
- Nachdem sich beide Verteidiger bei 6 x Ballbesitz der Angreifer je 3 x abgelöst haben, steht ihnen das Recht zum Angriff zu, während die vorherigen Angreifer nun abwechselnd verteidigen müssen.
- Sollten nur drei Spieler zur Verfügung stehen, so wird nach drei Ballverlusten der Stürmer derjenige mit dem Verteidiger den Platz tauschen, der 2 x hintereinander einen Fehler beging.

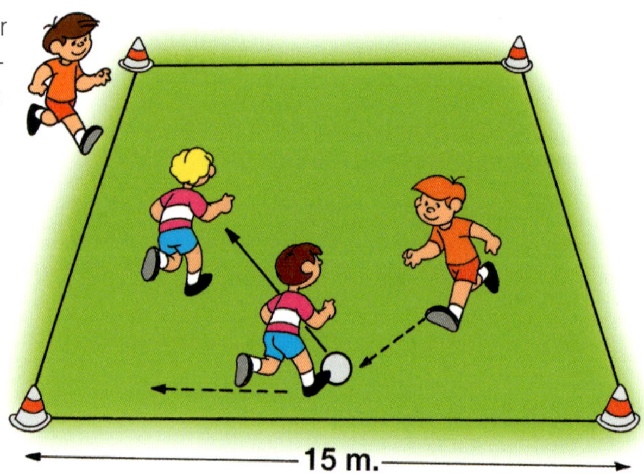

Bemerkung: Wenn mehr als vier Mannschaften zur Verfügung stehen, kann der Übungsleiter auch ein Turnier organisieren.

Lern- und Lehrziele

- Lernen, wann der Ball abspielt werden muss und wann es angezeigt ist, ihn in Besitz zu halten.
- Lernen, ohne Ball zu spielen und sich dauernd dem in Ballbesitz befindlichen Spieler in günstiger Position anzubieten.
- Optimal die Räume nutzen, die gerade nicht vom Verteidiger besetzt worden sind.
- Die offensiven Spielhandlungen so ausführen, dass es dem Gegner nicht möglich ist, im Voraus die Absichten zu erkennen.
- Mit dem Ball nicht in den Aktionsradius des Abwehrspielers dribbeln.
- Einen Dopelpass zum richtigen Zeitpunkt als Angriffswaffe einsetzen.

- Beim Abwehren durch ein aggressives Verhalten den Spielraum und die Zeit der Angreifer einschränken, um sie zu Fehlern zu verleiten. Die Willensqualitäten und die Aufopferungsbereitschaft des Verteidigers sind wichtig, um in der Unterzahl (1:2) Erfolg zu haben.
- Als Abwehrspieler versuchen, die Handlungen der Angreifer vorauszusehen.
- Beim Abwehren Körpertäuschungen ausführen, die die Angreifer verwirren können oder zu Handlungen verleiten, die der Abwehrspieler voraussieht.
- Den richtigen Zeitpunkt für die individuelle Abwehr wählen.

Variante 1
- Wenn es dem Verteidiger gelingt, den Ball zu erobern, muss er versuchen, ihn solange wie möglich unter Kontrolle zu halten, indem er Richtungs- und Tempowechsel mit dem Ball ausführt und ihn mit seinem Körper abdeckt.

Variante 2
- Anstatt eines Verteidigers kann auch ein Torwart gegen die beiden Angreifer eingesetzt werden.

Korrekturübungen und -spiele
- Verschiedene Fangspiele, wie z. B. „Räuber und Gendarm" mit zwei Gendarmen und zwei Räubern oder „Überlaufen einer 20 m breiten Torlinie", ohne abgeschlagen zu werden.
- Siehe das erste, zweite, dritte, vierte und fünfte vereinfachte Spiel für Zweiermannschaften.
- Aus dem Programm der Spiele zur „Ballführung ohne und mit Gegner" die folgenden Spiele: „Herausspielen des Balls aus dem Viereck", „Räuber und Gendarm"', „Fünf Versuche", „Katze und Maus" und „Aus dem Mittelkreis laufen".
- Den Ball in der 1:1-Situation so lange wie möglich im Besitz halten.

„Heute werden die verschiedenen Dimensionen, wie Technik, Taktik, mentale und körperliche Fitness, die man früher nur isoliert gesehen und trainiert hat, mittels einer großen Vielfalt von vereinfachten Spielformen, also integriert und spielbezogen, angeboten, was zu einem effektiveren Lernen führt. Das Training sollte als Brücke zum Wettspiel gesehen werden."

10. vereinfachtes Spiel: 2:2 auf zwei breite Tore

Spielregeln
- Das Spiel beginnt mit einem Schiedsrichterball in der Mitte des Feldes, das 12 m breit und 15 m lang ist. Je nach dem Leistungsstand der jungen Spieler können die Spielfeldmaße auch vergrößert werden, was bei schwächeren Spielern der Fall sein dürfte.
- Um ein Tor zu erzielen, muss der Angreifer mit dem Ball am Fuß die 12 (25) m breite gegnerische Torlinie überlaufen.
- Bei einem Regelverstoß gibt es einen Freistoß für den Gegner, der mit einem Abspiel oder einem Dribbling ausgeführt werden kann.
- Normalerweise gibt es keine Seitenlinien in diesem vereinfachten Spiel.
- Spieldauer: Vier Spielzeiten zu je drei Minuten.

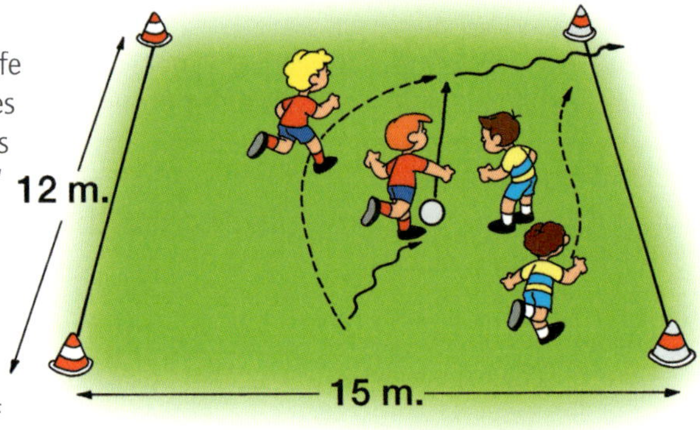

Lern- und Lehrziele

- In den Angriffsaktionen mithilfe des diagonalen Anlaufens eines Gegenspielers des Mitspielers systematisch die Überzahl „2:1" herstellen. Im Augenblick, in dem der Verteidiger Interesse für den Ball zeigt, wird dieser so zum freilaufenden und sich vom Gegner absetzenden Mitspieler gepasst, dass er im Lauf mitgenommen werden kann.
- Der ballbesitzende Spieler sollte häufig aus seinem Streifen heraus diagonal in einen anderen Spielfeldstreifen dribbeln, um so seinem dort befindlichen Mitspieler den Platz zum Tauschen anzubieten.
- Es sollte immer der Raum genutzt werden, wo sich keine Abwehrspieler befinden.
- Lernen, auch ohne Ball zu spielen und die eigenen Handlungen mit denen des Mistpielers abzustimmen.
- Siehe die Lernziele der vorhergehenden vereinfachten Spiele.

Variante 1

- Die Zweiermannschaft, die ein Tor erzielen kann, bleibt in Ballbesitz. Nach dem Überdribbeln der Torlinie macht der betreffende Spieler sofort kehrt und greift dann mit seinem Partner, den er mit einem Pass von außerhalb des Feldes ins Spiel bringt (der Gegner darf das Feld nicht verlassen!), das gegenüberstehende Tor an. Durch diese Regel werden die Spieler dazu gezwungen, schnell umzuschalten und das Spiel auf die gegenüberliegende Spielfeldseite zu verlagern.
- Die Mannschaft, die nach drei Minuten Spielzeit die meisten Tore in Folge erzielen konnte, wird zum Sieger erklärt.

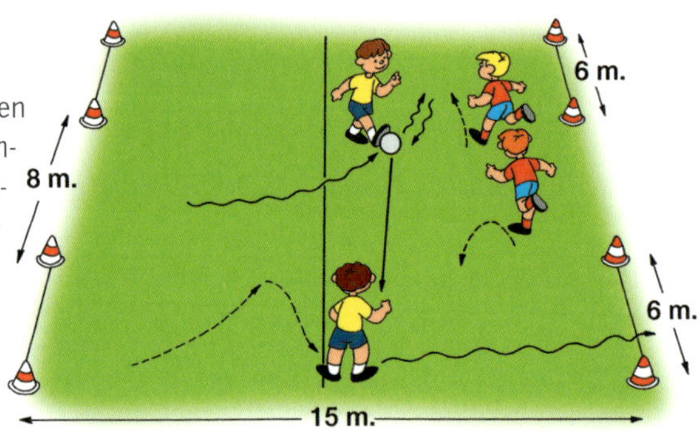

Variante 2

- Jede der beiden Zweiermannschaften verteidigt zwei getrennt voneinander stehende Tore auf ihrer Grundlinie und greift die gegenüberliegenden beiden Tore mit dem Ziel an, durch eines von ihnen mit dem Ball am Fuß zu laufen.
- Das Spiel wird mit einem Schiedsrichterball eröffnet. Nach einem Regelverstoß wird der Ball mit einem Pass oder einem Dribbling wieder ins Spiel gebracht. Dabei müssen die Gegner mehr als 3 m Abstand von den Ballbesitzenden einhalten.
- Spieldauer: Vier Spielzeiten von je drei Minuten.

Variante 3

- 2:2-Spiel auf ein Stangentor (3, 6 m breit), das von einem Torwart und einem Abwehrspieler verteidigt wird. Die Mannschaft mit dem jüngsten Spieler bekommt zuerst den Ball. Den ballbesitzenden Spielern ist es möglich, von beiden Seiten des offenen Hütchentors ein Tor zu erzielen, weshalb es zu häufigen Positionswechseln zwischen dem Verteidiger und seinem Torwart kommen wird.
- Bei Ballgewinn durch die Abwehrspieler müssen diese zwei Pässe untereinander spielen, womit sie sich das Recht zum Angreifen und Toreschießen erwerben. Zur gleichen Zeit schalten die anderen Spieler auf Abwehr um.
- Das Paar, das in zwei Spielzeiten zu je drei Minuten mehr Tore erzielt, gewinnt.

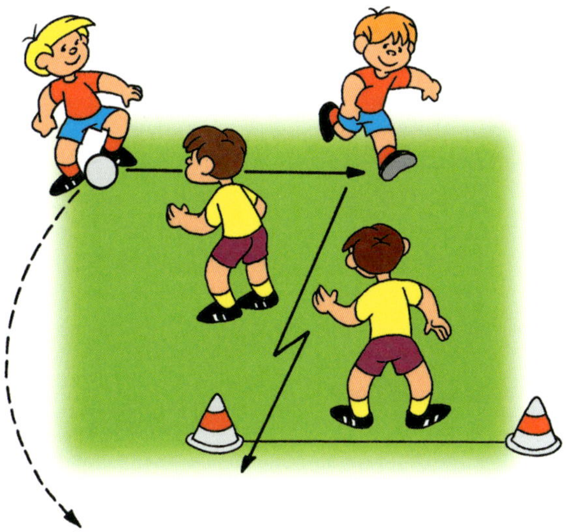

Lern- und Lehrziele

- Siehe die Lernziele des vereinfachten Spiels: „2:2 auf zwei breite Tore".
- Verbesserung des Torschusses und des Nachsetzens.
- Erfahrung gewinnen, wann auf das Tor geschossen werden muss und wann es besser wäre, den Ball abzuspielen.
- Schnelles Umschalten von Angriff auf Abwehr und umgekehrt.

Korrekturübungen und -spiele

- Siehe alle Korrekturübungen und -spiele der vorhergehenden vereinfachten Spiele. Sollten fünf Spieler zur Verfügung stehen, dann bietet der Jugendtrainer das Spiel 2:2 bei einem neutralen Spieler an. Dieser spielt immer mit dem ballbesitzenden Paar oder dem „Team" mit, das gerade nicht in Ballbesitz ist.

1 Voraussetzungen, um mit vereinfachten Spielen zu lehren und zu lernen

a. Der Übungsleiter sollte die verschiedenen Schwierigkeitsgrade der verschiedenen vereinfachten Spiele für Zweiermannschaften, d. h. ihre Reihenfolge, kennen.

b. Es ist wichtig, von jedem einzelnen der vereinfachten Spiele die technischen, taktischen und kognitiven Lernziele zu kennen, um dann den Grad der Komplexität dieses Spiels, des vorhergehenden und des im Programm nachfolgenden Spiels richtig einschätzen zu können. Diese Kenntnis erlaubt es dem Jugendtrainer, Aufgaben oder Lernziele für die Spieler zu definieren, die sich an den in den vorangegangenen Spielen gemachten Erfahrungen orientieren und mit denen es ihnen normalerweise möglich sein sollte, nach einigen Versuchen ohne die Hilfe des Trainers die richtige Lösung zu finden.

c. Dem Lehrer sollte der psychisch-physische Leistungszustand seiner Spieler bekannt sein, damit er die Regeln, die Spielfeldausmaße und auch die Größe der Tore seinen Spielern anpassen kann.

d. Dauernd sollte der Jugendtrainer das augenblicklich erreichte Spielniveau seiner Spieler mit dem optimal möglichen Niveau vergleichen, damit er weiß, was noch alles zu tun ist.

e. Der Trainer sollte wissen, dass die Spieler nicht nur dann am schnellsten und am effektivsten lernen, wenn sie sofort nach ihrer Spielhandlung im vereinfachten Spiel das Ergebnis ihrer Aktion beurteilen können, sondern wenn sie darüber hinaus auch die Ursache ihres Fehlers selbst und ohne Hilfe des Ausbilders erkennen können.

f. Es ist für den Jugendtrainer wichtig, die Ursachen einer misslungenen Spielhandlung schnell herauszufinden, um dann im Anschluss daran die Übungen oder Korrekturspiele anzubieten, die der junge Spieler braucht, um sich beim erneuten Auftreten der gleichen Spielsituation korrekter und effektiver verhalten zu können.

g. Die Lern- und Lehratmosphäre sollte optimal sein, und jeder Spieler sollte mehrmals während einer Trainingseinheit motiviert werden. Jedem Spieler müssen Möglichkeiten zum Experimentieren und Ausprobieren gegeben werden, weshalb sie häufig und lange genug mit der gleichen Spielsituation konfrontiert werden sollten. Erst so kann er sie schließlich auch verstehen und ist dann anschließend dazu in der Lage, die Probleme zu lösen. Die gerade erworbene Erfahrung sollte dann durch das Üben verschiedener Varianten des vereinfachten Spiels gefestigt werden.

h. Der junge Spieler sollte immer als denkendes Mitglied seiner Mannschaft betrachtet werden und nicht als einer, der die Hinweise oder Befehle des Trainers nur ausführt. Ein Spieler lernt besser, wenn er die Erfahrung selbst macht. Der Ausbilder hilft ihm dabei nur.

„Ein schneller Spieler ist nicht der, der am schnellsten läuft, sondern derjenige, der die Spielsituation auf dem Feld am schnellsten zu seinem Vorteil löst."

César Luis Menotti

2 Unterrichtsmodell für einen Wettkampf in einem vereinfachten Spiel

MINUTE	HANDLUNG DES JUGENDTRAINERS
0	• Einführung des vereinfachten Spiels. • Aufbau der verschiedenen Spielfelder. • Kennenlernen der Regeln für alle Spieler in einem Demonstrationsfeld. • Während der Demonstration werden jedem der teilnehmenden Spieler seine Aufgaben im Angriff und in der Abwehr zugewiesen. • Anschließend wird in der ersten Spielpraxis festgestellt, ob jeder Spieler die Ziele des Spiels und seine Regeln verstanden hat. Zur gleichen Zeit machen die Spieler ihre ersten Spielerfahrungen.
25	• Erster Wettkampf (z. B. Viertelfinale).
35	• Anschließend wird zur Anhebung des Spielniveaus im Zielspiel trainiert. Dabei bietet der Übungsleiter zwei Korrekturübungen oder -spiele an, die im gleichen Feld von denselben Spielern ausgeführt werden.
50	• Zweiter Wettkampf (Halbfinale).
60	• Anschließend werden weitere zwei Korrekturübungen oder -spiele angeboten.
75	• Dritter Wettkampf (Entscheidungsspiele um den ersten, dritten, fünften und siebten Platz).
90	• Ende der Trainingseinheit.

*„Nichts ist beständig in unserem Fußballleben,
mit Ausnahme des dauernden Wechsels."*

3 Dem Training den Reiz des Spiels verleihen

Bedingt durch die geringe Bedeutung, die heutzutage der Ausbildung von Kinder- und Jugendtrainern zugeordnet wird, gibt es noch viele Fußballschulen, in denen die Inhalte des Trainings nach wie vor auf nur zwei Säulen ruhen: 1. auf der Erarbeitung von aus dem Spielzusammenhang herausgelösten technischen Fertigkeiten mit analytischen Übungsformen und 2. auf einem das Training abschließenden Spiel. Noch immer gehen zu viele Fußballlehrer von dem Fehlschluss aus, dass man erst Fußballspielen sollte, wenn die dafür notwendigen technischen, taktischen und konditionellen Voraussetzungen vorhanden seien. Das heißt, bevor gespielt wird, muss erst eingeübt werden. **Aber wie wir heute wissen, ist Fußballspielen und -trainieren mehr als eine Summe von technischen, taktischen und konditionellen Leistungen.**

Das große Interesse, mit speziellen Übungen („Drills"), die vielmals wiederholt werden müssen, eine korrekte Technik der Ausführung der wichtigsten technischen Elemente des Fußballspiels zu erreichen, lenkt die Jugendtrainer von anderen vitalen Elementen ab, wie z. B. von den Fragen „warum?", „wann?" und „wo?" ausgehend, die soeben auf stereotypem Wege angeeigneten Fertigkeiten angewendet werden können. Wir brauchen also eine mehr spielnah orientierte Unterrichtsgestaltung, um dieses Übel auszumerzen.

Die vorhergehenden Bemerkungen werden unterstützt durch die Tatsache, dass z. B. ein Ballverlust im Fußballspiel zu mehr als 50 % Ursache einer fehlerhaften Wahrnehmung oder der ihr folgenden Entscheidungsfindung ist, als die Folge einer falschen Bewegungsausführung (Technik).

„Übungen zur Technikverbesserung anzubieten, ist zweifellos wichtig, aber sie ohne jeglichen Bezug zum Spiel zu praktizieren, ist nicht attraktiv, denn der Lernende braucht immer eine Referenz zum Spiel, um sich zu motivieren."

Brenda Read

Vielen jungen Spielern wird im Training zu wenig Gelegenheit gegeben, die im Spiel auftretenden Situationen genau zu verstehen und zu ihrem Vorteil zu interpretieren, weil ihre Trainer ihr Augenmerk hauptsächlich auf die korrekte Ausführung ihrer Technik legen und andere, genauso wichtige Aspekte des Fußballspielens, wie z. B. das Spiel ohne Ball oder die Beherrschung des zur Verfügung stehenden Spielraums und auch der zur Verfügung stehenden Zeit, kaum lehren. **Das gut geplante, dem jungen Spieler auf den Leib zugeschnittene Spiel sollte deshalb in Zukunft maßgebend sein und nicht der Trainer!**

Natürlich ist es für den Trainer viel einfacher, eine technische Fertigkeit nach der anderen in vorher voraussehbaren Situationen zu demonstrieren, zu lehren und anschließend zu beurteilen, als z. B. das korrekte Verhalten zwischen zwei oder drei Spielern in einer Abwehr- oder Angriffssituation zu erarbeiten, weil dort neben einer optimalen Wahrnehmung der Spielsituation („Lesen einer Spielsituation") noch ein Verarbeiten aller relevanten Informationen notwendig wird, um den Spieler zu einer richtige Entscheidungsfindung anzuhalten.

Leider gehen noch zu viele Fußballlehrer von dem Fehlschluss aus, dass im Training erst die technischen, taktischen und konditionellen Voraussetzungen durch Üben geschaffen werden müssen, bevor am Ende der Trainingseinheit ein Spiel angeboten wird. In diesem Spiel muss sich jedoch der Spieler häufig mit völlig anderen Problemen viel komplexerer Art auseinandersetzen, als dies in den vorher im Training absolvierten Übungsformen der Fall war. Er wird überfordert, weil es ihm nach dem vorangegangenen isolierten Techniktraining nicht möglich ist, sich in ein sinnvoll aufgebautes Leistungsgefüge (Mannschaft) einzuordnen und das Spiel in allen seinen Phasen zu lesen.

Anstatt das Üben von bestimmten Fertigkeiten oder taktischen Fähigkeiten als Voraussetzung zum Spiel zu rechtfertigen und **vor** dem Spiel stattfinden zu lassen, sollten unsere Trainer in Zukunft das Üben im Training **nach** dem vereinfachten Spiel organisieren und zwar jetzt als Ergänzung und Vollendung einer bereits vorhandenen Spielfähigkeit.

„Ein guter Ausbilder lehrt seine Spieler praktisch gar nichts, sondern hilft ihnen nur, im Lern- und Lehrprozess das selbst zu entdecken, was er mit den Inhalten seiner Übungen und der simplifizierten Spiele beabsichtigte. Seine Schüler dauernd zum Denken und Handeln anzuregen, anstatt für sie zu denken, ist eine transzendentale Funktion des guten Ausbilders. Je mehr ein guter Ausbilder weiß, desto weniger gibt er preis."

Der Erfolg einer Fußballmannschaft misst sich nicht daran, dass die Spieler wissen, wie man den Ball abspielt, sondern es ist genauso wichtig zu wissen, **„wann"**, **„wohin"** und **„warum"** das Abspiel ausgeführt werden muss.

Wenn in einigen Jahren mehr Fußballlehrer vom Üben im Sinne des Spiels überzeugt sind und mit ihren jungen Spielern das hier vorgestellte Lern- und Lehrmodell anwenden und dabei zur gleichen Zeit weniger Gewicht auf die technischen und mehr auf die taktisch-kommunikativen Aspekte des Fußballspiels legen, ohne dabei die Technik abzuwerten, dann werden wir in Zukunft über eine größere Zahl von kompletteren und intelligenteren Spielern verfügen.

Der Weg in die Zukunft führt zu einer kritischen Auseinandersetzung zwischen dem Üben und dem Spielen. **Im vorliegenden „Fußballentwicklungsmodell" wird immer im Sinne des Spiels geübt und alle Kinder wachsen mit den Jahren von einer Aufgabe zur anderen über Rollen mit steigender Differenzierung spielend in das große Spiel mit einer Mannschaft von 11 Spielern hinein.** Dabei ist es ihnen auf jeder Entwicklungsstufe möglich, zunächst alle vorprogrammierten Spielsituationen oder Lernziele Schritt für Schritt zu verstehen, bevor sie dann mehr und mehr beherrscht werden können. **Das Spielenlernen findet also im Spiel statt,** wobei es zu einem stufenweisen Vorgehen mit Veränderungen des Gewichts und der Größe des Balls, mit der Torgröße und der Art und Weise, wie Tore erzielt werden müssen, mit den Spielfeldausmaßen, der Anzahl der Spieler, der Art des Regelwerks kommt, ohne dabei die Spielidee des Fußballs zu ändern.

4 Fußballtriathlon 3:3

Ein Wettkampf für 12-13-Jährige

EUROPA GEGEN SÜDAMERIKA						
	Deutschland	Spanien	Italien	Brasilien	Argentinien	Kolumbien
Namen der Spieler:						

3:3 auf vier Tore
GER-BRA
ESP-ARG
ITA-COL

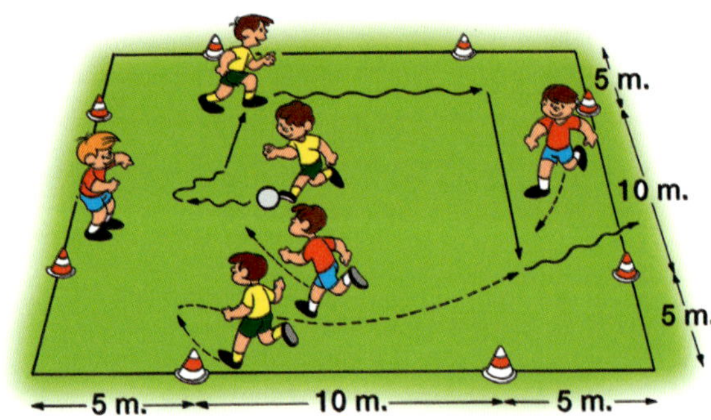

3:3 auf vier Tore

- Jede Dreiermannschaft greift zwei gegenüberstehende breite Tore an und verteidigt die beiden anderen.
- Das Spiel wird mit einem Hochball in der Spielfeldmitte begonnen.
- Bei Freistößen (mit Zuspiel oder Dribbling) sowie beim Seitenaus müssen alle Gegner mindestens 3 m vom Ball und von jedem Tor entfernt sein.
- Ein Tor wird durch ein Überdribbeln einer der gegnerischen Torlinien mit dem Ball am Fuß erzielt.
- Spieldauer: Vier Perioden zu je drei Minuten.

3:2 mit Konterangriff
GER-ARG
ESP- COL
ITA-BRA

3:2 mit Konterangriff

- Es werden vier Perioden zu je drei Minuten gespielt.
- Drei Spieler einer Mannschaft greifen drei Minuten lang abwechselnd jedes der beiden 20 m breiten Tore an, mit dem Ziel, die Torlinie zu überdribbeln.
- Das Tor wird immer von zwei Gegnern verteidigt, die im Falle einer Balleroberung sofort einen Pass zum dritten Verteidiger im gegenüberstehenden Tor spielen sollten, der dann seinerseits mit einem Dribbling ein Tor erzielt.
- Nach ihrem Ballverlust können die Angreifer ihren Ball zurückgewinnen, aber nur in der Angriffshälfte.
- Nach jedem Angriff auf ein von zwei Gegnern verteidigtes Tor muss einer von ihnen sofort seinem dritten Mitspieler zu Hilfe eilen, um erneut ein 3:2 herzustellen.

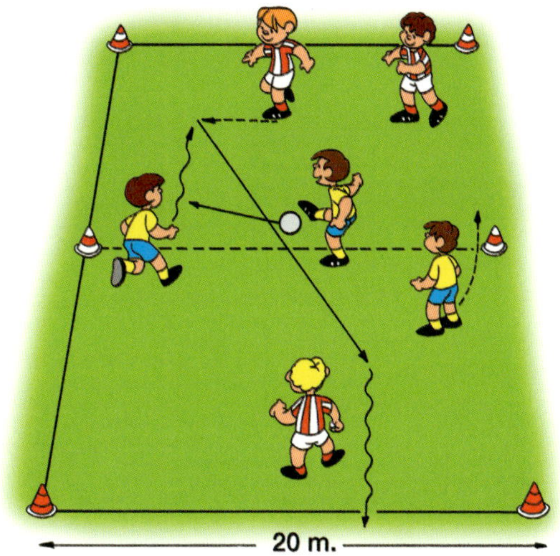

- Alle drei Minuten wechseln die Abwehr- und Angriffsspieler ihre Plätze und Funktionen.
- Bei Freistößen (mit Zuspiel oder Dribbling) sowie beim Seitenaus müssen alle Gegner mindestens 3 m vom Ball und von jedem Tor entfernt sein.

3:3 auf zwei breite Tore
GER-COL
ESP-BRA
ITA-ARG

3:3 auf zwei breite Tore

- Es wird auf einem 20 x 20 m großen Feld auf zwei 20 m breite Tore gespielt.
- Das Spiel wird mit einem Hochball in der Spielfeldmitte begonnen.
- Bei Freistößen (mit Zuspiel oder Dribbling) sowie beim Seitenaus müssen alle Gegner mindestens 3 m vom Ball und von jedem Tor entfernt sein.
- Ein Tor wird durch ein Überdribbeln mit dem Ball am Fuß über eine der beiden gegnerischen Torlinien erzielt.

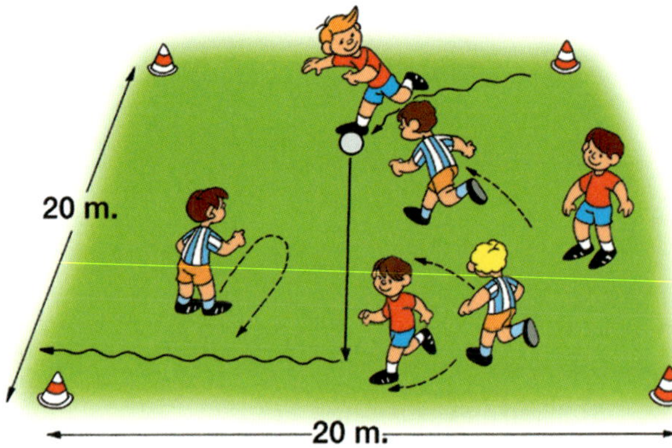

- Spieldauer: Vier Perioden zu je drei Minuten.

Endresultat: Europa – Südamerika

5 Fußballpentathlon 3:3

Ein Fußballpentathlon 3:3 besteht aus drei vereinfachten Fußballspielen des „Fußballtriathlons 3:3" und zwei Kleinen Spielen zur Ausbildung und Verbesserung vielseitiger grundlegender Fertigkeiten und Fähigkeiten. Das heißt, dass nach dem ersten vereinfachten Fußballspiel des Triathlons („3:3 auf vier Tore") der Ausbilder als zweites oder später auch als viertes Spiel des Pentathlons eine Staffel, ein Haschespiel, ein Ballfang- oder Wurfspiel oder auch ein Laufspiel anbietet. Spiele wie „Schwarz und weiß", „Räuber und Gendarm", „Katze und Maus", „Das Mützchen oder das Taschentuch", „Hahnenkampf", „Sumo", „Tauziehen", „Burgball", verschiedene Formen von „Völkerball" oder „Krebsfußball", um nur einige wenige zu nennen, sind bei den Kindern sehr beliebt und allgemein bekannt.

Die Dreiermannschaft, die von den fünf angebotenen Spielen die meisten gewinnt, wird zum Sieger des Pentathlons 3:3 erklärt.

6 Die 10 Gebote des Fußballtrainings mit Kindern

1. Beginne die Übungsstunde immer mit einem vereinfachten Spiel.

2. Unterbreche das Spiel nach 10-15 Minuten, um eine motorische Fertigkeit oder taktische Fähigkeit, die das Spiel negativ beeinflusst hat, außerhalb des Zielspiels mit einigen Korrekturspielen oder -übungen zu verbessern.

3. Biete dann anschließend erneut das Zielspiel an, um herauszufinden, ob eine Verbesserung dieses spezifischen Aspekts des Spiels erreicht wurde. Dabei kann die korrekte Ausführung durch spezielle Regeln, die der Übungsleiter erfindet, unterstützt werden.

4. Konfrontiere die Anfänger nur mit vereinfachten Spielen mit drei oder weniger Spielern in einer Mannschaft, um das Lernen zu erleichtern.

5. Gib den Anfängern genügend Zeit und Spielraum, um häufig Erfolge zu erleben. Für Spiele 1:1 sind Spielflächen von mindestens 12 x 12 m, für 2:2 von 15 x 15 m und für die 3:3-Spiele von mindestens 20 x 20 m geeignet. Viele Übungsleiter haben die Tendenz, für kleine Kinder kleine bzw. zu enge Spielräume auszuwählen.

6. Lasse die Anfänger häufig auf breite Tore spielen, was ihr Wahrnehmungsvermögen verbessern hilft, sie zu einem kontrollierten Spiel mit dem Ball am Fuß anhält und ein wildes Wegkicken des Balls verhindert.

7. Füge häufig kleine, nicht fußballspezifische Spiele zur Verbesserung körperlicher Leistungskomponenten ein, um vielseitig die verschiedenen Bewegungseigenschaften und die Bewegungskoordination zu stimulieren.

8. Organisiere ab und zu Wettkämpfe (auch in den Korrekturübungen und -spielen), weil diese die jungen Spieler motivieren. Erarbeite mit geschickter Fragestellung, warum eine Mannschaft das Spiel oder die Übung gewann und die andere verlor.

9. Versuche, in jeder Übungseinheit eine motorische Fertigkeit oder auch eine taktische Verhaltungsweise, die ein Spiel des Dekathlons erfordert, mit der Praxis dieses Tests und seinen Korrekturübungen einzuüben bzw. zu festigen.

10. Wähle bevorzugt lerneffektive Lehrprogramme des Fußballentwicklungsmodells aus, die hier erklärt werden.

7 Zergliederungs- oder Ganzheitsmethode?

	ZERGLIEDERUNGSMETHODE	GANZHEITSMETHODE
Kennzeichen	• Präsentiert immer nur eine von vielen Spielaktionen, die vom Spiel isoliert wurden. Richtet sich hauptsächlich auf die Verbesserung der technischen Ausführung und basiert auf Kommando, Vormachen und Nachmachen.	• Präsentiert globale Spielhandlungen, in denen alle Aspekte zu verbessern sind (wahrnehmen, denken und ausführen). • Der Spieler wird als denkender Spieler und nicht als Ausführender einer bestimmten Technik betrachtet. • Man lernt spielend.
Vorteile	• Erlaubt es, konkrete Lernziele zu verbessern. • Durch eine ausreichende Zahl von Wiederholungen werden diese Lernziele relativ leicht erreicht, vorausgesetzt, dass sie richtig ausgeführt werden.	• Zur gleichen Zeit werden technische, taktische, physische und auch mentale Aspekte trainiert, so wie es auch im Wettspiel der Fall ist. • Dadurch, dass alle diese Elemente ins Training integriert sind und nicht aufgegliedert wurden, kommt es zu einer schnellen Verbesserung der Spielfähigkeit.
Nachteile	• Analytisches Üben dient meist nur zur Verbesserung eines von vielen Aspekten einer globalen Spielhandlung. • Die Verbesserung ist dann nur in diesem speziellen Aspekt, nicht aber in der gesamten Handlung sichtbar. Darüber hinaus muss sie dem Gegner und den Mitspielern angepasst werden.	• Besonders im technischen Bereich kann die globale Methode die gleichen effektiven Ergebnisse aufweisen, wie es beim Vermitteln durch ein analytisches Vorgehen möglich ist.
Motivation	• Gering im Vergleich zur Ganzheitsmethode. • Im Lernprozess spielt der Spieler eine passive Rolle.	• Sehr hoch, weil es auf die Initiative des Spielers ankommt, die für ihn attraktiven Probleme aktiv zu lösen. • Er gewöhnt sich daran, Entscheidungen zu treffen und beim Wettkampf seine Nervosität und Spannung zu beherrschen.

	ZERGLIEDERUNGSMETHODE	GANZHEITSMETHODE
Wie die einzelnen Fähigkeiten von der Lehrmethode beeinflusst werden können	**Wahrnehmungsvermögen** Geringe Impulse, da die Spielsituationen immer die Gleichen sind.	**Wahrnehmungsvermögen** Hohe Impulse, weil die Spielsituationen nicht voraussehbar sind. Deshalb ist es notwendig, schnell und genau alle für das Spiel wichtigen Komponenten zu erkennen (z. B. Ball, Gegner, Mitspieler).
	Entscheidungsfähigkeit Keine Impulse, weil alles, was der Spieler tun muss, bereits vorher bekannt war, bevor er die Spielhandlung ausführt.	**Entscheidungsfähigkeit** Hohe Impulse, weil mit den dauernd veränderten Spielsituationen ständig neue Analysen vorgenommen und neue Entscheidungen getroffen werden müssen.
	Ausführungsfähigkeit Maximale Impulse durch eine hohe Wiederholungszahl der technischen Ausführungen.	**Ausführungsfähigkeit** Nur wenige Impulse, weil immer auch noch andere als die vorgesehenen Techniken ausgeführt werden müssen.

Schlussfolgerung: Beide Methoden haben im Training ihre Daseinsberechtigung, aber sie sollten immer zum richtigen Zeitpunkt angewandt werden. Das Einüben einzelner Spielelemente mit der analytischen Methode sollte immer im Sinne des globalen Spiels geschehen, das Dreh- und Angelpunkt des Trainings bleiben sollte.

„So wie man eine fußballspezifische Technik nicht ohne Anwendung der analytischen Methode erlernen und beherrschen kann, sollte dem Spieler mit der Anwendung der globalen Methode die Möglichkeit gegeben werden, das Fußballspiel mit allen seinen Nuancen zu entdecken und zu verstehen."

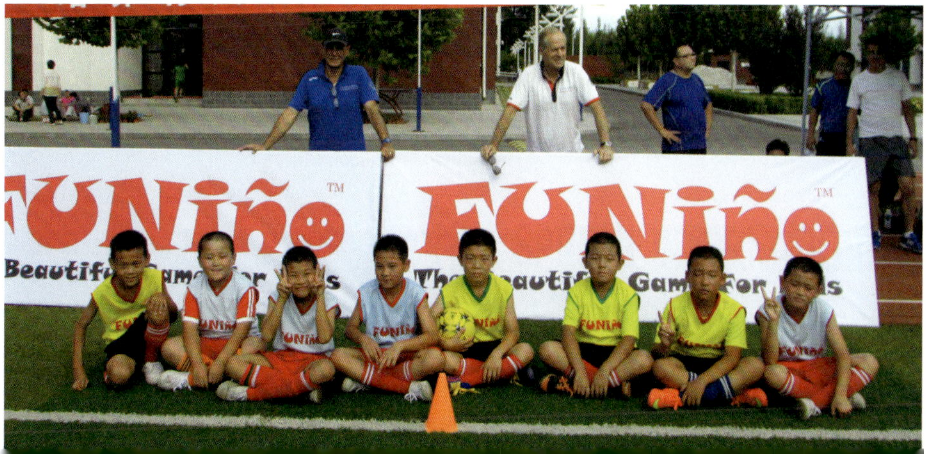

8 FUNiño regeln

01 Allgemeine Information

- FUNiño wird für die 8- und 9-Jährigen als das am besten geeignete Wettspiel empfohlen, weil es ihre technischen,taktischen, körperlichen und kognitiven Fähigkeiten besser entwickelt als die traditionellen Wettkämpfe 5 gegen 5 ,7 gegen 7 oder 11 gegen 11, die alle auf ein zentrales Tor gespielt werden. Das FUNiñospiel ist eine ideal Vorbereitung sowohl für Fussball 5 als auch für Fussball 7.

02 Spielfeld

- Die Spielfeldausmasse für FUNiño sind 20-25 x 27-30 Meter. 8 Mini Fussballfelder haben auf einem regelgerechten Fussballfeld Platz.
- Auf jeder Grundlinie werden 2 Tore, 2 Meter breit und ein Meter hoch aufgestellt. Zwischen den Toren muss ein Abstand von mindestends 12 Meter bestehen.
- Der Strafraum oder die Schusszone wird durch eine parallel zur Grundlinie verlaufende Line markiert, die 6 Meter von der Grundlinie entfernt ist.

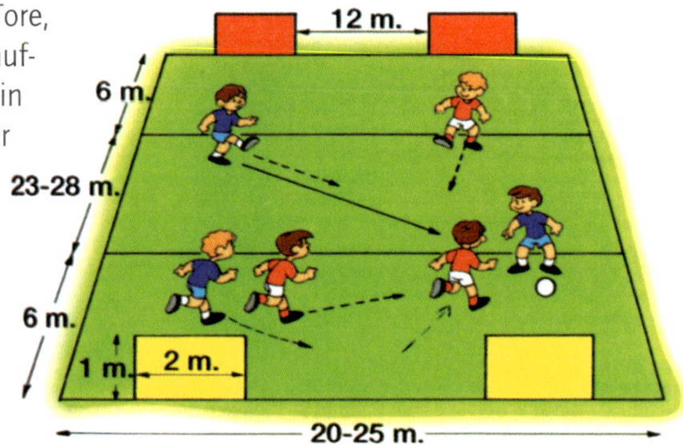

- Ein Tor ist nur dann gültig, wenn der Ball vorher von einem Angreifer in der Schusszone gespielt wurde und wenn der Ball vollständig die Torlinie überschritten hat. Sollten sich während des Spieles die Standorte der Tore verändern, so gibt der Schiedsrichter auch dann ein Tor, wenn der Ball seiner Meinung nach die Linie an der Stelle übertreten hat, wo das Tor ursprünglich stand.
- Einem Spieler ist es nicht erlaubt, länger als 2 Sekunden auf einer Torlinie zu verharren, um das Tor zu verteidigen.

03 Zahl der Spieler in jeder Mannschaft

- Eine Mannschaft besteht aus 4 Spielern, 3 sind auf dem Spielfeld. Sollte eine Mannschaft nur 2 Spieler haben, so gilt für sie das Spiel als verloren.
- Nach jedem Tor müssen beide Mannschaften einen Spieler auswechseln. Der Wechsel geschieht unter den 4 Spielern in Rotation und immer in der Mitte des Spielfeldes. Jeder Regelverstoß beim Spielerwechsel wird mit einem „Strafangriff" geahndet.

04 Spieldauer

- Wird nur einmal am Tag gespielt, gibt es drei Spielzeiten zu je 10 Minuten mit 3 Minuten Pause.
- Finden am gleichen Tag in einem Festival oder Turnier mehrere Spiele statt, so wird empfohlen, 2 Halbzeiten zu je 12,5 Minuten zu spielen.

05 Technische Regeln

- Es gibt kein Abseits, keine Ecken und kein Elfmeter.
- Einen **Freistoß** gibt es nur im Mittelfeld und in der eigenen Schusszone. Der Ball wird mit einem Pass oder einer Ballführung ins Spiel gebracht. Der Freistoß wird immer mindestens 3 m von der gegnerischen Schusszone entfernt ausgeführt und die Gegenspieler müssen alle mindestens 3 m vom Schützen entfernt sein.
- Bei einem Regelverstoß der Verteidiger in ihrem eigenen Strafraum gibt es einen **Strafangriff** für den Gegner. Auf ein Zeichen des Schiedsrichters dribbelt ein Angreifer vom Mittelpunkt des Feldes den Ball in Richtung der Schusszone eines der beiden gegnerischen Tore, die von einem der drei Abwehrspieler verteidigt werden. Nach dem Zeichen des Schiedsrichters startet dieser Verteidiger von der Grundlinie aus und zwingt normalerweise den Angreifer, den Ball zu einem seiner Mitspieler zu passen. Die Mitspieler starten zur gleichen Zeit zusammen mit den beiden übrigen Verteidigern von einer imaginären 5 m-Linie hinter dem Ball, um ihrem Spieler im Angriff oder in der Abwehr zu helfen.

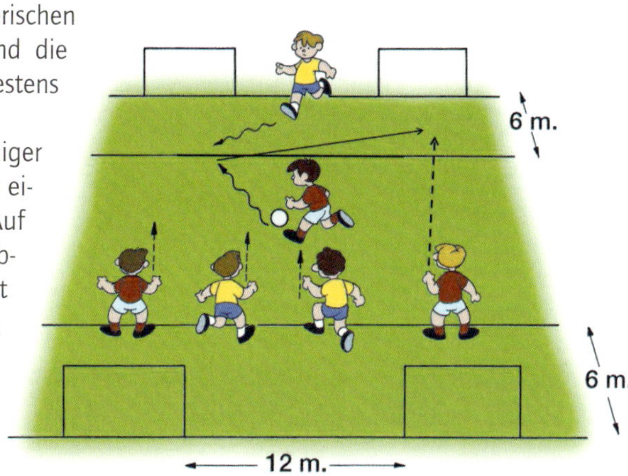

- Der Schiedsrichter gibt das Startsignal, wenn alle 6 Spieler auf ihrer Position sind.
- Bei mehreren Strafangriffen während eines Spieles müssen sich die Spieler abwechseln.
- Bei einem **Seitenaus** oder **Toraus** wird der Ball mit einem Pass oder mit einer Ballführung ins Spiel zurückgebracht. Dabei müssen die Gegenspieler alle mindestens 5 m vom Schützen entfernt sein.

06 Strafen

- Verhält sich ein Spieler unsportlich, so informiert der Schiedsrichter seinen Übungsleiter, der den Übeltäter dann vom Spiel ausschließt.

07 Ausrüstung

- **Ball:** Es wird mit einem Ball Nr. 4 gespielt und in Ausnahmefällen mit einem Ball Nr. 3.
- **Spielkleidung:** Die 4 Spieler jeder Mannschaft sollten die gleiche Farbe tragen.
- **Schutz:** Alle 8- und 9- Jährigen sollten mit Schienbeinschützern spielen.

08 Schiedsrichter

Ein Schiedsrichter leitet das Spiel. Es gibt keinen Assistenten. Im FUNiño sollten ausschließlich Schiedsrichter eingesetzt werden, die noch nicht 18 Jahre alt sind. So wird der Nachwuchs an Schiedsrichtern gesichert.

Den besten Rat, den ich Jugendlichen geben kann, ist, jeden freien Augenblick zum Spielen zu nutzen und sich nicht von Erwachsenen in eine ‚Kiste' oder in ein Schema einsperren oder zwingen zu lassen, die diese für sie angefertigt oder erdacht haben.

Michael Jordan

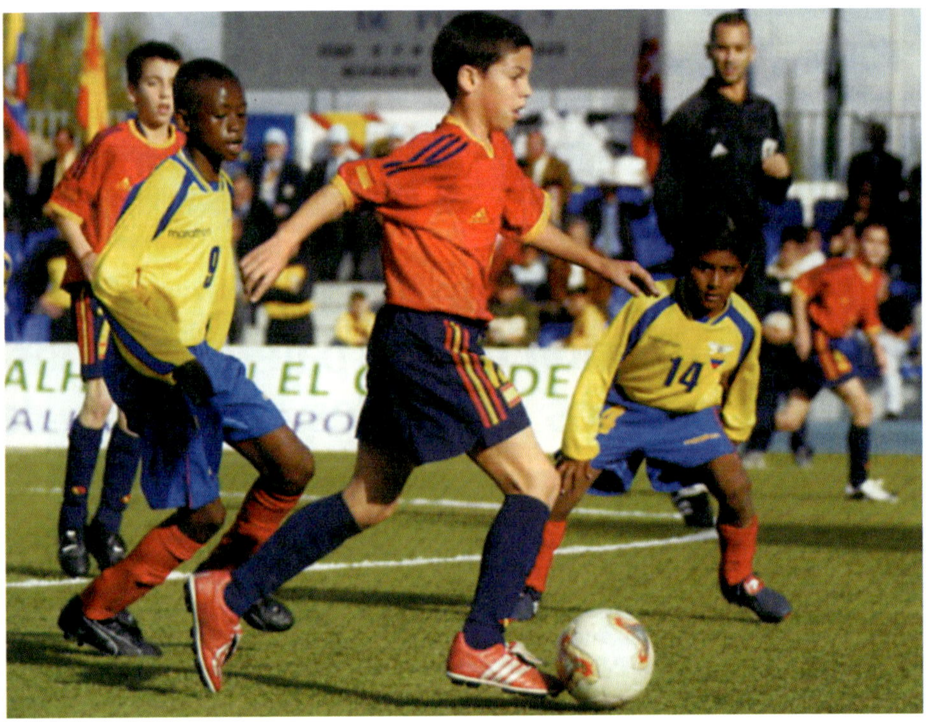

9 Warum FUNiño?

Dadurch, dass jede Mannschaft in zwei voneinander getrennt stehenden Toren zum Erfolg kommen kann, wird die Wahrnehmungsfähigkeit, das Verstehen einer Spielsituation, das taktische Denken und Verhalten sowie die Fantasie und Kreativität der Kinder geschult. Im FUNiño entdeckt jeder Spieler kindgemäß die gleichen Verhaltensweisen, die auch die besten Fußballspieler der Welt mit und ohne Ball auszeichnen.

Im FUNiño kann jeder Jugendtrainer, unabhängig von seiner Erfahrung, die Leistung seiner Spieler optimal und schnell beurteilen, weil es sich um vereinfachte Spielsituationen handelt, deren Beobachtung, Analyse und Korrektur einfacher und schneller ist als jene, die in einem Spiel mit 14 oder 22 Spielern auftreten.

Vergleich zwischen zwei Wettkämpfen für 8-9-jährige Spieler

FUNiño MIT VIER TOREN	FUSSBALL 7:7
• Fördert das Spiel über die Flügel.	• Das zentral stehende Tor führt häufig zu unübersichtlichen Zusammenballungen der Spieler im Mittelstreifen des Spielfeldes.
• Stimuliert durch die beiden getrennt stehenden Tore nicht nur die Fähigkeit, die augenblickliche Spielsituation zu „lesen" und zu verstehen, sondern auch die richtige Entscheidung zur Lösung der Spielsituation zu finden.	• Das Beobachten, das Verstehen und die richtige Entscheidungsfindung werden erschwert.
• Fördert wie kaum ein anderes Spiel die Spielintelligenz, Wahrnehmungfähigkeit, Entscheidungsfindung, Fantasie, Vorstellungskraft und Kreativität.	• Für den Acht- und Neunjährigen gibt Fußball 7 weniger Anregungen zur Entwicklung der Spielintelligenz, weil die Fantasie und Kreativität durch das Spiel auf ein Tor weniger stimuliert werden.
• Genügend Spielraum und Zeit erlaubt ein konstruktives und kommunikatives Spiel	• Es gibt für den Ballbesitzenden weniger Zeit und Raum als im FUNiño, weil sich die Spieler meist um den Ball herum konzentrieren.
• Der junge Spieler lernt sehr schnell, weil immer die gleichen wenigen, fast identischen Spielsituationen wiederkehren.	• Bedingt durch mehr Spieler auf dem Feld, kommt es zu komplexeren Spielsituationen.
• Der Acht- und Neunjährige behandelt den Ball wie seinen besten Freund, mit Liebe und Takt. Es gibt kein wildes Wegkicken des Balls, um gefährliche Situationen zu bereinigen.	• Häufig wird der Ball ohne Sinn, ohne Genauigkeit, aber mit viel Wucht aus der Gefahrenzone heraus nach vorne gekickt. Es wird häufig gegen und nicht mit dem Ball gespielt.
• Die Dreieckformation erlaubt sowohl im Angriff wie auch in der Abwehr eine gute Kommunikation und Zusammenarbeit.	• Das Stellungsspiel der Spieler ist mehr spontanen Ursprungs als eine Folge logischer Überlegung.

FUNiño MIT VIER TOREN	FUSSBALL 7:7
• Es gibt keine festen Spielpositionen. Dadurch werden alle Spieler universal geschult.	• Der Spieler muss weniger vielseitig sein als beim FUNiño.
• Jeder Spieler erzielt mehr als ein Tor. Alle sind Hauptdarsteller des Spiels.	• Weniger Tore werden von wenigen Spielern erzielt.
• Genügend Zeit zum Wahrnehmen, Denken und zur Ausführung der gedachten Handlung führt zum intelligenten Spiel.	• Alle Spieler haben weniger Zeit zum Wahrnehmen, Analysieren, Denken und Handeln, was zu mehr Fehlern führt.
• Viele Ballkontakte, die dauernd visuelle, gedankliche und körperliche Mitarbeit fordern.	• Alle nehmen gedanklich und körperlich weniger am Spiel teil. Es gibt weniger Ballkontakte.
• Jeder, auch der schwächste Spieler, ist wichtig.	• Die schwächeren Spieler beteiligen sich weniger am Spiel.
• Im FUNiñospiel wird so Fußball gespielt, wie es die Erwachsenen tun.	• Der im 7:7 gezeigte Fußball ist dem Spiel der Erwachsenen weniger ähnlich, als dies beim FUNiñospiel der Fall ist.

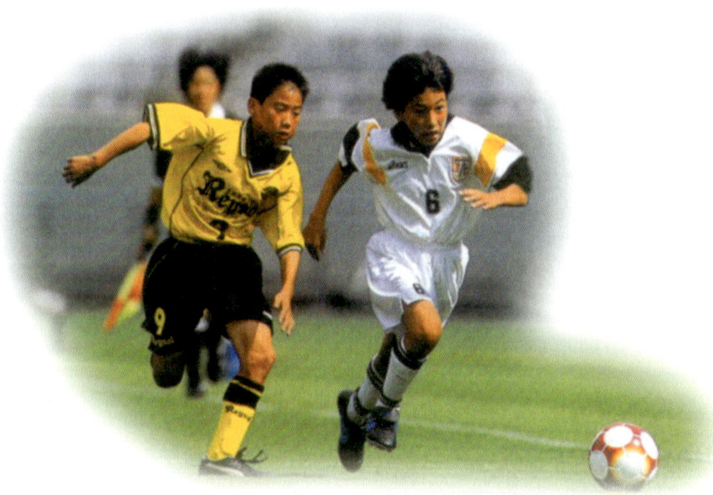

Mehr Vorteile, die für FUNiño und gegen Fußball 7 sprechen:

1. Sicherheit: Dadurch, dass sich weniger Spieler in der Nähe des Balls aufhalten, gibt es weniger Zusammenballungen und weniger gefährliche Situationen.

2. Mehr Freude durch intensivere Anteilnahme am Spiel und durch die Möglichkeit, in jedem Spiel zum Torerfolg zu kommen.

3. FUNiño braucht keine großen Spielflächen, sondern nur die Minimalausmaße eines Handballfeldes. Wenn auf einem regulären Fußballfeld gespielt wird, dann könnten auf acht Spielflächen gleichzeitig 64 Acht- und Neunjährige am Spiel teilnehmen.

4. FUNiño ist leichter zu lehren, weil es durch die wenigen Spieler und Regeln, die es gibt, für den Jugendtrainer leicht zu überschauen und zu analysieren ist.

5. FUNiño ist leichter zu lernen, weil weniger Spieler am Spiel teilnehmen und deshalb die weniger komplexen Informationen einfacher und schneller verarbeitet werden können. Jedem Spieler fällt es leicht, zu erkennen, wo er sich am besten im Feld positionieren sollte.

6. FUNiño hilft, neue Jugendliche für das Fußballspiel zu gewinnen. Es sind nur sechs Spieler notwendig, um ein Wettspiel durchzuführen. Deshalb ist es auch möglich, schon mit wenigen Spielern (als das im Fußball 7 der Fall wäre) ein Turnier oder Festival mit mehreren Spielen am Tag durchzuführen.

7. FUNiño mit vier Toren kann sehr vielseitig variiert werden, wodurch mehr als in den traditionellen Fußballwettspielen wichtige spielerische Fähigkeiten der jungen Spieler sowie die Vorstellungskraft, die Fantasie und die Kreativität geweckt werden können.

8. Schult und verbessert systematisch die Wahrnehmungsfähigkeit und Analyse der Spielsituationen.

9. FUNiño fördert mehr als alle anderen traditionellen Fußballwettkämpfe das Spiel ohne Ball.

10. Dadurch, dass jeder Spieler mehr Ballkontakte hat, werden technische Fertigkeiten, wie das Dribbeln, die Ballan- und -mitnahme, das Passen, das Umspielen, das Abwehren usw., besser geschult.

11. Der junge Spieler kann sich im FUNiño selbst korrigieren und ist nicht auf das „Feedback" seines Ausbilders angewiesen.

„Genauso wie im Straßenfußball hat der Trainer im FUNiño kaum Bedeutung. Je weniger er instruiert, desto mehr Erfahrungen machen seine jungen Spieler, die Zeit haben, das Spiel selbst zu entdecken."

III VORBEREITENDE SPIELE FÜR FUNiño ZUM ERLERNEN UND LEHREN TECHNISCHER UND INTELLEKTUELLER FÄHIGKEITEN

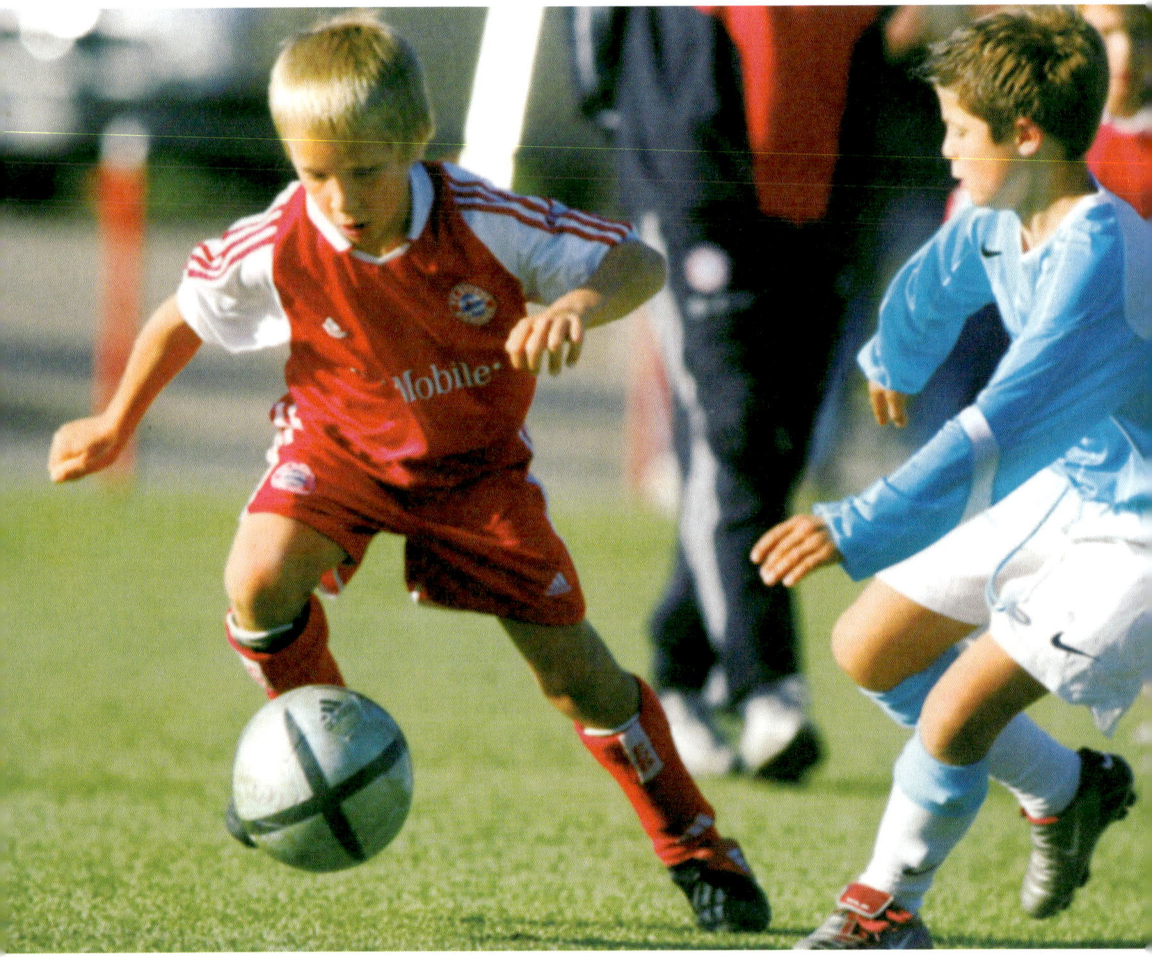

01 Minispiele 3:0

- Alle Dreiermannschaften üben getrennt voneinander auf dem FUNiño-feld. Ein Spieler jeder Mannschaft startet aus einem der beiden Tore. Der dritte Spieler startet aus der Mitte von der Grundlinie aus. Ohne einen Gegenspieler zu haben, führen sie über das gesamte Minifeld eine Kombination aus. Dabei muss jeder Spieler den Ball mindestens 1 x berühren, bevor er aus der Schusszone auf eines der beiden Tore geschossen wird.
- Ein Angriff endet mit einem Tor oder mit einem Seiten- oder Toraus.

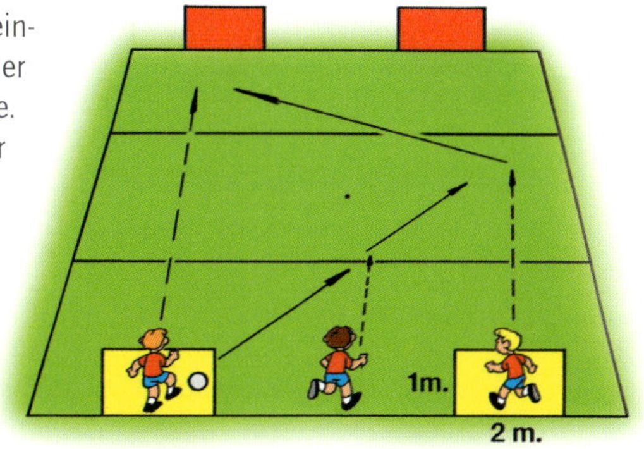

In diesem und in allen anderen 3:0-Spielen lernen die jungen Spieler, sich im Spielraum zu orientieren, den Ball untereinander sicher und schnell zu passen, ihn an- und mitzunehmen und ihn in der Schusszone präzise aufs Tor zu schießen. Der Trainer erklärt beim Üben schrittweise die Regeln des FUNiños.

3:0 mit Gegenstrom

- Jeweils zwei Dreiermannschaften starten zur gleichen Zeit im Gegenstrom von den gegenüberliegenden Endlinien. Es wird erst dann eine Pause eingelegt, wenn eine Mannschaft fünf Tore geschossen hat.
- Dieses Spiel schult die Wahrnehmung, d. h. das Sehen und Nutzen freier Räume.

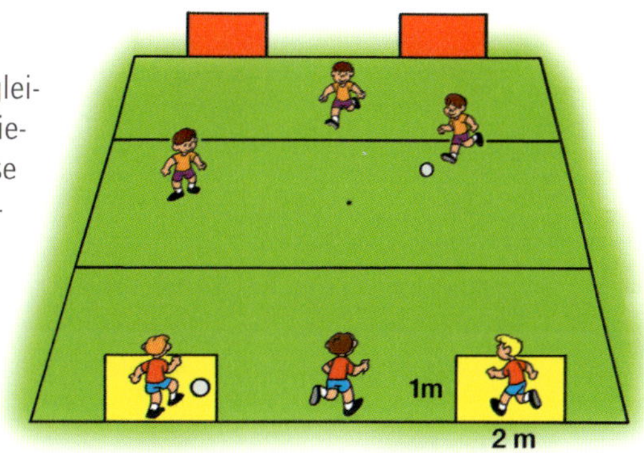

3:0 in Dreieckformation

- In diesem Spiel müssen sich die drei Spieler einer Mannschaft während des Angriffs stets in einer Dreieckformation befinden. Ein Tor wird für ungültig erklärt, wenn die Spieler vorher alle auf gleicher Höhe, d. h. horizontal oder in Linie, angegriffen haben.

Fragen und Antworten zur Entwicklung der Spielintelligenz

F.: Warum müsst ihr in einer Dreieckformation spielen?

A.: Eine Aufstellung im Dreieck bietet mehr Passmöglichkeiten.

- *Der Gegner hat weniger Möglichkeiten zum erfolgreichen Eingreifen.*
- *Selbst ungenaue Pässe können ankommen, ohne dass der Verteidiger eingreifen kann.*
- *Erleichtert ein direktes Weiterspielen des Balls.*
- *Erleichtert die aktive An- und Mitnahme des Balls.*

3:0 mit Positionswechsel

Um ein gültiges Tor zu erzielen, müssen die drei Angreifer während ihrer Kombination ihre Plätze tauschen, sodass im Augenblick des Torschusses jeder auf einer anderen Position spielt. Diese Variante ist wichtig, um das Hinterlaufen zu schulen.

Fragen und Antworten zur Entwicklung der Spielintelligenz

F.: Wohin genau müsst ihr den Ball spielen, um den Raum schnell überbrücken zu können?
A.: Immer in den Lauf des Mitspielers.

F.: Warum sollten alle Angriffspositionen immer besetzt sein?
A.: Um die gegnerische Abwehr weiter auseinanderzuziehen.

F.: Warum sollten Positionswechsel durchgeführt werden?
A.: Positionswechsel verwirren die Gegner und erschweren die Zuordnung der Spieler in der Abwehr.

- *Die Spieler lernen, dem eigenen Pass nachzulaufen und einen Mitspieler zu hinterlaufen. Durch Platzwechsel werden häufig Spielpositionen für nachrückende Spieler freigemacht.*
- *Lernen, sich im Spiel ohne Ball immer den Mitspielern anzupassen.*

3:0 – Ballan- und -mitnahme im Lauf

Ein Tor ist nur gültig, wenn alle Ballan- und -mitnahmen beim Angriff im Lauf ausgeführt werden.

Fragen und Antworten zur Entwicklung der Spielintelligenz

F.: Warum sollte der Ball möglichst immer in den Lauf des Mitspielers gepasst werden, wenn sich vor ihm kein Abwehrspieler befindet?
A.: Dadurch kann der Ballempfänger schneller in den Raum vor ihm eindringen, ohne dem hinzueilenden Verteidiger genügend Zeit zum Abwehren zu geben.

3:0 – Direktspiel

Ein Tor ist nur gültig, wenn jeder Spieler den Ball mindestens 1 x direkt und ohne vorhergehende Ballannahme abgespielt hat. Auch der Torschuss sollte möglichst direkt erfolgen.

Fragen und Antworten zur Entwicklung der Spielintelligenz

F.: Welche Gründe seht ihr, um den Ball direkt abzuspielen?
A.: Wenn der Gegner beim Anspiel zu nah steht, wenn das Angriffsspiel beschleunigt werden soll und um allen Abwehrspielern weniger Zeit zum Eingreifen zu geben.

F.: Wann kann der Ball direkt weitergespielt werden?
A.: Wenn er genau zugespielt wird und ein Mitspieler anspielbar ist.

F.: Wann spielst du keinen Direktpass und verzögerst dein Abspiel?
A.: Wenn das vorhergehende Zuspiel ungenau war, der Ball zu schnell ankommt oder sich kein Mitspieler anbietet.

3:0 – Spiel mit dem schwächeren Fuß

Ein Tor ist nur gültig, wenn der Ball im Angriff mindestens 1 x/2 x mit dem „schwachen" Fuß gepasst wurde.

3:0 – Wettkampf auf Zeit

Diese Variante ist ein Wettkampf zwischen allen Dreiermannschaften. Die Mannschaften sollen in möglichst kurzer Zeit ein Tor erzielen. Falls keine Stoppuhr vorhanden ist, kann auch Variante 1 (Spiel im Gegenstrom) angewandt werden. Dabei besteht aber die Gefahr von Zusammenstößen!

Durch geschickte Fragestellung sollte der Trainer seine Spieler zur bestmöglichen Angriffskombination führen. Dabei sollte er die Aufmerksamkeit der Spieler besonders auf den zuerst in Ballbesitz befindlichen Spieler sowie auf die Richtung und Anzahl der Pässe lenken.

Nach mehreren Versuchen lernen die Spieler, den Angriff stets mit dem rechten Außenspieler zu beginnen. Dieser passt den Ball zum mittleren Stürmer, der ihn im Lauf in der Spielfeldmitte erhält und sofort zum linken Außenspieler in die Schusszone spielt, der den Ball dann direkt auf das Tor schießt.

02 Minispiele 3:1

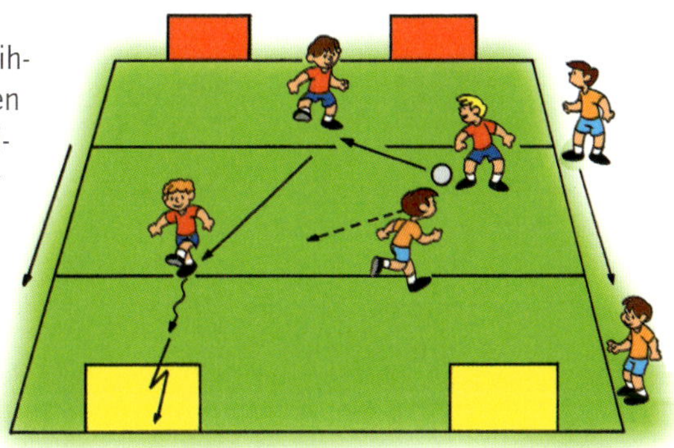

Drei Spieler einer Mannschaft spielen von ihrer Grundlinie aus auf die zwei gegnerischen Minitore, die von nur einem Gegner verteidigt werden. Entweder verteidigt immer der gleiche Spieler oder einer der beiden außerhalb des Spielfeldes wartenden Mitspieler löst ihn ab.

Wenn der Abwehrspieler den Ball erobert, muss er ihn so schnell wie möglich durch eines der beiden gegenüberstehenden Tore passen, bevor ihn die drei Stürmer dabei stören können.

Nach 10 Angriffen wechseln beide Mannschaften ihre Positionen und Funktionen.
Statt eines Abwehrspielers verteidigt ein Torwart beide Tore.

Fragen und Antworten zur Entwicklung der Spielintelligenz

Anmerkung: Der Trainer sollte die Spieler durch geschicktes Fragen zur korrekten Lösung (richtigen Antwort) führen und ihnen zeigen, wie man das Spiel „liest".

F.: Welcher der drei Angreifer sollte am besten den Ball führen, wenn der Verteidiger den Ballbesitzenden angreift?

A.: Am besten der mittlere Angreifer, der die besten Passmöglichkeiten besitzt.

F.: Wann muss der Ball abgespielt werden?

A.: Nicht zu früh und nicht zu spät, immer dann, wenn sich der Verteidiger für den Ball interessiert und angreift. Wenn der Zeitpunkt des Passes vom Zuspieler richtig gewählt wurde, kann der Verteidiger den angespielten Angreifer nicht mehr rechtzeitig attackieren (Grundlage eines erfolgreichen 2:1). Außerhalb des Aktionsraums des Verteidigers (dieser sollte durch einen Grätschschritt des Verteidigers in alle Richtungen veranschaulicht werden), der sich jedoch beim Dribbeln durch Zurückweichen verändern kann.

F.: Wo sollte sich der mittlere Angreifer aufhalten, wenn der Ball bei einem Außenstürmer ist?
A.: Wenn der Verteidiger den Außenstürmer angreift, sollte der mittlere Angreifer zurückbleiben oder sich für einen Steilpass hinter dem Verteidiger anbieten. Der auf der entgegengesetzten Seite spielende Außenstürmer muss sich immer dem Spiel (ohne Ball) des mittleren Angreifers anpassen.

F.: Worauf müssen die angreifenden Mitspieler achten?
A.: Sie müssen sich weit genug vom Verteidiger entfernt anbieten. Außerdem sollten sie etwa auf Ballhöhe des Ballführenden sein, um den Ball außerhalb des Aktionsradius des Abwehrspieler im Lauf in die gewünschte Spielrichtung mitnehmen zu können.

F.: Worauf muss beim Abspielen des Balls noch geachtet werden?
A.: Kurz vor dem Eindringen in den Aktionsraum des Abwehrspielers sollte der Angreifer:
- *die Abspielrichtung nicht anzeigen, sondern durch Fuß- oder Körperstellung den Verteidiger „verladen".*
- *den Ball schräg in den Lauf des Mitspielers passen, der ihn auf gleicher Höhe mit dem Verteidiger empfängt.*
- *sofort nach dem Abspiel weiterhin am Spielgeschehen teilnehmen, d. h. nachlaufen, hinterlaufen oder sich erneut anbieten.*
- *den Ball möglichst in die entgegengesetzte Richtung zur Dribbelrichtung abspielen, weil dort der gerade angespielte Mitspieler weiter vom Abwehrspieler entfernt ist und damit Zeit für seine nächste Aktion hat.*

F.: Was sollte der Ballbesitzende tun, wenn der Raum auf dem Weg zum Tor frei ist oder sich plötzlich öffnet?
A.: Er muss schnell in den freien Raum dribbeln und den Angriffsabschluss suchen.

F.: Wie müssen sich die Mitspieler ohne Ball verhalten?
A.: Sie sollten sich immer außerhalb des Aktionsradius des Verteidigers in einer optimalen Position vor einem der beiden Tore anbieten. Die Art und Weise, wie und wen der Verteidiger gerade angreift, bestimmt ihr Spiel ohne Ball.

F.: Was ist besser in der 3:1-Kombination, ein, zwei oder drei Pässe zu spielen?
A.: Pässe, die keinen Raumgewinn bringen (d. h. nicht in den Lauf des Mitspielers gerichtet sind), sind überflüssig. Damit die Überzahl nicht verloren geht, sollten so wenige Pässe wie möglich gespielt werden. Am besten wäre es, die Spielsituationen mit einer schnellen Ballführung zum Verteidiger hin und einem einzigen, zum richtigen Zeitpunkt ausgeführten Schrägpass zum mitlaufenden Mitspieler zu lösen!

F.: Wie sollte sich am besten der einzige Verteidiger verhalten?
A.: Er sollte den mittleren Angreifer so früh wie möglich zum Abspiel des Balls zu einem Außenstürmer verleiten, da er an der Seitenlinie, wo das Spiel des Außenstürmers beschränkt ist, bessere Abwehrmöglichkeiten besitzt als in der Mitte des Feldes. Er sollte nur dann eingreifen, wenn der Ball für einen Augenblick zu weit vom Fuß des Angreifers entfernt ist.

3:1 auf beiden Seiten

- Eine Dreiermannschaft in der Mitte des Spielfeldes greift abwechselnd die beiden oberen und unteren Tore an, die von jeweils einem Abwehrspieler verteidigt werden. Der Abwehrspieler, der ein Tor zulässt, sollte immer vom dritten Spieler seiner Mannschaft ausgewechselt werden.
- Nach 10 Angriffen 3:1 wechseln die Positionen und Funktionen beider Mannschaften.
- Ein Angriff endet bei einem Ballaus, einem Tor oder wenn der Abwehrspieler nach einer Balleroberung seinen Mitspieler im gegenüberstehenden Tor mit oder ohne Erfolg anspielt.
- Zum besseren Lernen sollte der Trainer den Angreifern in der Schusszone nur ein direktes Spiel oder direkte Torschüsse erlauben.

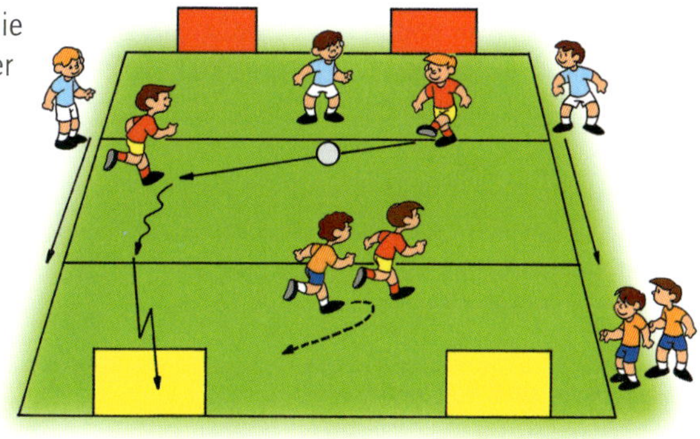

- Ein Torerfolg ist auch nach „Zurückerobern" des Balls möglich.

3:1 – Dreieckbildung mit speziellen Regeln

Siehe das erste Minispiel 3:1. Ein Tor ist nur gültig,

- wenn die drei Stürmer während des Angriffs ein Dreieck bilden (also nicht auf gleicher „Höhe" spielen),
- oder wenn der Ball mindestens 2 x mit dem linken Fuß gespielt wird,
- oder alle Ballannahmen im Lauf erfolgen.

Siehe die Fragen beim Spiel „3:0 mit Dreieckformation".

3:1 – Wettkampf auf Zeit

- Die Dreiermannschaft, die in kürzester Zeit ein gültiges Tor schießt, gewinnt den Wettkampf.

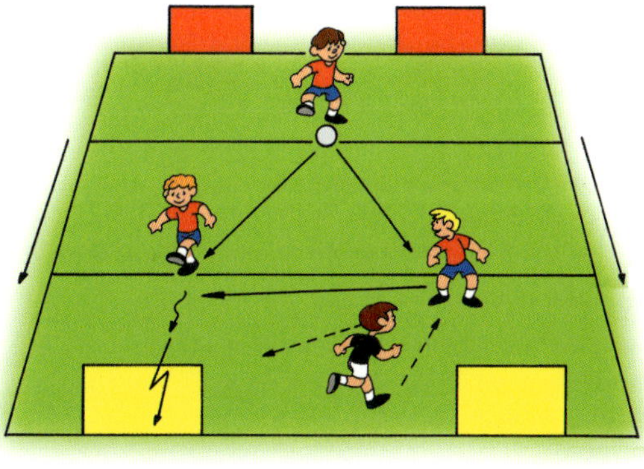

Fragen und Antworten zur Entwicklung der Spielintelligenz

Siehe auch die Anmerkung zur Fragestellung beim Spiel „3:0 – Wettkampf auf Zeit"

F.: Wo sollte sich am Anfang des Angriffs der Ball befinden?
A.: Der Ball sollte am besten beim mittleren Angreifer sein.

F.: Wie sieht der erfolgreichste aller 3:1-Angriffe aus?
A.: Eine schnelle Ballführung des Mittelstürmers zum Verteidiger, den er am besten aus seiner zentralen Stellung herauslockt, mit einem genauen Abspiel zum richtigen Zeitpunkt in den Lauf des am weitesten von ihm entfernten Außenstürmers. Dieser schießt den Ball in der Schusszone direkt, d. h. ohne Ballannahme, aufs Tor.

3:1 + 1 zusätzlicher Abwehrspieler von hinten

Die drei Stürmer spielen gegen einen Verteidiger vor den Toren und einen zweiten, der sich 8 m bzw. 6 m oder 4 m hinter ihnen befindet. Bei der ersten Ballberührung der Stürmer versucht dieser, seinem Mitverteidiger zu Hilfe zu kommen. Der dritte Abwehrspieler wird beim nächsten Angriff als neuer Verteidiger hinter den drei Stürmern eingewechselt.

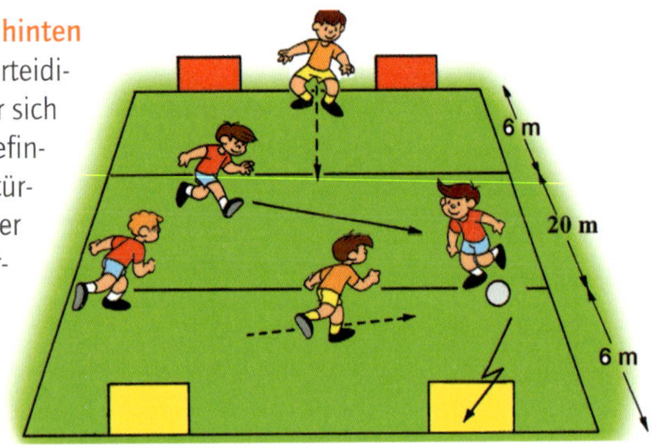

Fragen und Antworten zur Entwicklung der Spielintelligenz

F.: Wie viele Pässe sind notwendig, um zum Torerfolg zu kommen?
A.: Je weniger Pässe gespielt werden, umso besser. Es darf keine Zeit verschwendet werden, die es der Abwehr erlaubt, sich zu formieren. Besonders Pässe, die unnötig sind und keinen Raumgewinn bringen, sollten vermieden werden. Mit einem Ballführen oder Dribbling und einem gezielten Zuspiel sollte einer der beiden Mitspieler zum Torerfolg kommen, bevor ihn der von hinten ankommende Verteidiger erreichen kann.

F.: Welcher Spieler sollte am Anfang des Angriffs in Ballbesitz sein?
A.: Um am wenigsten Zeit beim Schnellangriff zu verlieren, sollte am besten der mittlere Spieler in Ballbesitz sein.

F.: Wie beginnt ein mittlerer Angreifer den Schnellangriff? Mit einem Zuspiel nach außen oder mit einem schnellen Ballführen?
A.: Am besten mit einer Ballführung und nicht sofort mit einem Pass in den Lauf eines seiner beiden Außenstürmer, weil dann der Verteidiger meist noch Zeit zum Eingreifen hat.

F.: Wann muss der Angreifer den Ball abspielen?
A.: Immer dann, wenn er einen Verteidiger vor sich hat, der sich für den Ball interessiert, d. h. ihn angreift.

F.: Welche Faktoren bestimmen das Abspiel des Mittelstürmers?
A.: Das Verhalten des Verteidigers, die Richtung und Geschwindigkeit des nachlaufenden zweiten Verteidigers, die Positionen seiner beiden Mitspieler im Feld in Beziehung zur Stellung des Verteidigers und zur Position der beiden Minitore.

F.: Sollte der ballannehmende Mitspieler den Ball in der Schusszone zuerst annehmen oder sollte er ihn besser direkt aufs Tor schießen?
A.: Um den Verteidigern weniger Zeit für die Abwehr zu erlauben, wäre es am besten, den Ball direkt ins Tor zu schießen.

3:1 + 2 zusätzliche Abwehrspieler von hinten

Der Zeitdruck auf die drei Angreifer wächst durch zwei zusätzliche Abwehrspieler, die in einer Position 8 m, dann 6 m und später 4 m hinter ihnen stehen. Im Augenblick der Ballberührung duch einen Angreifer eilen sie ihrem vor dem Tor stehenden Verteidiger zu Hilfe. Ziel der Angreifer ist es, während des gesamten Angriffs die Überzahl von 3:1 durch schnelles Laufen und Bewegen des Balls beizubehalten, den Ball genau und zum richtigen Zeitpunkt abzuspielen und so schnell wie möglich zum Torabschluss zu kommen.

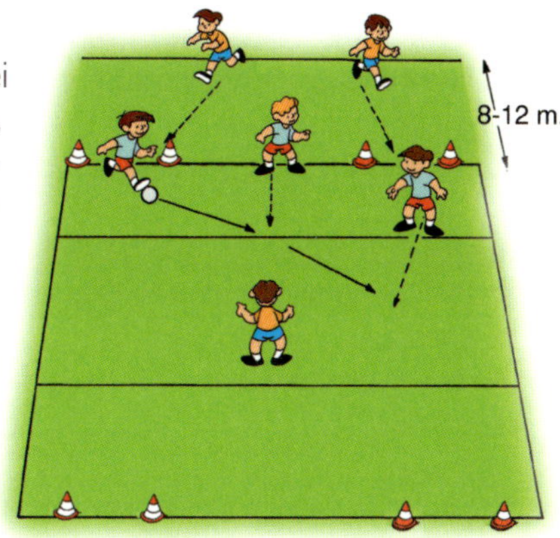

Fragen und Antworten zur Entwicklung der Spielintelligenz

F.: Wie beeinflusst die Stellung der beiden hinter den Stürmern agierenden Verteidiger das Angriffsverhalten der drei Stürmer?
A.: Nachdem der ballbesitzenden Angreifer die Position von beiden Abwehrspielern hinter seinen Stürmern wahrgenommen und analysiert hat, weiß dieser, welcher der beiden Außenstürmer am weitesten von ihnen entfernt ist. Dieser Spieler sollte beim Eingreifen des ersten Verteidigers den Pass in seinen Lauf bekommen, um ihn dann in der Schusszone direkt aufs Tor zu schießen.

F.: Greifen die von hinten kommenden Verteidiger den ballführenden Spieler an oder machen sie besser seine Passwege zu?
A.: Während der erste Verteidiger versucht, den individuellen Angriff des mittleren Angreifers zu verzögern, eilen seine beiden Mitverteidiger herbei, um Passwege zu schließen. Die drei Abwehrspieler sollten lernen, sich vor dem Angriff abzustimmen.

F.: Wie beeinflusst der letzte Abwehrspieler das Angriffsspiel?
A.: Durch Zurückweichen sollte er das Angriffsspiel verlangsamen und den Ballbesitzenden dazu zwingen, den Ball nicht abzuspielen.

Wenn er nicht genau in der Spielfeldmitte, sondern mehr auf einer Seite verteidigt, wird der Ball meistens zum von ihm am weitesten entfernten Angreifer in den Lauf gepasst. Beide Verhaltensweisen sollte der Verteidiger bewusst anwenden, um den Angreifer dazu zu zwingen, das zu tun, worauf er vorbereitet ist!

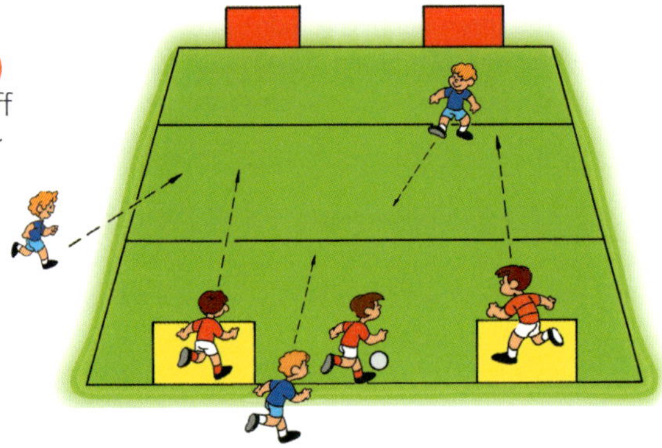

3:1 + 2 zusätzliche Abwehrspieler (einer seitlich und einer von hinten)

Drei Stürmer starten ihren Angriff gegen einen Verteidiger von der Grundlinie aus. Während der erste Verteidiger vor den beiden Toren agiert, greift ein zweiter 8 m oder 6 m hinter ihnen ins Spiel ein. Ein dritter Verteidiger eilt dem Verteidigerpaar aus verschiedenen Positionen (6-10 m außerhalb des Spielfeldes) von einer Seite zu Hilfe. Sobald die Angreifer den Ball berühren, setzen sich alle Abwehrspieler in Bewegung, um ein Tor zu verhindern.

Fragen und Antworten zur Entwicklung der Spielintelligenz

F.: Welcher Angreifer hat zu Beginn des Angriffs die besten Möglichkeiten, zum Torerfolg zu kommen?
A.: Derjenige Stürmer, der im Augenblick eines Abspiels am weitesten von den drei Verteidigern entfernt ist.

F.: Wann und wohin sollte der mittlere Angreifer den Ball am besten passen?
A.: Erst in dem Augenblick, wenn sich der letzte Verteidiger für den Ball interessiert, sollte das Abspiel zu dem Mitspieler ausgeführt werden, der sowohl von dem von der Seite als auch von dem von hinten angreifenden Verteidiger am weitesten entfernt ist.

„Es ist wichtig, den Ball in Besitz zu haben, aber noch wichtiger ist es, zu wissen, was man am besten mit ihm anfängt."

03 Minispiele 3:2

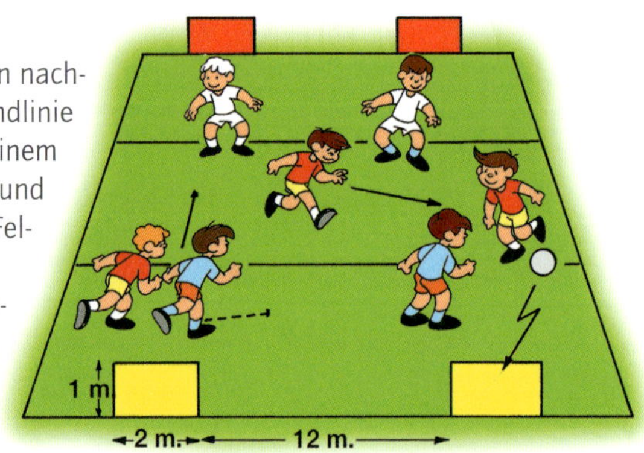

Verschiedene Dreiermannschaften greifen nacheinander die beiden Tore auf jeder Grundlinie an. Am Anfang werden die Tore von je einem Verteidiger innerhalb jeder Schusszone und einem Mittelfeldspieler im Zentrum des Feldes angegriffen.

Später wird die räumliche Beschränkung aufgehoben (siehe Illustration).

Wie viele Tore können die drei Angreifer gegen die beiden Abwehrspieler erzielen, ohne den Ball dabei zu verlieren oder ihn ins Aus rollen zu lassen?

Ein Angriff endet bei einem Torerfolg, bei einem Ausball oder dann, wenn sich die Verteidiger 1 x den Ball zuspielen können oder ihn auch zu einem Verteidiger der gegenüberliegenden Seite passen können.

Fragen und Antworten zur Entwicklung der Spielintelligenz

F.: Welche Aspekte bedingen das Zusammenspiel der drei Stürmer?

A.: Das Zusammenspiel hängt nicht nur vom Stellungsspiel der Mitspieler des Ballbesitzenden ab, sondern auch von der Position beider Verteidiger zu ihnen, ihrer Stellung in Beziehung zu den Minitoren und im Augenblick des ersten Eingreifens eines Abwehrspielers.

F.: Auf welcher Angriffsseite kann die 2:1-Situation am leichtesten gelöst werden?

A.: Allgemein gesprochen dort, wo der Verteidiger zuerst eingreift und sich der Mitspieler am besten anbietet. Wichtig ist auch, die 2:1-Situation dort hinzuverlegen, wo der zweite Verteidiger dem ersten nicht mehr zu Hilfe eilen kann. Der Ballbesitzende kann das leicht durch die Richtung seines Dribbelns zu einem Verteidiger hin manipulieren.

Am effektivsten ist das 2:1, wenn der Ball beim mittleren Spieler ist, da von ihm die Pässe und Zuspieltäuschungen leichter auszuführen sind (Pass mit dem rechten Außenrist oder Pass- und/oder Körpertäuschung mit nachfolgendem Eindringen in die Mitte).

F.: Welcher Angreifer hat die beste Möglichkeit zum Torerfolg?

A.: Meistens der, der über die Außenbahn kommt. Da der Verteidiger zuerst einen Durchbruch des ballführenden Mittelangreifers in der Mitte verhindern muss, wird nach dem Dribbeln des Balls nach innen ein Pass auf die Außenbahn ermöglicht. Der Verteidiger wird also durch die Dribbelrichtung „manipuliert" und zu einem Fehlverhalten gezwungen.

Immer, wenn der mittlere Angreifer auf einen der beiden Verteidiger zudribbelt, sollte sich sein Mitspieler auf der gleichen Seite nach außen zum 2:1 seitlich absetzen. Dann bekommt er den Ball, ohne dass der zweite Verteidiger noch Möglichkeiten zum Aushelfen hat.

3:1 + 1 Torwart

- Eine Dreiermannschaft greift die beiden Tore auf jeder der beiden Grundlinien des Minifeldes an. Die Tore werden von einem Abwehrspieler und von einem Torwart verteidigt. Der Torhüter darf nur in der Schusszone spielen.
- Es können auch mehrere Dreiermannschaften hintereinander in der gleichen Richtung angreifen, um gegen den Verteidiger und den Torwart einer verteidigenden Dreiermannschaft (der dritte Spieler wird nach jedem neuen Angriff rotierend eingewechselt) in 10 Angriffen mehr Tore zu schießen. Das Turnier ist beendet, wenn alle Dreiermannschaften verteidigt haben.

Fragen und Antworten zur Entwicklung der Spielintelligenz

F.: Worauf muss der Ballbesitzende achten, bevor er den Pass spielt?

A.: Er sollte vor seinem Pass nicht nur das Stellungsspiel des Verteidigers, sondern besonders auch das des Torwarts berücksichtigen.

3:2 – Wettspiel auf Zeit

Es gewinnt die Dreiermannschaft, die bei einem Angriff 3:2 die wenigste Zeit braucht, um ein Tor zu erzielen. Dem Ausbilder wird empfohlen, das Tor nicht zu geben, wenn die drei Stürmer während ihres Angriffs auf gleicher Höhe spielten.

Siehe die Fragen zu den Spielen „3:0 und 3:1 – Wettspiel auf Zeit".

3:2 und 3:1

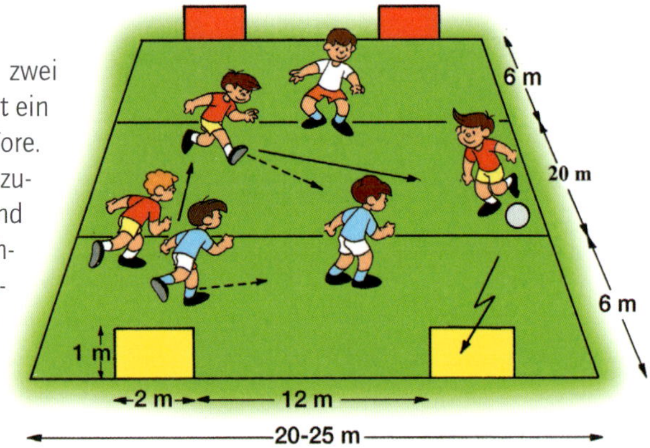

Während ein Paar von Minitoren von zwei Abwehrspielern bewacht wird, verteidigt ein einzelner Spieler die anderen beiden Tore. Die drei Stürmer greifen abwechselnd zunächst die von einem und anschließend die von den zwei Verteidigern bewachten Tore an. Nach 10 Angriffen tauschen beide Dreiermannschaften ihre Plätze und Aufgaben.

Ein Angriff ist beendet, wenn die drei Verteidiger unter sich einen Pass spielen können, der Ball im Aus oder im Tor ist. Es gewinnt die Mannschaft, die nach 10 Angriffen die meisten Tore erzielt hat.

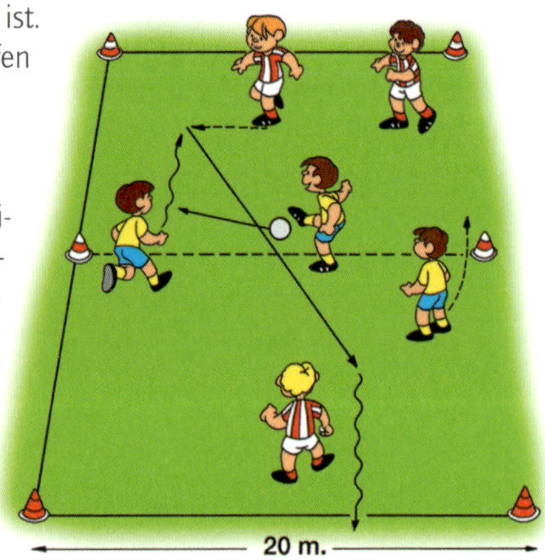

Variante mit Läufer:
Nach jeder Abwehr des Verteidigerpaares läuft einer von ihnen zu seinem Mitspieler auf der gegenüberliegenden Seite und schafft dort eine neue 3:2-Situation. Auf diese Weise wird das breite Tor in jeder Spielfeldhälfte immer von zwei Abwehrspielern verteidigt. Welcher der beiden Dreiermannschaften gelingt es, hintereinander mehr Tore zu schießen?

Anstatt wie immer auf zwei Minitore zu spielen, werden ausnahmsweise auf 20 m breite Tore 10 Angriffe ausgeführt.

3:1 + Torwart und ein Abwehrspieler von hinten

„Ein Milligramm Gehirn wiegt im Fußball mehr als ein Kilogramm Muskeln."

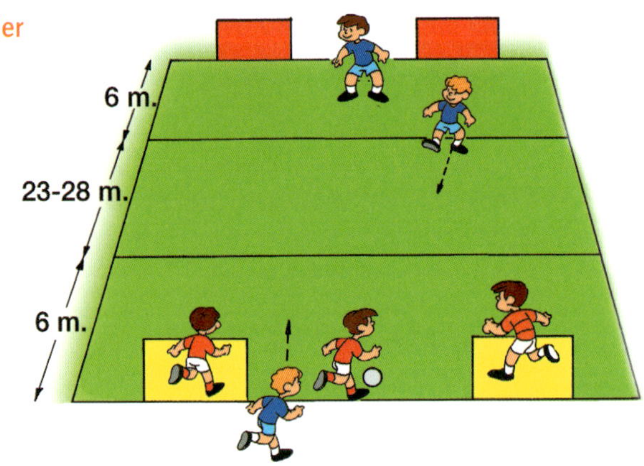

1 Über die Notwendigkeit, Fragen zu stellen

Der Lehr- und Lernprozess im Fußball ist eine kommunikative Beziehung zwischen Lehrer und Schüler. **Anstatt einen Monolog zu führen, der die Spieler zur Untätigkeit verurteilt, sollte der Trainer besser einen Dialog zwischen beiden anstreben.** Zu viele Fußballtrainer haben leider immer noch die Gewohnheit, ihren Schülern alles das mizuteilen, was sie wissen. Ihre häufigen Instruktionen oder Befehle zur Ausführung einer bestimmten Handlung sollten durch eine systematische Stimulation, durch Aufzeigen von verschiedenen Problemen ersetzt werden. Dies fordert die jungen Spieler zum Nachdenken und zu einer aktiven Mitarbeit auf, bis sie ohne oder mithilfe des Trainers zur Lösung des Problems gekommen sind.

Ein guter Jugendtrainer teilt seinen Schülern praktisch gar nichts mit, sondern leitet sie nur mit geschickter Fragestellung Schritt für Schritt zur eigenen Lösung eines Spielproblems. Erst durch eine geschickte Fragestellung durch den Lehrer (wobei Folgefragen eingeschlossen sind) wird dem Schüler ein Problem im Spiel bewusst. Es wird dann dank seiner optimalen Wahrnehmungsfähigkeit und korrekten Entscheidungsfindung gelöst, bevor dann schließlich seine mentale Lösung in die Praxis umgesetzt wird (z. B. den Pass spielen oder den Ball halten oder dribbeln). Bei der Entscheidungsfindung wendet der Spieler seine Fußballkenntnisse und seine Erfahrungen, die er in ähnlichen Spielsituationen gewonnen hat, sofort an. Das Verstehen des Spielproblems kann dann auch durch eine zusätzliche Demonstration durch den Trainer ergänzt werden, bis alle Spieler das Problem erkannt und die richtige Lösung der Spielaufgabe gefunden haben.

„Man sollte nie aufhören, Fragen zu stellen."

Albert Einstein

Durch geschickte Fragestellung sollten die verschiedensten Spielsituationen sowohl im Angriffs- also auch im Abwehrverhalten aus verschiedenen Blickwinkeln gesehen und dann klargestellt werden. Hier sind einige Voraussetzungen und Vorschläge für die Fragestellung:

- Als Ausgangspunkt ist es für den Trainer wichtig, die verschiedenen Lernziele eines vereinfachten Fußballspiels zu kennen.
- Anstatt zu instruieren, Befehle oder Lösungen zur Ausführung einer Handlung zu geben („Passe den Ball nach rechts!"), sollte der Trainer besser Fragen stellen oder den Schülern Probleme aufzeigen.
- **Stelle weniger „geschlossene" Fragen, die nur mit „Ja" oder „Nein", „Links" oder „Rechts" beantwortet werden können, und bevorzuge fast immer „offene" Fragen, die zur Reflexion anleiten. Fragen, die mit „Wie?", „Wo?", „Wann?", „Wohin?" oder „Wie viele?" beginnen, regen mehr zum Nachdenken an.**
- Stelle Fragen, die für die Spieler interessant genug und ihrer Spielerfahrung angemessen sind.

- Nach dem Anhören verschiedener Antworten sollte der Trainer den Dialog mit seinen Schülern mit **Folgefragen** fortsetzen, bis eine befriedigende gedankliche Lösung des Problems gefunden wurde.

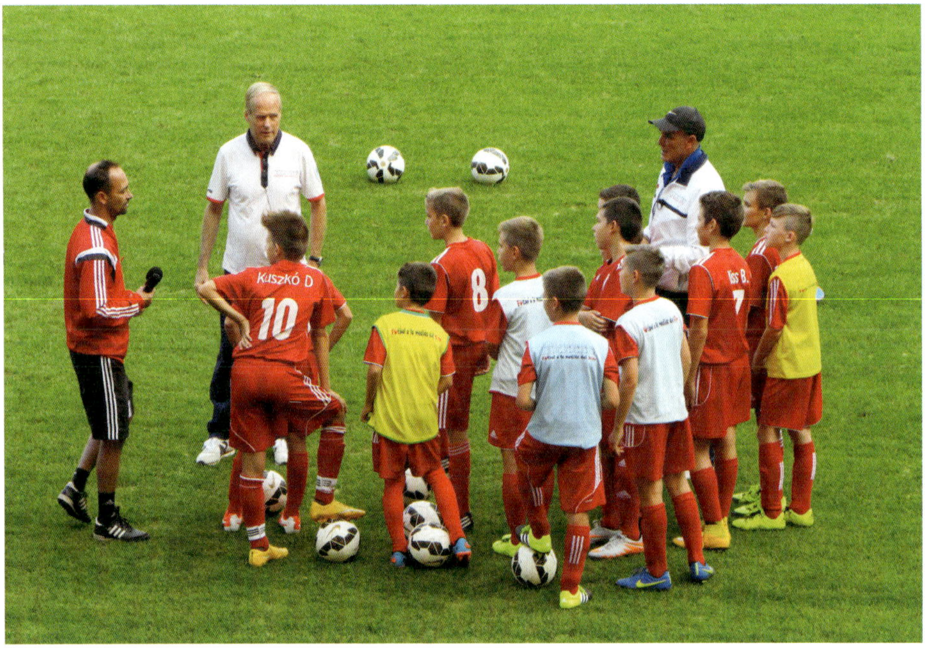

Hier einige **offene Fragen** für bestimmte Spielsituationen:

- Wie beeinflusst das Stellungsspiel eines Abwehrspielers das Angriffsverhalten des Ballführenden?
- Wann spielst du den Ball am besten ab?
- Warum spielst du den Ball nach rechts und nicht nach links?
- Welche Nachteile siehst du, wenn der Ball zu früh (zu spät) abgespielt wird?
- Wie soll der Verteidiger den ballführenden Spieler angreifen?
- Wie beeinflusst die Geschwindigkeit des gepassten Balls unser Angriffsspiel?
- Was wird passieren, wenn der Ball zu langsam läuft?
- Wie sollte der Ball vom Mitspieler angenommen werden? Mit welchem Fuß?
- Wie stellt sich ein Stürmer am besten zum deckenden Verteidiger, um den Ballbesitz zu sichern?
- Was passiert, wenn der Abwehrspieler seine Abwehraktion verzögert?

„Übungen zur Technikverbesserung anzubieten, ist zweifellos wichtig, aber sie ohne jeglichen Bezug zum Spiel zu praktizieren, ist nicht attraktiv, denn der Lernende braucht immer eine Referenz zum Spiel, um sich zu motivieren."

Brenda Read

2 Test der Spielfähigkeit im FUNiño

01 1:1 (Spieler Nr. 1 gegen 2, 3 gegen 4 und 5 gegen 6)

- Jeder der am Test teilnehmenden sechs Spieler bekommt eine Nummer von 1-6. Das Los entscheidet, wer gegen wen im ersten Test spielt. Der jüngere Spieler bekommt zuerst den Ball zugesprochen, den er von seiner Grundlinie aus durch das Feld und später durch eines der beiden gegenüberliegenden Hütchentore dribbeln muss, während sein Gegenspieler von seiner Grundlinie aus mit der Abwehr des Einzelangriffs beginnt, um seinerseits nach der Balleroberung ein Tor zu erzielen.
- Nach einem Tor oder Toraus erholen sich beide Spieler lange genug hinter ihrer Torlinie, während die anderen Paare ihre Duelle ausführen. Anschließend kommt es zu ihrem zweiten Duell, mit dem Spieler in Ballbesitz, der ihn zuvor nicht zugesprochen bekam.
- Wer zuerst drei gültige Tore erzielen kann, gewinnt das Duell und bekommt für den Test 1 Punkt.

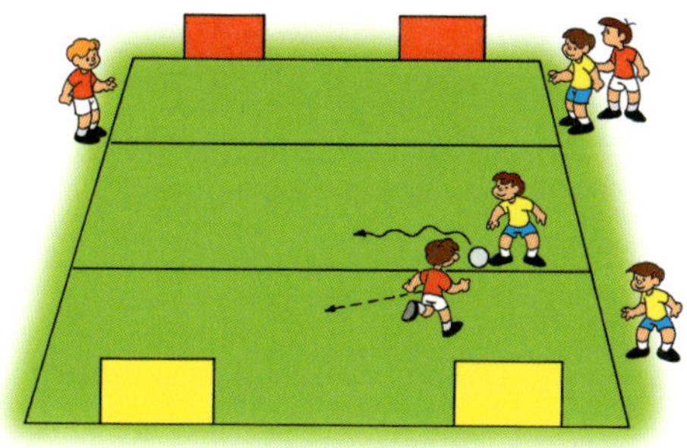

Fragen und Antworten zur Entwicklung der Spielintelligenz

F.: Welche Fehler begeht der Angreifer am häufigsten?

A.: Er läuft auf den Verteidiger zu, anstatt ihn schräg anzulaufen, um ihn zum Laufen zu zwingen.

- *Er dringt in seinen Aktionsradius ein.*
- *Er führt keinen Tempowechsel zum richtigen Zeitpunkt aus.*
- *Er legt sich den Ball zu weit vor.*

F.: Wie kommt der Stürmer im „1:1" am besten zum Erfolg?

A.: Er dringt in einen vom Verteidiger nicht gedeckten Raum ein, um ihn zu „bewegen".

Er sollte den Ball immer mit dem vom Verteidiger entfernten Fuß führen und seinen Körper zwischen Ball und Gegner bringen, d. h. den Ball abschirmen.

F.: Wie verhält sich der Abwehrspieler am besten?

A.: Er stellt sich nicht frontal zum Angreifer, sondern zwingt diesen dazu, in die gewünschte Richtung auf das rechte oder linke Tor zu dribbeln. Er sollte den Angreifer begleiten und auf den besten Zeitpunkt zum Eingreifen warten.

02 2:2 (Spieler 1-2-3 gegen die Spieler 4-5-6)

- Zwei Spieler einer Dreiermannschaft bestreiten das zweite Spiel, während der dritte außerhalb des Minifeldes wartet, bis eine der beiden Zweiermannschaften zum Torerfolg gekommen ist. In diesem Augenblick kommt es in beiden Mannschaften automatisch zum rotierenden Spielerwechsel.

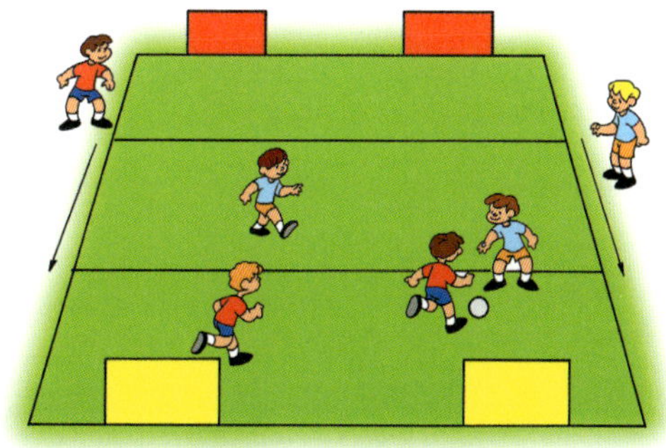

- Im Zweifelsfall werden die offiziellen Regeln des FUNiños angewandt.
- Jede Dreiermannschaft (2+1) versucht, in drei Spielzeiten von je drei Minuten mehr Tore zu erzielen. Jedes Mitglied der siegreichen Mannschaft bekommt 2 Punkte für den Test gutgeschrieben.

Fragen und Antworten zur Entwicklung der Spielintelligenz

F.: Welche Kombination führt am besten/am häufigsten zum Torerfolg?

A.: Mit dem Ball diagonal auf den „nicht persönlichen" (den anderen) Abwehrspieler zulaufen, um dann mit dem nach außen rückenden Mitspieler eine 2:1-Situation zu schaffen.

03 3:3 (Spieler 1-2-4 gegen die Spieler 3-5-6)

Es gelten die offiziellen Regeln des FUNiños. Es gewinnt die Mannschaft, die nach 3 x 3 Minuten Spielzeit mehr Tore schießt. Jedes Mitglied der siegreichen Mannschaft bekommt für den Test 3 Punkte gutgeschrieben.

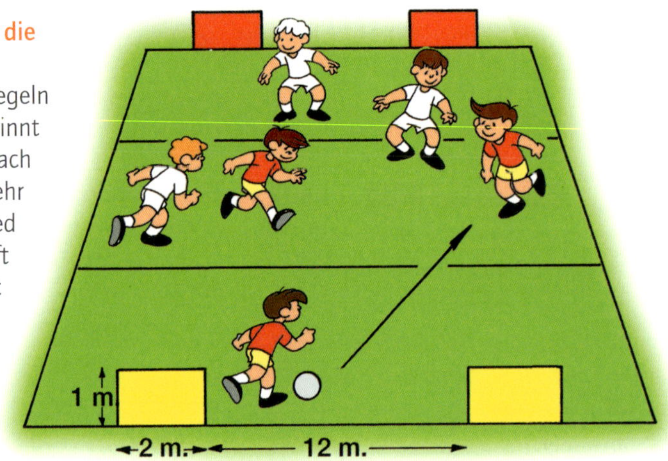

Ermittlung der Sieger

- Der Spieler mit der höchsten Punktzahl gewinnt den Test der Spielfähigkeit im FUNiño.
- Im Falle von Punktgleichheit gibt es zwischen den beiden oder drei Spielern Duelle im 1:1, die mit einem Hochball beginnen.
- Sollten 12 Spieler zur Verfügung stehen, dann werden zwei Gruppen von je sechs Spielern gebildet, wobei sich die ersten Drei jeder Gruppe für das Finale qualifizieren, während die letzten Drei die Trostrunde ausspielen. Bei 18 Spielern gibt es drei Testgruppen und die ersten Zwei jeder Gruppe qualifizieren sich für das Finale beim nächsten Training, die auf Platz drei und vier Platzierten für das B-Turnier und die auf dem fünften und sechsten Platz endenden Spieler für das C-Turnier.

„Wenn sich in einem Spieler Intelligenz, Schnelligkeit und Wille vereinigen, dann haben wir es mit einem großen Talent zu tun, das jedoch ohne häufiges Üben verdorrt."

3 Der FUNiño pentathlon

Einführung

Eine vielseitige motorische Ausbildung und Erfahrungssammlung im für sie besten Lernalter (zwischen acht und 12 Jahren) erlaubt es den Spielern später, neue, komplizierte technisch-taktische Abläufe schnell und besser zu lernen sowie effektiver zu variieren.

Anstatt den Kindern und Jugendlichen ein einseitiges und nur fußballspezifisch ausgerichtetes Training anzubieten, sollten sie so häufig wie möglich mit einem allgemeinen und vielseitigen sportspezifischen Lern- und Lehrprogramm geschult werden. Um dies zu erreichen, ist es notwendig, die Struktur der traditionellen Wettspiele, in der nur Fußball gespielt wird, infrage zu stellen und sie zu verändern.

Der Pentathlon für FUNiño ist hierfür ein Beispiel. Er beinhaltet drei vereinfachte Fußballspiele und zwei kleine Sportspiele zur Verbesserung motorischer und koordinativer Fähigkeiten. Zwei Dreier- oder Vierermannschaften bestreiten ihn.

Die fünf Wettkämpfe des Fußballpentathlons dauern ungefähr eine Stunde. Sieger des Pentathlons wird die Dreiermannschaft (ohne und mit Auswechselspieler), die von den fünf Spielen mindestens drei gewinnt.

Die fünf Spiele des FUNiño pentathlons

01 FUNiño 3:3 mit zurückhängendem Abwehrspieler

Siehe die offiziellen Regeln des FUNiños. In dieser Variante muss aber ein Spieler jeder Mannschaft in seiner zu verteidigenden Schusszone verbleiben, ohne in das Spiel im Mittelfeld eingreifen zu können. Nach jedem Tor wird der freie Abwehrspieler von einem Mittelfeldspieler abgelöst, bis alle in den zwei Halbzeiten von je fünf Minuten 1 x in der Abwehr als letzter Mann gespielt haben. Ein Tor kann entweder durch ein Durchdribbeln von einem der beiden gegnerischen Hütchentore erzielt werden oder auch mit einen Torschuss aus der Schusszone durch eines der Minitore. Beim Überdribbeln sind sie 6 m, beim Torschuss nur 2 m breit.

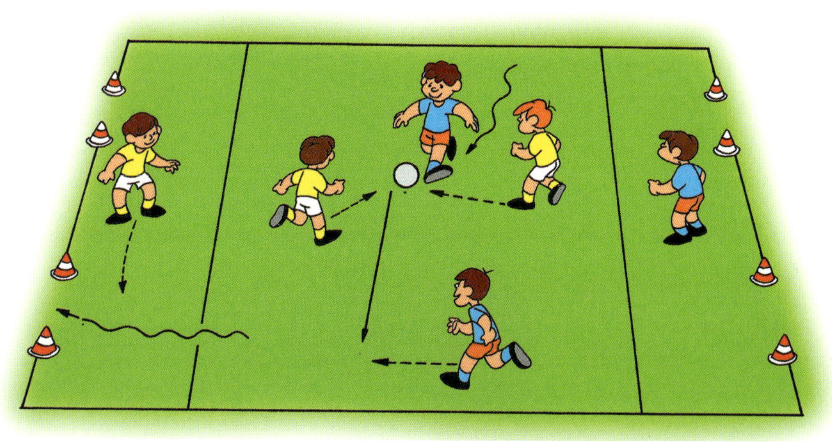

Variante

Anstatt die Torlinie zu überdribbeln oder einen Torschuss aus der Schusszone zu erzielen, müssen beide Mittelfeldspieler jeder Mannschaft den Ball im Mittelfeld halten, bis es ihnen möglich ist, einen langen, präzisen Pass aus dem Mittelfeld durch eines der beiden, vom gegnerischen Abwehrspieler verteidigten Tore zu erzielen. Der vierte Spieler jeder Mannschaft nimmt nach jedem Torerfolg den Ball hinter den gegnerischen Toren auf und tauscht seinen Platz und seine Funktion mit dem erfolgreichen Zuspieler.

Fragen und Antworten zur Entwicklung der Spielintelligenz

F.: Warum soll einer der drei Spieler immer zurückhängend spielen?

A.: Drei Spieler in Ballnähe sollten immer ein Dreieck bilden, damit ein Gleichgewicht zwischen Abwehr und Angriff besteht und mehr Passmöglichkeiten bestehen. Zudem kann der zurückhängende Spieler bei Abwehrfehlern seinen Mitspielern immer aushelfen.

F.: Welche anderen Aufgaben hat der zurückhängende Spieler noch zu erfüllen?

A.: Er sollte nicht nur die Mittelfeldspieler nach hinten absichern, sondern sich bei Ballinbesitznahme seiner Mitspieler auch immer für einen Rückpass anbieten und den Angriff mit klugen Zuspielen einleiten.

02 Staffel

Jede Dreier- oder Vierermannschaft stellt sich in einer Reihe hinter einem der beiden Hütchentore auf derselben Grundlinie eines Minifeldes auf. Nach dem optischen Signal muss der erste Spieler jeder Mannschaft ohne Ball:

- zur 6-m-Linie der Schusszone laufen, sie mit seinem Fuß berühren (1),
- zu seinem Tor zurückkehren und dann ein Hütchen mit dem Fuß berühren (2),
- umkehren und um das Hütchen in der Spielfeldmitte herumlaufen (3), (wobei beim Zusammentreffen mit dem Gegner ein regelgerechtes Rempeln erlaubt ist),
- auf dem Rückweg einen 2,50 m breiten „Graben" (von zwei Bällen/Hütchen gebildet) überspringen (4) und
- schließlich zum Tor zurücklaufen, wo er mit einem Handschlag dem nächsten Spieler (5) das Signal für dessen Start gibt. Dieser verfährt genauso wie der erste.
- Nachdem jeder Spieler 1 x gelaufen ist, muss er anschließend noch 1 x laufen. Es gewinnt die Mannschaft, deren letzter Spieler seinen zweiten Lauf zuerst beendet. Die Dreiermann-

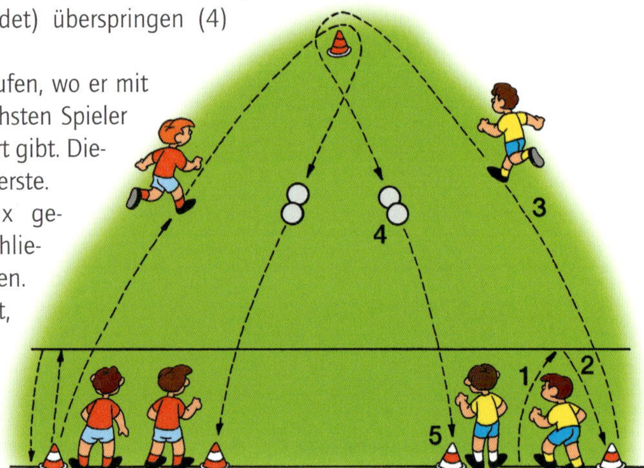

schaft (ohne oder mit Auswechselspieler), die die Staffel 2 x siegreich beendet, gewinnt diesen Wettbewerb des Fußballfünfkampfs.

Hinweis für den Trainer
Die Inhalte der Staffel können beliebig verändert werden.

03 FUNiño 3:3 mit Steilpässen aus dem Mittelfeld

- Siehe die offiziellen Regeln des FUNiños. Ein Spieler jeder Mannschaft muss sich als Sturmspitze immer in der gegnerischen Schusszone, d. h. hinter den beiden gegnerischen Mittelfeldspielern, anbieten, ohne dabei am Spiel im Mittelfeld teilnehmen zu können.
- Die beiden Mittelfeldspieler jeder Mannschaft versuchen, nach dem Hochball am Spielanfang, den Ball aus dem Mittelfeld zu ihrer Sturmspitze zu passen und dürfen dabei das Mittelfeld erst dann verlassen, wenn sich der Ball bereits in der Schusszone befindet.
- Nach jedem dritten Tor findet eine Rotation zwischen der Sturmspitze und einem der Mittelfeldspieler statt.
- In der zweiten Halbzeit darf die Sturmspitze kein Tor mehr schießen, sondern muss den angenommenen Ball zu einem der nachrückenden Mittelfeldspieler passen, der am besten postiert ist. Dieser kommt dann zum Torerfolg.

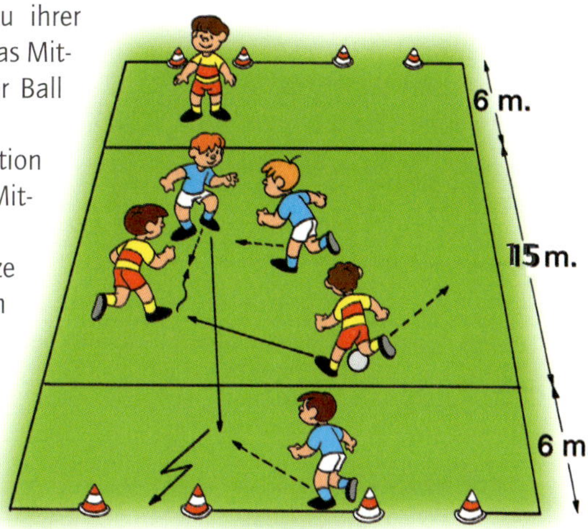

Fragen und Antworten zur Entwicklung der Spielintelligenz

F.: In welchem Augenblick ist ein Steilpass am besten zu spielen?
A.: Direkt nach der Balleroberung, weil dann die gegnerische Deckung noch nicht formiert ist.

F.: Welche Voraussetzungen sind zu erfüllen, damit ein erfolgreicher Steilpass gespielt werden kann?
A.: Zunächst sollte eine Blickverbindung mit dem anspielbaren Mitspieler aufgenommen werden und dann ein optisches Einverständnis zwischen Passgeber und Ballempfänger zustande kommen.

04 Fangspiel

- Eine Mannschaft befindet sich in einem der beiden Hütchentore, während sich die Spieler der anderen Mannschaft so in der dazugehörigen Schusszone verteilen, dass sie von dem zuerst startenden Gegner nicht abgeschlagen werden können.
- Wenn der erste Fänger zwei verschiedene Gegner abgeschlagen hat, kehrt er zu seinem Tor zurück, um seinem nachfolgenden Spieler mit Handschlag das Signal zu einem erneuten Fangmanöver zu geben. Das Verlassen der Schusszone ist gleichbedeutend mit einem Abschlag.

- Mit einer Stoppuhr wird die Zeit gemessen, die jede Mannschaft braucht, damit alle ihre Fänger je zwei verschiedene Gegenspieler abschlagen können. Anschließend tauschen beide Mannschaften ihre Plätze und ihre Funktionen.
- Sollte im zweiten Durchgang (insgesamt muss jeder Spieler einer Mannschaft 2 x als Fänger agieren) die zuerst siegreiche Mannschaft verlieren, so wird die Mannschaft zum Sieger erklärt, die die geringste Zeit zum Abschlagen benötigte.

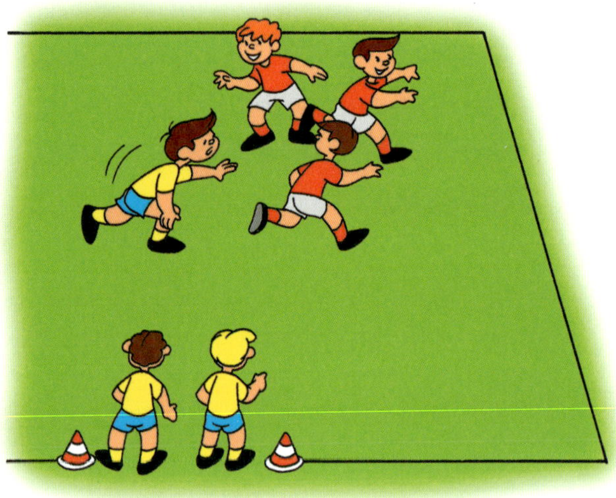

Hinweise für die Trainer

Die Inhalte des Fangspiels können je nach Lernziel beliebig verändert werden. Fangspiele aller Art geben den jungen Fußballspielern hervorragende Anregungen zur Schulung und Verbesserung ihrer Wahrnehmungsfähigkeit und Entscheidungsfindung. Auch verschiedene Aspekte der Koordination sowie der Kreativität werden stimuliert.

05 FUNiño 3:3

- Es werden die offiziellen Regeln des FUNiño angewendet mit Ausnahme der Spielzeit: Es gibt im letzten Spiel des FUNiñopentathlons drei Spielzeiten von je drei Minuten. Wenn ein Auswechselspieler für jede Mannschaft zur Verfügung steht, dann sollte die Spielzeit 3 x 5 Minuten betragen.

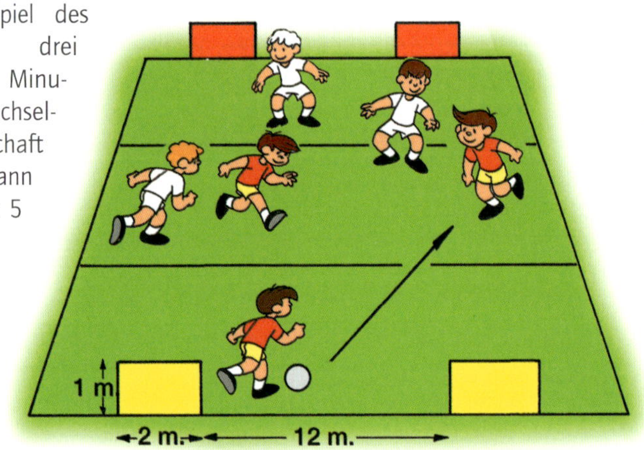

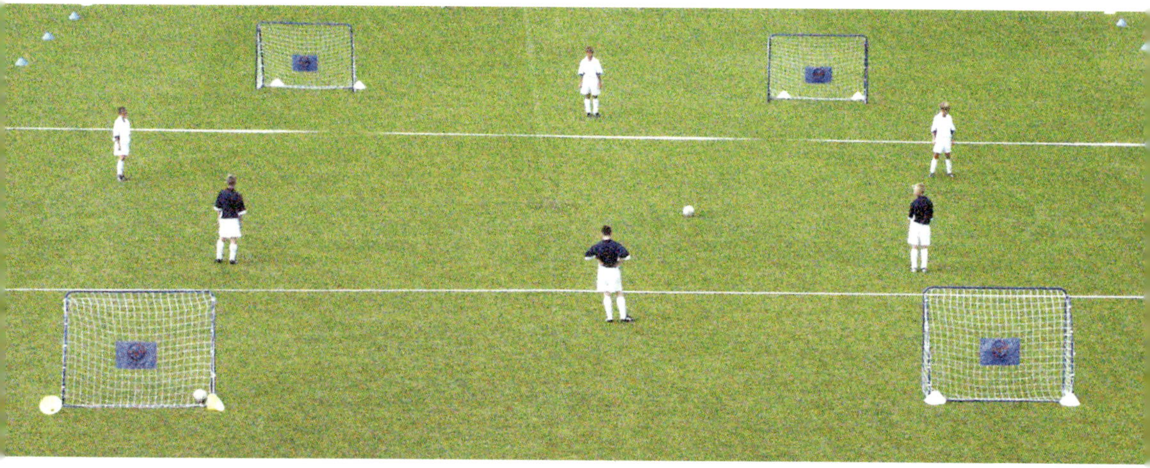

IV DIE ENTWICKLUNG DER SPIELINTELLIGENZ MIT DEN VARIANTEN VON FUNiño™

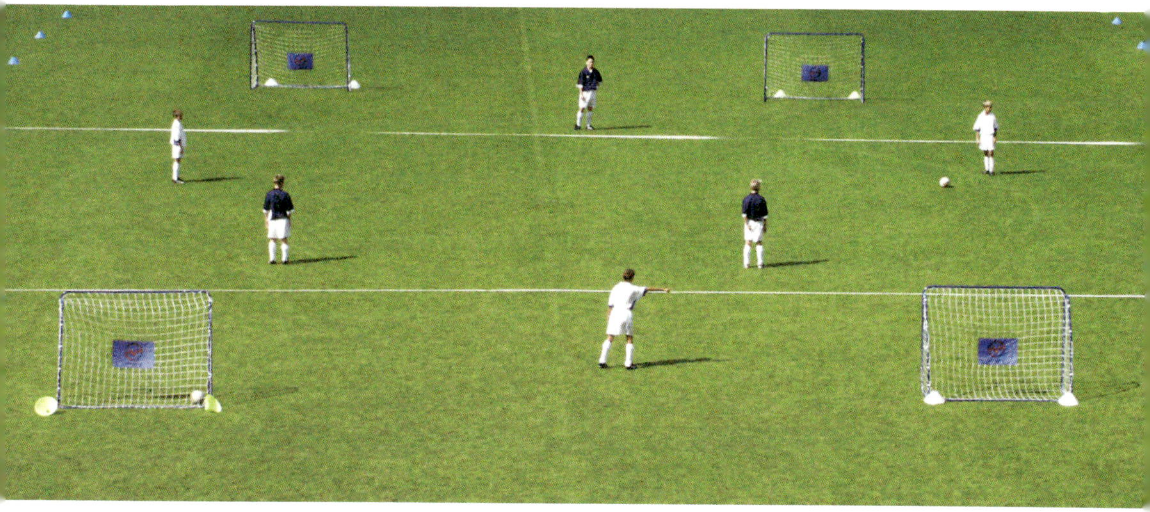

Neben den bereits erwähnten Spielvarianten (siehe „Vorbereitende und Korrekturspiele für FUNiño") sollten die Fußballspieler ab acht Jahren die folgenden Varianten von FUNiño kennenlernen. Diese sind nach Schwierigkeitsgrad geordnet und haben unterschiedliche Lernziele, die den jungen Spielern korrekte Verhaltensweisen für das offizielle Fußballspiel vermitteln.

1 FUNiño mit zurückhängendem Abwehrspieler

Ein Spieler jeder Mannschaft muss in seiner zu verteidigenden Schusszone verbleiben, ohne ins Mittelfeld vorrücken zu dürfen. Nach jedem Tor wird der Abwehrspieler von einem Mittelfeldspieler abgelöst.

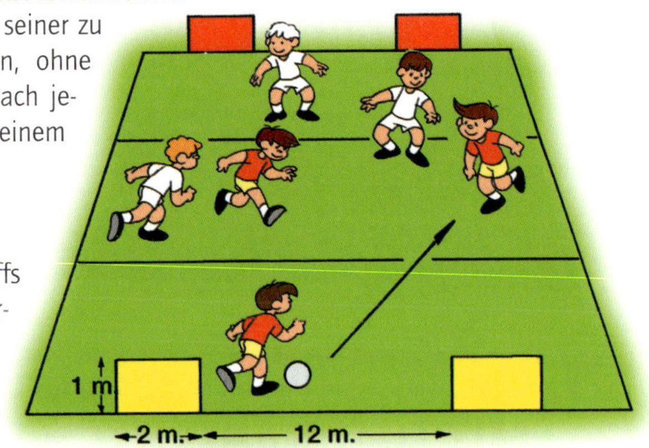

Variante 1

Während der Entwicklung eines Angriffs ist es dem zurückhängenden Abwehrspieler erlaubt, ins Mittelfeld vorzurücken, falls sich einer seiner Mitspieler in die Schusszone orientiert.

Fragen und Antworten zur Entwicklung der Spielintelligenz

F.: Warum soll einer der drei Spieler zurückhängend spielen?

A.: Drei Spieler sollten immer ein Dreieck bilden, damit ein Gleichgewicht zwischen Abwehr und Angriff besteht und mehr Passmöglichkeiten bestehen. Zudem wird dadurch eine Zusammenballung aller Spieler, die zu chaotischen Verhaltensweisen führen kann, vermieden.

F: Welche Aufgaben hat der zurückhängende Spieler zu erfüllen?

A.: Der zurückhängende Spieler kann bei Abwehrfehlern seiner Mitspieler immer aushelfen, indem er nicht nur seine Mittelfeldspieler nach hinten absichert, sondern sich bei Ballbesitz seiner Mannschaft auch immer für einen Rückpass anbietet und den Angriff mit klugen und präzisen Pässen einleitet.

2 Ballführung über eine der beiden Torlinien

Siehe die offiziellen Regeln des FUNiños. Anstatt den Ball innerhalb der Schusszone durch eines der beiden Tore zu schießen, muss er am Fuß durch eines der beiden 6 (8) m breiten Hütchentore geführt werden.

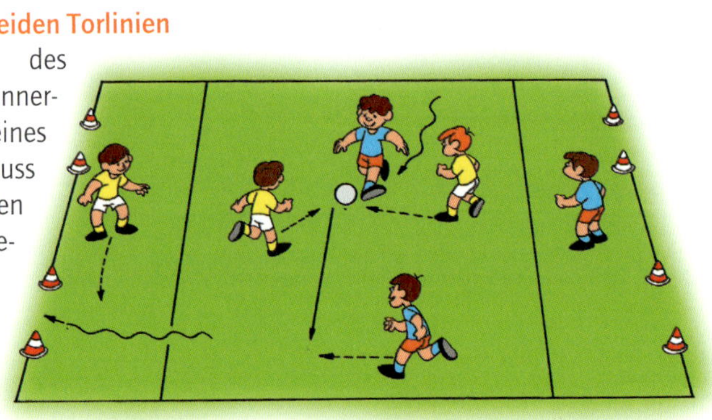

Variante 1
Beim Dribbeln des Balls über die Torlinie muss der betreffende Spieler auf der Torlinie eine akrobatische Fertigkeit oder einen Trick ausführen, wie z. B. den Übersteiger oder den Drehtrick bzw. das Roulette von Zidane.

Hinweis für die Trainer
Das Ballführen über eine der beiden Torlinien zwingt die Spieler, den Raum besser zu nutzen und klare Torgelegenheiten herauszuspielen.

Variante 2
Damit das Tor gültig ist, muss jeder der drei Spieler zwischen einer Balleroberung und einem Torschuss den Ball mindestens 1 x berührt haben.

Variante 3
Damit das Tor gültig ist, darf der Ball zwischen der Eroberung und dem Torschuss nicht hochgespielt werden.

F.: Warum sollte der Ball beim Angriff möglichst nicht hochgespielt werden?
A.: Das Angriffsspiel wird dadurch langsamer und durch die erschwerte Ballannahme kommt es zu häufigeren Fehlern.

Variante 4
Um die An- und -mitnahme hoher Bälle in einer komplexen Form zu verbessern, sollte der Ball zwischen der Balleroberung und einem Torerfolg mindestens 1 x oder auch 2 x hoch zugespielt werden.

Variante 5
Damit ein Tor gültig ist, müssen sich alle drei Spieler der Angriffsmannschaft im Augenblick des Torschusses in der gegnerischen Hälfte befinden. Dadurch wird erreicht, dass die Dreiermannschaft immer kompakt und als Einheit agiert.

Variante 6
Um ein Gleichgewicht zwischen Angriff und Abwehr zu bewahren, muss sich im Augenblick des Torerfolgs einer der drei Angreifer in der eigenen Spielfeldhälfte befinden, um bei einem eventuellen Ballverlust den Konterangriff des Gegners verlangsamen zu können.

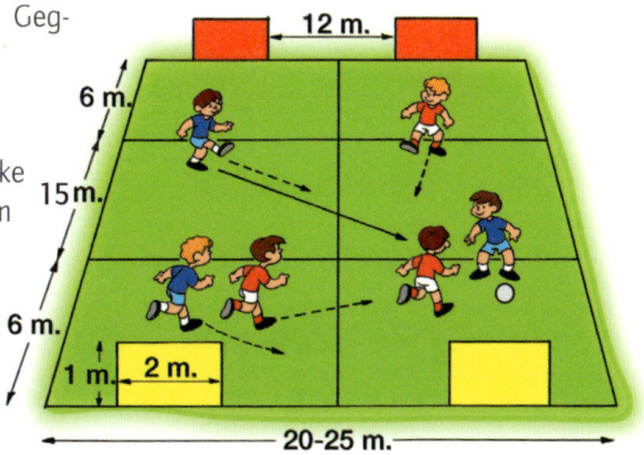

3 FUNiño im längsgeteilten Feld

Das FUNiñofeld wird in eine rechte und linke Spielfeldseite geteilt. Den drei Spielern der sich im Ballbesitz befindlichen Mannschaft ist es nicht erlaubt, sich in der gleichen Hälfte aufzuhalten. Auf diese Art und Weise lernen die Angriffsspieler, sich optimal im Raum zu verteilen und so die Abwehr des Gegners zu erschweren.

4 FUNiño mit Handicap

Nach jedem Torerfolg verliert die betreffende Mannschaft einen Spieler, sodass sie bis zum nächsten Tor in Unterzahl weiterspielen muss (2:3). Schießt dann aber die Dreiermannschaft ein Tor, kommt der dritte Spieler der Zweiermannschaft zurück aufs Feld, während die erfolgreiche Mannschaft einen Spieler verliert (3:2). Für jeden Torerfolg einer Zweiermannschaft in Unterzahl (2:3) bekommt diese 1 Punkt gutgeschrieben. Die Mannschaft, die zuerst 3 Punkte erzielt, gewinnt.

Das ohne Auswechselspieler bestrittene Spiel 3:3 dauert 3 x 3 Minuten mit zwei Minuten Pause, in der der Trainer mit seinen Spielern einen Dialog über die begangenen Fehler führen kann.

Fragen und Antworten zur Entwicklung der Spielintelligenz

F.: Warum spielen wir mit dieser Regel?

A.: Man lernt, sich verschiedenen Spielsituationen schnell anzupassen. Das Spiel muss dauernd neu „gelesen" werden. Einmal wird in Gleichzahl (3:3), dann auch in Unterzahl (2:3), aber auch in Überzahl (3:2) gespielt.

5 FUNiño mit drei Mannschaften

Eine Dreiermannschaft stellt sich in der Mitte des Minifeldes auf und greift abwechselnd die Minitore auf beiden Grundlinien an, die von je einer anderen Dreiermannschaft verteidigt werden.

Methodische Abfolge:

- Ein Verteidiger ist Torwart, ohne die Endlinie des Minifeldes zu verlassen. Der zweite Verteidiger darf nur innerhalb der Schusszone abwehren, während der Aktionsradius des dritten Verteidigers bis zur Mittellinie reicht.
- Ein Verteidiger darf nur in der Schusszone spielen, während seine beiden Mitspieler vor ihm überall in der eigenen Spielfeldhälfte abwehren können.
- Für die drei Verteidiger gibt es innerhalb ihrer Spielfeldhälfte keine Raumbeschränkung mehr.
- Nach 10 Angriffen (fünf auf jedes Paar von Toren) tauscht die angreifende Mannschaft ihre Plätze und Aufgaben mit einer der beiden Abwehrparteien, bis alle Dreiermannschaften 10 x das Angriffsrecht gehabt haben.
- In der vierten Variante dieses Spiels verliert die angreifende Partei ihr Angriffsrecht, wenn sie den Ball an die Abwehr verliert. Die verteidigende Mannschaft muss dann mindestens einen Pass spielen, um das Recht für den nächsten Angriff zu gewinnen.

Fragen und Antworten zur Entwicklung der Spielintelligenz

F.: Wie beeinflusst das Stellungsspiel des Torwarts vor den beiden Toren das Angriffsspiel der drei Stürmer?

A.: Es sollte immer das Tor angegriffen werden – am besten mit einem weiten Diagonalpass –, das am weitesten vom Torwart entfernt ist, d. h., das sich auf der ballentfernten Seite befindet.

Anmerkung: Der Ausbilder sollte auf dem Feld mit mehreren Fragen eindrucksvoll zeigen, wie sich durch ein entsprechendes Stellungsspiel des Torwarts oder eines absichernden Verteidigers das Verhalten der Angreifer verändern muss!

6 Dreifaches Duell „1:1"

Jeder Spieler einer Mannschaft steht in einem Duell einem gleichwertigen Gegenspieler der anderen Mannschaft gegenüber. Mannschaft A mit dem jüngsten Spieler in ihren Reihen bekommt am Spielanfang die drei Bälle. Ihre Gegner befinden sich mindestens 3 m entfernt. Alle Angreifer agieren gleichzeitig und versuchen, ihren Ball über eine der gegnerischen Torlinien (6-8 m breit) zu dribbeln. Nach Ballverlust sollte der Verteidiger kontern, während der ehemalige Stürmer versucht, den Ball wieder zurückzugewinnen.

Nach Abschluss der ersten drei Einzelangriffe wird ein Zwischenergebnis ermittelt und die abwehrende Mannschaft kommt jetzt 3 x hintereinander in Ballbesitz.

Hinweis: Alle Angreifer sollten vor dem Spiel über die Gefahren möglicher Zusammenstöße informiert werden, sofern sie nicht den Blick vom Ball lösen.

Variante

Jedes Paar spielt jedes der drei Duelle mit einem Ball verschiedenen Umfangs und Gewichts.

Fragen und Antworten zur Entwicklung der Spielintelligenz

F.: Welche Fehler begeht der Angreifer am häufigsten?

A.: Er läuft auf den Verteidiger zu, anstatt ihn schräg anzulaufen und ihn damit zum Laufen zu zwingen.

- *Er dringt in den Aktionsradius des Abwehrspielers ein.*
- *Er wendet keine Tempowechsel im geeigneten Augenblick an.*
- *Er legt sich den Ball zu weit vor.*

F.: Wie kommt der Stürmer in der 1:1-Situation am besten zum Erfolg?

A.: Er sollte den Ball immer in den vom Abwehrspieler ungedeckten Raum führen.

Durch Anwendung von Ball- und/oder Körperfinten sollte er sich gegenüber seinem Gegner Vorteile, d. h. Zeit und Raum, schaffen.

F.: Wie verhält sich der Abwehrspieler am besten?

A.: Er sollte sich nicht frontal zum Angreifer stellen, sondern ihn durch seine seitliche Stellung in die von ihm gewünschte Richtung auf das rechte oder linke Tor zwingen. Er begleitet ihn also und wartet auf den besten Zeitpunkt für die Abwehr, um dann plötzlich und für den Angreifer überraschend einzugreifen.

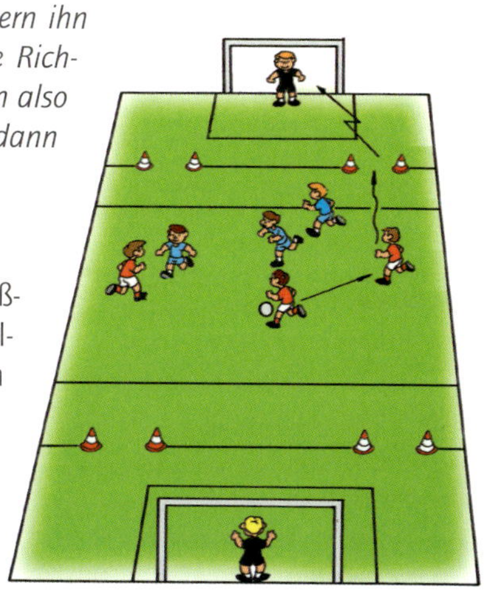

7 FUNiño mit anschließendem Torschuss

Das Spiel findet auf einem Minifeld in der Mitte eines Fußball-7-Platzes statt. Hinter beiden Grundlinien des Minifeldes befinden sich in etwa 15 m Entfernung die Grundlinien des Feldes 7:7 mit den entsprechenden Toren (6 x 2 m). Nach dem Durchdribbeln von einem der beiden Hütchentore (6 m breit) im Minifeld muss der gleiche Angreifer innerhalb von drei Sekunden den Ball aus 10-15 m Entfernung in das leere oder von einem Torwart bewachte Tor schießen. Dabei wird ihm nur eine Ballberührung zwischen dem Überdribbeln der Torlinie und dem Torschuss erlaubt.

Wenn für jedes Tor ein Torwart zur Verfügung steht, dann sollte der Schütze nach seinem Torschuss immer mit dem Torwart den Platz tauschen.

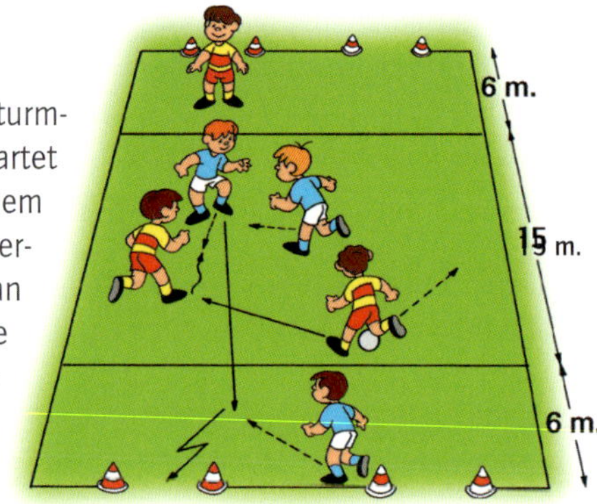

8 Steilpässe aus dem Mittelfeld

Jede Mannschaft postiert einen ihrer Spieler (Sturmspitze) in der gegnerischen Schusszone. Dort erwartet er ein genaues Abspiel aus dem Mittelfeld von einem seiner beiden Mitspieler, die das Mittelfeld nicht verlassen dürfen. Die Sturmspitze nimmt den Ball an (bevorzugt in einer seitlichen Stellung, um die Tore sehen zu können) und schließt den Angriff mit einem Torschuss ab.

Der Ausbilder kann bei älteren Spielern neben einer seitlichen Stellung bei der Ballannahme auch verschiedene Abspieltechniken mit dem rechten oder linken Fuß fordern, damit das folgende Tor für gültig erklärt wird.

Fragen und Antworten zur Entwicklung der Spielintelligenz

F.: In welchem Augenblick ist am besten ein Steilpass zu spielen?
A.: Direkt nach der Balleroberung, weil dann die gegnerische Deckung noch nicht formiert ist.

F.: Welche Voraussetzungen sind zu erfüllen, damit ein erfolgreicher Steilpass gespielt werden kann?
A.: Zunächst sollte der Mitspieler anspielbar sein. Um dies festzustellen, sollte es zu einer Blickverbindung und einem optischen Einverständnis zwischen Passgeber und Ballempfänger kommen. Dabei sollte der ballannehmende Spieler seinem Zuspieler anzeigen, wohin er den Ball gepasst haben möchte.

F.: Ist es besser, den Ball hoch oder flach abzuspielen und warum?
A.: Hohe Pässe komplizieren das Spiel und machen es langsam und führen zu mehr Fehlern.

Variante 1 für ältere Spieler

Damit sich die Sturmspitze in der An- und Mitnahme von hohen Bällen verbessert, sind nur hohe Zuspiele zu ihr erlaubt.

Variante 2

Ein Mittelfeldspieler darf erst dann in die Schusszone eindringen, wenn sich dort der Ball befindet. Dadurch wird die Sturmspitze gezwungen, den Ball perfekt zu kontrollieren und ihn dorthin zu führen, wo es keine Gegner gibt.

Variante 3

Die Sturmspitze darf selbst kein Tor schießen. Dies erfordert ein schnelles und kluges Nachrücken von einem der beiden Mittelfeldspieler, der zum Torerfolg kommen muss.

Variante 4
Die Sturmspitze postiert sich je nach der Entwicklung des Spiels hinter einem der beiden Hütchentore, um dort einen Steilpass aus dem Mittelfeld von einem der beiden Mittelfeldspieler in einer seitlichen Stellung anzunehmen.

Variante 5
Wie Variante 4, aber jetzt stehen sich drei Mittelfeldspieler gegenüber, die mit ihrer Sturmspitze kommunizieren müssen. Es wird also mit acht Spielern trainiert.

Variante 6
Drei Mittelfeldspieler beider Mannschaften stehen sich zwischen den Schusszonen gegenüber. Ihr Ziel ist es, den Ball trotz des Eingreifens eines in der Schusszone vor den beiden Toren agierenden Gegners durch das schlechter verteidigte Hütchentor zu passen.

Variante 7
Wie in Variante 6, nur dass jetzt der Ball zu einer der beiden hinter den Hütchentoren stehenden Sturmspitzen gepasst werden muss, was ein Verteidiger, der vor den Hütchentoren agiert, verhindern soll. In jeder Mannschaft gibt es deshalb sechs Spieler.

Fragen und Antworten zur Entwicklung der Spielintelligenz

F.: Was müssen die Mittelfeldspieler tun, um ein Tor zu erzielen?
A.: Einer der beiden Mitspieler muss, nachdem er vorher die Spielsituation richtig „gelesen" hat und der Steilpass gespielt wurde, aus dem Mittelfeld in die Schusszone nachrücken und den Ball fordern.

F.: Welcher der beiden Mittelfeldspieler sollte aus der zweiten Reihe kommen?
A: Normalerweise immer derjenige, der dem Ballempfänger am nächsten ist. Doch ist hier auch die Stellung und das Verhalten der Abwehrspieler entscheidend.

F.: Gibt es Gründe dafür, dass sich die beiden Mittelfeldspieler nicht gleichzeitig im Vorraum anbieten?
A.: Bei einem eventuellen Ballverlust hätten die Angreifer keine Absicherung mehr nach hinten in der Abwehr, d. h., es gibt kein Gleichgewicht mehr zwischen Angriff und Abwehr.

9 Ballhalten in der 3:2-Situation

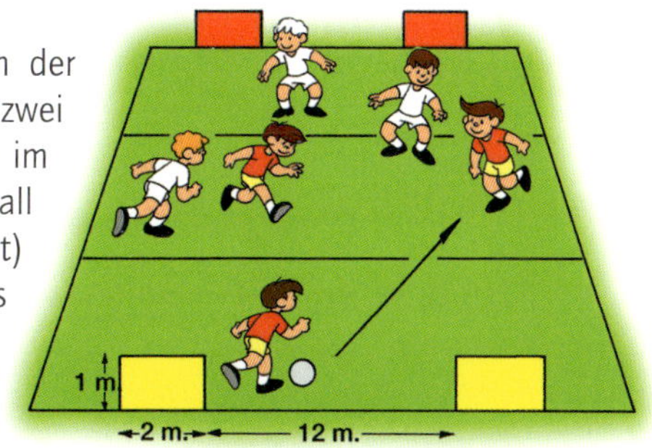

Einer der drei Spieler jeder Mannschaft muss in der Schusszone seines Feldes verbleiben. Die restlichen zwei Spieler jeder Mannschaft spielen ausschließlich im Mittelfeld. Jede Dreiermannschaft versucht, den Ball trotz der Bedrängung durch den Gegner sechs (acht) Sekunden in ihrem Besitz zu halten. Sollte ihr das gelingen, bekommt sie das Angriffsrecht und greift mit allen drei Spielern die gegnerischen Tore an.

Verliert sie dabei den Ball, verfährt die nun ballbesitzende Mannschaft auf die gleiche Art und Weise, bis es einer Mannschaft gelingt, zwei Tore zu schießen.

Während des Ballhaltens kann der Spieler in der Schusszone mit einem beliebigen Mittelfeldspieler seinen Platz tauschen.

Fragen und Antworten zur Entwicklung der Spielintelligenz

F.: Welche Spielaufgaben müssen die Spieler zwischen Balleroberung und Torerfolg lösen?

A.: Immer drei Aufgaben oder Angriffsphasen:

1. *Nach der Balleroberung zunächst die Ballsicherung.*
2. *Nach Sicherung des Ballbesitzes sollte der Ball gezielt in Richtung Schusszone vorgetragen werden.*
3. *Zur Krönung aller offensiven Bemühungen folgt der Abschluss des Angriffs.*

F.: Welche charakteristischen Merkmale haben diese drei Spielaufgaben?

A.: Während des Ballsicherns: Immer eine 1:1-Situation vermeiden und den Ball bevorzugt direkt in den Fuß des Mitspielers passen.

- *Während des Ballvortrags: Den Ball bevorzugt in den Lauf des Mitspielers passen.*
- *Beim Abschluss des Angriffs das Tor treffen.*

Variante für ältere Spieler

Um bestimmte Fertigkeiten oder Fähigkeiten zu schulen, müssen in der Überzahl 3:2 vier erfolgreiche Zuspiele mit dem linken Fuß, drei über mehr als 10 m Entfernung, zwei mit dem Kopf oder drei ohne vorhergehende Ballannahme (direktes Abspiel) ausgeführt werden.

10 Angriff auf die diagonal gegenüberstehenden Tore

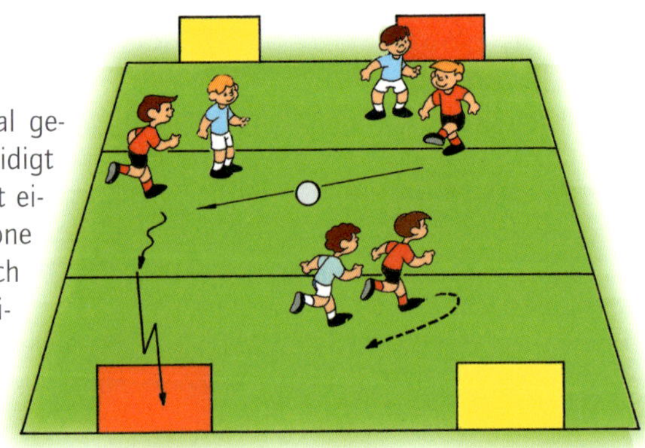

Jede Mannschaft greift zwei diagonal gegenüberstehende Tore an und verteidigt die anderen beiden. Ein Tor kann mit einem Schuss innerhalb der Schusszone auf eines der beiden Tore oder auch durch Überdribbeln von einer der beiden Torlinien erzielt werden.

Fragen und Antworten zur Entwicklung der Spielintelligenz

F.: Welches Tor sollte angegriffen werden?

A.: Immer das Tor, das von nur einem Gegner verteidigt wird. Dieser wird dann mit einer 2:1-Situation ausgespielt, die der Ballbesitzende nach korrektem „Lesen" der Spielsituation erkannt hat (Überzahl schaffen).

F.: Ist es besser, den Ball zu führen oder ihn zu passen?

A.: Wenn der Ball schnell und häufig gepasst wird, macht man das Spiel schneller und die freien Räume werden effektiver genutzt.

Häufige Richtungswechsel beim Dribbling schaffen Raum.

F.: Welche Aktionen der Stürmer führen zum Überzahlspiel?
A.: Richtungswechsel beim Ballführen und Pässe zur Spielverlagerung in die Tiefe und Breite des Feldes.

11 Angriff auf ein beliebiges der vier Tore

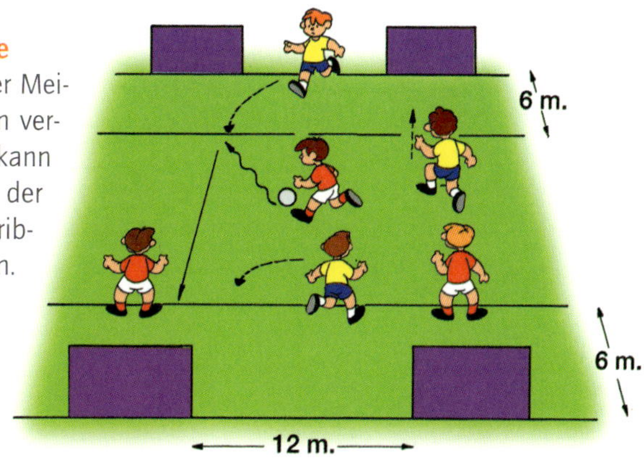

Es wird immer das Tor angegriffen, das der Meinung der drei Stürmer nach am wenigsten verteidigt wird. Je nach Absicht des Trainers kann ein Tor nur mit einem Schuss innerhalb der Schusszone oder besser durch das Überdribbeln einer Torlinie (6 m breit) erzielt werden.

Variante 1
Ein Tor ist nur dann gültig, wenn der den Ball ins Tor führende Angreifer keinen Gegenspieler in seiner unmittelbaren Nähe (in der Schusszone) hat, der ihn bedrängen könnte.

Variante 2
Eine Dreiermannschaft hat 10 x Ballbesitz, während die andere die vier Tore verteidigen muss. Ein Ballbesitz endet mit einem Tor, Ballaus oder einer Ballberührung durch die Verteidiger. Die Angriffe beginnen immer aus der Spielfeldmitte heraus, wobei die drei Gegenspieler einen Abstand von mindestens 3 m einhalten müssen.

Für die Verteidiger ist es wichtig, eine kluge Raumaufteilung vorzunehmen, um den Torerfolg der Stürmer zu verhindern. Lernziel ist es, mit 10 x Ballbesitz möglichst viele Tore zu erzielen.

Fragen und Antworten zur Entwicklung der Spielintelligenz

Durch geschickte Fragestellung des Trainers und seinen Dialog mit den Spielern lernen diese, wahrzunehmen, welches Tor am besten anzugreifen ist und wie man Verteidiger am besten „manipulieren" kann, um zum Torerfolg zu kommen.

F.: Wie kann ich am besten die Richtung meines Angriffs verschleiern?
A.: Indem ich zunächst in die nicht beabsichtigte Richtung laufe, um den Gegner zu täuschen und dann mit einem plötzlichen Tempowechsel die Gegenrichtung einschlage.

F.: Worauf muss der den Ball führende Angreifer achten?
A.: Den Kopf immer vom Ball lösen, um das Verhalten der Verteidiger vor den Toren und das der beiden Mitspieler beobachten zu können und dementsprechend zu handeln.

12 Spiel auf „wechselnde" Tore

Die Regeln sind zunächst die Gleichen wie beim Orginalspiel, d. h., beide Mannschaften greifen zwei getrennt voneinander stehende Tore an. Um die Wahrnehmungsfähigkeit und Analyse der Spielsituation von allen Spielern zu verbessern, wird der Standort der den beiden Mannschaften zugeordneten Tore während des Spielgeschehens etwa alle zwei Minuten von zwei

Assistenten gleichzeitig so verändert, dass es zu einem Spiel auf diagonal gegenüberstehende Tore oder zu einem Spiel auf das rechte oder linke Tor kommt. Ein Torerfolg wird mit Überdribbeln eines der den beiden Mannschaften zugeordneten, 6 m breiten Hütchentors erzielt.

Variante

Die vier Tore können beliebig auf den vier das Spielfeld begrenzenden Linien postiert werden.

13 „Umleiten" von Angriffen

Es gelten die offiziellen Regeln des Minifußballs. Beim Spielanfang wird festgelegt, dass ein Erfolg im rechten (linken) der beiden Minitore (jeweils von den Angreifern aus gesehen) 3 Punkte zählt, während beim anderen Tor nur 1 Punkt erzielt werden kann.

Durch diese Spielregel lernen die Verteidiger, Räume zu verengen und die gegnerische Mannschaft dazu zu zwingen, auf der Spielfeldseite anzugreifen, für die sie vorbereitet sind.

14 Angriff über die Flügel

Um die Angreifer dazu zu bewegen, ihren Angriff im eigenen Feld nicht durch die Mitte zu starten (Kontergefahr bei Ballverlust), sondern über die Flügel zu kommen, werden in Höhe der Spielfeldmitte in der Nähe der Seitenlinien zwei 6 m breite Hütchentore aufgebaut.

Durch diese muss der Ball gedribbelt oder gepasst werden, bevor die Angreifer ins gegnerische Feld vordringen dürfen.

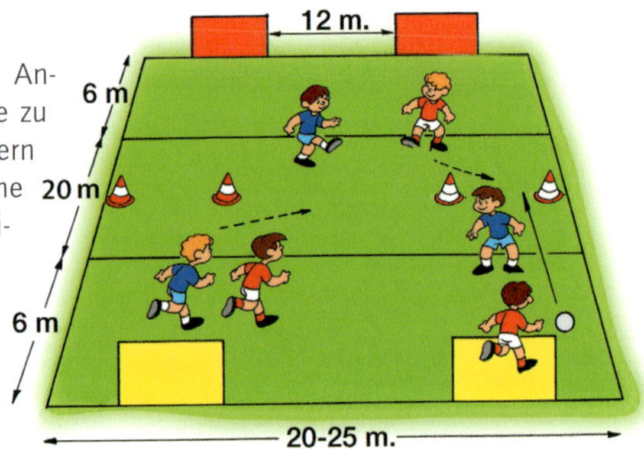

15 Tore am laufenden Band

Wie in 2. Nach einem Torerfolg mit Durchdribbeln des 6 m breiten gegnerischen Tors versuchen die Angreifer, sofort weiterzuspielen, um die gegenüberliegenden beiden Tore anzugreifen. Allerdings dürfen sie beim Einleiten des neuen Angriffs (bevorzugt mit einem langen Pass) von der verteidigenden Mannschaft erst außerhalb der 6-m-Schusszone bedrängt werden.

Sieger wird die Mannschaft, die, ohne den Ball zu verlieren, hintereinander die meisten Tore erzielen kann.

Fragen und Antworten zur Entwicklung der Spielintelligenz

F.: Was lernen die Spieler mit diesem Spiel?

A.: Schnelles Umschalten von Abwehr- auf Angriffsverhalten und umgekehrt.
Bestimmen des Spieltempos (das Spiel sollte je nach Absicht langsam oder schnell gemacht werden).
Während des gesamten Spiels konzentriert sein und sich nicht ablenken lassen.

F.: Wie erzielt die angreifende Mannschaft am besten mehrere Tore hintereinander?

A.: Sofort nach jedem Torerfolg sollte der Torschütze den Ball ins Mittelfeld zu einem sich in Richtung der gegnerischen Tore freilaufenden Mitspieler passen anstatt ihn zu dribbeln.

Deshalb sollten auch alle Spieler, die den Torschützen beim Torerfolg unterstützen, sich so schnell wie möglich vom Ball entfernen und Spielräume in der gegenüberliegenden Spielfeldhälfte besetzen.

16 Annahme von Steilpässen hinter einem der Minitore

Um dem Angriff immer die gewünschte Tiefe zu geben, kann das folgende Spiel für ältere und erfahrene Spieler angeboten werden.

Sie müssen den Ball aus dem Mittelfeld durch eines der beiden auf der 6-m-Linie (!) stehenden Hütchentore zu einem Mitspieler passen, der sich nicht länger als fünf Sekunden in der Schusszone hinter den Toren für ein Zuspiel anbietet und sofort nach der Ballannahme einen Torschuss ausführt.

Zum besseren Spielverständnis wird empfohlen, den Ball zunächst mit den Händen (Handball) zu spielen.

Variante

Anstatt drei Spieler hat jede Mannschaft vier Spieler, d. h. eine Sturmspitze und drei Spieler im Mittelfeld.

Fragen und Antworten zur Entwicklung der Spielintelligenz

F.: Wie kann eine Mannschaft am leichtesten zum Torerfolg kommen?

A.: Es wird empfohlen, immer in Rhombusformation mit einer Sturmspitze zu spielen, die sich sofort nach der Balleroberung hinter einem der beiden Tore für ein Abspiel anbietet.

F.: In welchem Augenlick sollte sich die Sturmspitze anbieten und wo im Spielfeld?

A.: Immer dort, wo die eigene Mannschaft gerade in Ballbesitz kommt, sollte ein Spieler schnell umschalten und sich als Sturmspitze nach links oder rechts hinter einem der beiden Tore für ein Zuspiel anbieten.

17 FUNiño mit neutralem Spieler in jeder Mannschaft

Es gelten die offiziellen Regeln von FUNiño mit der Ausnahme, dass sich ein vierter Spieler immer auf der gesamten Länge an einer der beiden Seitenlinien für ein Zuspiel nach außen anbietet. Nach seiner Ballannahme muss er seinen Platz mit seinem Zuspieler tauschen (Zopf), was besonders effektiv ist, wenn sich zur gleichen Zeit die restlichen zwei Mitspieler zur gegenüberliegenden Seite des Feldes orientieren, um dem neu ins Spiel kommenden Spieler Raum für den Angriff zu schaffen.

„Fast überall sind die Jugendtrainer mehr an den Trainingsinhalten interessiert als an der Art und Weise, wie man diese Inhalte am besten den Spielern vermittelt, damit ein effektives Lernen stattfindet."

18 FUNiño mit Zuspielen wie im Rugby

Zuspiele nach vorn sind nicht erlaubt und werden mit einem Ballverlust bestraft. Durch diese Regel werden die Angreifer dazu gezwungen, vor ihrer motorischen Handlung, dem Abspiel des Balles oder ihrem Freilaufen, die folgenden Spielaktionen zunächst im Kopf zu spielen bzw. zu planen. Wer in dieser FUNiño-Variante ohne Kopf spielt, wird dauernd Schwierigkeiten im Spiel mit und auch ohne Ball haben.

19 FUNiño mit verdeckten Steilpässen und Antizipation im Abwehrverhalten

Zwei (drei) Spieler jeder Mannschaft kämpfen im Mittelfeld um den Ballbesitz. Nach der Balleroberung müssen sie den Ball aus dem Mittelfeld duch eines der beiden vom gegnerischen Abwehrspieler verteidigten Tor passen, ohne die Schusszone zu betreten. Harte, genaue und verdeckte Zuspiele zum richtigen Zeitpunkt sind notwendig, um zum Erfolg zu kommen. Alle 5 Minuten kommt es zu einer Rotation der Spieler jeder Mannschaft, bis jeder Spieler einmal in der Abwehr das Unterbinden gegnerischer Pässe gelernt hat.

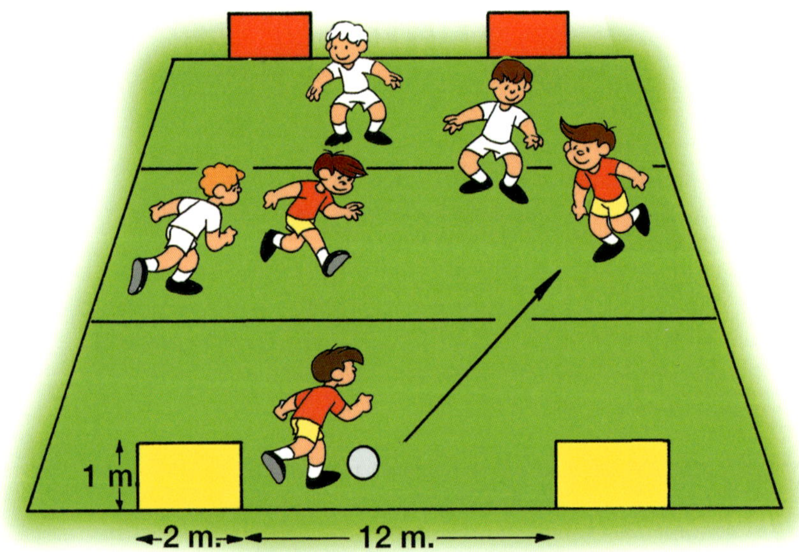

20 FUNiño mit zwei Bällen gleichzeitig

Jede Mannschaft startet ihren Angriff aus der Schusszone mit dem Ziel, in den gegnerischen Toren zum Erfolg zu kommen, ohne dabei ein Gegentor zu kassieren. Wenn eine Mannschaft ein Tor erzielen konnte oder auch einer der beiden Bälle das Spielfeld verlässt, wird das Spiel solange mit dem zweiten Ball fortgesetzt, bis eine Mannschaft zum Torerfolg kam oder der Ball außerhalb des Spielfeldes ist.

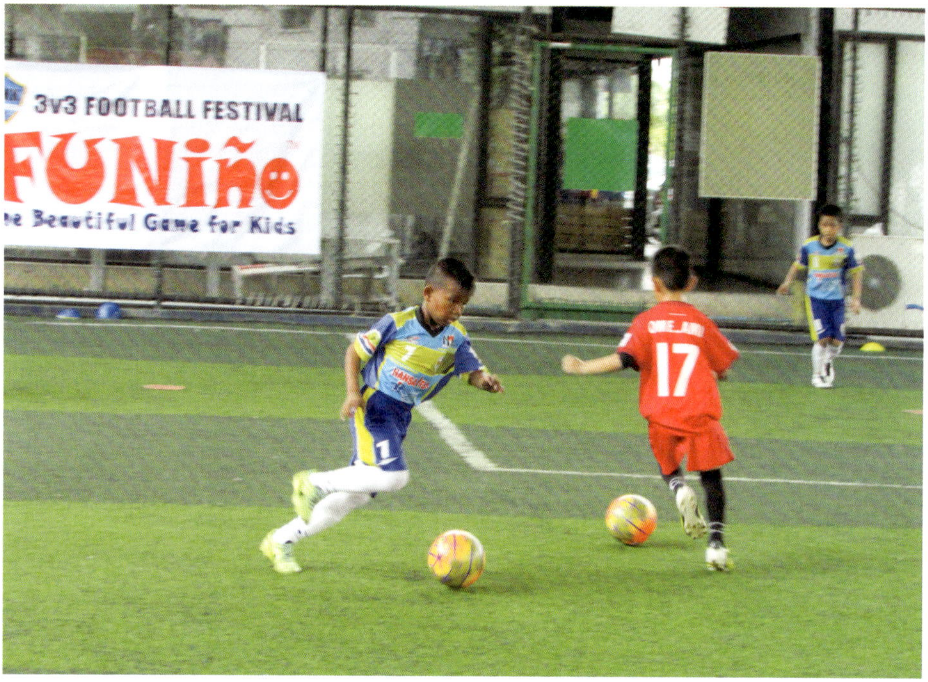

Im Anschluss daran wird das Spiel erneut mit 2 Bällen gestartet, bis nach 10 Spieleröffnungen der Sieger ermittelt wurde. Es gewinnt normalerweise immer die Dreiermannschaft, die zuerst aus ihren in den vorhergehenden Versuchen gemachten Fehlern gelernt hat.

Welches taktische Verhalten ist für die nicht im Ballbesitz befindlichen Angreifer angezeigt – sollten sie sich ihren ballführenden Mitspieler für ein Zuspiel anbieten oder sich besser auf die Abwehrarbeit gegen den zweiten Ball konzentrieren?

- Die jungen Spieler werden schnell zu der Erfahrung kommen, dass es erfolgreicher ist, wenn die Aufgaben zwischen Angriff und Abwehr so aufgeteilt werden, dass zwei Spieler abwehren und der Ballbesitzende auf eigene Faust versucht, zum Torerfolg zu kommen.

Welche Fehler werden häufig begangen?

- Anstatt dass es zu einer Aufgabenteilung innerhalb einer Mannschaft kommt, greifen sie alle an und nur der am weitesten zurückhängende Angreifer kann Abwehraufgaben übernehmen.
- Wenn zwei Spieler einer Mannschaft angreifen und nur einer verteidigt, kommt es zu schlechteren Ergebnissen, als wenn zwei verteidigen und der dritte Spieler mit dem Ball individuell ein Tor zu erzielen versucht.

1 Vorschlag für eine Saisonplanung mit FUNiño-wettkämpfen

Training und Wettkampf sollten immer eine Einheit bilden, weil sie sich gegenseitig bedingen. Anstatt wenig im Wettkampf und viel im Training zu lernen, wird hier für die Acht- und Neunjährigen ein Kompromiss getroffen, der sie zu bisher unbekannten Lernerfolgen führen wird. Ein Klub oder eine Fußballschule veranstaltet intern oder auch mit benachbarten Institutionen während der gesamten Saison mit zahlreichen Minimannschaften eine Liga oder Champions League.

„Training ist ein Entwicklungsprozess mit Aufgaben, die von Woche zu Woche, von Monat zu Monat und Jahr zu Jahr graduell schwieriger und komplexer werden, aber sich dabei immer innerhalb der derzeitig möglichen Leistungsfähigkeit der Spieler bewegt."

Zur optimalen Entwicklung der Spielintelligenz der Kinder (besonders zwischen acht und neun Jahren) werden während einer Saison die offiziellen Regeln von FUNiño in jedem Monat so geändert, dass das Spiel schrittweise schwieriger und komplexer wird.

OKTOBER
FUNiño im längsgeteilten Feld

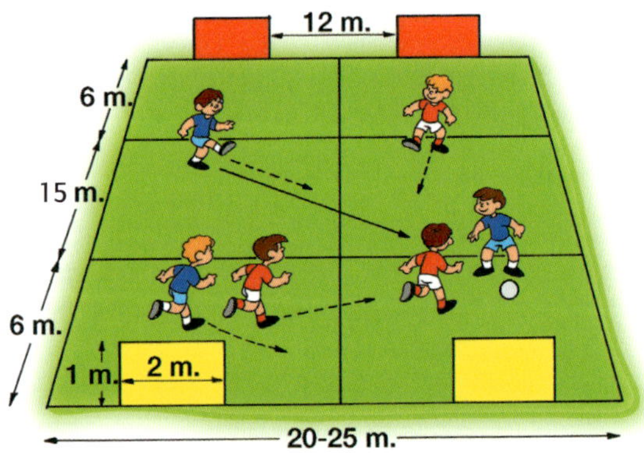

NOVEMBER
FUNiño mit Handicap (die Mannschaft, die ein Tor erzielt, verliert immer einen Spieler)

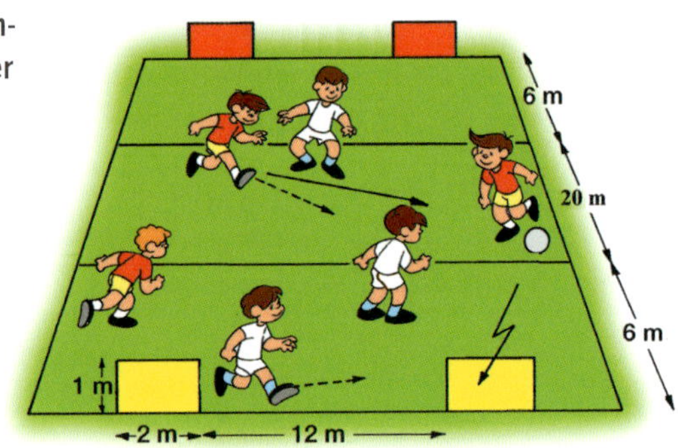

DEZEMBER

FUNiño (offizielle Regeln)

- **Zweiter Spieltag:** Jeder Angreifer muss den Ball berührt haben, damit das Tor gültig ist.
- **Dritter Spieltag:** Ein Hochspielen des Balls wird mit einem Freistoß für den Gegner geahndet.
- **Vierter Spieltag:** Im Augenblick des Torerfolgs müssen sich alle Mitspieler im gegnerischen Feld befinden.

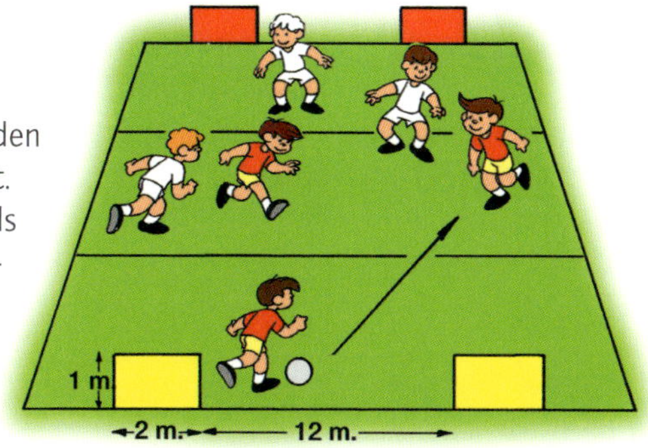

JANUAR

FUNiño (der Ball muss durch eines der beiden breiten Tore gedribbelt werden)

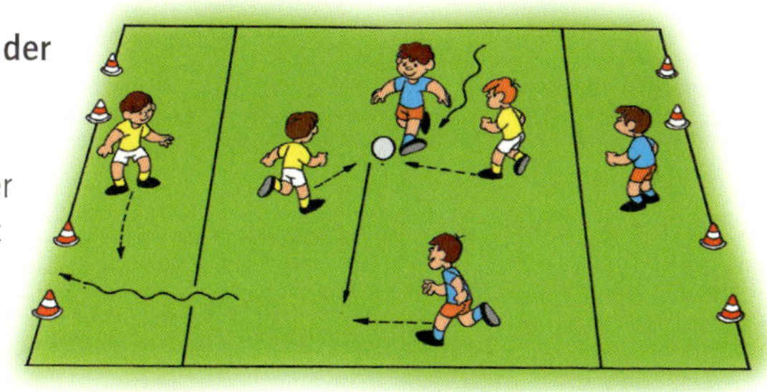

Zweiter Spieltag: Beim Überdribbeln der Torlinie muss eine akrobatische Fertigkeit demonstriert werden, wie z. B. das Roulette oder der Drehtrick von Zidane.

Dritter Spieltag: Im Augenblick des Torerfolgs muss sich einer der drei Mitspieler in der eigenen Spielfeldhälfte befinden, um bei Ballverlust erfolgreich gegnerische Konterangriffe vermeiden zu können.

FEBRUAR

FUNiño auf zwei diagonal gegenüberstehende Tore

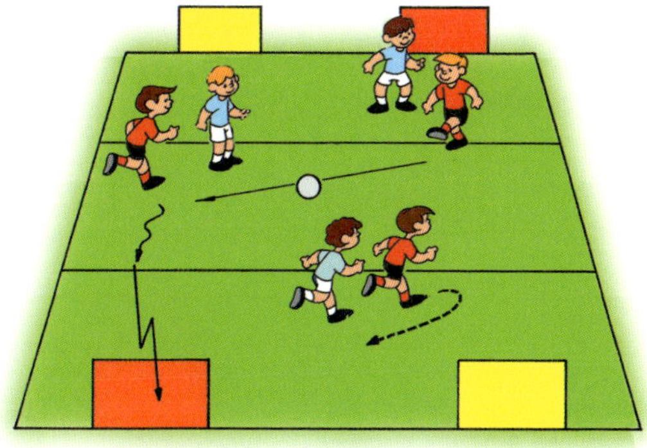

MÄRZ

FUNiño mit Pässen aus dem Mittelfeld zur Sturmspitze (nur wenn sich der Ball in der Schusszone befindet, können alle Spieler aus dem Mittelfeld nachrücken)

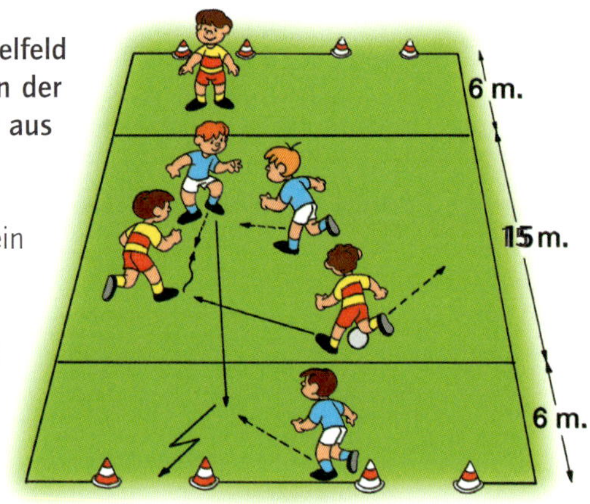

Dritter Spieltag: Nur die Sturmspitze darf kein Tor erzielen.

Vierter Spieltag: Der Ball darf nur noch hoch zur Sturmspitze gespielt werden, sodass seine Ballan- und -mitnahme geschult wird.

APRIL

FUNiño mit Ballhalten in der 3:2-Situation
(siehe Seite 231)

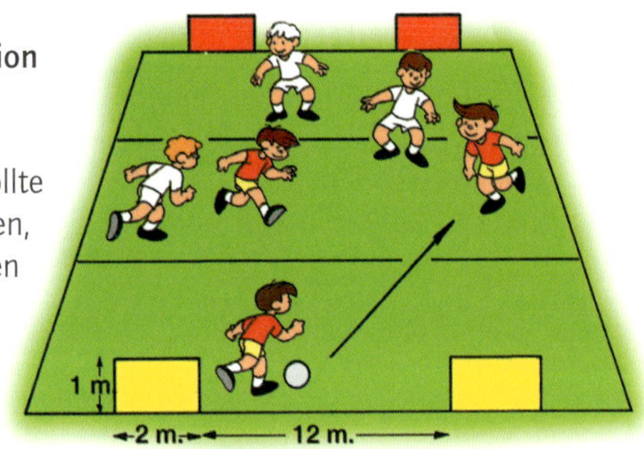

Dritter und **vierter Spieltag**: Anstatt sechs sollte der Ball jetzt acht Sekunden gehalten werden, bevor die ballbesitzende Mannschaft mit allen ihren Spielern angreifen darf.

MAI

FUNiño mit 2 Bällen gleichzeitig

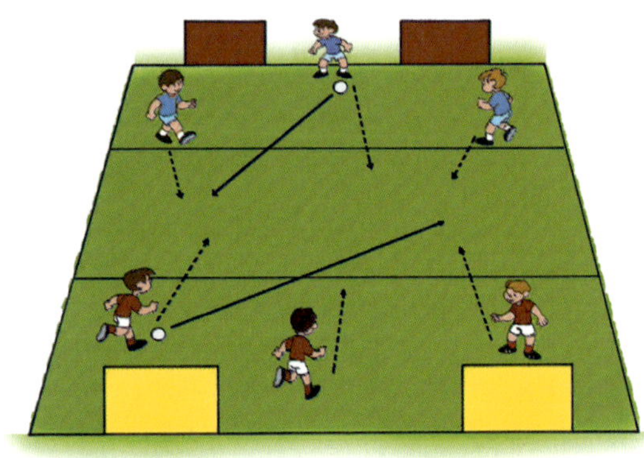

JUNI

FUNiño auf ein beliebiges der vier Tore

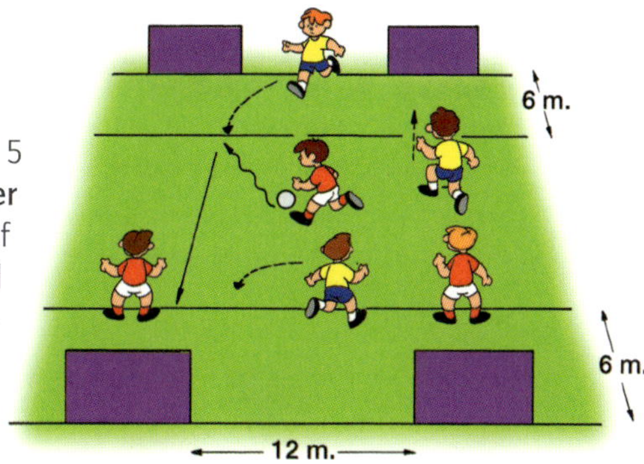

Erster Spieltag: Jede Mannschaft hat 2 x 5 Ballbesitze, um Tore zu schießen. **Zweiter Spieltag:** Die 4 Tore werden umgekehrt auf der Linie der Schusszone postiert. **Dritter** und **vierter Spieltag:** Im Augenblick des Überdribbelns der Torlinie müssen sich alle Gegner mehr als 6 m entfernt vom Torschützen oder außerhalb der Schusszone befinden.

Reservespiel:

JULI

FUNiño mit zusätzlichem Torwart

Ein Tor kann nur aus dem Mittelfeld durch das am wenigsten verteidigte Tor erzielt werden.

Anmerkung: Kinder lassen sich mehr durch Spielen als durch Üben motivieren. Deshalb sollte das Spielen auch dem Üben fast immer vorausgehen.

Außer der hier vorgestellten **FUNiñoliga** im eigenen Verein bestreiten die Acht- und Neunjährigen intern und später auch mit ihren Nachbarvereinen oder einer benachbarten Fußballschule Wettkämpfe im **Fussballdekathlon** (siehe erste Entwicklungsstufe), verschiedene **Fußballtriathlons** 3:3 und einen **FUNiñopentathlon**.

„Das Ziel einer Schulung ist nicht nur die Vermittlung von Wissen und Kenntnissen, sondern insbesondere sollten die Schüler die Fähigkeit erlangen, das neu gelernte Wissen korrekt anzuwenden, d. h. zu handeln. Was nützt uns alles Wissen, das wir uns erarbeiten, wenn wir es nicht zu unserem Vorteil anwenden können?"

Dieses variationsreiche Spielangebot, dessen speziell kindgemäße Regeln das Lernen in die gewünschte Richtung zu lenken verstehen, knüpft an die Philosophie des Straßenfußballs an. In den jetzt systematisch nach Schwierigkeitsgrad geordneten, dem Kind optimal angepassten, vereinfachten Spielen wird den jungen Spielern im freien und vom Trainer nicht immer gesteuerten Spielverhalten Gelegenheit gegeben, selbst herauszufinden, welche Handlungen in bestimmten Spielsituationen zu welchen Konsequenzen führen. Es kommt zu einem impliziten Lernen und Entdecken des richtigen Spielverhaltens. Anstatt Anweisungen (fertige Lösungen für alle wichtigen Spielsituationen) zu geben, wird den jungen Spielern mit den hier vorgeschlagenen vielseitigen Programmen gezeigt, wie sie selbst zu Lösungen gelangen können, ohne von ihren Trainern abhängig zu sein oder auch limitiert zu werden.

V VOM FUNiño™ ZUM FUSSBALL 7:7

Progressive Spielreihe zum Kennen- und Verstehenlernen der Aufgaben der Spieler in verschiedenen Spielpositionen beim Fußball 7:7

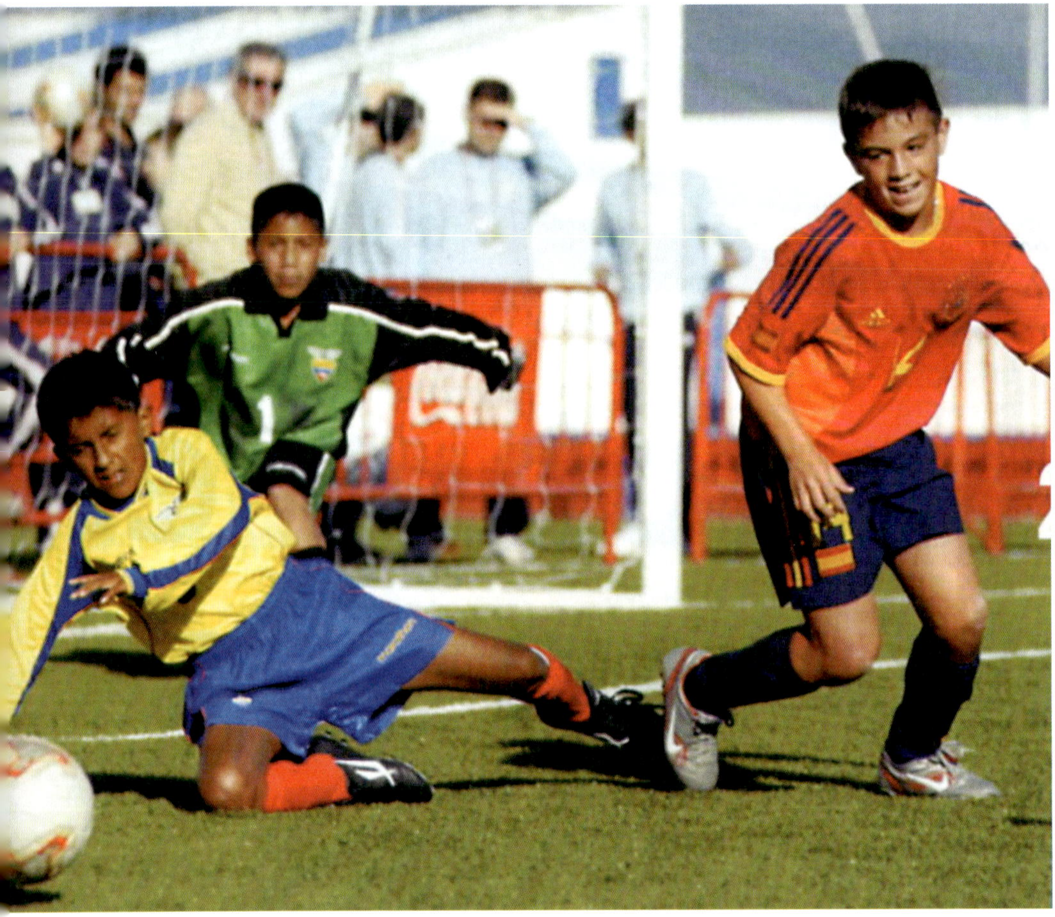

Am Ende der Saison sollten die Neunjährigen, die das ganze Jahr lang verschiedene Festivals mit den Varianten von FUNiño bestritten haben, im Training mit einer progressiven Spielreihe an das komplexe Spiel 7:7 herangeführt werden. Mit immer komplexeren Spielaufgaben und mit einer progressiven Zunahme der Spielerzahl und der Spielfeldausmaße werden sie Schritt für Schritt spielend auf Fußball 7 vorbereitet, das für sie ab 11 Jahren offizieller Wettkampf sein wird.

1 3:3

Es wird auf einem Minifeld in der Mitte eines Fußball-7-Feldes gespielt. Ein Spieler jeder Dreiermannschaft muss in der Schusszone des eigenen Feldes verbleiben. Ein Tor kann nur aus der gegnerischen Schusszone erzielt werden.

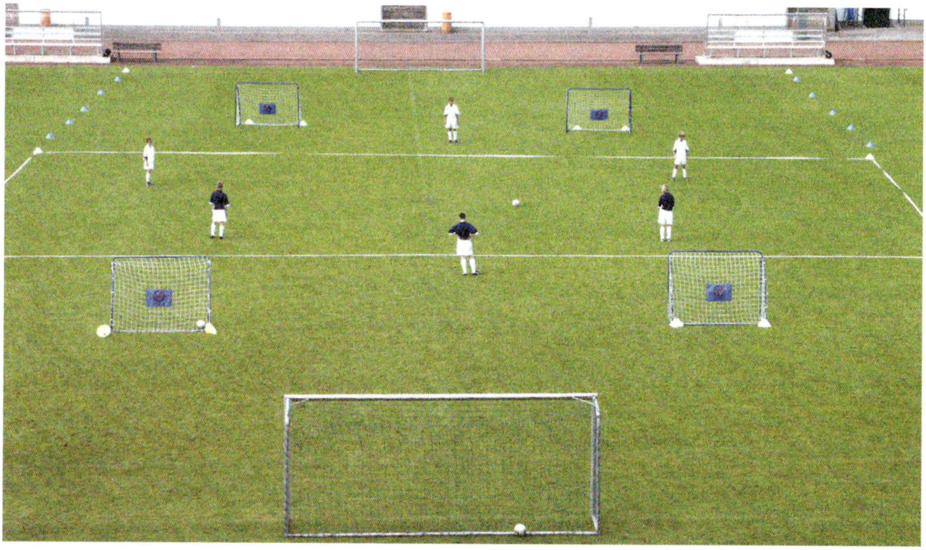

Varianten

- Der Aktionsradius des dritten Spielers einer jeden Mannschaft wird nicht begrenzt.
- Ein Tor wird durch Überdribbeln einer der beiden breiten Torlinien (Hütchentore) erzielt.
- Ein Tor kann nur von einem Ort außerhalb der gegnerischen Schusszone erzielt werden, d. h. nur mit einem Steilpass aus dem Mittelfeld durch eines der beiden gegnerischen Tore.

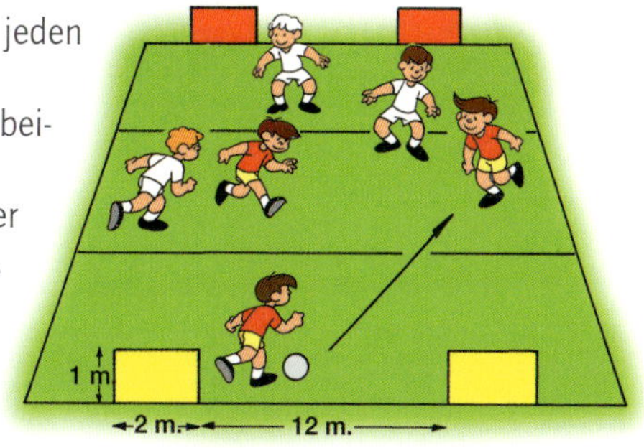

- Ein Spieler jeder Dreiermannschaft muss sich in der Schusszone des gegnerischen Feldes für einen Steilpass aus dem Mittelfeld anbieten.

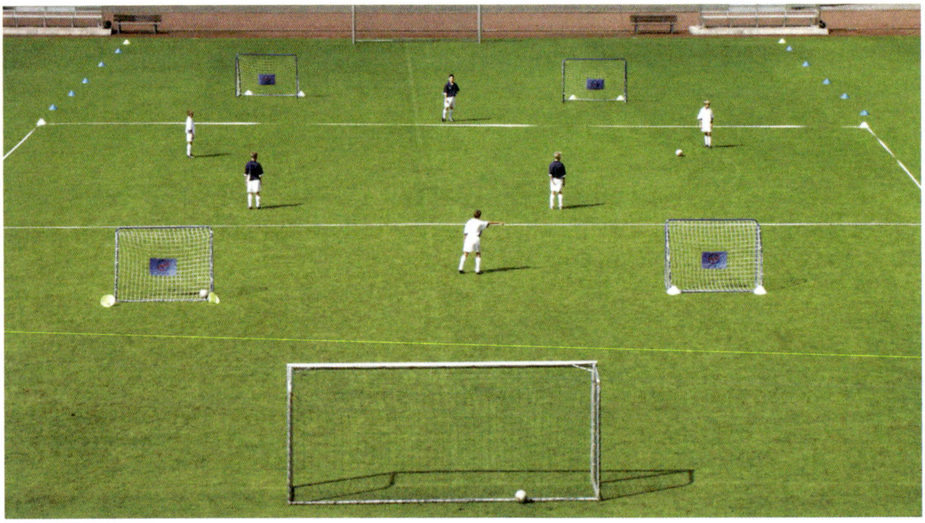

2 2:2 oder 3:3 mit Torhüter oder auch mit Verteidiger (4:4)

Ein Tor kann nur von einer Position innerhalb der gegnerischen Schusszone erzielt werden.

- Ein Tor kann nur von einem Ort außerhalb der gegnerischen Schusszone erzielt werden. Dabei versucht ein Torhüter oder ein Verteidiger, den Steilpass durch eines der Tore zu unterbinden.

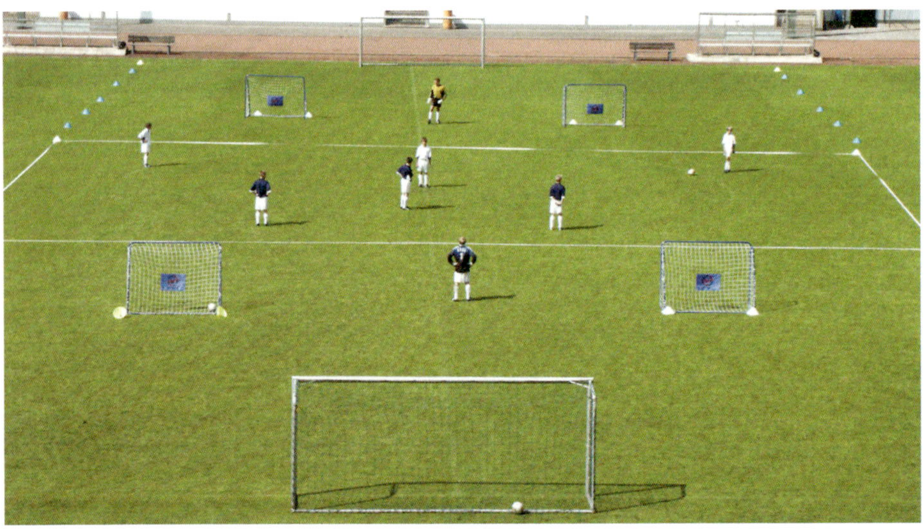

3 3:3 mit je einer Sturmspitze (4:4) und einem Torwart (5:5)

Hinter einem der beiden Hütchentore auf jeder Endlinie des Minifeldes bietet sich eine Sturmspitze an. Ohne die Mitte des Minifeldes zu verlassen, kämpfen die drei Spieler jeder Mannschaft um den Ballbesitz, um dann genaue Pässe zu ihrer Sturmspitze zu schlagen. Nach jeder Ballkontrolle hinter den Minitoren und vor den Strafräumen des Fußball-7-Feldes muss der Ball innerhalb von drei Sekunden ins 6 x 2 m große Fußballtor geschossen werden. Zuerst übt man ohne, dann mit Torhüter.

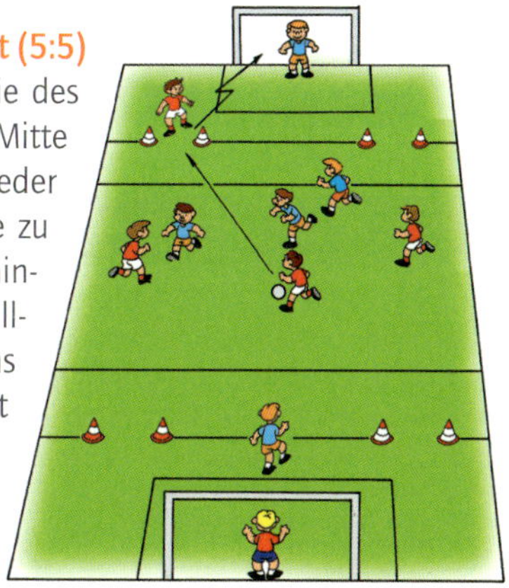

4 3:3 mit je zwei Sturmspitzen und einem Verteidiger zwischen ihnen (6:6 und 7:7)

Spiel wie zuvor, nur dass eine weitere Sturmspitze im zweiten Hütchentor auf der 13-m-Abseitslinie und ein gegnerischer Verteidiger vor den zwei Hütchentoren agiert. Dieser Verteidiger antizipiert die Steilpässe der Mittelfeldspieler und fängt sie ab. Danach bedient er seine Mitspieler im Mittelfeld. Im Falle einer Ballannahme von einer Sturmspitze verteidigt er zusammen mit seinem Torwart den 2:1-Angriff beider Sturmspitzen.

Es wird zunächst ohne und dann mit Abseits 7:7 gespielt, ein Torwart, ein freier Abwehrspieler, drei Mittelfeldspieler und zwei Sturmspitzen. Alle fünf Minuten tauschen alle Spieler ihre Rollen und Plätze, bis jeder jede Spielposition kennen gelernt und wichtige Erfahrungen gemacht hat.

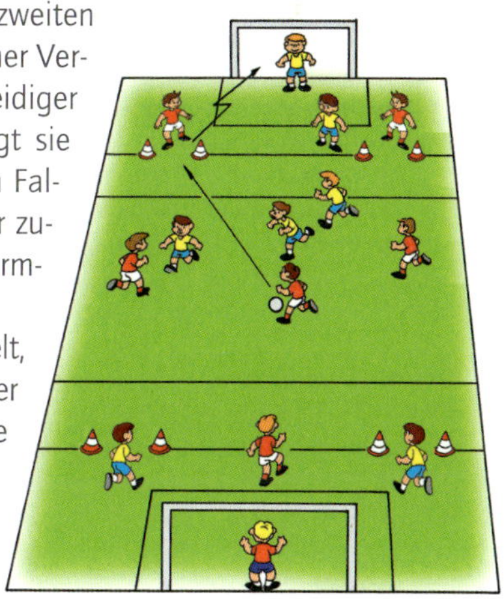

5 7:7 mit Spielbeschränkungen

Alle vier Hütchentore werden entfernt, wodurch sich nun die Sturmspitzen frei außerhalb des Minifeldes bewegen können. Als Variante darf nach dem Anspiel einer Sturmspitze ein Spieler (zwei) jeder Mannschaft aus dem Minifeld nachrücken.

6 Fußball 7:7

Es gelten die offiziellen Regeln (inklusive Abseits nur im 13-m-Raum).

„Den Fußball von gestern muss man respektieren, den Fußball von heute studieren und den Fußball von morgen antizipieren."

Bora Miluninovic

1 Warum FUNiño 3:3 mit vier Toren und nicht 4:4 mit zwei Toren?

Ein Wertevergleich zwischen zwei Wettkämpfen für 8-9-Jährige

FUNiño 3:3 MIT VIER TOREN	FUSSBALL 4:4
1. Das Spiel auf zwei getrennt stehende Tore stimuliert nicht nur die Breite im Angriff, sondern auch die Fähigkeit, die augenblickliche Spielsituation zu „lesen" (Welches der beiden Tore wird von weniger Abwehrspielern verteidigt?) und die richtige Entscheidung zur Lösung der Spielhandlung zu treffen. Im FUNiño findet der Anfänger überschaubare und kommunikativ und handlungsgemäß beherrschbare Spielsituationen vor, die seinem Leistungsvermögen angepasst sind.	Bedingt durch die zentral stehenden Tore, wird bevorzugt im mittleren Streifen des Feldes gespielt, wo es häufig zu unübersichtlichen Zusammenballungen der Spieler kommt, die das Beobachten, die Analyse und die Ausführung der Spielhandlung eines jeden Spielers erschweren. Für den Acht- und Neunjährigen ist Fußball 4:4 schwieriger, weil er weniger Zeit hat, um mehr Informationen zu verarbeiten.
2. Da es genügend Spielraum und Zeit gibt, wird konstruktiv Fußball gespielt und der Ball so lange von Mann zu Mann gepasst, bis sich ein Raum zum Eindringen mit dem Ball „auftut". Der junge Spieler lernt sehr schnell, weil immer die gleichen wenigen Spielsituationen wiederkehren.	Dadurch, dass 25 % mehr Spieler auf dem Feld sind und auf nur ein in der Mitte stehendes Tor gespielt wird, ist das Lernen weniger schnell und weniger effektiv. Die Fantasie und die Kreativität werden weniger als im FUNiño entwickelt.
3. Der Acht- und Neunjährige behandelt den Ball wie seinen besten Freund, mit Liebe und Takt. Es gibt praktisch kein wildes Wegkicken des Balls, um gefährliche Situationen zu bereinigen.	Der Ball wird ab und zu (im FUNiño jedoch nie) aus der Gefahrenzone nach vorne gedroschen.
4. Sowohl im Angriff als auch in der Abwehr befinden sich die drei Spieler sehr häufig in Dreieckformation, die ihnen die bestmögliche Komunikation und Zusammenarbeit erlaubt.	Dadurch, dass es in der Abwehr und im Angriff zwei Dreiecke gibt, ist das Spiel für die Acht- und Neunjährigen viel komplexer. Es gibt mehr grundlegende Spielsituationen.
5. Es gibt keine festen Spielpositionen. Jeder Spieler muss, je nach Spielsituation, zum Angriff als auch zur Abwehr bereit sein. Jeder Spieler ist für die Abwehr wichtig und keiner kann sich ausruhen.	Beim 4:4 bleibt häufig ein Spieler zum Kontern vorn im Angriff, weil er nicht zum Verteidigen seines zentralen Tors benötigt wird. Drei Spieler genügen hierfür.
6. Jeder Spieler hat häufig die Möglichkeit, zum Torerfolg zu kommen, was ihn natürlich motiviert. Jeder der drei Spieler ist Hauptdarsteller des Spiels.	Es werden viel weniger Tore erzielt und weniger Spieler kommen in den Genuss, Torschütze zu werden.

	FUNiño 3:3 MIT VIER TOREN	FUSSBALL 4:4
7.	Es gibt genügend Zeit zum Sehen, zum Denken und auch zur Ausführung der gedachten Handlung. Auf Grund eines ausreichenden Spielraums für jeden findet auch ein technisch schwacher Spieler Freude und Genugtuung am Spiel.	Alle Spieler haben weniger Zeit zum Beobachten, Analysieren, Denken und Handeln, was zu mehr Fehlern und weniger Selbstvertrauen der Spieler führt.
8.	Das Minispiel fordert von jedem Spieler dauernd gedankliche und körperliche Mitarbeit und erlaubt es jedem, den Ball häufiger zu berühren, als das im Spiel mit vier Spielern in einer Mannschaft der Fall ist	Bedingt durch 25 % mehr Spieler nehmen alle weniger gedanklich und körperlich am Spiel teil. Es gibt auch weniger Ballkontakte.
9.	Jeder Spieler ist wichtig. Der Beitrag, den die weniger talentierten Spieler leisten, ist für das Endergebnis wichtig.	Je mehr Spieler eine Mannschaft bilden, desto weniger nehmen die schwächeren Fußballer am Spiel teil.
10.	Im Minispiel 3:3 wird Fußball so ähnlich gespielt, wie es bei den Erwachsenen der Fall ist.	Das Spiel 4:4 ist dem Spiel der Erwachsenen durch die kleineren Spielräume weniger ähnlich als Minfußball.

„Ein Kind ist nur dann ganz Kind, wenn es spielt."

Friedrich von Schiller

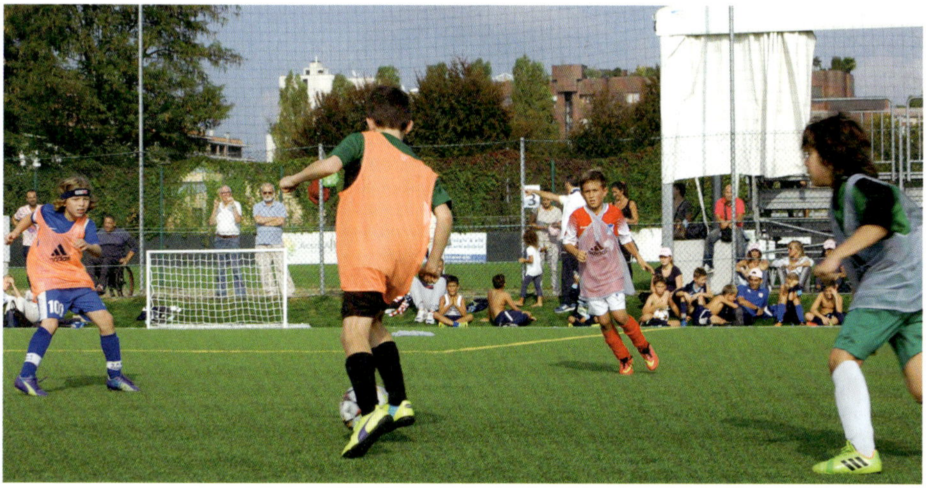

2 Die Rechte der Kinder beim Fußballspielen

1. **Kind sein zu dürfen**
   und innerhalb und außerhalb des Spielfeldes nicht wie ein Erwachsener behandelt zu werden.

2. **Sich sowohl im Training als auch im Wettkampf zu vergnügen.**

3. **Kindgemäße Wettkämpfe zu bestreiten,**
   die spezielle Regeln (auch bezgüglich der Spielfeld- und Tormaße sowie des Gewichts und Umfangs der Bälle) haben, die ihren derzeitigen körperlichen und geistigen Fähigkeiten perfekt angepasst sind.

4. **Von speziell vorbereiteten Fachkräften stimuliert und nicht instruiert zu werden.**

5. **Ihren bevorzugten Sport ohne Gefahren für ihre Sicherheit oder Gesundheit ausüben zu können.**

6. **Alle Positionen in einer Mannschaft kennen zu lernen und auf ihnen spielen zu dürfen.**

7. **Selbst Erfahrungen sammeln zu können,**
   anstatt vom Trainer immer Anweisungen zu erhalten, wie man am besten zu spielen hat. Das Spiel sollte immer der Meister sein und nicht der Trainer!

8. **Sowohl vom Trainer als auch von den Gegnern und Mitspielern mit Würde und Anstand behandelt zu werden.**

9. **Mit gleichaltrigen Spielern wettzueifern, um fast gleiche Möglichkeiten für den Sieg zu haben.**

10. **Nicht unbedingt Meister zu werden.**

„Trainer werden ist nicht schwer, Trainer sein dagegen sehr."

frei nach Wilhelm Busch

D DIE DRITTE FUSSBALLENTWICKLUNGS-STUFE: SPIELE FÜR FUSSBALL 5 UND FÜR FUSSBALL 7

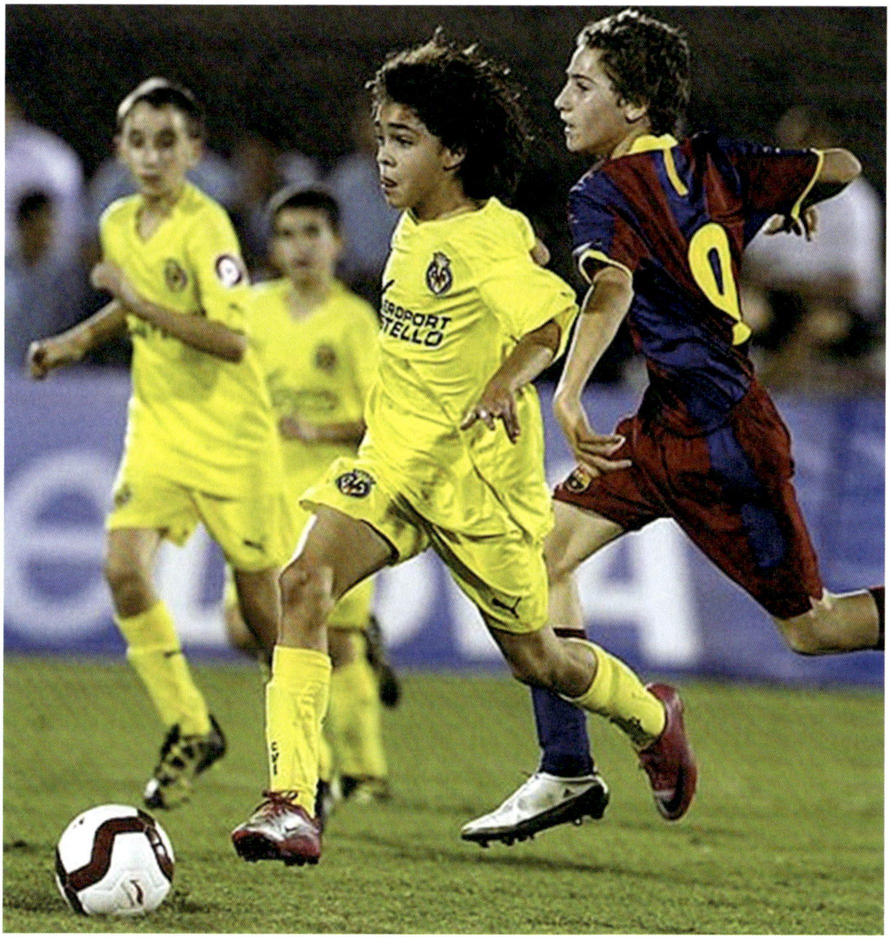

I FUSSBALL 5 UND FUSSBALL 7 KINDGEMÄẞ TRAINIEREN UND VERSTEHEN LERNEN

1 Regeln für Fußball 5 (Futsal)

in Anlehnung an die Kurzfassung der FIFA-Futsal-Regeln

Regel 1: Das Spielfeld

- Das Spielfeld muss rechtwinklig sein. Die Länge muss in jedem Fall die Breite übertreffen. Mindestlänge 25 m, höchstens 42 m. Mindestbreite 15 m, höchstens 25 m.
- Strafräume (zwei Viertelkreise um die Torpfosten, Radius von 6 m, verbunden mit einer 3,16 m langen Linie).
- Handballtore (3 m breit und 2 m hoch).
- Strafstoßmarke (9 m).
- Zwei Auswechselzonen (direkt vor den Spielerbänken 5 m und jeweils 5 m von der Mittellinie entfernt).

Regel 2: Der Ball

- Spezieller Futsal-Ball (mit reduziertem Sprungverhalten, Umfang 62-64 cm; Gewicht 400-440 g) oder Ball Nr. 4.

Regel 3: Zahl der Spieler

- Ein Torwart, vier Feldspieler und maximal zwei Auswechselspieler (bei Spielbeginn: mindestens fünf Spieler).
- Unbegrenzte Anzahl von Auswechslungen ebenso wie Wiedereinwechslungen möglich, aber nur während einer Spielunterbrechung mit Genehmigung des Schiedsrichters.
- Bei einem Verstoß gegen die Auswechselbestimmungen: Gelbe Karte und ein Freistoß für den Gegner.
- Abbruch des Spiels bei weniger als drei Spielern (einschließlich des Torwarts).

Regel 4: Ausrüstung der Spieler

- Schienbeinschonerpflicht, sonst Ausrüstung wie im Feld.
- Jede Art von Schmuck ist verboten (wie im Feld).
- Der Torwart muss andere Kleidung tragen als die Spieler und der Schiedsrichter.

Regel 5: Der Schiedsrichter

- Rechte und Pflichten wie im Feld.
- Bei Uneinigkeit zwischen beiden Schiedsrichtern ist die Entscheidung des ersten Schiedsrichters ausschlaggebend.
- Der zweite Schiedsrichter übernimmt die Aufgabe des Zeitnehmers, falls kein eigener Zeitnehmer zur Verfügung steht.

Regel 6: Dauer des Spiels

- 3 x 15 Minuten.
- Auszeit (Time-out): Nur möglich bei Ballbesitz.

Regel 7: Beginn und Fortsetzung des Spiels

- Identisch wie auf dem Feld mit einem Mindestabstand von 3 m.
- Schiedsrichterball: Wie im Feld.
- Freistoß für die verteidigende Mannschaft im eigenen Strafraum: Seine Ausführung ist von jedem Punkt im Strafraum erlaubt.
- Bei der Ausführung eines Strafstoßes von der 9-m-Marke müssen sich die nicht beteiligten Spieler innerhalb des Spielfeldes, aber außerhalb des Strafraums und mindestens 5 m vom Ball entfernt aufhalten.

Regel 8: Der Ball in und aus dem Spiel

- Wie im Feld.

Regel 9: Verbotenes Spiel und unsportliches Betragen

- Direkte Freistöße bei Regelverstößen, wie Fouls, Rempeln und Hineingrätschen von der Seite oder von hinten. Im Strafraum gibt es einen Strafstoß aus 6 m Entfernung zum Tor.
- Indirekte Freistöße bei Regelverstößen sowie bei einer Ballkontrolle durch den Torwart, die länger als vier Sekunden dauert.
- Persönliche Strafen: Gelbe Karte oder Rote Karte.
- Nach Erhalt einer Roten Karte darf sich die in Unterzahl spielende Mannschaft nach zwei Minuten ergänzen oder sofort nach einem Torerfolg des Gegners.

Regel 10: Freistöße

- Wie im Feld.
- Mindestabstand aller anderen Spieler: 5 m.
- Ausführung innerhalb von vier Sekunden, ansonsten indirekter Freistoß für den Gegner.

Regel 11: Der Strafstoß (von 6 m)

- Wie im Feld, Mindestabstand: 5 m.

Regel 12: Der Einkick bei Seitenaus

- Wie nach dem Seitenaus auf dem Feld. Anstatt Einwurf wird der Ball gekickt.
- Mindestabstand: 5 m.
- Ausführung innerhalb von vier Sekunden, ansonsten Einkick für den Gegner.

Regel 13: Der Torabwurf oder -abstoß

- Der Abstoß erfolgt in einer Entfernung von 2 m vor dem Pfosten, wo der Ball die Torlinie außerhalb der Pfosten überschritten hat.
- Nach der Ballaufnahme kann der Torwart den Ball aus dem Strafraum heraus abwerfen, auch einkicken, ohne dass dabei der Ball die Mittellinie überschreiten darf. Das heißt, dass der Torwart auf diese Weise kein gültiges Tor direkt erzielen kann. Bei Verstoß gegen diese Regel gibt es einen indirekten Freistoß für den Gegner an der Stelle der Mittellinie, an der der Ball diese überschritten hat.

- Die Ausführung des Abwurfs oder des Einkickens muss innerhalb von vier Sekunden erfolgen. Bei Verstoß gegen diese Regel gibt es einen indirekten Freistoß für den Gegner auf der Strafraumlinie.
- Alle gegnerischen Spieler müssen sich bei der Ausführung eines Abstoßes außerhalb des Strafraums aufhalten. Bei Regelverstoß gibt es eine Wiederholung des Abstoßes.

Regel 14: Der Eckstoß

- Mindestabstand: 5 m.
- Seine Ausführung muss innerhalb von vier Sekunden erfolgen. Bei Regelverstoß gibt es einen indirekten Freistoß für den Gegner auf der Strafraumlinie.

2 Regeln für Fußball 7

Regel 1

Die hier aufgezeigten Regeln sind nur spezifische Fußball-7-Regeln. Im Falle irgendwelcher Zweifel gelten die offiziellen Fußballregeln der FIFA.

Fußball 7 gilt für die 11- und 12-Jährigen als das geeignetste Fußballwettspiel, weil sich seine Regeln sowohl den intellektuellen als auch den physischen Leistungsvoraussetzungen der Spieler dieser Altersstufe bestens anpassen.

Regel 2: Spielfeld

Das Spielfeld ist rechteckig mit einer Länge zwischen 50 und 65 m (entspricht der Breite des offiziellen Feldes) und einer Breite zwischen 30 bis 45 m.

Bemerkung: Um Fußball 7 zu promovieren und seine Verbreitung unter den Jugendlichen zu fördern, wird empfohlen, das Markieren des Spielfeldes zu vereinfachen. Die 13-m-Linie, die parallel zur Endlinie gezeichnet wird, sollte nicht nur als Abseitslinie gelten, sondern darüber hinaus bis zu den Seitenlinien auch den Strafraum abgrenzen. Auf den Torraum, den Mittelkreis und eine Mittellinie sollte verzichtet werden, weil diese Markierungen anschließend beim nächsten Spiel auf dem regulären Feld stören könnten.

Regel 3: Spieleranzahl und Auswechseln

Während des Spiels befinden sich gleichzeitig sieben Spieler von jeder der beiden Mannschaften auf dem Feld, einer von den sieben Spielern ist Torwart. Jede Mannschaft muss das Spiel mit mindestens fünf Spielern beginnen und kann die restlichen nach dem Anpfiff hinzufügen.

Eine Mannschaft besteht höchstens aus 10 Spielern, wobei die drei zunächst nicht eingesetzten Spieler zu jeder Zeit und beliebig oft auf Höhe der Mittellinie ausgetauscht werden können. Ein einmal ausgetauschter Spieler darf also immer wieder aufs Feld zurückkehren.

Regel 3: Ball

Es wird mit einem Ball Nr. 4 gespielt, der einen Umfang von 63,5 cm bis 66 cm und ein Gewicht zwischen 340 und 390 g hat.

Regel 5: Schiedsrichter

Fußball-7-Spiele sollten bevorzugt von einem Schiedsrichter unter 20 Jahren geleitet werden. Nur in wichtigen Spielen oder Turnieren wird er von zwei Assistenten gleichen Alters begleitet.

Regel 6: Dauer des Spieles

Die Dauer eines Fußball-7-Spiels beträgt 50 Minuten, unterteilt in zwei Spielhälften von 2 x 25 Minuten und eine Pause von fünf Minuten. Sollten die Mannschaften in einem Turnier zwei oder mehr Spiele am gleichen Tag austragen, dann sollte die Spielzeit auf 2 x 15 oder auch 2 x 12,5 Minuten verkürzt werden.

Regel 7: Abseits und Freistöße

Damit ein Spieler „abseits" ist, muss er sich in dem Augenblick, wenn ihm der Ball zugespielt wird, nicht nur innerhalb des gegnerischen Strafraums (13-m-Zone) befinden, sondern außerdem auch näher an der Endlinie befinden als der Ball und zwei seiner Gegner. Außerhalb des Strafraums kann kein Spieler im Abseits stehen.

Alle Regelwidrigkeiten werden mit einem direkten Strafstoß geahndet.

3 Warum Fußball 7 und nicht Fußball 11?

22 Gedanken, die empfehlen, Fußball 7 anstatt „11:11" zu spielen

1. Alle Spieler sind häufiger in Ballbesitz und führen mehr Pässe, Ballannahmen, Dribblings, Torschüsse und Abwehraktionen aus, was der Verbesserung ihrer Technik mehr dient, als das im Spiel 11:11 der Fall ist.
   Carvalho und Pacheco (1990) bestritten in der „Escola do Futebol Clube do Porto" mit denselben Spielern vier Spiele 11:11 und Fußball 7 mit je zwei Spielzeiten von nur 20 Minuten mit dem Ergebnis, dass es im Fußball 7 92 % mehr Ballkontakte gab als im 11:11. Im Vergleich zum offiziellen Fußball gab es beim Fußball 7 144 % mehr Pässe, 142 % mehr Torschüsse und 59 % mehr Ballführungen oder Dribblings.

2. Die technische Ausführung eines Passes, eines Torschusses, einer Ballannahme, von Finten usw. wird durch die obligatorische Benutzung eines Balls Nr. 4 erleichtert, weil der Umfang und das Gesamtgewicht des Balls den physischen Fähigkeiten des Kindes entsprechen.

3. Die Spieler kommen häufiger zum Torerfolg. Dadurch stärkt sich nicht nur ihr Selbstvertrauen, sondern sie werden darüber hinaus motiviert, sich weiter zu verbessern.

4. Die Spieler werden häufiger mit den grundlegenden Spielsituationen des Fußballspiels (1:1, 2:1, 1:2, 2:2, 3:2, 2:3 und 3:3) konfrontiert, was ihr Verständnis und ihre Lösung verbessert.

5. Es gibt mehr Eckstöße und Elfmeter, wodurch die Spieler beim Angriffs- und Abwehrspiel beider Standardsituationen mehr Erfahrungen sammeln.

6. Jeder Spieler, der gerade nicht in Ballbesitz ist, kann das Spiel, bedingt durch die geringere Spielerzahl (14 anstatt 22), leichter „lesen" und verstehen. Er muss viel weniger Informationen verarbeiten, um zu einer richtigen gedanklichen Lösung auf der Grundlage einer korrekten Wahrnehmung zu kommen.
   Darüber hinaus nimmt er vom mentalen Standpunkt aus viel intensiver am Spiel teil, weil er im Vergleich zum Spiel 11:11 beim Fußball 7 mit dem Ball Nr. 4 in jedem Augenblick angespielt werden kann (auch die geringeren Entfernungen machen das möglich).
   Auch vom physischen Standpunkt aus ist jeder Spieler viel intensiver am Spiel beteiligt.

7. Bedingt durch die geringere Spielerzahl und dem für das Kind überschaubaren Spielraum, kann sich jeder Spieler leichter auf dem Feld orientieren und in jedem Augenblick des Spiels unter Berücksichtigung der Stellung seiner Mitspieler und der Gegner seinen optimalen Platz auf dem Feld finden.

8. Das Spiel ist flüssiger (weniger Unterbrechungen), dynamischer und kindgemäßer als das Spiel 11:11.

9. Alle vorher aufgeführten Vorteile bedingen, dass der 11- und 12-Jährige beim Fußball 7 mehr Spaß hat, weil dieses Spiel mehr seiner Mentalität und seinen physischen Fähigkeiten entspricht.

10. Durch die geringere Spielfeldlänge (50-65 m anstatt 90-120 m) kommt es viel häufiger dazu, dass ein Abwehrspieler in den Angriff vorrückt und ein Stürmer in der Abwehr aushelfen kann, womit eine vorzeitige Spezialisierung in bestimmten Spielpositionen vermieden wird.
    Fußball 7 verlangt von jedem Spieler viel mehr Vielseitigkeit.

11. Beim Fußball 7 kann jeder Spieler so oft ausgewechselt werden, wie es der Trainer für notwendig erachtet. Damit wird das Auswechseln von den Spielern nicht mehr als Strafe empfunden, sondern mehr als eine Gelegenheit für den Trainer gesehen, durch ein individuelles interaktives Gespräch mit dem ausgewechselten Spieler sein Spielniveau anzuheben.

12. Im kleineren Fußball-7-Feld können die 11- und 12-Jährigen so Fußball spielen, wie es normalerweise auch die Erwachsenen tun, weil die geringere Spielerzahl sowohl die Kommunikation als auch die Zusammenarbeit zwischen den Beteiligten erleichtert. Im Fußball 7 wird weniger gegen den Ball („Ballgedresche"), als vielmehr mit dem Ball gespielt, als das im Spiel 11:11 der Fall ist.

13. Die Spieler lernen, dank Fußball 7, den Raum und die Zeit, zwei sehr wichtige Parameter für die Spielleistung, besser zu beherrschen als im regulären Fußballspiel.

14. Jeder Spieler hat mehr Erfolgserlebnisse, da im Fußball 7 nicht nur die Wahrnehmung, sondern auch die Entscheidungsfindung durch die geringere Spielerzahl und auch die technische Ausführung der gedachten Handlung durch den kleineren und leichteren Ball erleichtert wird.

15. Die weniger komplexen Spielsituationen im Fußball 7 führen dazu, dass sich der Spieler häufig selbst korrigieren kann, ohne dabei auf die Hilfe des Trainers angewiesen zu sein, wie es im Fußball mit 11 Spielern in einer Mannschaft der Fall ist.

16. Fußball 7 entspricht den Wünschen und Erwartungen der 11- und 12-Jährigen.

17. Fußball 7 erlaubt eine effektivere Talentsichtung, weil es für den Talentsucher viel leichter ist, die Mängel und Stärken eines Spielers zu beurteilen.

18. Mit Zunahme der Spieldauer werden die weniger talentierten Spieler, die dann noch frischer sind, immer wichtiger, weil sie nun mehr zum Spiel beitragen können. Dadurch machen sie im Fußball-7-Wettspiel eher Fortschritte, als wenn sie im Fußball 11 mehr am Rande des Spielgeschehens stehen würden.

19. Der Torwart bekommt durch die ihm angepassten Torausmaße (6 x 2 m) mehr Selbstvertrauen, da er jetzt viel häufiger in seinen zahlreicheren Interventionen erfolgreich ist.

20. Der noch in der Ausbildung stehende Jugendtrainer hat trotz seiner geringeren Erfahrungen weniger Probleme, seine kleine Fußball-7-Gruppe von 10 Spielern zu betreuen als einer, der 16 Spieler in seiner Mannschaft hat.

21. Junge Schiedsrichter unter 20 Jahren können beim Fußball 7 wichtige Erfahrungen in der Anwendung eines vereinfachten Regelwerks sammeln, um später für höhere Aufgaben bestens gerüstet zu sein.

22. Die Eltern sind zufrieden, weil sie ihre Töchter oder Söhne als Hauptdarsteller des Spiels sehen und häufig Augenzeuge eines nun eher möglichen Torerfolgs ihres Sprösslings sind.

José Maria Escudero und Dr. José Manuel Palao Andrés kommmen in ihrer Studie **„Incidencia de la modalidad de juego (fútbol 7 y fútbol 11) sobre la utilización de medios técnicos en categorías de formación (11-12 años)** (siehe http://www.efdeportes.com/efd74/modal.htm) zu einigen interessanten Ergebnissen und Schlussfolgerungen, von denen hier einige wenige zitiert und zur Debatte gestellt werden sollen:

- Während in einem Spiel mit sieben Spielern durchschnittlich 1.414 Aktionen oder 101 pro Spieler zu beobachten sind, gibt es im Spiel mit 11 Spielern nur 1.309,3 oder 59 Aktionen für jeden der beteiligten 22 Spieler.

- 57 % dieser Aktionen werden im Fußball 7 korrekt ausgeführt, während die Prozentzahl im Fußball 11 nur 43 % ist, was bestätigt, dass es im Fußball 11:11 mehr Ballverluste gibt, die besonders durch überhastetes Passen ohne vorhergehende Blickverbindung zustande kommen.

Schlussfolgerungen:

1. Im Fußball 7 kommt es häufiger zum Angriffsabschluss als im Fußball 11:11.

2. Im Fußball 7 gibt es mehr Pässe, Ballannahmen, Umspielungsversuche und Ballführungen als im Fußball 11.

3. Im Fußball 7 gibt es mehr Standardsituationen mit dem ruhenden Ball als im Fußball 11.

Im Fußball 11 gibt es mehr Balleroberungen als im Fußball 7.

4. Im Fußball 11 wird der Ball viel häufiger ohne vorhergehende Blickverbindung gespielt, als das im Fußball 7 der Fall ist.

5. Das Spiel des Torwarts hat im Fußball 7 mehr Bedeutung als im Fußball 11. Der Torhüter ist der große Gewinner.

6. In der technischen Ausführung grundlegender Elemente gibt es im Fußball 7 eine höhere Effektivität als im Fußball 11.

Zusammenfassend kann gesagt werden, dass die hier aufgezeigten Kriterien für die Einführung von Fußball 7 dazu führen, es als Wettspiel für die 11- und 12-Jährigen dem Erwachsenenspiel mit 11 Spielern in einer Mannschaft vorzuziehen. Das bestätigt die These, dass wir die Komplexität und den Schwierigkeitsgrad des Fußballspiels den mentalen und körperlichen Fähigkeiten unserer jungen Spieler in jeder Entwicklungsstufe ensprechend gestalten müssen, und die Kinder und Jugendliche nicht, wie bisher, dazu zwingen zu dürfen, sich dem Erwachsenenspiel anzupassen.

„Obwohl Fußball 7 ein Spiel mit geringeren Spielfeldmaßen, einer reduzierten Spielerzahl und weniger Regeln ist, limitiert es die 11- und 12-Jährigen nicht, sondern ist für sie vielmehr ein maßgeschneidertes Wettspiel, mit dessen Hilfe sie ihr Talent Schritt für Schritt integral und kindgemäß entdecken und entwickeln können."

II VEREINFACHTE SPIELE FÜR DREIERMANNSCHAFTEN

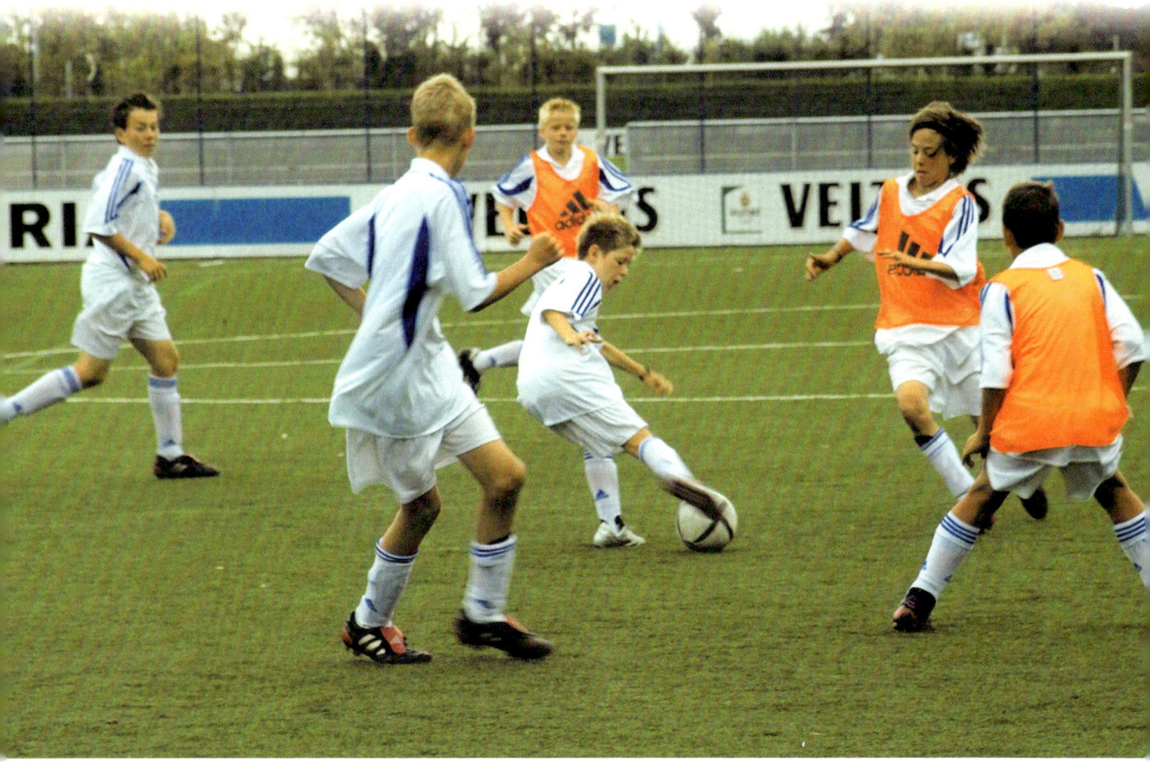

„Freilaufen, passen, schießen, den Ball an- und mitzunehmen, den Gegner auf verschiedene Weisen zu überspielen oder den Ball abzufangen, sind Grundlagen, die mit Übung relativ leicht von jedem zu erlernen sind.

Was aber äußerst schwierig ist, ist, alle diese grundlegenden Elemente zu etwas Höherem und sinnvollem und effektivem Ganzen zu verschmelzen."

Erstes vereinfachtes Spiel: Ballhalten 3:1 in zwei getrennten Spielzonen

Spielregeln

- Die Mannschaft mit dem jüngsten Spieler besetzt mit dem Ball das erste Viereck (je nach Leistung der Spieler 8 x 8 m oder 10 x 10 m), während die andere Dreiermannschaft einen Spieler in das erste schickt und die beiden restlichen in dem zweiten, benachbarten und gleich großen Quadrat postiert.
- Die drei Angreifer müssen ihren Ball trotz der aufopferungsvollen Abwehr eines Gegners für 10 Sekunden in ihrem Besitz halten, ohne dass er dabei die Spielzone verlässt. Für jedes Erreichen der vorgesehenen Zeit erhalten sie 1 Punkt. Sieger ist die Dreiermannschaft, die zuerst 3 (5) Punkte erreicht.
- Wenn es dem Verteidiger gelingt, den Ball abzufangen, oder wenn die Angreifer den Ball ins Aus spielen, muss der Verteidiger den Ball schnellstmöglich in das benachbarte Viereck zu einem seiner beiden Mitspieler passen.
- Zusammen mit seinem Zuspiel wechselt er in die benachbarte Spielzone, wo er zusammen mit seinen zwei dort wartenden Mitspielern ein neues Spiel 3:1 beginnt, denn mit ihm wechselte auch einer der vorhergehenden drei Angreifer das Viereck, um Abwehraufgaben zu übernehmen. Die neue, im Ballbesitz befindliche Dreiermannschaft versucht nun ihrerseits, einen Punkt zu erzielen.

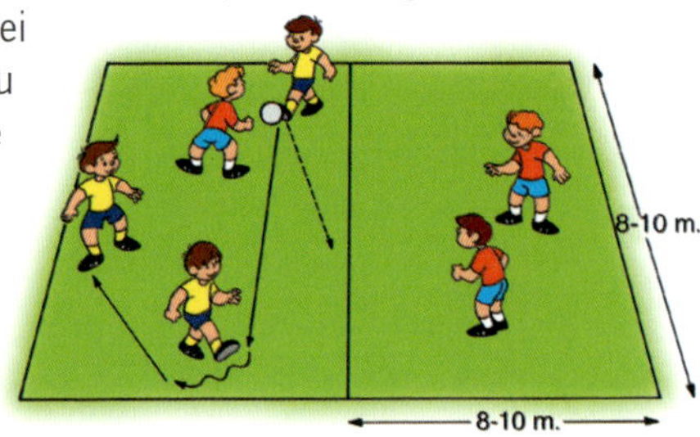

- Um die drei Angreifer immer unter Druck zu halten, ist es dem Verteidiger erlaubt, zu jeder Zeit – besonders bei Ermüdungserscheinungen – mit einem seiner Mitspieler aus der benachbarten Zone die Position und Spielaufgabe zu tauschen.
- Bei Regelverstoß oder Seitenaus gibt es einen Freistoß, wobei die Gegenspieler mehr als 3 m entfernt sein sollten. Wenn die Angriffsspieler den Ball ins Aus spielen, passt der Verteidiger den Ball schnell in das benachbarte Viereck, sodass seine drei Gegner keine Zeit haben, um mit einem Abstand von mindestens 3 m eine Mauer zu bilden.

Lern- und Lehrziele

- Als Angreifer anstatt eines „1:1" immer eine Überzahl („2:1") anstreben.
- Mit dem Ball nicht in den Aktionsradius des Abwehrspielers eindringen, sondern ihn vorher, im Augenblick des Eingreifens des Verteidigers, passen.
- Nur wenn es die Spielsituation (z. B. wenig Zeit und/oder Raum) erfordert, sollte das direkte Passspiel angewandt werden.
- Mit Balltäuschungen und Finten mit dem Körper Zeit und Raum gewinnen.
- Lernen, sich optimal im Raum zu verteilen, um den Ball immer in die Zonen zu spielen, die von dem Verteidiger gerade nicht gedeckt werden. Es ist wichtig, Positionen einzunehmen, die vom Ballbesitzenden möglichst weit entfernt sind, wodurch nach einem Zuspiel dem Angreifer mehr Zeit und Raum für seine nächste Aktion zur Verfügung steht, was natürlich sein Spiel erleichtert.
- Beim Passen den Ball mit Genauigkeit und Schärfe zuspielen, ohne seine Laufrichtung vorher anzuzeigen.

- Sich nach einem gelungenen Pass erneut anbieten und dem Ballbesitzenden immer zwei Passmöglichkeiten geben.
- Lernen, sich als Abwehrspieler aufzuopfern, um die Gegner in der Überzahl zu überhasteten Aktionen und damit zu Fehlern zu verleiten.
- Als Abwehrspieler durch Körperfinten und besonders durch eine nichtfrontale Annäherung an den Ballbesitzenden diesen dazu zwingen, den Ball in die von ihm gewünschte Richtung zu passen, auf die er dann bestens vorbereitet ist.

Mögliche Fragen zur Entwicklung der Spielintelligenz

F.: Wo sollten sich die beiden Mitspieler des Verteidigers im benachbarten Feld für ein Zuspiel anbieten? Erkläre warum!

A.: Am besten wäre es, wenn sie sich so weit entfernt wie möglich vom Spielgeschehen anbieten, damit sie nach einem Zuspiel den Ball in aller Ruhe annehmen können und Zeit haben, richtige Entscheidungen bezüglich der nächsten Aktion zu treffen.

F.: Was sollte ein Angriffsspieler wissen und beherrschen, um den Ball lange genug im Besitz seiner Mannschaft zu halten?

A.: Zunächst sollte beim Ballhalten der Ball nur dann abgespielt werden, wenn der Ballbesitzende bedrängt wird. Je nach Unterstützung seiner Mitspieler sollte er den Ball zu einem besser postierten Mitspieler passen, oder er kann ihn auch in einen freien Raum dribbeln, um dann bessere Abspielmöglichkeiten zu erkunden. Wichtig beim Ballführen ist, den Ball vom Gegner abzuschirmen, was dadurch geschieht, dass sich der Angreifer immer zwischen dem Ball und dem nahen Abwehrspieler postiert.

Der Ball sollte hart genug, und ohne dem Gegner seine Richtung zu zeigen, abgespielt werden. Nach jedem gelungenen Abspiel sollte sich der betreffende Spieler erneut in einem ungedeckten Raum anbieten.

F.: Wann solltest du als Angreifer den Ball beim Ballhalten nicht abspielen oder dribbeln?

A.: Immer dann, wenn er keine geeignete Passmöglichkeit sieht. Der Ball kann dann auch in einen vom Gegner unbesetzten Raum gedribbelt werden, bis sich durch die veränderte Spielsituation neue Passoptionen ergeben.

F.: Wie verhält sich ein bedrängter Angriffsspieler in einer 1:1-Situation?

A.: Der Ballbesitzende sollte seinen Körper zwischen Ball und Gegner bringen, um dessen erfolgreiches Eingreifen zu verhindern und Zeit zu gewinnen, bis er Unterstützung bekommt.

F.: Wann spricht man von einem guten Zuspiel?

A.: Immer dann, wenn der Pass ankommt, und der ballannehmende Spieler dabei nicht sofort von einem Gegner bedrängt wird.

Wenn der Pass nicht zu früh und auch nicht zu spät abgespielt wird, sodass sich der Ballempfänger in einer günstigeren Situation als sein Zuspieler befindet.

Wenn der Ball hart genug und, ohne vorher seine Richtung anzuzeigen, zugepasst wird.

Wenn der Ball flach abgespielt wird und so vom Ballempfänger leicht anzunehmen ist.

F.: Warum sollten beim Ballhalten hohe Zuspiele möglichst vermieden werden?
A.: Ein flacher Pass ist schneller und viel leichter anzunehmen und auch zu kontrollieren als ein hohes Zuspiel.

F.: Nenne den idealen Zeitpunkt für das Abspiel des Balls beim Ballhalten!
A.: Wenn ein Abwehrspieler den Ballbesitzenden bedrängt und Anstalten macht, den Ball zu erobern.

F.: Wohin sollte sich jeder Zuspieler nach einem erfolgreichen Abspiel orientieren?
A.: Er sollte sofort in einen ungedeckten, von seinen Mitspielern noch nicht besetzten Raum starten, um sich dort erneut für ein Anspiel anzubieten.

F.: Wohin genau sollte der Ball beim Ballhalten gepasst werden: in den Lauf des Mitspielers oder direkt in seine Füße?
A.: Das hängt auch von der Stellung des Verteidigers ab. Normalerweise, sollte der Ball immer direkt in die Füße gepasst werden, was am sichersten ist.

F.: Wann sollte der Ball direkt und ohne vorhergehende Ballannahme abgespielt werden?
A.: Wenn ein Spieler bei der Ballannahme sofort vom Gegner bedrängt wird.

F.: Welche Aufgaben haben die Angriffsspieler nach einem Ballverlust?
A.: Sie müssen sofort auf Abwehr umschalten, ohne dass dabei eine Pause entsteht.

F.: Wie sollte sich der Verteidiger verhalten, um in der 3:1-Unterzahl den Ball erobern zu können?
A.: Er sollte schräg auf den Ballbesitzenden zulaufen, um eine Passmöglichkeit auszuschließen und sich dann nur auf das Abfangen des Zuspiels zur freigelassenen Seite konzentrieren. Also den Gegner zwingen, das zu tun, was er geplant hat und wofür er bestens vorbereitet ist.

Variante 1
Die Dreiermannschaft, die in fünf Minuten Spielzeit den Ball am längsten in ihren Besitz halten konnte, gewinnt.

Variante 2
Die Dreiermannschaft, die die höchste Zahl von Zuspielen über mindestens 5 m ausführen kann, gewinnt. Jeder Pass sollte mit lauter Stimme gezählt werden, um Angreifer und Verteidiger zu motivieren. Wird das Zählen vergessen, dann zählt auch das betreffende Zuspiel nicht.

Variante 3
Wie in Variante 2, aber es zählen nur die mit dem schwächeren Fuß gepassten Bälle.

Variante 4 für ältere Spieler
Wie in Variante 2, aber es zählen nur hohe Zuspiele (um die Ballannahme von hohen Pässen in Spielform zu üben) oder auch nur die Anzahl der ausgeführten Direktpässe, d. h. Pässe ohne vorhergehende Ballannahme.

Im letzten Fall lernt der Spieler, wann er einen Direktpass spielen muss oder kann oder nicht, wann es risikoreich ist und wann es klüger wäre, den Ball anzunehmen.

Variante 5
Wenn sich der Zuspieler nach seinem gelungenen Pass nicht mindestens 5 m freiläuft, dann wird das mit einem Ballverlust geahndet.

Variante 6
In beiden benachbarten Vierecken wird gleichzeitig 3:1 und 1:3 gespielt. Sieger ist die Vierermannschaft, die den Ball am längsten in ihrem Besitz halten kann.

Zweites vereinfachtes Spiel: Schnellangriff 3:1 + 2

Spielregeln

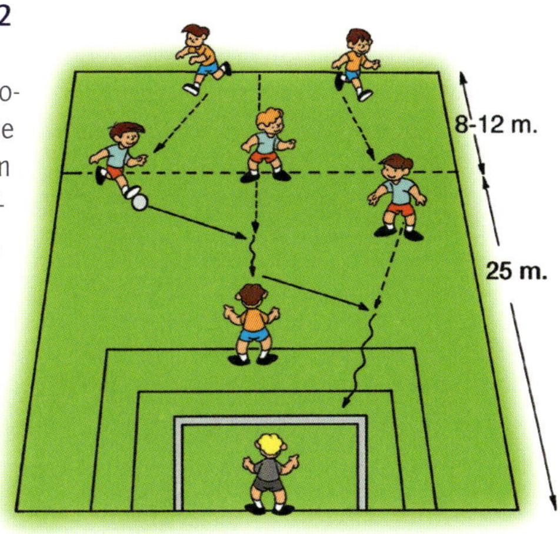

- Drei Angreifer nehmen auf der Mittellinie die Positionen der beiden Außenstürmer in der Nähe der Seitenlinien und des Mittelstürmers ein, um dann im Schnellangriff einen vor dem Strafraum agierenden Verteidiger so auszuspielen, dass sie innerhalb des Strafraums unbedrängt auf das von einem neutralen Torwart bewachte Fußball-7-Tor schießen können.
- Wenn sie den Ball ins Spiel bringen, starten zwei 8-12 m hinter der Mittellinie stehende Abwehrspieler, die ihrem vor dem Tor agierenden Verteidiger zu Hilfe eilen.
- Der Angriff endet:
  - wenn die Angreifer einen Regelverstoß begehen (besonders Abseits).
  - wenn der Torschuss sein Ziel verfehlt und der Ball das Spielfeld verlässt.
  - wenn der Ball von der Verteidigung erobert und dann über die Mittellinie gepasst wird.
  - wenn die Verteidiger irgendwo auf dem Feld einen Regelverstoß begehen (immer Elfmeter).
- Nach je fünf Angriffen werden die Rollen und Funktionen beider Dreiermannschaften getauscht, bis beide Dreiermannschaften 10 Angriffe ausgeführt haben. Dabei sollte darauf geachtet werden, dass die Spieler sowohl in allen drei Angriffs- als auch in den drei Abwehrpositionen Erfahrungen sammeln können.
- Der Trainer kann verlangen, dass sich der Ball bei Angriffsbeginn sowohl in der Mitte als auch in jeder der beiden Außenpositionen befindet.
- Es wird empfohlen, die drei Verteidiger aus verschiedenen Positionen (z. B. auch von 8-12 m außerhalb des Spielfeldes an einer Seitenlinie) starten zu lassen, um die Angreifer zu einer korrekten Spielanalyse vor dem Beginn des Angriffs anzuhalten (siehe mögliche Fragen zur Stimulierung und Entwicklung der Spielintelligenz).

- Nach einer Balleroberung müssen die drei Abwehrspieler so schnell wie möglich auf Angriff umschalten und den Ball sofort über die Mittellinie passen, was die Stürmer verhindern müssen.
- Es gewinnt die Dreiermannschaft, die nach 20 Angriffen (10 von jeder Mannschaft) am häufigsten zum Torerfolg kommt.

Lern- und Lehrziele

- Verbesserung und Festigung der Technik des Ballführens, des genauen Abspiels, der Ballan- und -mitnahme im Lauf und des Torschusses mit anschließendem Nachsetzen unter Zeitdruck.
- Korrekte taktische Verhaltensmaßnahmen beim Schnellangriff kennen lernen, wie z. B. Pässe immer in den Lauf des Mitspielers spielen, auf Querpässe verzichten, anstatt den Ball anzunehmen, Direktpässe anwenden, den Ball immer auf dem Boden halten und hart genug zupassen.
- Wissen, wann und wohin der Ball abgespielt werden muss, was natürlich immer vom Spiel der Verteidiger abhängt.
- Den Schnellangriff so effektiv wie möglich ausführen, d. h., den Ball nicht direkt zum Verteidiger dribbeln, sondern etwas seitlich entfernt von ihm, um ihn aus seiner zentralen Position herauszulocken, dann zum richtigen Zeitpunkt einen Diagonalpass zum am besten postierten, mitlaufenden Mitspieler ausführen, der dann aus einem günstigen Winkel und aus geringer Entfernung aufs Tor schießen sollte.
- Als Außenstürmer kurz vor dem Abschluss des Angriffs nach innen rücken, um sich in einer Position mit einem günstigen Schusswinkel anbieten zu können.
- Als letzter Abwehrspieler den Angriff durch Rückwärtslaufen verzögern, um damit den nachrückenden Abwehrspielern mehr Zeit zum Eingreifen zu erlauben.

Mögliche Fragen zur Entwicklung der Spielintelligenz

F.: Welcher Spieler sollte am Anfang des Schnellangriffs in Ballbesitz sein?
A.: Das hängt natürlich von der Stellung der drei Verteidiger im Feld ab, aber normalerweise sollte am besten der mittlere Angreifer im Ballbesitz sein, weil er die besten Passmöglichkeiten besitzt und den kürzesten Weg zum Tor hat.

F.: Wie beginnt ein mittlerer Angreifer den Schnellangriff? Mit einem Zuspiel oder mit einem schnellen Ballführen?
A.: Er beginnt am besten mit einer Ballführung und nicht sofort mit einem Pass in den Lauf eines Außenstürmers, weil dann Zeit verloren wird und der Verteidiger mehr Chancen zum erfolgreichen Eingreifen hat. Bei einem Zuspiel ist die Fehlerquelle immer höher als bei einer Ballführung.

F.: Wann spielt der Angreifer den Ball am besten ab?
A.: Immer dann, wenn sich der einzige Verteidiger für den Ball interessiert und eingreift. Das Abspiel sollte weder zu früh noch zu spät erfolgen. Durch ein optimales „Timing" des Zuspielers und auch durch eine optimale Passrichtung in den Lauf des Mitspielers hinein kann der Verteidiger den angespielten Angreifer nicht mehr rechtzeitig attackieren (Grundlage einer erfolgreichen Lösung einer 2:1-Situation). Das Abspiel sollte bereits erfolgen, bevor der Angreifer

in den Aktionsraum des Verteidigers (dieser kann durch einen Grätschschritt des Abwehrspielers in alle Richtungen veranschaulicht werden) eindringt. Durch Zurückweichen des Verteidigers kann sich dieser aber nach hinten verschieben.

F.: Welche Faktoren bestimmen das Abspiel des Mittelstürmers?
A.: Das Abspiel hängt nicht nur vom Verhalten des Verteidigers (Steht er direkt vor oder etwas seitlich zum Angreifer?), sondern auch von der Nähe und der Laufrichtung der die drei Stürmer verfolgenden Verteidiger ab sowie von den Positionen der beiden mitlaufenden Mitspieler (Z. B. befinden sie sich bereits im Abseits oder nicht, in einer Position mit einem guten Schusswinkel oder nicht?).

F.: Wo sollte sich der mittlere Angreifer im Feld befinden, wenn der Ball bei einem Außenstürmer ist?
A.: Wenn der Verteidiger den Außenstürmer „angreift", sollte der mittlere Angreifer zurückbleiben oder sich für einen Steilpass im Rücken des Verteidigers anbieten, ohne ins Abseits zu geraten. Der auf der gegenüberliegenden Seite spielende Außenstürmer muss sich immer dem Spiel (ohne Ball) des mittleren Angreifers anpassen.

F.: Worauf müssen die Mitspieler des Ballbesitzenden achten?
A.: Sie müssen sich weit genug vom Verteidiger und etwa auf Höhe des Ballführenden anbieten, um den Ball außerhalb des Aktionsradius des Abwehrspielers im Lauf in die gewünschte Spielrichtung mitnehmen zu können. Kurz vor dem Torschuss müssen sie nach innen rücken, damit der Schusswinkel für den Torschuss nicht zu ungünstig wird!

F.: Worauf muss man außerdem noch beim Abspielen achten?
A.: Kurz vor dem Eindringen in den Aktionsraum des Abwehrspielers sollte der Angreifer:
- *die Abspielrichtung nicht anzeigen, sondern durch Fuß- oder Körperstellung oder Passfinten den Verteidiger „verladen".*
- *den Ball schräg in den Lauf des Mitspielers passen, der ihn auf der Höhe des Verteidigers empfängt.*
- *sofort nach dem Abspiel weiterhin am Spielgeschehen teilnehmen, d. h. nach- oder hinterlaufen.*
- *den Ball möglichst in die entgegengesetzte Richtung zur Dribbelrichtung passen, weil dort der angespielte Mitspieler weiter vom Abwehrspieler entfernt ist und damit mehr Zeit hat.*

F.: Was muss der Angreifer tun, wenn der Raum auf dem Weg zum Tor frei ist oder sich plötzlich öffnet?
A.: Er sollte dann umgehend in den freien Raum hineindribbeln (passen) und den schnellen Abschluss suchen.

F.: Was muss der Angreifer tun, der kurz vor dem Torabschluss gerade nicht den Ball hat?
A.: Er sollte sich immer außerhalb des Aktionsradius des Verteidigers in einer optimalen Position auf Höhe von einem der beiden Torpfosten anbieten, ohne dabei ins Abseits zu laufen. Diese Position bietet ihm einen guten Schusswinkel, aber auch eine gute Ausgangsposition zum Nachsetzen.

F.: Was ist besser, in einer Überzahlkombination 3:1 einen, zwei oder drei Pässe zu spielen?
A.: Zuspiele, die keinen Raumgewinn bringen und die Abwehrarbeit des Gegners nicht komplizieren, sind zu vermeiden. Es sollten so wenige Pässe wie irgend möglich gespielt werden, um die Spielaufgabe schnell und ohne Fehler lösen zu können. Am besten wäre es, mit einer schnellen Ballführung und einem gezielten Zuspiel zu einem der beiden mitgelaufenen Mitspieler zum Torerfolg zu kommen, bevor ein von hinten kommender Verteidiger eingreifen kann.

Beim Überzahlangriff darf keine Zeit verschwendet werden, die es der Abwehr erlaubt, sich zu formieren.

F.: Wie sollte sich am besten der einzige Verteidiger verhalten?
A.: Er sollte den mittleren Angreifer so früh wie möglich zu einem Abspiel des Balls zu einem Außenstürmer verleiten, denn dort an der Seitenlinie hat er bessere Möglichkeiten der Abwehr, bedingt dadurch, dass das Spiel eines Flügelstürmers durch die Nähe der Außenlinie beschränkt ist.

Außerdem sollte er immer dann, wenn er sich in Unterzahl befindet, seine Abwehr durch Zurücklaufen verzögern, um seinen beiden nachrückenden Mitverteidigern Zeit zum Aushelfen zu ermöglichen.

Er sollte nur dann eingreifen, wenn der Ball zu weit vom Fuß eines Angreifers springt.

F.: Wie beeinflusst die Stellung der beiden hinter den Stürmern agierenden Verteidiger das Angriffsverhalten der drei Stürmer?
A.: Nachdem der ballbesitzende Angreifer die Position von beiden Abwehrspielern hinter seinen Stürmern wahrgenommen und analysiert hat, weiß er – aber auch seine Mitspieler –, welcher der beiden Außenstürmer am weitesten von den beiden Abwehrspielern entfernt ist. Dieser Spieler sollte beim Eingreifen des ersten Verteidigers den Pass in seinen Lauf bekommen, um ihn dann direkt aufs Tor zu schießen.

F.: Sollten die von hinten kommenden Verteidiger den ballführenden Spieler angreifen oder besser seine Passwege zumachen?
A.: Während der erste Verteidiger versucht, den individuellen Angriff des mittleren Angreifers zu verzögern, eilen seine beiden Mitverteidiger herbei, um Passwege zu schließen. Die drei Abwehrspieler sollten sich vor dem Angriff abstimmen.

F.: Wie beeinflusst der letzte Abwehrspieler das Angriffsspiel?
A.: Wenn er nicht eingreift, um das Angriffsspiel zu verlangsamen oder Passwege zu schließen, dann wird der Ball nicht abgespielt.

Wenn er durch eine diagonale Dribbelrichtung des Ballführenden dazu gezwungen wird, nicht genau in der Spielfeldmitte, sondern mehr auf einer Seite zu verteidigen, dann wird der Ball meistens zum von ihm am weitesten entfernten Angreifer in den Lauf gepasst.

Beide Verhaltensweisen muss der Verteidiger kennen und dann bewusst anwenden, um den Angreifer dazu zu zwingen, das zu tun, womit er rechnet.

Variante 1: 3:1 + 1 + 1 Im Fußball-7-Feld mit Torwart

Drei Stürmer versuchen, gegen einen Verteidiger vor dem Tor, einen zweiten Verteidiger, der 8-12 m hinter der Mittellinie startet, und einen Torwart zum Erfolg zu kommen.

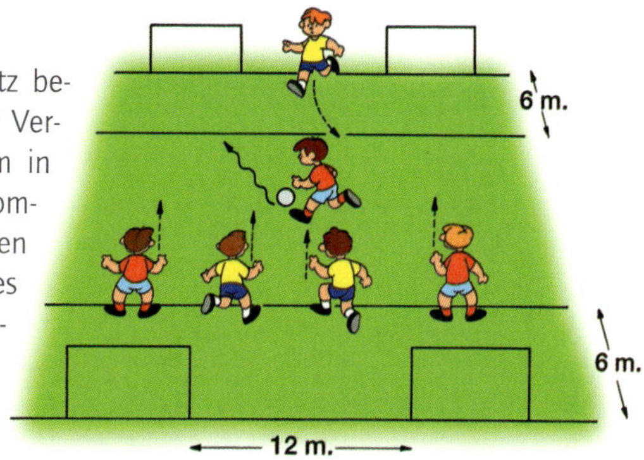

Variante 2: Penaltyangriff im Minifußball

- Ein im Zentrum des Minifeldes in Ballbesitz befindlicher Angreifer muss sich gegen einen Verteidiger in der Schusszone durchsetzen, um in einem der beiden Minitore zum Erfolg zu kommen. Er wird dabei von zwei nachrückenden Mitspielern unterstützt, die sich zu Beginn des Penaltyangriffs 5 m hinter ihm auf der rechten und linken Seite befinden und sich für ein Zuspiel anbieten.
- Der Verteidiger versucht, den Einzelangriff zu verlangsamen, um seinen von hinten hinzueilenden beiden Abwehrspielern eine Möglichkeit zu bieten, die beiden Außenstürmer zu decken.
- Der Penaltyangriff endet, wenn eine Dreiermannschaft ein Tor schießt oder der Ball ins Aus rollt.
- Nach drei Penaltyangriffen, die jedes Mal von einem anderen Stürmer gestartet und von einem anderen „Libero" verteidigt werden, wechseln die Angreifer und Abwehrspieler ihre Positionen und Rollen.
- Es gewinnt die Dreiermannschaft, die nach je neun Penaltyangriffen, d. h. nach 18 Versuchen, die meisten Tore erzielen konnte.

Variante 3: 2 + 1

Schnellangriff von drei Stürmern gegen zwei Verteidiger und einen dritten, der von hinten oder von außerhalb des Spielfeldes in der Nähe der Seitenlinie hinzueilt.

„Wenn ein Trainer mit vereinfachten Spielen trainiert, sollte er immer mehrere Varianten oder Spielprobleme mit wechselndem Schwierigkeits- und Komplexitätsgrad anbieten, damit effektiver gelernt und der Spieler auch geistig gefördert und zum flexiblen Handeln angeregt wird."

Drittes vereinfachtes Spiel: 3:1 mit Aushelfen eines zweiten Verteidigers

Spielregeln

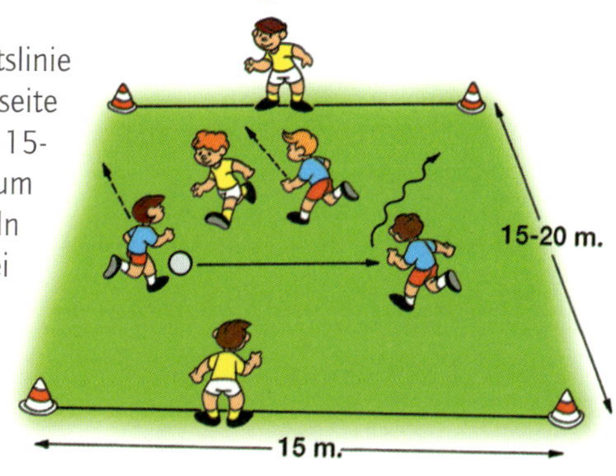

- Es wird zwischen der Mittellinie und der Abseitslinie (13 m) des Fußball-7-Feldes auf einer Spielfeldseite geübt. Drei Spieler greifen abwechselnd die 15-20 m breiten gegnerischen Hütchentore an, um den Ball am Fuß durch das breite Tor dribbeln zu können. Die drei Angreifer werden dabei von einem gegnerischen Mittelfeldspieler und einem zweiten, sich immer auf der Torlinie befindlichen, aushelfenden Verteidiger gestört.

- Nach dem Überdribbeln der Mittellinie, hinter der in 13 m Entfernung das Fußball-7-Tor steht, kann der Ausbilder von den Angreifern einen sofortigen Torschuss verlangen.
- Wenn fast jeder der Angriffe zum Torerfolg führt, muss der Trainer die Breite der Hütchentore dem Leistungsstand der Spieler anpassen, d. h. ihre Breite verringern.
- Nach einem gelungenen Überdribbeln der Torlinie, einem Ballaus oder einem Verlust des Balls wird das gegenüberliegende Tor angegriffen. Dabei muss sich der verteidigende Mittelfeldspieler umorientieren und wird in der Abwehr von dem im gegenüberliegenden Hütchentor agierenden Verteidiger unterstützt.
- Spieldauer: Jede Dreiermannschaft hat 10 Angriffe (fünf abwechselnd auf jedes Tor). In der Revanche spielt man vier Zeiten zu je zwei Minuten. Am Anfang der zweiten und vierten Zeit wechseln die Angreifer mit den Abwehrspielern ihre Plätze und Aufgaben.

Mögliche Fragen zur Entwicklung der Spielintelligenz

F.: Worauf sollte der den Ball führende Spieler beim Abspiel besonders achten?
A.: Er sollte nicht nur auf die Position, die Entfernung und das Verhalten des ersten Verteidigers achten, sondern besonders auch auf die des aushelfenden Abwehrspielers, der den ersten Verteidiger nach hinten absichert.

F.: Welche Fehler werden häufig von den drei Angriffsspielern begangen?
A.:
- *Sie spielen auf gleicher Höhe und nicht in Dreieckformation.*
- *Die Außenstürmer geben dem Angriff nicht die notwendige maximale Breite.*
- *Das letzte Abspiel vor dem Eindringen in das breite Tor wird nicht in den Lauf des Mitspielers gepasst.*
- *Der ballbesitzende Angreifer gibt dem hinten aushelfenden Verteidiger durch sein Verhalten zu verstehen, wohin er den Ball abspielen wird.*

Variante 1
Wenn ein Verteidiger den Ball erobert und ihn zu einem Mitspieler passen kann, erhält seine Dreiermannschaft das Angriffsrecht. Die vorhergehenden Angreifer bestimmen unterdessen, wer die Rolle des defensiven Mittelfeldspielers und die der zwei aushelfenden Verteidiger auf der Torlinie übernimmt. Um ein gutes Resultat zu erzielen, ist es wichtig, schnell von Abwehr auf Angriff und von Angriff auf Abwehr umzuschalten.

„Im Fußball ist es häufig so wie in der Musik. Um zu überleben, genügt es nicht, immer das Gleiche zu tun, sondern man muss sein Wissen und sein Repertoire ständig erweitern und verbessern."

Viertes vereinfachtes Spiel:
3:3 auf vier gegenüberstehenden Toren

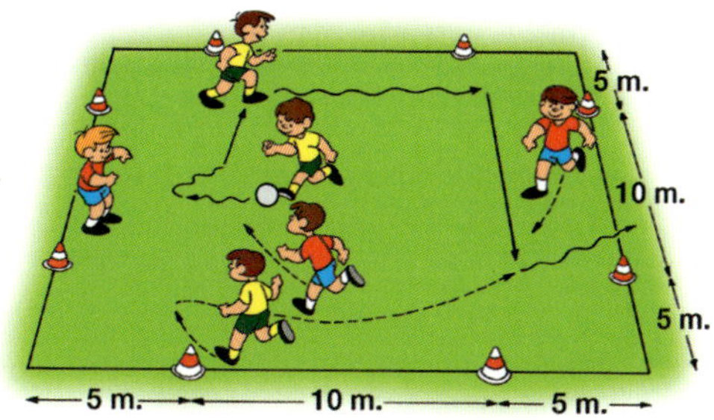

Spielregeln

- Jede Dreiermannschaft greift zwei gegenüberstehende Hütchentore an und verteidigt die beiden anderen. Die Breite der Hütchentore wird dem technisch-taktischen Leistungsstand der Spieler angepasst (normalerweise 10 m).
- Das Spiel wird mit einem Schiedsrichterball eröffnet. Wenn der Ball das Übungsfeld verlässt, gibt es einen Einstoß, wobei die Gegner in mindestens 3 m Entfernung stehen.
- Ein Tor ist nur dann gültig, wenn der Ball am Fuß durch eines der beiden gegnerischen Hütchentore geführt werden kann.
- Es werden vier Zeiten zu je drei Minuten gespielt.

Lern- und Lehrziele

- Kenntnisse der Lern- und Lehrziele des vereinfachten Spiels „2:2 mit vier gegenüberstehenden Toren".
- Immer das Tor angreifen, das nur von einem Abwehrspieler verteidigt wird.
- Plötzlich die Richtung des Angriffs ändern, um eine Überzahl auf der gegenüberliegenden Seite des Feldes zu schaffen.
- Nicht mit dem Ball in den Aktionsradius des Gegners laufen.
- Im Angriff immer eine Dreieckformation einnehmen.

Mögliche Fragen zur Entwicklung der Spielintelligenz

F.: Welches der beiden Hütchentore sollte angegriffen werden?
A.: Es sollte immer das Tor angegriffen werden, das im betreffenden Augenblick von nur einem Abwehrspieler verteidigt wird und vom gegnerischen Mittelfeldspieler am weitesten entfernt ist.

F.: Wie kann sich die angreifende Mannschaft systematisch eine Überzahl (2:1) vor einem Tor herausspielen?
A.: Wenn der ballführende Spieler den im Zentrum spielenden Verteidiger dazu zwingt, seinen Mitverteidiger vor dem angegriffenen Tor zu unterstützen, ändert er plötzlich seine Angriffsrichtung und greift nach einem überraschenden Richtungs- und Tempowechsel das gegenüberstehende Hütchentor an, das in diesem Augenblick nur von einem Gegner verteidigt wird. Im Augenblick des Richtungswechsels wird er von einem Mitspieler unterstützt, mit dem er die 2:1-Überzahl herstellt.

Variante

Die Farbe oder auch die Positionen der vier Hütchentore werden während des Spiels geändert, wodurch alle Spieler dazu gezwungen werden, sich den veränderten Spielsituationen anzupassen.

„Glück ist, eine Gelegenheit erkennen zu können und dann fähig zu sein, von ihr zu profitieren."

Fünftes vereinfachtes Spiel: 3:2 auf zwei breite Tore mit Konterangriff

Spielregeln

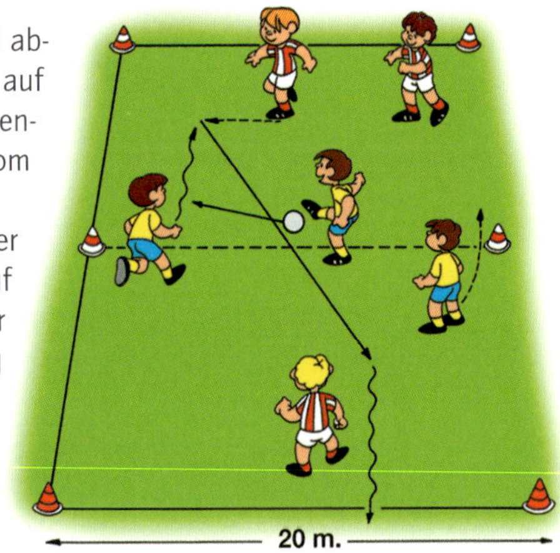

- Eine Dreiermannschaft greift im Fußball-7-Feld abwechselnd die beiden auf der Mittellinie und auf der Strafraumlinie gegenüberstehenden Hütchentore von 20 m Breite an. Die Torbreite hängt vom Leistungsvermögen der beteiligten Spieler ab.
- Zwei der drei Gegner verteidigen das Tor auf der Mittellinie und der dritte bewacht das Tor auf der Strafraumlinie des Fußball-7-Feldes, immer spielbereit, um im Falle einer Balleroberung durch seine beiden Mitverteidiger ihren Steilpass aufzunehmen und dann den Ball am Fuß über seine Torlinie zu führen.
- Nach jedem Abschluss eines Angriffs in der 3:2-Situation muss einer der beiden Verteidiger so schnell wie möglich zum gegenüberstehenden Tor sprinten, um dort zusammen mit dem dritten Verteidiger ein neues Abwehrpaar für eine neue 3:2-Situation zu bilden.
- Ein Tor ist nur dann gültig, wenn ein Angreifer oder auch ein mit einem Pass bedienter Verteidiger mit dem Ball am Fuß durch das gegnerische Hütchentor laufen kann.
- Sollten jedoch die Angreifer den Ball an die beiden Verteidiger verlieren, müssen sie versuchen, ihn sofort wieder zurückzuerobern, was ihnen aber nur im Vorfeld und nicht im Rückfeld erlaubt ist.
- Es gibt kein Abseits. Der Mindestabstand bei einem Freistoß beträgt 3 m.
- Spieldauer: Vier Zeiten zu je zwei Minuten.

Lern- und Lehrziele

- Siehe die Lern- und Lehrziele des vorangegangenen vereinfachten Spiels „3:3 auf vier gegenüberstehende Tore".
- Mit einer diagonalen Ballführung in Richtung eines der beiden Verteidiger und mit einem Pass zum richtigen Zeitpunkt zum Außenstürmer systematisch eine Überzahl 2:1 auf der linken oder rechten Angriffsseite schaffen und dann mit Erfolg lösen.
- Als Abwehrspieler nie auf gleicher Höhe, sondern immer gestaffelt stehen, um ein Aushelfen zu gewährleisten.
- Als Abwehrspieler den Stürmer dazu zwingen, den Ball in die von ihm bevorzugte Richtung zu passen, um dann den ballannehmenden Angreifer zu bedrängen, d. h. ihm wenig Raum und Zeit geben.
- Als Abwehrspieler immer konzentriert sein und nicht vergessen, dass einer der beiden Verteidiger nach jedem Angriff dem Einzelverteidiger im gegenüberstehenden Tor zu Hilfe eilen sollte.
- Nach einer Balleroberung oder einem Regelverstoß der Angreifer als Abwehrspieler den Ball so schnell wie möglich mit Genauigkeit und genügend Härte zum gegenüberstehenden Mitspieler passen, bevor die drei Angreifer auf Abwehr umschalten können.
- Sowohl beim 3:2 oder besser bei einem 2:1 auf der linken oder rechten Angriffsseite als auch beim Konterangriff der Verteidiger sollte der jeweils den Ball führende Spieler seine Angriffsaktionen verschleiern.

Mögliche Fragen zur Entwicklung der Spielintelligenz

F.: Welcher der drei Angreifer sollte in einer 3:2-Situation im Ballbesitz sein?
A.: Immer der Angreifer in der Mitte, weil er die besten Zuspielmöglichkeiten besitzt.

F.: Sollte der ballbesitzende Spieler den Ball führen oder besser passen?
A.: Das hängt von der Entfernung des Ballbesitzenden zum Verteidiger ab. Wenn er weiter entfernt ist, dann sollte er den Ball in Richtung des Abwehrspielers führen, um ihn dann im richtigen Augenblick zu passen und wenn er nahe ist, wird der Pass als Notwendigkeit empfunden, um sich nicht in eine risikoreiche 1:1-Situation zu begeben.

F.: Wann sollte der Ball geführt und wann sollte er gepasst werden?
A.: Wenn sich vor dem Ballbesitzenden ein ungedeckter Raum befindet, dann sollte der Ball gedribbelt, wenn aber vor dem Angreifer ein Abwehrspieler auftaucht, dann muss der Ball zum richtigen Zeitpunkt gepasst werden.

F.: Wovon hängt es ab, ob der Ball nach links oder nach rechts gepasst wird?
A.: Die Zuspielrichtung hängt nicht nur von der Position der Mitspieler im Vergleich zu den Abwehrspielern ab, sondern auch von der Stellung der Abwehrspieler zueinander (z. B. eine leicht verschobene Stellung, die ein Aushelfen erleichtert) oder eine Aufstellung auf gleicher Höhe.

F.: Wohin genau sollte der Pass gespielt werden?
A.: In der 2:1-Situation sollte der Ball immer so in den Lauf des Mitspielers gepasst werden, dass ihn der ballannehmende Angreifer auf Höhe des Verteidigers außerhalb von dessen Aktionsradius erreicht.

F.: Wie ist die 3:2-Situation am effektivsten für die Angreifer zu lösen?
A.: Am effektivsten ist es, wenn der Ballbesitzende bei seiner Annäherung an die Abwehr plötzlich auf einen der beiden Verteidiger zuläuft, um ihn in eine 1:2-Situation zu verwickeln. Zum gleichen Zeitpunkt aber sollte sich sein Mitspieler auf der entsprechenden Seite nach außen hin vom Verteidiger weg absetzen.

F.: Wie sollten sich die Verteidiger in der 2:3-Situation verhalten?
A.: Anstatt auf den Angriff zu warten, sollten sich beide Verteidiger rückwärts orientieren, um Zeit zu gewinnen und die Abwehr in Unterzahl zu verzögern, bis ein weiterer Mitspieler herbeieilen kann.

F.: Welches sind die wichtigsten Fehler, die die Abwehrspieler in der 2:3-Situation begehen können?
A.: Es ist weder ratsam, auf gleicher Höhe stehend, abzuwehren, noch durch ein frühzeitiges Eingreifen oder ein Entgegenlaufen die Abwehr in dieser ungünstigen Unterzahlsituation 2:3 zu beschleunigen. Ein Fehler ist es, überhastet einzugreifen. Vielmehr sollten die Verteidiger beim Rückwärtslaufen auf den geeigneten Zeitpunkt für die Abwehr warten.

Variante 1
Die drei Verteidiger wechseln nicht mehr ihre Plätze, sondern bleiben immer in den gleichen Hütchentoren stehen, sodass es einmal zu einer 1:3- und das andere Mal zu einer 2:3-Situation kommt, was für die Spieler etwas einfacher ist als das Originalspiel.

Nach je 10 Angriffen tauschen die Angreifer mit den drei Verteidigern ihre Plätze und ihre Funktionen.

Variante 2
Es wird im FUNiñofeld gespielt. Eine Dreiermannschaft greift abwechselnd die beiden Tore auf den beiden Endlinien an, die von immer zwei Verteidigern bewacht werden. Ein Torpaar kann aber auch von zwei (3:2) und das andere, gegenüberliegende Tor nur von einem Abwehrspieler verteidigt werden (3:1).

Es gewinnt die Mannschaft, die in fünf Minuten Spielzeit die meisten Tore erzielen kann.

Sechstes vereinfachtes Spiel: 3:2 + 1 mit drei Mannschaften

Spielregeln

- Drei Stürmer, die sich auf der Mittellinie des Fußball-7-Feldes befinden, greifen abwechselnd die beiden auf den Abseitslinien (13-m-Linien) befindlichen, 35 m breiten Hütchentore mit dem Ziel an, den Ball am Fuß über die gegnerische Torlinie zu führen. In jedem Hütchentor versuchen je zwei Abwehrspieler vor der Torlinie und ein dritter, der sich immer auf der Torlinie befinden muss, den Erfolg der drei Angreifer zu verhindern.
- Mit 10 Angriffen (fünf auf jedes Tor) versucht jede der drei Dreiermannschaften, die meisten Tore zu erzielen. Der Trainer kann von den Angreifern nach dem Überdribbeln der jeweiligen Torlinie noch zusätzlich einen abschließenden Torschuss auf das in 13 m Entfernung stehende Fußball-7-Tor verlangen.
- Nach fünf Angriffen muss der auf der Abseitslinie stehende Abwehrspieler (der der Abwehr Tiefe gibt und für das Aushelfen verantwortlich ist) seinen Platz mit einem der beiden vor ihm agierenden Verteidiger tauschen.
- Ein Angriff endet:
  - mit einem Torerfolg.
  - wenn sich der Ball außerhalb des Spielfeldes befindet.
  - wenn die Abwehr den Ball erobern und anschließend einen erfolgreichen Pass spielen kann.
  - wenn die Angreifer einen Regelverstoß begehen.
- Nach jeweils 10 Angriffen wechseln die drei Dreiermannschaften ihre Plätze und Funktionen.

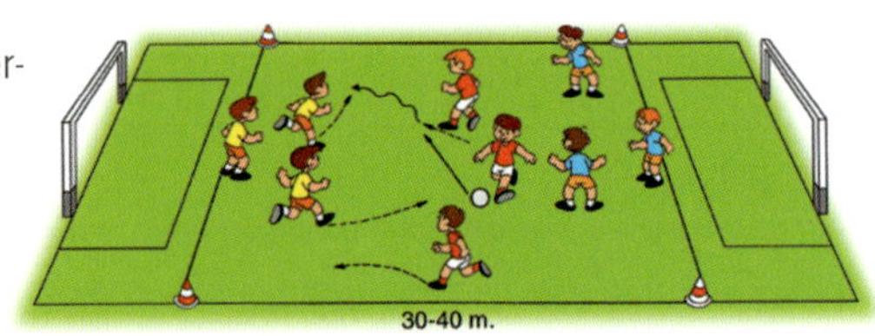

Lern- und Lehrziele

- Bevor der Ball abgespielt wird, sollte der Ballbesitzende nicht nur die Positionen und das Verhalten der beiden Verteidiger vor ihm beobachten, sondern darüber hinaus auch die Stellung des hinter ihnen auf der Linie agierenden Verteidigers zur Kenntnis nehmen.
- Im Augenblick des Störens durch den ersten Verteidiger sollte sich der Ball möglichst beim mittleren Angreifer befinden.
- Alle anderen Lern- und Lehrziele sind den vorhergehenden Spielen zu entnehmen.

Mögliche Fragen zur Entwicklung der Spielintelligenz

Die Fragen und Antworten sind den vorhergehenden Spielen zu entnehmen.

Variante 1

Anstatt 10 Angriffe zugesprochen zu bekommen, haben die Angreifer den Ball nur für zwei Minuten in ihrem Besitz. Je schneller sie ihre Angriffe durchführen, desto mehr Angriffe und Tore können sie erzielen.

Notiz: Zur Erreichung einer besseren Lerneffektivität werden die Angriffs- und Abwehraufgaben noch voneinander getrennt (siehe Hauptspiel).

Variante 2

Zur Vereinfachung und Beschleunigung der Angriffsausführung dürfen nicht mehr als vier Pässe gespielt werden.

Variante 3

Je nach Erfolg des Angriffs oder der Abwehr bleibt eine Mannschaft in Ballbesitz (bei einem Torerfolg) oder sie verliert ihn an die Abwehrspieler, nachdem diese mindestens einen Pass unter sich spielen konnten.

Variante 4

Um den Torschuss mehr zu trainieren, spielen die drei Angreifer nur gegen einen Verteidiger vor und einen weiteren Verteidiger auf der Abseitslinie. Nach dem Überdribbeln der Abseitslinie muss der Ball sofort auf das vom dritten Verteidiger gehütete Fußball-7-Tor geschossen werden, während die restlichen Angreifer nachsetzen.

Variante 5

Es kann jedes der beiden Hütchentore angegriffen werden, die von drei Gegnern beliebig verteidigt werden.

Siebtes vereinfachtes Spiel:
Ballhalten in der 3:2-Situation

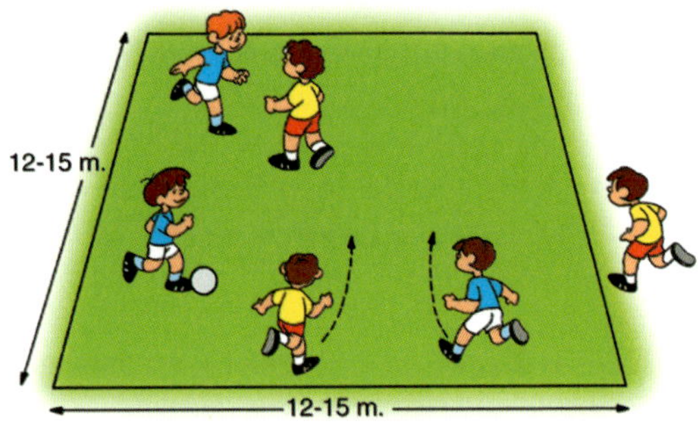

Spielregeln

- Drei Spieler einer Mannschaft müssen ihren Ball in einem Spielfeld von 15 x 15 m so lange wie möglich gegen zwei Verteidiger in ihrem Besitz halten, ohne dabei einen Regelverstoß zu begehen oder ihren Ball ins Aus rollen zu lassen. Als Mindestzeit sind zunächst 15 Sekunden vorgesehen.
- Die beiden Verteidiger beginnen mit ihrer Abwehr aus der Mitte des Spielfeldes. In diesem Augenblick fängt der außerhalb des Spielfeldes stehende dritte Verteidiger mit dem Zählen der Sekunden an und zwar so laut, dass es jeder der Spieler hören kann.
- Ziel der drei Angreifer ist es, mit 6 x Ballbesitz so häufig wie möglich die 10-Sekunden-Marke zu erreichen.
- Der Ballbesitz der Angreifer endet, wenn ein Verteidiger den Ball aus dem Viereck herauspassen oder dribbeln kann oder aber der Ball ins Aus rollt. Nach einem Regelverstoß oder einem Ballverlust der Angreifer tauscht einer der beiden Verteidiger seinen Platz und seine Aufgabe mit seinem außerhalb wartenden und zählenden Mitspieler.
- Nachdem alle drei Verteidiger bei den sechs Durchgängen der Angreifer je 4 x abwehren mussten, werden sie Angreifer, während die vorhergehenden Angreifer nun abwechselnd verteidigen müssen.

Lern- und Lehrziele

- Lernen, wann der Ball abspielt werden muss und wann es angezeigt ist, ihn in Besitz zu behalten. Dazu ist es wichtig, mit erhobenem Kopf das Spiel dauernd neu zu „lesen".
- Lernen, ohne Ball zu spielen und sich dauernd dem Ballbesitzenden in einer günstigen Position für eine 2:1-Situation anzubieten.
- Wenn irgend möglich, sich nicht in eine 1:1-Situation begeben.
- Das Spiel in Spielräume verlagern, die gerade nicht gut verteidigt werden.
- Alle offensiven Spielhandlungen so auszuführen, dass es dem Gegner nicht möglich ist, die Absichten der Angreifer vorauszusehen.
- Mit dem Ball immer außerhalb des Aktionsradius der Abwehrspieler bleiben.
- Zum richtigen Zeitpunkt einen Doppelpass als Angriffswaffe anwenden.
- Mit einem aggressiven Abwehrverhalten den Spielraum und die Zeit der Angreifer einschränken und sie zu Fehlern verleiten.
- Als Abwehrspieler versuchen, die Handlungen der Angreifer vorauszusehen.
- Beim Abwehren Körpertäuschungen und Abwehrfinten ausführen, die die Angreifer verwirren oder zu Handlungen verleiten, auf die die Verteidiger bestens vorbereitet sind.
- Den richtigen Zeitpunkt für die individuelle Abwehr wählen.

Mögliche Fragen zur Entwicklung der Spielintelligenz

F.: Worauf muss der Ballbesitzende achten?

A.: Immer den Kopf heben, um das Spiel in jedem Augenblick gut lesen zu können. Ein korrektes „Lesen" erlaubt es dem Ballbesitzenden, den richtigen Zeitpunkt (wenn sich ein Verteidiger zum Ball hinbewegt) und auch die beste Richtung für sein Abspiel zu erkennen oder auch den Ball in einen freien Raum zu führen. Dabei sollte er den Zeitpunkt und die Abspielrichtung möglichst verschleiern, Körper- und Balltäuschungen ausführen und sich nach einem erfolgreichen Abspiel sofort wieder für ein erneutes Zuspiel anbieten. Während des Ballhaltens sollte er sich mit seinen Mitspielern dauernd verständigen.

F.: Worauf müssen die Mitspieler des Ballbesitzenden achten?

A.: Sie müssen sich weit entfernt vom Ballbesitzenden und möglichst in einem ungedeckten Raum anbieten. Sie sollten sich stets mit dem Ballbesitzenden verständigen.

F.: Wie müssen sich die beiden Verteidiger verhalten, damit sie den Ball so schnell wie möglich erobern können?

A.: Sie sollten möglichst zu zweit den Ballbesitzenden stören, die Handlungen der Stürmer voraussehen und Abwehrtäuschungen ausführen, um die Angreifer zum voreiligen Handeln zu verleiten. Sie sollten aufopferungsvoll kämpfen, bis sie den Ball abgefangen haben.

Variante für Spieler ab 14 oder 15 Jahren

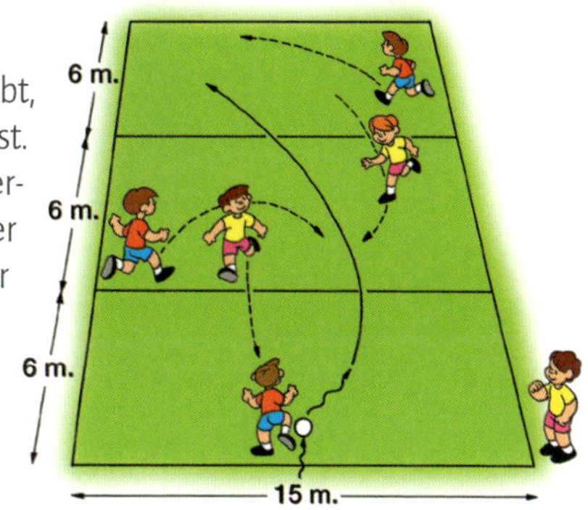

- Normalerweise wird in einem 15 x 18 m großen Feld geübt, das in drei gleiche Spielzonen von 6 x 15 m zu unterteilen ist.
- Jeder der drei Angreifer besetzt eine Zone, die er nicht verlassen darf, um den Ball mithilfe seiner beiden Mitspieler für mindestens 15 Sekunden, trotz der aktiven Gegenwehr von zwei Verteidigern im gesamten Spielfeld, zu halten.
- Für beide Abwehrspieler, die sich am Anfang des Spiels in der mittleren Zone befinden müssen, gibt es danach keine Beschränkung ihres Spielraums. Jedes Mal, wenn sie den Ball erobern oder die Angreifer einen Fehler begehen, kommt es zu einem Wechsel zwischen dem außerhalb des Spielfeldes zählenden dritten Verteidiger und einem der beiden gerade aktiven Abwehrspieler.
- Für jedes Ballhalten von 15 Sekunden bekommen die Angreifer 1 Punkt gutgeschrieben. Es gewinnt die Dreiermannschaft, die mit 10 x Ballbesitz am häufigsten den Ball für 15 Sekunden in ihrem Besitz halten konnte.

„Technisch versierte Spieler sind dem Trainer nur dann wertvoll, wenn sie es verstehen, ihre Technik zum richtigen Zeitpunkt in einer geeigneten Spielfeldzone zum Nutzen ihrer Mannschaft einzusetzen."

Anmerkung: Sollten nur fünf Spieler bereitstehen, so wird immer der Angreifer zum Abwehrspieler, der den Ballverlust verursacht hat.

Achtes vereinfachtes Spiel: Steilpassspiel 3:1 + 1 + 1

Spielregeln

- Mit Spielern unter 12 Jahren wird zunächst in nur einer Hälfte des Fußball-7-Feldes über die gesamte Breite gespielt. Dabei gibt es drei Spielzonen. Die mittlere ist nur 10 m „tief" und die beiden äußeren Zonen nur 8 m, aber alle 35 m.
- Mit Spielern ab 16 Jahren wird die Spielfeldgröße verdoppelt, d. h., es wird im gesamten Fußball-7-Feld geübt. In jeder der beiden äußeren Zonen, die von einer Endlinie und einer 13-m-Abseitslinie begrenzt sind, spielen drei Angreifer gegen einen Verteidiger mit dem Ziel, den Ball aus ihrer Zone durch das Mittelfeld hindurch in die gegenüberliegende Zone zu einem nicht gedeckten Mitspieler zu passen. Dabei werden sie von einem Verteidiger in der gleichen Zone, von einem zweiten im Mittelfeld und einem dritten Abwehrspieler in der gegenüberliegenden Zone gestört.
- Alle neun Spieler dürfen nur in ihrer, ihnen zugeordneten Zone spielen. Den Verteidigern in den jeweiligen Außenzonen ist es allerdings gestattet (im Gegensatz zu den drei An-

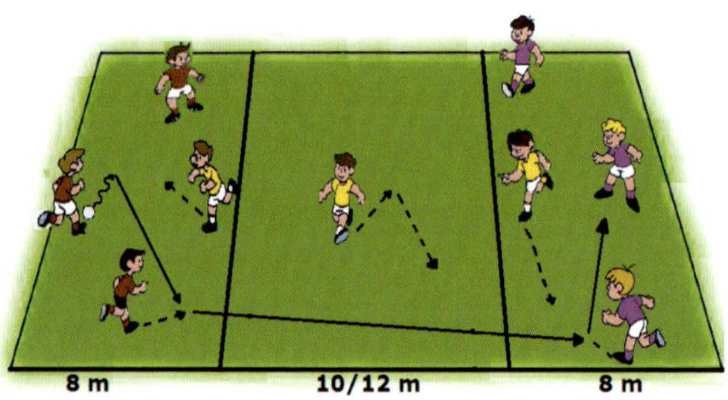

greifern), im Augenblick eines Steilpasses 1 m aus ihrer Zone dem Ball entgegenzulaufen, um ihn abfangen zu können.
- Die beiden Angriffsparteien haben immer 10 x Ballbesitz (jeweils 5 x), um so viele Steilpässe wie möglich durch das Mittelfeld zu einem Mitspieler zu spielen. Jede erfolgreiche Ballannahme eines das Mittelfeld durchquerenden Zuspiels zählt 1 Punkt.
- Nach 10 x Ballbesitz kommt es immer zu einem Wechsel zwischen den drei Dreiermannschaften, bis jede Dreiermannschaft 1 x verteidigt hat.
- Sieger ist die Dreiermannschaft, die die meisten Angriffe mittels Steilpässe verhindern kann.

Lern- und Lehrziele

- Bevor der Steilpass gespielt wird, muss der Ballbesitzende Zeit und Raum haben, um eine Blickverbindung mit einer der drei Sturmspitzen aufzunehmen.
- Immer richtig entscheiden, wann ein Steilpass gespielt werden kann oder wann es ratsam wäre, den Ball zu einem besser postierten Mitspieler im eigenen Feld zu passen oder ihn auch in einen freien Raum zu dribbeln, um Zeit zu gewinnen.

- Die Fähigkeit entwickeln, harte, präzise und angetäuschte Pässe auszuführen, d. h. dem Gegner nicht die Passrichtung anzudeuten.
- Den Angreifern keinen Raum und auch keine Zeit für die Ausführung eines Steilpasses erlauben, d. h., der Verteidiger sollte den ballbesitzenden Spieler immer aggressiv decken.
- Als Abwehrspieler die gegnerischen Angriffshandlungen vorausahnen.

Mögliche Fragen zur Entwicklung der Spielintelligenz

F.: Welche Voraussetzungen müssen erfüllt werden, damit ein Steilpass gelingt?

A.: Vor dem Steilpass muss die Spielsituation genauestens vom Ballbesitzenden analysiert und die freien Räume identifiziert werden. Dann nehmen beide am Steilpass beteiligten Spieler eine Blickverbindung auf, damit der Ballbesitzende auch weiß, ob der mögliche Ballempfänger spielbereit ist.

Der Ballempfänger sollte dem Zuspieler immer genau anzeigen (mit einer Kopfbewegung oder einem für den Gegner nicht sichtbaren Handzeichen), wohin er den Ball zugespielt haben möchte.

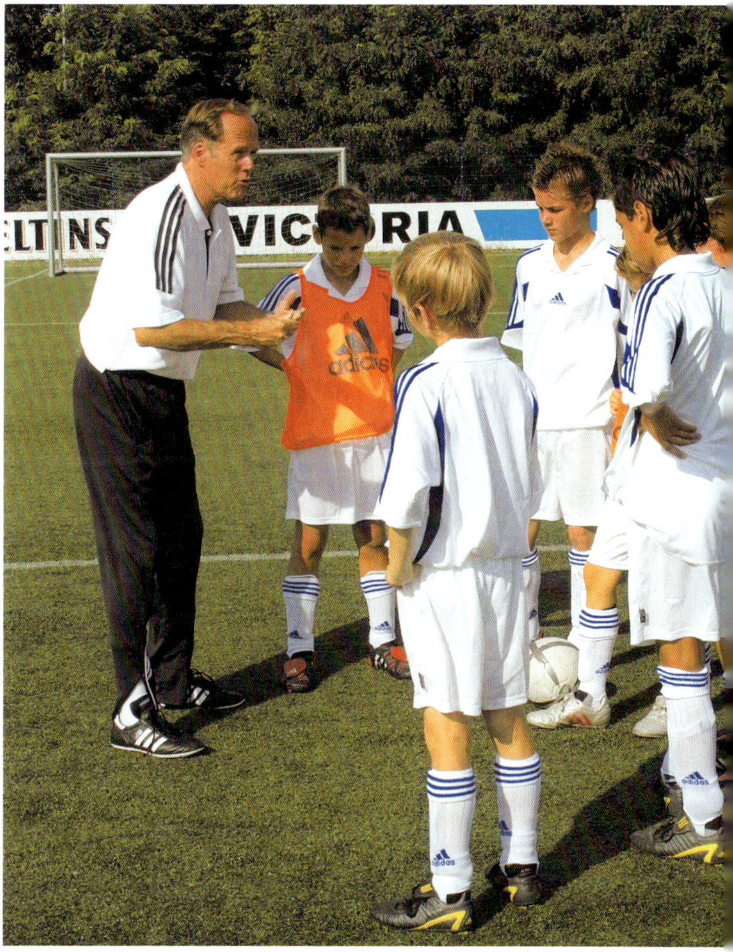

„Der Berg erscheint nur dann sehr hoch, wenn man ihm vom Tal aus betrachtet."

Amerikanisches Sprichwort

F.: Zwischen welchen drei Angriffshandlungen muss der Ballbesitzende wählen?
A.: Er muss sich zwischen einem Steilpass zur Sturmspitze (erste Option), für ein Zuspiel zum besser postierten Mitspieler (zweite Option) oder für ein Ballführen aus dem Aktionsbereich seines Verteidigers heraus entscheiden (dritte Option).

F.: In welcher Stellung sollte eine Sturmspitze oder ein Mittelfeldspieler einen von hinten gespielten Steilpass annehmen?
A.: Er sollte den Ball bevorzugt in einer seitlichen Stellung annehmen. Sie ermöglicht es ihm, sowohl seine Spieler im Rückfeld als auch das gegnerische Tor zu sehen, sowie die Technik der Ballmitnahme mit der eines Torschusses schnell zu verbinden.

F.: In welchen Augenblick besteht eine ideale Möglichkeit, mit Erfolg einen Steilpass zu spielen?
A.: Nach seiner Balleroberung sollte der betreffende Spieler blitzschnell von der Abwehr auf Angriff umschalten.

F.: Welches sind die Aufgaben der drei Verteidiger?
A.: Der im ersten Feld befindliche Verteidiger sollte immer die Steilpassmöglichkeiten des Ballbesitzenden einschränken (keinen Spielraum und keine Zeit zur Ausführung eines genauen Steilpasses geben) und ihn zum Dribbeln des Balls in den von ihm gewünschten Raum verleiten, während der Verteidiger im Rückraum des Mittelfeldes den Raum deckt und sich dabei mit dem im hinteren Feld befindlichen Verteidiger abstimmt.

Alle drei Verteidiger versuchen, den Zeitpunkt des Passens sowie die Passrichtung vorauszusehen, um dann erfolgreich eingreifen zu können.

Progressive Spielreihe zur Entwicklung der Fähigkeit, Steilpässe zu spielen

- 3:1 mit Aushelfen eines zweiten Verteidigers (Variante des dritten vereinfachten Spiels 3:3).
- 2:2 mit Steilpässen zu einer der beiden Sturmspitzen (fünftes vereinfachtes Spiel 2:2).
- 3:1 + 1 + 1 – Steilpass zu einer der drei Sturmspitzen (achtes vereinfachtes Spiel 3:3).
- 3:3 im Mittelfeld des Minifelds mit Steilpass zu einer Sturmspitze.
- Steilpass zu einer raumgedeckten Sturmspitze (zweites vereinfachtes Spiel 4:4).
- Steilpass zur manngedeckten Sturmspitze (achtes vereinfachtes Spiel 2:2).
- Ballhalten in der 3:2-Situation (Variante des siebten vereinfachten Spiels 3:3).
- Steilpässe aus dem Mittelfeld (siebtes vereinfachtes Spiel 4:4 mit seinen Varianten).

Variante 1

Welche der beiden Dreiermannschaften kann die größere Anzahl von Pässen zwischen den begrenzten Außenfeldern spielen? Kein Spieler darf die ihm zugeordnete Spielzone verlassen.

Variante 2

Um die Ballkontrolle von hohen Pässen zu schulen, verlangt der Trainer die Ausführung von hohen Steilpässen.

Neuntes vereinfachtes Spiel: 3:3 auf zwei breite Tore

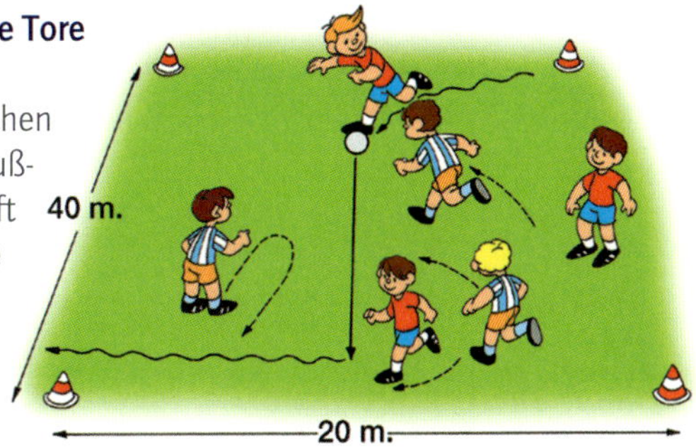

Spielregeln

- Zwei Dreiermannschaften stehen sich zwischen der Mittellinie und einer Abseitslinie des Fußball-7-Feldes gegenüber. Jede Mannschaft versucht, den Ball am Fuß über die Endlinie des Gegners zu führen.
- Spielzeit: Vier Zeiten zu je drei Minuten mit Pausen von je zwei Minuten.

Lern- und Lehrziele

A) Im Angriff

- Die beiden Angreifer ohne Ball müssen sich so in den ungedeckten Spielräumen anbieten, dass der Ballbesitzende zwischen:
  - einem Eindringen in einen Raum, den ihm ein Mitspieler freigemacht hat, oder
  - einem Zuspiel wählen kann.
- In Dreieckformation mit Breite und Tiefe angreifen, aber auch verteidigen.
- Während der Ballführung aufmerksam das Verhalten der Abwehrspieler und auch das der Mitspieler beobachten, um die richtigen Entscheidungen treffen zu können.
- Dem Gegner keine Hinweise für die nächste Aktion geben.
- Verantwortung für die nächste Aktion zeigen, denn jeder Fehler kann ein Gegentor bedeuten.

B) In der Abwehr

- Um nicht in Unterzahl verteidigen zu müssen, sollten sich die Abwehrspieler gegenseitig unterstützen und Willensqualitäten zeigen.
- Immer genügend Breite in der Abwehr garantieren, damit dem Gegner keine Lücken in der Abwehr angeboten werden.
- Immer den in der 1:1-Situation verwickelten Abwehrspieler nach hinten und auch zur Seite absichern, d. h. immer in Dreieckformation verteidigen, wodurch das gegenseitige Aushelfen erleichtert wird.
- Die gegnerischen Angriffsaktionen voraussehen.
- Die Abwehr so lange verzögern, bis alle Mitspieler optimale Positionen eingenommen haben.

Mögliche Fragen zur Entwicklung der Spielintelligenz

F.: Was sollten die Angreifer tun, um die gegnerische Abwehrkette überwinden zu können?

A.: Um die gegnerische Abwehrkette auseinanderzuziehen und Lücken zu schaffen, müssen die drei Angreifer die gesamte Breite, aber auch die Tiefe des Spielfeldes, optimal nutzen. Am besten wird das mit einer Dreieckformation erreicht. So häufig wie möglich sollte eine 2:1-Überzahlsituation geschaffen werden, anstatt Risiken einzugehen und sich in eine ungewisse 1:1-Situation zu begeben.

F.: Welches ist für den ballbesitzenden Spieler der optimalste aller möglichen Pässe?

A.: Ein Steilpass zu einem in der Tiefe des Feldes freigelaufenen Mitspieler, der den Ball im Rücken der Abwehr erhält, ist das effektivste Zuspiel, weshalb sich ab und zu einer der Mitspieler des Ballbesitzenden in der Tiefe des Feldes hinter der gegnerischen Abwehr für ein Zuspiel anbieten sollte. Vor der 13-m-Linie gibt es kein Abseits.

F.: Wie sollte der vorgeschobene Angreifer oder die Sturmspitze den Ball annehmen?
A.: Am besten in einer seitlichen Stellung, die eine schnelle Fortsetzung des Angriffs und auch eine bessere Spielübersicht ermöglicht.

F.: Welche Hinweise kannst du für ein erfolgreiches Ausführen eines Freistoßes geben?
A.: Den Ball so schnell wie möglich ins Spiel bringen, weil der Gegner noch nicht abwehrbereit ist, oder den Freistoß langsam ausführen, nachdem alle Möglichkeiten des Zuspiels erwogen wurden.

F.: Wann sollte die Angriffsaktion beschleunigt und wann verlangsamt werden?
A.: Ein Tempowechsel im Angriff ist besonders wichtig, wenn der Ballbesitzende einen ungedeckten Raum vor sich hat oder wenn eine Überzahl vorhanden ist. Er ist auch, zusammen mit einem Richtungswechsel, in der 1:1-Situation von Nutzen.

Der Angriff sollte verlangsamt werden, wenn sich ein Spieler im Abseits befindet, wenn einige Spieler gerade müde sind oder wenn es notwendig ist, den Mitspielern Zeit zu geben, um sich optimal im Feld zu verteilen.

F.: Wo befinden sich normalerweise freie Spielräume?
A.: Meist befindet sich mehr Spielraum auf der ballabgewandten Seite des Feldes, weshalb es für den Ballbesitzenden wichtig ist, diesen mit einem langem, scharfen und möglichst flachen Pass zu einem freilaufenden Mitspieler zu erschließen.

F.: Was sollte beim Einwurf beachtet werden?
A.: Kein Risiko eingehen, den Ball schnell einwerfen, bevor sich die gegnerische Mannschaft postiert hat, und wissen, dass beim Einwurf die Abseitsregel aufgehoben ist, was eine erfolgreiche Ausführung und die Ballannahme des Empfängers in der gegnerischen Hälfte erleichtert.

F.: Wie sollte ein Abwehrspieler seinen persönlichen Angreifer decken?
A.: Er sollte sich immer so zwischen das Tor und den Gegner stellen, dass er dabei immer näher zum Mittelstreifen steht als sein persönlicher Gegenspieler. In dieser Stellung muss er den Ball und seinen persönlichen Gegenspieler zur gleichen Zeit beobachten.

F.: Wie sollte sich ein Abwehrspieler in der 1:1-Situation zu seinem ballführenden Gegner stellen?
A.: Er sollte ihm nicht, wie das häufig zu sehen ist, in einer frontalen, sondern in einer seitlichen Stellung begegnen und dorthin „umleiten", wo er ungefährlicher ist (z. B. zu den Seitenlinien) oder wo sich ein aushelfender Mitspieler in der Abwehr befindet.

F.: Worauf sollte ein Abwehrspieler in der 1:1-Situation noch achten?
A.: Er sollte sich immer in einer Bereitschaftsstellung befinden. Das heißt, er muss auf den Fußspitzen stehen, sein Körpergewicht sollte gleichmäßig auf beide Füße verteilt sein, seine Abwehr sollte schnell und für den Gegner überraschend ausgeführt werden, seinen Blick sollte er immer auf den Ball und nicht auf die Füße (Finten) des Angriffsspielers richten und gleichzeitig die Positionen der Mit- und Gegenspieler berücksichtigen. Letztendlich sollte er nach einer erfolgreichen Abwehraktion blitzschnell auf Angriff umschalten.

F.: Welche Aufgaben hat ein Abwehrspieler, der sich in der Nähe eines 1:1-Duells befindet?
A.: Ohne seinen persönlichen Gegenspieler völlig außer Acht zu lassen, sollte er seinen abwehrenden Mitspieler nach hinten absichern, indem er sich von seinem Gegenspieler absetzt und einen möglichen Fehler seines Mitverteidigers voraussieht.

F.: Wann muss der Verteidiger den Raum und wann seinen Gegner eng decken?
A.: Die Art und Weise des Deckens hängt von der Entfernung zwischen dem Ball und dem Verteidiger ab. Ist der Ball sehr nahe, muss der Angreifer innen tornah manngedeckt werden, während der vom Ball entfernt spielende Gegner weniger eng und so gedeckt wird, dass sowohl ein direktes Zuspiel zu ihm als auch ein Pass in den Raum nicht möglich ist (kurze und lange Antizipationsdeckung).

Variante 1

Die das Tor erzielende Mannschaft bleibt in Ballbesitz und muss dann den folgenden Angriff so schnell wie möglich auf das gegenüberliegende Tor richten, ohne den Abwehrspielern Zeit und Raum zu geben, das „neue" Tor abzuschirmen.

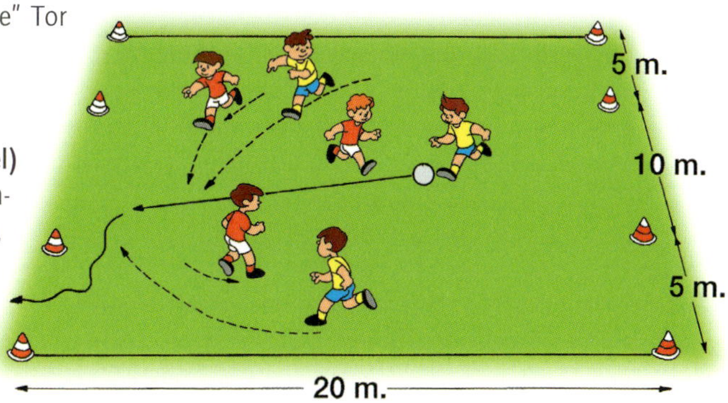

Variante 2 (oder Korrekturspiel)

Wenn die Angriffe die notwendige Breite vermissen lassen, dann muss der Trainer die Regeln so verändern, dass jede Mannschaft anstatt die gesamte Endlinie nur die beiden 5 m breiten Hütchentore in den Außenpositionen auf den Endlinien angreift (Spiel auf vier Tore).

Außerdem könnte in jeder Außenposition auf Höhe der Mittellinie ein 6 m breites Hütchentor aufgebaut werden, durch das der Ball obligatorisch gedribbelt oder gepasst werden muss. Damit wird in jedem Angriff das Spiel in der Breite garantiert.

Variante 3

Der Trainer kann für den Torerfolg im rechten oder linken Tor eine unterschiedliche Anzahl von Punkten geben, um die Abwehrspieler dazu anzuleiten, den gegnerischen Angriff in die von ihnen gewünschte Richtung „umzuleiten".

„Wenn sich in einem Spieler Intelligenz, Schnelligkeit, Koordination und Wille vereinigen, dann haben wir es mit einem großen Talent zu tun, das aber ohne häufiges Üben verdorrt."

10. vereinfachtes Spiel: 3:3 mit Pässen durch eines der vier Tore

Spielregeln

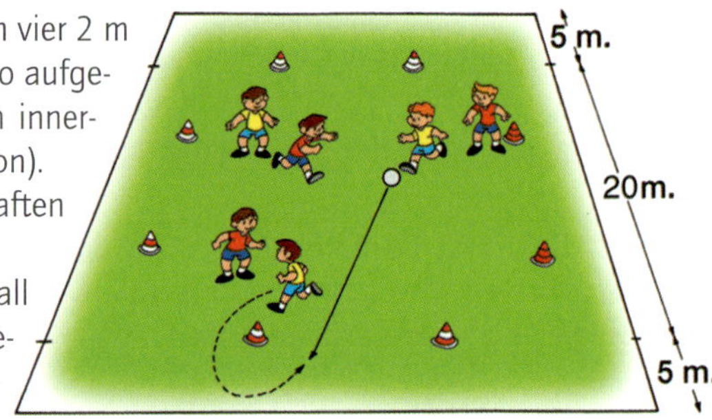

- In einer Hälfte des Fußball-7-Feldes werden vier 2 m breite Hütchentore in Form eines Kreuzes so aufgebaut, dass sie alle noch mindestens 10 m innerhalb des Spielfeldes stehen (siehe Illustration).
- Das Spiel zwischen zwei Dreiermannschaften wird mit einem Schiedsrichterball eröffnet.
- Um ein gültiges Tor zu erzielen, muss der Ball durch eines der vier Tore zu einem Mitspieler gepasst werden. Zwei Tore hintereinander im selben Tor sind nicht erlaubt.
- Tore können von beiden Seiten der vier Hütchentore erzielt werden.
- Nach jedem dritten Tor wird eine Pause von zwei Minuten eingelegt.

Lern- und Lehrziele

- Das Spiel ohne Ball wird geschult und hier besonders der geeignete Zeitpunkt und die Richtung des Freilaufens, z. B. hinter die gegnerische Abwehr.
- Es sollten sowohl von den Spielern mit als auch ohne Ball häufig Richtungs- und Tempowechsel ausgeführt werden, um sich vom Gegner lösen zu können und Raum und Zeit für die nachfolgende Aktion zu gewinnen.
- Den Ball direkt passen, wenn es die Situation des Spiels erfordert.

Mögliche Fragen zur Entwicklung der Spielintelligenz

F.: Welche Fähigkeiten führen in diesem vereinfachten Spiel zum Sieg?

A.:

- *Zunächst ist es wichtig, sich ohne Ball dauernd für ein Zuspiel und nicht nur für einen Pass durch eines der vier Tore anzubieten, sondern auch, um den Ball in Besitz zu halten.*
- *Sich von seinem persönlichen Gegenspieler zu lösen, was am besten durch Tempo- und Richtungswechsel geschieht.*
- *Sich dauernd mit dem Ballbesitzenden verständigen.*
- *Um die entstehenden Räume besser zu nutzen, ist es wichtig, das Spiel schnell zu machen, wozu wohldosierte Pässe in den Lauf des am besten postierten Mitspielers notwendig sind.*

Variante 1

Anstatt den Ball durch eines der vier Tore zu passen, muss er jetzt durch das am schlechtesten verteidigte Tor (6 m breit) geführt werden.

Variante 2

Ein neutraler Spieler agiert immer mit der Mannschaft in Ballbesitz.

„Wenn wir im Spiel nicht alle die gleiche Sprache sprechen, können wir es meist nicht für uns entscheiden."

11. vereinfachtes Spiel: Flankenschlagen mit Kopfball aufs Tor 3:3

Spielregeln

- Das Fußball-7-Feld wird in drei Längsstreifen, d. h. in zwei Außenstreifen zu je 10 m und in einen Mittelstreifen von 25 m Breite so aufgeteilt, wie es die Abbildung zeigt.
- Jede der zwei am Spiel beteiligten Dreiermannschaft besetzt mit je einem Spieler die drei Streifen in beiden Spielfeldhälften, um die beiden Tore in entgegengesetzten Richtungen angreifen zu können.
- Ihr Angriff wird zur gleichen Zeit von ihren Mittelstürmern mit einem Pass zu einem Außenstürmer im Seitenstreifen eingeleitet. Der Außenstürmer nimmt den Pass im Lauf an und führt den Ball bis in Höhe des Strafraums, von wo er, ohne vorher anzuhalten, eine präzise hohe Flanke zum mitgelaufenen Mittelstürmer und zum in den Mittelstreifen eingerückten Außen der gegenüberliegenden Seite schlägt. Beide versuchen, mit dem Kopf ein Tor zu erzielen, der Mittelstürmer aus einer Position in Höhe des nahen Torpfostens, während der andere Flügelstürmer die Flanke in Höhe des entfernten Pfostens erwartet.
- Jede Mannschaft führt in der gleichen Formation 10 Angriffe aus, d. h. fünf Flanken von jedem Außenstürmer. Nach 30 Angriffen (jeder wird 1 x Mittelstürmer) wird die Mannschaft zum Sieger erklärt, die die meisten Kopfballtore erzielen konnte.
- Zuerst wird ohne Gegner geübt, um anschließend das gleiche Spiel unter Zeitdruck ausführen zu lassen. Es gewinnt die Dreiermannschaft 1 Punkt, die zuerst ein Kopfballtor erzielt. Wer zuerst 5 Punkte erzielt, geht aus diesem vereinfachten Spiel als Sieger hervor. Nach jedem Punktgewinn müssen die drei Spieler ihre Rollen wechseln.

Lern- und Lehrziele

- Den Ball so mit dem Fuß spielen, dass er auch ansteigt.
- Genaue Flanken schlagen.
- Erfahrungen im Kopfballspiel sammeln.
- Vor dem Tor eine optimale Position für den Torschuss suchen.
- Dem ankommenden Ball häufig entgegenlaufen, um dem Kopfstoß mehr Wucht zu geben.

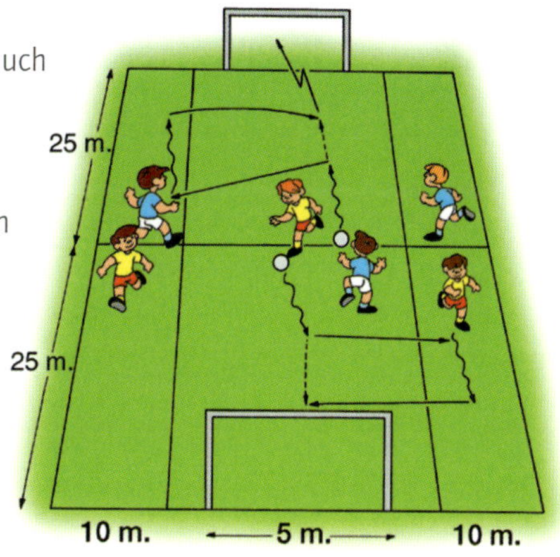

Mögliche Fragen zur Entwicklung der Spielintelligenz

F.: Worauf sollte der Außenstürmer beim Flankenschlagen achten?

A.:

- *Der Ball sollte präzise und wohldosiert etwa 8-10 m vom Tor entfernt zum nahen oder entfernten Torpfosten gepasst werden.*
- *Der Außenstürmer sollte seine Flanken variieren, einmal den Ball parallel zur Endlinie und ein anderes Mal den Ball von der Grundlinie aus zurück ins Feld schlagen, was später dem anwesenden Torwart das Spiel erschwert.*

- *Harte Flanken sind gefährlicher für die Abwehr als weiche oder schwache, die dem Gegner genügend Zeit geben, sich in eine optimale Position vor dem Tor zu begeben.*

F.: Was müssen die Angreifer beachten, die ein Kopfballtor erzielen wollen?

A.:

- *Zunächst muss die Geschwindigkeit, der Effekt, die Höhe der Flugkurve und der mögliche Landepunkt des Flankenballs korrekt kalkuliert werden, was vom jungen Spieler viel Erfahrung verlangt. Ein Wahrnehmungsfehler führt zu einem Fehler in der Entscheidungsfindung (z. B. zu frühes oder zu spätes Hochspringen) und zum Ballverlust auch dann, wenn die Kopfballtechnik perfekt ist.*
- *Es ist wichtig, im Duell mit einem Gegenspieler, diesem im letzten Augenblick beim Einnehmen einer optimalen Position für den Kopfstoß zuvorzukommen.*
- *Wenn möglich, sollte dem Ball entgegengelaufen werden, um dem Kopfballstoß mehr Geschwindigkeit zu geben.*

Varianten

- Es wird mit einem Torwart geübt, der allerdings die Torlinie noch nicht verlassen darf, um die Flanke abzufangen. Es ist ratsam, dem Ball bei der Flanke einen Effet zu geben, der ihn vom Torhüter wegbewegt.
- Das Spiel wird mit nur einem Ball ausgetragen. Der Mittelstürmer, der den Ball beim Schiedsrichterball erobert, passt ihn nach außen zu einem seiner Flügelstürmer, der ihn dann ohne Bedrängnis bis in Höhe des Strafraums führt, um von dort eine präzise hohe Flanke zu schlagen, die seine Mitspieler, trotz der Abwehr des hinzugeeilten gegnerischen Mittelstürmers, mit einem Kopfstoß auf das leere oder auch von einem neutralen Torwart gehütete Tor abschließen.

Anmerkung

Nach Martin wurden 40,4 % aller in der Saison 2000/2001 erzielten Tore in der spanischen Profiliga nach einer Flanke erzielt.

„Tore schießen und Tore verhindern – das ist die einzige Forderung."

Sepp Herberger

12. Torschüsse mit Gegner- und Zeitdruck

Spielregeln:

- Es wird in einem doppelten Strafraum (33 m x 16.5 m) auf 2 Tore gespielt. Das zweite Tor ist ein bewegliches Tor (6 m x 2 m) vom Fußball 7 und steht auf der 16.50 m-Linie. Beide Tore werden von einem Torhüter bewacht.
- Nach einem Schiedsrichterball in der Mitte des Spielfeldes versucht jede der beiden Dreiermannschaften ein Tor zu erzielen, wobei die offiziellen Fußballregeln Anwendung finden. Ein Tor zählt einen Punkt und ein mit einem Nachschuss erzieltes Tor 3 Punkte.
- Es werden 4 Perioden zu je 5 Minuten gespielt, wobei jede Mannschaft 2 x das reguläre Tor und 2 x das Fußball-7 Tor angreifen muss. Es ist empfehlenswert, in beiden Toren über zahlreiche Reservebälle zu verfügen, um Spielunterbrechungen zu verhindern.

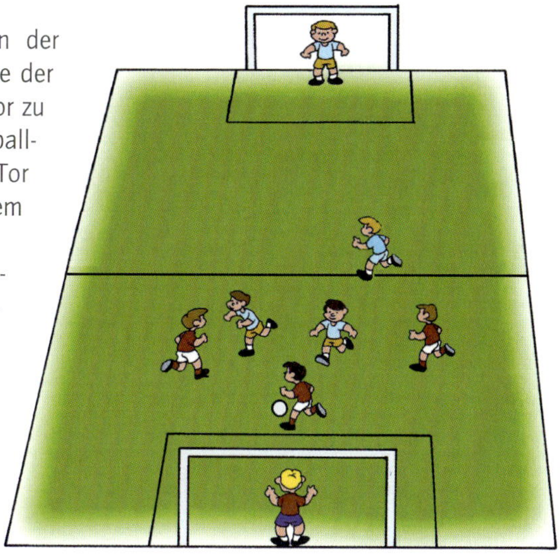

Varianten

1. Tore sind nur gültig, wenn sie:
   - mit dem Kopf,
   - mit Volleyschüssen,
   - mit Schüssen ohne vorhergehender Ballannahme,
   - mit dem weniger dominanten Fuß,
   - aus mehr als 16.50 m Entfernung, d. h. aus dem entferntem Strafraum aus erzielt werden.

2. Es wird mit einem neutralen Angreifer gespielt, dem es allerdings nicht erlaubt ist, Tore zu schießen, sondern nur mehr Tormöglichkeiten zu ermöglichen.

3. Der neutrale Spieler darf nur verteidigen, womit es zu realen Spielsituationen kommt, bei der die Abwehr fast immer in Überzahl spielt.

4. Eine 3. Mannschaft bietet sich außerhalb der Strafräume an den Seitenlinien und Endlinie für ein Zuspiel an, um den Ball dann sofort wieder ins Feld zu passen.

13. 3 gegen 2 mit Torschuss

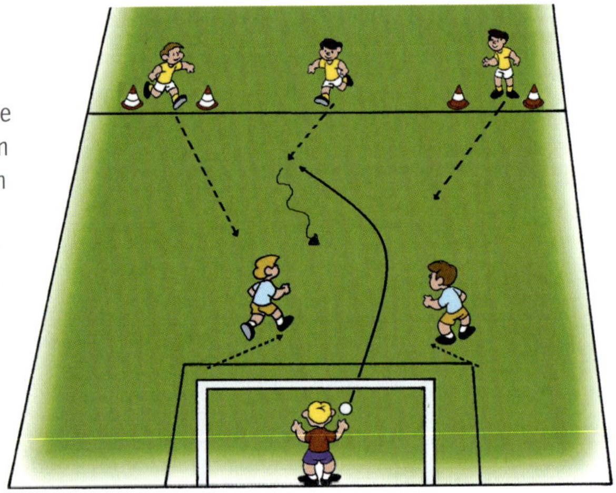

Spielregeln:

- Es wird in einer Spielfeldhälfte vom Fußball-7-Feld mit einem Torhüter im 6 m x 2 m großen Tor gespielt.
- Zwei Verteidiger unterstützen den Torwart, indem sie nach seinem Befreiungsschlag in Richtung Mittellinie zu den dort wartenden drei Angreifern, von der Endlinie aus in das Spielfeld laufen, um diese bei ihrem Angriff zu stören.
- Sollte es ihnen gelingen, den eroberten Ball durch eines der Hütchentore auf der Mittellinie zu passen, können sie genauso einen Punkt erzielen wie die drei Angreifer mit einem Torerfolg.
- Nach fünf Angriffen tauschen beide Mannschaften die Rollen. Die Dreiermannschaft, die nach 20 Angriffen, die meisten Punkte hat, gewinnt.

Lern- und Lehrziele

Im Angriff:

- Nutze den Raum hinter den Verteidigern, ohne ins Abseits zu laufen.
- Formiere beim Angriff immer ein Dreieck, um die zwei Verteidiger zu überwinden.
- Verleite durch ein direktes Ballführen zu einem Verteidiger diesen zu einer Abwehr (1 gegen 1), um dann eine 2-gegen-1-Situation herbeizuführen.
- Vermeide beim Überzahlangriff (3 gegen 2) Duelle im 1 gegen 1.
- Nutze nach dem Toschuss die 2. Möglichkeit zum Erfolg zu kommen: Nachschuss.

In der Abwehr:

- Verständige dich mit dem Verteidiger, der den Ballführenden angreift, damit der Raum hinter ihm gut abgeschirmt und kontrolliert werden kann.
- Verzögere die Abwehr so lange wie möglich durch Rückwärtslaufen oder Begleiten und führe Abwehrfinten aus, um den Angreifer zu stören.
- Unmittelbar nach Ballverlust schnelles Umschalten zur Wiedereroberung des Balles.

Mögliche Fragen zur Entwicklung der Spielintelligenz

Siehe die Fragen der Vereinfachten Spiele „3 gegen 2 mit Konterangriff" und „Ballhalten 3 gegen 2".

14. Torschuss unter Zeit- und Gegnerdruck

- Es wird im Strafraum des Fußball-7-Feldes mit 10 Spielern (drei Dreiermannschaften und einem Torwart) gespielt.
- Drei Spieler, einer aus jeder Dreiermannschaft, kämpfen aus drei verschiedenen Startpositionen von außerhalb des Strafraumes, um den vom Torhüter zugespielten Ball. Derjenige Spieler, der den Ball in seinem Besitz bringen kann, wird Angreifer und die beiden anderen Spieler werden Verteidiger, die den Erfolg des Angreifers durch gemeinsame Abwehrarbeit verhindern müssen.
- Wenn der Torhüter den Ball ins Feld spielt, müssen alle Angreifer mindestends 16.50 m vom Tor entfernt stehen und zwischen sich einen Abstand von mindestends 6 m einhalten.
- Nach Ende der Aktion der ersten drei Spieler führen die 2. Spieler jeder Dreiermannschaft das gleiche Spiel aus und am Schluss die 3. Spieler.
- Insgesamt muss der neutrale Torhüter 15 x den Ball herausspielen, damit jeder der neun Spieler 5 x die Gelegenheit erhält, unter Zeit- und Gegnerdruck ein Tor zu erzielen.

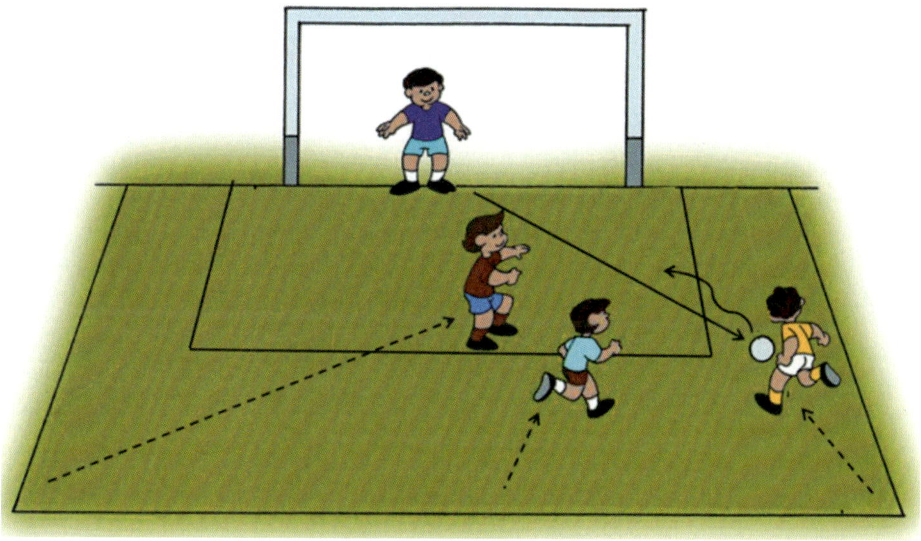

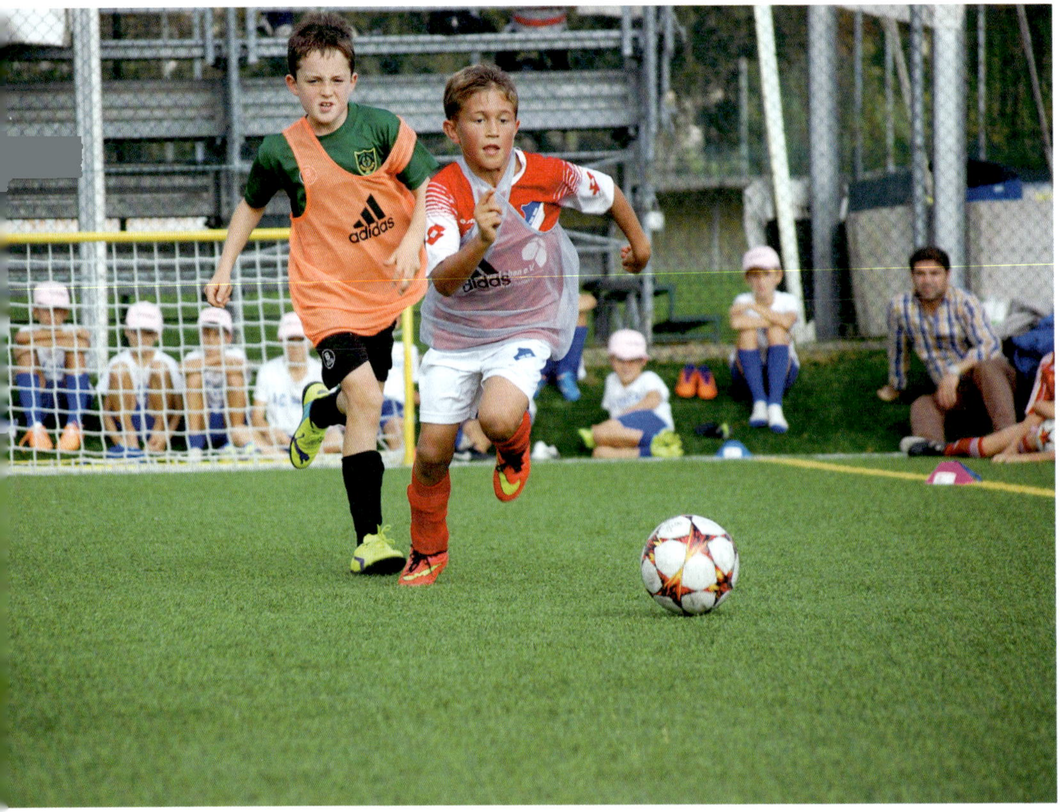

III DIE AUSBILDUNG DES JUNGEN TORHÜTERS

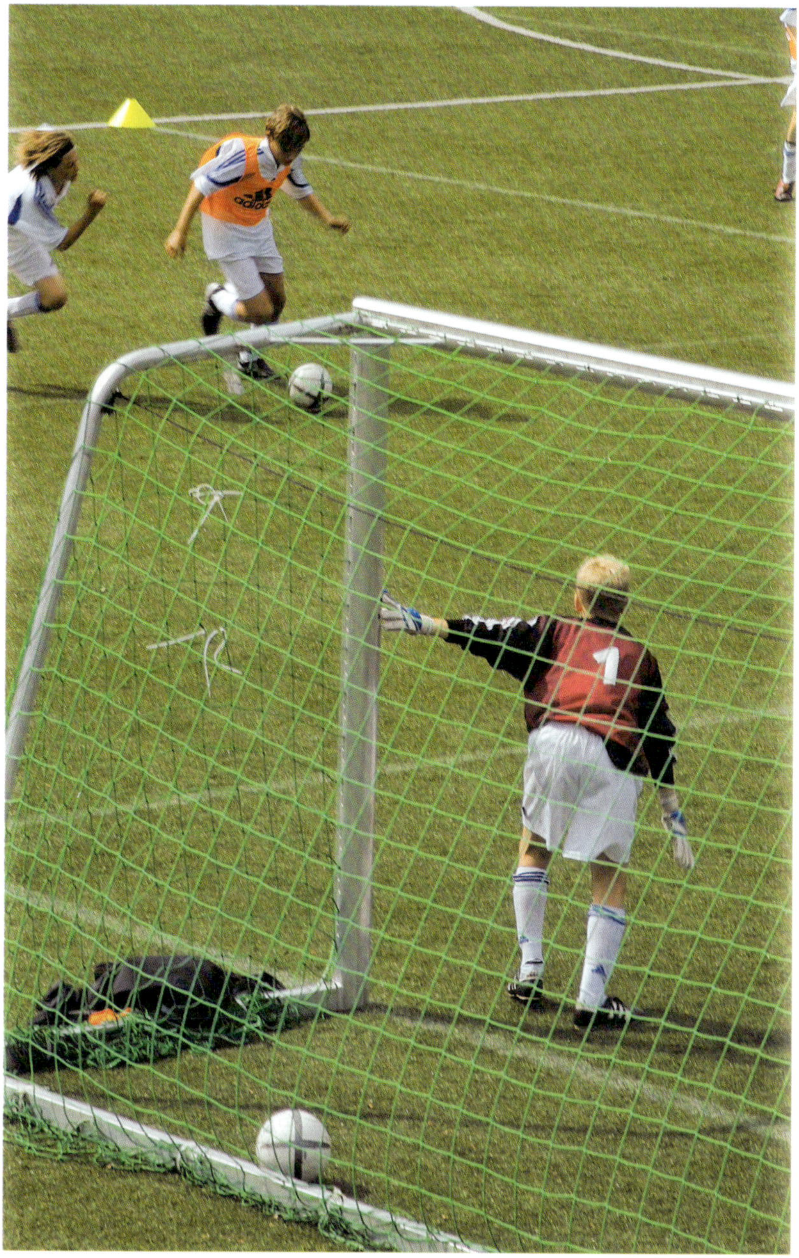

Normalerweise sind unter den Trainern die Kenntnisse über eine optimale Ausbildung und Leistungsentwicklung des Torhüters begrenzt, weil nur wenige Trainer in ihrer Spielerlaufbahn Erfahrungen als letzter Mann in ihrer Mannschaft sammeln konnten. Zudem schenken noch zu wenige Trainer den Lern- und Lehrprozessen für den wichtigsten Spieler in ihrer Mannschaft genügend Aufmerksamkeit, obwohl es ihnen bekannt ist, dass der Sieg oder eine Niederlage in vielen Fällen besonders von der Leistung ihres Torwarts abhängt. Während andere Mannschaftsmitglieder, wie die Feldspieler, einen oder auch mehrere Fehler im Spiel mit besonders guten Aktionen in anderen Spielsituationen wieder ausgleichen können, wird jeder Fehler des Torwarts in der Regel mit einem Tor bestraft.

Der moderne Fußball verlangt von allen Spielern sehr vielseitige Fertigkeiten und Fähigkeiten, aber die des Torhüters sind sehr verschieden von denen der Feldspieler, weshalb er in seiner körperlichen, mentalen und technisch-taktischen Ausbildung als Spezialist in der Mannschaft behandelt und auch trainiert werden muss.

Im Gegensatz zu den anderen Spielern seiner Mannschaft erstreckt sich sein Spielraum nur über einen sehr begrenzten Teil des Spielfeldes und er ist der einzige Spieler, der den Ball mit den Händen spielen darf, wenn man einmal vom Einwurf von der Seitenlinie absieht.

Wegen seiner spezifischen Funktion und seiner großen Bedeutung als wichtigster Spieler in einer Fußballmannschaft sollte dem Leistungsaufbau und der Leistungsentwicklung des Torwarts auch besondere Aufmerksamkeit geschenkt werden.

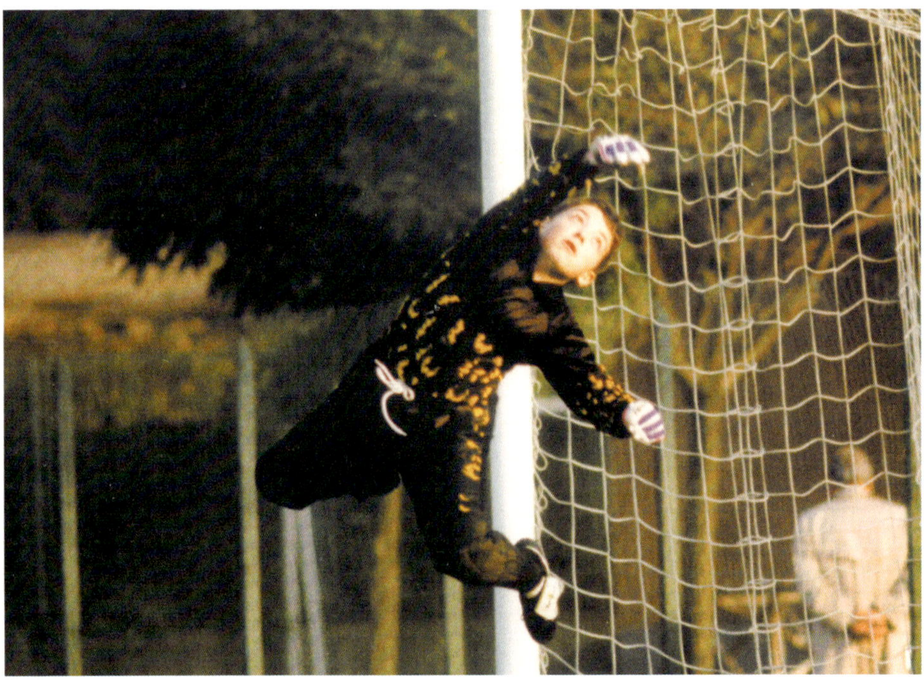

1 Das Profil eines Torhüters

Die Leistung des Torwarts beeinflusst in großem Maße das Ergebnis des Spiels. Er ist sehr häufig Mittelpunkt von dramatischen und spielentscheidenden Situationen vor seinem Tor, aber auch Mittelpunkt von heftigen Diskussionen nach dem Spiel. Nach einer guten Leistung wird er von allen beglückwünscht, aber wenn seine Leistung nicht zufriedenstellend war, erhält er Anschuldigungen oder auch schwere Vorwürfe. Das ist auch ein Grund dafür, dass ein Torwart eine ausgeglichene, selbstbewusste und ruhige Person sein sollte! Er sollte auf seine technischen, physischen und auch auf seine kognitiven und visuellen Fähigkeiten vertrauen und sie so spielnahe wie irgend möglich mit häufigem Training Schritt für Schritt verbessern sowie sein Selbstbewusstsein ständig durch positives Sprechen mit sich selbst aufbauen.

„Die Fähigkeit, auch unter Druck ohne Anspannung spielen zu können, ist sehr häufig ein entscheidender Faktor für die Leistung eines Spielers."

Während des Spiels sollte ein Torwart Ruhe und Zuversicht auf seine Mitspieler ausstrahlen, um damit ihre Leistung positiv zu beeinflussen. Seine starke Persönlichkeit und sein Selbstbewusstsein können aber auch dazu führen, dass ihm der Gegner beim Angriffsabschluss mehr Aufmerksamkeit schenkt als seinem Torschuss.

Ein unsicherer und nervös wirkender Torwart, der in der Entscheidungsfindung langsam oder unentschlossen agiert, kann, bedingt durch seine Mängel und Unzulänglichkeiten, auch die Leistung seiner Mitspieler negativ beeinflussen. So werden seine Abwehr- und Mittelfeldspieler wahrscheinlich weniger Risikobereitschaft in der Offensive zeigen, weil sie Angst haben, dem Gegner beim Konterangriff eine Blöße zu geben.

Nur diese wenigen Bemerkungen erklären bereits, warum jede durchschnittlich starke Mannschaft mit einem hervorragenden Torwart gewinnen oder zumindest ein Unentschieden gegen eine viel stärkere Mannschaft mit einem weniger geschickten Torwart erreichen kann.

„Ein Torwart muss Ruhe ausstrahlen. Er muss aber aufpassen, dass er dabei nicht einschläft."

Sepp Maier

Um seine wichtige Aufgabe erfolgreich zu lösen, muss der Torwart bestimmte psychophysische Fähigkeiten besitzen, die ihn von seinen Mitspielern im Feld unterscheiden.

1.1 Schnelligkeit

Vielleicht die wichtigste physische Fähigkeit eines Torwarts ist seine Schnelligkeit: besonders die **Reaktionsschnelligkeit, die Beschleunigungsfähigkeit und die Fähigkeit, schnell Bewegungen ausführen zu können.** Ein überdurchschnittliches Niveau in diesen Fähigkeiten ermöglicht es dem Torwart, Torschüsse von mehr als 130 km/h abzuwehren oder den in den freien Raum gepassten Ball im Duell gegen einen Angreifer vor diesem zu erreichen.

Jedoch ist die Schnelligkeit nicht die einzige physische Leistungskomponente, sondern sie sollte sich mit einer hervorragenden **Koordination**, mit **Flexibilität** und anderen, hier beschriebenen Fähigkeiten verbinden.

1.2 Wahrnehmung und Entscheidungsfindung

Um seine Schnelligkeit auch zum richtigen Zeitpunkt abrufen zu können, ist es unbedingt erforderlich, dass der Torwart die Fähigkeit besitzt, eine mehr oder weniger einfache Spielsituation auch richtig lesen oder beurteilen zu können. Dazu muss er vor seinem Eingreifen mit seinen Augen alle wichtigen Informationen über den Ball (Geschwindigkeit, Höhe, Effet), über seine Gegner und seine Mitspieler erfassen, diese dann schnell bis zur Entscheidungsfindung verarbeiten, um dann in der dritten Phase seiner Abwehraktion bestmöglichst agieren zu können. Das verlangt vom Torwart, dass er auch in der Lage ist, die gegnerischen Angriffsaktionen korrekt vorauszusehen. Aus diesem Grunde ist es wichtig, dass nicht nur die verschiedenen visuellen Qualitäten der Wahrnehmung eines Torwarts geschult werden, sondern auch gleichzeitig sein Wissen über Fußball und insbesondere sein Verständnis über das, was sich vor seinem Tor abspielt. **Ein Fehler in der Wahrnehmung führt zwangsläufig zu einer fehlerhaften Entscheidung des Torwarts, womit eine perfekte technische Abwehr an Bedeutung verliert.**

Die Art und Weise, wie ein Torhüter das Spiel lesen oder analysieren kann, entscheidet häufig über seinen Erfolg und Misserfolg. Je mehr Erfahrung und Wissen der Torwart hat, desto mehr wird er in der Lage sein, seine Konzentration und seine visuelle Aufmerksamkeit (Fokus) auf die wichtigsten Informationsquellen zu lenken. Torwartexperten haben eine bessere **visuelle Suchstrategie** als junge Torhüter, die meistens nur den Ball im Auge haben und dabei vergessen, dass auch die Positionen und die Bewegungen der Gegner und Mitspieler ohne Ball von Bedeutung sind.

Aus diesem Grunde sollte es eine wichtige Rolle des Trainers sein, im Torhütertraining nur den leistungsrelevanten Informationen besondere Aufmerksamkeit zu schenken, was besonders durch **ein systematisches gemeinsames Analysieren seiner defensiven und offensiven Aktionen bei vorausgegangenen Spielen mithilfe von Videoaufzeichnungen und -nachbetrachtungen zu erreichen ist.**

Jede Torhüteraktion setzt sich aus drei Phasen zusammen, der **visuellen** (besonders der optisch-motorischen Berechnung), der **kognitiven** und der **motorischen Phase**. Die Fehler von jungen Torhütern haben häufig ihre Ursache nicht in einer technisch unsauberen Ausführung, sondern meistens werden sie durch eine unzulänglich geschulte Fähigkeit in der Wahrnehmung oder durch eine falsche Entscheidungsfindung verursacht, d. h., dass die Erfahrung des Torhüters doch eine wichtige Rolle für das Gelingen seiner Aktionen spielt.

Technisch gut ausgebildete Torhüter, die auch körperlich höchsten Ansprüchen genügen, haben häufig Schwächen in ihrer Entscheidungsfindung. Diese werden entweder durch eine unzureichende Aufmerksamkeit, eine unvollständige Wahrnehmung, einen Mangel an Entschlossenheit oder auch durch einen Mangel an Wissen (Beweis eines autoritären Lehrstils des Trainers) verursacht. Alle jungen Torhüter sollten deshalb lernen, alle für die Lösung einer Spielaufgabe relevanten Informationen schnell aufzunehmen und zu verarbeiten, um dann in Bruchteilen von Sekunden die effektivste motorische Antwort zur Verfügung zu haben und sie ohne Zeitverlust ausführen zu können.

Das taktische Training ist für den Torwart genauso wichtig wie seine technische Ausbildung. Je älter der Torwart, desto mehr tritt seine taktische Ausbildung gegenüber der technischen Arbeit (bei der keine Entscheidungen zu treffen sind) in den Vordergrund. **Torhüter ab 14 Jahren sollten systematisch mit einer Vielzahl von Problemen, die besonders in vereinfachten Spielen anzutreffen sind, konfrontiert werden**, um ihre Leistung im Beisein von aktiven Gegnern und Mitspielern, d. h. also in spielnahen Situationen, zu verbessern. In diesen Spielen lernen sie, die Antwort zu finden, die von allen möglichen die effektivste ist.

1.3 Mut

Außer den bereits genannten wichtigen Aspekten, die die Leistung eines Torhüters beeinflussen, ist auch die Ausstrahlung einer gewissen Ruhe, die auf seinem großen Selbstbewusstsein basiert, wichtig. Diese innere Ruhe zeigt sich auch, wenn er plötzlich aggressiv vorgehen und mit Mut und Entschlossenheit handeln muss. Mutig und entschlossen zu sein, ist vor allem in einer 1:1-Situation, bei Torschüssen aus geringer Distanz und auch bei Eckbällen notwendig.

Je mehr ein Torwart fähig ist, seine **Nervosität und Erregung unter Kontrolle zu bringen,** desto weniger Fehler begeht er. Studien haben gezeigt, dass sich die Leistung mit Zunahme der Nervosität und Erregung verschlechtert, was besonders die kognitive Leistungsfähigkeit, d. h. die Problemlösung und die Entscheidungsfindung, betrifft. In einem Spiel muss der Torwart mehrmals Stresssituationen meistern, denn er weiß, dass jeder kleine Fehler von ihm (im visuellen und im kognitiven Bereich oder auch in der technischen Ausführung) das Ergebnis des Spiels dramatisch ändern kann. Mit anderen Worten, jeder erwartet vom Torwart ein perfektes Spiel, und wehe dem Torwart, der diesen hohen Erwartungen nicht entsprechen kann.

Zur Bewältigung dieser großen Herausforderung ist es wichtig, dass sich ein Torwart zunächst selbst beherrscht (er macht das durch positive Selbstermunterungen und Aussprüche, wie: „Heute ist mein Tag!", „Ich bin der Größte!" oder: „Niemand kann mich überwinden!"), **bevor er den Ball und seinen Gegner beherrschen lernt.**

Ist jedoch der Ball weit vom Tor entfernt oder sogar in der gegnerischen Hälfte, dann wäre es für den Torwart ratsam, einige allgemeine, motorisch und psychisch stimulierende Aufwärmübungen durchzuführen, damit er sowohl körperlich wie auch mental auf sein nächstes entschlossenes und mutiges Handeln eingestimmt wird.

1.4 Psychisch-physische Qualitäten eines erfolgreichen Torhüters

Körperliche Fähigkeiten

- Fähigkeit, schnell zu reagieren,
- Fähigkeit, schnelle Bewegungen ausführen zu können,
- Schnellkraft und
- Beschleunigungsfähigkeit.

Koordinative Fähigkeiten

- Gleichgewicht,
- Fähigkeit zur Kombination verschiedener Bewegungen,
- gute Orientierung,
- gutes Rhythmusgefühl und
- Beherrschung von Raum und Zeit.

Emotionale Fähigkeiten

- Konzentration,
- Aggressivität (unter Beachtung der Regeln),
- Mut,
- Ruhe und Vertrauen, auch in Stresssituationen,
- Rationalität und
- Führungsqualitäten.

„Ohne Training verliert man das Talent."

Leonardo da Vinci

Sensoperzeptive Fähigkeiten (kognitive Fähigkeiten)

- Das Erkennen (Beobachten und Analysieren), das Interpretieren und das Antizipieren,
- gutes visuelles Erinnerungsvermögen.

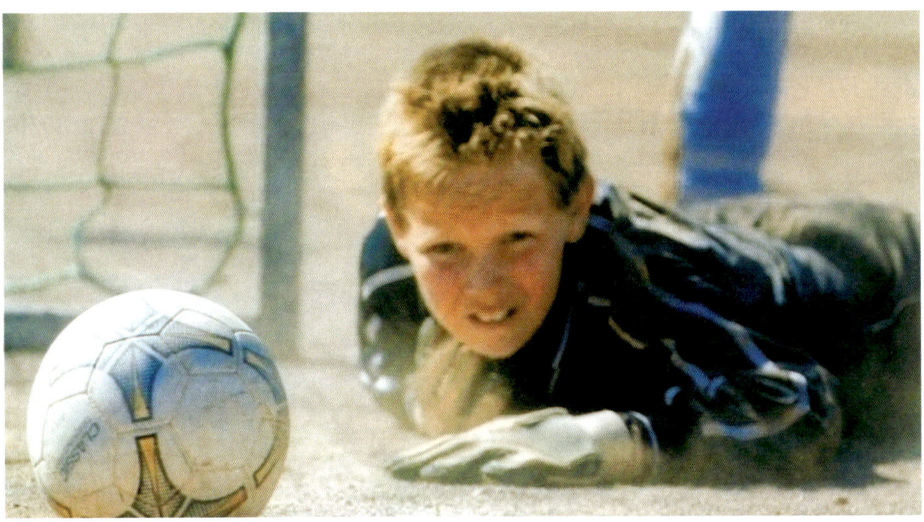

2 Einige wichtige Tipps für Torhüter

Um ihre Leistung zu optimieren, ist es für alle Torhüter notwendig, während des Trainings häufig auf verschiedenen Positionen zu spielen. Die dabei gesammelten Erfahrungen werden ihnen helfen, nicht nur die Anspannung und Verantwortung, sondern auch die Schwierigkeiten eines Angreifers in seinem Duell mit dem Torhüter kennen zu lernen und zu erleben. Die Erfahrungen, die ein Torhüter als Verteidiger, Mittelfeldspieler oder Stürmer gewinnen kann, ermöglichen es ihm, seine Arbeit im Tor mit größerem Erfolg zu lösen.

Torhüter, die zwischen acht und 10 Jahren Minifußball (auf je zwei Tore, die mindestens 12 m voneinander entfernt stehen sollten), dann mit 10 Jahren Fußball 5 oder Futsal, mit 11 und 12 Jahren Fußball 7 und schließlich mit 13 Jahren im 6 x 2 m großen Tor Fußball 8 gespielt haben, sind sowohl in der Wahrnehmung als auch in der Entscheidungsfindung und im Wissen einem von Anfang an im 11:11-Spiel ausgebildeten Torhüter weit voraus. **Ihre aktive Teilnahme an diesem abwechslungsreichen Fußballwettkampfmenü, das von Jahr zu Jahr durch ihre Zunahme an Komplexität und Schwierigkeit höhere Ansprüche an die Torhüter stellt, macht sie, bedingt durch die geringe Spielerzahl, zu Hauptdarstellern.** Das wirkt sich dann später auf ihre mentale und auch physische Schnelligkeit genauso positiv aus wie auf ihr ständig wachsendes Fußballverständnis.

Im Idealfall wird die spezifische Ausbildung eines Torwarts immer von einem **Torwarttrainer** geplant, ausgeführt und auch überwacht. In der Regel handelt es sich um einen ehemaligen, erfahrenen Torwart. Für den auszubildenden Torwart muss das jedoch nicht immer ein Vorteil sein, denn bei der methodischen Auswahl von Übungen haben die meisten Torwarttrainer nicht gelernt, wie sie beim Training ihrer Schützlinge Schritt für Schritt Abwehrspieler integrieren müssen, um reale, spielnahe Situationen zu schaffen. Der Torwart sollte heute im modernen Training immer als ein Teil einer kollektiven Abwehr gesehen werden, was auch im Training deutlich zum Ausdruck kommen sollte.

Ein Torwarttrainer sollte seine jungen Torhüter mittels einer Vielzahl von Übungen und vereinfachten Spielen mit den gleichen Problemen konfrontieren, die sie auch im Wettspiel zu lösen haben. Dadurch erwerben sie zwangsläufig ein so umfangreiches Wissen und Erfahrungen, die es ihnen erlauben, unter allen zur Verfügung stehenden Antworten die effektivste Technik auszuwählen. Darüber hinaus lernt ein junger Torhüter mit diesem **spielnahen Training** auch, seine Abwehr zu koordinieren und seine Mitspieler mit lauter und klar verständlicher Stimme zu führen. Hierbei sind Kürze im Ausdruck und Klarheit für ein sofortiges Verständnis erforderlich, um die gewünschte Wirkung zu erzielen (wie z. B. „Mein Ball!", „Lass mich!", „Aus!"). Letzlich sollte der Nachwuchstorwart auch lernen, seine Abwehrkollegen nach guten Aktionen zu loben.

Leider sieht man noch, dass junge Spieler, die im Feld nur eine mittelmäßige Leistung zeigen konnten, sich plötzlich dazu entschließen, Torhüter zu werden. Dies sollte nur dann akzeptiert werden, wenn der junge Spieler für diese spezifische Position auch eine natürliche Begabung sowie grundlegende körperliche und kognitive Fähigkeiten besitzt, die am Anfang des Kapitels aufgeführt wurden.

3 Das Torhüterentwicklungsmodell

Das Entwicklungsmodell für Torhüter besteht aus vier verschiedenen Stufen.

Erste Stufe: Übungen und vereinfachte Spiele ohne oder auch mit einem Angreifer (Lernen von grundlegenden Techniken in vorhersehbaren Spielsituationen)

Bereitschaftsstellung und Stellungsspiel	Abwehr flacher, halbhoher u. hoher Bälle, Ablenken und Fausten	Herausspielen durch Abrollen, Abwurf und Abschlag	Spiel außerhalb des Tors

Fußballtorhüter-Zehnkampf
Entscheidungsfindung und Ausführung von technisch-taktischen Abwehrbewegungen in vorhersehbaren und unvorhersehbaren Spielsituationen

Zweite Stufe: Übungen und vereinfachte Spiele mit einem oder zwei Angreifern (Festigen von grundlegenden Techniken und Entscheidungsfindungen in modifizierten Spielsituationen)

Bereitschaftsstellung und Stellungsspiel	Abwehr flacher, halbhoher und hoher Bälle, Ablenken und Fausten	Herausspielen durch Abrollen, Abwurf, Abstoß und Abschlag	Spiel außerhalb des Tors

Dritte Stufe: Übungen und vereinfachte Spiele mit Angreifern und Hilfe von einem oder zwei Verteidigern (Verbesserung in der Ausführung von Techniken und in der Entscheidungsfindung in vorhersehbaren und unvorhersehbaren Spielsituationen)

Bereitschaftsstellung und Stellungsspiel	Abwehr flacher, halbhoher und hoher Bälle, Ablenken und Fausten	Herausspielen durch Abrollen, Abwuf, Abstoß und Abschlag	Spiel außerhalb des Tors

Vierte Stufe: Vereinfachte Spiele, in die der Torhüter häufig eingreifen muss (Beherrschung der Ausführung aller Techniken und korrekte Entscheidungsfindung in unvorhersehbaren Spielsituationen)

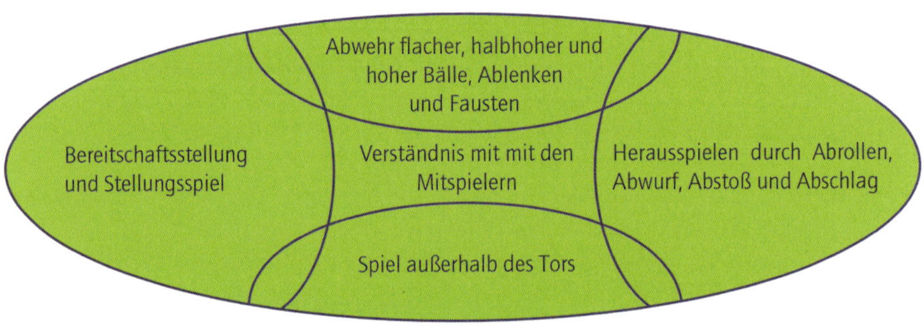

3.1 Die Bereitschaftsstellung

Bevor ein Torhüter versucht, den Ball auf dem Weg ins Tor aufzuhalten, muss er eine optimale Bereitschaftsstellung einnehmen. Die folgenden Hinweise werden ihm helfen, mehr Erfolg in seinen Abwehraktionen zu haben:

- Bereit für eine Abwehr des Balls zu sein, heißt, das Gewicht des Körpers auf den vorderen Fußballen zu verteilen, ohne dass dabei die gesamte Fußsohle den Boden berührt.
- Sich immer im Gleichgewicht befinden, wobei beide Füße schulterbreit voneinander auf fast gleicher Höhe stehen sollten. Arme und Hände sollten sich über Hüfthöhe befinden.
- Das Gewicht des Körpers sollte gleichmäßig auf beide Beine verteilt sein, um zu vermeiden, dass sich der Torwart auf dem „falschen Fuß" befindet.
- Beim Herabsehen sollten die Knie verhindern, dass der Torwart seine Fußspitzen sehen kann. Mit anderen Worten: Die Beine sollten in den Knien so gebeugt werden, dass Ober- und Unterschenkel einen Winkel von 110-120º formen, um dann aus dieser gebeugten Bereitschaftsstellung eine schnelle Streckung, z. B. beim Sprung zum Ball, ausführen zu können.
- Der Rumpf sollte leicht nach vorn geneigt werden.
- Besondere Aufmerksamkeit sollte auf den Ball gerichtet werden, ohne dabei die Gegner und die Mitspieler aus den Augen zu verlieren.
- Der Torhüter sollte sich immer dann entspannen und keine Bereitschaftsstellung einnehmen, wenn sich der Ball in der gegnerischen Spielfeldhälfte befindet. Nur unmittelbar vor einem Torschuss sollte er aus einer optimalen Bereitschaftsstellung seine Abwehr einleiten, um den Weg des Balls in das Tor zu unterbinden.

3.2 Das Stellungsspiel

Jeder Torhüter sollte fähig sein, sich so zwischen den Torpfosten zu postieren, dass er mit einem möglichst geringen Bewegungungsaufwand eine möglichst hohe Erfolgsquote bei der Abwehr erreicht. Je besser seine Fähigkeit ist, unter Berücksichtigung der Position des ballführenden Gegners und beider Torpfosten, seine bestmögliche Position im bzw. auch vor dem Tor zu finden, desto weniger oft muss er verzweifelte Abwehraktionen in allerletzter Sekunde ausführen.

Das Spiel guter Torhüter zeichnet sich dadurch aus, dass scheinbar die Bälle immer genau zu ihnen kommen. Sie wirken für den Ball wie ein Magnet, weshalb alle ihre Abwehraktionen für den Zuschauer einfach und leicht erscheinen. Torhüter, die häufig akrobatische und spektakuläre Sprünge zum Ball ausführen, sind sicherlich nicht die Besten, sondern beweisen nur, dass sie sich in ihrem Stellungsspiel noch verbessern müssen. Ganz im Gegenteil dazu, gibt es viele erfahrene Torhüter, Meister im Stellungsspiel, die es kaum nötig haben, ihr akrobatisches Können zu demonstrieren.

Obwohl es vielen Torhütern am angenehmsten ist, den Ball auf der Torlinie oder in ihrer unmittelbaren Nähe stehend erwarten zu können, gibt es häufig Situationen, in denen sie auch außerhalb ihres Tors handeln und sogar bei einer weit aufgerückten Abwehr die Rolle eines „Ausputzers" übernehmen müssen.

Im Allgemeinen beginnt die Abwehr eines Torwarts immer von einer imaginären Linie aus, die sich von der Mitte des Tores hin zum Ball orientiert. Je weiter sich der Torwart auf dieser Winkelhalbierenden (sie teilt das Dreieck, das durch den Ort des Balls und die beiden Torpfosten gebildet wird) in Richtung des Angreifers bewegt, desto mehr vermag er den Schusswinkel des Angreifers zu verkleinern und desto weniger Reichweite und weniger Abwehrtechniken muss er einsetzen, um ein Tor zu verhindern. Zudem setzt er durch seine Nähe den Angreifer unter Zeitdruck.

3.3 Übungen zum Einnehmen einer optimalen Bereitschaftsstellung und für das Stellungsspiel

1. Die erste Übung soll unerfahrenen Torhütern helfen, ihre optimale Stellung auf der Winkelhalbierenden einzunehmen. Sein Trainer steht auf dem Fußball-7-Feld auf der 13-m-Abseitslinie oder auf dem regulären Feld auf der 16,50-m-Strafraumlinie mit einem langen Seil, das von seinem Knöchel des Schussbeins sowohl zum rechten als auch zum linken Torpfosten gespannt wird. Je nachdem, wie sich nun der Trainer nach links oder rechts bewegt, muss der Torhüter seine Position auf der Winkelhalbierenden entsprechend verändern und sich dem Angreifer (Trainer) so weit nähern, dass er mit einem seitlichen Ausfallschritt das Seil berühren kann. Zur gleichen Zeit sollte er auch mit seinen zu beiden Seiten ausgestreckten Händen versuchen, den Schusswinkel zu verkleinern. Sollte eine Lücke bleiben, dann weiß der Torhüter, dass er sich schlecht zum Ball gestellt hat.
2. Ein Spieler dribbelt den Ball auf der 16,50-m-Linie des Strafraums und wechselt dabei häufig seine Richtung. Währenddessen nimmt der Torwart eine optimale Bereitschaftsstellung für den Fall eines überraschenden Torschusses ein und stellt sich etwa 3-4 m außerhalb des Tors auf die Winkelhalbierende. Um das Stellungsspiel des Torhüters beurteilen zu können, sollte sich der Trainer immer hinter dem Tor aufstellen. Aus dieser Position fällt es ihm leicht, Korrekturen im Stellungsspiel seines Schützlings vorzunehmen.

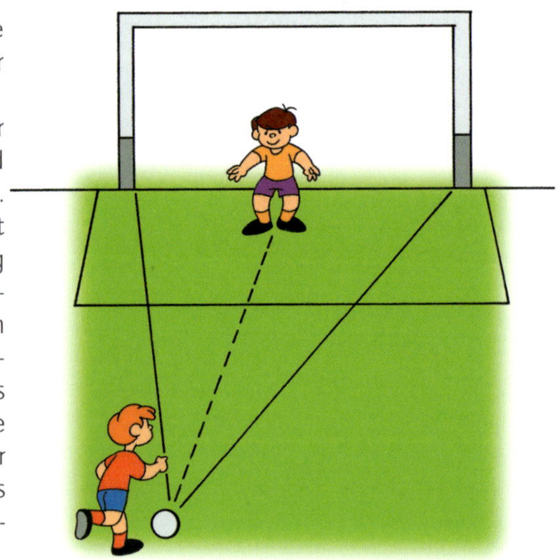

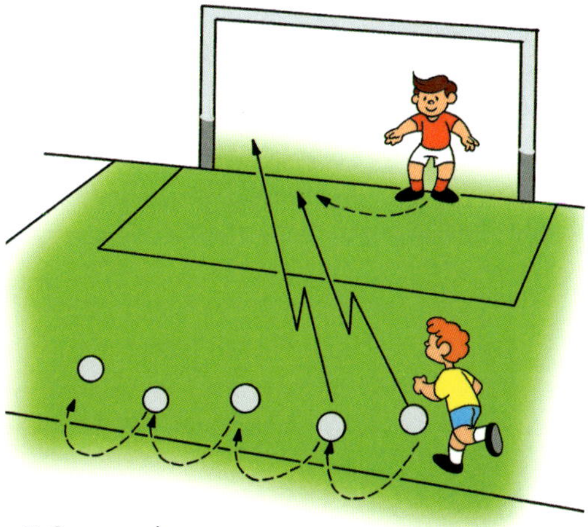

3. Fünf Bälle werden nicht weiter als 2 m im Inneren des Strafraums (siehe Abbildung) plaziert. Ein Angreifer schießt sie alle, einer nach dem anderen, auf das Tor. Nach jedem Schuss muss er jedoch aus dem Strafraum laufen, bevor er den nächsten Schuss ausführt, wobei dem Torwart genügend Zeit bleibt, eine optimale Bereitschaftsstellung und ein korrektes Stellungsspiel zum Ball einzunehmen.

Varianten

- Die gleiche Übung wird mit einem zweiten Angreifer durchgeführt. Dieser stellt sich etwa 5-6 m vor dem Torwart auf, denn seine Hauptfunktion besteht darin, die vom Torwart oder von den Torpfosten abprallenden Bälle ins Tor zu befördern bzw. die auf das Tor gerichteten Bälle im letzten Moment abzufälschen.

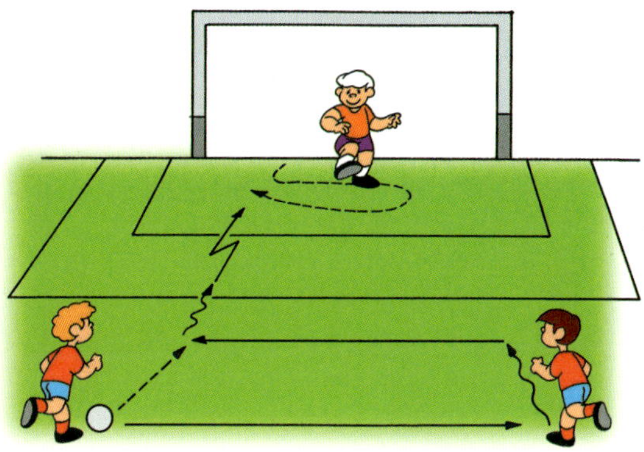

4. Zwei am Rande des Strafraums stehende Angreifer passen sich den Ball über eine Entfernung von 8-12 m zu. Währenddessen muss der Torhüter sein Stellungsspiel der jeweiligen Position des Balls anpassen. Einer der beiden Angreifer muss versuchen, den Torwart mit einem Schuss aufs Tor zu überraschen, bevor dieser mit einem optimalen Stellungsspiel seine Bereitschaftsstellung einnehmen konnte. Der Torwarttrainer beobachtet aus einer Position hinter dem Tor das Verhalten seines Schützlings.

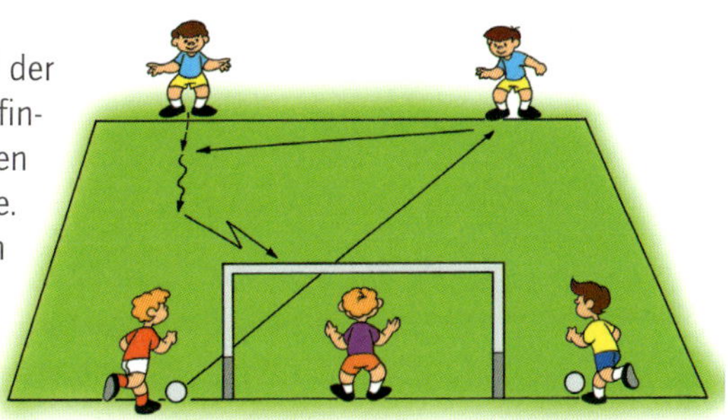

5. Einer von zwei Angreifern, die sich auf der Torlinie zu beiden Seiten des Tores befinden, passt den Ball zu einem der beiden weiteren Angreifer auf der 16,50-m-Linie. Der Spieler, der den Ball erhält, kann ihn entweder direkt aufs Tor schießen, ihn seinem Mitspieler auf der Strafraumlinie zupassen oder ihn auch zur Torlinie zu einem von seinen beiden Mitspielern zurückspielen. Das Ziel der vier Angreifer ist es, den Torwart zu trainieren, nicht nur ein optimales Stellungsspiel zu zeigen, sondern darüber hinaus auch im Augenblick des Torschusses eine korrekte Bereitschaftsstellung einzunehmen.

6. Der Torhütertrainer steht hinter dem Tor und gibt einem der sechs Spieler, die in einer Entfernung von 15-20 m vom Tor in einem Halbkreis Aufstellung genommen haben, ein visuelles Signal zum Torschuss. Dieses Zeichen kann der Torhüter nicht sehen. Deshalb richtet sich die Aufmerksamkeit des Torhüters auf jenen Spieler, der Anstalten zum Torschuss macht. Ihm bleibt also sehr wenig Zeit, ein optimales Stellungsspiel und die Bereitschaftsstellung zur Abwehr des Torschusses einzunehmen.

Die Aufgabe kann für den Torwart auch so variiert werden, dass jetzt alle Angreifer mit dem Gesicht zur Mittellinie Aufstellung nehmen und der Torwarttrainer sehr nahe bei ihnen steht. Der vom Torwarttrainer genannte Spieler dreht sich dann schnell zum Tor und schießt seinen Ball auf das Tor. Je besser der Torwart, desto kürzer werden die Entfernungen für die Torschüsse.

7. Sechs Spieler befinden sich rund um den Mittelkreis (Durchmesser 18,30 m) des regulären Fußballfeldes. Ihr Ziel ist es, den Ball von außerhalb des Kreises durch eines der drei 5 m breiten Hütchentore zu schießen, die alle zur gleichen Zeit von einem Torwart bewacht werden (siehe Abbildung).
Der Torhüter muss sich entsprechend der Position des Balls immer mit kleinen Schritten fortbewegen, denn beim Ausführen von langen Schritten ist es ihm nicht möglich, sein Stellungsspiel dem jeweiligen Ort des Balls anzupassen. Zudem sollte er stets aufmerksam die Richtung der Zuspiele zwischen den sechs Angreifern verfolgen und in jedem Augenblick das Tor mit einer optimalen Bereitschaftsstellung verteidigen, das in der Nähe des Balls steht.

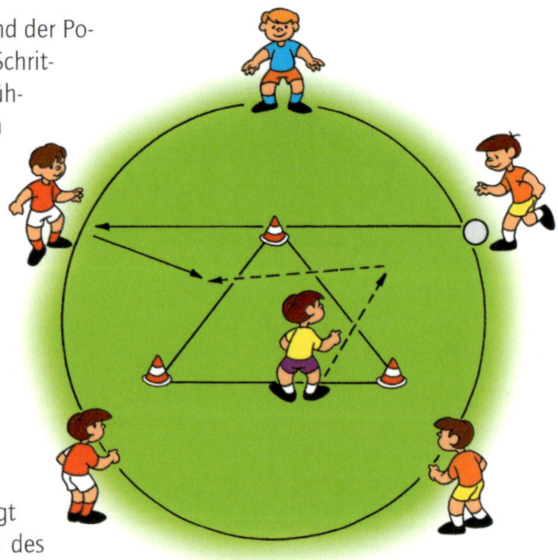

8. Ein rechter Flügelstürmer dringt mit dem Ball in die rechte Hälfte des Strafraums ein und dribbelt ihn durch ein Hütchentor, das 3 m von der Torlinie entfernt außerhalb des Torraums aufgestellt ist. Anschließend passt er den Ball zu einem seiner beiden Mitspieler vor dem Tor oder vor dem entfernten Torpfosten oder er schießt ihn auch direkt auf das Tor. Wer auch immer den Ball erhält, muss ihn dann sofort mit dem Kopf oder dem Fuß in das Tor befördern. Der Torwart muss in jedem Augenblick dieser Übung ein optimales Stellungsspiel zeigen, um mit möglichst wenig Aufwand ein Tor verhindern zu können.
Der Torhüter muss beim Durchlaufen des Hütchentors durch den Rechtsaußen, direkt am linken Torpfosten stehend, den Schusswinkel schließen, indem sein rechter Fuß, anstatt ein wenig vorgesetzt zu werden, auf der Torlinie bleiben sollte. Diese sehr spezielle Stel-

lung des Torwarts befähigt ihn, sich im Falle einer Flanke rechtzeitig zur Mitte des Tors zu orientieren, um den Torschuss von einem der beiden Angreifer zu verhindern. Sollte jedoch der Rechtsaußen direkt auf das Tor schießen, hat der Torhüter noch genügend Zeit, seinen rechten Fuß von der Torlinie aus vorzurücken, um somit eine optimale Bereitschaftsstellung für die Abwehr des Torschusses einzunehmen. In keinem Falle darf sich der Torhüter vom Torpfosten aus in Richtung des Balls bewegen, weil es ihm dann unmöglich wird, sein leeres Tor zu verteidigen. Eine Stellung des Torhüters neben seinem Tor ist immer ein Fehler.

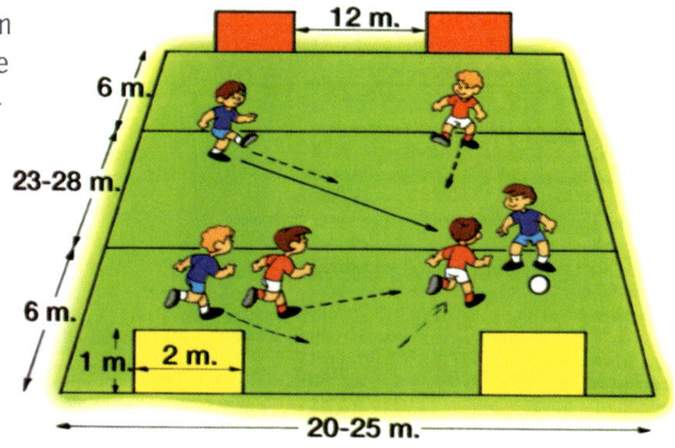

3.4 Übungen zur Verbesserung der Reaktionsschnelligkeit

Zur Verbesserung der Reaktionsgeschwindigkeit des Torwarts sollten leichtere Bälle, vor allem Bälle Nr. 4, benutzt werden.

9. Zwei Angreifer stehen auf der Linie des Torhüterraums und befinden sich auf jeder Seite des Elfmeterpunkts. Ihr Ziel ist es, die Schüsse eines dritten Angreifers von der Strafraumlinie so abzulenken, dass der Torwart seine Reaktionsschnelligkeit unter Beweis stellen muss. Der dritte Angreifer kann den Ball auch direkt schießen, ohne dass ihn einer der beiden Mitspieler noch berühren kann.

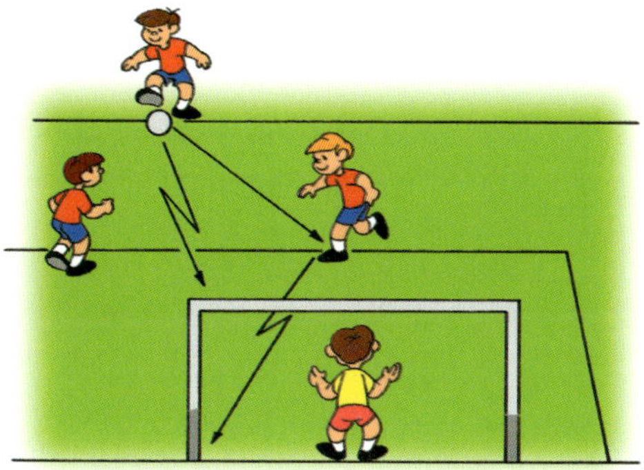

10. Der Trainer schießt den Ball mit verschiedenen Geschwindigkeiten und Höhen auf das Tor, das vom Torwart mit dem Rücken zum Angreifer verteidigt wird (siehe Abbildung). In dem Augenblick, in dem der Torhüter den Zusammenprall von Fuß und Ball akustisch wahrnimmt, kann er sich zum Ball orientieren (d. h. drehen), um dann noch rechtzeitig seine Flugbahn unterbrechen zu können. Je nach dem Niveau der Reaktionsschnelligkeit des Torwarts schießt der Trainer aus einer geringeren oder größeren Entfernung.

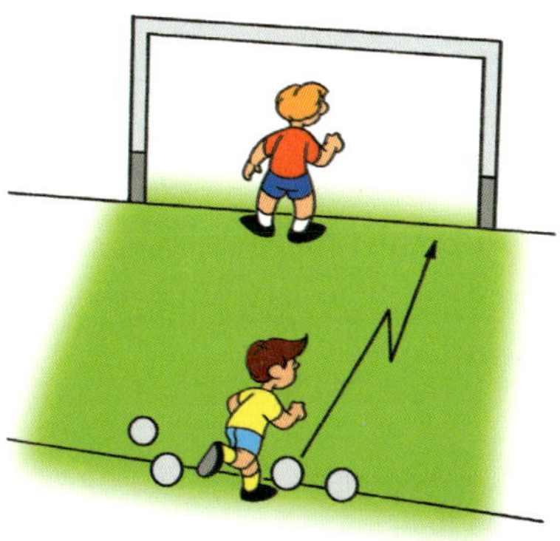

11. Aus einer Position hinter dem Tor signalisiert der Torhütertrainer, welcher von den drei im Ballbesitz befindlichen Angreifern seinen ruhenden Ball innerhalb des Strafraums auf das Tor schießen soll. Der Abstand der drei Angreifer zueinander wird dem Leistungsniveau des Torwarts angepasst.

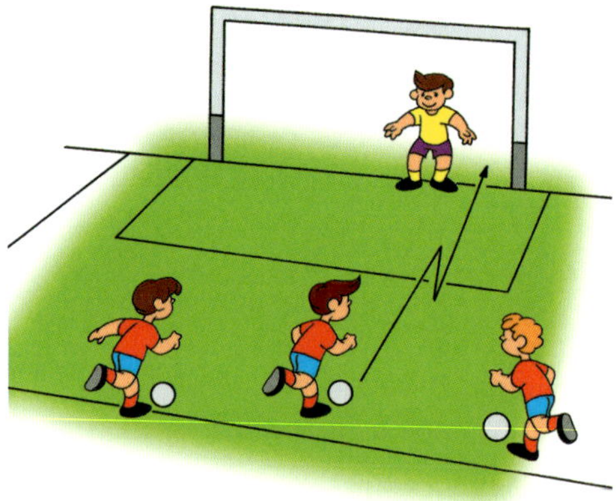

Der Torwart muss nun erkennen, welcher der drei Stürmer den Schuss ausführen wird. Wenn notwendig, sorgt der Torwarttrainer hinter dem Tor für ein korrigierendes Feedback bezüglich der Bereitschaftsstellung, des Stellungsspiels oder der Reaktionsschnelligkeit.

12. Wieder steht der Torhütertrainer hinter dem Tor und signalisiert einem der zwei Angreifer in etwa 35 m Entfernung, wer von beiden schließlich den Torschuss aus etwa 20 m nach einem Dribbling ausführen wird. Beide Angreifer dribbeln mit der gleichen Geschwindigkeit in Richtung Strafraum, wobei sie untereinander einen Mindestabstand von 6 m einhalten müssen. Wenn sie die vereinbarte Markierung erreicht haben, führen beide ihr Schussbein zurück, aber nur einer von ihnen, der das visuelle Signal des Trainers bekommen hat, schießt den Ball dann wirklich auf das Tor, während der andere Stürmer, nur einen Torschuss antäuscht. Nach jedem Torschuss versuchen beide Stürmer, im Falle einer Torhüterparade, ihre Angriffsaktion mit einem Nachschuss abzuschließen, was natürlich der Torhüter zu verhindern sucht.

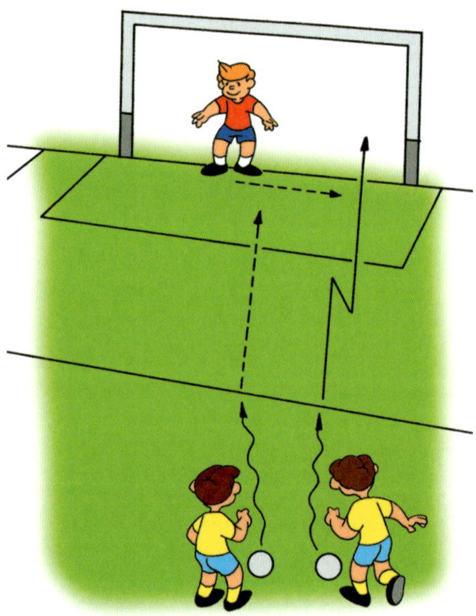

13. Der Torwart liegt neben einem Torpfosten außerhalb des Fußball-7-Tores. Ein in Ballbesitz befindlicher Angreifer steht 6 m außerhalb des Strafraums, d. h. etwa 22,50 m vom Tor entfernt. Ein Tor kann nur innerhalb des Strafraums erzielt werden. Wenn der Angreifer seinen Einzelangriff beginnt und in den Strafraum einzudringen versucht, muss der Torwart rasch aufstehen und so schnell wie möglich eine optimale Bereitschaftsstellung zur Abwehr des Torschusses einnehmen.

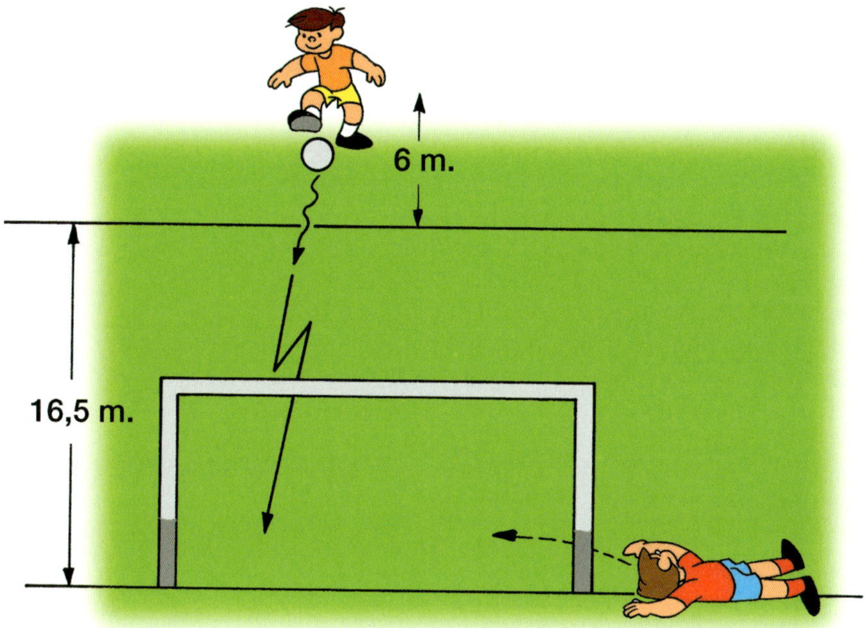

Der Angreifer (es kann auch ein anderer Torwart sein) hat vier Torschüsse innerhalb des Strafraums, ohne jedoch mehr als 2 m in ihn einzudringen. Der Torhüter startet 2 x aus der gleichen Position neben dem Torpfosten außerhalb seines Tores, wobei er beim dritten und vierten Torschuss seine Ausgangsposition verändern muss.

Variante zur Verbesserung der Reaktionsschnelligkeit

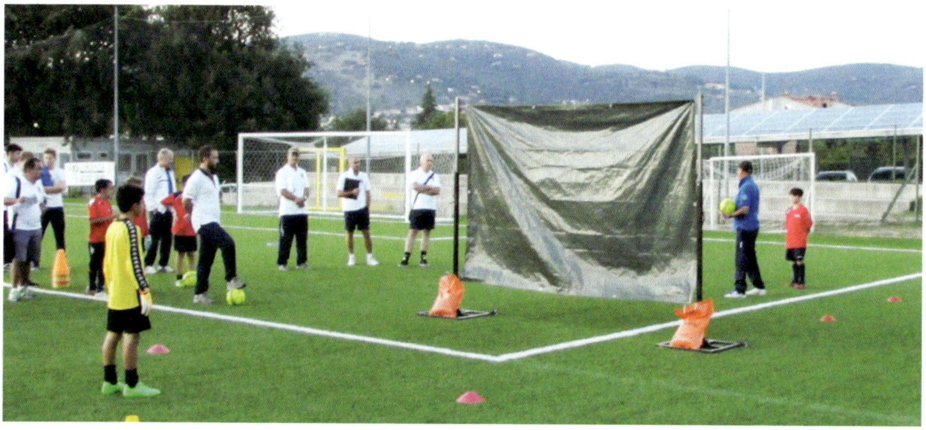

4 Das Abfangen oder Blockieren von flachen, halbhohen und hohen Bällen und das Ablenken des Balls

Die von den Torhütern am häufigsten ausgeführte Technik ist das Fangen oder Blockieren des Balls. Dies kann entweder beim Torschuss des Gegners oder durch Unterbindung eines Zuspiels, z. B. bei einer Flanke des Gegners, geschehen. Wenn er keine Möglichkeit des Blockierens mit beiden Armen hat, dann wird er den Ball entweder zur Seite oder auch über die Latte lenken. In vielen Fällen bremst ein Torwart die Geschwindigkeit eines hohen oder niedrig ankommenden Balls mit einem sicheren Fangen oder Blockieren. Dazu sollte er, wenn immer möglich, beide Hände benutzen, deren Finger weit ausgestreckt sind, um dem Ball eine möglichst große Fläche anbieten zu können. Beim Fangen sollte der Körper immer hinter die Hände gebracht werden, um den ankommenden Ball dann sofort zur besseren Sicherung zur Brust führen zu können.

Es gibt drei goldene Regeln für das Blockieren des Balls in der Luft und auch auf dem Boden im Kniestand:

1. Bringe den Körper, wenn immer möglich, immer hinter den Ball.
2. Bringe den Ball direkt nach der Inbesitznahme zur Brust, um ein eventuelles Durchschlüpfen des Balls durch die Hände zu vermeiden.
3. Versuche, den Aufprall des Balls auf die Hände so weit wie möglich zu dämpfen.

Nach einem Abfangen des Balls im Stand oder im Sprung beginnt das Angriffsspiel des Torhüters, das häufig mit einem gezielten Abwurf zu einem freistehenden Mitspieler oder auch mit einem befreienden Abschlag mit dem Fuß fortgesetzt wird.

Wenn ihm jedoch nicht genügend Zeit zur Ballinbesitznahme mit beiden Händen zur Verfügung steht, versucht er, den Ball mit nur einer Hand über die Latte oder um einen der Torpfosten zu lenken, ohne ihn dabei in seinen Besitz zu bringen.

Die Techniken des Ablenkens mit einer Hand gehören zu den wahrscheinlich schwierigsten Problemen, die ein Torwart zu meistern hat. Bevor ihn der Ball passiert und über die Torlinie fliegt, muss sich die Hand, die dem entgegenkommenden Ball am nächsten ist, blitzschnell zum Ball hin strecken, wobei der Torwart sein Körpergewicht auf das gebeugte Bein der gleichen Seite verlagern muss. Das gilt für seitliche Abwehraktionen am Boden und auch in der Luft. Junge Torhüter machen häufig Fehler, wenn sie versuchen, Flachschüsse, die in eine Torecke gerichtet sind, mit der ballabgewandten Hand aufzuhalten. Dadurch wird die Reichweite des zu Boden gehenden Torhüters erheblich reduziert, und der Spieler muss dann Körper und Arme komplett strecken, um den Ball noch aufzuhalten oder um ihn um den Pfosten lenken zu können.

Eine wichtige Aufgabe des Torhütertrainers besteht darin, den Torwart mit Problemen zu konfrontieren, die von ihm sowohl senkrechte als auch horizontale Sprünge zu hohen oder flachen Bällen im Beisein von Gegnern und Mitspielern verlangen. Bei einer Flanke muss der Torwart alle für eine erfolgreiche Abwehraktion bedeutenden Informationen blitzschnell verarbeiten, um mögliche Fehler so weit wie möglich zu verhindern. **Um Erfahrungen sammeln zu können, sollte ein Torwarttrainer häufig wettspielähnliche Spielsituationen für seinen Torwart simulieren, was die Anwesenheit von Mitspielern und Gegnern notwendig macht.** Darüber hinaus sollten alle Angriffe immer mit einer Schnelligkeit ausgeführt werden, wie es auch im Wettspiel vorkommt, denn nur so ist es dem Torwart möglich, sich optimal auf die im Spiel auftretenden Anforderungen vorzubereiten. Der Torwart lernt dann, nicht nur die Spielsituation zu lesen oder zu analysieren, sondern er lernt auch, zu entscheiden, welche Technik er unter allen von ihm beherrschten Möglichkeiten am besten auswählen und anwenden muss, um im Spiel erfolgreich zu sein.

Folglich sind die Übungen, in denen ruhende Bälle auf das Tor geschossen werden, allein für die Verbesserung der Technik im Blockieren des Balls mit und ohne Sprung sowie im Ablenken von Torschüssen über die Latte oder um einen Torpfosten nützlich, aber sie helfen dem Torwart nicht, wie bei der Anwendung von vereinfachten Spielen, die Frage zu klären, welcher von den Angreifern den Ball „wann", „wie" und „von wo aus" auf das Tor schießt.

Während des Trainings müssen die Torhütertrainer sorgfältig beobachten, wie gut der junge Torwart nicht nur die verschiedenen Techniken und taktischen Manöver beherrscht, sondern wie er auch mit seinen bzw. mit seinem letzten Abwehrspieler kommuniziert und zusammenarbeitet. **Um ein effizientes Lernen sicherzustellen, sollten seine Fehler immer unmittelbar nach ihrem Auftreten diskutiert werden, wobei der Torwarttrainer seinen Schüler mit mehreren Fragen zur korrekten Antwort bzw. Aktion führt.** Auf diese Art und Weise wird der Torhüter dazu befähigt, sich selbst zu korrigieren. Bei diesem Lernprozess sollte der Trainer nicht vergessen, seinen Torwart auch häufig zu loben!

4.1 Übungen zur Verbesserung der Torwartabwehr durch die Aufnahme von flachen, halbhohen und hohen Bällen und durch das Ablenken des Balls

14. Torschuss mit aktivem Eingreifen eines Verteidigers

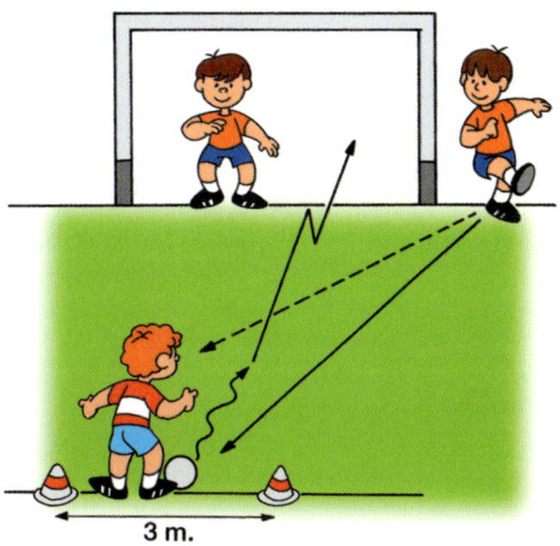

Varianten

- Anstelle eines Verteidigers nehmen jetzt zwei am Spiel teil. Während der erste Verteidiger den ballbesitzenden Angreifer stellt und ihn begleitet, ist der zweite für den Raum hinter dem ersten Verteidiger zuständig.
- Ein Torwart spielt zusammen mit einem Verteidiger gegen zwei Angreifer. Das Spiel 2:1 wird mit einem Zuspiel von einem Angreifer von der Endlinie aus zum zweiten Stürmer auf der 16,50-m-Linie eröffnet. Sofort danach läuft der Verteidiger, der neben dem

Passspieler auf der Endlinie stand, zum Ballempfänger, um ihn abzudrängen und sein Zusammenspiel mit dem Passspieler zu verhindern. In diesem Spiel muss der Torwart nicht nur ein gutes Stellungsspiel aufweisen, sondern auch versuchen, einen der beiden Angreifer am Torschuss zu hindern.

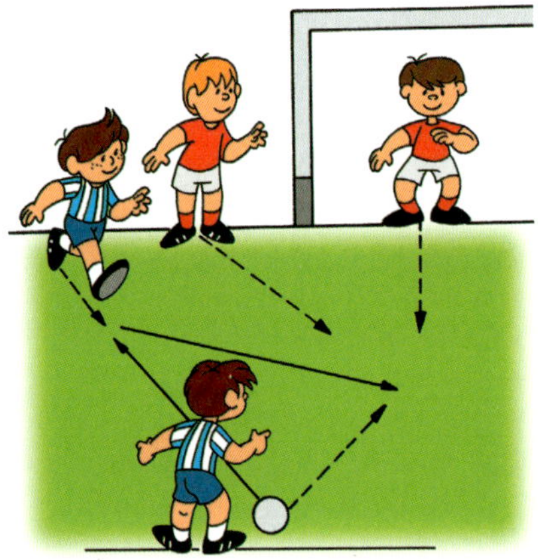

15. Schneller Torschuss (1:2)

Aus einer Position innerhalb des Strafraums und in der Nähe der Torlinie passt der Torhütertrainer den Ball zu einem von drei Angreifern, die das Zuspiel in drei verschiedenen Angriffspositionen am Rand des Strafraums erwarten. Alle drei Spieler sollten mindestens 5 m voneinander entfernt Aufstellung nehmen. Derjenige Spieler, der schließlich den Ball erhält, wird automatisch zum Angreifer, während die beiden übrigen, zusammen mit dem Torwart, alles versuchen müssen, um ihn beim Torschuss zu stören.

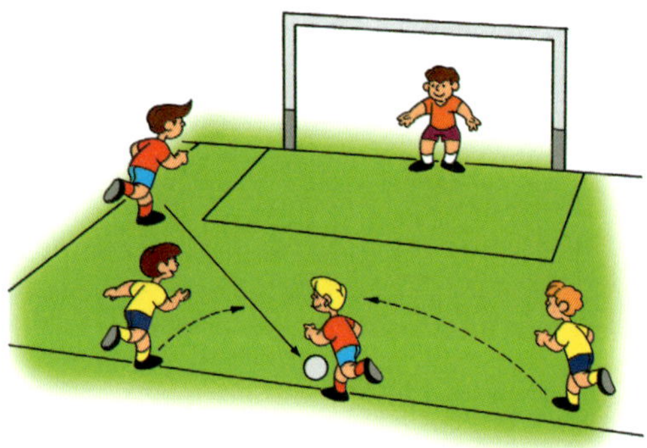

16. Torschuss in der 2:1-Situation

Zwei Angreifer haben die Aufgabe, 25 m vom Tor entfernt, einen Verteidiger so zu überwinden, dass einer von ihnen innerhalb von sechs Sekunden den Angriff mit einem Tor abschließt. Ein Angriff endet, wenn

- sich der Ball außerhalb des Feldes befindet,
- der Verteidiger einen Regelverstoß gegen die Angreifer begeht,
- einer der Angreifer ins Abseits gerät oder
- die sechs Sekunden für den Abschluss des Angriffs abgelaufen sind.

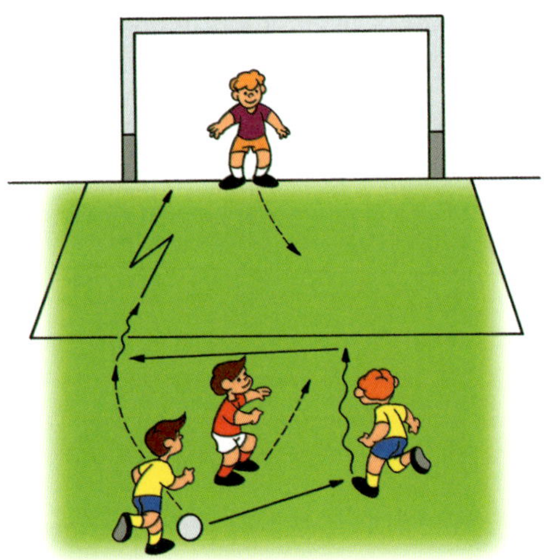

In diesem vereinfachten Spiel lernt der Torwart, wann er die Torlinie zu verlassen hat und wann er besser im Tor verbleiben sollte. Von besseren und älteren Spielern sollte ein Abschluss innerhalb von fünf Sekunden gefordert werden.

Variante

- Drei Spieler starten ihren Angriff 25 m vom Tor entfernt gegen zwei Verteidiger, die sie auf Höhe des Strafraums erwarten. Der Torhüter muss nicht nur ein optimales Stellungsspiel, sondern auch im Augenblick eines Torschusses eine korrekte Bereitschaftsstellung einnehmen, und darüber hinaus entscheiden, ob er aus dem Tor herauslaufen sollte oder besser im Tor verbleibt. Von seiner Entscheidung wird es hauptsächlich abhängen, ob beide Stürmer zum direkten Torerfolg kommen, mit einem Nachschuss ein Tor schießen oder der Torwart den Ball erobert.

17. **Torschuss in der 4:2-Situation**
    Vier Angreifer versuchen, zwei Verteidiger so zu überwinden, dass sie innerhalb von acht (fünf) Sekunden auf dem Fußball-7-Feld oder auch auf dem regulären Fußballplatz gegen einen Torhüter zum Torerfolg kommen. Der Angriff wird mit einem Freistoß von der Mittellinie eingeleitet. Es wird mit Abseits gespielt. Dadurch, dass die Angreifer den Abwehrspielern zahlenmäßig überlegen sind, gibt es für den jungen Torwart reichlich Gelegenheit, seine Fähigkeiten zu beweisen bzw. sich zu verbessern.

5 Das Spiel des Torwarts außerhalb des Tors

5.1 Hohe Ballannahme und Fausten

Heute muss von einem Torwart verlangt werden, dass er nicht nur seinen Torraum, sondern auch den gesamten Strafraum kontrolliert und beherrscht. Mehr als je zuvor müssen Torhüter im Training die Annnahme von hohen und flachen Bällen mit ihrem sofortigen Weiterleiten zu einem Mitspieler schulen. Statistiken von den FIFA-Weltmeisterschaften zwischen 1994 und 1998 beweisen, dass das Blockieren oder Ballaufnehmen außerhalb des Tors durch den Torwart in jenen vier Jahren um 70 % zunahm.

Um weniger Fehler bei der Abwehr von hohen Flankenbällen außerhalb des Tors zu machen, sollte der Torwart im Training folgende Richtlinien beherzigen:

- Im Augenblick der Flanke eine optimale Position vor dem Tor einnehmen.
- Nach der optisch-motorischen Berechnung des Balls seine Position den Flugeigenschaften des Balls und auch den Positionen und Bewegungen der Angreifer wie auch der Verteidiger anpassen.
- Seine explosive Sprungkraft bei der Ballannahme bzw. beim Abfangen des Balls nutzen.

Um für diese Aufgaben optimal vorbereitet zu sein, muss ein junger Fußballtorhüter ab 10 Jahren lernen, die voraussichtliche Flugbahn, Geschwindigkeit, Höhe, den Effet (konkave oder konvexe Flugkurve) und den möglichen Landepunkt des Balls vorauszusehen. Die schnelle Verarbeitung aller dieser Informationen des entgegenkommenden Balls ermöglicht es dem Torwart (aber auch den Angreifern und Verteidigern), zu antizipieren, wohin er laufen muss, um den Ball zu spielen oder ob es besser wäre, ihn mit beiden Händen zu blockieren, ihn mit einer Hand oder mit beiden Händen zu fausten oder ihn über die Latte oder neben den Torpfosten zu lenken. **Die visuellen Fertig- und Fähigkeiten sollten deshalb in einem zukünftigen Torwarttraining mehr als je zuvor berücksichtigt werden, damit Spielsituationen sowohl im defensiven als auch im offensiven Bereich gedanklich und motorisch korrekt analysiert und gelöst werden können**.

Harte Torschüsse aus einer zentralen Position sollten bei der Anwesenheit von Gegnern in unmittelbarer Nähe des Tors nie blockiert, sondern mit beiden Händen gefaustet werden, denn ein Fausten erlaubt es, den Ball weiter und genauer aus der Gefahrenzone zu befördern, als das mit nur einer Faust möglich ist.

Äußere Bedingungen, wie z. B. Regen oder ein feuchter Platz, können Ursache dafür sein, dass der Torwart den aufs Tor gerichteten Ball nicht zu blockieren oder zu fangen versucht, weil dieser schlüpfrig und nicht leicht festzuhalten ist. Auch bei hohen Torschüssen und besonders bei Schüssen mit sehr hoher Geschwindigkeit ist der Torwart gut beraten, den Ball besser mit einer oder auch mit beiden Händen zu fausten oder ihn über die Latte oder um den Torpfosten zu lenken.

Beim Fausten werden die beiden gebeugten Arme im Augenblick des Aufpralls mit dem Ball schnell in die gewünschte Richtung gestreckt, wobei es dem Torwart gelingt, dem Ball beim Fausten Genauigkeit und Schnelligkeit zu geben, damit er aus der Reichweite des Gegners befördert werden kann. Die Entfernung beim Fausten hängt von der Schnellkraft ab, die der Torhüter zu entwickeln in der Lage ist. Und natürlich auch von der Geschwindigkeit des entgegenkommenden Balls.

Zuerst sollte ein Torwart das Fausten mit beiden Fäusten lernen, wobei er seine beiden Daumen zu den gebeugten Fingern halten sollte, damit Unfälle verhindert werden können. Am Anfang sollte der fliegende Ball immer in die gleiche Richtung gefaustet werden, aus der er gekommen ist. Anschließend wird der Torwart dann mit hoch fliegenden Bällen konfrontiert, die von beiden Flügeln kommen. Hier ist das einhändige Fausten in der Regel mit der äußeren, der dem ankommenden Ball abgewandten Faust, angebracht. Flanken von links (aus Sicht der Torhüter) werden in Anwesenheit von mehreren Angreifern zur rechten Spielfeldhälfte mit der rechten Faust geklärt.

Bei einer Flanke muss der Torhüter lernen, nur dann aus dem Tor herauszulaufen, wenn er auch zu 100 % davon überzeugt ist, dass er den Ball eher erreichen kann als jeder der Gegenspieler. Er sollte mit täglichem Training ein Gefühl oder einen Instinkt dafür bekommen, wann er das Tor verlassen oder besser im Tor verharren sollte. Es ist hier nicht nur wichtig, dass der Torwart groß genug ist, entschlossen und schnell zu handeln vermag und explosive Sprungkraft besitzt, sondern dass seine ausgezeichnete Wahrnehmungsfähigkeit es ihm erlaubt, die Flugkurve, die Geschwindigkeit, die Höhe und den Effet des entgegenkommenden Flankenballs auch richtig einzuschätzen. **Alle diese Informationen müssen dann blitzschnell vom Langzeitgedächtnis des Torwarts registriert werden, um nach dem Verarbeiten aller dort gespeicherten Erfahrungen die richtige Antwort auf das Spielproblem zu finden (d. h. den Ball mit Hand oder Fuß aufnehmen, den Ball ablenken oder fausten).**

Geeignete vereinfachte Spiele, die diese realen Situationen eines Wettspiels simulieren und dem Torhüter genügend Erfahrung geben, sind im „Programm der Vereinfachten Spiele für Dreier- und Vierermannschaften" zu finden (jeweils im letzten Spiel), während im folgenden Kapitel viele Übungen angeboten werden, um die Fähigkeit der Wahrnehmung, und hier besonders die optisch-motorische Wahrnehmung, zu verbessern.

5.2 Übungen zur Verbesserung der optisch-motorischen Berechnung der Flugbahn des Balls

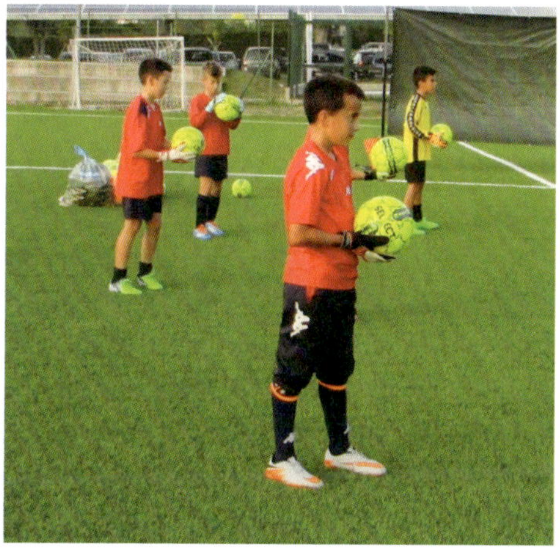

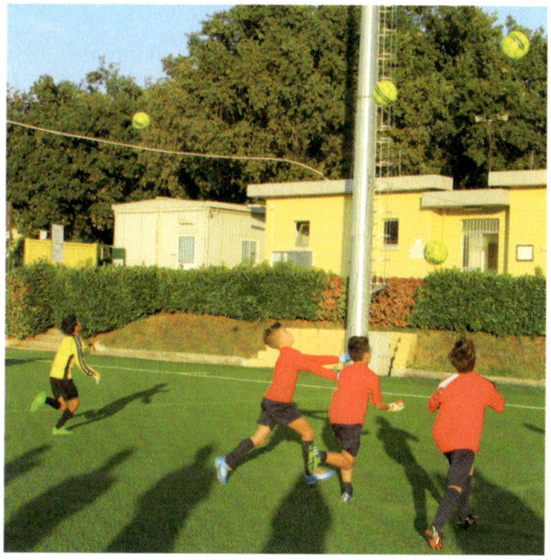

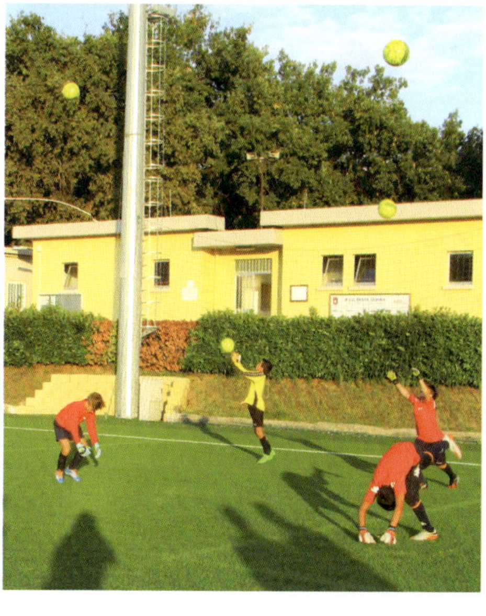

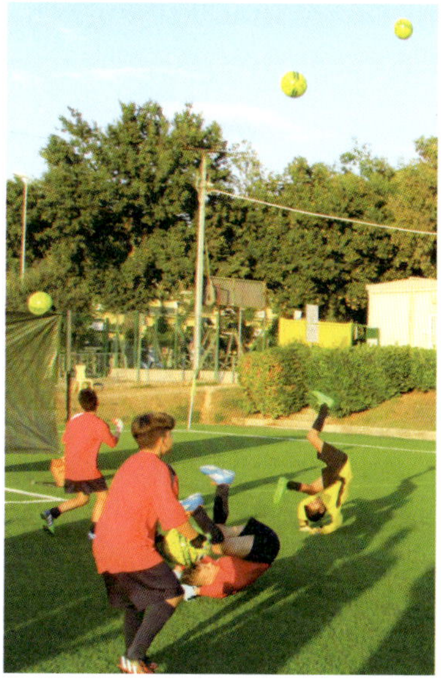

Übungen zu zweit, zu dritt oder auch mit mehreren Spielern

18. Ein Spieler schlägt den Ball mit dem Fuß in die Luft und alle anderen Spieler applaudieren mit Händeklatschen von der ersten Ballberührung bis zum Auftreffen des Balls auf dem Boden.

- Dgl., bei jedem Bodenkontakt des Balls müssen die Spieler mit einem Händeklatschen antworten. Überprüfe die Gleichzeitigkeit.
- Dgl., nur dass der Ball jetzt über den Kopf von einer Hand zur anderen geworfen wird.

19. Ein Spieler schießt den Ball mit dem Fuß senkrecht in die Luft. Wenn dieser seine größte Höhe erreicht hat (d. h. den Umkehrpunkt zwischen Auf- und Abstieg), wird dies von allen Spielern, die die Flugbahn des Balls aufmerksam verfolgen, durch einen Handklatsch angezeigt.

- Dgl., nur dass jetzt der den Ball spielende Spieler nach dem Hochschießen einen Purzelbaum ausführt, um dann den Ball vor dem Auftreffen auf dem Boden mit beiden Händen (oder auch nur mit einer Hand) zu fangen.

20. Alle beteiligten Spieler verteilen sich auf dem gesamten Fußballfeld. Jeder Spieler hat einen Ball, den er in die Luft schießt. Er läuft dann zum voraussichtlichen Landepunkt des Balls, wo er eine Rückenlage einnimmt, damit der Ball beim Aufprall nicht auf den Boden, sondern auf seinen Rücken oder auf seinen rechten oder linken Oberschenkel fällt. Wegen Unfallgefahr sollten nur jeweils vier Spieler gleichzeitig üben.

- Dgl. mit einem Partner, der dann zum landenden Ball laufen muss. Während des Laufens wird ihm vom Zuspieler mitgeteilt, welche Zusatzaufgabe er ausführen oder mit welchen Teil seines Körpers er den Ball in Rückenlage berühren muss.

21. Zwei Spieler, jeder in Ballbesitz, müssen sich gleichzeitig 10 x die Bälle zuwerfen, ohne dass dabei ein Ball auf den Boden fällt.

- Spieler A wirft seinen Ball über eine Distanz von 8 m mit der Hand zum gegenüberstehenden Partner. Bevor dieser das Zuspiel mit der Hand aufnehmen kann, wirft er seinen Ball in die Luft, passt den zugespielten Ball zurück und fängt dann seinen Ball wieder auf. Versuche, die Übung 10 x auf diese Weise durchzuführen, ohne dass einer der beiden Bälle dabei auf den Boden fällt.

22. Zwei sich gegenüberstehende Spieler (Abstand 5-10 m) werfen ihren Ball gleichzeitig in die Luft und tauschen anschließend die Plätze, um dann den vom Partner in die Luft geworfenen Ball fangen zu können. Das Paar, welches den größten Abstand bildet und beide Bälle fangen kann, gewinnt. Beide Spieler laufen immer auf der rechten Seite.
    Von beiden Spielern können beim Platzwechsel auch Zusatzaufgaben verlangt werden, wie z. B. einen „Purzelbaum“ oder zwei Körperdrehungen um die eigene Achse auszuführen, um auf diese Weise die Orientierungsfähigkeit zu schulen.

23. Ein Spieler wirft seinem frontal gegenüberstehenden Partner den Ball über dessen Kopf so zu, dass er ihn mit seinen beiden Händen hinter seinem Rücken fangen kann.

24. Jeder Spieler hat einen Ball, den er in die Luft schießt, um ihn nach einem Purzelbaum im Sitzen oder auch im Stehen fangen zu können.
- Dgl., nur dass der Partner nach dem Purzelbaum den Ball im Stehen oder Sitzen fangen muss.

25. Jeder Spieler schießt seinen Ball so hoch wie möglich in die Luft, um ihn dann vor seinem Aufprall auf den Boden 1 x zu unterlaufen. Das sollte auch vor dem zweiten, dritten und vierten Aufprall geschehen. Wer kann 4 x den noch fliegenden Ball unterlaufen?
- Dgl., nur dass jetzt der Spieler im Augenblick des Bodenkontakts vom Ball über diesen springen soll, wobei er beide Beine grätscht. Wer kann es 2 x schaffen, ohne dabei den Ball zu berühren?

26. In einem abgegrenzten Feld von 15 x 15 m schießt ein Spieler seinen Ball mindestens 4 m hoch in die Luft. Sein Partner muss den voraussichtlichen Landepunkt des Balls voraussehen, schnell zu seinem voraussichtlichen Landepunkt laufen, um dort mit einer stoßdämpfenden, sauberen Ballannahme mit dem Oberschenkel, mit der Brust und mit dem Spann zu versuchen, einen direkten Bodenkontakt des Balls zu verhindern.
Der Trainer kann auch vom ballannehmenden Spieler verlangen, dass er den Ball im Augenblick seines Auftreffens auf dem Boden sofort im Laufen mitnimmt (indem er mit dem Fuß ein „Dach" über dem Ball bildet), um so unerwünschte Bewegungen des Balls zu verhindern.
- Dgl. mit zwei Torhütern im Strafraum. Der Torwart, der den Ball nicht in die Luft schießt, muss zum fliegenden Ball laufen und ihn vor dem Auftreffen auf dem Boden in der Luft mit ausgestreckten Armen vor dem Kopf aufnehmen.

27. Während ein Spieler 5 m zum ruhenden Ball läuft, der 25 m vom Tor entfernt ist, führt, der im Tor stehende Torwart eine Vorwärtsrolle aus, um dann in einer optimalen Bereitschaftsstellung den Ball mit beiden Armen aufzunehmen. Die Torschüsse können auch als Volleyschüsse aus der Hand oder Aufsetzer aus verschiedenen Winkeln auf das Tor ausgeführt werden.

28. Torschüsse werden aus verschiedenen Entfernungen gegen einen mit geschlossenen Augen im Tor stehenden Torwart ausgeführt. Erst wenn der Torhüter den Zusammenprall von Schussbein und Ball akustisch wahrnimmt, darf er seine Augen öffnen, um dann schnellstmöglich die Flugkurve, die Geschwindigkeit des Balls und auch den möglichen Flugeffet zu erkennen.

29. Ein Spieler schießt den Ball in die Luft, während alle anderen Spieler die Flugbahn des Balls aufmerksam beobachten. Wenn er seinen höchsten Punkt erreicht hat, müssen alle Spieler ihre Augen schließen und dann voraussehen, wann der Ball zur Landung kommt, was sie mit einem Händeklatsch kundtun sollten.

30. Zwei Spieler schießen ihren ruhenden Ball aus 25 m Entfernung gleichzeitig auf das Tor. Der Torwart hat die Aufgabe, den Ball abzuwehren, der zuerst auf das Tor gerichtet ist.

Mit diesen Übungen als Grundlage kann der junge Torwart mit den folgenden fußballspezifischen Problemen konfrontiert werden:

5.3 Übungen zum Erlernen der hohen Ballannahme

31. **Abfangen hoher Bälle im Straf- oder Torraum**
    Verschiedene Spieler schlagen aus 20 m oder auch von der Mittellinie des Feldes aus ihren Ball vom Boden oder auch aus der Hand mit einem frontalen oder seitlichen Volleyschuss oder Dropkick in Richtung des gegnerischen Tor- oder Strafraums. Ziel des Torwarts ist es, die Flugeigenschaften und die -kurve des Balls so zu erkennen, sodass er sein Aufsetzen im Strafraum verhindert.

    Sollte es dem Torhüter zu 80 % gelingen, das Aufprallen des Balls im betreffenden Sektor zu verhindern, sollte der Angreifer aus geringerer Entfernung in das Zielgebiet schießen, damit die Zeit, die der Torwart zum Studium der Flugkurve, der -höhe, der -geschwindigkeit und des Effets benötigt, geringer wird.

Variante
Ein Mittelstürmer, der dem ankommenden Ball entgegenläuft, um ein Tor mit dem Kopf, aber auch mit einem Abfälschen oder einer Änderung der Richtung des Balls mit einer einzigen Ballberührung zu erzielen, stört den Torhüter in seiner Aufgabe. Außer dem hohen Abfangen und dem Herausfausten sollte der Torwart auch eine Landung des Balls innerhalb des Strafraums verhindern.

32. **Ballannahme bei hohen Flanken**
    Der Torwart befindet sich etwa 3 m außerhalb und in der Mitte seines Tors. Zwei gegnerischen Außenstürmer befinden sich etwa 30 m von ihm entfernt auf der rechten und linken Außenlinie mit je einem Ball. Bevor der Torwart die Flanke von rechts (und anschließend von links) abfängt, sollte er sich gewöhnlich so vor der Torlinie aufstellen, dass er etwas näher zum ballnahen Pfosten des Tores steht. Sofort nach der hohen Ballannahme sollte er den Ball mit einer möglichst flachen Flugkurve zum gegenüberstehenden Außenstürmer werfen.

Variante
Wettbewerb mit einem zweiten Torwart, der sich auch in der Mitte des Tores befindet und die gleiche Absicht hat. Auf diese Art und Weise wird der Torhüter gezwungen, das Duell für sich zu entscheiden.

33. **Hohe Ballannahme mit zwei oder drei Gegenspielern**
    Im Augenblick einer Flanke von rechts oder links werden die Positionen vor beiden Torpfosten und auch die Position direkt vor dem Tor von je einem Angreifer besetzt. Alle drei Angreifer versuchen, zur gleichen Zeit wie der Torwart, den Ball zu erkämpfen.

34. **Spiel 3:3 (4:4) in einem doppelten Strafraum auf zwei reguläre Tore** mit je einem neutralen Flügelstürmer in jeder Mannschaft, der von außerhalb des Strafraums hohe Flanken vor das gegenerische Tor schlägt.

5.4 Zum Zweikampfverhalten des Torwarts außerhalb seines Tors

Statistiken zeigen, dass ein Torwart nicht öfters als 1 x innerhalb von drei Minuten in das Spiel eingreifen muss. Die meisten seiner Interventionen finden dabei am Rande seines Torraums statt, vor allem beim Abfangen von Flanken. Oft muss er auch sein Tor verlassen, weil der Ball kurz nach dem ersten Torschuss vom Pfosten oder dem Körper eines Spielers abspringt und einen neuen Besitzer sucht, oder auch wenn er von einem Mitspieler im Strafraum verloren wird.

In all diesen Fällen muss der Torwart in Sekundenbruchteilen entscheiden, ob er aus dem Tor herauseilen oder lieber auf der Torlinie verharren sollte. Wenn für ihn nur die geringste Möglichkeit besteht, dass ein Mitspieler die torgefährliche Situation noch verhindern könnte, dann sollte der Torwart im Tor bleiben! Sobald sich aber ein Torwart dazu entschieden hat, aus dem Tor herauszulaufen, um z. B. eine 1:1-Situation zu bereinigen, dann sollte er es mit Entschlossenheit und ohne jegliche Zweifel tun und auf keinen Fall sein Spielverhalten auf halbem Weg modifizieren.

In einer 1:1-Situation muss der Torwart darauf vorbereitet sein, die richtige Antwort auf zwei mögliche Maßnahmen des Angreifers zu finden: auf seinen Umspielungsversuch oder auf seinen Torschuss. Durch ein weites Herauslaufen bzw. Annähern an den ballführenden Angreifer sollte der Torhüter den Schusswinkel so weit wie möglich einengen. **Aber die Torhüter müssen auch gleichzeitig lernen, geduldig zu warten, um den Gegner zu überstürzten Aktionen und somit auch zu Fehlern zu verleiten. Dabei sollte der Torwart immer im Gleichgewicht mit beiden Füßen am Boden bleiben und seine beiden Arme seitlich weit ausstrecken, um den Angreifer abzulenken.** Auf diese Art und Weise kann sich der Torwart leicht dem Offensivverhalten des Angreifers anpassen und ihn eventuell durch eine Täuschbewegung dazu zwingen, das zu tun, worauf er gedanklich und auch motorisch vorbereitet ist.

Erst dann, wenn der Torwart beim Spiel des Angreifers die zeitlichen und räumlichen Komponenten richtig eingeschätzt und antizipiert hat, sollte er zu Boden gehen, um den Erfolg seines Umspielens zu verhindern. Sollte der Angreifer jedoch den Ball außerhalb der Reichweite des Torwarts zur Seite legen, muss der Torwart von einem Blockieren des Balls mit seinem Körper absehen und stattdessen mit einer guten Fußarbeit den Schusswinkel zu verringern suchen.

Während der ersten Meter seines Herauslaufens zum Ball sollte der Torwart immer stark beschleunigen, um in der Nähe des Balls seine Laufgeschwindigkeit zu vermindern, was ihm erlaubt, den Torschuss in einer optimalen Bereitschaftsstellung abzuwehren. Das wäre ihm nicht möglich, wenn er im Augenblick des Torschusses noch läuft.

Je weiter sich ein Torwart außerhalb seines Tors befindet, desto leichter ist es für den Angreifer, ihn zu überwinden. Das gilt auch für den Fall, dass er zu früh zu Boden geht, denn dann kann der Angreifer den Ball über seinen ausgestreckten Körper ins Netz heben.

In seinem Stellungsspiel sollte der Torhüter die gleichen Grundregeln wie ein verteidigender Feldspieler beachten. In der 1:1-Situation muss er durch ein entschlossenes und aggressives Eingreifen die dem Angreifer zur Verfügung stehende Zeit und den Raum so weit wie möglich verringern und ihn dazu zwingen, seinen Angriff zu beschleunigen, was ihn zu Fehlern verleitet. Je weniger Zeit und Raum er dem Angreifer gibt, desto besser sind die Chancen für den Torwart, das „Duell" zu gewinnen.

5.4.1 Übungen zur Verbesserung des Zweikampfverhaltens

35. Herauslaufen mit Balleroberung am Boden

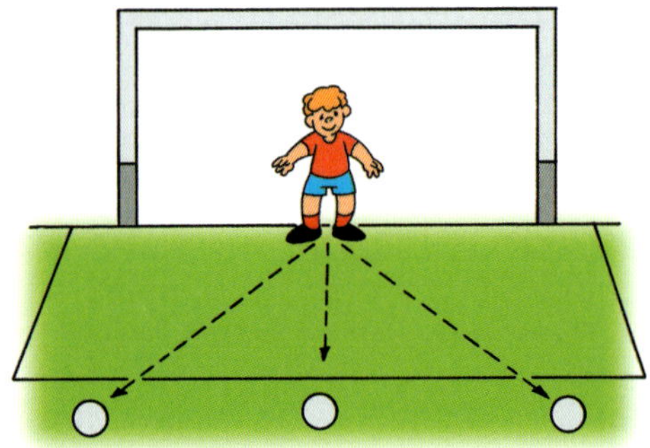

Der Torwart sprintet aus seinem Tor, um vor einem in 6-8 m Entfernung liegenden Ball auf den Boden zu gehen und ihn mit beiden Händen in Besitz zu nehmen. Von seiner Position hinter dem Tor wertet der Torwarttrainer das Herauslaufen und besonders das „Abtauchen" des Torwarts vor dem Ball:

- Eine schnelle, geradlinige Annäherung zum ruhenden Ball.
- Von der aufrechten Position so schnell wie möglich in eine horizontale Körperstellung kommen, damit es dem Angreifer unmöglich ist, den Ball unter dem Körper des Torwarts durchzuspielen.
- Optimales Ausstrecken der Finger von beiden Händen beim Ergreifen des Balls.

36. Duell zwischen Torwart und Angreifer mit ruhendem Ball

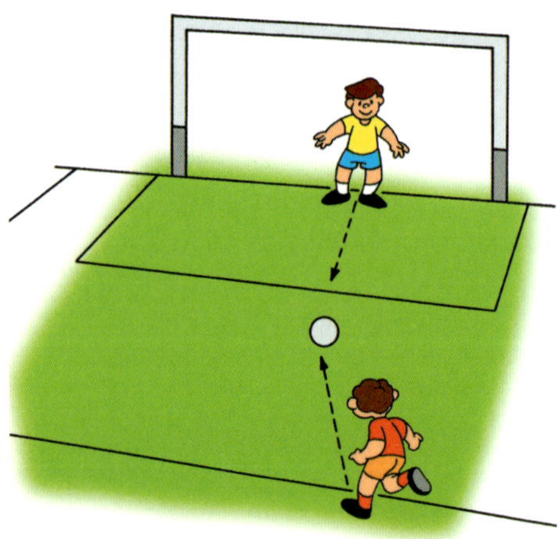

Wie die Abbildung zeigt, liegt ein Ball in der Mitte zwischen zwei Spielern außerhalb des Torraums. Nach einem visuellen Signal starten beide aus ihren Positionen, um den ruhenden Ball zuerst zu erreichen. Logischerweise haben der Torwart und der Angreifer unterschiedliche Aufgaben.

Wenn der Torwart beim Herauslaufen feststellt, dass der Angreifer den Ball zuerst erreicht, muss er in unmittelbarer Nähe des Balls abstoppen, eine optimale Bereitschaftsstellung einnehmen und versuchen, das Duell 1:1 zu gewinnen. Ist er jedoch schneller als der Angreifer, so kickt er den Ball seitlich aus dem Strafraum.

Der Torwarttrainer sollte die Lage des Balls und auch die Positionen beider Spieler modifizieren, womit er den beteiligten Spielern einen größeren Erfahrungsschatz im Bereich der optisch-motorischen Berechnung vermittelt.

37. Duell zwischen Torwart und Angreifer mit laufendem Ball

Ein Angreifer schiebt den Ball vom Strafraumrand in Richtung Elfmeterpunkt, um ihm dann nachzulaufen und vor dem herauslaufenden Torhüter wieder in seinen Besitz zu bringen und ein Tor zu erzielen. Nachdem beide Spieler die Geschwindigkeit des Balls, ihren Abstand zum Gegner und auch dessen Laufgeschwindigkeit analysiert und mit ihren Erfahrungen verglichen haben, müssen sie in Sekundenbruchteilen ihr weiteres Vorgehen ent-

scheiden. Im Tor zu verharren, ist auf jeden Fall ein Fehler. Deshalb sollte der Torhüter entweder den Schuss des Angreifers blockieren, sein mögliches Umspielen verhindern oder den freien Ball herausspielen, bevor es sein Angreifer tun kann.
Durch ein häufiges Training dieser Spielsituation wird die Wahrnehmungsfähigkeit und die Entscheidungsfindung des Torwarts verbessert.

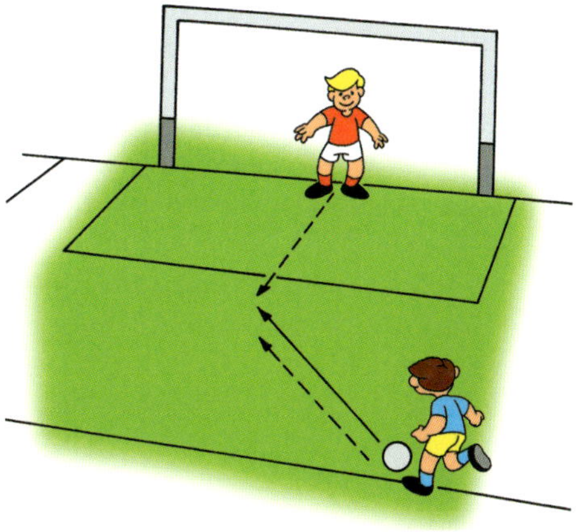

38. **Duell zwischen Torwart und Angreifer mit Torschuss aus dem Torraum**
Dem Angreifer am Rande des Strafraums verbleiben nicht mehr als vier Sekunden, um in den Torraum einzudringen und den Torwart zu überwinden.

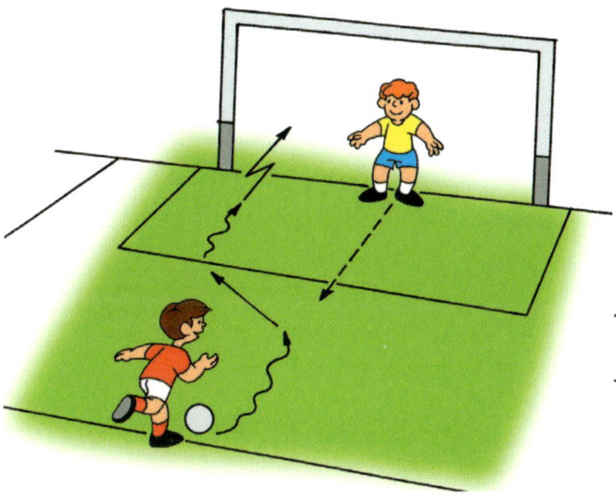

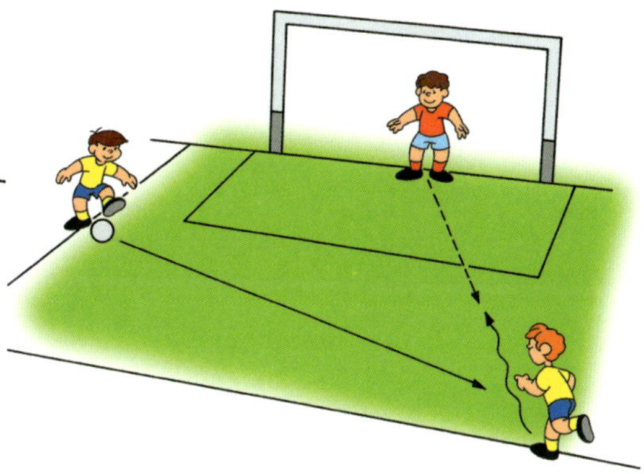

Varianten

- Ein Flügelstürmer passt den Ball durch den Strafraum zu einem anderen Stürmer, der sich am Rande des Strafraums anbietet. Während der Ball unterwegs ist bzw. vom Angreifer angenommen wird, muss der Torhüter sein Tor verlassen und alles tun, um ein Tor mit einem Schuss oder auch durch ein erfolgreiches Dribbling zu verhindern. Ziel ist es, innerhalb von fünf Sekunden nach dem ersten Zuspiel ein Tor zu erzielen.

- Ein Mittelfeldspieler spielt aus verschiedenen Positionen von außerhalb des Strafraums den Ball in einen freien Raum, der sich zwischen einem Angreifer und dem Torwart befindet. Beide Spieler bewerten die verschiedenen Kriterien dieser Situation, bevor sie versuchen, den freien Ball zu spielen.

39. **Die Schweiß-Box**

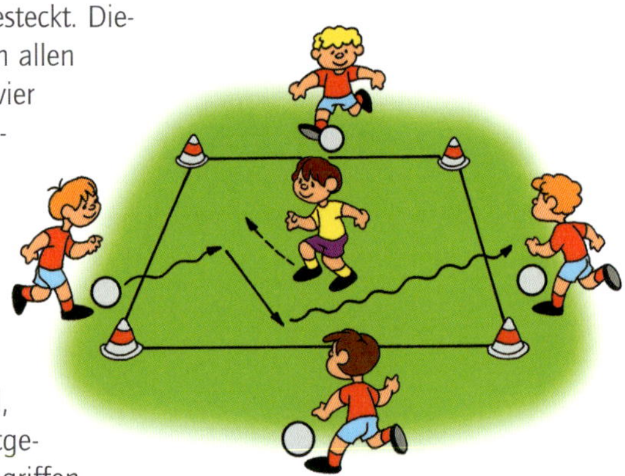

Ein Quadrat von 6 m wird mit Hütchen abgesteckt. Dieses wird von einem Torwart verteidigt, der von allen vier Seiten auf die individuellen Angriffe von vier Gegenspielern antworten muss. Die Angreifer beginnen ihren Einzelangriff von etwa 8 m außerhalb des Quadrats mit der Aufgabe, den Torwart innerhalb des Vierecks zu umspielen.
Sollte der Angreifer die Kontrolle über den Ball verlieren, ihn außerhalb des Vierecks spielen oder gewinnt der Torhüter den Ball, dann bekommt der Torhüter 1 Punkt gutgeschrieben. Nachdem der erste Spieler angegriffen hat, startet der zweite, dann der dritte und der vierte. Der Wettbewerb endet nach acht Angriffen, d. h. jeder Gegner hat zwei Angriffe. Normalerweise müsste der Torhüter mehr Punkte als die Angreifer erreichen. Der Zweck dieser Übung besteht darin, dass der Torwart lernen sollte, das Angriffsverhalten des Gegners durch rechtzeitig ausgeführte Körperfinten zu manipulieren.

40. **2 x 2:1**

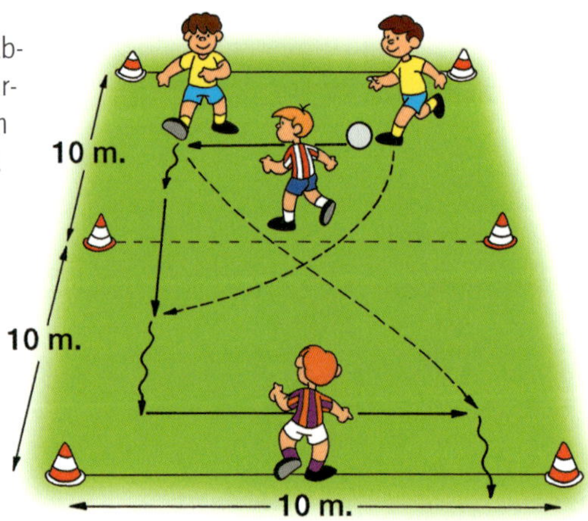

Die Spielfläche wird, wie es in der Abbildung zu sehen ist, mit Hütchen markiert. Zwei Angreifer spielen gegen einen Verteidiger und einen Torwart. Die Angreifer müssen zunächst einen Verteidiger so überwinden, dass einer von ihnen mit dem Ball die 10-m-Linie überdribbeln kann. Anschließend treffen die beiden Angreifer auf einen zweiten Verteidiger, der Torwart ist. Er verteidigt das zweite Hütchentor, das 10 m hinter dem ersten aufgebaut ist, aber erst dann, wenn die beiden Angreifer mit dem Ball durch das erste Tor gelaufen sind. Der Torwart sollte alles versuchen, damit keiner der beiden Angreifer über seine Torlinie laufen kann. In dieser Übung sollte die Abseitsregel Anwendung finden.

In einer Variante wird die Breite des zweiten Tors verringert, weil jetzt die Stürmer ein Tor schießen müssen.

41. Überdribbeln der gegnerischen Torlinie

Dies ist eine Variante des ersten Spiels Fußballtriathlon 4:4. Es gelten die gleichen Regeln, nur dass einer der vier Feldspieler in beiden Mannschaften jetzt als Torwart fungiert und das Recht hat, in jedem beliebigem Teil des Feldes in den 1:1-Situationen seine Hände zu benutzen. Es ist ratsam, die Torhüter entsprechend zu kennzeichnen.

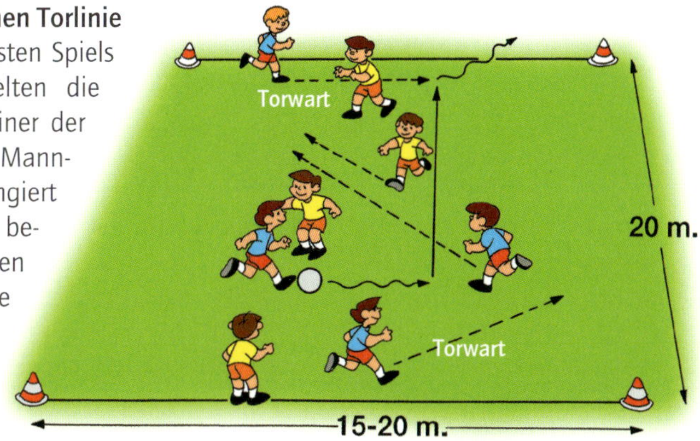

5.5 Die häufigsten Fehler des Torwarts beim Spiel außerhalb des Tors

Die meisten jungen Torhüter begehen immer wieder die gleichen Fehler im Spiel außerhalb des Torraums:

- Sie verharren auf der Torlinie anstatt mit Aggressivität und Entschlossenheit aus dem Tor zum Angreifer in Ballbesitz zu laufen.
- Sie laufen aus dem Tor heraus, obwohl es noch einen Mitspieler in der Abwehr gibt, der die Situation bereinigen könnte.
- Es mangelt ihnen an guter Kommunikation und Zusammenarbeit mit anderen Verteidigern, was zu einer schlechten Synchronisation von Aktionen zwischen dem Torhüter und den Verteidigern führt.
- Sie laufen auf den Angreifer mit zu viel Geschwindigkeit zu und vergessen bei ihrer Annäherung, ihren Lauf ungefähr 4-5 m von dem Angreifer zu verlangsamen. Wenn der Torwart dies vergisst, dann hat der Angreifer keine Probleme, ihn zu umspielen.
- Sie klären den gewonnenen Ball ohne Genauigkeit aus der Gefahrenzone und häufig auch, ohne ihm genügend Kraft und Entfernung zu geben, sodass der Ball in wenigen Sekunden wieder zuückkommt.
- Sie gehen zu häufig bei ihrem Spiel zu Boden. Bei vielen Torhütern ist es zu einer Gewohnheit geworden, spektakulär zu agieren, anstatt so lange wie irgend möglich aufrecht und mit beiden Füßen auf dem Boden im Gleichgewicht zu bleiben.
- In einer 1:1-Situation gehen sie mit den Füßen zuerst zum Ball.
- Sie verlieren beim Herauslaufen den Kontakt zu ihrem Tor.

6 Das offensive Spiel des Torhüters

Heute wird der Torwart häufig als erster Angreifer seiner Mannschaft gesehen, denn seine Aufgabe ist es, nicht nur den Gegner am Torerfolg zu hindern. Sie ist viel umfangreicher. Es gibt zahlreiche Beispiele, die zeigen, dass intelligente Torhüter in der Lage sind, mit langen und präzisen Pässen, die zum richtigen Zeitpunkt ausgeführt werden, Tormöglichkeiten zu schaffen. Aber es gibt auch Augenblicke, in denen sie den Ball leichtfertig einem Gegner zuspielen, weil sie vor ihrem Pass die Spielsituation nicht genauestens gelesen oder analysiert haben, sich in der Entscheidungsfindung irrten oder auch nur einen technischen Fehler im Zuspiel ausführten.

Entsprechend einer Statistik von Filippi (1994)[1] haben zwei Drittel aller Torwartaktionen offensiven Charakter. Deshalb ist es auch logisch, dass **ein Torwart in seinem täglichen Training auch mit Angriffsaufgaben konfrontiert werden sollte, um in diesem bisher wenig beachteten Bereich wichtige Erfahrungen zu sammeln und seine Leistung zu verbessern.**

So wie auch alle anderen Spieler auf dem Feld muss der in Ballbesitz befindliche Torhüter zunächst die Gesamtsituation des Spiels wahrnehmen und analysieren. Fast gleichzeitig muss er über den Zeitpunkt der effizientesten Abspieltechnik zum am besten positionierten Mitspieler entscheiden, bevor er den nächsten Angriff mit einem optimalen flachen, harten und verdeckten Zuspiel einleitet.

Bezüglich der Zuspieltechnik hat der Torwart für die Einleitung des Angriffs verschiedene Möglichkeiten:
- er wählt zwischen einem hohen oder einem flachen Zuspiel,
- er wählt zwischen einem Abstoß mit dem Fuß oder einem Abwurf,
- er wählt zwischen einem Abstoß mit dem linken oder mit dem rechten Fuß,
- er wählt zwischen einem Abstoß mit dem ruhenden oder mit dem in Bewegung befindlichen Ball und
- er wählt zwischen einem frontalen oder einem seitlichen Volleyschuss oder er führt einen Aufsetzer (Dropkick) aus, um dem Ballempfänger die Fortsetzung des Angriffs so schnell wie möglich zu ermöglichen.

Die Entscheidung über die Technik, die der Torwart anwendet, hängt von den folgenden Kriterien ab:
- von der Bereitschaft des vermutlichen Ballempfängers (bevor der Ball zugepasst wird, sollte der Zuspieler eine visuelle Vereinbarung herstellen),
- von der Art und Weise, wie der Mitspieler gedeckt wird (Ist er ungedeckt oder wird er von einer Seite aus oder von einem hinter ihm stehenden Verteidiger gedeckt?),

1 Filippi C. (1994). Analyse von 52 Spielen der Fußballweltmeisterschaft 1994. Il nuovo Calcio, Nr. 112:
39,5 % aller Torwartaktionen sind Abwürfe und Zuspiele mit dem Fuß,
11,6 % davon sind flache Abwürfe,
10,2 % davon sind Abwürfe mit einer hohen Flugbahn,
10,2 % davon sind Volleykicks,
2,1 % davon sind Dropkicks und
5,4 % davon werden mit anderen Techniken ausgeführt.

- von der Entfernung zwischen Zuspieler und Ballempfänger,
- von der Aufstellung des gegnerischen Abwehrblocks und auch
- vom augenblicklichen Ergebnis des Spiels, um zu wissen, ob der Ball mit Risiko oder mit einem Höchstmaß an Sicherheit, ob so schnell wie möglich oder besser mit Verzögerung abgespielt werden sollte, ohne dass dabei der Torwart den Ball nie länger als sechs Sekunden in seinem Besitz hält.

Gewöhnlich leiten die Torhüter ihre Angriffe mit Würfen zu Mitspielern ein, die sich in ihrer eigenen Spielfeldhälfte befinden und hier besonders zu denjenigen Spielern, die das Spiel bestimmen. Aber für den Fall, dass der Torwart den Ball von einem gegnerischen Angriff auf seiner rechten Seite aufnimmt, sollte er die Einleitung des nächsten Angriffs immer zur gegenüberliegenden Seite richten, weil es dort gewöhnlich weniger Verteidiger gibt und das weitere Vorrücken im Feld einfacher ist. **Aufgrund der Tatsache, dass gegnerische Sturmspitzen das erste Zuspiel vorausahnen können, sollte der Torwart die Richtung seines Zuspiels verschleiern oder den Ball erst dann abspielen, wenn er die Spielsituation sorgfältig analysiert hat.**

Es ist von grundlegender Bedeutung, dass Torhüter alles tun sollten, um ihren Mitspielern den Empfang und die Kontrolle des Balls zu erleichtern. Flache Zuspiele in den Lauf des Mitspielers, (Abrollen) sind hohen Pässen und Zuspielen in den Rücken des Mitspielers vorzuziehen, weil der Ballempfänger zu viel Zeit bei der Ballkontrolle verliert und er beim Abdrehen häufig von einem Gegner überrascht wird.

Um Sturmspitzen in der gegnerischen Hälfte anzuspielen, was besonders bei Konterangriffen geschieht, benutzt der Torwart weite Abschläge mit dem Fuß in den freien Raum, die häufig ungenau und nur schwer zu verwerten sind.

Das offensive Spiel des Torwarts wird besonders dann wichtig, wenn er durch ein weites und genaues Zuspiel in den Lauf eines aufgerückten Mitspielers das **Signal zu einem Konterangriff** gibt. Je niedriger seine Flugkurve ist, desto weniger Zeit hat die gegnerische Verteidigung, das Zuspiel abzufangen. Deshalb sollte in der offensiven Ausbildung aller Torhüter nicht nur auf die Entfernung und die Genauigkeit seiner langen Pässe geachtet werden, sondern auch auf den geeigneten Zeitpunkt des Konterns und auf die Vermeidung einer zu hohen Flugbahn.

Es gibt Spielsituationen, in denen der Torwart, bedingt durch ein gegnerisches Pressen, nicht in der Lage ist, konstruktiv zu spielen. Dann ist er gezwungen, den Ball in Richtung der Seitenlinien weit in das gegnerische Feld zu befördern, aber niemals zur Mitte des Feldes, denn beim Befreiungsschlag könnte der Ball vom Körper eines ihn bedrängenden Gegners in Richtung eigenes Tor abprallen.

Nach einem Toraus eröffnen heute die meisten Torhüter das Spiel mit einem Abschlag des ruhenden Balls. Das war früher häufig Aufgabe eines Verteidigers, der sich jedoch heute als weitere Zuspielalternative für den Torwart in einem ungedeckten Raum anbietet.

6.1 Übungen zur Verbesserung des offensiven Spiels des Torhüters

42. Ein Außenverteidiger spielt den Ball von der Seitenlinie zurück zum Torhüter, der sich dem entgegenkommenden Ball nähert, ihm mit dem äußeren (entfernten) Fuß (nachdem er vorher eventuelle Unebenheiten der Spielfläche geprüft hat) diagonal nach vorn in Richtung der gegenüberliegenden Seitenlinie abspringen lässt, um ihn dann hart, flach und präzise zum anderen Außenverteidiger zu passen.

Variante 1
Die gleiche Übung mit zwei gegnerischen Sturmspitzen. Die Sturmspitze, die sich näher zum Ball befindet, nähert sich dem mit der Ballannahme beschäftigten Torwart und versucht, ihn beim Abspiel des Balls zu stören. Währenddessen bleibt die andere Sturmspitze ein wenig zurück und läuft nur dann zum Torwart, wenn der Außenverteidiger seiner Seite den Ball zum Torwart zurückpasst. Durch die Gegenwart eines Gegners lernt der Torwart, auch unter Druck optimal zu spielen.

Variante 2
Die gleiche Übung, nur dass die den Torhüter angreifende Sturmspitze auf unterschiedliche Weise verteidigt. So lernt der Torwart, zu entscheiden, welcher von beiden Außenverteidigern von ihm angespielt wird. Die Richtung seines Zuspiels hängt von der Art und Weise ab, wie sich die Sturmspitze dem Torwart nähert.

Variante 3
Die gleiche Übung mit zwei Sturmspitzen, die nach dem Rückpass den Torhüter bei seiner Ballannahme so behindern, dass dieser, ohne jegliches Risiko einzugehen, den Ball weder zum rechten noch zum linken Außenverteidiger befördern kann. Er muss dann versuchen, den ankommenden Ball zur Mitte in Richtung Mittellinie zu spielen. Sollte jedoch eine Sturmspitze sehr nahe an den Torwart herankommen, sollte dieser den Ball mit dem Fuß parallel zur Endlinie ins Seitenaus kicken, da es ihm die Regel nicht erlaubt, den Ball in seine Hände zu nehmen. Vor dem Rückpass sollte der Torhüter die Spielsituation mit den zwei Sturmspitzen genauestens wahrnehmen und analysieren, wie sich die beiden Sturmspitzen verhalten. Die erste Regel für den Torwart sollte sein, auf jedes Risiko beim Angriffsspiel zu verzichten.

Variante 4
Wie in Variante 3, nur dass jetzt der Torhüter den vom Torhütertrainer von der Mittelllinie zugespielten Ball im Beisein von zwei Sturmspitzen entweder zu einem von seinen Außenverteidigern oder auch zu einem von zwei Mittelfeldspielern in etwa 45 m Entfernung passen kann. Ein dritter Gegenspieler versucht, das Abspiel zu einem der Mittelfeldspieler zu unterbinden. Nach 10 Rückpässen sollte der Torwart mindestens acht zu einem von seinen Mitspielern passen können und nicht ein einziges Mal den Ball an die drei Gegenspieler verlieren.

43. Siehe Test Nr. 4 des Torhüterzehnkampfs („Einleiten des Angriffs mit einem Abwurf")

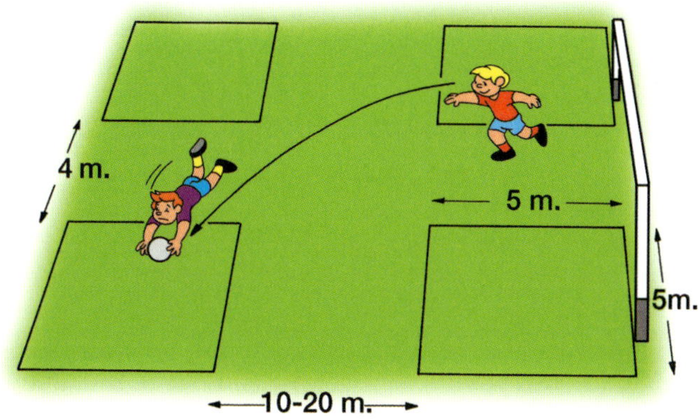

44. Siehe Test Nr. 8 des Torhüterzehnkampfs („Präzises Abspiel mit dem Fuß")

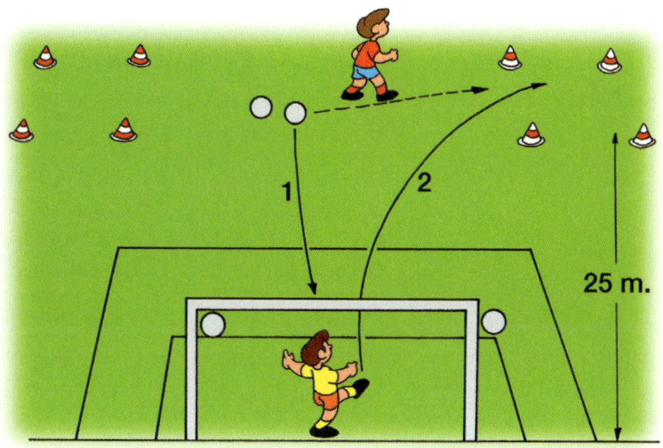

45. Bei einer Flanke blockiert der Torwart den Ball und kickt ihn dann zu einer von zwei Sturmspitzen, die links auf der Mittelllinie oder rechts oben im gegnerischen Feld sein langes Zuspiel erwarten. Der Torwart sollte verschiedene Zuspieltechniken probieren, um herauszufinden, welche von ihnen die besten Resultate bringt.

Variante

Die gleiche Übung wird nun mit einem Deckungsspieler erweitert. Er stellt sich zwischen die beiden Sturmspitzen und deckt zunächst nur einen von beiden Angreifern, um den Abschlag vom Torhüter zu schulen. Zum Schluss kommt es zu einem Wettkampf zwischen zwei Torhütern, von denen jeder jeweils 10 Abschläge (2 x 5) hat und das Verhalten des Abwehrspielers nicht mehr limitiert ist. Allerdings muss eine Sturmspitze immer auf der Mittellinie stehen und die zweite irgendwo im gegnerischen Feld. Es gibt kein Abseits.

46. Der Torhüter schlägt lange Pässe zu einer der drei Sturmspitzen, die in der gegnerischen Spielfeldhälfte von zwei Verteidigern bewacht werden. Nach 10 Abschlägen wird die Anzahl der erzielten Tore gezählt. Die Abseitsregel gilt nur von dem Zeitpunkt an, an dem sich eine Sturmspitze in Ballbesitz befindet.

47. **3:3 oder 4:4 mit Torspielern im doppelten Strafraum auf reguläre oder 2 Fussball-7-Tore (6 x 2 m)**
Bedingt durch die intensive Beschäftigung von beiden Torhütern in diesem wichtigen vereinfachten Spiel wird nicht nur ihr Abwehrverhalten, sondern besonders auch ihr Angriffsspiel verbessert.

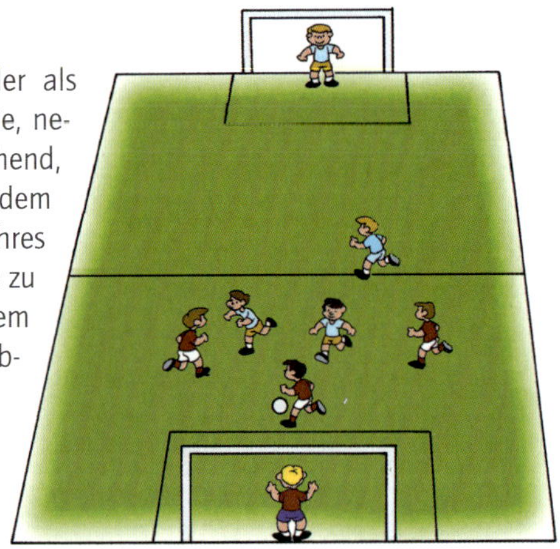

Variante 1
Jede Mannschaft beordert zwei weitere Spieler als Sturmspitzen auf die Endlinie. Dort erwarten sie, neben dem linken und rechten Torpfosten stehend, ein Zuspiel von einem ihrer drei Mitspieler aus dem Mittelfeld oder auch einen genauen Abwurf ihres Torwarts. Ihre Aufgabe ist es, ohne die Endlinie zu verlassen, den ankommenden Ball direkt einem Mitspieler zuzupassen, der dann den Angriff abschließen muss.

Variante 2
Außerhalb des Strafraums werden zu beiden Seiten mit Hütchen 5 m breite Streifen markiert, in denen von jeder Mannschaft je ein Außenstürmer spielt. Alle Angriffe werden vom Torwart mit einem Wurf zum Außenstürmer eingeleitet, der dann, ohne Behinderung durch den Flügelspieler der gegnerischen Partei, eine Flanke zu seinen drei Mittelfeldspielern schlagen muss.

Für fortgeschrittene Spieler wird das Spiel dahingehend abgeändert, dass der Außenstürmer vom gegnerischen Außen gedeckt werden kann, wobei sich für den Torwart die Notwendigkeit ergibt, sich mit seinem Flügelstürmer so zu verständigen, dass er immer anspielbereit ist (z. B. in die Tiefe seines Streifens laufen, um plötzlich die Richtung zu ändern und in diesem Augenblick das Zuspiel vom Torwart zu erwarten).

7 Der Torhüterzehnkampf

10 Tests zur Ermittlung der Spielfähigkeit von Torhütern

Hinweis: Für die Torhüter unter 14 Jahren wird empfohlen, Fußball-7-Tore (6 x 2 m) und den Straf- und Torraum vom Fußball-7-Feld sowie einen Ball Nr. 4 zu benutzen.

Warum ein Torhüterzehnkampf?
Dadurch, dass die Mehrzahl der Jugendtrainer keine Assistenten im Training zur Verfügung hat, ist es sehr schwierig für sie, während des Trainings mit ihren Feldspielern gleichzeitig auch die Torhüter zu beschäftigen.

Mit den 10 Tests des Zehnkampfs können die Torhüter ohne Hilfe ihres Trainers eigenständig üben und wichtige Erfahrungen sammeln.

Der Zehnkampf kann aber auch dazu dienen, die Leistungsfähigkeit von zwei oder auch mehr Torhütern in realen Spielsituationen zu bewerten. Die verschiedenen Tests, die beliebig verändert werden können, tragen dazu bei, wichtige torwartspezifische Fertigkeiten und Fähigkeiten zu schulen, wie z. B. das Stellungsspiel, die optimale Ausgangs- oder Bereitschaftsstellung vor dem Eingreifen, unterschiedliche Abwehrtechniken, das Herauslaufen und das Angriffsspiel mit Hand und Fuß. Auch notwendige psychisch-physische Fähigkeiten können mit diesen Tests gefördert werden, wie z. B. koordinative Fähigkeiten, Antizipation, optisch-motorische Berechnung der Flugbahn des Balls, Vergrößerung des Blickfeldes und eine optimale Entscheidungsfindung auf der Grundlage einer optimalen Wahrnehmung.

Die 10 Tests

1. Doppelte Abwehr

Der angreifende Torwart befindet sich 5 m außerhalb des Strafraums vor einem Ball, der auf der Strafraumlinie liegt und einem zweiten, der sich 2 m innerhalb des Strafraums links oder rechts vom ersten Ball entfernt befindet. Ziel des Angreifers ist es, den ersten Ball in das 5 m breite Hütchentor, das 4,50 m vor der Torlinie errichtet wurde, zu schießen und sofort danach mit dem ruhenden Ball ein Tor im großen Tor zu erzielen

Der erste Torschuss sollte immer hart genug sein und möglichst flach am Boden, um den Torwart zu zwingen zum „Abtauchen" zu zwingen. Im Augenblick des Starts des angreifenden Torhüters verlässt der verteidigende Torwart seine Torlinie, um vor seiner ersten Abwehraktion mit Zeitdruck eine optimale Bereitschaftsstellung im Hütchentor (4,50 m vor ihm) einnehmen zu können. Sofort nach seiner ersten Abwehr orientiert er sich zum 2. Ball, damit er den Schusswinkel für den zweiten Torschuss verkleinern kann oder ein Umspielen zu verhindern.

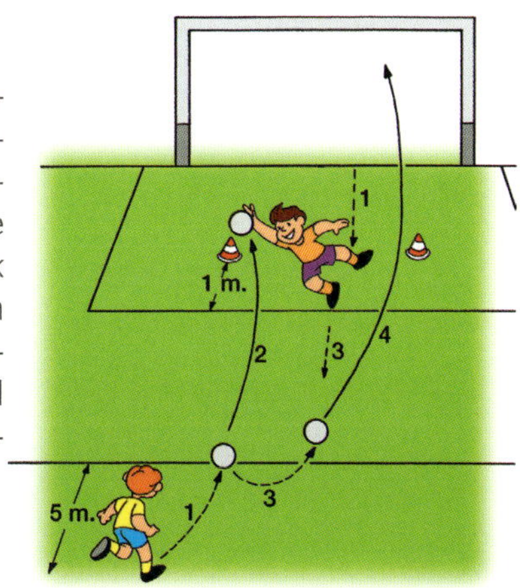

Nach den ersten zwei Schüssen aus einer zentralen Position müssen vier weitere aus seitlichen Angriffspositionen ausgeführt werden, wobei die Position des Hütchentors der Position des Balls angepasst werden muss.

Anschließend wechseln beide Torhüter ihre Positionen und Spielaufgaben.

Sieger ist der Torwart, der nach sechs Torschüssen die wenigsten Tore zulässt.

Lern- und Lernziele

- Schulung von koordinativen und „akrobatischen" Fertigkeiten.
- Verbesserung des Orientierungs- und des Gleichgewichtsvermögens.
- Mit dem ersten Torschuss nach vorne und anschließend sofort zurückorientieren.
- Optimales Stellungsspiel.
- Schnelles Einnehmen einer optimalen Bereitschaftsstellung vor Ausführung des Torschusses.
- Abwehren von flachen und hohen Bällen aus dem Vorwärts- bzw. Rückwärtslaufen.
- Beobachten des Balls auch beim Rückwärtslaufen.

2. Duell 1:1 mit Torschüssen aus beliebiger Entfernung

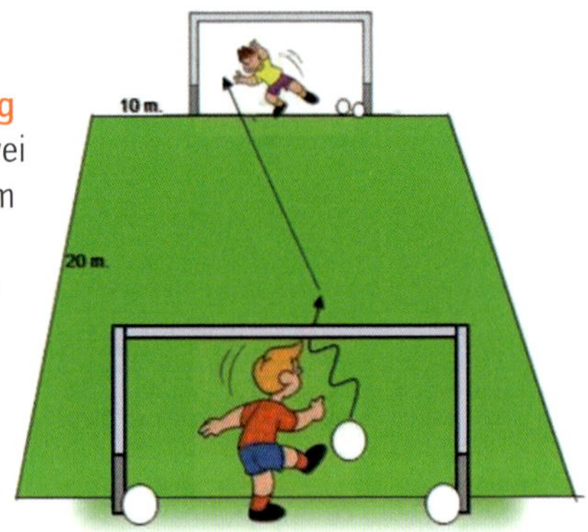

Torhüter U 11-U 13 spielen im 20 x 10-m-Feld auf zwei 6 x 2 m-Tore, während die beiden Torhüter U14-U15 im gleichen Feld auf zwei Normaltore kicken.

Der angreifende Torhüter (der jüngere beginnt das Spiel) muss innerhalb von 5 Sekunden nach der Ballinbesitznahme einen Treffer im anderen Tor erzielen. Er kann aus beliebiger Entfernung einen Torschuss oder auch einen Nachschuss ausführen oder den anderen Torhüter umdribbeln, um dann zum Torerfolg zu kommen.

Das Ballbesitzrecht wechselt, wenn der Ball ins Toraus rollt, wenn ein Torhüter den Ball fangen oder ihn am Boden mit mindestens einer Hand sichern kann, weil dann laut Regel der Ball von keinem anderen Spieler mehr gespielt werden darf.

Da das Spiel sehr intensiv ist, sollte seine Dauer 5 x 30 Sekunden nicht überschreiten.

Sieger ist der Torwart, der die wenigsten Tore zulässt.

Varianten

Der Trainer kann auch vorgeben, dass Tore nur nach vorhergehendem Umspielen des abwehrenden Torhüters erzielt werden dürfen.

Lehr- und Lernziele

- Mit einer korrekten Annäherung an den Ballbesitzenden den Schusswinkel optimal verkürzen.
- So lange wie möglich versuchen, aufrecht, d. h., mit beiden Füßen auf dem Boden zu bleiben.
- Dann, wenn der Ball beim Dribbling des Angreifers für eine Sekunde nicht am Fuß ist, blitzschnell zu Boden gehen, um den Ball mit beiden Händen (mit ausgestreckten Armen) vom Fuß zu nehmen.
- Sich im Augenblick eines Torschusses immer in einer optimalen Bereitschaftsstellung und im Gleichgewicht befinden.

3. Beherrschung des Torraums

Der angreifende Torwart schlägt von 5 m außerhalb des Strafraums von der linken und rechten Seite je fünf Flanken in den Torraum oder ins Tor. Sein Ziel ist es, den hochgeschlagenen Ball im 5 m-Torraum oder auch im Tor landen zu lassen, ohne dass er vorher den Boden berührt hat.

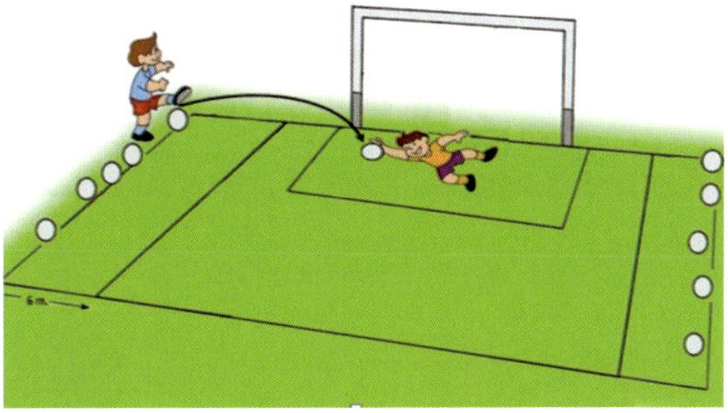

Mit einem optimalen Stellungsspiel, Mut und Aggressivität muss der verteidigende Torwart versuchen, die Landung des Balls im Torraum oder auch einen erfolgreichen Torschuss zu verhindern. Nach 10 Eckstößen wechseln beide Torhüter ihre Positionen und Funktionen.

Es gewinnt, wer die wenigsten Balllandungen oder Tore zulässt.

Lehr- und Lernziele

- Der Torwart sollte während der Flanke oder beim Torschuss eine Position vor und in seinem Tor einnehmen, die einen Torerfolg oder auch eine Landung des Balls irgendwo im Torraum verhindert.
- Eine optimale Bereitschaftsstellung einnehmen.
- Dem Ball mit kleinen, schnellen Schritten entgegenlaufen oder sich rückwärts orientieren, um dann mit Aggressivität, Mut und schnellen Bewegungen seine Landung im Strafraum oder auch direkt im Tor zu verhindern.
- Erfahrungen in der optisch-motorischen Berechnung des ankommenden Balls sammeln (bezüglich der Fluggeschwindigkeit, der Höhe und des Effets).
- Durch ein entsprechendes Stellungsspiel den Gegner dazu bewegen, das zu machen, wofür der Torwart bestens vorbereitet ist.

4. Einleiten eines Angriffs mit Abwurf

Es stehen sich zwei Torhüter in einer Entfernung von 10-12 m (je nach ihrem explosiven Wurfvermögen) gegenüber. Links und rechts von ihnen wird mit Hütchen ein 5 m Quadrat markiert, das vom Nachbarviereck 4 oder 3 m entfernt ist. Die Torhüter stehen jeweils in der Mitte zwischen ihren beiden Vierecken.

Abwechselnd versucht jeder, den Ball aus der Mitte zwischen seinen beiden zu verteidigenden Quadraten so in Richtung der zwei in 10-12 m Entfernung gelegenen Zielgebiete zu werfen, dass der Ball dort landet, bevor es der verteidigende Torwart mit einer schnellen, antizipierenden und aggressiven Abwehraktion verhindern kann.

Sieger ist der Torwart, dem mit seinen Abwürfen zuerst fünf erfolgreiche Balllandungen gelingen.

Lehr- und Lernziele

- Einnehmen einer optimalen Position im Raum.
- Einnehmen einer optimalen Ausgangsstellung mit leicht gebeugten Beinen und Schrittstellung. Aus dieser seitlichen Stellung den Ball nach hinten führen, mit dem ballfernen Bein einen Stemmschritt ausführen und über dem Kopf gezielt und kraftvoll abwerfen.
- Beim Abwurf solange wie irgend möglich seine Richtung verschleiern. Abwurffinten anwenden und die Flugkurve so flach wie möglich gestalten, damit dem verteidigenden Torwart wenig Zeit zur Abwehr zur Verfügung steht.
- Verbesserung der optisch-motorischen Berechnung und einer schnellen Entscheidungsfindung.
- Schnelles und wagemutiges Eingreifen, um zu verhindern, dass der Ball landen kann.
- Hechten und seitliches Abrollen bei halbhohen Bällen.
- Durch ein entsprechendes Stellungsspiel den Angreifer beim Abwurf animieren, das zu tun, worauf der abwehrende Torwart vorbereitet ist.

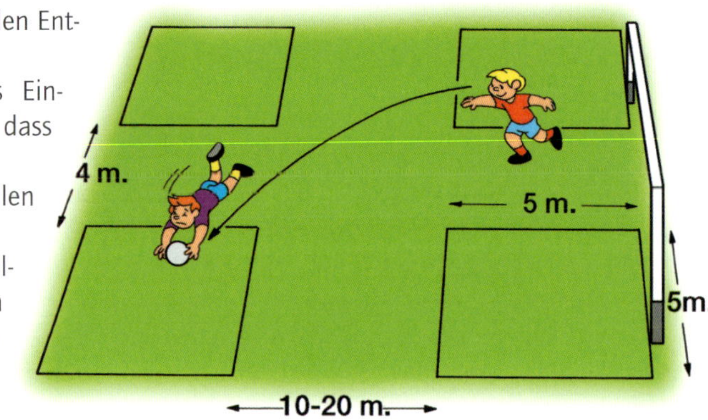

5. Torwartkrieg im doppleten Strafraum

Unter-12- und Unter-13-Torhüter besetzen die 6 x 2 m großen Tore im 20 x 33-m-Feld (doppelter Strafraum) und Unter-14- und Unter-15-Torhüter die normalen Tore im 2 x 33-m-Feld, wobei sie ihr Spiel auf die eigene Spielfeldhälfte beschränken müssen.

Der jüngere Torhüter beginnt, indem er aus seiner Spielfeldhälfte den Ball vom Boden oder auch mit einem Volleyschuss aus der Hand auf das Tor seines Gegenübers schießt. Führt er den Torschuss aus einer Position nahe der Mittellinie zwischen beiden Strafräumen aus, so muss er das Risiko in Kauf nehmen, bei einem gefangenen Ball seines Gegenübers von diesem durch einen Abwurf überspielt zu werden.

Gelingt dem angreifenden Torhüter ein Tor, darf sich der verteidigende Torhüter einen Ball aus seinem Tor nehmen und diesen ebenfalls aus der Hand oder vom Boden aus auf das gegenüberstehende Tor schießen.

Hält der Torhüter den Ball, darf er sofort wieder mit einem Ballkontakt aus der Hand oder vom Boden auf das andere Tor schießen oder er kann den Ball auch per Schleuder- oder Druckwurf oder mit der Rolltechnik auf das gegenüberliegende Tor werfen.

Wehrt ein Torhüter den Ball in seiner Feldhälfte nur ab, kann er sofort nachsetzen und ihn bis zur Mittellinie auf das andere Tor schießen. Sollte jedoch der Ball bei der Abwehr die Mittellinie überqueren, so wechselt das Schussrecht zum anderen Torhüter.

Immer dann, wenn ein Torhüter den Ball über die Seitenlinie oder über sein Tor lenkt, darf sich der Torhüter, der den Torschuss abgegeben hat, sofort einen neuen Ball aus seinem Tor nehmen, um erneut zu versuchen, ein Tor zu erzielen.

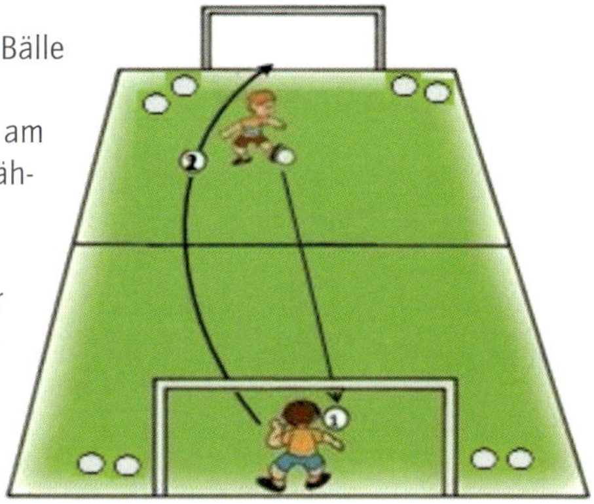

Bevor das Spiel beginnt, sollten in jedem Tor 4-5 Bälle bereitliegen.
Mögliche Ersatztorleute könnten während des Spiels am Tor vorbeifliegende Bälle einsammeln und noch während des Spielverlauf, wieder in die Tore legen.

Das Spiel hat zwei Halbzeiten, die enden, wenn einer der beiden Torhüter fünf Tore kassiert hat. Es gewinnt derjenige Torhüter, der in beiden Halbzeiten die wenigsten Tore zulassen musste.

Lern- und Lehrziele:

- Die Torhüter können in dieser Spielform nahezu alle Techniken zur Spielfortsetzung anwenden.
- Zudem werden sie gezwungen, die Spielsituation vor ihrer offensiven Handlung zu lesen und taktisch richtige Entscheidungen zu treffen, um anschließend mit einer guten technischen Ausführung (Abspiel mit dem Fuß oder aus der Hand) auch den gewünschten Erfolg zu haben.
- Erfahrungen im schnellen Herauslaufen mit Verringerung des Schusswinkels sowie im Stellungsspiel sammeln, damit er dem Angreifer wenig Raum und Zeit zum Torschuss einräumt.
- Solange wie irgend möglich in aufrechter Stellung bleiben.

6. Schnelligkeit beim Herauslaufen

Der Trainer steht auf dem Elfmeterpunkt (Neunmeterpunkt bei Torhütern unter 13 Jahren) und wirft den Ball in die Luft. Im gleichen Augenblick starten die beiden Torhüter von der Torlinie aus zum Ball, um ihn zuerst aus dem Strafraum zu befördern. Sowohl die Ausgangsstellung der Torhüter als auch der Ballwurf können in den fünf Duellen beliebig verändert werden. Anstatt den Ball nur aus dem Strafraum zu spielen, kann von beiden Torhütern auch eine Ballinbesitznahme gefordert werden.

Wer in den fünf Duellen am häufigsten siegreich war, gewinnt diesen Test und einen weiteren Punkt für den Torhüterzehnkampf.

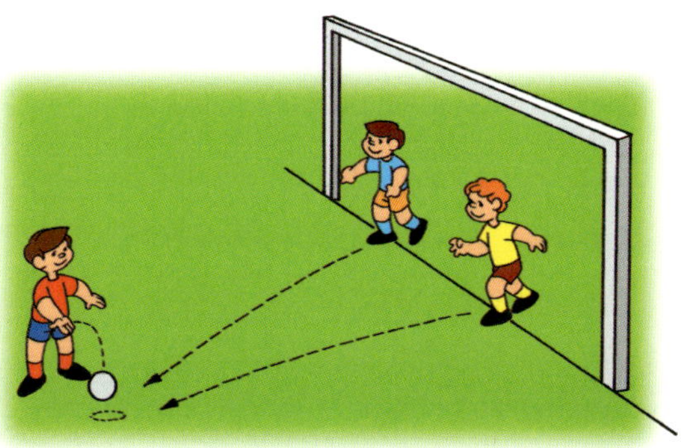

Lern- und Lehrziele

- Verbesserung der Reaktions- und Antrittsschnelligkeit.
- Schulung der schnellen Entscheidungsfindung.
- Aggressives Verhalten und Mut zum Risiko.

7. Luftkampf

Beide Torhüter stehen nebeneinander im oder auch vor dem Tor, um zunächst das Tor gegen den Schuss eines dritten, neutralen Spielers zu verteidigen. Dieser schlägt aus fünf verschiedenen Angriffspositionen, etwa 30 m vom Tor entfernt, 10 Flugbälle in Richtung Tor oder Elfmeterpunkt bzw. bei jüngeren Torhütern in Richtung Neunmeterpunkt.

Beide Torhüter laufen dem Ball entgegen, steigen hoch und versuchen, sich im Luftkampf so durchzusetzen, dass einer von ihnen den ankommenden Ball mit beiden Händen zum Körper bringen oder mit einer Faust, beiden Fäusten oder eventuell auch mit einem Fuß aus dem Strafraum schlagen kann.

Sieger ist, wer in 10 Luftkämpfen am häufigsten Sieger bleibt.

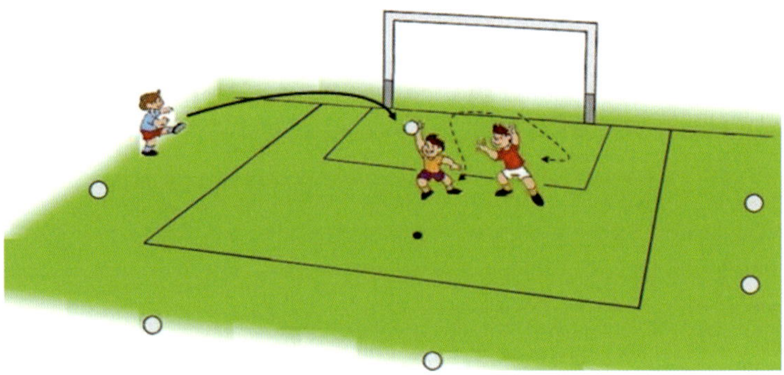

Lehr- und Lernziele

- Antrittsschnelligkeit sowie Eroberung einer optimalen Position, die den Erfolg beim Zweikampf sichern soll.
- Sich beim Luftkampf an die Nähe eines Gegenspielers gewöhnen.
- Die Sprungkraft zum richtigen Zeitpunkt einsetzen.
- Optimale optisch-motorische Berechnung der Flugkurve und des Effets des Balls.
- Grundsätzlich gilt: Fangen vor Fausten!
- Im Luftzweikampf Körperspannung aufbauen und zum Ball gehen.

8. Präziser Abschlag mit dem Fuß

Von der Mittellinie aus passt der angreifende Torwart seinem Kollegen im Tor den Ball hoch zu. Dieser nimmt ihn in der Luft an und spielt ihn innerhalb von drei Sekunden so mit dem Fuß in eines der beiden mit Hütchen abgesteckten Vierecke (10 m), dass der Ball dort landet. Der verteidigende Torwart sucht dies mit allen Mitteln zu verhindern. Beide Vierecke sind so weit vom Tor entfernt, dass sie mit einem Ballwurf nicht zu erreichen sind. Je zwei Abschläge müssen mit einem frontalen und einem seitlichen Volleyschuss und mit der Technik des Dropkicks ausgeführt werden. Der siebte und der achte Abschlag erfolgt mit einem ruhenden Ball von der Torraumlinie.

Es gewinnt der Torwart, der mehr Abschläge ins Ziel bringt.

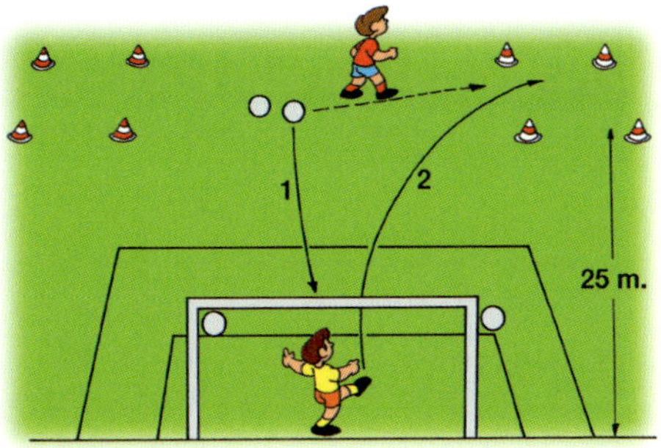

Variante

Der Torwart erhält hohe Pässe von einer Seitenlinie aus und muss den Ball in ein Zielgebiet auf der gegenüberliegenden Seite nahe an der Mittellinie schlagen.

Lehr- und Lernziele

- Lange Pässe mit verschiedenen Techniken genau und hart genug spielen.
- Beim Abschlag den Ball kurz anwerfen, mit dem Vollspann volley treffen und in Spielrichtung durchschwingen.
- Beim Dropkick den Ball mit ausgestreckten Armen vor dem Körper fallen lassen und kurz nach dem Aufspringen zentral treffen.
- Erfahrungen sammeln, welche Technik in einer bestimmten Spielsituation die beste ist, um mit einem Abschlag sein Ziel zu erreichen.
- Die Richtung des langen Abschlags so lange wie möglich verschleiern.

9. Abwehr von Tor- und Nachschüssen

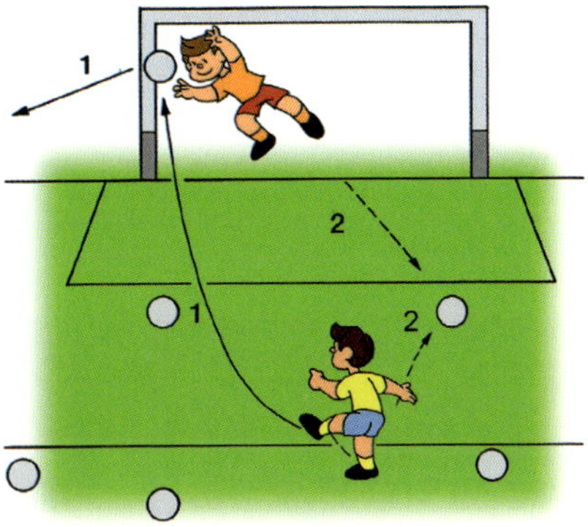

Der angreifende Torwart muss den Ball von außerhalb des Strafraums auf das vom anderen Torwart gehütete Tor schießen. Unmittelbar nach seinem Torschuss versucht er, den eventuell abprallenden Ball zu erreichen und zu verwandeln (was doppelt zählt). Falls dies nicht möglich ist, läuft er zu einem der zwei Bällen, die 3 m außerhalb des Torraums links und rechts vor dem Tor zwischen beiden Torhütern liegen, um dann trotz der aktiven Abwehr des Kollegen zum Torerfolg zu kommen. Allerdings ist das Tor nur gültig, wenn es innerhalb von vier Sekunden nach dem ersten Torschuss erzielt wird. Jeder Torwart hat vier Torschüsse von außerhalb des Strafraums und im Falle, dass es zu keinem Nachschuss kommen sollte, gibt es vier weitere Duelle mit einem der zwei vor dem Tor liegenden Bällen.

Nach der Abwehr des ersten Torschusses muss der Torhüter sein Tor schnell verlassen, um:

- den vom Gegner angegriffenen Ball zuerst spielen zu können oder
- bei Nichterreichen des Balls den Schusswinkel des Angreifers zu verkürzen.
- Nach den ersten vier doppelten Angriffsaktionen tauschen beide Torhüter die Plätze und die Aufgaben.

Es gewinnt der Torwart, der nach acht möglichen Schüssen die wenigsten Tore kassiert

Lehr- und Lernziele

- Nach einer Abwehr eines Torschusses immer für ein erneutes Eingreifen bereit sein.
- Verbesserung der Spielübersicht und der schnellen Entscheidungsfindung.
- Verbesserung der koordinativen Fähigkeiten.

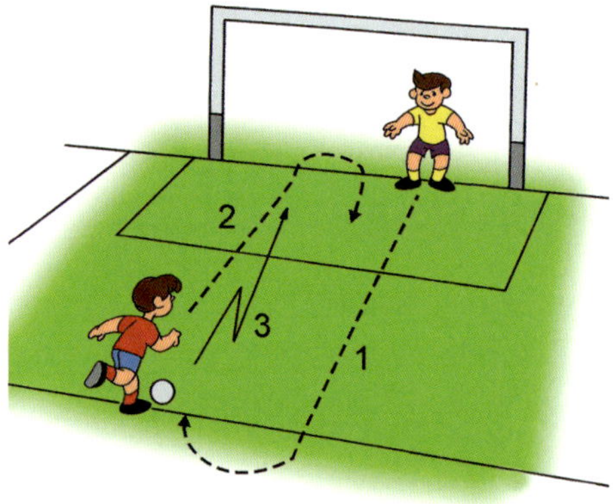

10. Elfmeterschießen

Der Jüngere von beiden Torhütern beginnt im Tor und läuft plötzlich zum 9-m- bzw. zum 11-m-Punkt, um den Strafstoß auszuführen. Der dort stehende Torwart reagiert und läuft in das nun freie Tor, um den folgenden Strafstoß auf der Linie stehend zu halten.

Anschließend wechseln beide Torhüter ihre Funktionen, bis einer von ihnen fünf Tore beim Gegner erzielen konnte. Beim Elfmeterschießen gelten die offiziellen Fußballregeln.

Sieger ist der Torwart, der keine fünf Tore zulässt.

Lehr- und Lernziele

- Sich mental auf die Abwehr eines Elfmeters einstellen.
- Sich nur auf den Ball konzentrieren, ohne sich durch die Körperbewegungen und Blickrichtung des Schützen beeinflussen zu lassen.
- Die Flugrichtung des Balls vorausahnen.
- Den Ball am Boden so abwehren, dass der Körper nicht parallel zur Endlinie ausgestreckt wird, sondern diagonal, um den Schusswinkel zu verkürzen, d. h., der Torhüter muss dem Ball entgegengehen und nicht auf ihn warten.

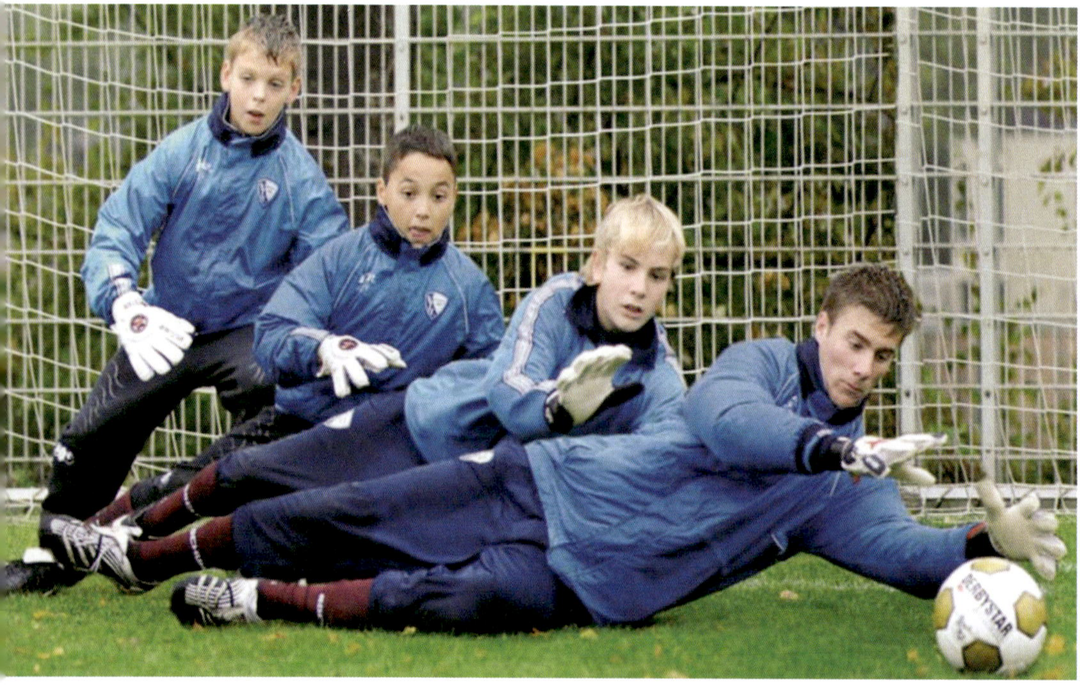

IV Der Fussball-Triathlon 4 vs 4

Ein Spiel von Horst Wein, geeignet für E-, D- und C-Junioren

	FC Bayern	Manchester Utd.	FC Barcelona	Bor. Dortmund	FC Chelsea	Real Madrid
Sp 1						
Sp 2						
Sp 3						
Sp 4						

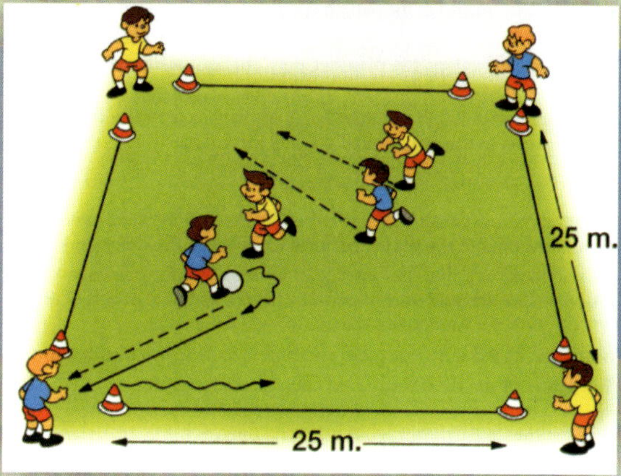

Spiel 1:

Bayern vs. ManU ☐:☐ Barca vs. Dortmund ☐:☐ Chelsea vs. Real ☐:☐

Befreie die „Gefangenen"

Spiel mit einem Hochball in der Mitte starten. Ziel der beiden Mittelfeldspieler ist es, den Ball zu dem am besten diagonal in den Ecken des Feldes postierten Mitspieler oder auch zum Mitspieler im Mittelfeld zu passen. Nach 10 erfolgreichen Zuspielen erhält die Vierermannschaft einen Punkt. Wenn der Ball nach aussen zum „Gefangenen" gespielt wird, muss der Zuspieler seine Position einnehmen, während der Ballempfänger in das Feld dribbeln und passen darf.

Dauer: 3 Perioden a 5 Minuten

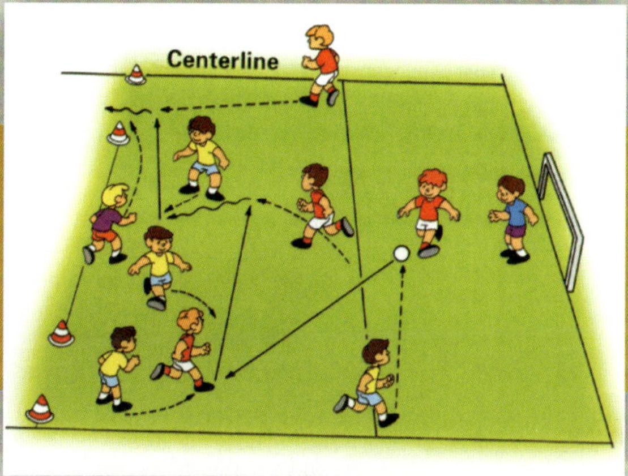

Spiel 2:

Bayern vs. Barca ☐:☐ Dortmund vs. Chelsea ☐:☐ Real vs. ManU ☐:☐

Torschuss, verteidigen und kontern

Es wird in einer Hälfte des E-Jugendfeldes gespielt. Zwei 2m breite Hütchentore werden mit 20m Abstand voneinander an der Mittellinie errichtet. Eine Mannschaft greift das 5m-Jugendtor mit Torhüter an, die Verteidiger kontern nach Ballgewinn mit Pässen durch die Hütchentore. Nach 5 Minuten wechseln die Aufgaben.

Dauer: 4 Perioden a 5 Minuten

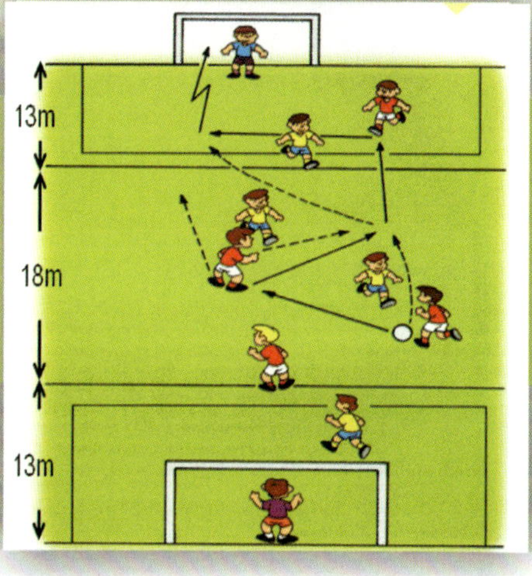

Spiel 3:

Chelsea vs. Barca ☐:☐ Dortmund vs. Real ☐:☐ ManU vs. Bayern ☐:☐

Steilpässe aus dem Mittelfeld

3 Zonen-Spielfeld errichten (siehe Zeichnung) mit zwei von Torhüter bewachten 5m-Jugendtore. Im Mittelteil wird 2 gegen 2 gespielt mit der Aufgabe, die Sturmspitze im Strafraum zu bedienen. Abseits ist aufgehoben. Der Verteidiger, der nur auf der Abseitslinie verteidigen darf, muss die Bälle abfangen und dann seine Mittelfeldspieler anspielen. Alle Spieler dürfen ihre Zonen nicht verlassen. Ein Verteidiger eröffnet das Spiel mit einem Pass.

Dauer: 3 Perioden a 5 Minuten mit Rotation der Spieler

Football that starts in the head and finishes with the feet

Futbol a la medida del nino de Horst Wein

Mit freundlicher Unterstützung:

achtzehn99 AKADEMIE

V HEPTATHLON

TEST ZUR OPTIMIERUNG TECHNISCHER FERTIGKEITEN FÜR 11- BIS 12-JÄHRIGE FUSSBALLSPIELER

EINFÜHRUNG

Im Vergleich zu vergangenen Zeiten, betrachtet heute die Mehrzahl der Jugendtrainer vereinfachte Fußballspiele als Schwerpunkt ihres Trainings. Diese Tatsache sollte jedoch nicht dazu führen, dass durch die Betonung der globalen Methode im Fußballunterricht heute den koordinativen und den fußballspezifischen technischen Fertigkeiten weniger Aufmerksamkeit und Bedeutung geschenkt wird. Um nun ein wünschenswertes Gleichgewicht zwischen der Berücksichtigung von analytischen und globalen Lehrinhalten in ihrer Fußballausbildung zu garantieren, sollten deshalb die jungen Fußballspieler ihre Kräfte nicht nur wie bisher immer nur in traditionellen Wettspielen, wie z. B. Fußball 7 messen, sondern auch in spezifischen technikorientierten Tests.

Aus diesem Grunde ist es empfehlenswert, für die 11- und 12-Jährigen in ihrem Wettspielkalender von Fußball-7-Spielen einmal im Monat, anstatt wieder 7 gegen 7 zu spielen, einen Technik-Test – „Heptathlon" – gegen den gleichen gegnerischen Verein durchzuführen, isoliert oder auch vor oder nach dem Spiel durchzuführen. Dieser Test wird allen wichtige Auskünfte darüber geben, welche von beiden Mannschaften (10 Spieler) in den 7 grundlegenden Techniken besser ausgebildet wurde als der Gegner. In nur etwa 90 Minuten wissen Trainer und Spieler beider Mannschaften, in welchen Techniken und taktischen Verhaltensweisen noch Verbesserungen notwendig sind, um bis zum nächsten Techniktest ihre individuelle und kollektive Leistung zu optimieren.

Ein Wettbewerb im „Heptathlon" ist also ein Gradmesser für die Beherrschung wichtiger grundlegender technisch-taktischer Gesichtspunkte für Spieler, die 11 und 12 Jahre alt sind und regelmäßig Fußball 7 gegen 7 spielen, während für die jüngeren (8- und 9-Jährigen) der Fußball-Dekathlon und für die 10-Jährigen der Fußball-Pentathlon uns Auskunft über den Grad ihrer technisch-taktischen Fähigkeiten gibt.

Für einen Heptathlon-Techniktest für die 11- und 12-Jährigen benötigt man:

- Ein Fußballfeld 7, ordnungsgemäß gekennzeichnet, mit Toren
- Ein FUNIñofeld mit 4 Toren (2 x 1 m).
- Zwei nebeneinander liegende Vierecke (15 m) mit Hütchen
- Zwei Zonen von je 15 x 12 Meter zum Spiel 2 gegen 1
- 10 Hütchen mit verschiedenen Farben
- 10 Bälle Nummer 4 (Jede teilnehmende Mannschaft muss 5 Bälle mitbringen).
- Zwei Mannschaften mit nummerierten Trikots der 10 Spieler zwischen 11 und 12 Jahren
- Einen Delegierten von jedem Klub mit Dokumenten zur Erfassung der Daten.

TEST 1: INDIVIDUELLER BALLTRANSPORT ÜBER EINE STRECKE VON 10 m

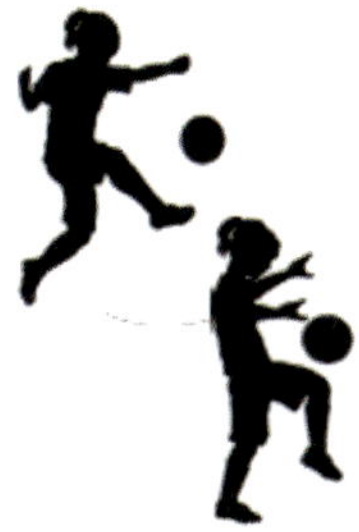

ERKLÄRUNG:

- Jeder der 10 Spieler einer Mannschaft muss seinen Ball von der Startlinie aus durch eine 10-m-Zone mit dem Fuß, dem Bein, dem Kopf oder der Schulter so transportieren, dass dieser nicht auf den Boden fällt oder mit einer Hand oder dem Arm berührt wird.
- Jeder Spieler hat zwei Versuche, die er zusammen mit einem Gegner an seiner Seite durchführen muss.

WERTUNG:

- Jeder von den 20 Balltransporten, der die Endlinie erreicht hat, zählt einen Punkt für den Spieler der betreffenden Mannschaft.

TEST 2: KOLLEKTIVER BALLTRANSPORT MIT DEM KOPF

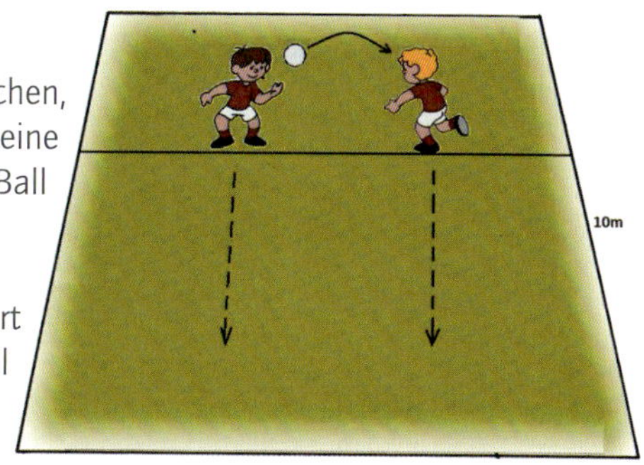

ERKLÄRUNG:

- Zwei Spieler einer Mannschaft versuchen, mit Kopfballzuspielen den Ball durch eine 10 m tiefe Zone so zu transportieren, dass der Ball nicht den Boden berührt.
- Sie haben 3 Versuche.
- Das Fallen des Balles kann mit dem Fuß verhindert werden, wobei darauf zu achten ist, dass der Ball dabei nicht vorwärts bewegt werden darf.
- Die 5 Paare beider Mannschaften treten abwechselnd an, bis jedes Paar mit seinen 3 Versuchen seine Punkte ermittelt hat.

WERTUNG:

- Jeder der 15 Versuche von beiden Mannschaften, die den Ball per Kopf durch die Zone bis zur Endlinie transportieren, erbringt einen Punkt für die betreffende Mannschaft.

TEST 3: 1 GEGEN 1-SITUATION: ZWANZIG ANGRIFFE IM FUNiñoFELD

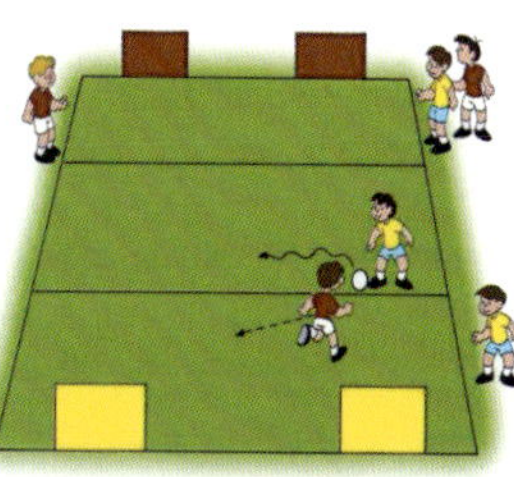

ERKLÄRUNG:

- Beide Mannschaften stellen sich mit ihren 10 Spielern auf eine Seitenlinie des FUNiñofeldes, jeder einzelne Spieler von jeder Mannschaft mit einer Nummer von 1 bis 10. Jeder Mannschaft werden 2 Tore zum Angriff und 2 zur Abwehr zugeordnet.
- Nachdem ein Delegierter der Klubs mit dem Rücken zum FUNiñofeld einen Ball in das Feld geworfen hat, streiten sich die beiden Spieler mit der aufgerufenen Nummer um den Ballbesitz. Ihr Ziel ist es, aus der gegnerischen Schusszone in einem der beiden Tore zum Erfolg zu kommen.
- Ein Angriff endet nach einem Tor oder wenn der Ball ins Aus geht.

- Nach der ersten Serie von zehn 1 gegen 1-Situationen werden in der zweiten Serie die Nummern der Spieler geändert, sodass es zu neuen Duellen kommt.

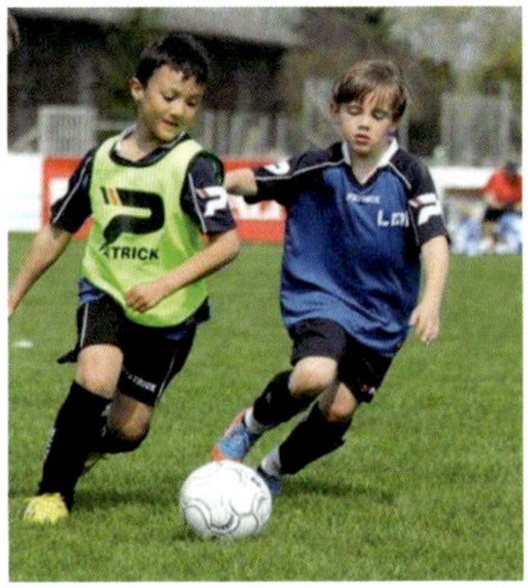

WERTUNG:
- Welche von beiden Mannschaften hat nach 20 Angriffen die meisten Tore erzielt?
- Dieser Mannschaft wird nach ihrem Sieg in diesem Test ein Punkt für den Heptathlon–Testzugesprochen.

TEST 4: 2 GEGEN 1-SITUATION: FÜNF ANGRIFFE

ERKLÄRUNG:
- Zwei Spieler einer Mannschaft greifen aus der Mitte des Feldes (12 x 15 m) eines von beiden 12 m breiten Hütchentore so an, dass sie den Ball trotz Behinderung durch einen gegnerischen Verteidiger mit dem Fuß über die Torlinie dribbeln können. Wenn der Verteidiger den Ball mindestens dreimal berührt hat, der Ball ins Aus geht oder ein Tor erzielt wurde, gilt der Angriff als abgeschlossen und beide Angreifer müssen dann eine weitere 2 gegen 1-Situation vor dem gegenüberstehenden Tor lösen.
- Jedes der 5 Spielerpaare beider Mannschaften hat 5 Angriffe gegen das gleiche Verteidigerpaar, bevor die Positionen und Rollen getauscht werden.

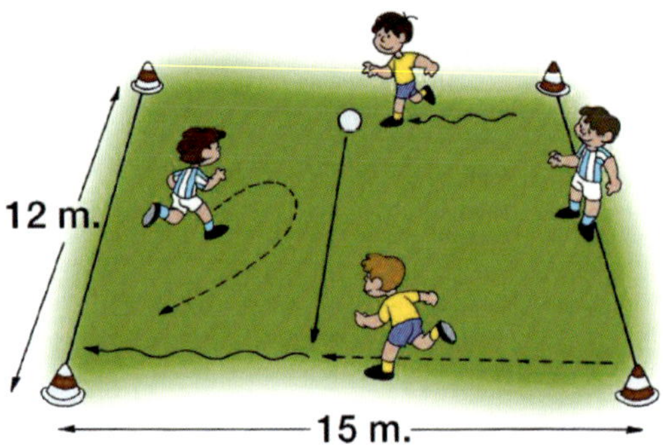

WERTUNG:
- Für jedes der 5 gewonnenen 2 gegen 1-Spiele bekommt eine Mannschaft einen Punkt, d. h., bei 3 Punkten wird ihr für den Heptathlon-Wettbewerb ein Punkt zugeschrieben.

TEST 5: SCHNELLES TOR

ERKLÄRUNG:
- Zwei Angreifer stellen sich mit je einem Ball auf die Endlinie eines FUNiñofeldes. Nach einem visuellen Signal muss jeder von ihnen den Ball bis 1 m vor der Linie der Schusszone dribbeln, um dann einen gezielten Pass durch das 8,5 m entfernte Hütchentor (nur 1 m breit) ausführen zu können.
- Wessen Zuspiel zuerst das Tor erreicht, bekommt einen Punkt gutgeschrieben.

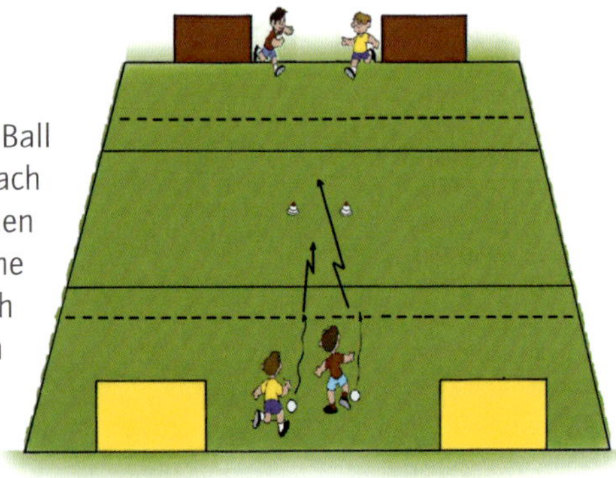

- Beide Zuspiele werden auf der gegenüberliegenden Endlinie von 2 weiteren Spielern beider Mannschaften aufgenommen, die dann genauso verfahren wie die ersten beiden.
- Jeder Spieler einer Mannschaft hat 5 mal die Möglichkeit, ein besseres Ergebnis im genauen, schnellen Zuspiel zu erzielen als sein persönlicher Gegenspieler.

WERTUNG:
- Es gewinnt jene Mannschaft, die nach 50 Zuspielen die meisten „schnellen" Tore erzielen konnte. Der Delegierte kann auch Zuspiele mit dem nicht dominierenden Fuß sowie verschiedene Zuspieltechniken fordern.

TEST 6: KOPFBALL NACH FLANKE

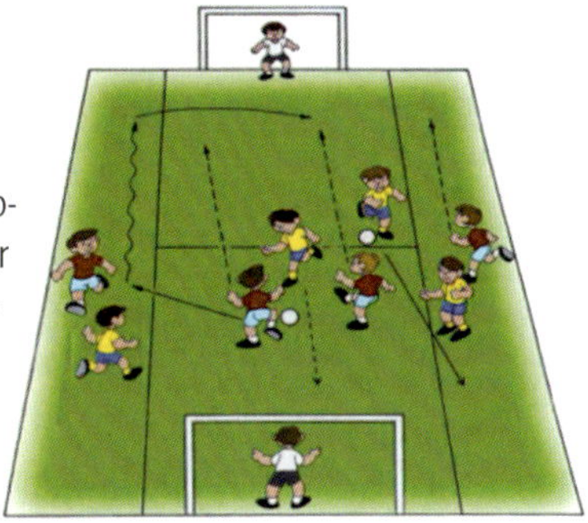

ERKLÄRUNG:
- Das Fußball-7-Feld wird längs in drei Streifen geteilt, wobei beide Korridore in den Außenpositionen ungefähr 8 m breit sind. Jede der beiden teilnehmenden Vierermannschaften postiert in jeder Spielfeldhälfte auf der Höhe der Mittellinie je einen Angreifer in den beiden Außenstreifen und zwei Angreifer im Mittelstreifen.
- Beide Mannschaft starten ihre Angriffe in entgegengesetzten Richtungen zur gleichen Zeit, ohne in ihrer technischen Ausführung durch einen Gegner oder durch den Faktor Zeit beeinträchtigt zu werden.
- Einer der zentralen Angreifer spielt den Ball zu einem von seinen 2 Außenstürmern, der den Ball innerhalb seines Streifens aufnimmt, um ihn dann etwa 10 m von der Endlinie entfernt hoch zu einem seiner 3 mitgelaufenen Angreifer zu flanken (zu einem der 2 Sturmspitzen oder zum Außenstürmer des gegenüberliegenden Streifens, der im Augenblick der Flanke in die Mitte in Richtung des zweiten Torpfostens einrücken sollte). Einer dieser drei Stürmer muss dann versuchen, mit einem Kopfball im leeren Tor (6 x 2 m) zum Erfolg zu kommen.
- Je nach dem Leistungsstand der teilnehmenden Spieler kann auch ein Torwart oder ein fünfter Spieler von jeder Mannschaft einbezogen werden. Dieser darf jedoch bei der Flanke seine Torlinie nicht verlassen.
- Nach 10 Angriffen (je 5 in jeder Richtung) werden die 4 Spieler beider Mannschaften durch andere 8 Spieler ersetzt.
- Der Wettbewerb kann auch unter Zeitdruck (nur 3 Minuten) durchgeführt werden. Je schneller eine Mannschaft angreift, desto mehr Möglichkeiten bekommt sie, Kopfballtore zu erzielen.

HINWEIS: Jede Mannschaft sollte die Zahl ihrer Tore laut ausrufen, damit beide Mannschaften immer über den aktuellen Spielstand des Wettbewerbs informiert sind.

WERTUNG:
- Diejenige Mannschaft, die nach 8 Minuten Spielzeit die meisten Kopfballtore im leeren oder im bewachten Tor erzielen konnte, bekommt einen Punkt für den Heptathlon.

TEST 7: BALLHALTEN IN DER 3 GEGEN 1-SITUATION

ERKLÄRUNG:

- Mit Hütchen werden 2 Vierecke (je nach Leistungsstand 10-12 m), eins neben dem anderen, errichtet. Ein Delegierter überwacht gleichzeitig den Spielverlauf in beiden Vierecken.
- Während im ersten Quadrat 3 Spieler der Mannschaft A den Ball gegen einen Spieler von B in ihrem Besitz halten müssen, ist es im Nachbarquadrat genau umgekehrt: Ein Spieler von A verteidigt gegen 3 Angreifer der Mannschaft B.
- Ein zweiter Verteidiger beobachtet von außerhalb des Quadrates die Abwehrversuche seines Kollegen 4 x bis er ihn ablöst.
- Jede Mannschaft hat also vor dem Wechsel 4 Ballbesitze, in denen sie den Ball länger in ihrem Besitz halten muss als der Gegner im Nachbarfeld.
- Die 2. Hälfte des Wettbewerbs bestreiten die restlichen 5 Spieler jeder Fußball-7-Mannschaft.

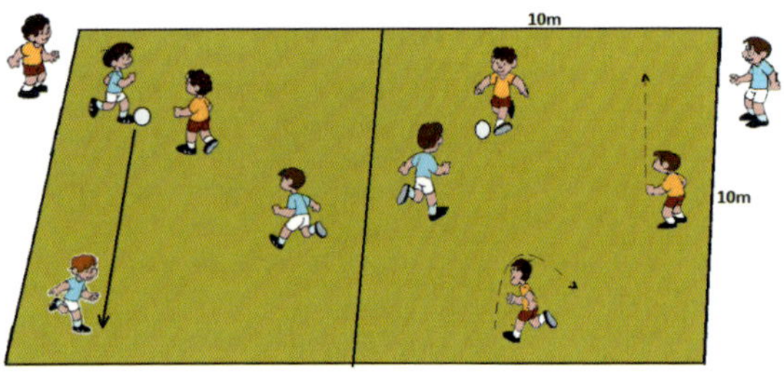

HINWEIS: Der Verteidiger sollte seine Abwehr aus dem Zentrum des Vierecks beginnen. Der Ballbesitz endet bei einer Eroberung durch den Verteidiger, mit dem Ball außerhalb des Vierecks oder bei einem Regelverstoß der Angreifer.

WERTUNG:
Es gewinnt jene Mannschaft, die von den 8 Ballbesitzen mehr als 4 für sich entscheiden konnte, weil sie den Ball länger in ihrem Besitz hielt als der Gegner.

TEST ZUM AUSWECHSELN VON EINEM DER 7 TESTS: FUSSBALL-TENNIS "4 GEGEN 4"

Auf 2 Spielfeldern wird zur gleichen Zeit zwischen den beiden Vierermannschaften beider Klubs während 10 Minuten die siegreiche Mannschaft ermittelt.

ES GEWINNT DEN "HEPTATHLON" – WETTBEWERB DIEJENIGE MANNSCHAFT, DIE DIE MEISTEN DER 7 TESTS GEWONNEN HAT.

VI FORMiño 5:5

Programm von 14 Spielen auf 4 Tore für Zehnjährige

FORMiño (5 gegen 5 auf 4 Tore 2 x 1 m) stellt eine ideale Brücke zwischen dem Spiel **FUNiño** und dem Fußball 5 gegen 5 auf 2 zentrale Tore dar. Es wird empfohlen, **FORMiño** in der ersten Hälfte der Saison für alle Zehnjährigen als Wettkampf anzubieten, bevor in der zweiten Hälfte der Saison das offizielle Spiel 5 gegen 5 oder Futsal in den Vordergrund tritt.

FORMiño mit seinen 4 Toren ist der ältere Bruder von **FUNiño**, einem Spiel, das die Spielfähigkeit aller Kinder in den vorangegangenen 3 Jahren (7, 8 und 9) stimulierte. **FORMiño** erlaubt es den Kindern so wie im **FUNiño**, den zur Verfügung stehenden Raum optimal zu nutzen, sich im Spiel zurechtzufinden und es in allen Einzelheiten zu verstehen. Deshalb sollte es optimalerweise sowohl im Training, in den Wettkämpfen des Verbandes sowie und auch bei Spielfesten im Ausbildungsprogramm der zehnjährigen Fußballer berücksichtigt werden.

1. FORMiño MIT OFFIZIELLEN REGELN

FELD: Das Spielfeld für **FORMiño** ist dem des **FUNiño** sehr ähnlich. Es hat folgende Ausmaße: 20-25 Meter in der Breite und 40-50 Meter in der Länge. Auf jeder der beiden Endlinien werden 2 Tore (2 x 1 Meter) mit einem Abstand von 14 Metern errichtet. Vor jeder Endlinie befindet sich eine Schusszone von 6 Metern. Ein Tor ist nur dann gültig, wenn der Ball aus der Schusszone auf eines der beiden Tore geschossen wird.

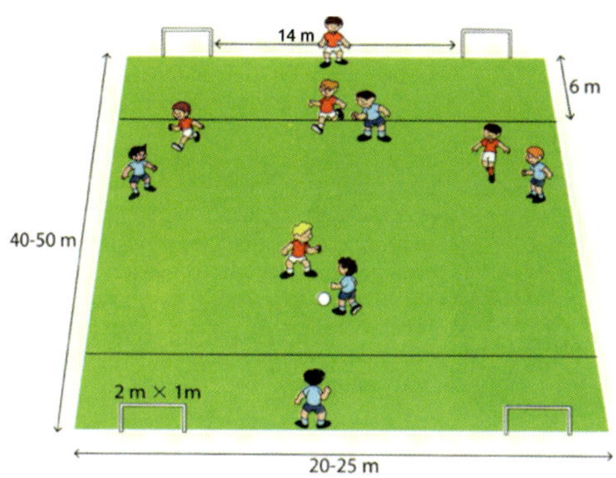

SPIELER: Eine Mannschaft wird in **FORMiño** aus 5 Spielern und einem Rotationsspieler gebildet, der nach jedem gültigen Tor von einer der beiden Mannschaften in Rotation mit seinen Mitspielern zum Einsatz kommt. Der einrotierte Spieler setzt das Spiel mit einer Ballführung oder einem Zuspiel von der 6 Meter-Linie der Schusszone fort. Bei Spielanfang sollte jede Mannschaft mindestens 5 Spieler auf dem Feld haben.

Wenn eine Mannschaft mit 3 Toren Unterschied gewinnt (3:0, 4:1, 5:2, etc.), wird es dem zurückliegenden Team erlaubt, seinen Auswechselspieler zu benutzen, um so vorübergehend eine Überzahl herzustellen. Beim Spielstand von 3:1, 4:2 oder 5:3 spielen beide Mannschaften wieder 3 gegen 3, d. h., in Gleichzahl. Beide Mannschaften profitieren von dieser Regel, denn die zurückliegende Mannschaft wird das Spiel jetzt ausgeglichener gestalten können und die gewinnende Mannschaft muss sich anstrengen, um ein Gegentor des in Überzahl spielenden Teams zu verhindern. So werden solche Resultate verhindert, die beiden Mannschaften wenig nützen.

TORSPIELER: Im **FORMiño** gibt es einen Torspieler, der beide Tore bewacht und überall auf dem Feld spielen darf, jedoch zunächst ohne seine Hände zu benutzen.

SPIELZEIT: Bei einem einzigen Spiel am Tage gibt es 3 Perioden zu je 15 Minuten mit je 5 Minuten Pause. Sollten im Rahmen eines Turniers mehrere Spiele am Tag erfolgen, dann wird nur zweimal 10 Minuten mit 5 Minuten Pause gespielt.

SCHIEDSRICHTER: Ein Schiedsrichter sorgt dafür, dass die **FORMiño**-Regeln eingehalten werden. Um den Schiedsrichternachwuchs zu fördern, sollten sie 17 oder 18 Jahre alt sein.

AUSRÜSTUNG:
Bälle: Ein Ball Nummer 4 hilft, Ansammlungen von Spielern um den Ball herum zu verhindern. Darüber hinaus bewirkt er durch seine geringere Größe und sein Gewicht eine leichtere Ausführung der Grundtechniken.

Kleidung: Jede Mannschaft sollte mit Trikots, Hosen und Stutzen verschiedener Farben ausgerüstet spielen.

Schienbeinschoner: Alle Spieler müssen Schienbeinschoner tragen.

TECHNISCHE REGELN:
Anfang: Das Spiel wird mit einem Schiedsrichterball in der Spielfeldmitte eröffnet.

Wiederanfang: Nach einem Tor wird der Ball mit einem Zuspiel oder einer Ballführung von der 6-m-Schusslinie von der Mannschaft, die das Tor erhalten hat, ins Spiel gebracht.

Punktverteilung: Ein Tor kann nur aus der gegnerischen Schusszone in eines der beiden Tore erzielt werden.

REGELVERSTÖSSE:
- Bis auf den Torspieler ist es keinem der Mitglieder einer Mannschaft erlaubt, mehr als 2 Sekunden im Tor zu stehen.
- Den Ball mit den Händen spielen.
- Einen Gegenspieler foulen.

Wird eine dieser Regeln nicht beachtet, gibt es am Ort des Geschehens wie im **FUNiño** einen Selbstpass, eine Ballführung oder ein Zuspiel zu einem Mitspieler. Sollte der Regelverstoß einer angreifenden Mannschaft innerhalb der gegnerischen Schusszone passieren, dann wird die verteidigende Partei das Spiel von der 6 m-Linie aus fortführen. Begeht jedoch die verteidigende Mannschaft einen Regelverstoß innerhalb ihrer eigenen Schusszone, dann entscheidet der Schiedsrichter auf Strafangriff.

STRAFANGRIFF: Im **FORMiño** gibt es kein Abseits, keine Ecken und keinen Elfmeter. Bei einem Strafangriff muss ein Angreifer auf Kommando des Schiedsrichters den Ball aus der Spielfeldmitte auf eines der beiden gegnerischen Tore ausführen, die von einem gegnerischen Abwehrspieler verteidigt werden. Alle übrigen 8 Spieler müssen sich 3 Meter hinter dem Ball postieren, um nach der ersten Ballberührung, je nach Funktion, den Angreifer zu stören oder ihn zu begleiten, um sich für ein Zuspiel anzubieten. Sollte ein Verteidiger einen Regelverstoß begehen, wird der Strafangriff wiederholt. Beim Ausführen eines Strafangriffs müssen sich die Spieler einer Mannschaft immer abwechseln, weil auch hier das Rotationsprinzip gilt.

SEITENAUS: Der Ball wird mit einer Ballführung oder einem Pass ins Spiel gebracht.

DIZIPLINARSTRAFE: 5 Minuten auf der Reservebank

VARIANTE DES SPIELS:
Ein Tor kann von jeder Stelle des Spielfeldes aus erzielt werden und nicht nur aus der gegnerischen Schusszone. Dem Torspieler ist es hierbei erlaubt, mit den Händen zu spielen.

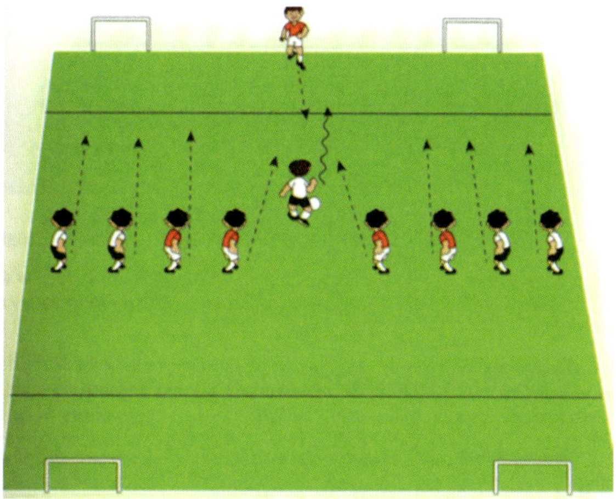

2. FORMiño ÜBERDRIBBELN DER GEGNERISCHEN ENDLINIE

Spielregeln:
Ein Tor ist nur dann gültig, wenn es einem Angreifer gelingt, den Ball am Fuß über die gegnerische Endlinie zu dribbeln, d. h., er hätte die Möglichkeit, anschließend sofort ein Torschuss auszuführen.

Variante 1: Ein Tor ist nur gültig, wenn alle 5 Spieler beim Angriff den Ball berührt haben.

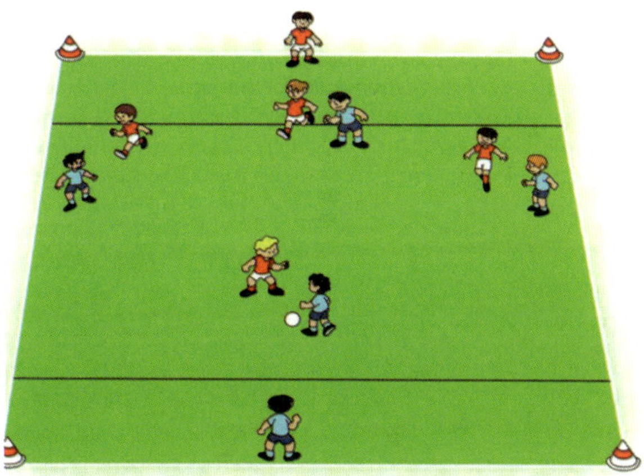

Variante 2: Ein Tor ist nur gültig, wenn der Ball beim Angriff immer flach zugespielt wurde.

Variante 3: Ein Tor ist nur gültig, wenn der mit dem Ball über die EndlinieEndlinie dribbelnde Spieler den Zidane-Trick oder eine andere Finte ausführt.

Variante 4: Ein Tor ist nur gültig, wenn sich im Augenblick des Torerfolges ein Spieler zur eventuellen Absicherung in der eigenen Spielfeldhälfte befindet.

Variante 5: Nach jedem Torerfolg wird das Gewicht, der Ballumfang und seine Prelleigenschaften durch den Gebrauch verschiedener Bälle geändert, damit sich alle Spieler den veränderten Bedingungen anpassen müssen.

Variante 6: Während eines Angriffes sollte der Ball mindestens einmal hoch abgespielt werden, damit die Ballannahme von hohen Pässen im Spiel geschult wird.

Variante 7: Alle Spieler tragen eine Augenklappe, die ihr dominierendes Auge verdeckt und somit das „schwächere" Auge vermehrt beansprucht und schult.

Anmerkung: Diese Varianten können auch bei vielen der folgenden **FORMiño**-Spiele angewendet werden.

3. FORMiño MIT DURCHDRIBBELN VON 2 BREITEN TOREN

Spielregeln:
Um die Schwierigkeit des Spiels zu erhöhen und die Spieler daran zu gewöhnen, den Raum, besonders in der Breite des Feldes, besser zu nutzen, werden auf jeder Endlinie zwei 6 m breite Hütchentore in den Außenpositionen errichtet. Sie sollten einen Abstand von mindestens 8 Metern haben. Ein Tor ist nur dann gültig, wenn der Ball am Fuß durch eines der beiden gegnerischen breiten Tore geführt werden kann.

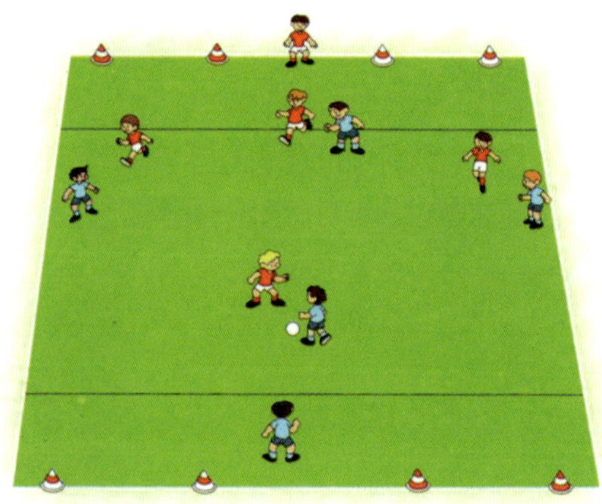

Varianten 1-7:
Siehe die 7 Varianten des Spiels Nummer 2

Variante 8: FORMiño-MIX
Auf jeder Endlinie werden ein 6 m breites und ein 2 m breites Netztor aufgebaut. Jede Mannschaft muss entweder ein 6 m breites Tor durchdribbeln oder aus der Schusszone in ein 2 m breites Tor (Netztor) schießen.

Variante 9: Auf jeder Endlinie werden entweder 2 Netztore oder nur 2 Dribbeltore errichtet. Die theoretisch schwächere Mannschaft greift die Netztore und die theoretisch stärkere Mannschaft nur die Dribbeltore an. Nach 3 Minuten müssen beide Mannschaften die Seiten wechseln.

Variante 10: Auf einer Endlinie muss das 25 m breite Hütchentor durchdribbelt werden und auf der anderen stehen zwei 2 m breite Stangen- oder Netztore, in denen aus der Schusszone Torschüsse erfolgen müssen.

Auch hier ist es möglich, zwischen zwei ungleich besetzten Mannschaften einen interessanten Wettkampf durchzuführen. Die schwächere Mannschaft greift das 20 m breite Tor oder die zwei 6 m breiten Tore an, während die stärkere Mannschaft aus der Schusszone in den Netztoren (2 x 1 m) zum Erfolg kommen muss.

4. FORMiño MIT HANDICAP

Spielregeln:
Nach jedem Torerfolg verliert die betreffende Mannschaft zwei Spieler, so dass sie bis zum nächsten Tor in Unterzahl 3 gegen 5 weiterspielen muss. Schießt dann aber die Fünfermannschaft ein Tor, kommen die zwei ausgeschiedenen Spieler zurück aufs Feld, während die erfolgreiche Mannschaft ihrerseits zwei Spieler verliert. Wenn eine in Unterzahl spielende Mannschaft ein Tor erzielt, gewinnt sie das Spiel, d. h, sie muss zweimal hintereinander ein Tor erzielen.

Das ohne Auswechselspieler bestrittene Spiel 5 gegen 5 dauert 3 x 3 Minuten mit zwei Minuten Pause, in denen der Trainer mit seinen Spielern ein Gespräch über die begangenen Fehler und die Optimierung des Spiels führen sollte.

5. FORMiño AUF DIAGONAL GEGENÜBERSTEHENDE TORE

Spielregeln:
Jede Mannschaft greift zwei diagonal gegenüberstehende Tore an und verteidigt die anderen beiden. Ein Tor kann nur mit einem Schuss von innerhalb der Schusszone auf eines der beiden Tore erzielt werden. Reserevebälle sollten neben den Toren bereitliegen.

Variante 1:
Anstatt auf 2 x 1 m Netztore zu schießen wird nun von den Spielern verlangt, den Ball am Fuß durch eines der beiden 8 m breiten Hütchentore zu dribbeln.

Variante 2:
FUNiño AUF „WECHSELNDE" TORE

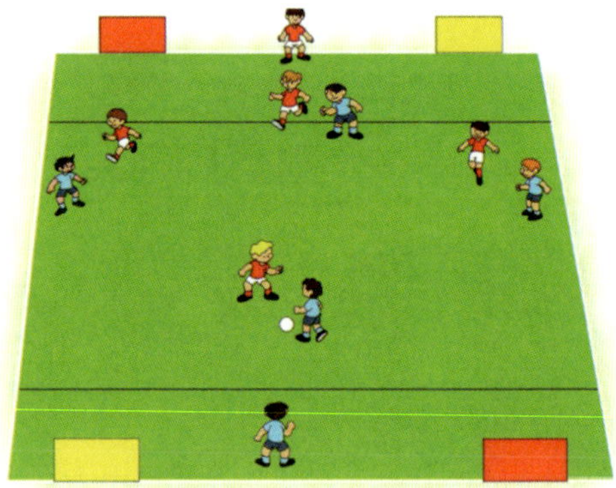

Die Regeln sind zunächst die gleichen wie beim Originalspiel, d. h., beide Mannschaften greifen zwei diagonal gegenüberstehende Tore an. Um die Wahrnehmungsfähigkeit und Analyse der jeweiligen Spielsituation von allen Spielern zu schulen, wird die Farbe oder auch der Standort der den beiden Mannschaften zugeordneten Tore während des Spielgeschehens etwa alle zwei Minuten von zwei Assistenten gleichzeitig so verändert, dass es zu einem Spiel auf diagonal gegenüberstehende Tore oder zu einem normalen Spiel auf das rechte oder das linke Tor kommt. Ein Torerfolg wird entweder mit Überdribbeln eines der den beiden Mannschaften zugeordneten, 6 bis 8 m breiten Hütchentore erzielt, oder mit einem Torschuss aus der Schusszone auf das gegnerische Netztor (2 x 1 m).

Variante 3: Während des Spiels kann nicht nur die Farbe der Tore, sondern auch ihre Breite verändert werden. Bevor ein Angreifer zum Torerfolg kommt, muss er deshalb entscheiden, ob ein Tor mit einem Torschuss oder mit einem Überdribbeln der Torlinie erzielt werden muss.

Variante 4: Während des Spiels werden die Standorte der Tore auf den Seiten- und Endlinien oder auch in den Spielfeldecken beliebig verändert, was von allen beteiligten Spielern erhöhte Aufmerksamkeit verlangt und das erneute Lesen einer Spielsituation notwendig macht.

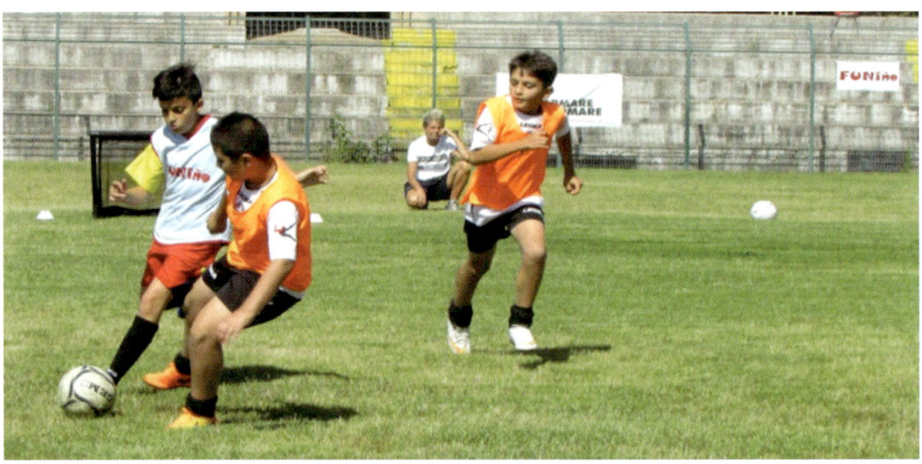

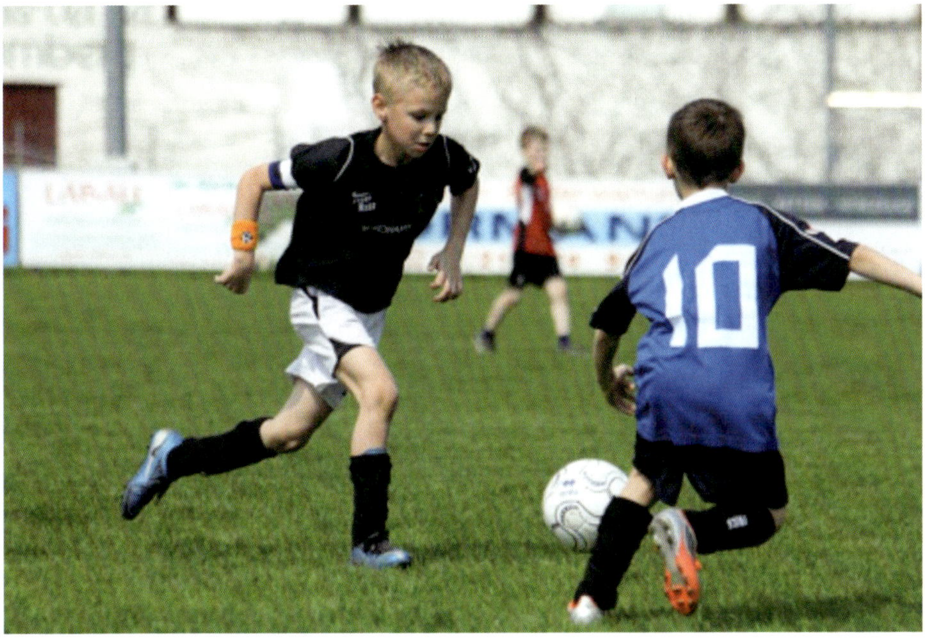

6. FORMiño auf umgekehrte Tore auf den 6-m-Linien

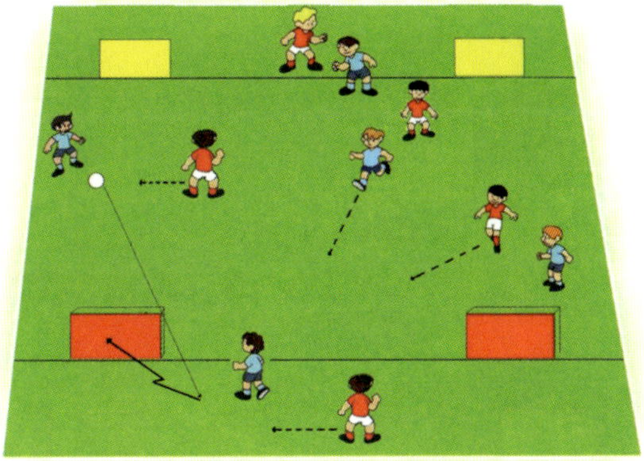

Spielregeln:
In diesem Spiel werden die Tore (2 m breit) in den Außenpositionen auf der Linie der Schusszonen errichtet und zwar so, dass ihre Öffnung zur Endlinie zeigt! Um ein Tor zu erzielen, muss die angreifende Mannschaft den Ball in die Schusszone bringen und von dort aus einen Rückpass in eines der beiden Tore ausführen. Welcher Mannschaft gelingt es, zuerst 10 Tore mit einem genauen Rückpass zu erzielen?

Variante 1: Nur eines der beiden Tore verbleibt mit der Öffnung zur Endlinie auf der Line der Schusszone, während das zweite Tor in einer anderen Außenposition auf der Endlinie verbleibt, offen zum Mittelfeld so wie in fast allen anderen FORMiño-Spielen.

7. FORMiño IM LÄNGSGETEILTEN FELD

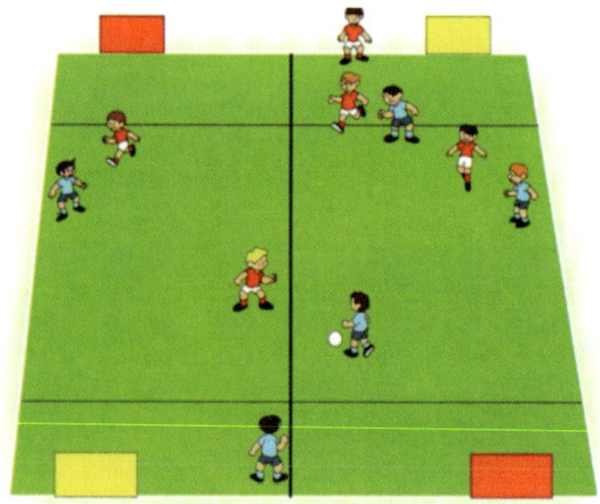

Spielregeln:
Das FORMiño-Fußballfeld wird in eine rechte und linke Spielfeldseite geteilt. Den 5 Spielern der sich im Ballbesitz befindlichen Mannschaft ist es nicht erlaubt, dass sich mehr als 3 in der gleichen Hälfte des Feldes aufhalten. Diese Beschränkung gilt nicht für die Abwehrspieler. Sollten diese jedoch in Ballbesitz kommen, müssen sie auch die gleiche Angriffsregel beachten (max. 3 Angreifer in einem Längsstreifen). Die Beachtung dieser Regel lehrt die Angreifer korrekte, offensive Verhaltungsweisen und sich optimal im Spielfeld zu verteilen, womit sie die Abwehr des Gegners erschweren.

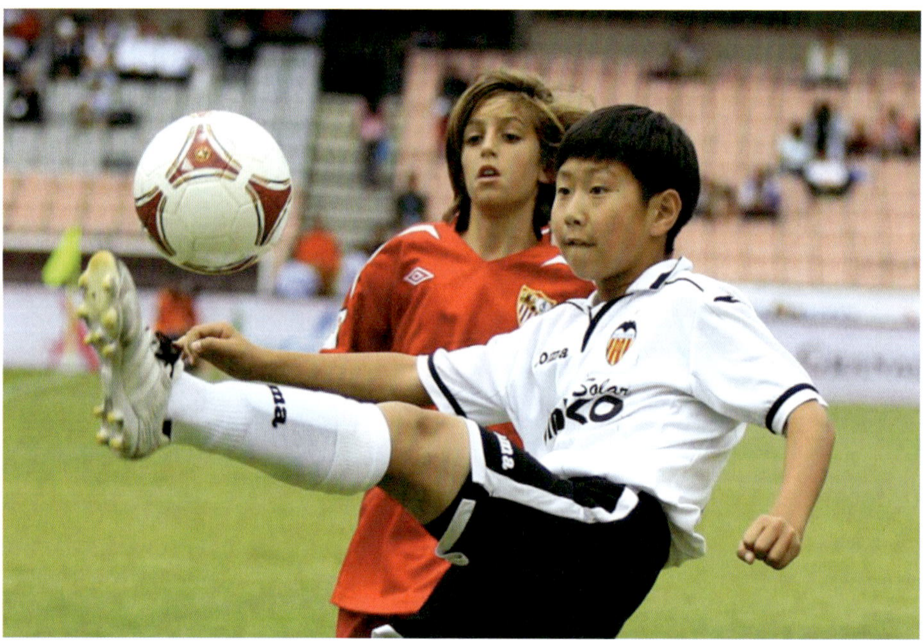

8. FORMiño BALLHALTEN IN DER 5:3-SITUATION MIT ABWÄGEN VON RISIKEN

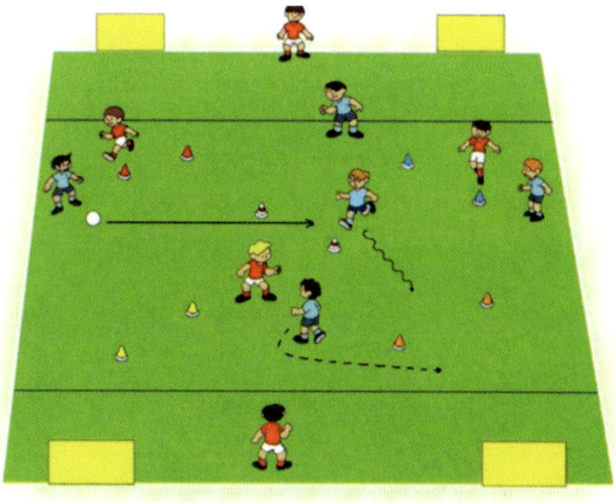

Spielregeln:

Die Fünfermannschaft im Ballbesitz

- versucht gegen 3 Abwehrspieler (die beiden restlichen müssen immer jeder in einer der beiden Schusszonen beide Tore verteidigen) den Ball zu halten und mit Pässen (in einer Variante nur mit Ballführungen) durch die 5 im Mittelfeld aufgestellten Hütchentore so viele Punkte wie möglich zu erzielen, wobei nicht zweimal hintereinander der Ball durch das gleiche Hütchentor gespielt werden darf. Das Ballhalten findet nur Im Mittelfeld statt.
- muss nach dem Erzielen von mindestens 2 Punkten beim Ballhalten in eine der beiden Schusszonen eindringen, um dort gegen einen weiteren Verteidiger zum Erfolg im rechten oder linken Tor zu kommen. Für den Fall, dass sie vorher 2 Punkte beim Ballhalten erzielt haben, bekommen sie nun 4 Punkte gutgeschrieben, d. h., sie verdoppeln immer ihre Punktzahl, die sie bei erfolgreichen Aktionen in den Hütchentoren erzielen konnten. Sollten sie jedoch den Ball dabei verlieren, haben sie 4 weitere Angriffsversuche, um am Ende eine möglichst hohe Punktzahl zu erreichen. Diese Punktzahl sollte die gegnerische Mannschaft mit ihren anschließenden 5 Ballbesitzen versuchen zu überbieten.
- sollte sich beim Ballhalten nicht überschätzen und zu viel riskieren, denn sonst wird sie Schwierigkeiten haben, das Spiel für sich zu entscheiden.

Variante

Anstatt den Ball durch ein Hütchentor zu passen kann der Trainer auch eine Mindestzahl von Ballführungen durch ein freies Hütchentor fordern, bevor die Angreifer in eine der beiden Schusszonen eindringen und ein Tor erzielen.

9. FORMiño BALLHALTEN IN DER 5 GEGEN 4-SITUATION

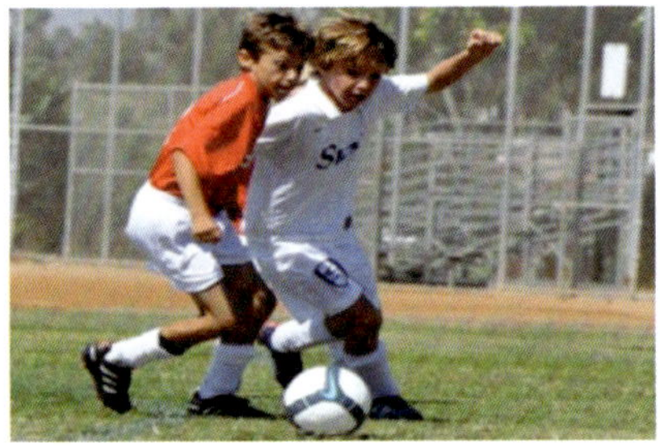

Spielregeln:

- Einer der fünf Spieler jeder Mannschaft – der Torspieler – muss in der Schusszone seines Feldes verbleiben. Jede Mannschaft versucht, den Ball trotz der Bedrängung durch die 4 Gegner, sechs Sekunden in ihrem Besitz zu halten.
- Sollte ihr das gelingen, bekommt sie das Angriffsrecht und greift mit allen fünf Spielern die gegnerischen Tore an.
- Verliert sie jedoch den Ball, verfährt die ballerobernde Mannschaft auf die gleiche Art und Weise, bis es der Fünfermannschaft gelingt, zwei Tore zu erzielen.
- Während des Ballhaltens kann der Torspieler in der Schusszone mit einem beliebigen Mitspieler seinen Platz tauschen.
- Bei jedem Regelverstoß verliert die betreffende Mannschaft den Ballbesitz.

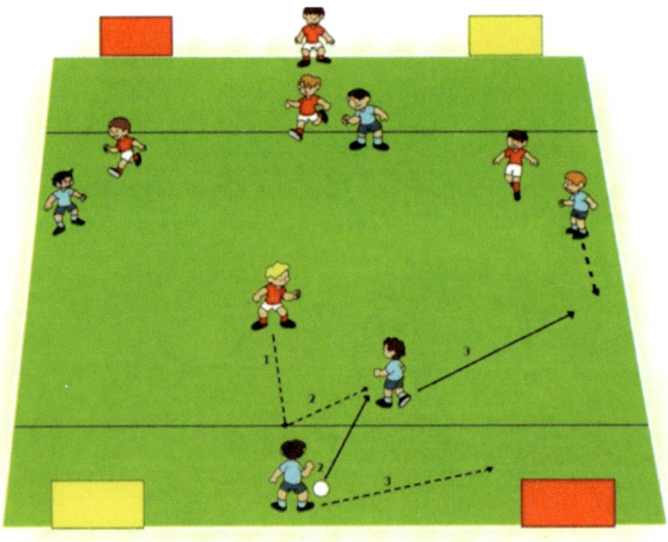

Variante:

Anstatt den Ball für 6 Sekunden in Besitz zu halten, kann der Trainer von den Angreifern auch 5 Pässe mit dem „schwächeren" Fuß oder 3 Zuspiele über mindestens 10 Meter oder auch 2 hohe Abspiele zu einem Mitspieler fordern, bevor sie nach dem Erfüllen dieser Regel das Recht zum Angriff zugesprochen bekommen.

10. FORMIÑO MIT TORSCHUSS IN EINES DER 6 TORE

Spielregeln:

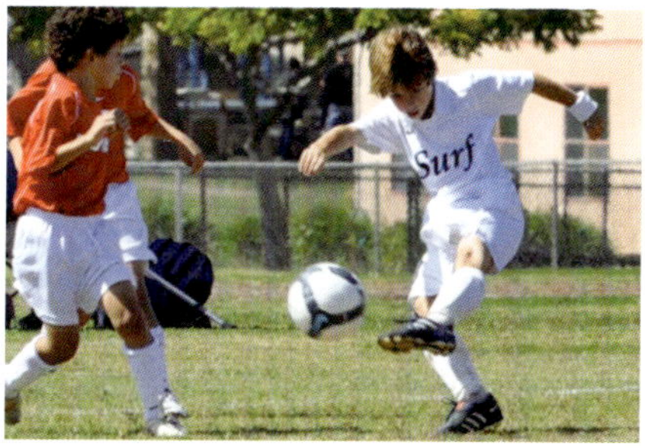

Außer den 4 Toren auf den beiden Endlinien wird in der Mitte von jeder Seitenlinie je ein 5. und 6. Netz- oder 6 m breites Hütchentor für ein Überdribbeln der Torlinie in diesen Toren errichtet. Ziel der angreifenden Fünfermannschaft ist es, mit 10 Ballbesitzen so oft wie möglich in einem der 6 Tore zum Erfolg zu kommen (Torschuss aus der Schusszone oder Durchdribbeln der 6 Metern breiten Tore auf den Seitenlinien). Dabei müssen die Angreifer immer entscheiden, welches der 6 Tore von den Abwehrspielern gerade nicht oder am wenigsten verteidigt wird.

Jeder neue Angriff sollte aus der Spielfeldmitte gestartet werden, wobei die Abwehrspieler mindestens 5 Meter vom Ball entfernt stehen müssen.

Ein Angriff endet nach einem Tor, nach einem Ball im Aus oder wenn der Ball von den Verteidigern erobert und anschließend unter ihnen ein Zuspiel ausgeführt wird.

Nach 10 Ballbesitzen tauschen beide Mannschaften Plätze und Funktionen.

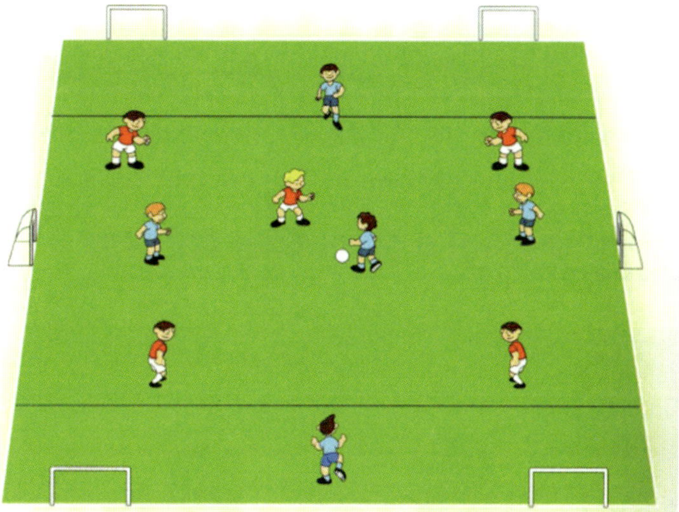

Variante: Freies Spiel mit Erobern des Balles und anschließendem Kontern.

11. FORMiño MIT 2 BÄLLEN GLEICHZEITIG

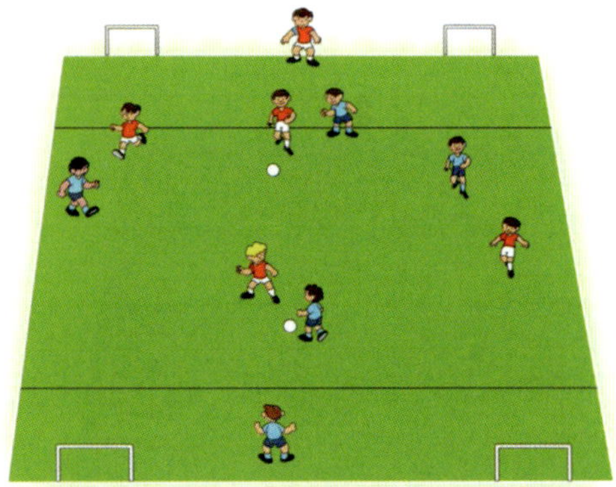

Spielregeln:
Jede Mannschaft startet ihren Angriff aus der Schusszone mit dem Ziel, ein Tor zu machen, ohne dabei ein Gegentor zu kassieren. Wenn eine Mannschaft ein Tor erzielen konnte oder auch einer der beiden Bälle ins Aus geht, wird das Spiel solange mit dem zweiten Ball fortgesetzt, bis eine Mannschaft zum Torerfolg kommt oder der Ball außerhalb des Spielfeldes ist.

Im Anschluss daran wird das Spiel erneut mit 2 Bällen gestartet, bis nach 10 Spieleröffnungen der Sieger ermittelt wird. Es gewinnt normalerweise immer jene Dreiermannschaft, die zuerst aus ihren in den vorhergehenden Versuchen gemachten Fehlern gelernt hat.

Variante: Es wird mit verschiedenen Bällen (Umfang, Prellfähigkeit und Gewicht) gespielt.

Anmerkung:
Die Trainer sollten wie bei allen FORMiño-Spielen keine Instruktionen geben, sondern die Kinder das Spiel selbst entdecken lassen, damit diese ihre eigenen Erfahrungen machen können. Nur Fragen sind erwünscht!

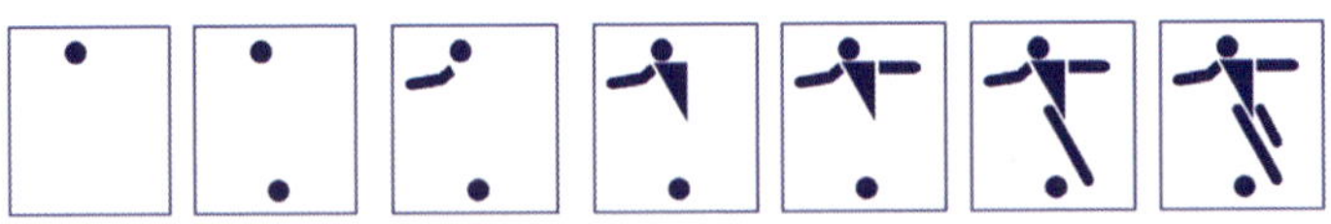

Fußball, der im Kopf beginnt und mit den Füßen endet.

Fútbol a la medida del niño

12. FORMiño MIT KONTERN NACH JEDEM GEGENTOR

Spielregeln:

Es wird nach den offiziellen Regeln gespielt. Neben jedem der 4 Tore sollten mehrere Reservebälle bereitliegen. Ein Spieler der Mannschaft, die ein Tor kassiert, holt sich sofort nach dem Tor von einer der beiden Seitenlinien des Mittelfeldes einen der dort abgelegten 2 Bälle. Mit oder ohne Hilfe seiner Mitspieler versucht er, mit diesem Ball in die gegnerische Schusszone einzudringen und zum Torerfolg zu kommen.

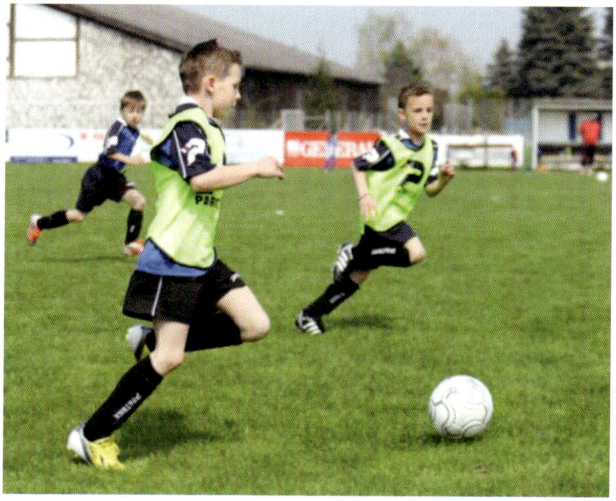

Je nach Aufstellung des Gegners im Feld wählt die konternde Mannschaft einen bestimmten Ball links oder rechts an der Seitenlinie aus. Finten beim Ballholen, die die Abwehrspieler von den wahren Absichten der Angreifer ablenken sollen, sind erlaubt. Erst nachdem der Ball beim Kontern auf der Seitenlinie berührt wurde, darf verteidigt werden.

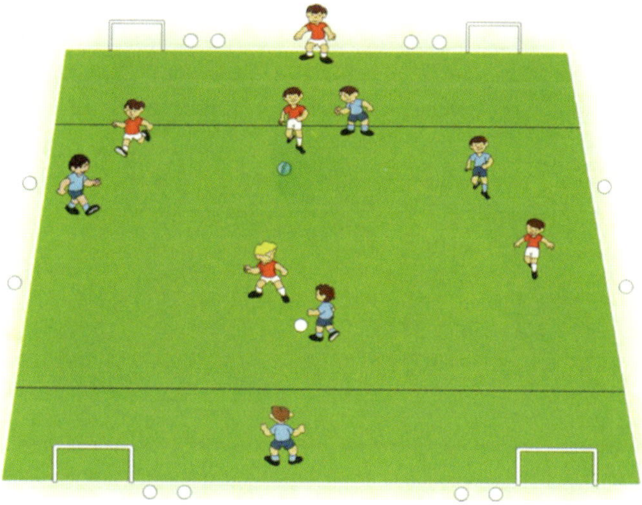

13. FORMiño SCHNELLES UMSCHALTEN

Spielregeln:
An diesem Spiel sind immer 20 Spieler beteiligt! Eine Mannschaft besteht aus 10 Spielern, 5 auf dem Spielfeld und 5 Auswechselspielern außerhalb. Wenn eine der beiden Mannschaften ein Tor schießt, müssen ihre 5 Spieler sofort aus dem Feld herauslaufen, damit jeder der 5 beteiligten Spieler einen außerhalb des Feldes wartenden Mitspieler abschlagen kann und ihm damit die Fortsetzung des Spiels, d. h., die Abwehr des gegnerischen Konters, ermöglicht.

Die das Tor erhaltende Mannschaft wartet währenddessen außerhalb des Spielfeldes auf ihren nächsten Einsatz, der nur nach einem Torerfolg ihrer 5 Mitspieler zustande kommt.

Der Trainer regt alle Austauschspieler dazu an, sich so um das Spielfeld zu gruppieren, dass es ihnen möglich ist, auf einen gefährlichen Konterangriff des gerade ein Tor erhaltenden Gegners schnell antworten zu können. Wenn jedoch ein Spieler die optimale Antwort gefunden hat und sich neben einem gegnerischen Tor aufstellt, wird er gelobt und die Regel so geändert, dass alle Spieler an den Seitenlinien zwischen den Schusszonen auf ihren Einsatz mit Abschlag warten müssen.

Die das Tor erhaltende Mannschaft lernt schnell, von Abwehr auf Angriff umzuschalten und darüber hinaus beim Kontern bevorzugt Steilpässe und wenige Ballführungen auszuführen, während die erfolgreiche Mannschaft ihren Auswechselspielern durch Abschlag erlaubt, so schnell wie möglich einen Abwehrblock zu bilden.

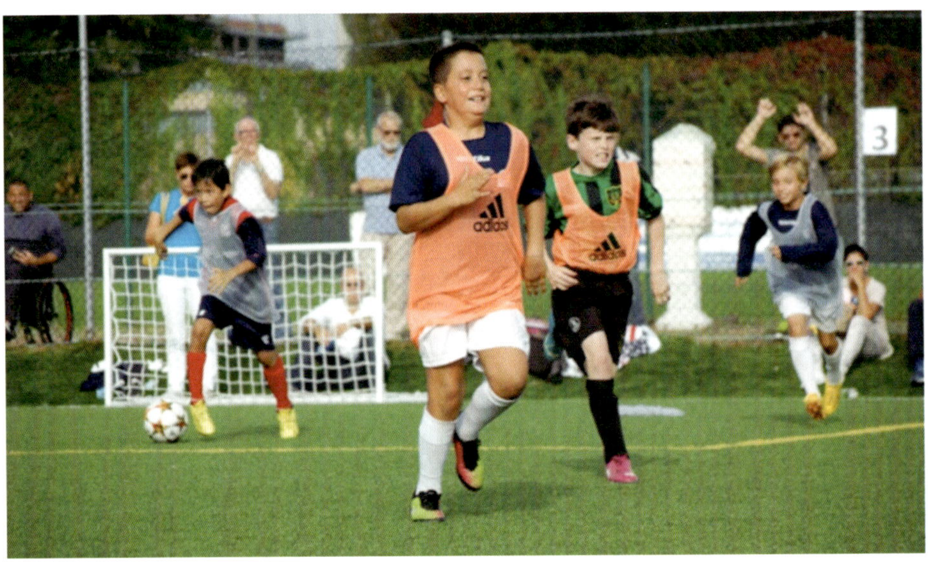

„Fehler sollten als Bausteine neuer Erfahrungen und mehr Wissen gesehen werden und nicht als Kennzeichen von Mängeln."

14. FORMIÑO RISIKO KALKULIEREN

Spielregeln:

Es wird ohne Auswechselspieler gespielt. Jede Mannschaft hat nacheinander 5 Angriffe, die sie von ihrer Endlinie aus startet. Vorher müssen die Spieler in einer Diskussion entscheiden, ob sie gegen zwei, drei oder auch vier Verteidiger angreifen wollen. Die Zahl ihrer Gegenspieler bestimmt auch die Zahl der Punkte, die sie im Falle eines erfolgreichen Abschlusses ihres Angriffes erzielen können:

- wenn sie gegen **2 Verteidiger** ein Tor schießen = **1 Punkt**
- wenn sie gegen **3 Verteidiger** zum Erfolg kommen = **2 Punkte** und
- wenn sie gegen **4 Verteidiger** erfolgreich sind (also im Spiel 3 gegen 3) = **3 Punkte**

Ein Angriff endet mit einem Tor, mit dem Ball außerhalb des Spielfeldes oder wenn die Angreifer den Ballbesitz verlieren. Nach 5 Angriffsversuchen tauschen beide Mannschaften ihre Rollen. Die Mannschaft, die nach 10 Angriffen die meisten Punkte erzielt hat, gewinnt das Spiel.

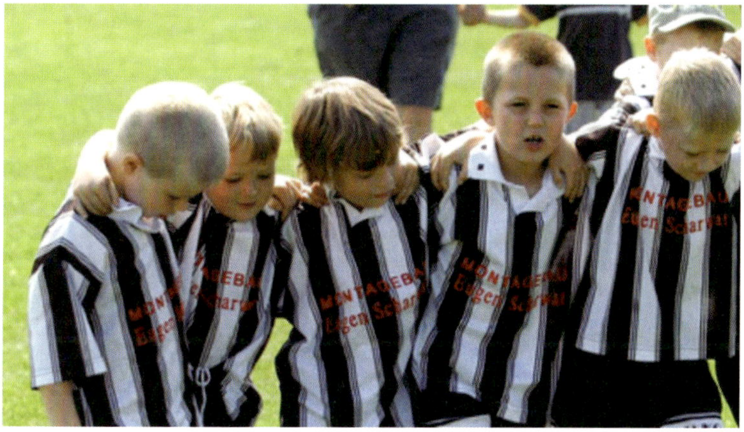

Varianten:

1. Das gleiche Spiel, nur dass jetzt die Verteidiger kontern können. Falls es ihnen gelingt, ein Tor zu erzielen, so bekommen sie folgende Punkte:
   - wenn zwei Verteidiger gegen 5 Gegner ein Tor schießen = 4 Punkte
   - wenn 3 Abwehrspieler gegen 5 Gegner ein Tor erzielen = 3 Punkte
   - wenn 4 Verteidiger im 4 gegen 5 ein Tor machen = 2 Punkte.
2. Um das Spiel zu gewinnen, muss eine Mannschaft dreimal hintereinander im 5 gegen 2, 5 gegen 3 und im 5 gegen 4 erfolgreich sein.
3. Beide Mannschaften haben einen Schatz von 10 Bällen hinter ihren Endlinien. Sie greifen abwechselnd an. Wenn ein Team ein Tor erzielt, kann es für jeden aktiven Verteidiger einen Ball des Gegners wegnehmen. Nach 5 Angriffen von jeder Mannschaft gewinnt diejenige, die den größten Ballschatz hat.
4. Dgl. mit Kontern. Die Verteidiger können vom Schatz der Angreifer beim 4 gegen 5 einen Ball, beim 3 gegen 5 zwei und beim 2 gegen 5 drei Bälle entnehmen.

E DIE VIERTE FUSSBALLENTWICKLUNGSSTUFE VEREINFACHTE SPIELE FÜR FUSSBALL 8

I FUSSBALL 8 KINDGEMÄSS TRAINIEREN

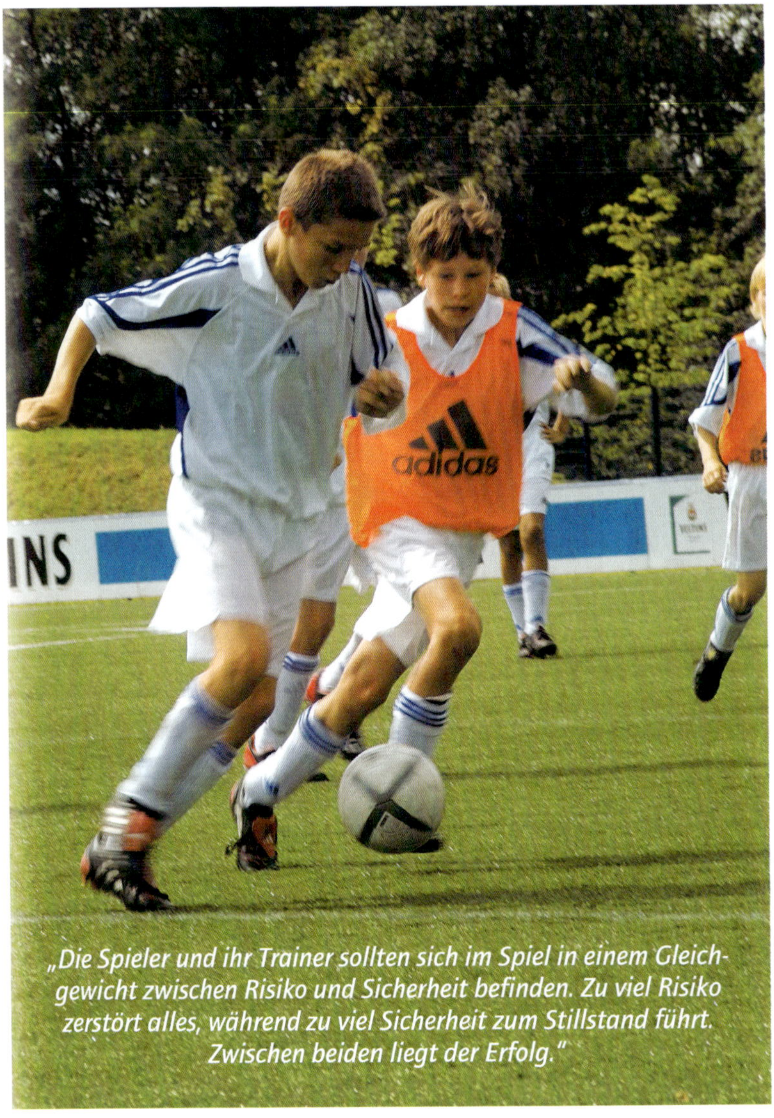

„Die Spieler und ihr Trainer sollten sich im Spiel in einem Gleichgewicht zwischen Risiko und Sicherheit befinden. Zu viel Risiko zerstört alles, während zu viel Sicherheit zum Stillstand führt. Zwischen beiden liegt der Erfolg."

1 Regeln für Fußball 8

Regel 1:
Die hier aufgezeigten Regeln sind nur fußball-8-spezifische Regeln. Im Falle irgendwelcher Zweifel gelten die offiziellen Fußballregeln der FIFA.

Fußball 8 gilt für die 13-Jährigen als das geeignetste Wettspiel, weil sich seine Regeln sowohl den intellektuellen als auch den körperlichen Leistungsvoraussetzungen der Spieler dieser Altersstufe perfekt anpassen. Fußball 8 will eine Brücke zwischen Fußball 7 und Fußball 11 darstellen.

Regel 2: Spielerzahl und Auswechseln
Eine Fußball-8-Mannschaft besteht aus maximal 11 Spielern, wobei immer acht gleichzeitig auf dem Felde sein müssen. Einer von ihnen ist der Torwart.

Jede Mannschaft muss das Spiel mit mindestens sieben Spielern beginnen.

Die drei zunächst nicht eingesetzten Spieler können zu jeder Zeit gegen andere Spieler ausgetauscht werden, was immer auf Höhe der Mittellinie geschehen sollte.

Ein einmal ausgetauschter Spieler darf also immer wieder aufs Feld zurückkehren.

Regel 3: Spielfeld
Es wird auf dem regulären Fußballfeld (90-120 m lang und 50-60 m breit) gespielt, aber nur zwischen den beiden Strafräumen, deren 16,50-m-Linien und ihre jeweilige Verlängerung zu beiden Seitenlinien die Endlinien des Fußball-8-Feldes darstellen.

In der Mitte von jeder Endlinie wird ein verschiebbares Fußball-7-Tor (6 x 2 m) errichtet. Der Torraum wird durch den Halbkreis vor dem Strafraum markiert.

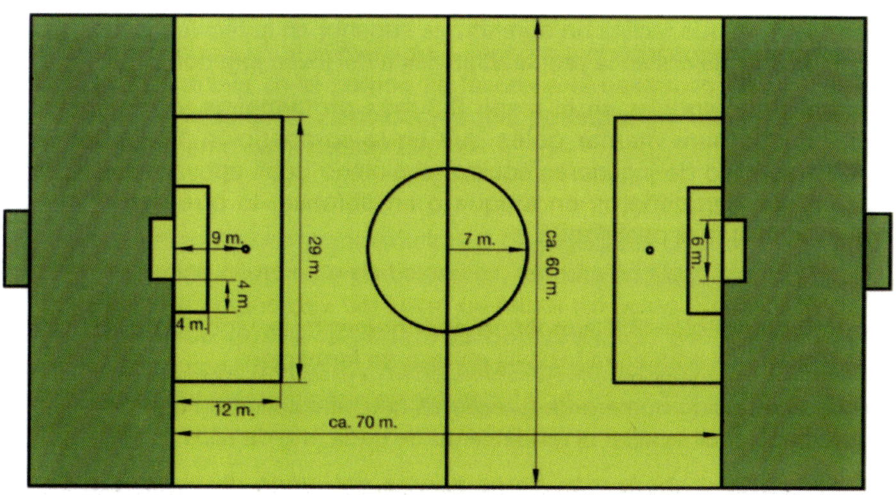

Als Strafraum gilt die gesamte Spielfeldhälfte, wobei jeder Regelverstoß an dem Ort auszuführen ist, an dem er begangen wurde. Findet der Regelverstoß nach Meinung des Schiedsrichters weniger als 16,50 m vom Tor entfernt statt, so entscheidet er auf einen Strafstoß aus 9 m Entfernung.

„Das, was beim Fußballspielen schwerfällt, ist nicht das Passen, das Dribbeln oder die Ballannahme, sondern alle diese Elemente zu einem höheren Ganzen optimal zu verschmelzen!"

Regel 4: Ball
Es wird mit einem Ball Nr. 4 gespielt, der einen Umfang von 63,5 cm bis 66 cm und ein Gewicht zwischen 340 und 390 g hat.

Regel 5: Schiedsrichter
Fußball-8-Spiele sollten bevorzugt von einem Schiedsrichter unter 22 Jahren geleitet werden. Nur in wichtigen Spielen oder Turnieren wird er von zwei Assistenten gleichen Alters begleitet.

Regel 6: Dauer des Spiels
Die Dauer eines Fußball-8-Spiels beträgt 3 x 25 Minuten mit je einer Pause von fünf Minuten zwischen den Dritteln. Sollten die Mannschaften in einem Turnier zwei Spiele am gleichen Tag austragen, dann sollte die Spielzeit auf 2 x 25 Minuten begrenzt werden.

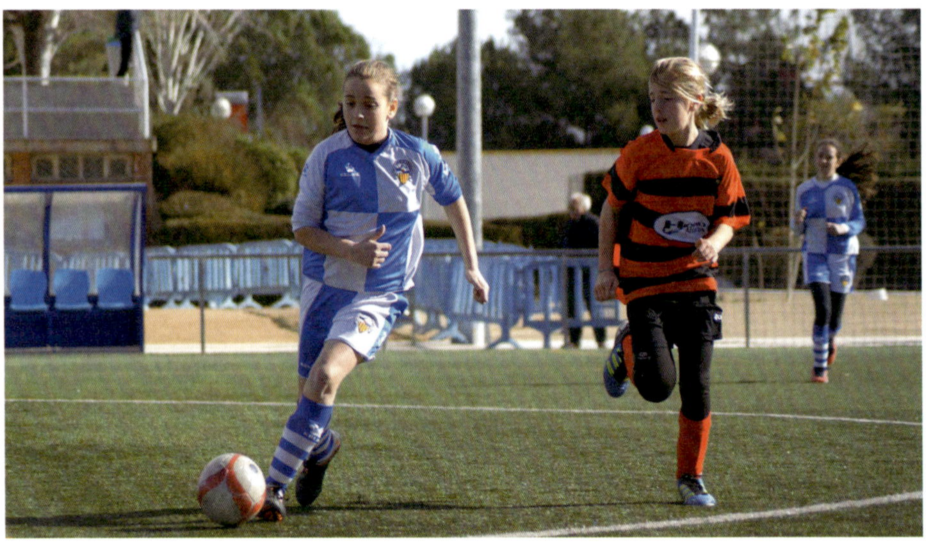

2 Warum Fußball 8 und nicht Fußball 11?

15 Gründe, die für Fußball 8:8 der 13-Jährigen sprechen

1. Jeder der 16 Spieler hat viel mehr Ballkontakte als im Spiel 11:11, wodurch er nicht nur technisch-taktisch, sondern auch physisch mehr und besser lernen kann.
   Ein 13-Jähriger ist im Spiel 8:8 immer Hauptdarsteller, weil er viel häufiger als beim Erwachsenenfußball 11:11 direkt am Spiel beteiligt ist. Dies wird nicht nur durch die geringere Spielerzahl erreicht, sondern ist auch dadurch bedingt, dass jeder Mitspieler zu jeder Zeit jeden Spieler mit einem Pass (mit dem Ball Nr. 4) erreichen kann.

2. Jeder Spieler hat mehr Möglichkeiten, zum Torerfolg zu kommen.

3. Fußball 8 erleichtert die Arbeit (Spielbeobachtung und Analyse) des häufig noch nicht erfahrenen Jugendtrainers, denn anstatt 16 braucht er jetzt nur eine Gruppe von 11 Spielern beim Spiel zu „coachen". Dadurch, dass er weniger Informationen verarbeiten muss, wird die Qualität seiner Leistungskontrolle angehoben, was sich wiederum positiv auf die nachfolgende Trainingsarbeit auswirkt, deren Inhalte sich bei der kritischen Beobachtung des Wettspiels ergeben haben. Eine korrekte Beurteilung der Spielleistung erleichtert es dem Jugendtrainer, Lösungsmöglichkeiten für seine entdeckten Probleme zu finden.

4. Beim Fußball 8 befindet sich der Ball etwa doppelt so viel Zeit wie beim 11:11-Spiel in Tornähe. Diese Tatsache gibt den 13-Jährigen Gelegenheit, vermehrt wichtige Erfahrungen in dieser wichtigsten Zone des Spielfeldes zu gewinnen, in der praktisch alle Spiele entschieden werden, sowohl im Angriffsverhalten wie auch in der Abwehr. Das gilt besonders für den Torschuss mit systematischem Nachsetzen (sowohl im Angriff als auch in der Abwehr) und für den mentalen Bereich (ruhig oder „kühl" bleiben und schnell, aber nicht überstürzt handeln).

5. Wie Fußball 7 ist auch der Wettkampf mit nur acht Spielern durch das häufigere Eingreifen des Torwarts eine hervorragende Torwartschule. Zudem bekommt der Torwart durch die ihm angepassten Torgröße von 6 x 2 m mehr Selbstvertrauen, da er jetzt viel häufiger in seinen viel zahlreicheren Interventionen erfolgreich ist.

6. Dadurch, dass jedem Spieler im Fußball 8 auf dem kleineren Spielfeld genauso viel Raum und Zeit zur Verfügung steht, wie dem Spieler in der Elfermannschaft auf dem großen Feld (275 m2), muss Fußball 8 als eine geeignete Brücke oder Übergang zum großen Spiel angesehen werden. Es werden beim Fußball 8 auch korrekte Gewohnheiten bezüglich des Raums und der zur Verfügung stehenden Zeit entwickelt.

7. Dadurch, dass jeder Spieler jeden anderen mit dem Ball Nr. 4 erreichen kann, werden für die Entwicklung der Wahrnehmungsfähigkeiten wichtige Impulse gegeben, was beim Spiel 11:11 mit dem offiziellen Ball nicht der Fall wäre.

8. Jeder Spieler (und nicht nur der Trainer) hat durch die geringere Spielerzahl weniger Informationen zu verarbeiten, wodurch er häufiger Erfolgserlebnisse hat, was auch durch die Benutzung eines kleineren und leichteren Balls begünstigt wird.

9. Die weniger komplexen Spielsituationen im Fußball 8 führen dazu, dass sich der Spieler häufig selbst korrigieren kann, ohne auf die Hilfe des Trainers angewiesen zu sein, wie das im Fußball mit 11 Spielern in einer Mannschaft der Fall ist.

10. Fußball 8 erlaubt eine effektivere Talentsichtung, weil es für den Talentsucher leichter möglich ist, die Mängel oder auch Stärken eines Spielers zu beurteilen.

11. Mit Zunahme der Spieldauer werden die weniger talentierten Spieler, die durch die wenigen Ballkontakte noch frischer sind, immer wichtiger, weil sie mehr zum Spiel beitragen können. Dadurch machen sie im Fußball 8 mehr Fortschritte und gewinnen auch mehr Selbstvertrauen, als wenn sie im Fußball 11 mehr am Rande des Spielgeschehens stehen würden.

12. Im Fußball 8 spielen die meisten Trainer mit drei Sturmspitzen, drei Mittelfeldspielern, einem freien Verteidiger und einem Torwart. Dank dieser Aufstellung kommt es häufig vor, dass ein verteidigender Mittelfeldspieler zum Angreifer wird und eine Sturmspitze in der Abwehr aushilft, was beim Spiel 11:11 auf dem großen Feld, bedingt durch die Spielfeldlänge, nicht der Fall ist. Während das Spiel auf dem regulären Feld eine frühzeitige Spezialisierung anstrebt, fördert Fußball 8 die vielseitige Ausbildung des jungen Fußballspielers.

13. Im Fußball 8 kann jeder Spieler so oft ausgewechselt werden, wie es der Trainer für notwendig hält. Die Möglichkeit, häufig auszuwechseln, stärkt das Gemeinschaftsgefühl der Mannschaft, erleichtert das „Coachen" (Meinungsaustausch mit dem Spieler) und vermindert kritische Situationen mit unzufriedenen und nicht eingewechselten Spielern, wie es häufig im regulären Fußball vorkommt. Einer eventuellen Überlastung der jungen Spieler, die bereits durch eine Reduzierung der Spielfeldlänge um 33 m (was geringere Laufwege notwendig macht) vermieden wird, sollte durch rechtzeitiges Auswechseln vorgebeugt werden.

14. Durch die geringere Spielerzahl kommt es im Fußball 8 viel häufiger zu einem wiederholten Auftreten der gleichen grundlegenden Spielsituationen, die dadurch besser gelöst werden können. Mit der Zeit lernen die Spieler, alle diese Situationen wieder zu erkennen, zu verstehen und zu ihrem Vorteil zu lösen.

15. Die Zuschauer finden Fußball 8 attraktiver und interessanter als Fußball 11:11 und nicht nur, weil sie ihre Kinder häufiger in Ballbesitz und beim Torerfolg sehen können, sondern weil es weniger Spiel im Mittelfeld gibt und es zu mehr Torgelegenheiten kommt.

Alle die hier aufgeführten Gründe sprechen dafür, 13-Jährige in Zukunft eher mit Fußball 8 als bereits mit dem für sie zu schwierigen Spiel der Erwachsenen zu konfrontieren. Versuch macht klug!

II PROGRAMM VON 12 VEREINFACHTEN SPIELEN FÜR VIERERMANNSCHAFTEN

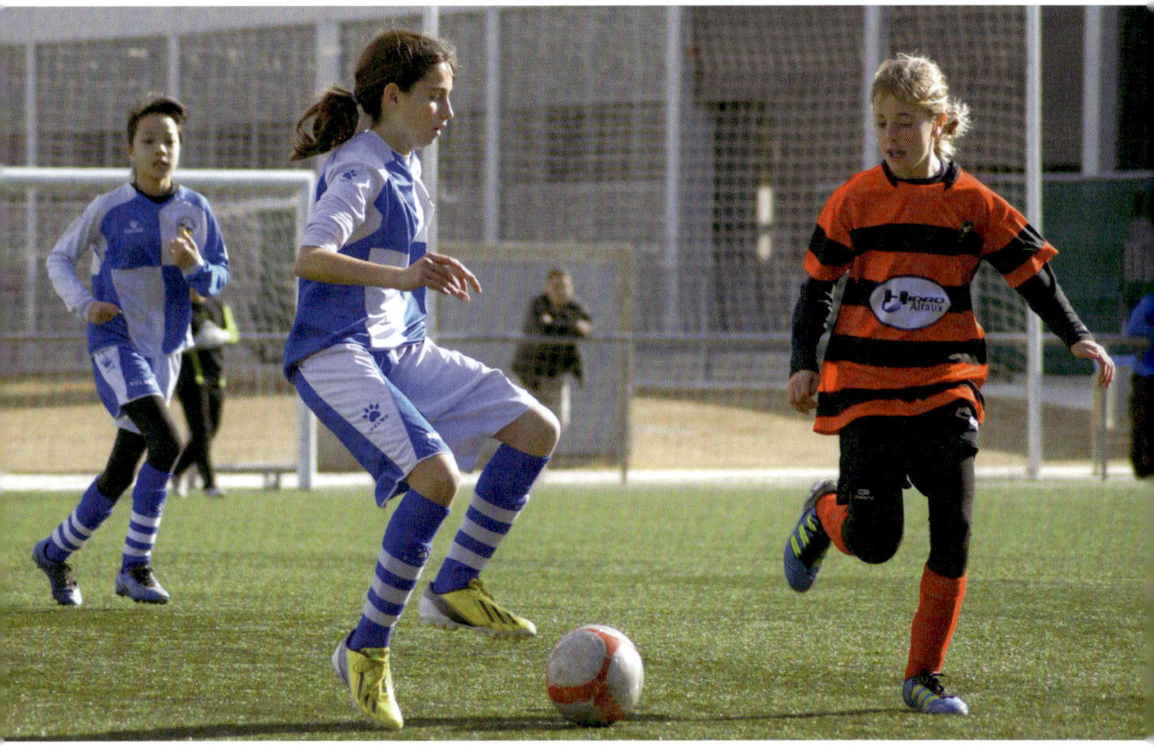

„Zu wissen, wann man laufen muss, ist genauso wichtig, wie zu wissen, wohin und wann man nicht laufen sollte.“

Erstes vereinfachtes Spiel: Ballhalten 4:2 in zwei getrennten Zonen

Spielregeln

- Die Mannschaft mit dem jüngsten Spieler erhält den Ball und postiert sich in der ersten Zone, die die gleichen Spielfeldausmaße (15 x 15 m) wie die zweite hat. Die andere verteidigende Vierermannschaft schickt zwei von ihren Spielern in die erste Zone, während die beiden restlichen in der zweiten Zone auf ein Zuspiel ihrer zwei Mitspieler warten.
- Die vier Angreifer müssen ihren Ball trotz der Abwehr von zwei Gegenspielern für 10 Sekunden in ihren Besitz halten, ohne dass dieser dabei das Viereck verlässt. Die beiden Abwehrspieler versuchen, das Ballhalten der Angreifer mit allen regelgerechten Mitteln zu verhindern. Wenn ihnen die Abwehr gelingt oder der Ball von den Angreifern ins Aus befördert wird, müssen sie ihn schnellstmöglich in ihre Zone zu einem der beiden Mitspieler passen.
- In diesem Augenblick wechseln zwei der vorhergehenden Angreifer die Spielzone, womit im zweiten Viereck ein neues Spiel 4:2 mit getauschten Rollen möglich wird. Die neue Vierermannschaft versucht, den Ball nun länger in ihrem Besitz zu halten, als es dem Gegner möglich war.
- Um die vier Angreifer immer unter Druck zu halten, ist es den beiden Verteidigern erlaubt, mit ihren Kollegen in der anderen Zone die Positionen und Funktionen zu tauschen.
- Bei Regelverstoß oder Seitenaus gibt es einen Freistoß, bei dem die Gegenspieler mindestens 5 m entfernt sein müssen. Sollten die Angriffsspieler den Ball ins Aus spielen, dann passt einer der beiden Verteidiger den Ball so schnell in seine Zone, dass die vier Gegenspieler keine Mauer bilden können.

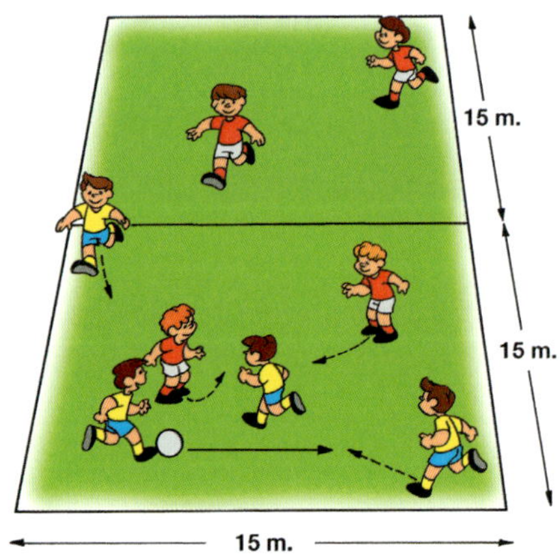

Lern- und Lehrziele

- Als Angreifer anstatt eines 1:1 immer ein 2:1, also eine Überzahl, suchen.
- Mit dem Ball nicht in den Aktionsradius des Abwehrspielers eindringen, sondern ihn vorher, im Augenblick des Eingreifens des Verteidigers, passen.
- Wenn es die Spielsituation (wenig Zeit und/oder Raum) erfordert, sollte das direkte Passspiel angewandt werden.
- Sich mit Balltäuschungen und Finten mit dem Körper mehr Zeit und Raum verschaffen.

- Lernen, sich optimal im Raum zu verteilen, um den Ball immer in die Räume zu spielen, die von den Verteidigern gerade nicht gedeckt werden. Es ist wichtig, Positionen einzunehmen, die von dem Ballbesitzenden möglichst weit entfernt sind, wodurch nach einem Zuspiel dem Angreifer mehr Zeit und Raum für seine nächste Aktion zur Verfügung steht. Dies erleichtert das Spiel.
- Beim Passen den Ball mit Genauigkeit und Schärfe zuspielen und ohne dass vorher seine Laufrichtung angezeigt wurde.
- Sich nach einem gelungenen Pass erneut anbieten und dem Ballbesitzenden immer zwei Zuspieloptionen ermöglichen.
- Als Abwehrspieler so nahe wie möglich an die Angreifer und besonders an den Ballbesitzenden herankommen (Pressing), deren nächste Aktion voraussehen und sie durch eine optimale Annäherung dazu zwingen, den Ball in die vom Verteidiger gewünschte Richtung zu passen, auf die er bestens vorbereitet ist.
- Versuchen, mithilfe des Mitverteidigers eine Überzahl vor dem Ballbesitzenden zu schaffen (2:1).
- Mit Abwehrfinten die Aufmerksamkeit des Angreifers auf andere Punkte als auf seine Mitspieler richten.
- Während des Spiels die Aufmerksamkeit beibehalten und sich nicht ablenken lassen.

Mögliche Fragen zur Entwicklung der Spielintelligenz

F.: Wo im Nebenfeld sollten sich die beiden Mitspieler der beiden Verteidiger für ein Zuspiel anbieten? Erkläre warum!
A.: Am besten wäre es, wenn sie sich weit entfernt vom Spielgeschehen anbieten, damit sie nach einem Zuspiel den Ball in aller Ruhe annehmen können und Zeit haben, eine richtige Entscheidung über ihre nächste Aktion zu treffen.

F.: Wann spricht man von einem guten Zuspiel?
A.: Wenn der Pass ankommt, und der ballannehmende Spieler dabei nicht sofort von einem Gegner bedrängt wird.

Wenn der Pass im richtigen Augenblick, d. h. nicht zu früh und nicht zu spät, abgespielt wird, sodass sich der Ballempfänger in einer günstigeren Spielsituation als der Zuspieler befindet.

Wenn der Ball hart genug und ohne vorher seine Richtung anzuzeigen, zugepasst wird. Wenn der Ball flach abgespielt wird und so vom Ballempfänger leicht anzunehmen ist.

F.: Warum sollten beim Ballhalten hohe Zuspiele möglichst vermieden werden?
A.: Ein flacher Pass ist schneller und viel leichter zu kontrollieren als ein hohes Zuspiel.

F.: Nenne den idealen Zeitpunkt für das Abspiel des Balls beim Ballhalten!
A.: Wenn ein Abwehrspieler den Ballbesitzenden bedrängt und Anstalten macht, den Ball zu erobern.

F.: Wie sollte sich jeder Zuspieler nach einem erfolgreichen Abspiel verhalten?
A.: Er sollte sofort in einen ungedeckten Raum starten, um sich dort erneut für ein Anspiel anzubieten.

F.: Wohin genau sollte der Ball beim Ballhalten gepasst werden: in den Lauf des Mitspielers oder direkt in seine Füße?
A.: Das hängt natürlich auch von der Stellung der Gegenspieler ab. Normalerweise sollte der Ball beim Ballhalten immer direkt in die Füße gepasst werden, was am sichersten ist.

F.: Wann muss der Ball direkt und ohne vorhergehende Ballannahme zugespielt werden?
A.: Wenn ein Spieler bei der Ballannahme sofort vom Gegner bedrängt wird.

F.: Welche Aufgaben haben die Angriffsspieler nach einem Ballverlust?
A.: Sie müssen sofort auf Abwehr umschalten, ohne dass dabei eine Pause entsteht.

F.: Wann sollte ein Angreifer beim Ballhalten den Ball in seinem Besitz halten und wann sollte er dribbeln?
A.: Solange er nicht bedrängt wird, sollte er den Ball behalten, genauso wenn er keine geeignete Passmöglichkeit zu einem Mitspieler sieht. Dann dribbelt er den Ball in einen freien Raum, um neue Zuspieloptionen auszumachen.

F.: Wie müssen sich die beiden Verteidiger verhalten, um den Ball erobern zu können?
A.: Während ein Verteidiger schräg auf den Ballbesitzenden zuläuft und ihn dadurch bedrängt, antizipiert sein hinter ihm agierender Mitspieler ein Zuspiel in den vom ersten Abwehrspieler angebotenen Raum.

Variante 1

- Siehe die Varianten des vereinfachten Spiels („Ballhalten 3:1 in zwei getrennten Zonen").

Variante 2

- Nach jedem gelungenen Zuspiel muss sich der Passspieler mindestens 5 m von seinem ursprünglichen Platz entfernen, um sich erneut anzubieten. Dadurch wird das Spiel dynamischer und das „Lesen jeder Spielsituation" ein wenig schwieriger als vorher.

Variante 3

- In jeder Zone spielen vier Angreifer gegen zwei Verteidiger, d. h., jede Mannschaft besteht aus sechs Spielern. Es gewinnt die Mannschaft, die ihren Ball am längsten in ihrem Besitz zu halten vermag.

Korrekturspiel

- Vier Spieler stellen sich außerhalb eines Quadrats (8 x 8 m) oder Kreises so auf, dass sie sich ihren Ball durch das Quadrat oder durch den Kreis trotz der Behinderung der sich dort befindenden zwei Verteidiger zuspielen können. Es zählen nur flache Pässe über mindestens 6 m Entfernung. Zuspiele, die von den Außenspielern nicht unter Kontrolle gebracht werden können, zählen nicht und gelten als Fehlpässe.
- Die vier Angriffsspieler versuchen, einen Rekord von aufeinanderfolgenden Pässen zu erzielen und bekommen den Ball 8 x zugesprochen. Danach wechseln die beiden Verteidiger mit zwei Angriffsspielern die Plätze und Funktionen, bis alle Spieler 8 x verteidigt haben.

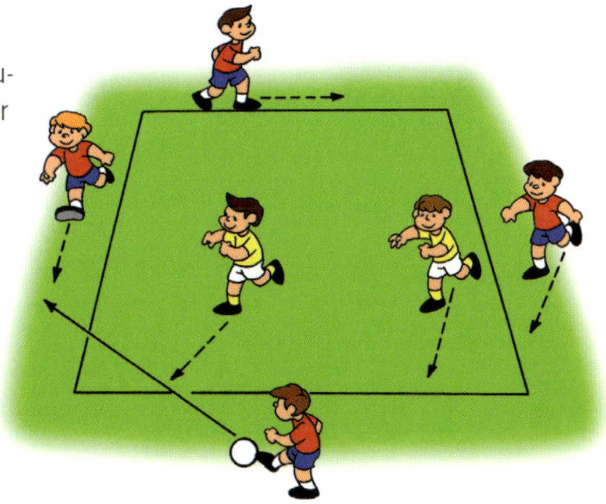

Varianten des Korrekturspiels

- Anstatt sich außerhalb des Vierecks aufzuhalten, müssen sich die vier Angriffsspieler immer auf dessen Linien bewegen.
- Es werden nur die Direktpässe gezählt (für B- und C-Junioren).
- Ein fünfter Angriffsspieler kommt hinzu, der sich innerhalb des Vierecks oder des Kreises für ein Zuspiel seiner Mitspieler anbietet. Jede gelungene Ballannahme von ihm mit erneutem Abspiel nach außen zählt für die Angreifer 3 Punkte, während ein Zuspiel zwischen zwei Außenspielern nur 1 Punkt bringt.
- Jetzt bieten sich zwei Angreifer im vergrößerten Kreis oder Viereck an. Sie werden bei der Ballannahme und Ballabgabe von zwei oder drei Verteidigern gestört. Jedes direkte Abspiel nach außen zählt doppelt.

Zweites vereinfachtes Spiel: Schnellangriff 4:2 mit drei Mannschaften

Spielregeln

- Es wird im Fußball-8-Feld trainiert. Nach dem visuellen Signal des Trainers beginnen beide Vierermannschaften A und B von der Mittellinie aus ihren Schnellangriff in entgegengesetzte Richtungen gegen je zwei Verteidiger, die die Mannschaft C bilden. Ziel jeder angreifenden Vierermannschaft ist es, ihren Angriff schneller mit Erfolg abzuschließen, als das die andere Vierermannschaft ausführen kann.
  Die beiden Verteidigerpaare, die von der Strafraumgrenze aus starten, werden von je einem neutralen Torhüter begleitet. Wenn sie den Angriff abwehren, müssen sie den Ball so schnell wie möglich (bevor ein Stürmer ihn zurückerobern kann), durch eines der beiden 6 m breiten Hütchentore auf der Mittellinie passen, die 30 m voneinander entfernt sind.
- Für jedes aus dem Strafraum erzielte Tor, das zuerst erzielt wurde, gibt es 1 Punkt. Nach fünf Schnellangriffen wechseln die drei Mannschaften, bis jede 5 x verteidigt und 10 x angegriffen hat.
- Beim ersten Training dieses Spiels kann der Trainer die Abseitsregel aufheben, um sie dann später anzuwenden.

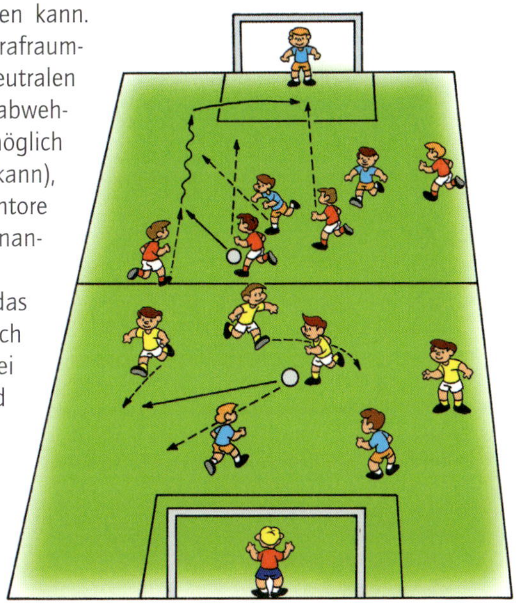

Lern- und Lehrziele

- Nie mit allen Stürmern auf einer Linie angreifen, sondern versuchen, eine Rhombusformation einzunehmen, in der zwei Spieler die Breite und die andern zwei die Tiefe des Feldes nutzen.
- Steilpässe sind Querpässen und langen Ballführungen (Dribblings) vorzuziehen.
- Der Ball sollte bevorzugt in den Lauf des Mitspielers gepasst werden.
- So häufig wie möglich das Direktspiel ohne vorhergehende Ballannahmen suchen.
- Erfahrungen beim Torschuss sammeln.
- Als Verteidiger durch Zurückweichen und Begleiten des Ballführenden den Überzahlangriff verlangsamen und ihn möglichst auf die Flügel, vom Tor weg, umleiten.

Mögliche Fragen zur Entwicklung der Spielintelligenz

F.: Wie sollte der Ball beim Schnellangriff gepasst werden?
A.: Bevorzugt wohldosierte und präzise Steil- oder Diagonalpässe in den freien Raum. Das Ballführen sollte eingeschränkt werden und auf Querpässe sollte man verzichten. Am besten wäre es, Direktpässe, d. h. Zuspiele ohne vorhergehende Ballannahme, zu spielen.

F.: Wie sollte beim Schnellangriff die Ballannahme erfolgen?
A.: Am besten sollte er mitgenommen werden, d. h., dass die Ballannahme im vollen Lauf erfolgen muss, ohne den Ball dabei anzuhalten. Der Ball sollte so angenommen werden, dass die nächste Angriffsaktion ohne Zeitverlust folgen kann.

F.: Wie sollte beim Schnellangriff der Torschuss erfolgen?
A.: Am besten ohne eine vorhergehende Ballannahme, d. h. mit einem Direktschuss aus vollem Lauf.

F.: Wie müssen sich die Abwehrspieler bei einem Überzahlangriff verhalten?
A.: Durch ein gemeinsames Zurückweichen und durch Begleiten des Ballführenden sollte der Überzahlangriff verlangsamt und möglichst auf die Flügel, vom Tor weg, geleitet werden.

Variante 1
Beide neutralen Torhüter schlagen ihren Ball zur gleichen Zeit zu den Angreifern auf der Mittellinie.

Variante 2
Beide Verteidiger beginnen ihre Abwehr aus Positionen, die sie 10 m hinter einer linken oder auch rechten Seitenlinie einnehmen.

Variante 3
Anstatt den vier Angreifern freie Wahl über den ballbesitzenden Spieler zu überlassen, muss der Schnellangriff jetzt aus der Position des Links- oder Rechtsaußens gestartet werden.

„Training ist ein Entwicklungsprozess mit Aufgaben, die von Woche zu Woche, von Monat zu Monat und Jahr zu Jahr graduell schwieriger und komplexer werden, aber sich dabei immer innerhalb der derzeitig möglichen Leistungsfähigkeit der Spieler bewegt."

Drittes vereinfachtes Spiel: Steilpass zu einer „raumgedeckten" Sturmspitze

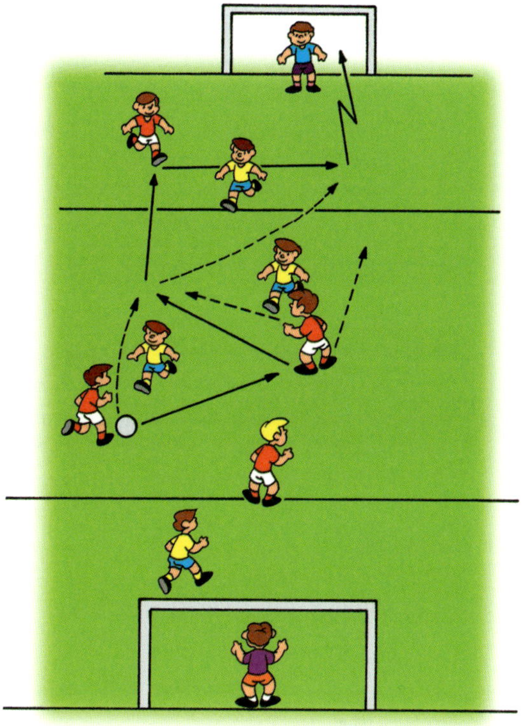

Spielregeln

- Es wird auf dem gesamten Fußball-7-Feld geübt. Eine Vierermannschaft besteht aus je zwei Mittelfeldspielern (die nur im Mittelfeld zwischen den beiden 13-m-Abseitslinien spielen dürfen), einer Sturmspitze im gegnerischen Strafraum und einem den Raum deckenden Abwehrspieler.
- Die zwei Mittelfeldspieler jeder Mannschaft haben die Aufgabe, trotz der aktiven Abwehr von zwei Gegnern, den Ball aus dem Mittelfeld heraus in den gegnerischen Strafraum zu einer Sturmspitze zu passen, die sich dort für ein Zuspiel anbietet. Aus lehrtechnischen Gründen wird zunächst noch ohne Abseits gespielt, wie es im ersten Jahr der Fußball-7-Liga (11 Jahre) empfohlen wird.
- Der den Raum deckende dritte Gegenspieler versucht, das Zuspiel zur Sturmspitze vorauszusehen und zu unterbinden, darf dabei aber die 13-m-Linie nicht verlassen. Wenn sich jedoch der Ball im Strafraum befindet, sollte er die Sturmspitze bei der Ballannahme und beim Torschuss stören. Die Einschränkung seines Aktionsraums gilt nur, solange sich der Ball im Mittelfeld befindet.

Lern- und Lehrziele

A) Im Angriff

- Das Verständnis zwischen Mittelfeldspielern und Sturmspitze so zu verbessern, dass vor jedem Zuspiel ein Blickkontakt hergestellt wird und dass die Sturmspitze immer mit einer Kopfbewegung oder einem Handzeichen anzeigt, wohin sie den Ball zugespielt haben möchte.
- Als Mittelfeldspieler die Spielsituation erkennen können, um zu entscheiden, ob es besser ist, sich für einen Steilpass zur Sturmspitze, für ein Zuspiel zum besser postierten Mitspieler oder für ein Herausführen des Balls aus dem Aktionsbereich des Verteidigers zu entscheiden.
- Bereits vor der Ballinbesitznahme die Spielsituation genau analysiert zu haben, um dann fähig zu sein, schnellstmöglich die effektivste Technik zur Lösung des Spielproblems zu finden und anschließend motorisch auszuführen (z. B. einen genauen, kraftvollen und angetäuschten Pass als Zuspiel).
- Schnelles Umschalten von Angriff auf Abwehr und umgekehrt, ohne dass eine Pause dabei entsteht.

- Den Ball, besonders als Sturmspitze, immer so anzunehmen, dass ohne Verzögerung die nächste Spielaktion (z. B. der Torschuss) folgen kann.
- Einen Torschuss trotz Bedrängnis eines Verteidigers ohne Zeitverlust ausführen.

B) In der Abwehr

- Siehe Punkt 3 „Im Angriff".
- Den Spielraum und die Zeit für die Angreifer systematisch zu verengen bzw. zu verringern, damit die Ausführung eines Steilpasses erschwert wird.
- Schnelles Umschalten von Abwehr auf Angriff, damit dann der sofortige Steilpass ohne Gegnereinwirkung gespielt werden kann.
- Das Spiel des Gegners voraussehen, besonders, wenn er sich für einen Steilpass vorbereitet.

Mögliche Fragen zur Entwicklung der Spielintelligenz

F.: Welches sind die Voraussetzungen, damit sich ein ballbesitzender Mittelfeldspieler mit einer Sturmspitze verständlich machen kann?

A.: Bevor ein Steilpass gespielt werden kann, müssen beide Spieler Blickverbindung aufnehmen, damit jeder weiß, ob der andere spielbereit ist.

Der Ballempfänger sollte dem Zuspieler immer genau anzeigen (mit einer Kopfbewegung oder einem für den Gegner nicht sichtbaren Handzeichen), wohin er den Ball zugespielt haben möchte.

F.: Welche drei Angriffsaktionen stehen dem ballbesitzenden Mittelfeldspieler zur Verfügung?

A.: Er muss sich zwischen einem Steilpass zur Sturmspitze (erste Option), für ein Zuspiel zum besser postierten Mitspieler (zweite Option) oder für ein Ballführen aus dem Aktionsbereich seines Verteidigers heraus entscheiden.

F.: In welcher Stellung sollte eine Sturmspitze die aus dem Mittelfeld gepassten Pässe annehmen?

A.: Sie sollte den Ball bevorzugt in einer seitlichen Stellung annehmen, die es ihr ermöglicht, sowohl ihre Spieler im Mittelfeld als auch das gegnerische Tor zu sehen, als auch die Ballmitnahme sofort mit einem Torschuss zu verbinden, ohne sich vorher drehen zu müssen. Sie kann also viel schneller handeln und wird dadurch für den Gegner gefährlicher.

F.: In welchem Augenblick ist es für einen Mitspieler am leichtesten, mit einem Steilpass zum Erfolg zu kommen?

A.: Sofort nach einer Balleroberung mit einem blitzschnellen Umschalten von Abwehr auf Angriff.

F.: Welches sind die Aufgaben der verteidigenden Mittelfeldspieler?

A.: Sie sollten den beiden angreifenden Mittelfeldspielern keinen Spielraum und auch keine Zeit zur Ausführung eines genauen Steilpasses ermöglichen, weshalb ihre Abwehr aggressiv sein sollte.

Variante 1

Nach einem gelungenen Pass ist es jeder Mannschaft erlaubt, einen Mittelfeldspieler in den Strafraum nachrücken zu lassen.

Mögliche Fragen zur Entwicklun der Spielintelligenz

F.: Wovon hängt es ab, welcher der beiden Mittelfeldspieler zur Sturmspitze aufschließt?

A.: Es hängt besonders von der Entfernung des betreffenden Spielers zur Sturmspitze ab, aber auch vom Verhalten des Verteidigers und des nachrückenden defensiven Mittelfeldspielers.

Variante 2

Der Sturmspitze ist es nicht mehr erlaubt, ein Tor zu erzielen. Deshalb muss einer der Mittelfeldspieler nach dem Steilpass sofort in den Strafraum vorrücken, um nach einem Zuspiel durch die Sturmspitze ein Tor erzielen zu können.

Variante 3

Die Sturmspitze wird vom dritten Verteidiger eng gedeckt und zwar von einer Seite. Beide Spieler müssen sich auf der 13-m-Abseitslinie befinden.

Der den Steilpass spielende Mittelfeldspieler lernt in dieser Spielvariation, den Ball immer richtig dosiert in den Raum zu spielen, der sich auf der gegenüberliegenden Seite des Verteidigers befindet. Die Sturmspitze lernt, den Ball im Lauf anzunehmen, ihn mit dem Körper abzuschirmen, sich in der 1:1-Situation durchzusetzen und die Ballannahme mit einem Torschuss aus der Drehung zu verbinden.

Variante 4

Es kann sowohl auf dem Fußball-7- als auch auf dem Minifußballfeld geübt werden. Anstatt auf der 13-m-Linie zu verharren, stellt sich der Verteidiger nun zur Sturmspitze, um sie eng zu decken. Im gleichen Augenblick, wenn der Ball obligatorisch zur Sturmspitze gepasst wird, löst sich einer der beiden angreifenden und auch verteidigenden Mittelfeldspieler und bietet sich im Strafraum für ein Zuspiel an, um ein Tor zu schießen oder um die Verteidigung zu verstärken.

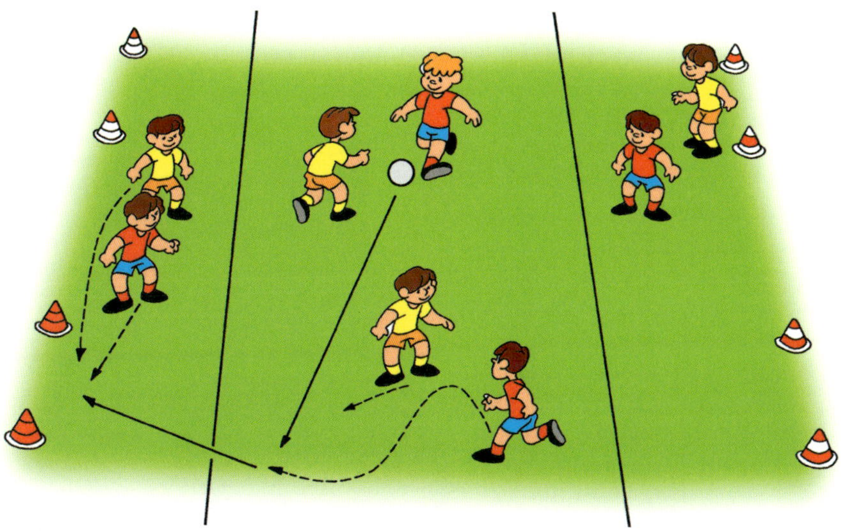

Mögliche Fragen zur Entwicklung der Spielintelligenz

F.: Erkläre, wie die Art und Weise, eine Sturmspitze zu decken, die Passrichtung des Zuspielers beeinflusst!

A.: Wird die Sturmspitze von hinten gedeckt, wird ihr der Ball direkt in die Füße gepasst, aber wenn der Abwehrspieler von einer Seite deckt, wird der Ball immer zu der dem Verteidiger abgewandten Seite in den Raum gespielt.

„Die Kinder müssen lernen, MIT dem Ball zu spielen und nicht GEGEN ihn zu stoßen! Fußball fasziniert sie, weil der Ball ihnen immer gehorcht! Das gibt ihnen ein Gefühl der Macht und Wichtigkeit."

Viertes vereinfachtes Spiel: Befreiung von Gefangenen

Spielregeln

- Zwei Spieler einer Mannschaft spielen gegen zwei einer anderen Mannschaft mit dem Ziel, sich den Ball innerhalb eines Vierecks von 25 x 25 m hintereinander zuzupassen, ohne dass er dabei das Viereck verlässt.
- Anstatt den Ball zum freilaufenden Mitspieler zu passen, kann er auch zu einem dritten und vierten Mitspieler gespielt werden, die in zwei diagonal gegenüberliegenden Ecken des Quadrats stehen. Hier warten sie in einem 3 m breiten Hütchentor auf ein Zuspiel, das es ihnen erlaubt, das Viereck zu betreten, während der Zuspieler mit ihm den Platz im Hütchentor wechselt. Der Ballbesitzende muss also immer denjenigen von den drei Mitspielern mit einem Zuspiel finden, der verfügbar und gleichzeitig von den beiden Gegnern am wenigsten gedeckt und am weitesten entfernt ist.
- Damit alle Spieler und auch der Trainer immer über den aktuellen Spielstand informiert sind, muss jeder erfolgreiche Pass von der betreffenden Mannschaft laut gezählt werden.
- Wenn der Ball ins Seitenaus geht, gibt es einen Einwurf.
- Eine Vierermannschaft gewinnt einen „Satz", wenn es ihr gelingt, 10 Pässe hintereinander zu spielen. Wer drei Sätze gewinnt, wird zum Sieger erklärt.

Lern- und Lehrziele

- Bevor der Ball abgespielt wird, muss der Spieler alle möglichen Zuspielmöglichkeiten erkannt und untereinander abgewägt haben. Der effektivste Pass geht meist zu einem sich weiter entfernt anbietenden Mitspieler, der keine Gegenspieler in seiner Nähe hat.
- So einfach wie möglich spielen. Anstatt viel zu riskieren und einen Ballverlust mit komplizierten Aktionen heraufzubeschwören, sollte beim Überzahlspiel einfach gespielt werden.

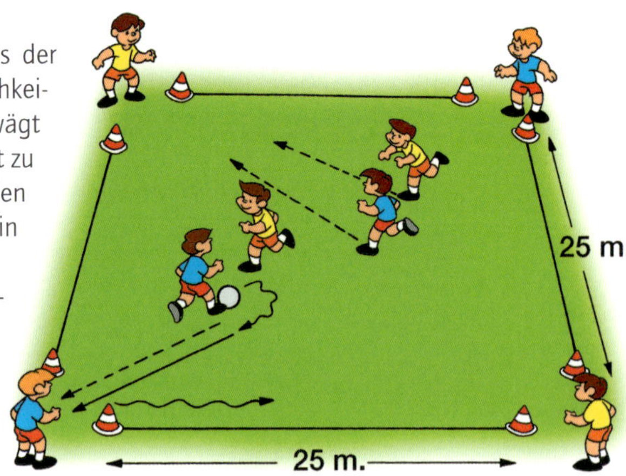

- Damit das Zuspiel auch ankommt, muss der Ball hart und, ohne seine Richtung anzudeuten, abgespielt werden.
- Siehe auch die Lern- und Lehrziele beim ersten vereinfachten Spiel „Ballhalten 4:2 in zwei getrennten Zonen".

Mögliche Fragen zur Entwicklung der Spielintelligenz

F.: Was bezeichnet man als ein gutes Zuspiel?
A.: Wenn der Pass ankommt, und der ballannehmende Spieler nicht sofort von einem Gegner bedrängt wird.

Wenn der Pass im richtigen Augenblick, d. h. nicht zu früh und nicht zu spät, abgespielt wird, sodass sich der Ballempfänger in einer günstigeren Spielsituation befindet als der Zuspieler.

Wenn der Ball hart genug und ohne vorher seine Richtung anzuzeigen, zugepasst wird. Wenn der Ball flach abgespielt wird und so vom Ballempfänger leicht anzunehmen ist.

F.: Warum sollten beim Ballhalten hohe Zuspiele möglichst vermieden werden?
A.: Ein flacher Pass ist schneller und viel leichter zu kontrollieren als ein hoher Pass.

F.: Welches ist beim Ballhalten innerhalb einer Mannschaft der ideale Zeitpunkt für ein Zuspiel?
A.: Wenn der Abwehrspieler den Ballbesitzenden bedrängt und Anstalten macht, den Ball zu erobern.

F.: Wie sollten sich jeder Zuspieler nach einem erfolgreichen Abspiel verhalten?
A.: Er sollte sofort in einen ungedeckten Raum starten, um sich dort erneut für ein Anspiel anzubieten.

F.: Wohin genau sollte der Ball beim Ballhalten gepasst werden: in den Lauf des Mitspielers oder direkt in seine Füße?
A.: Das hängt natürlich auch von der Stellung des Verteidigers ab, aber normalerweise sollte beim Ballhalten der Ball immer direkt in die Füße gepasst werden, was am sichersten ist.

F.: Wann muss der Ball direkt und ohne ohne vorhergehende Ballannahme zugespielt werden?
A.: Wenn ein Spieler bei der Ballannahme sofort vom Gegner bedrängt wird.

F.: Welche Aufgaben haben die Angriffsspieler nach einem Ballverlust?
A.: Sie müssen sofort auf Abwehr umschalten, ohne dass dabei eine Pause entsteht.

F.: Wann entscheidet sich ein Angreifer beim Ballhalten dazu, den Ball in Besitz zu halten oder zu dribbeln?
A.: Wenn er nicht angegriffen wird oder wenn er keine geeignete Passmöglichkeit zu einem Mitspieler sieht, behält der betreffende Spieler den Ball am Fuß und führt ihn in einen freien Raum, damit sich neue Passoptionen auftun.

Varianten

1. Es werden nur die Zuspiele über 10 m Entfernung gezählt.
2. Wenn das erste Zuspiel nach der Balleroberung nicht sofort, sondern erst nach einer anschließenden Ballführung erfolgt, dann gibt es einen Strafstoß für die verteidigende Mannschaft.

Mögliche Fragen zur Entwicklung der Spielintelligenz

F.: Was beabsichtigt die Regel der zweiten Variante?

A.: Abwehrspieler sollen sich vor ihrer Abwehr über die Stellung ihrer Mitspieler sowohl in der Abwehr als auch im Angriff orientieren, um im Falle eines Erfolgs sofort und, ohne den Ball zu führen, auf Angriff umschalten zu können.

Varianten

3. Es werden nur die Zuspiele mit dem schwachen Fuß gezählt.
4. Es werden nur Direktpässe gezählt.
5. Um die Ballannahme von hohen Pässen zu schulen, werden nur diese gezählt.
6. Steht ein zusätzlicher Spieler zur Verfügung, dann soll dieser immer mit den Angreifern oder auch immer mit der nicht in Ballbesitz befindlichen Mannschaft spielen.
7. Je nach Leistungsfähigkeit der Spieler werden die Ausmaße der Spielzone vergrößert oder auch verengt.
8. Anstatt in ihren vier Hütchentoren zu verharren, müssen sich nun die vier „Gefangenen" auf jeder der vier Seiten des Quadrats für ein Zuspiel anbieten. Wer dort den Ball erhält, betritt das Viereck, während der Zuspieler mit diesem den Platz tauscht.
9. Anstatt in ihren vier Hütchentoren zu verharren, müssen sich nun die vier Spieler beliebig außerhalb des Quadrats für ein Zuspiel von einen ihrer beiden Mitspieler anbieten.
10. Nur ein Spieler einer jeden Mannschaft bietet sich außerhalb des Vierecks für ein Zuspiel eines seiner drei Mitspieler an.

Fünftes vereinfachtes Spiel: Ballhalten 4:4

Spielregeln

- Der Ball muss von einer Vierermannschaft zwischen einer Abseitslinie (13 m) und der Mittellinie in der gesamten Breite des Fußball-7-Feldes gegen eine andere Vierermannschaft mindestens 5 (10) x zugepasst werden. Das Spiel beginnt in der Mitte der Zone mit einem Schiedsrichterball.
- Jeder erfolgreiche Pass muss laut gezählt werden, damit der Trainer und auch die Gegner und Mitspieler über den aktuellen Spielstand jederzeit unterrichtet sind. Wenn das Zählen vergessen wird, ist der betreffende Pass nicht gültig.
- Nachdem die Spieler das Spiel und ihre Lehrziele verstanden haben, werden nur noch die Pässe gezählt, die mindestens 10 m lang sind, während die Kurzpässe jetzt nicht mehr zählen, weil sie weniger Bedeutung haben.
- Für fünf aufeinanderfolgende 10-m-Pässe bekommt die betreffende Mannschaft 1 Punkt. Es gewinnt, die Mannschaft, die zuerst 3 Punkte erzielen kann.
- Um den Spieler die Erfahrung machen zu lassen, wann der Ball gepasst und wann er gedribbelt werden sollte, werden die Regeln dahingehend geändert, dass die Mannschaft gewinnt, die in drei Minuten Spielzeit den Ball die längste Zeit in ihrem Besitz halten konnte.

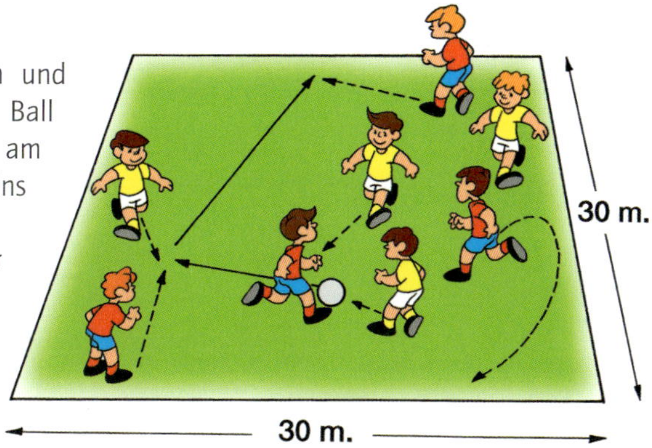

Lern- und Lehrziele

- Um die Abwehrarbeit zu erschweren und Spielerzusammenballungen um den Ball herum zu verhindern, sollte häufig der am weitesten vom Ball entfernte Spieler ins Spiel einbezogen werden.
- Der Trainer kann auch einem Spieler jeder Mannschaft die Aufgabe geben, sich auf einer der vier Linien des Quadrats für ein Zuspiel anzubieten.
- Die Angriffsspieler müssen lernen, den Spielraum optimal zu nutzen, indem sie sich dauernd in Zonen freilaufen, die vom Gegner zu diesem Zeitpunkt nicht kontrolliert werden. Außerdem ist es wichtig, bei ihren offensiven Aktionen sowohl Breite als auch Tiefe zu haben.
- Nicht nur die effektivste Zuspieltechnik auswählen, sondern auch wissen, wann am besten ein hoher oder ein flacher Pass, ein direktes Zuspiel oder ein Doppelpass oder ein Ballführen auszuführen ist.
- Vor jedem Pass mit dem ballempfangenden Spieler eine Blickverbindung aufnehmen.
- Das Einzelspiel zugunsten des kollektiven Spiels vernachlässigen.
- Als Abwehrspieler mit einem aggressiven Verhalten den Spielraum und die Zeit der Angreifer verringern und versuchen, in dem Raum, in dem sich der Ball befindet, mehr Verteidiger als Angreifer zu haben.
- Als Abwehrspieler dauernd „das Spiel lesen", um die Aktionen des Gegners antizipieren zu können und sie dazu zu zwingen, den Ball in die Spielfeldecken zu spielen, wo ein Verteidigen viel einfacher ist. Allgemein gesprochen, der Abwehrspieler sollte mit seinem Verhalten den Gegner dazu zwingen, das zu tun, worauf er vorbereitet ist.

Mögliche Fragen zur Entwicklung der Spielintelligenz

Siehe die Fragen zur Entwicklung der Spielintelligenz im vierten vereinfachten Spiel „Befreiung von Gefangenen".

Varianten

Siehe alle 10 Varianten des vierten vereinfachten Spiels „Befreiung von Gefangenen".

Sechstes vereinfachtes Spiel: Ballführen über die Endlinie

Spielregeln

- Es wird im Fußball-7-Feld zwischen der Abseitslinie und der Mittellinie oder auch zwischen beiden Abseitslinien im Mittelfeld über die gesamte Breite des Feldes gespielt. Im Fußball-8-Feld sind die Mittellinie, die Torlinie (d. h. die 16,50-m-Linie des normalen Spielfeldes) und die beiden Seitenlinien die Begrenzung. Die Spielfeldmaße werden immer dem jeweiligen Leistungsvermögen der Spieler angepasst. Beide Vierermannschaften versuchen, den Ball am Fuß über die gegnerische Endlinie zu dribbeln.

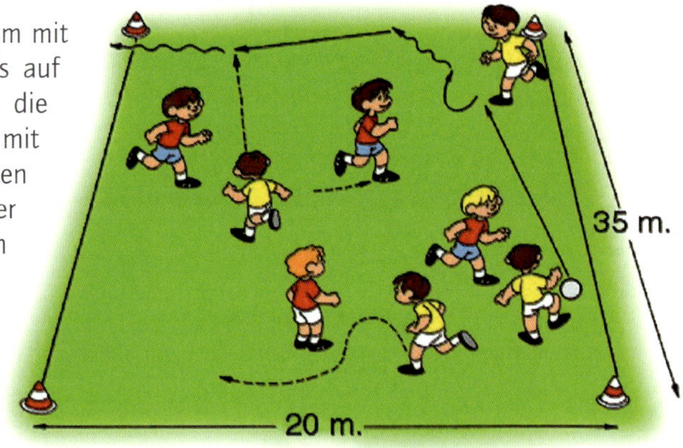

- Das Spiel beginnt im Zentrum mit einem Schiedsrichterball. Bis auf Abseits (aufgehoben) und die Spielzeit (3 x 3 Minuten mit Pausen nach jedem zweiten Tor, die der Abstellung der Fehler dienen sollen) gelten die Regeln von Fußball 8.

Lern- und Lehrziele

A) Im Angriff

- Im Augenblick des Ballbesitzes dem Angriff sowohl Breite als auch Tiefe geben, was am besten durch eine Rhombusformation garantiert wird. Es ist ein Fehler, wenn alle Spieler auf gleicher Höhe agieren.
- Nach einer korrekten Analyse der Spielsituation den Ball, wenn möglich, immer zu dem Mitspieler passen, der sich am besten freigelaufen hat. Für den Ballbesitzenden ist es deshalb notwendig, dauernd den Blick vom Ball zu lösen.
- Zum richtigen Zeitpunkt das Tempo im Angriff beschleunigen, um es dann wieder zu verlangsamen, um den Mitspielern Zeit zu geben, eine optimale Position im Feld zu finden.
- Versuche, den Ball immer dorthin zu passen, wo es genügend Spielraum gibt. Das ist meistens auf der ballabgewandten Seite der Fall. Deshalb sollte sich mindestens einer der vier Spieler (besonders nach einem gelungenen Pass) zum richtigen Zeitpunkt in diesen Raum freilaufen.
- Zum richtigen Zeitpunkt mit Präzision und genügend Härte ein langes Zuspiel zur Spielverlagerung ausführen, ohne dabei vorher dem Gegner seine Absicht oder auch die Richtung des Passes anzuzeigen.
- Ein Pressen des ballbesitzenden Spielers durch den Gegner voraussehen, um dann mit einem Rückpass und optimalem Spiel ohne Ball dessen Erfolg zu verhindern.
- Ausführung von Einwürfen und Freistößen.
- Ein optimales Spiel ohne Ball demonstrieren, d. h. den Ballbesitzenden immer unterstützen und auf diese Weise eine Überzahl 2:1 schaffen und damit 1:1-Situationen verhindern.

B) In der Abwehr

- Sich immer zwischen Tor und Gegner stellen und dabei immer näher zum Mittelstreifen stehen als sein Gegner. In dieser Position muss es ihm möglich sein, den Ball und gleichzeitig auch den persönlichen Gegenspieler beobachten zu können.
- Je nach Spielsituation und der Position des Balls wissen, ob besser raum- oder manngedeckt werden soll.
- Das Zuspiel eines Gegners während der Vorbereitung des Passes voraussehen, um dann den Gegenspieler zu überholen und den Ball abzufangen.
- Sich beim Verteidigen nicht in eine frontale Stellung begeben, sondern besser in einer seitlichen Stellung zum Angreifer stehen, um den Ballführenden immer dorthin „umleiten" oder abdrängen zu können, wo er ungefährlicher ist (z. B. zu den Seitenlinien vom Tor weg) oder wo ein weiterer Abwehrspieler zu Hilfe eilen kann.

- Während des gesamten Spiels aufmerksam bleiben, um eine korrekte Spielanalyse (Wahrnehmung und Entscheidungsfindung) vornehmen zu können.
- Sich beim Abwehrversuch auf den Ball und nicht auf die Füße (Finten) des Angriffsspielers konzentrieren, ohne dabei die Positionen der Mit- und Gegenspieler außer Acht zu lassen.
- Nach einer erfolgreichen Abwehr einen schnellen Wechsel von Abwehr auf Angriff verwirklichen.

Mögliche Fragen zur Entwicklung der Spielintelligenz

F.: Worauf müssen die Angreifer besonders achten, damit sie die gegnerische Viererkette überwinden können?

A.: Um die gegnerische Viererkette auseinanderzuziehen und Lücken aufzutun, müssen die vier Angreifer die gesamte Breite und auch die Tiefe des Spielfelds optimal nutzen. Am besten wird das mit einer Rhombusformation garantiert. Alle Angreifer sollten nie auf gleicher Höhe spielen.

Außerdem sollte versucht werden, so häufig wie möglich, 2:1-Situationen zu schaffen, anstatt sich in risikoreiche 1:1-Situationen zu begeben.

F.: Welcher Pass ist für den ballbesitzenden Spieler der optimalste?

A.: Ein Steilpass zu einem sich in der Tiefe des Felds freilaufenden Mitspieler, der den Ball im Rücken der Abwehr erhält, ist das effektivste Zuspiel, weshalb sich der vorgeschobene Angreifer dauernd im Rücken der Abwehr für einen Pass anbieten sollte.

F.: Wie sollte der vorgeschobene Angreifer oder die Sturmspitze den Ball annehmen?

A.: Am besten in einer seitlichen Stellung, die eine schnelle Fortsetzung des Angriffs (dribbeln) ermöglicht.

F.: Wann sollte die Angriffsaktion beschleunigt und wann verlangsamt werden?

A.: Ein Tempowechsel im Angriff ist besonders wichtig, wenn der Ballbesitzende einen ungedeckten Raum vor sich hat oder eine Überzahl herausgespielt wurde. Er ist auch in Verbindung mit einem plötzlichen Richtungswechsel in der 1:1-Situation von Nutzen.

Der Angriff sollte verlangsamt werden, wenn sich ein Spieler im Abseits befindet, wenn einige Spieler gerade physisch erschöpft sind oder wenn es notwendig ist, den Mitspielern Zeit zu geben, um eine optimale Position im Feld zu finden.

F.: Wo befinden sich normalerweise die von der Abwehr weniger kontrollierten Spielräume?

A.: Meist befindet sich mehr Spielraum auf der ballabgewandten Seite des Feldes, weshalb es für den Ballbesitzenden wichtig ist, diesen mit einem langen, flachen und harten Pass zu einem sich freilaufenden Mitspieler zu erschließen.

F.: Wie kann ein Erfolg eines überraschenden Pressings des Gegners am besten verhindert werden?

A.: Der ballbesitzende Spieler muss es möglichst voraussehen und den Ball rechtzeitig zu einem zurücklaufenden Mitspieler passen, der dann ein langes und befreiendes Zuspiel, möglichst zu einem sich freilaufenden Mitspieler, ausführt.

F.: Welche Hinweise musst du beim Einwurf berücksichtigen?
A.: Kein Risiko eingehen, den Ball schnell einwerfen, bevor sich die gegnerische Mannschaft richtig formieren kann, und wissen, dass beim Einwurf die Abseitsregel aufgehoben ist.

F.: Welche Hinweise musst du beim Freistoß berücksichtigen?
A.: Den Ball so schnell wie möglich ins Spiel bringen, weil der Gegner noch nicht abwehrbereit ist, oder den Freistoß langsam ausführen, nachdem alle Passmöglichkeiten studiert wurden.

F.: Wie sollte sich ein Deckungsspieler zu seinem Angreifer stellen?
A.: Er sollte sich immer zwischen Tor und Gegner stellen und dabei immer näher zum Mittelstreifen als zum Gegenspieler. In dieser Stellung muss er den Ball und seinen persönlichen Gegenspieler zur gleichen Zeit beobachten können.

F.: Wann deckt der Verteidiger den Raum und wann spielt er eine Manndeckung?
A.: Die Art und Weise des Deckens hängt von der Entfernung des Balls ab. Ist der Ball sehr nah, muss der Angreifer innen, tornah und eng gedeckt werden, während der vom Ball entfernt spielende Gegner weniger eng und so gedeckt wird, dass sowohl ein direkter Pass wie auch ein Zuspiel in den Raum nicht möglich sind (kurze und lange Antizipationsdeckung).

F.: Wie sollte sich ein Abwehrspieler in der 1:1-Situation zu seinem ballführenden Gegner stellen?
A.: Er sollte ihn nicht, wie das meist üblich ist, in einer frontalen, sondern in einer seitlichen Stellung angreifen und dorthin „umleiten" oder abdrängen, wo er ungefährlicher ist (z. B. zu den Seitenlinien vom Tor weg) oder zu einem Mitspieler in der Abwehr leiten.

F.: Worauf sollte ein Abwehrspieler in der 1:1-Situation noch achten?
A.: In der Bereitschaftsstellung auf den Fußspitzen stehen, sein Körpergewicht gleichmäßig auf beide Füße verteilen, die Abwehr schnell und für den Gegner überraschend ausführen, den Blick auf den Ball und nicht auf die Füße (Finten) des Angriffsspielers richten und dabei die Positionen der Mit- und Gegenspieler nicht außer Acht lassen. Letztendlich nach einer erfolgreichen Abwehraktion muss blitzschnell auf Angriff umgeschaltet werden.

F.: Welche Aufgaben hat ein Abwehrspieler, der sich in der Nähe eines 1:1-Duells befindet?
A.: Ohne seinen persönlichen Gegenspieler außer Acht zu lassen, sollte er seinen abwehrenden Mitspieler nach hinten absichern, indem er sich von seinem Gegenspieler absetzt und einen möglichen Fehler seines Mitverteidigers voraussieht.

Variante 1

- Jede Mannschaft hat 10 Angriffe, die von einer Endlinie aus gestartet werden, während die vier Abwehrspieler von der gegenüberliegenden Endlinie aus beginnen.
- Ein Angriff gilt als beendet, wenn der Gegner erfolgreich abwehren konnte, der Ball aus dem Spielfeld herausläuft, die Angreifer einen Regelverstoß begehen oder ein Tor erzielt wird.
- Es gewinnt die Vierermannschaft, die bei 10 x Ballbesitz am häufigsten die gegnerische Endlinie überdribbeln kann.
- Es wird zuerst ohne, dann mit Abseits trainiert.

Variante 2
Es gewinnt die Mannschaft, die die wenigste Zeit für ein Tor braucht.

Variante 3
Wenn eine Mannschaft ein Tor durch Überdribbeln der Endlinie erzielt hat, bleibt sie weiterhin in Ballbesitz und muss jetzt das gegenüberliegende breite Tor angreifen.
Spielzeit: Zwei Halbzeiten zu je 2,5 Minuten.

„Das größte Hindernis für den Fortschritt unseres Kinder- und Jugendfußballs ist die Macht der Gewohnheit. Am Weg zum Erfolg wird immer gebaut."

Variante 4
Anstatt ein 35 m breites Tor anzugreifen, werden jetzt auf den Außenpositionen auf den Endlinien je zwei 6 m breite Hütchentore aufgebaut, die mindestens 25 m voneinander entfernt sein sollten. Dadurch werden die Angreifer gezwungen, immer über die Flügel zu spielen und die Breite des Spielfeldes optimal zu ihrem Vorteil zu nutzen.

Variante 5
Spiel mit zwei Bällen. Um ein gültiges Tor zu erzielen, ist es notwendig, dass die gleiche Mannschaft beide Bälle in Besitz hat. Anstatt das Spielfeld schmaler zu gestalten, kann auch mit fünf Spielern in jeder Mannschaft geübt werden.

Siebtes vereinfachtes Spiel: Steilpässe aus dem Mittelfeld

Spielregeln

- Es wird in einer Hälfte des Fußball-7-Feldes trainiert. Zwei Vierermannschaften stehen sich zwischen der Mittellinie und der 13-m-Abseitslinie auf der gesamten Breite des Spielfeldes gegenüber.
- Die ballbesitzende Mannschaft versucht immer, den Ball aus dem Mittelfeld durch eines der beiden in 8-13 m Entfernung hinter der Endlinie aufgebauten Hütchentore zu passen, während die andere Mannschaft dies zu verhindern sucht. Bei Erfolg kontert sie selbst mit einem Steilpass durch eines der beiden auf der gegenüberliegenden Endlinie stehenden Hütchentore (3 m breit).
- Keiner der acht Spieler darf das Mittelfeld verlassen. Beim Abstoß von der Mittel- oder 13-m-Linie, der immer einem Tor oder einem Verfehlen des Tors folgt, darf der Ball nicht sofort in eines der beiden gegnerischen Hütchentore gepasst werden, bevor er mindestens 1 x abgespielt wurde. Es ist angebracht, auf den beiden Endlinien Ersatzbälle zur Verfügung zu haben oder eine dritte Vierermannschaft als Balljungen zu beschäftigen. So werden lange Pausen vermieden.

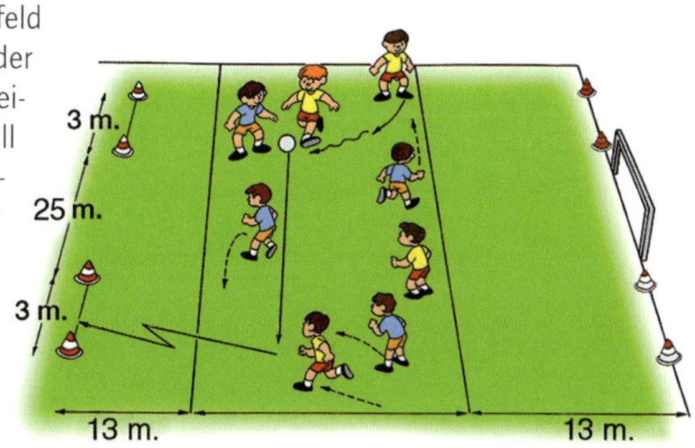

- Spielzeit: Drei Zeiten zu je 5 Minuten.
- Alle übrigen Spielregeln sind dem vorhergehenden vereinfachten Spiel zu entnehmen.

Lern- und Lehrziele (siehe das sechste vereinfachte Spiel)

- Sofort nach einer erfolgreichen Abwehr auf Angriff umschalten und einen Steilpass spielen, bevor sich die andere Mannschaft formieren und den Raum verengen kann.
- Bei Ballbesitz Raum und Zeit gewinnen, um einen präzisen Steilpass spielen zu können. Die Absicht, ein Zuspiel in die Tiefe des Feldes auszuführen, sollte vorher nicht angezeigt werden.
- Unmittelbar vor der Ballannahme „das Spiel lesen", um einen Steilpass oder ein Zuspiel zum Mitspieler (zum Ballhalten) auszuführen oder auch mit dem Ball in einen freien Raum zu laufen.
- Als Angreifer sofort nach einem Ballverlust auf Abwehr umschalten, um dem Gegner keine Zeit und keinen Raum zum Spiel zu bieten.

Mögliche Fragen zur Entwicklung der Spielintelligenz

F.: Wann ist es am einfachsten, einen Steilpass zu spielen?
A.: Dann, wenn ein Abwehrspieler mit Erfolg den Ball erobert hat und ihn dann sofort als Steilpass nach vorn spielt, bevor der Gegner den Raum verengt und ihn unter Druck setzt.

F.: Sprich über die Ballan- und -mitnahme in diesem Spiel!
A.: Bevor der Ball an- oder besser mitgenommen wird, muss man bereits wissen, wohin die nächste Angriffsaktion führen soll! Der ballannehmende Spieler sollte also bereits vorher wissen, wohin er den Ball passt. Der Ball sollte also nicht angehalten oder gestoppt, sondern in die gewünschte Richtung weitergeleitet werden (orientierte Ballkontrolle).

F.: Welches sind die charakterischen Merkmale eines guten Steilpasses?
A.: Neben Genauigkeit, wohldosierter Härte und Verschleierung der Richtung des möglichst flachen Zuspiels sollte der Steilpass im richtigen Augenblick zum Mitspieler gespielt werden und zwar so, dass dieser den Ball in einer optimalen Position erhält.

Varianten mit zusätzlichen Spielern

1. Siehe das vereinfachte Originalspiel (4:4).
2. Ein neutraler Spieler agiert immer mit der Mannschaft, die gerade in Ballbesitz ist (5:4).
3. Ein neutraler Spieler agiert immer mit der Mannschaft, die gerade den Ball nicht besitzt (4:5).
4. Siehe die Spiele: „Vom Minifußball zum Fußball 7", die jetzt anstatt mit drei mit vier Mittelfeldspielern bestritten werden.
    - Hinter den beiden Hütchentoren bietet sich immer ein fünfter Mitspieler an, der den genauen Steilpass aufnehmen und kontrollieren muss. Nach der Ballan- oder Ballmitnahme schießt er ihn auf das dahinterstehende Fußball-7-Tor (5:5).
    - Wie vorher, aber anstatt eines Mitspielers stellt sich jetzt ein Verteidiger vor (!) die Hütchentore. Er muss die Richtung des Steilpasses aus dem Mittelfeld voraussehen, um ihn dann abzufangen.

- Wie vorher, aber mit einem fünften und sechsten Mitspieler, die hinter den beiden Hütchentoren einen Steilpass aus dem Mittelfeld erwarten, um den Ball anschließend auf das Fußball-7-Tor zu schießen (7 :7).

5. Anstatt zwei bieten sich jetzt für einen Steilpass drei Sturmspitzen an, die von zwei (später drei und vier) Verteidigern bewacht werden.

Achtes vereinfachtes Spiel: Angriff, Torschuss und Konterangriffe

Spielregeln

- Es wird in einer Hälfte des Fußball-8-Feldes 4:4 trainiert. Das Los entscheidet, welche Mannschaft zunächst das Fußball-7-Tor und welche die beiden voneinander getrennten Hütchentore (5 m breit) in den Außenpositionen auf der Mittellinie angreifen muss.
- Die Attraktivität des Spiels wird durch das Einbeziehen eines zusätzlichen Spielers (Torwart) in jeder Mannschaft erhöht.
- Am Anfang des Spiels sowie nach jedem Tor gibt es einen Schiedsrichterball in der Spielfeldmitte. Bei Spielaus über die Endlinie gibt es eine Ecke oder einen Abstoß, bei Seitenaus einen Einwurf.
- Spieldauer: Vier Zeiten zu je fünf Minuten mit einer Minute Pause zum Wechseln der Torzuordnung.
- Für ein Tor mit einem Torschuss aus mehr als 13 m Entfernung zum Tor gibt es 3 Punkte, für ein Kopfballtor 2 und für alle anderen Tore (auch für Hütchentore auf der Mittellinie) nur 1 Punkt.

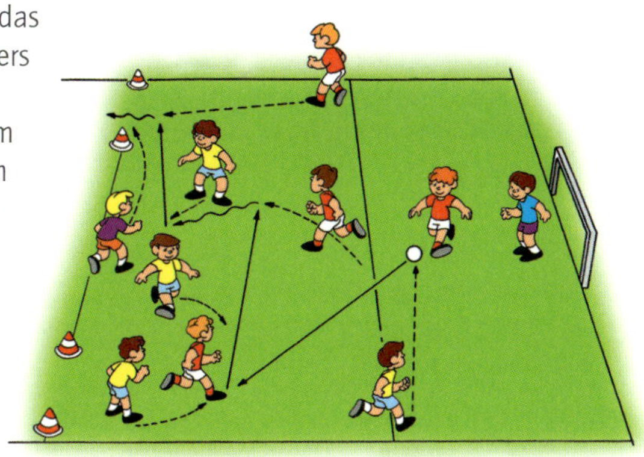

„Fast überall sind die Jugendtrainer mehr an den Trainingsinhalten interessiert als an der Art und Weise, wie man diese Inhalte am besten an die Spieler vermittelt, damit ein effektives Lernen stattfindet."

Lern- und Lehrziele

- Siehe die vorangegangenen vereinfachten Spiele 4:4 und hier besonders die Notwendigkeit eines schnellen Umschaltens von Abwehr auf Angriff und umgekehrt.
- Im Angriffsabschluss Erfahrungen sammeln und versuchen, effektiv zu spielen.
- Beim Torschuss die Finten und Körpertäuschungen nicht vergessen.
- Erfahrungen für den Nachschuss sammeln, indem die Stürmer beim Torschuss nicht passive Zuschauer sind, sondern geeignete Positionen vor dem Tor einnehmen, damit alle Abpraller aufgenommen werden können.
- Als Abwehrspieler auch das „defensive" Nachsetzen üben.
- Als Abwehrspieler immer mit der Mentalität eines Konterspielers verteidigen.
- Erfahrungen in der Abwehr und im Angriff bei einem Eckstoß sammeln.
- Grundlegendes Abwehr- und Angriffsverhalten bei Strafstößen und Einwürfen kennen lernen.

Mögliche Fragen zur Entwicklung der Spielintelligenz

F.: Wovon hängt es ab, ob ich auf das Tor schieße oder den Ball einem Mitspieler zupasse?
A.: Da gibt es viele Gesichtspunkte, wie z. B. die Entfernung zum Tor, den Schusswinkel des Schützen, die Positionen und die Anzahl der sich anbietenden Mitspieler vor dem Tor, die Position des Torwarts im Tor sowie das Verhalten des Abwehrspielers in der Nähe des Schützen und auch das seiner Mitspieler.

F.: Wie müssen sich die in Tornähe befindlichen Angreifer beim Torschuss verhalten?
A.: Sie müssen bei jedem Torschuss einen eventuellen Abpraller durch den Torwart antizipieren und deshalb in der Nähe des Elfmeterpunkts eine optimale Stellung zum Nachschuss suchen. Je mehr Angreifer nachsetzen, umso besser. Nachschüsse sollten direkte Torschüsse ohne vorhergehende Ballannahme sein.

F.: Warum gewinnt immer die das Fußball-7-Tor verteidigende Mannschaft und nicht die, die dieses Tor angreift?
A.: Gewöhnlich schalten die Angreifer weniger schnell auf Abwehr um als die Abwehrspieler auf Angriff.

F.: Wie kann sich ein beim Torschuss hart bedrängter Angreifer einen Vorteil gegenüber dem Abwehrspieler verschaffen?
A.: Durch eine Schussfinte oder Körpertäuschung kann sich der Angreifer eventuell ein wenig mehr Raum und Zeit schaffen.

F.: Welche Hinweise würdest du den Angreifern beim Eckstoß geben, um zu mehr Torerfolgen zu kommen?
A.: Der Eckstoß muss in eine Zone gespielt werden, die vom Torhüter und den Verteidigern schwer zu erreichen ist.

Dem Ball muss beim Eckstoß maximale Geschwindigkeit und eine flache Flugkurve gegeben werden. Der vermutliche Torschütze sollte dem Ball entgegenlaufen.

Unmittelbar vor dem Eckstoß sollten sich die Angreifer durch Platzwechsel von ihren Manndeckern lösen.

F.: Welche Hinweise würdest du den Abwehrspielern beim Eckstoß geben?
A.: Sich nie hinter seinem gegnerischen Angreifer verstecken, sondern sich neben ihn postieren, aber immer näher zum Tor aufstellen als der Gegner.

Immer den Ball und den Gegenspieler zur gleichen Zeit im Auge haben.
Nie auf den ankommenden Ball warten, sondern ihm entgegenlaufen und dabei vor den Gegenspieler kommen (ihn überholen).

Während der Ausführung des Eckstoßes mit dem Torwart und den restlichen Mitspielern kommunizieren.

F.: Welche drei Grundregeln sollte der den Einwurf ausführende Spieler beherrschen?
A.: Den Einwurf schnell genug ausführen, bevor der Gegner die Abwehr formiert hat.

Wenn er in der eigenen Spielfeldhälfte ausgeführt wird, ist die Sicherheit, den Ball nicht zu verlieren, das oberste Gebot.

In der gegnerischen Hälfte die Aufhebung der Abseitsregel beim Einwurf nutzen.

F.: Welche drei Hinweise würdest du deinen Mitspielern zur Abwehr eines Freistoßes geben?
A.: Sofort nach der Schiedsrichterentscheidung einen oder zwei Verteidiger vor den Ball stellen, damit man nicht überrascht wird und Zeit gewinnt, auch alle Mitspieler des Schützen zu decken.

Immer den Ball im Auge haben und niemals den Rücken zum Ball kehren.

Ein Verteidiger nimmt Verbindung mit dem Torhüter auf, um zu verhindern, dass ein Teil des Tores nicht gedeckt wird.

F.: Welche Hinweise können für die Angreifer bei einem Freistoß von Nutzen sein?
A.: Eine schnelle Ausführung des Freistoßes erlaubt dem Gegner keine optimale Verteidigung und überrascht häufig auch den Torhüter.
Je nach Entfernung zum Tor einen Torschuss oder einen Pass zu einem besser postierten Mitspieler ausführen.

Neuntes vereinfachtes Spiel: Torschussspiel auf vier Tore

Spielregeln

- Es wird in der Mitte des Fußball-8-Felds in einem Viereck von etwa 35 m mit drei Vierermannschaften trainiert. Eine der drei Mannschaften verteidigt mit je einem Spieler die vier Stangentore (6 x 2 m) gegen zwei andere Vierermannschaften (siehe Abbildung).
- Die im Ballbesitz befindliche Mannschaft versucht, aus mindestens 10 m Entfernung ein Tor in einem der vier Tore zu erzielen. Allerdings sind erfolgreiche Nachschüsse aus weniger als 10 m auch gültig. Es kann auf beiden Seiten der vier Tore gespielt werden, Tore jedoch sind nur dann gültig, wenn sie von innerhalb des Feldes erzielt wurden.
- Nach jedem Tor oder Ball außerhalb des Spielfeldes wird von einem Torwart ein Reserveball mit einem hohen Abschlag ins Spiel gebracht, um dessen Besitz sich beide Mannschaften bemühen. Reservebälle sollten an jedem Torpfosten bereitliegen. Es ist ratsam, vier „Balljungen" zu beschäftigen, die dann eine vierte Vierermannschaft bilden.
- Die beteiligten Mannschaften wechseln untereinander alle fünf Minuten ihre Positionen und Funktionen, bis jede Mannschaft 1 x für fünf Minuten die vier Torhüter stellte. Es gewinnt die Mannschaft, die nach 20 Minuten Spielzeit, bei Teilnahme von vier Vierermannschaften, die meisten Tore erzielen konnte.

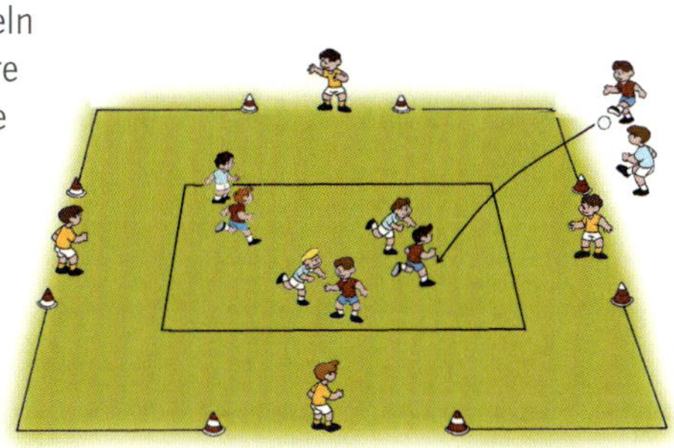

Mögliche Fragen zur Entwicklung der Spielintelligenz

F.: Wovon hängt es ab, ob ich auf das Tor schieße oder den Ball einem Mitspieler zupasse?
A.: Da gibt es viele Gesichtspunkte, wie z. B. die Entfernung zum Tor, der Schusswinkel des Schützen, die Positionen und die Anzahl der sich anbietenden Mitspieler vor dem Tor, die Position des Torwarts im Tor sowie das Verhalten des Abwehrspielers in der Nähe des Schützen und auch das seiner Mitspieler.

F.: Wann schieße ich immer aufs Tor?
A.: Immer dann, wenn sich in Tornähe kein Verteidiger mehr zwischen mir und dem Tor befindet und auch dann, wenn mir der Ball von der Endlinie aus zurückgepasst wurde und ich dann einen Direktschuss anbringen kann.

F.: Wie müssen sich die in Tornähe befindlichen Angreifer beim Torschuss verhalten?
A.: Sie müssen bei jedem Torschuss einen eventuellen Abpraller durch den Torwart antizipieren und deshalb in der Nähe des Tores eine optimale Stellung zum Nachschuss suchen. Je mehr Angreifer nachsetzen, umso besser. Die Nachschüsse sollten direkte Torschüsse ohne vorhergehende Ballannahme sein.

Varianten

- Tore können nur mit dem „schwachen" Fuß erzielt werden.
- Es sind nur die Tore gültig, die mit einem Direktschuss, d. h. ohne vorhergehende Ballannahme oder Ballführung, erzielt werden.

10. vereinfachtes Spiel: Flankenschlag mit Kopfball aufs Tor

Spielregeln

- Das Fußball-8-Feld wird längs in drei Streifen geteilt, wobei beide Korridore in den Außenpositionen ungefähr 10 m breit sind. Jede der beiden teilnehmenden Vierermannschaften postiert in jeder Spielfeldhälfte auf der Höhe der Mittellinie je einen Angreifer in den beiden Außenstreifen und zwei Angreifer in den Mittelstreifen.
- Das Spiel wird mit einem Schiedsrichterball im Zentrum eröffnet. Jede Mannschaft versucht, mit ihren beiden zentralen Angreifern den Ball zu erobern, um ihn dann sofort einem der beiden Außenstürmer zuzupassen. Gelingt einem Außenstürmer die Ballannahme (trotz einer möglichen Behinderung durch seinen Gegenspieler im selben Streifen), bekommt er grünes Licht zum Angriff. Das heißt, er dribbelt den Ball innerhalb seines Streifens, bis er etwa 15 m von der Endlinie entfernt ist, um ihn dann als Flanke zu einem seiner drei mitlaufenden Angreifer zu schlagen (zu einem der beiden Sturmspitzen oder zum Außenstürmer des gegenüberliegenden Streifens, der im Augenblick der Flanke in die Mitte in Richtung des zweiten Torpfostens einrücken sollte). Einer dieser drei Stürmer muss versuchen, trotz der Abwehrarbeit von zwei Verteidigern, mit dem Kopf den Ball in das leere Tor (6 x 2 m) zu köpfen. Später wird auch ein Torwart einbezogen.
- Alle drei Minuten rotieren die vier Spieler beider Mannschaften auf eine andere Position, bis jeder der Spieler drei Minuten in jeder Position geübt hat.

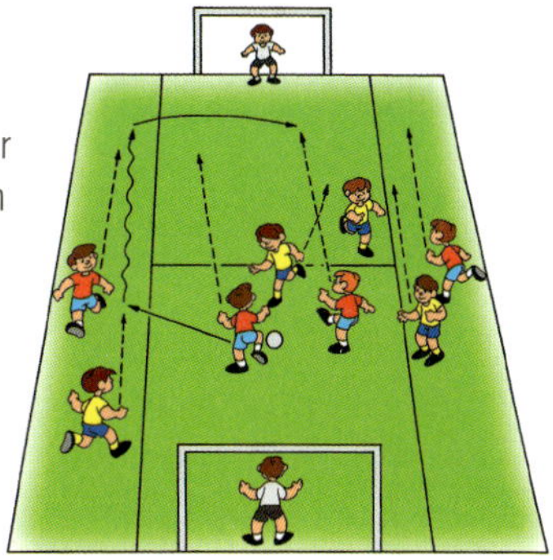

Lern- und Lehrziele

- Genaues Flanken des in Bewegung befindlichen Balls.
- Einnehmen einer optimalen Position vor dem Tor unter Berücksichtigung des Verhaltens der Mitspieler und auch der beiden Verteidiger.
- Optimale Wahrnehmung der Flugbahn des Balls, seiner Geschwindigkeit sowie die Vorausahnung des möglichen Landepunkts und des Effets des fliegenden Balls durch die Angreifer und die beiden Verteidiger sowie später durch den Torwart.
- Beim Kopfballstoß dem Ball möglichst entgegenlaufen, um dem Kopfstoß mehr Geschwindigkeit geben zu können.

Vorschlag zur Progression in diesem vereinfachten Spiel

1. Beide Vierermannschaften üben getrennt voneinander, jede mit einem Ball.
2. Nachdem zunächst ohne jegliche Abwehrspieler und ohne Torwart geübt wird, erlaubt man den beiden Gegnern im Mittelstreifen, den drei Stürmer nachzueilen und sie bei der Aufnahme der Flanke im Kopfballspiel zu stören (siehe Originalspiel).
3. Wenn es den Stürmern häufiger gelingt, ein Kopfballtor zu erzielen, wird einer der beiden im Mittelstreifen agierenden Verteidiger Torwart, während der andere versucht, den Flankenball mit dem Kopf aus der Gefahrenzone zu befördern. Der Torwart darf allerdings seine Torlinie noch nicht verlassen.
4. Wie 2., aber ohne Beschränkungen für den Torwart.
5. Spiel 4:4 ohne Spielbeschränkungen. Es gibt keine Streifen mehr. Ein Tor ist aber nur dann gültig, wenn es mit dem Kopf erzielt wurde.

Mögliche Fragen zur Entwicklung der Spielintelligenz

F.: Worauf sollte der Außenstürmer beim Flankenschlagen achten?

A.:

- *Der Ball sollte präzise und wohldosiert etwa 8-15 m von der Endlinie entfernt zum nahen oder entfernten Torpfosten gepasst werden.*
- *Die Flugkurve des Balls sollte nicht zu hoch sein, weil sonst das Torwartspiel erleichtert wird.*
- *Harte Flanken sind gefährlicher für die Abwehr als weiche oder schwache, die zu viel Zeit brauchen.*

F.: Was müssen die Angreifer beachten, die ein Kopfballtor erzielen wollen?

A.: Zunächst muss die Geschwindigkeit, der Effet, die Höhe der Flugkurve und der mögliche Landepunkt des Flankenballs korrekt kalkuliert werden, was vom jungen Spieler viel Erfahrung verlangt. Ein Wahrnehmungsfehler, besonders in der optisch-motorischen Wahrnehmung, führt zu einem Fehler in der Entscheidungsfindung und zum Ballverlust.

Der Angreifer sollte, wenn möglich, dem Ball entgegenlaufen, um dem Kopfballstoß mehr Geschwindigkeit zu geben.

Zum richtigen Zeitpunkt hochspringen und dann den Kopfball technisch einwandfrei ausführen, nachdem eine optimale Position vor dem Tor eingenommen wurde.

11. Vereinfachtes Spiel: Schulung der gemeinsamen Abwehrarbeit („Doppeln") von zwei Verteidigern

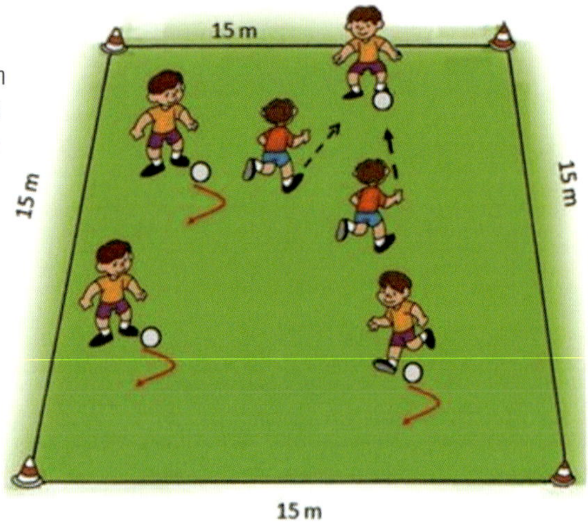

Spielregeln

- Jeder der vier Angreifer dribbelt seinen Ball innerhalb eines Feldes von etwa 15 x 15 m, ohne ihn dabei an die beiden Verteidiger zu verlieren. Aufgabe beider Verteidiger ist es, innerhalb von 30 (40) Sekunden möglichst viele Bälle aus dem Spielfeld zu befördern. Nach einem Ballverlust holt sich der betreffende Angreifer sofort einen neuen Ball von außerhalb des Spielfeldes (in jeder Ecke liegen Reservebälle bereit), den er dann erneut ins Feld führen muss, bis die Zeit des Ballhaltens von 30 (40) Sekunden abgelaufen ist.
- Nach 30 Sekunden ist das zweite Verteidigerpaar an der Reihe, um mit einem „Doppeln" ein besseres Ergebnis als die ersten beiden Abwehrspieler zu erzielen.
- Jedes der beiden Verteidigerpaare hat fünf Versuche, um durch eine optimale Zusammenarbeit oder auch individuell möglichst viele Bälle zu erobern. Nach den ersten 10 Versuchen, eine gut synchronisierte Abwehrarbeit beim Doppeln zu erreichen, tauschen die beiden Verteidigerpaare ihre Funktionen mit den vier Angreifern, bis das erfolgreichste von allen vier Verteidigerpaaren ermittelt wurde.
- Wichtig ist, dass die Jugendlichen die Erfahrung machen, dass eine gemeinsame und gut miteinander abgestimmte Abwehrarbeit zu häufigeren Balleroberungen führt als eine individuelle Abwehr.

Lern- und Lehrziele:

- Zwei Spieler sollen ihre Abwehrarbeit so aufeinander abstimmen, dass sie die Erfahrung machen, dass mit dem „Doppeln" effektivere Ergebnisse beim Verteidigen erreicht werden können.
- Die Verteidiger agieren gestaffelt, d. h., der den Ballbesitzende pressende Verteidiger steuert den Angreifer durch seine seitlich schräge Stellung nach innen zum knapp hinter ihm stehenden Mitspieler, wodurch der Gegner durch das Doppeln in Überzahl 2:1 praktisch erstickt und dann erfolgreich vom Ball getrennt wird.
- Der hintere Spieler antizipiert den Augenblick seines Eingreifens, wenn der bedrängte Angreifer für Sekunden die Ballkontrolle verliert.

Mögliche Fragen zur Entwicklung der Spielintelligenz

18 mögliche Behauptungen, deren Richtigkeit oder Irrtum zur Feststellung der Ausprägung der Spielintelligenz der Angreifer und besonders für die der Abwehrspieler beim Erlernen des „Doppels" dienen können:

Für die Angriffsspieler

- RICHTIG oder FALSCH – in diesem Spiel sollte ich beim Ballführen immer darauf achten, wo sich meine Mitspieler befinden.
  BEGRÜNDUNG: Da in diesem Spiel jeder Angriffsspieler einen Ball besitzt, sollte er seine volle Aufmerksamkeit besonders auf die beiden Verteidiger richten, um den Ball aus ihrem Aktionsradius herauszuhalten.

- RICHTIG oder FALSCH – beim Ballführen muss ich darauf achten, dass ich den Ball so nahe wie möglich am Fuß führe.
  BEGRÜNDUNG: Wird der Ball zu nahe am Fuß geführt, dann wird automatisch das Blickfeld des Ballbesitzenden eingeengt. Dadurch ist es ihm nicht möglich, alle wichtigen Informationen um sich herum aufzunehmen.

- RICHTIG oder FALSCH – beim Ballführen sollte ich immer beide Verteidiger im Auge haben.
  BEGRÜNDUNG: Beim Ballführen sollte der Spieler nicht nur den Ball sehen, sondern auch beide Verteidiger, die ihn von allen möglichen Seiten bedrängen können.

- RICHTIG oder FALSCH – beim Ballführen sollte ich nur den in der Nähe befindlichen Verteidiger im Auge haben.
  BEGRÜNDUNG: Wenn der Ballbesitzende nur dem sich am nähesten befindlichen Abwehrspieler Aufmerksamkeit schenkt, kann es ihm passieren, dass er vom Eingreifen (Doppeln) des zweiten überrascht wird.

- RICHTIG oder FALSCH – beim Ballführen muss ich darauf achten, dass ich den Ball nicht zu nahe am Fuß führe.
  BEGRÜNDUNG: Durch eine zu enge Ballführung am Fuß wird nicht nur das Blickfeld eingeengt, sondern auch die Ballgeschwindigkeit eingeschränkt.

- RICHTIG oder FALSCH – ich muss mit dem Ball in Räume laufen, die vom Gegner nicht besetzt sind.
  BEGRÜNDUNG: Je weiter der oder die Verteidiger vom Ball entfernt ist (sind), desto mehr Zeit hat der Ballbesitzende, um die Spielsituation wahrzunehmen, zu analysieren, eine richtige Entscheidung zu treffen und dann die geplante Aktion motorisch auszuführen. Mehr Zeit und Raum bedeutet meistens weniger Fehler.

- RICHTIG oder FALSCH – ich muss mich mit dem Ball in eine der vier Ecken begeben.

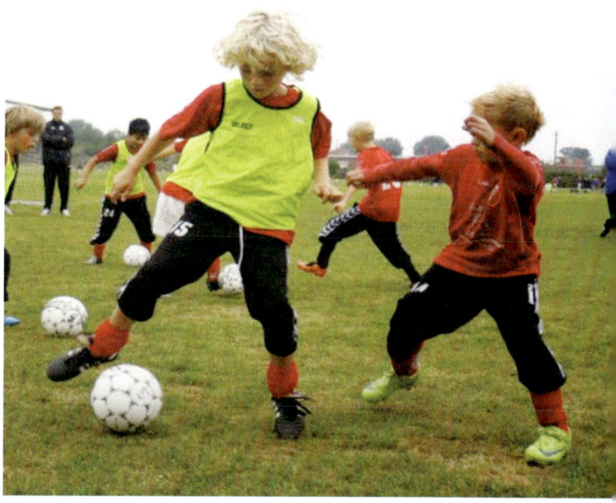

BEGRÜNDUNG: Der Angriffsspieler sollte vermeiden, in die Ecken zu laufen, weil ihm dort weniger Ausbruchsmöglichkeiten (weder nach hinten noch nach links oder rechts) zur Verfügung stehen als in der zentral gelegenen Zone des Feldes. Dort haben die beiden Verteidiger mehr Schwierigkeiten„ den Ball zu erobern.

- RICHTIG oder FALSCH – ich muss mich im Augenblick des Angriffs eines Verteidigers zwischen Ball und den Gegner begeben, um ihn besser abzuschirmen.
  BEGRÜNDUNG: Der Ballbesitzende benutzt seinen Körper so geschickt, dass er ihn zwischen den Ball und den Gegenspieler schiebt, was diesen davon abhält, den Ball spielen zu können.

- RICHTIG oder FALSCH – das Abschirmen des Balls muss ich anstatt mit dem Rücken zum Verteidiger in einer seitlichen Stellung tun.
  BEGRÜNDUNG: Eine seitliche Stellung mit dem Ball am entfernten Fuß (vom Gegner aus gesehen) erlaubt es dem Ballbesitzenden immer, den Verteidiger nicht nur zu sehen, sondern ihn auch zu „fühlen" (ihn sich buchstäblich vom Leibe zu halten) und die Folgeaktion mit Abdrehen oder Weglaufen zu erleichtern.

Für die Verteidiger

- RICHTIG oder FALSCH – jeder Verteidiger versucht allein, einen der vier Angreifer vom Ball zu trennen.
  BEGRÜNDUNG: Abwehr ist immer eine gemeinsame Tätigkeit, bei der jeder Verteidiger seine Aufgabe kennen und in Harmonie mit seinem Mitspieler oder anderen Mitspielern ausführen muss. Allein ist ein Verteidiger für den Angreifer relativ leicht zu überwinden, wenn jedoch zwei Verteidiger gut aufeinander abgestimmt sind und es verstehen, den Raum und die Zeit des Ballbesitzenden zu beschränken, dann führt ihr „Doppeln" häufig zum Ballbesitz.

- RICHTIG oder FALSCH – der näher zum Ballbesitzenden stehende Verteidiger sollte sich anstatt frontal, besser ein wenig seitlich versetzt dem Ballbesitzenden annähern, um sein Spiel und das seines Mitverteidigers besser kanalisieren zu können.

- RICHTIG oder FALSCH – der am nächsten zum Ball befindliche Verteidiger sollte immer mit großer Geschwindigkeit auf den Ball zulaufen, um ihn zu erobern.
  BEGRÜNDUNG: Überhastetes Eingreifen des vorpreschenden Verteidigers ist zu vermeiden, weil ihn dann der Ballbesitzende leicht ins Leere laufen lassen kann. Zudem hat dann der Mitverteidiger kaum Zeit, eine opti-

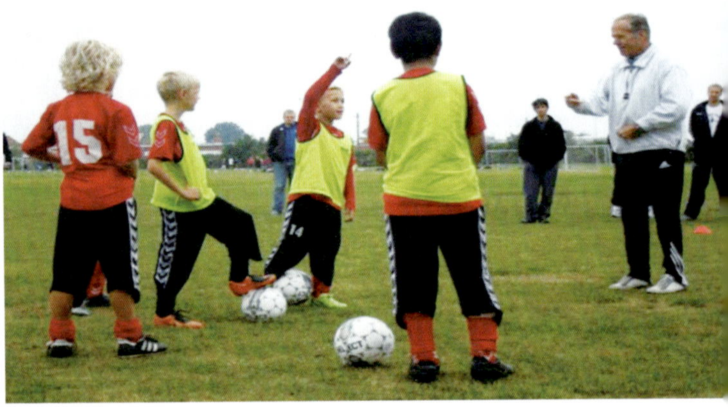

male Ausgangsstellung einzunehmen, die den Ballbesitzenden dazu zwingt, das zu tun, was beide Verteidiger beabsichtigen.

- RICHTIG oder FALSCH – der Verteidiger sollte die Abwehr immer als eine gemeinsame und nicht als eine individuelle Abwehraufgabe sehen.
  BEGRÜNDUNG: siehe oben.

- RICHTIG oder FALSCH – beide Verteidiger greifen zur gleichen Zeit den Balbesitzenden an und verteidigen auf gleicher Höhe.
  BEGRÜNDUNG: Beim Doppeln sollte immer der zweite Verteidiger seitlich versetzt im Rücken des ersten angreifenden Verteidigers agieren, damit der Aktionsraum des Angreifers eingeschränkt wird und gleichzeitig beide Abwehrspieler nicht mit einem „Tunnel" (einem „Autopass" in die Tiefe) außer Gefecht gesetzt werden können.

- RICHTIG oder FALSCH – es ist für den Verteidiger gleichgültig, ob sich gerade der ballbesitzende Angreifer im Zentrum oder in einer Ecke des markierten Feldes befindet.
  BEGRÜNDUNG: Es ist immer wichtig, den richtigen Augenblick zum „Doppeln" zu erkennen. Immer dann, wenn sich der Ballbesitzende in eine Ecke des Spielfeldes dribbelt, wo sein Aktionsraum sehr eingeschränkt ist, dann sollten beide Verteidiger in gestaffelter Form den Angreifer bedrängen und versuchen, ihn vom Ball zu trennen.

- RICHTIG oder FALSCH – ich verteidige zusammen mit meinem Kollegen immer gestaffelt.
  BEGRÜNDUNG: Der erste, nahe Verteidiger bedingt durch seine Richtung der Annäherung das offensive Verhalten des Angreifers, während der zweite Verteidiger in seinem Rücken seine Dribbelrichtung (oder im Spiel auch seine Abspielrichtung) voraussieht.

- RICHTIG oder FALSCH – bevor der Verteidiger den Ballbesitzenden bedrängt, fordert er seinem Mitspieler mit einem Zuruf auf, die Richtung seines Anlaufens zu beachten, denn sie gibt ihm darüber Auskunft, wo er im Rücken seines Mitverteidigers absichern muss.

12. vereinfachtes Spiel: Abwehrverhalten in der Unterzahl 3:3

Spielregeln

- Eine Vierermannschaft greift ein 25 m breites Hütchentor an, das von drei Abwehrspielern verteidigt wird. Währenddessen wartet ihr vierter Spieler hinter der Torlinie außerhalb des Feldes von 25 x 35 m.
- Für den Fall, dass einer der drei Abwehrspieler den Ball in Unterzahl erobern kann, dar er nicht kontern, sondern er muss ihn zunächst über seine eigene Torlinie zurück zum vierten Spieler passen, um damit das Recht zum Angriff zu erhalten.
- Nach ihrem Ballverlust verlieren die Angreifer in Überzahl auch einen ihrer Spieler, der dann hinter seinem Tor den Ausgang der gemeinsamen Abwehrarbeit seiner drei Verteidiger gegen die nun in Überzahl (4:3) spielenden Angreifer abwartet.
- Auf diese Art und Weise erhält die Mannschaft, die den Ball gerade verlor, immer genügend Zeit, um sich neu zu formieren und ballorientiert zu agieren.

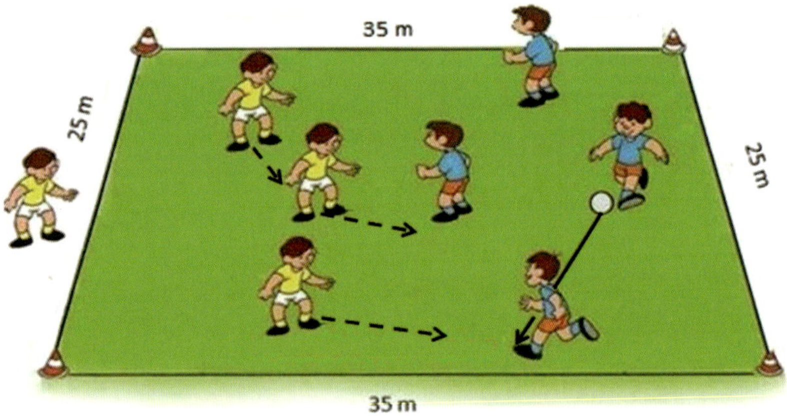

Mögliche Fragen zur Entwicklung der Spielintelligenz

Warum ist es für die Verteidiger vor der Abwehr wichtig zu wissen, ob sie in Unterzahl oder in Überzahl sind?

Verteidigen in Überzahl heißt, den Gegner aggressiv zu attackieren, um den Ball schnellstmöglich zu erobern, während bei der Abwehr in Unterzahl der Angriff des Gegners zuerst durch Umleiten in die Außenpositionen verlangsamt werden sollte.

Nenne die wichtigsten Fehler, die die in Unterzahl spielenden Verteidiger in ihrem Abwehrverhalten gegen Überzahlangriffe begehen können!

Sofort angreifen

Die erste Regel für eine solide Abwehr in Unterzahl ist, anstatt sofort zu attackieren, den Angriff durch Zurückweichen zu verlangsamen, um eventuell Hilfe von Mitspielern aus dem Mittelfeld zu bekommen.

Auf gleicher Höhe abwehren

Die zweite Regel besagt, dass die Abwehrspieler nicht auf gleicher Höhe agieren sollten. Während der Verteidiger mit der geringsten Distanz zum Ballbesitzenden diesen als Erster angreift, muss der mit einer größeren Entfernung zum Ball im Rücken des Ersten diesen in der Tiefe diagonal nach hinten absichern.

Wie sollte sich der dem Ball am nächsten befindliche Verteidiger verhalten?

Wenn es die Abwehrspieler erreicht haben, dass sich der Ball bei einem Angreifer in einer Außenposition befindet, dann sollte sich der dem Ball am nächsten stehende Verteidiger dem Ballbesitzenden schnell annähern. Er sollte sich dem Ballbesitzenden mit einer seitlich-schrägen Körperstellung so nähern, dass ihm der Raum nach außen versperrt wird. Er wird so zum zweiten und dritten Mitverteidiger umgeleitet, die im Rücken des ersten Verteidigers gestaffelt Aufstellung genommen haben.

Was müssen die übrigen Verteidiger tun, wenn der Ballbesitzende plözlich vor dem Annähern des ersten Verteidigers den Ball abspielt?
Erfolgt ein Abspiel, dann müssen sich alle Verteidiger in Passrichtung verschieben.

Wie kann die Position des ballführenden Angreifers die gemeinsame Abwehrarbeit der in Unterzahl spielenden Verteidiger beeinflussen?
Eine Abwehr in Unterzahl sollte als erste Aufgabe versuchen, die Angreifer dazu zu bewegen, den Ball aus der Mitte des Feldes nach außen zu spielen, wo es, bedingt durch die Seitenlinie, einfacher ist, die Passmöglichkeiten des Ballbesitzenden zu limitieren. In diesem Augenblick gibt es eine höhere Erfolgsquote in der Abwehr als bei einem Ballbesitz im Zentrum des Angriffs. Außerdem wird duch das Umleiten Zeit gewonnen, um die Abwehr zu vervollständigen.

Variante 1: 4:4 (3 mit Torwart)

- Der hinter der Endlinie wartende vierte Verteidiger wird jetzt Torwart und muss ein 6 x 2 m großes Tor auf der Endlinie verteidigen.
- Aufgabe der vier Angreifer ist es, ein Tor zu schießen, während die in Unterzahl spielende Abwehr mit dem Torhüter versucht, ein Kontertor in einem der beiden auf den Außenpositionen befindlichen 4 m breiten Hütchentore auf der gegenüberliegenden Endlinie zu erzielen.
- Nach 7,5 Minuten tauschen beide Mannschaften ihre Positionen und Aufgaben.

Variante 2

- Es wird auf einem halben Fußball-7-Feld 4 x 4 Minuten mit Anwendung der offiziellen Fußball-7-Regeln gespielt.
- Wieder greifen vier Stürmer das in Unterzahl verteidigte Tor in 25 m Entfernung an und versuchen, den Drei-Tore-Vorsprung der Verteidiger und des Torwarts (ein Bonus, der ihnen am Spielanfang eingeräumt wurde) so schnell wie möglich auszugleichen.
- Immer dann, wenn die noch in Führung liegende Abwehrpartei den Ball erobert, muss sie ihn mithilfe des mitspielenden Torwarts in ihrem Besitz halten.
- Sollte jedoch in diesem Augenblick das Resultat unentschieden oder zugunsten der Angreifer sein, dann ändern sich die Regeln und es öffnen sich die beiden auf der dem Tor gegenüberliegenden Endlinie in den Außenpositionen stehenden 4 m breiten Hütchentore, durch die die Verteidiger oder der Torwart den Ball passen müssen, um ihrerseits zu punkten.
- Aufgabe der Stürmer ist, nach 4 x 4 Minuten den Rückstand aufgeholt und zu einem Sieg ausgebaut zu haben. Wenn es jedoch am Spielende unentschieden stehen sollte, müssen je drei Spieler jeder Mannschaft aus 9 m Entfernung einen Strafstoß auf das von einem Torhüter bewachte Tor ausführen.
- Besonders interessant und stressig wird das Spiel, wenn in jeder Spielpause, d. h. nach je 4 Minuten, jede Mannschaft einen Spieler bestimmen muss, der einen Strafstoß entweder aus 9 m oder auch aus 13 m (Abseitslinie im Fußball-7) ausführt. Ein Torerfolg beim 9 m Strafstoß zählt einfach, aber beim Freistoß aus 13 m doppelt. Sollte jedoch der Strafstoß misslingen, dann bekommt der Gegner ein Tor gutgeschrieben.

III TEST DER SPIELFÄHIGKEIT FÜR 12 UND 13 JAHRE ALTE SPIELER

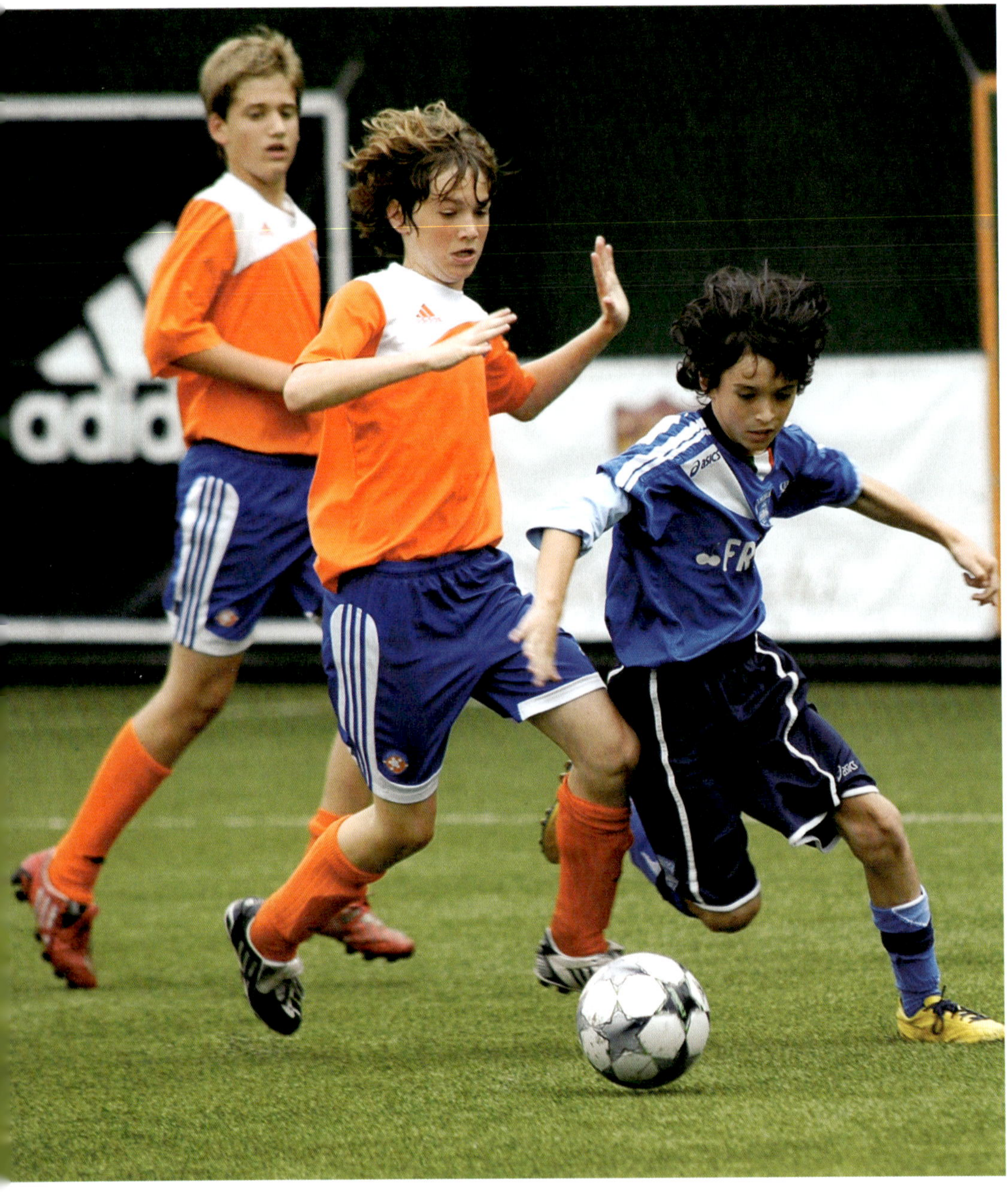

Für jeden Gewinn eines der 10 Tests im Dekathlon erzielt der Spieler 1 Punkt, für jeden Sieg in einem vereinfachten Spiel für Zweiermannschaften werden jedem der beiden Spieler der siegreichen Mannschaft 2 Punkte und bei jedem Sieg in den vereinfachten Spielen von Dreiermannschaften 3 Punkte gutgeschrieben.

Bevor der Test gestartet wird, bekommt jeder der Spieler eine Nummer zwischen 1 und 6. Derjenige von den sechs Spielern, der nach 16 Tests die meisten Punkte erzielt hat, wird Gruppensieger und klassifiziert sich bei 18 Spielern (3 x 6) zusammen mit dem Zweitplatzierten jeder Gruppe für die Endrunde der besten Sechs. Im Falle eines Unentschiedens zwischen zwei oder auch drei Spielern gibt es einen „Tiebreak" in Test Nummer 10 des Dekathlons.

Nº. TEST	TESTINHALTE	WELCHER SPIELER SPIELT GEGEN WEN?
1	2:2 mit Konterangriff (2 x 3 Minuten)	1+6 : 2+5, 3+4 : 1+6, 2+5 :3+4
2	Test 1 des Dekathlons	1 : 6, 2 : 5, 3 : 4
3	Test 2 des Dekathlons	1 : 5, 2 : 4, 3 : 6
4	2:2 auf vier Tore (2 x 3 Minuten)	1+4 ; 2+6, 3+5 : 1+4, 2+6: 3+5
5	Test 3 des Dekathlons	1 : 4, 2 : 3, 5 : 6
6	Test 4 des Dekathlons	1 : 3, 2 : 6, 4 : 5
7	2:2 auf zwei breite Tore (2 x 3 Minuten)	1+5 : 2+6, 3+4 : 2+6, 1+5 :3+4
8	Test 5 des Dekathlons	1 : 2, 3 : 5, 4 : 6
9	Test 6 des Dekathlons	1 : 6, 2 : 5, 3 : 4
10	3:3 auf vier Tore (3 x 3 Minuten)	Team 1+2+3 – Team 4+5+6
11	Test 7 des Dekathlons	1 : 5, 2 : 4, 3 : 6
12	Test 8 des Dekathlons	1 : 4, 2 : 3, 5 : 6
13	3:3 auf zwei breite Tore (3 x 3 Minuten)	Team 1+3+5 – Team 2+4+6
14	Test 9 des Dekathlons	1 : 3, 2 : 6, 4 : 5
15	Test 10 des Dekathlons	1 : 2, 3 : 5, 4 : 6
16	3:3 auf zwei breite Tore (3 x 3 Minuten)	Team 1+3+5 – Team 2+4+6

„Unsere jungen Spieler müssen lernen, dass der Weg zum Erfolg wie eine Leiter ist, die man nicht mit den Händen in den Hosentaschen hinaufsteigen kann."

Amerikanisches Sprichwort

IV NOTWENDIGE VORAUSSETZUNGEN FÜR DIE ENTWICKLUNG KREATIVER FUSSBALLSPIELER

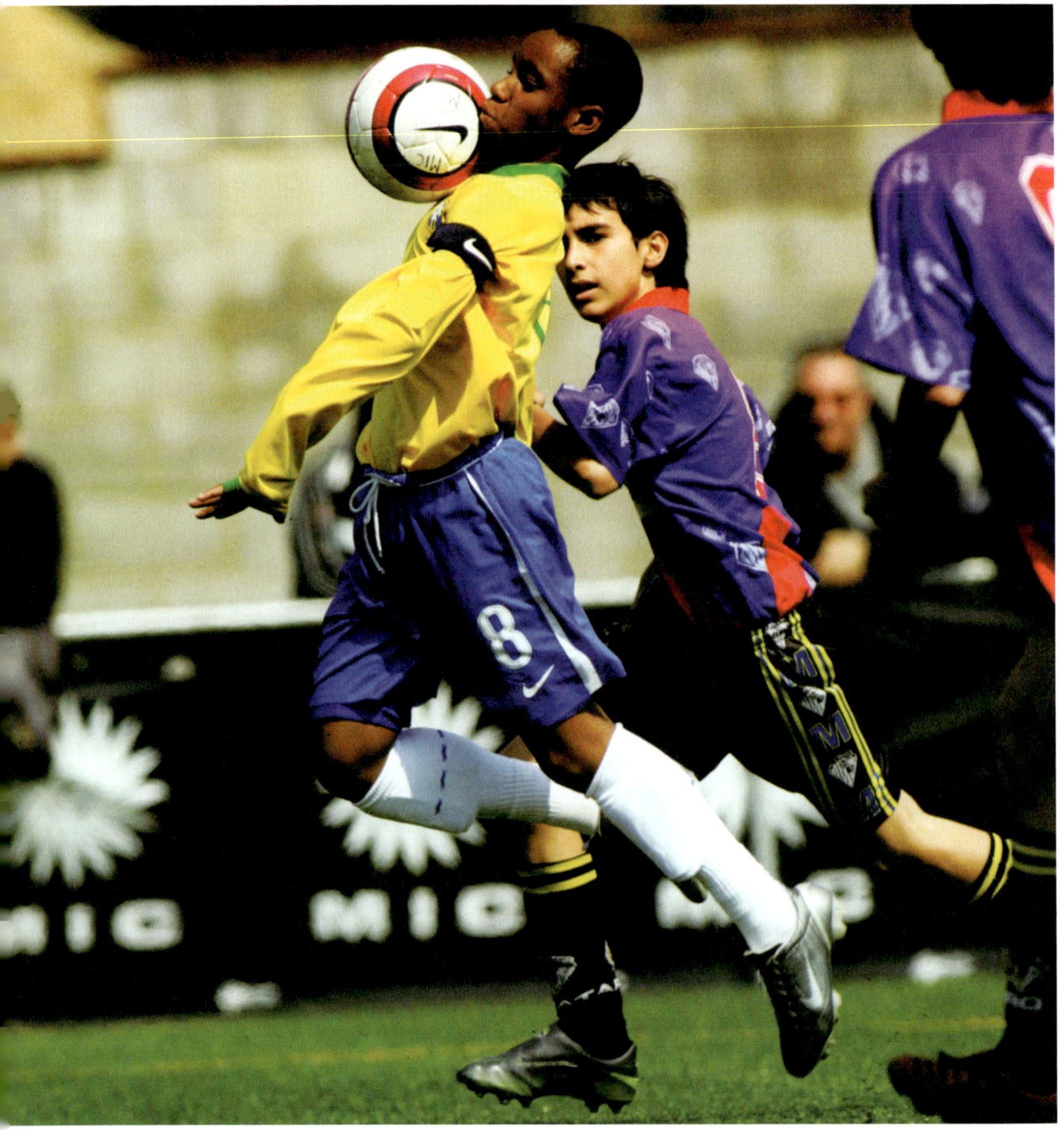

Das Potenzial, kreativ zu sein, haben alle. Unterschiedlich ist allein, wie stark oder schwach die Ausprägung dieser Fähigkeit ist und in welchen Bereichen es dem Betreffenden leichter fällt, kreativ zu sein.

Die Kreativität eines Fußballspielers braucht als Nährboden für seine Entwicklung und Herausformung eine mehrjährige und vielfältige spielerische Erfahrungssammlung. Als Kind waren fast alle kreativer, als es im Adoleszenten- und Erwachsenenalter der Fall ist, weil vor dem Schulbesuch viel und vielseitig gespielt wurde. Bis zu sechs Jahren ist deshalb bei den Kindern meistens eine normale gesunde Entwicklung der Kreativität zu beobachten, bis die intentional ausgerichtete Lehrweise in der Schule mit ihren strikten Normen diese Entwicklung häufig zum Stillstand bringt.

Auch im Fußball sind die Voraussetzungen zur Entwicklung der Kreativität nicht die besten. Viele Maßnahmen, die seit Jahrzehnten fester und scheinbar unabdingbarer Bestandteil des Lehrens und Lernens in der Welt des Fußballs sind, sind heute Hindernisse, die eine Entfaltung des Potenzials der Kreaktivität, der Intuition und Imagination auf dem Fußballplatz erschweren.

Folgende Voraussetzungen sollten geschaffen werden, damit auf unseren Fußballfeldern wieder mehr kreative Spieler heranwachsen:

1. Dem verfrühten Spiel 11:11 den Kampf ansagen

Das verfrühte 11:11-Spiel, das seit Jahren unseren Fußball von der Basis aus beeinträchtigt, muss für die Jugendlichen bis einschließlich 13 Jahren durch andere Wettkampfformen, wie **FUNiño** (8/9 Jahre), Fußball 5 (10 Jahre), Fußball 7 (11/12 Jahre) und Fußball 8 (13 Jahre) ersetzt werden, u. a. weil ein Spiel 11:11 auf dem großen Feld keine idealen Rahmenbedingungen für kreative Leistungen, die Spontaneität, Stressfreiheit und eine spielähnliche Atmosphäre bietet.

Zu häufig wird heute noch das Spiel 11:11 als Trainingsmittel (zur Vorbereitung auf das am Wochenende zu bestreitende Wettspiel) dem vereinfachten und freien Trainingsspiel mit wenigen Teilnehmern vorgezogen. Im großen Spiel auf dem großen Feld aber wird der junge, meist zur Passivität verurteilte Spieler zu wenig mit realen Spielsituationen konfrontiert, in denen sich seine Kreativität entfalten könnte.

2. Mehr spielen und weniger üben. Das Üben sollte im Spiel stattfinden

Die ehemaligen Slogans „Spielen macht den Meister" oder „Spielen lernt man nur durch Spielen" müssen wiederentdeckt und auch im Training berücksichtigt werden, weil hier noch das Einüben zu sehr im Vordergrund steht. Man sollte mehr spielen und weniger üben lassen. Das Üben sollte im Spiel stattfinden. „In jedem Menschen verbirgt sich ein Kind, das spielen will" (Friedrich Nietzsche) und Friedrich Schiller sagt: „Der Mensch ist nur dann wirklich Mensch, wenn er spielt!" Spielen für den Fußballer ist wie Schlafen, nicht nur notwendig für seine geistige und körperliche Gesundheit, sondern auch zur Förderung seiner kreativen Fähigkeiten und seines Spielwitzes!

„Kreativität ist, sich selbst zu entdecken, etwas auszuprobieren, neue Erfahrungen zu machen und sie dann umzugestalten, sich zu vergnügen, sich in die Welt der Träume zu begeben und der Einbildungskraft freien Lauf lassen."

3. Spielen lassen, ohne dauernd zu korrigieren

Es ist gar nicht notwendig, dass der junge Spieler vor dem Spiel immer genau weiß, warum er gerade dieses Spiel praktizieren soll oder welche Lernziele es hat. Das ist eher für den Trainer wichtig, aber weniger für den Spieler. Dieser sollte häufiger Gelegenheit zum Spielen bekommmen, und zwar nur, um zu spielen und nicht nur, um sich zielgerichtet etwas anzueignen. Indem wir zur gleichen Zeit bewusst und unbewusst Anregungen geben, stimulieren wir die gesamte Persönlichkeit, weil die rechte und linke Gehirnhälfte gleichzeitig angesprochen werden (Lozanow).

Häufig sollte der Spieler beim Spielen auf „jungfräuliche Art" auf Entdeckungsreise gehen und sich dabei von der Kreativität, Intuition und Vorstellungskraft seiner anderen wenigen Mit- und Gegenspieler anstecken lassen, ohne dass dabei der Trainer immer korrigiert und die Spieler unter Leistungsdruck setzt. Das Korrigieren tut der Entwicklung seiner Kreativität und Intuition nicht gut. Detmar Cramer hat hierzu auch einen treffenden Kommentar gegeben: „Das Fußballfeld hat seine Grenzen, aber die Möglichkeit, auf ihm kreativ zu wirken, ist grenzenlos!"

4. Möglichkeiten, auf allen Positionen und in kleineren Räumen zu spielen

Es muss den jungen Fußballspielern von 7-13 Jahren die Möglichkeit gegeben werden, in verschiedenen Positionen zu agieren und deren charakteristische Rollen oder Funktionen kennen zu lernen. Auf verschiedenen Positionen spielen zu können, fördert die Ausbildung der Kreativität, während das Spiel 11:11 auf dem großen Feld den kreativen jungen Spieler geistig und körperlich ermüdet. Wettspiel mit weniger Spielern auf kleinerem Raum, wie Minifußball für die Acht- und Neunjährigen, Fußball 5 für die 10-Jährigen und Fußball 7 auf dem Kleinfeld für die 12- und 13-Jährigen, würde ihre Kreativität viel mehr fördern als Ligaspiele im 11:11-Format der Erwachsenen.

„Das Talent entwickelt sich im wiederholten Zusammentreffen vieler Spieler im Kleinfeld, während das große Feld den kreativen, spritzigen und fantasiereichen Spieler ermüdet."

Dante Panzieri

5. Nur wer Spaß am Spiel hat, kann auch kreativ sein

Jeden Tag sollte vielfältig gespielt werden (und nicht nur Fußball). Wenn der Junge oder das Mädchen spielt, sollte er oder sie auch Spaß am Spiel haben. Wenn sich aber der junge Spieler nicht mit dem vom Trainer vorgeschlagenen Spiel identifiziert, fehlt ihm/ihr das schöpferische Element. Je mehr Spaß er am Spiel und mit dem Ball hat, den er jetzt sehr häufig besitzt, desto mehr kann seine Kreativität im Spiel stimuliert werden.

„Dadurch, dass heute viele private und öffentliche Institutionen und Organisationen die Freizeit unserer Kinder perfekt organisieren, verlieren diese mehr und mehr die Fähigkeit, diese ihren Wünschen und Interessen gemäß selbst zu gestalten. Anstatt aktiv und kreativ zu handeln, werden sie zur Passivität angehalten."

6. Möglichkeiten haben, selbst Spiele und ihre Regeln zu kreieren

Anstatt, dass der Trainer das vereinfachte Spiel mit einem bestimmten Thema oder Lernzielen, immer seinem vorliegenden Lehrplan folgend, anordnet, sollte er häufiger seine jungen Fußballspieler dazu anregen, selbst ein Spiel zu kreieren oder das vom Trainer angeordnete Spiel mit anderen Regel zu variieren. Häufige Regeländerungen, die während des Ablaufs des Spiels überraschend bekannt gegeben werden, zwingen die Spieler, die gewinnen wollen, dazu, sich anzupasssen und kreativ zu sein. Besonders die vielen Varianten des Minifußballspiels auf vier Tore auf kleinem Raum fördern die Kreativität, Intuition und Imagination der jungen Spieler.

Bevor das Training im Kinder- und Jugendbereich offiziell beginnt, sollte der Trainer seinen Schülern ab und zu Raum lassen, das zu machen, wozu sie gerade auf dem Feld Lust haben. Das kann auch 10 Minuten lang in der Mitte einer Trainingseinheit geschehen. Wenn sich die Kinder und Jugendlichen nach einigen Wochen an diese „neue" und für sie ungewohnte Maßnahme oder „Großzügigkeit" des Trainers gewöhnt haben, wächst nicht nur ihre Vorstellungskraft und Fantasie, sondern auch ihre Selbstverantwortung, ihre **Eigeninitiative, ihr Mut zum Improvisieren und ihre Kreativität**, die genauso stimuliert wurden wie die Herausformung von möglichen Führungspersönlichkeiten (Leader) in der Mannschaft.

7. Mit Risiko und Mut zur Improvisation spielen können – keine Angst vor möglichen Folgen

Die jungen Spieler sollten **mit dem Ball groß werden**, wobei sich die Größe und das Gewicht des Balls in jeder Altersphase den körperlichen Fähigkeiten des jungen Fußballers anpassen sollte (Spiel mit Ball Nr. 3 und 4 sowie mit Bällen aus verschiedenen Materialien, Flug- und Prelleigenschaften).

Junge Spieler, besonders die zwischen sieben und 12 Jahren, sollten vom Trainer nicht dazu angehalten werden, bei ihrem Wettkampf am Wochenende auf der Suche nach dem Erfolg, den Ball schnell abzuspielen, sondern es sollte ihnen häufig die Gelegenheit gegeben werden, **ballverliebt oder spielverliebt zu sein, Mut zur Improvisation zu zeigen, Risiken einzugehen, mit Selbstvertrauen und ohne Angst wegen der möglichen Folgen zu spielen (was es leider nicht mehr gibt, weil das Gewinnen, selbst bei den Kleinsten, zu wichtig geworden ist).**

Ballverliebte junge Spieler sind häufig kreativer als jene Spieler, die sich vom Trainer alles vorschreiben lassen. **Um wirkliche Fortschritte in seiner kreativen Spielweise zu erreichen, sollte ein junger Spieler häufiger ungehorsam sein! Oder er sollte häufig trainieren und spielen, ohne dass sein Trainer dabei ist.**

„Nur wenn du wagst, Dinge zu tun, die du noch nicht beherrscht, wirst du wachsen."

Ralph Waldo Emerson

8. Dem „auf die rechte Gehirnhälfte ausgerichteten" Training mehr Bedeutung zukommen lassen

In der Schule wird, wie alle wissen, vor allem die linke Hemisphäre des Gehirns stimuliert oder gefördert, die sich z. B. mit dem analytischen Denken und hier besonders mit sprachlichen und logischen Vorgängen (Zahlen) beschäftigt. Kreativität wird aber vor allem durch Stimulation der rechten Gehirnhemisphäre freigesetzt, die hauptsächlich für die Raumorientierung, für künstlerisches Vermögen, für das Körperbewusstsein und für das Wiedererkennen von Gesichtern verantwortlich ist. Deshalb sollten im Fußballtraining mehr Aktivitäten (Übungen und besonders Spiele) angeboten werden, für die es mehrere Lösungswege bzw. Lösungen gibt und welche die rechte Hemisphäre des Gehirns stimulieren.

Solange der Schulunterricht und auch das Fußballtraining auf die Stimulierung der linken Gehirnhälfte ausgerichtet sind, werden sich weniger junge kreative Spieler herausbilden. Immer noch wird von ihnen im Training, genauso wie in der Schule, erwartet, dass sie die vom Trainer gestellten Aufgaben (meist „geschlossene" und perfekt definierte und keine „offenen", weniger beschränkten Aufgaben) korrekt, gemäß dem vom Lehrer vorgegebenen Weg, lösen können, ohne dabei anders oder kreativ zu sein.

Das intentionale und konvergente Denken und Lernen auf dem Fußballfeld muss häufiger durch die Möglichkeit, auch inzidentell und divergent zu denken oder zu lernen, erweitert werden (Roth, 2008). Der Trainer muss nicht immer alles vorschreiben. Anstatt Hauptdarsteller zu sein, sollte er die Verantwortung und Entscheidungsfindung durch entsprechende Frage- und Problemstellungen fast immer den jungen Spielern überlassen. Ein Trainer, der viel weiß, gibt nicht alles Preis!

Schließlich sollte er stets bedenken, dass das Spiel der Meister sein sollte und nicht der Trainer!

Johann Wolfgang von Goethe sagt es mit anderen Worten: **„Unsere Jugend sollte mehr stimuliert und weniger instruiert werden." Durch zu viel Instruieren, Einüben oder Anleiten wird die Entwicklung der Kreativität junger Spieler limitiert.**

„Die Kreativität seiner Schüler ist die Quelle, aus der der Trainer täglich trinken sollte."

9. Mehr kreative Trainer = mehr kreative Spieler

Um in Zukunft mehr kreative Spieler auf unseren Fußballfeldern zu sehen, die die schöpferische Fähigkeit haben, etwas Neues und anderes als das Gewohnte zu tun, müssen unsere Trainer umdenken, z. B.:

- Beim Üben und Spielen sollten die Fehler nicht immer zu sehr kritisiert werden, weil das die Risikobereitschaft des Spielers, es anders zu machen, eindämmt.
- In jedem Training sollten auch bewertungsfreie Zeiten vorhanden sein, in denen der junge Spieler neue Dinge, die ihm gerade in den Sinn kommen, ausprobieren kann, d. h. eine fehlerfreundliche Atmosphäre schaffen, wie das im Straßenfußball der Fall war.
- Auch die kleinsten kreativen Einfälle, die ein Spieler beim Trainieren hat, sollten vom Trainer besonders gewürdigt werden. Der kreative Trainer sollte seine Spieler ermutigen, neue oder andere Lösungswege zu erdenken.

- Der Trainer sollte überlegen, welche Lerninhalte, anstatt wie üblich mit der analytischen, auch spielerisch mit der globalen Methode erlernt werden können.
- Die Fragen, die normalerweise der Trainer stellt, um seine Schüler an die Lösung des Spielproblems heranzuführen, sollten ab und zu auch von den Spielern selbst gestellt werden.

„Jugendspieler werden im besten Lernalter als Nummerndecker dressiert. Man befiehlt ihnen wie Hündchen, lauf dem oder dem hinterher. Sie werden in ihrem Kindsein völlig reduziert. Denn eigentlich wollen Kinder entdecken, den Ball erobern, Pirat sein."

Ralf Rangnick

10. Das Umfeld des jungen Fußballspielers ist kreativitätsfeindlich

Die Mehrheit unserer jungen Talente wächst heute in einer der Kreativität gegenüber feindlich gesonnenen Umgebung auf. Ihr Umfeld (Elternhaus und Schule) hat normalerweise ein intentional ausgerichtetes Lernklima mit strikten Normen (besonderns zwischen sieben und 14 Jahren in der Schule), das die Eigeninitiative, die Selbstständigkeit, die Orginalität und den Mut, es einmal anders zu machen, limitiert.

Auf dem Fußballplatz werden die jungen Fußballer fast überall noch von Instruktoren beherrscht, die den jungen Spielern relativ wenig Handlungsfreiheit ermöglichen. Zu vieles wird ihnen vorgeschrieben und ihr eigenes Urteil ist kaum gefragt.

Dem Trainer ist es wichtig, alles gut unter Kontrolle zu haben und wenn einmal ein Spieler etwas außer der Reihe macht, dann wird er zur Ordnung gerufen, sich an die Vorschriften zu halten. Es werden häufig Anweisungen gegeben, wie sich ein Spieler zu verhalten und auf welcher Position er zu spielen hat. Und wenn der Trainer im Wettspiel nicht dauernd seinen Spielern anordnet, wie sie zu spielen haben, dann sprechen die Eltern von einem unqualifizierten und nicht motivierten Trainer.

Damit alles ordnungsgemäß, kontrolliert und wie vorgesehen abläuft, gibt es im Training, genauso wie auch in der Schule, **zu viel Fremdsteuerung, die die Eigeninitiative der Spieler oder Schüler nicht stimuliert. Anstatt die Spieler zum eigenständigen Denken anzuregen, denken viele Trainer für sie.** Gehorsam ist Pflicht! Fängt ein Spieler an, Spuren von Selbstverwirklichung und Autonomie zu zeigen, so wird er meistens in seine Schranken verwiesen. So gewöhnt sich der junge Fußballspieler mit den Jahren daran, nicht anzuzweifeln, was ihm vom Trainer gesagt wurde, und spielt so, wie es sich gehört und vom Juniorentrainer vorgeschrieben wurde und nicht, wie er es für sinnvoll hält.

„Anstatt ihren Kindern, Schülern oder Spielern Fische zu geben, sollten die Eltern, Lehrer und Fußballtrainer ihnen zeigen, wie man am besten Fische fängt."

Wenn die jungen Spieler dann in der C-Juniorenmannschaft spielen, haben sie plötzlich Mühe, nach mehreren Jahren Anleitung durch den Trainer, ihre Entscheidung selbst zu treffen. Wie können wir erwarten, dass sie plötzlich kreativ spielen, wenn sie viele Jahre darauf trainiert worden sind, immer das zu tun, was die Erwachsenen von ihnen erwartet haben? Es ist logisch, dass es nun schwierig ist, das Heft auf einmal selbst in ihre Hände zu nehmen, um selbst etwas in das Spiel einzubringen und kreativ zu spielen.

V UNTERSCHIEDE ZWISCHEN EINER MODERNEN UND DER TRADITIONELLEN LEHRWEISE DES FUSSBALLS

1. Anstatt das Hauptaugenmerk im Training auf die Vermittlung technischer Elemente zu richten, wird in der modernen Lehrweise des Fußballs dem Spiel bzw. der globalen Lehrmethode mehr Bedeutung zugemessen. **Fußballspielen lernt man am besten durch Spielen,** und nicht nur mit Einüben von Fertigkeiten mit der analytischen Lehrmethode. Wenn die Amerikaner behaupten: „Drill is kill", meinen sie damit, dass durch zu viel Einüben beim Training die Entwicklung der Kreativität, der Vorstellungskraft und der Fantasie der Spieler eingeschränkt wird. Die für eine optimale Spielfähigkeit so bedeutenden Parameter, wie die **Beherrschung des Raums oder der Zeit,** können nur mithilfe von vielen vereinfachten Fußballspielen schrittweise entwickelt werden und nicht durch stereotype Übungen.

   Heutzutage wird nicht nur gelehrt, „wie" eine Technik ausgeführt werden soll, sondern auch „wann" und „warum" man sie anwendet und „wo" sie am besten auf dem Fußballfeld gezeigt werden soll.

   Es ist zwar wichtig, den Ball zu besitzen, aber wichtiger ist es, zu wissen, was ich am besten mit ihm anfangen kann.

2. In der modernen Lehrweise des Fußballs werden seine spezifischen Techniken nicht mehr isoliert oder losgelöst vom Spiel und besonders am Anfang des Trainings trainiert, sondern meistens direkt nach dem vereinfachten Aufwärmspiel, das immer ein bestimmtes Thema hat. Nach dem Spiel fragt der Jugendtrainer seine Spieler, welche Schwächen ihre Spielleistung negativ beeinflusst haben. Daraufhin bietet er den Spielern zur Verbesserung ihrer Spielfähigkeit eine Serie von Korrekturübungen („Tabletten") an, die das Ziel haben, ihr technisch-taktisches Spiel auf ein höheres Niveau zu bringen.

   Durch diese Art und Weise des Vorgehens **werden** alle am Training beteiligten **Spieler motiviert, alle diese Korrekturübungen zu absolvieren**, weil sie wissen, dass sie damit ihre Spielleistung verbessern können.

   Man trainiert also eine Technik nur dann, wenn vorher im Spiel eine Notwendigkeit dafür entdeckt wurde! Eine Übung wird also dadurch „geboren", dass im vorausgegangenen Spiel Mängel bei den Spielern aufgedeckt wurden. **Das Einüben** von technisch-taktischen Verhaltensweisen **geht also nicht mehr dem Spiel voraus, sondern folgt ihm!** Aus diesem Grund sollte auch viele Trainingseinheiten mit einem vereinfachten Spiel beginnen und nicht mehr mit vielen stereotypen Übungen.

3. **Als Ausgangspunkt des Lernens und Lehrens gilt** nicht mehr das Spiel der Erwachsenen, sondern ein **vereinfachtes Spiel mit zwei, drei, vier** oder **fünf Spielern** in jeder Mannschaft. Dieses hat sehr flexible Regeln, die beliebig verändert werden können. Dadurch, dass das vereinfachte Spiel in seiner Schwierigkeit und Komplexität den geistigen und körperlichen Fähigkeiten des jungen Fußballspielers angepasst wurde (und nicht umgekehrt!), gibt es bei den jungen Spielern **bessere Lehrerfolge** als beim Spiel auf dem großen Feld. Veränderungen in der Zahl der Spieler in einer Mannschaft, in den Ausmaßen des Spielfeldes, in der Größe und der Anzahl der Tore, im Gewicht und Umfang des Balls sowie in vielen technischen Regeln, die dem Alter und der Spielfähigkeit der jugendlichen Spieler immer angepasst werden, machen es ihnen möglich, effektiv und mit viel Spaß das Fußballspielen zu lernen.

4. In der traditionellen Lehrweise wurde eine Trainingseinheit immer mit einem Spiel („open skill") beendet, das von den Spielern meist als eine Prämie für das voraufgegangene viele Einüben („closed skill") angesehen wurde. Dieses Spiel jedoch hatte häufig wenig mit den zahlreichen Übungen zu tun, die vorher angeboten wurden.

5. In einer modernen Lehrweise ist der junge Spieler nicht mehr Ausführender der Anweisungen seines Trainers. Dieser regt stattdessen seine Spieler dauernd zum Denken an, damit sie lernen, selbst richtige Entscheidungen zu treffen.

   Anstatt Instruktionen zu geben, die der Spieler bereits morgen wieder vergisst, erlaubt er es ihm, eigene Erfahrungen zu sammeln, die dann im Langzeitgedächtnis gespeichert werden. Auf diese Weise wird der Spieler auch mehr und mehr unabhängig von den dauernden Hinweisen und Befehlen seines Trainers. Johann Wolfgang von Goethe sagte bereits: „Unsere Jugend möchte eher stimuliert als instruiert werden."

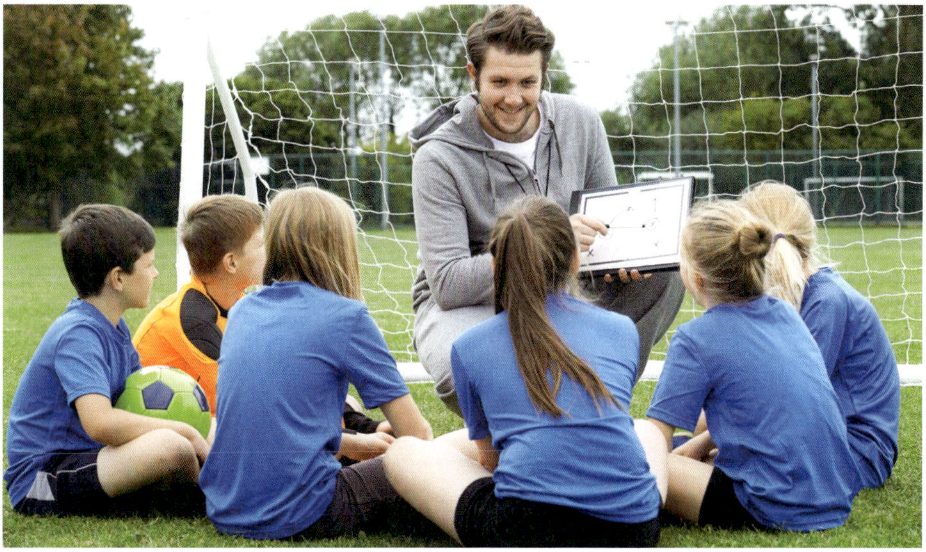

Das vom Trainer gesteuerte **Entdecken des Fußballspiels** ist heute die optimalste Lehrweise. Mit ihr stimuliert und **führt der Trainer die Spieler durch spezielle offene und geschlossene Fragen zur Lösung des Problems.** Er gibt ihnen zu verstehen, dass der Fußball immer im Kopf beginnen muss, bevor ihre Aktion auf dem Spielfeld (bestehend aus den drei Phasen Wahrnehmung, Entscheidungsfindung und motorische Ausführung) mit dem Fuß beendet wird. Damit wird der **Spieler zum Hauptdarsteller des Lern- und Lehrprozesses,** während früher immer der Lehrer im Mittelpunkt des Trainings stand und Lehrautorität war.

Um spezifische Fragen stellen zu können, die die Spieler beantworten müssen, sollten die Trainer von jedem vereinfachten Spiel die Lern- und Lehrziele im Angriff und in der Abwehr kennen.

6. **Anstatt** wie früher meistens einen **Monolog** zu halten, zieht es der moderne Trainer eher vor, mit ihnen dank gezielter Fragen einen **Dialog** zu **führen**. Dabei sollte der Trainer nicht zu viel sprechen, weil junge Fußballspieler lieber viel spielen möchten.

7. **Die moderne Lehrweise des** Fußballspiels berücksichtigt das Selbstlernen, dem eine große Zukunft vorausgesagt wird. Um bessere Lernergebnisse ohne direkten Einfluss des Trainers zu ermöglichen, sollte der Jugendtrainer seine Spieler mindestens 7 x mit der gleichen Spielsituation konfrontieren. Erst nach dieser **optimalen Wiederholungszahl** gelingt es normalerweise einem Spieler, alle Inhalte des Spiels zu verstehen, Erfahrungen durch Vergleiche zu sammeln und aus seinen vorausgegangenen Fehlern zu lernen.

8. Schon immer war es angezeigt, beim Lehren **vom Leichten und Einfachen zum Schwierigen und Komplexeren vorzugehen**. Zum Beispiel wird zuerst mit dem ruhenden Ball, dann mit dem Ball in Bewegung, mit steigernder Geschwindigkeit, mit wachsendem Gegner- und Zeitdruck und schließlich unter steigernder körperlicher Belastung geübt, um eine technisch-taktische Handlung zu festigen. Heute werden jedoch häufiger die Anzahl der beteiligten Spieler in einer Mannschaft und die Spielfeldausmaße **variiert** und weniger die Regeln, wie z. B. mit mehr oder weniger Ballberührungen spielen, mit oder ohne neutralen Spieler angreifen, hohe oder nur flache Zuspiele fordern oder auch mit dem schwächeren Fuß spielen.

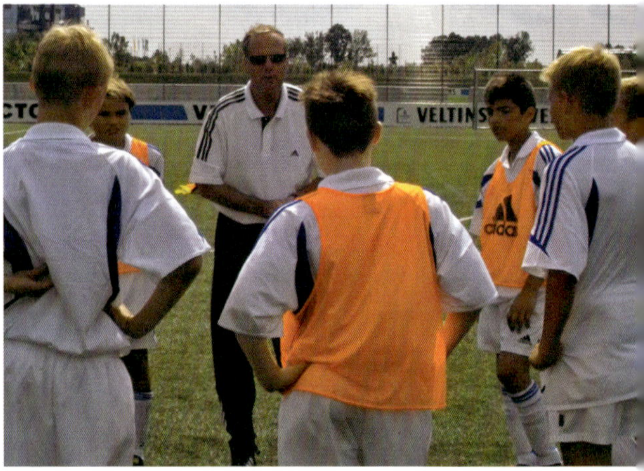

9. Beim modernen Fußballtraining werden auch die **kognitiven Fähigkeiten** der Spieler stimuliert, was besonders beim **Spiel ohne Ball** gefragt ist. Früher dagegen richteten viele Trainer ihre Aufmerksamkeit zu sehr auf diejenigen Spieler, die gerade im Ballbesitz waren, aber jetzt sind alle Spieler für den Trainer gleich wichtig.

Ein Lernen im Fußball ist heute nur noch dann bedeutend, wenn motorisches und kognitives Lernen miteinander verbunden werden!

Anstatt beim Training die Aufmerksamkeit hauptsächlich auf die motorische Ausführung einer Technik zu richten, ist es für den Trainer heute sehr wichtig, auch die Schwächen oder Stärken seiner Spieler in ihrer **Wahrnehmungsfähigkeit** (das ist die erste Phase jeder Handlung im Fußball) und in der **Entscheidungsfindung** (zweite Phase, bevor es zur motorischen Ausführung kommt) zu beurteilen, weil diese Analyse hilft, viele Ballverluste zu erklären.

10. Wenn ein vereinfachtes Spiel mit seinen verschiedenen Varianten für längere Zeit im Trainingsprogramm verbleibt, werden bessere Lernergebnisse erzielt und das **Verstehen aller Inhalte des Spiels** eher garantiert, als wenn in jeder Trainingseinheit immer nur neue Spiele angeboten werden. Der junge Spieler lernt besser mit Lehrinhalten, mit denen er bereits einige grundlegende Erfahrungen gemacht hat bzw. die ihm vorher teilweise bekannt waren. So wäre es auch angezeigt, öfters einmal ein Turnier mit einem vereinfachten Spiel zur Festigung der technisch-taktischen und kognitiven Fähigkeiten und auch zur Optimierung der Wettkampffähigkeit anzubieten.

    Damit der junge Spieler technisch, taktisch, körperlich und auch wissensmäßig mehr Impulse bekommt und sich schneller verbessert, trainiert man heute häufiger als in der Vergangenheit in **reduzierten Spielräumen.**

11. Beim modernen **Training** wird verlangt, dass **mit der gleichen Schnelligkeit und Intensität** trainiert wird, **wie** das **beim Wettspiel** der Fall ist. Auf diese Art und Weise hat es der Spieler leichter, die im Training angeeigneten Fähigkeiten und Erfahrungen auch im Wettspiel anzuwenden. **Es soll immer so trainiert werden, als ob es sich um ein Wettspiel handelt und so im Wettkampf gespielt werden, als ob es ein Training wäre**.

12. **Die Inhalte der Trainingseinheiten sollten den im Wettspiel vorkommenden Situationen so ähnlich wie möglich sein.** Das Spiel selbst schreibt die Übungen und vereinfachten Spiele für das Trainingsprogramm. Die Ähnlichkeit der Spielsituationen im Training erleichtert die Anwendung der trainierten Verhaltensweisen im Spiel und führt so zu erfolgreicheren Handlungen der Spieler. **Training und Wettspiel sollten sich bedingen und eine Einheit bilden**, während in der traditionellen Lehrweise des Fußballs im Training häufig anders gespielt wurde als im Wettspiel.

13. **Das Menü einer Trainingseinheit für Kinder und Jugendliche ist heute viel vielseitiger als früher,** weil mindestens 3-4 unterschiedliche Themen auf dem täglichen Programm stehen. Das reichhaltigere Angebot motiviert die jungen Spieler, die nun wegen der fehlenden Monotonie viel aufmerksamer sind und bessere Lernergebnisse erzielen. Die Monotonie, Feind eines effektiven Lernens, wird so erfolgreich bekämpft.

Wenn darüber hinaus der Jugendtrainer zwischen verschiedenen Lehrmethoden (analytisches und globales Lernen) und einem Training mit und ohne Ball wechselt sowie häufig für die Spieler ihre Spielaufgaben (im Angriff oder in der Abwehr, auf der linken oder rechten Spielfeldseite) ändert, dann ist jeder Spieler immer mit „Feuer und Flamme" dabei.

14. Jeder gute Spieler versteht es, **sich den dauernd wechselnden Spielsituationen im Fußballspiel anzupassen**. Um dies zu erreichen, sollte der Trainer die Spielregeln eines vereinfachten Spiels häufig verändern und darüber hinaus das gleiche Spiel auch in Überzahl, in Gleichzahl oder auch in Unterzahl bestreiten lassen.

15. Während früher das Training häufig segmentiert wurde – Trennung zwischen technischem, taktischem, körperlichem und mentalem Training–, steht heute das **integrale Training** im Vordergrund. Ein integrales Training vereint Aspekte der Technik, Taktik, der körperlichen, psychischen und kognitiven Fitness miteinander, so wie es auch im Spiel geschieht.

16. In der traditionellen Lehrweise gab es ein überhastetes, schnelles Heranführen der jungen Spieler an das große Spiel, wobei häufig Etappen übersprungen werden (direkt zum 11:11 oder vom 7:7 zum 11:11). Die Gesetze der Natur, die keine Hast und Eile kennen, wurden nicht berücksichtigt. Alles musste schnell gehen.

„Das größte Hindernis für Fortschritte im Fußball ist nicht, dass viele Trainer neuen Ideen zunächst einmal ablehnend gegenüberstehen, sondern auf die Anwendung ihrer veralteten Lehrmethoden nicht verzichten können."

In der modernen Lehrweise lässt man den Kindern und Jugendlichen Zeit, die Geheimnisse der verschiedenen, speziell für sie „geschneiderten" Fußballspiele zu entdecken. Schritt für Schritt werden sie ohne Hast und Eile an die verschiedenen vereinfachten Spiele mit wachsendem Schwierigkeitsgrad und zunehmender Komplexität herangeführt. Ziel dabei ist es, dass sich jeder Spieler dem Spiel gewachsen fühlt.

17. Früher und teilweise noch heute ist es überall wichtig, ein Spiel zu seinen Gunsten zu entscheiden, gleichgültig welche Mittel dabei eingesetzt werden. Um dieses Ziel zu ermöglichen, schenken die erfolgshungrigen Trainer im Training der **Verbesserung der körperlichen Leistungsfähigkeit mehr Aufmerksamkeit als dem technisch-taktischen Training.** Die auf Sieg programmierten Trainer beobachten beim Konditionstraining viel schnellere Fortschritte, als das beim Training zur Verbesserung des technisch-taktischen Verhaltens ihrer Spieler der Fall ist. So sieht man häufig technisch versierte, aber physisch schwache Spieler auf der Reservebank sitzen, weil sie von kräftigen, ergebnisorientierten Spielern mit technischen Schwächen und mangelnder Koordination verdrängt wurden.

Die Suche nach schnellen Erfolgserlebnissen im Fußball ist jedoch auf lange Sicht abzulehnen, weil sie eine optimale Ausbildung der jungen Spieler keineswegs fördert. Um dieser gefährlichen Tendenz entgegenzuwirken, wäre es wichtig, über eine optimalere Wettkampfstruktur, besonders für die unter 13-Jährigen, zu verfügen, so wie es der Autor seit vielen Jahren vergeblich fordert.

1 Wie das Talent eines Spielers bis zu seinem 13. Lebensjahr unterstützt und stimuliert werden sollte

1. Aus gesundheitlichen Gründen, aber auch zum schnelleren und effektiveren Lernen spezifischer Fußballtechniken sollten Talente **bis zu ihrem 13. Lebensjahr immer mit einem leichteren Ball (Nummer 4)** spielen (siehe in „Fußball kindgemäß trainieren" Seite 78 „25 Gründe, die für einen Ball Nr. 4 für 7-bis13-Jährige sprechen").

2. Die vielen **Varianten des FUNiñospiels mit vier Toren** (anstatt auf ein Tor wird auf zwei mindestens 12 m voneinander entfernt stehende Tore angegriffen) sind bestens dazu geeignet, beim jungen Talent nicht nur eine solide **Grundlage für die Wahrnehmung einer Spielsituation, sondern auch für eine anschließende korrekte Entscheidungsfindung unter erleichterten Bedingungen und für die motorische Ausführung der Entscheidung** zu schaffen. Dadurch wird bereits im Kindesalter den visuellen und kognitiven Aspekten einer Leistung im Fußball die Aufmerksamkeit geschenkt, die ihr später beim Berufsfußball auch zukommt (vgl. S. 211-222).

3. Das **Wettkampfprogramm des jugendlichen Fußballspielers sollte dahingehend bereichert bzw. erweitert werden**, dass das junge Talent auch eine genügend große Anzahl von verschiedenartigen Stimuli oder Reize erhält, um sie dann zuerst gedanklich und anschließend motorisch zu verarbeiten. Auf diese Art und Weise wird seine sportliche Grundausbildung auf ein höheres Niveau gebracht. So könnte z. B. jeden Monat neben dem offiziellen Wettspiel im FUNiño, Futsal oder Fußball 7 ein Techniktag organisiert werden oder auch Spielfeste mit **Fußballtriathlons 3:3, Mini Fußballpentathlons, Fußballtriathlons 4:4, einem Torhüter-Zehnkampf** usw. und anderen sportlichen Wettbewerbe, die dem Wunsch der jungen Spieler nach Vielseitigkeit gerecht werden.

   Eine Bereicherung des traditionellen Wettkampfmenüs hilft nicht nur, die Spielintelligenz unserer jungen Talente positiv zu beeinflussen, sondern auch, bedingt durch die ständig neuen Regeln der vereinfachten Fußballspiele, ihre Anpassungsfähigkeit und geistige Flexibilität zu fördern. Im Gegensatz zum „alltäglichen Fußballmenü" wird jetzt der Imagination, der Fantasie und der Kreativität viel mehr Raum gegeben, während das „Gewinnenmüssen" immer mehr in den Hintergrund tritt und durch ein optimales Erwecken und systematisches Stimulieren des Potenzials des jungen Talents ersetzt wird (z. B durch die Einführung einer „klubinternen Champions League im FUNiño").

4. Eine Wettkampfsaison von 9-10 Monaten ist für ein junges Fußballtalent entschieden zu lang und auch zu monoton. Es wäre angebracht, für die 10- und 11-jährigen Talente die Wettkampfsaison in zwei oder auch drei Perioden zu teilen, sodass alle drei Monate ein andere Art von Fußball gespielt wird. In der ersten Periode der Saison könnte ohne Klassifizierung und Punktvergabe gespielt werden, während in den beiden restlichen Perioden Turniere mit unterschiedlicher Spielerzahl in einer Mannschaft auf verschieden großen Spielfeldern organisiert werden. Anstatt zwei Halbzeiten zu haben, sollten besser drei

Spielperioden geplant werden, in denen der Trainer seine Kommentare geben kann und nicht während des Spiels. Jeder zur Mannschaft gehörende Spieler sollte mindestens eine Periode seinen Beitrag zum Spiel liefern.

5. Bei allen Wettspielen der jungen Talente, sollte bis zum 13. Lebensjahr ein dauerndes Auswechseln der Spieler ermöglicht werden, so wie es auch im Basketball, Hockey, Wasserball oder Volleyball der Fall ist. Dadurch wird beim Verlassen des Spielfeldes ein **Dialog mit dem Trainer möglich, durch den das junge Talent für die nächsten Minuten wichtige Informationen oder neue Spielaufgaben, Funktionen oder Rollen** bekommt. Auf diese Art und Weise findet ein Training im Wettspiel statt. Außerdem führt diese Maßnahme auch zu einer besseren Koexistenz in der Mannschaft (keine Stammspieler oder Reservespieler mehr), verbessert die Kommunikation zwischen Trainer und den Spielern und vermeidet darüber hinaus eine Überlastung eines Spielers.

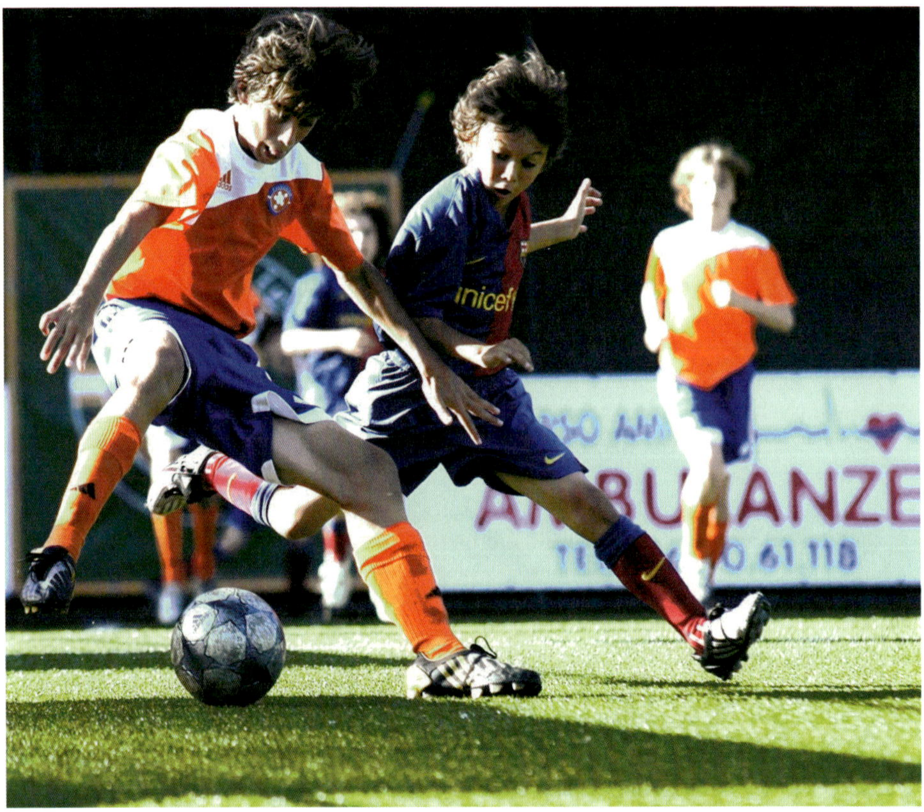

6. Im frühen Alter sollten Grundlagen für ein **vorbildliches sportliches Verhalten im Spiel (sprich „Fair Play")** gelegt werden. Gegner, Mitspieler und auch der Schiedsrichter sollten unabhängig von ihrem Alter, Geschlecht, Rasse, Hautfarbe oder Religion und auch von ihren technischen, körperlichen und charakterlichen Eigenschaften respektiert werden. Ein korrektes ethisches Auftreten eines jeden Spielers könnte durch eine Maßnahme kultiviert werden, wobei der Schiedsrichter nach jedem Wettspiel beide Mannschaften befragt, welcher der gegnerischen Spieler sich ihrer Meinung nach am fairsten im Spiel verhalten hat, um dann seinen Namen im Spielberichtsbogen festzuhalten.

   Am Ende der Saison kann dann leicht herausgefunden werden, welcher Spieler von allen beteiligten Mannschaft in einer bestimmten Altersklasse am häufigsten zum fairsten Spieler eines Spiels nominiert wurde.

7. **Wettspiele 11:11 auf dem regulären Spielfeld**, aber auch Trainingsspiele auf dem großen Feld auf die großen Tore **sollten für unsere Talente bis zum 13. Lebensjahr grundsätzlich verboten werden**, da sie ihrer Leistungsentwicklung sowohl im visuellen, im kognitiven als auch im technischen und taktischen Bereich nicht förderlich sind und nur falsche Verhaltensweisen und Gewohnheiten ausbilden, die dann später nur noch schwer auszumerzen sind.

8. Durch ein vielseitiges Angebot von kindgemäßen Mehrzweckspielen sollte garantiert werden, dass in jeder Trainingseinheit für Talente bis 13 Jahren (90 Minuten) **mindestens eine halbe Stunde lang Mehrzweckaktivitäten**, d. h. keine nur fußballspezifische Übungen oder Spiele durchgeführt werden, um ihre häufig zu beobachtenden Mängel in ihren koordinativen Fertig- und Fähigkeiten sowie in ihrer Beweglichkeit zu beheben.

9. Bei den Wettspielen im Minifußball, Futsal 5:5 und Fußball 7 sollte eine **Schutzregel** eingeführt werden, die besagt, dass eine unterlegende Mannschaft bei **einer Differenz von drei Treffern** (d. h., bei einem 0:3, 1:4 oder auch 2:5) einen zusätzlichen Spieler auf das Spielfeld schicken kann, um damit der führenden Mannschaft den Sieg zu erschweren und sie zu vermehrten Anstrengungen anzuhalten.

10. Die Ausbildung junger Talente sollte ständig nach den hier genannten Gesichtspunkten überprüft werden, um einen **Verlust dieses Talents zu vermeiden**. Dies geschieht häufig durch eine verfrühte Anwendung von Maßnahmen, die dem Erwachsenenfußball entspringen.

    Alle Kinder- und Jugendfußballtrainer sollten sich ihrer Aufgabe als Pädagogen bzw. als Erzieher bewusst sein und den **Fußball als Werkzeug benutzen, um ihre jungen Spieler technisch, taktisch, körperlich, mental, kognitiv und auch moralisch zu fördern,** wobei die gesundheitlichen, sozialen und persönlichkeitsformenden Aspekte keinesfalls als zweitrangig anzusehen sind.

11. Ein regionaler Fußballverband sollte einen **Zertifizierungsausschuss** ins Leben rufen, **um alle Fußballschulen der Region zu überprüfen**, ob sie die Philosophie und die Empfehlungen von „FUSSBALL KINDGEMÄSS SPIELEN UND VERSTEHEN LERNEN" auch in ihrer täglichen Trainingsarbeit berücksichtigen. Nur diejenigen Schulen, die den festgelegten Standards der Zertifizierungskommission entsprechen, bekommen das Recht, das Logo des regionalen Fußballverbandes neben dem Namen ihrer Schule zu führen. Dadurch wird nicht nur die Öffentlichkeit über die Lehrqualität ihrer Fußballschule informiert, sondern die vom Verband zusammengefassten Schulen profitieren auch von

- einer kostenlosen Unfallversicherung ihrer Spieler und Trainer,
- Ermäßigungen beim Kauf von aller Art von Sportartikeln,
- Zugang zu Fortbildungslehrgängen und Seminaren des Verbandes,
- Hilfe beim sportlichen und kulturellen Austausch von Jugendlichen sowie bei der Organisation von Veranstaltungen.

12. Die Erstellung eines medizinischen Steckbriefs, in dem für jedes Talent alle aufgetretenen Behandlungen von Ärzten verschiedener medizinischer Abteilungen, von Physiotherapeuten, von Psychologen und auch von Fußpflegepersonal aufgelistet und mögliche Gefahren für die Gesundheit der Talente aufgezeigt werden.

13. Das Festlegen einiger wichtiger grundlegender **Richtlinien für den regelmäßigen Erfahrungsaustausch zwischen Trainern und Eltern**. Die periodischen Treffen haben das Ziel, den Eltern die verantwortungsvolle Aufgabe der Trainer deutlich zu machen, ihr Verständnis für die Erziehungsarbeit im Klub zu wecken und sie zu bitten, diese auf die gleiche Art und Weise zu unterstützen, damit sich das Talent auch in Ruhe entwickeln kann. Regelmäßige Kontakte sind hierzu notwendig, um die Kommunikation und den Informationsaustausch hinsichtlich der verschiedenen Maßnahmen, die dem Schutz des jugendlichen Talents gelten, im Fluss zu halten.

14. Ein Kinder- oder Jugendtrainer, der immer mit seinem Team gewinnt, verliert am Ende, denn er hat alles getan, um seine eigene berufliche Zukunft zu sichern und nicht die von seinen begabten Spielern! **Deshalb bedeutet häufig ein Pokal weniger in den Vitrinen des Klubs ein vielversprechendes Talent mehr für seine Repräsentativmannschaft!**

2 10 Regeln für eine ständige Verbesserung

1. Bereit zu sein, seine frühere Art und Weise zu denken, kritisch zu überprüfen.

2. Beim Unterrichten dauernd Zweifel haben, ob das, was man und wie man lehrt, noch zeitgemäß ist.

3. Um gewisse Mängel oder Schwächen eines Spielers oder einer Mannschaft abzustellen, ist es nicht damit getan, diese zu diagnostizieren, sondern man sollte die Gründe für die Probleme finden und die entsprechenden Maßnahmen für ihre Abstellung ergreifen.

4. Um ein optimales Leistungsniveau im nächsten Spiel zu erreichen, sollten Sie auch die kleinsten, scheinbar unwichtigen Komponenten beachten und perfektionieren, weil häufig auch die kleinsten Einzelheiten die Umstände dramatisch verändern können.

5. Mit kleinen Schritten kommen Sie auch zum gewünschten Ziel.

6. Es ist praktisch unmöglich, die auftretenden Probleme zu 100 % zu lösen.

7. Der Unterschied zwischen einer guten und einer ausgezeichneten Leistung besteht darin, sich etwas mehr anzustrengen.

8. Die beste Vorbereitung für morgen ist, heute optimal zu trainieren. Der Sieg am Ende ist häufig das Ergebnis vieler kleiner täglicher Erfolge.

9. Da niemand von uns so viel weiß wie wir alle, gibt es mit der Gruppenarbeit oder der Arbeit im Team die besten Erfolge.

10. Der Prozess der ständigen Verbesserung geht nie zu Ende.

Wenn du das machst, was du immer gemachst hast, kommst du nie weiter als dorthin, wohin du bis jetzt immer gekommen bist.

3 100 Vorteile beim Arbeiten mit dem altersgerechten Fußballentwicklungsmodell

von HORST WEIN

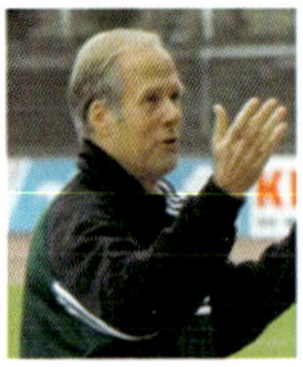

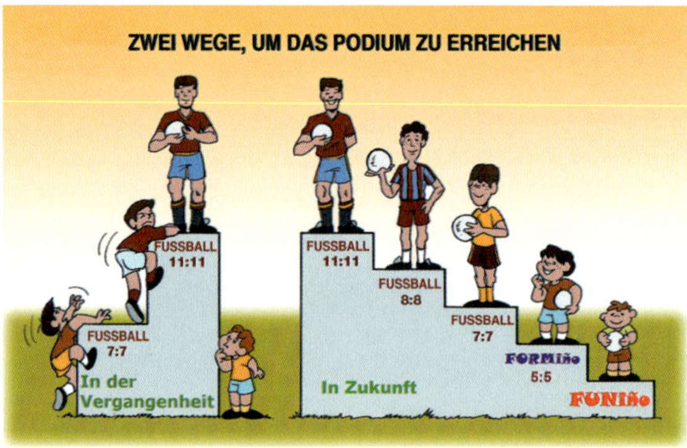

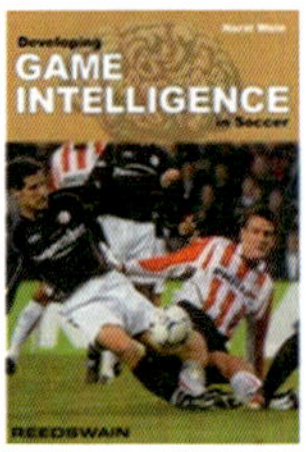

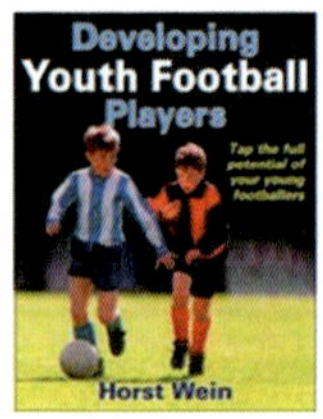

Was ist kindgerechtes Fußballtraining („FÚTBOL A LA MEDIDA DEL NIÑO")?

Dieses Lehr- und Lernmodell des Fußballs hilft dabei, das angeborene Potenzial des jungen Fußballers optimal anzuregen und zu entwickeln. Es wurde während der letzten 30 Jahre von Horst Wein entwickelt, getestet und perfektioniert. Der deutsche Mentor hat in dieser Zeit mehr als 11 000 Übungsleiter und Trainer im Fußball in 55 Ländern ausgebildet, wobei er seine Methode des **„Kindgerechten Fußballtrainings"** anwandte. Dieses Modell, das den Fußball zu jeder Zeit den körperlichen und kognitiven Fähigkeiten eines jungen Spielers in verschiedenen Entwicklungsphasen mit fünf Ausbildungsstufen perfekt anpasst, respektiert stets die Gesetzmäßigkeiten der Natur. Schon *Jean Jaque Rousseau* behauptete:

Es erfolgt eine absichtliche Distanzierung zur traditionellen Fußballausbildung. Die Betonung liegt darauf, im Laufe der Zeit durch ein sehr variables Ausbildungsprogramm, das sich in Schwierigkeit und Komplexität dem körperlichen und geistigen Wachstum der Kinder anpasst, komplettere, kreativere und intelligentere Spieler als bisher zu formen

1. Spiele für Geschicklichkeit und Basisfähigkeiten (ab 7 Jahren)
2. Spiele für **FUNiño** (ab 8 Jahren)
3. Spiele für 5er-Fußball mit Formiño 5v5 und 7er-Fußball (ab 10 Jahren)
4. Spiele für 8er-Fußball (ab 13 Jahren)
5. Spiele für das Zielspiel 11:11 (ab 14 Jahren)

Es gibt also für jedes Alter spezifische Spiele, deren Inhalte und Regeln perfekt an die physischen und kognitiven Fähigkeiten des jungen Spielers angepasst wurden. So garantiert der Autor nicht nur, dass der Fußballer die Situationen dieser altersgerechten Spiele versteht und sie auch technischtaktisch lösen kann (bedingt durch das häufige Auftetren der fast gleichen Spielsituationen in dem vereinfachten Fußballspiel), sondern dass er sich kompetent und als Hauptdarsteller des Spiels fühlt. Das Spiel wird also zum Lehrmeister, das der junge Spieler entdecken muss, und nicht sein Fußballtrainer, so wie es früher der Fall war! Idealerweise sollten Wettkämpfe mit Ligasystem erst ab einem Alter von 12 Jahren stattfinden.

Im Modell „**FÚTBOL A LA MEDIDA DEL NIÑO**" ist der Spieler immer Zentrum des Lehr- und Lernprozesses. Anstatt zu instruieren, regt der Jugendfußballtrainer seine Schüler an und leitet sie mit präzisen Fragestellungen zu euinem aktiven Lernen, während das passive Lernen durch Instruktion des Leheres überholt ist. Der Fußballlehrer sollte immer Probleme stellen anstatt Lösungen vorzugeben! Er sollte die Kinder mit seinen Fragen anregen, das Spiel richtig zu lesen, indem er zu jedem Zeitpunkt des Spiels die vier Phasen einer Problemlösung im Fußball berücksichtigt: Wahrnehmung, Verstehen aller aufgenommenen Informationen, Entscheidungsfindung und motorische Ausführung des Gedankens. Nur so bekommen die jungen Spieler Vertrauen und Unabhängigkeit von den ständigen Informationen und Korrekturen ihres Lehrers.

Horst Wein betont in seinem Modell, dass: **„Der Wettkampf im Fußball wie gute Schuhe sein sollte – perfekt maßgeschneidert, um leicht voranzukommen!"**

„Das Spiel sollte der Lehrmeister sein und nicht der Trainer selbst!"

Vorteile, die durch ...
Anwendung von vereinfachten Spielen

1. In einem vereinfachten Spiel wird das Kind zum Hauptdarsteller des Spiels.

2. Alle jungen Spieler haben viel häufiger Ballkontakte, das heißt mehr Pässe, mehr Dribblings, mehr Möglichkeiten Tore zu erzielen (etwas, das die Kinder begeistert) und außerdem Möglichkeiten, Erfahrungen im Defensivverhalten zu sammeln. Unübersichtliche Spielertrauben in Ballnähe, die chaotische Situationen hervorrufen, gibt es nicht mehr.

3. Es kommt zu einer intensiveren Einbeziehung der wenigen am Spiel beteiligten Kinder und ihre reduzierte Anzahl bedingt, dass sie viel weniger Zeit auf der Ersatzbank verbringen.

4. Die wenigen Regeln erlauben, dass sie von allen Spielern ohne Probleme verstanden und auch angewandt werden können.

5. Die vereinfachten Spiele sind weniger schwierig und komplex als es der Fußball 7 gegen 7 ist, da sie wenige grundlegende Spielsituationen beinhalten, die sich ständig wiederholen, was das Lernen durch Fehler und Erfolgserlebnisse vereinfacht. Außerdem ist es für jeden möglich, es zu verstehen.

6. Die Größe und das Gewicht des Balles drei oder vier ist den physischen Voraussetzungen der Kinder perfekt angepasst und ermöglicht es ihnen, sich am Spiel und ihren Erfolge zu erfreuen.

7. Ein kleinerer und leichterer Ball hilft ihnen auch dabei, ihre Wahrnehmungsfähigkeit besser zu entwickeln, weil sich durch die Möglichkeit, Passe zu weiter entfernt stehenden Mitspielern zu spielen, erweitert. Die Größe des Gesichtsfeldes und die Tiefenwahrnehmung werden mit leichteren Bällen sehr verbessert.

8. Aufgrund der reduzierten Spielerzahl hat jeder die Chance ein Tor zu erzielen.

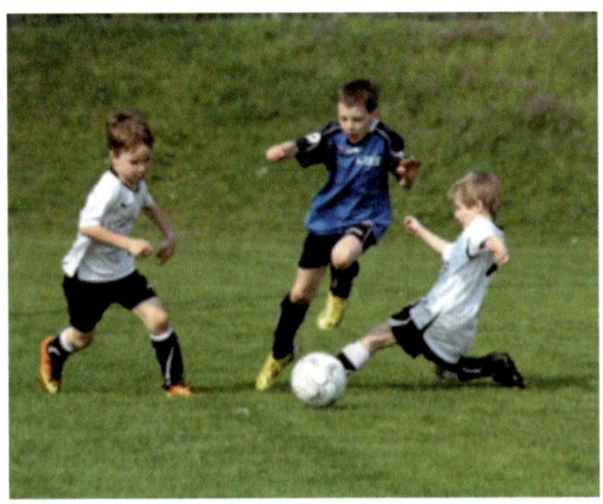

9. Alle Kinder spielen auf jeder Position, lernen sowohl zu verteidigen als auch anzugreifen bzw. den Ball in ihrem Besitz zu halten. Sie werden also komplettere Fußballspieler.

10. Alle Spieler beteiligen sich physisch und kognitiv, um die zahlreiche Probleme des vereinfacten Spiels in Angriff und Verteidigung zu lösen.

11. Sogar die kleinsten Vereine können nun zumindest eine Mannschaft stellen, da viel weniger Spieler benötigt werden (mindestens drei). Dies bedeutet auch bei Turnieren und Meisterschaften, dass eine größere Anzahl verschiedenster Gegner zur Verfügung steht.

12. Der Ball ist viel länger im Spiel und es werden viel weniger Fehler begangen.

13. Die reduzierte Spielfeldausmaße sowie die wenigen Regeln, die geringe Zahl von Spielern, Ballgröße und -gewicht werden perfekt an die physischen, mentalen und visuellen Fähigkeiten der jungen Spieler in jeder einzelnen ihrer Entwicklungsphasen angepasst.

14. Ein Schiedsrichter ist nicht notwendig.

15. Eltern und Trainer können sich also über eine schlechte Schiedsrichterleistung nicht mehr beschweren.

16. Da es nicht darum geht zu gewinnen, können alle ohne Druck oder Stress das Spiel genießen. Stress ist ein großer Feind des Lernens!

Vorteile, die durch ...
FUNiño-Spiele entstehen

17. Die Kinder können sich frei ausdrücken, ohne Instruktionen des Trainers zu erhalten.

18. Das Aufstellen von zwei Toren auf jeder Grundlinie zwingt die jungen Spieler dazu, Fußball zuerst im Kopf zu spielen, bevor sie es mit den Füßen tun. So lernen sie immer mit erhobenen Kopf zu spielen, um das Spiel zu jeder Zeit richtig „lesen" zu können.

19. Anstatt einen „Tunnelblick" oder mit Scheuklappen zu spielen, so wie es in der Vergangenheit wegen des im Zentrum stehenden Tors der Fall war, lehrt FUNiño nicht nur die Wahrnehmungsfähigkeit der Kinder, sondern auch ihre Entscheidungsfindung und die motorische Ausführung ihrer Handlungsentscheidung zu verbessern.

20. Die große Vielfalt der FUNiño-Spiele erweckt, stimuliert und entwickelt die Spielintelligenz der jungen Spieler und darüber hinaus lehrt sie, Probleme zu lösen, und formt ihren Charakter .

21. Der Jugendtrainer kann zu jedem beliebigen Zeitpunkt die Regeln eines jeden vereinfachten Spiels ändern und sie, je nach Leistung der Spieler, vereinfachen oder erschweren.

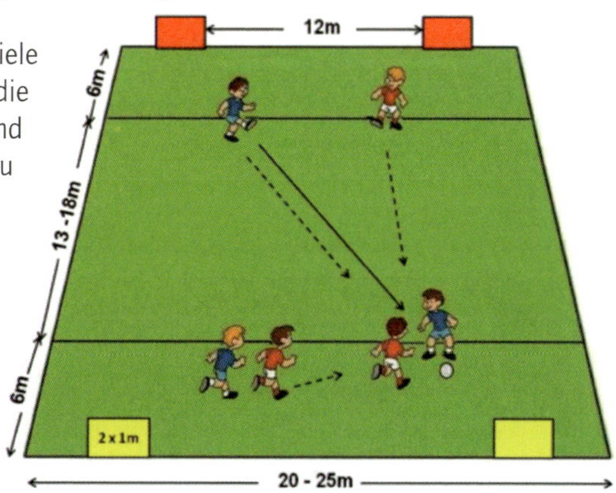

22. Das Beobachten, Analysieren, Bewerten und Korrigieren der Spielerhandlungen ist für die weniger erfahrenen Jugendtrainer leichter, da nur weniger Spieler am Spiel beteiligt sind.

23. Ein Kinder- oder Jugendtrainer ohne viel Erfahrung kann ohne Problem eine Gruppe von 2 x 8 Spielern auf zwei verschiedenen FUNiño-Feldern gleichzeitig betreuen.

24. Die Spieler lernen konstruktiv Fußball zu spielen, das heißt, mehr mit als gegen den Ball.

25. FUNiño ähnelt dem Straßenfußball, ist aber attraktiver, vom Standpunkt des Lernens aus betrachtet, effizienter und viel variabler. In vielen Ländern wird es als Renaissance des Straßenfußballs im 21. Jahrhundert bezeichnet.

26. Die Trainingseinheiten mit FUNiño brechen mit den traditionellen Gewohnheiten, weil jedes Training immrer mit einem Spiel beginnt, das was die Kinder zur Pünktlichkeit animiert.

27. Spielen ist für Kinder und Jugendliche viel motivierender als Einüben.

28. Die verschiedenen FUNiño-Spiele verbessern die Spieler technisch, taktisch, physisch und besonders im kognitiven Bereich.

29. Die drei auf dem Feld befindlichen Spieler lernen immer im Dreieck anzugreifen oder zu verteidigen und wenn möglich nie auf gleicher Höhe mit den Mitspielern zu stehen.

30. Die technischen, taktischen oder physischen Fertigkeiten werden nicht isoliert geschult, sondern vielmehr werden sie, so wie es im Spiel geschieht, integriert.

31. Alle Trainingseinheiten beginnen mit einem Anfangsspiel. Nach 15 Minuten Spielbeobachtung weiß der Trainer, welche technischen, taktischen oder physischen Aspekte die Leistung der Spieler beeinträchtigten. Er bietet seinen nun motivierten Spielern Korrekturübungen an, um mit ihnen die Defizite abzubauen und so ihre Spielfähigkeit zu verbessern.

Vorteile durch ...
die Anwendung von Ausbildungsinhalten, die immer auf die physischen und mentalen Fähigkeiten des jungen Spielers zugeschnitten sind

32. Kinder haben in jeder Lebensphase unterschiedliche psychologische und emotionale Bedürfnisse, die in diesem Modell berücksichtigt werden. Zum Beispiel sind Kinder zwischen acht und neun Jahren sehr egozentrisch, sodass jeder einzelne bei Spielen im 3 gegen 3 genügend Zeit am Ball und außerdem die Möglichkeit hat, sein Ego mit Toren zu befriedigen. Das Spiel in der Mannschaft ist bei den Jüngsten kaum möglich und wird dann geboren, wenn die Spieler müde sind und den Ball laufen lassen, der nie müde wird!

33. Jugendliche sind Kritik ihrer Eltern und Trainer gegenüber sehr empfindlich. Wenn sie jedoch einen auf ihr Alter abgestimmten Fußball spielen, werden sie weniger Fehler als in den traditionellen Wettkämpfen begehen, weil jetzt viel weniger Spieler beteiligt sind und sie mehr Platz als auch auch Zeit haben um die vier Phasen jeder Aktion ohne Fehler zu absolvieren: Wahrnehmung, Verständnis, Entscheidungsfindung und Ausführung. Die erleichterten Bedingungen beim Spielen geben ihnen mehr Selbstvertrauen am Ball.

34. Aufgrund der geringeren Anzahl an Mitspielern (nur 2, 4, 6 und 7), verbessert sich Jahr für Jahr die Kommunikationsfähigkeit zwischen den Spielern einer Mannschaft.

35. Kinder haben das Recht sich beim Fußballspielen wie Kinder zu verhalten, ohne wie früher als „kleine Erwachsene" behandelt zu werden.

36. Vereinfachte Fußballspiele geben den Kindern die Möglichkeit, ihre Fähigkeit und Kompetenzen zu erkennen und sie damit für immer an den Fußball zu binden.

37. Alle im Modell vorgeschlagenen Übungen und Spiele haben eine Progression, vom Einfachen zum Komplexen.

38. Die verwandte Lehrmetode ist der des Konstruktivismus. Baustein für Baustein bis das „Gebäude" fertig ist.

39. Der Fußball sollte sich in allen Entwicklungsstufen sowohl im technischen, physischen, intellektuellen, taktischen visuellen und sozialen Bereichs mit seinen Regeln anpassen.

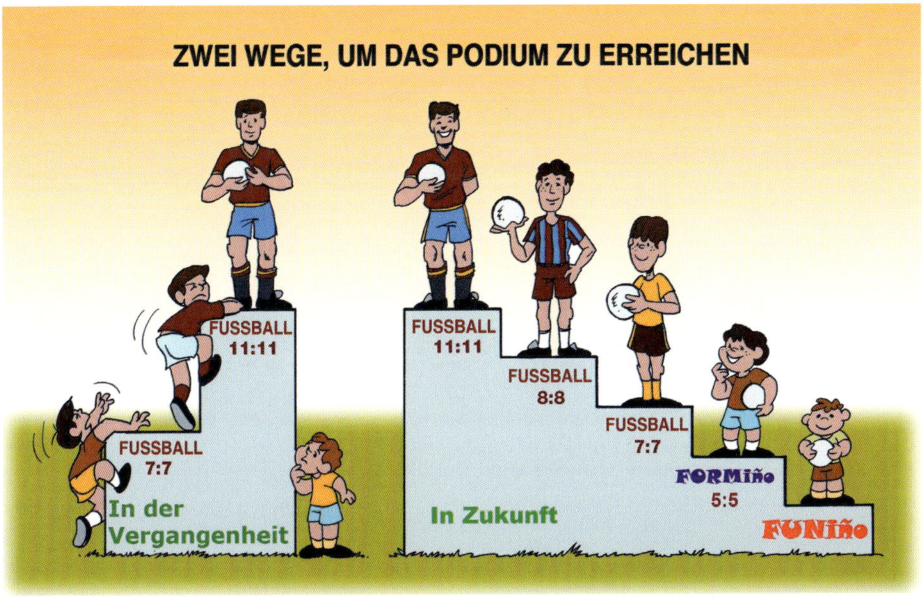

40. Das vereinfachte Spiel sollte für den jungen Spieler bis 13 Jahre der große Lehrmeister sein und nicht der Fußballlehrer, der wie beim 11:11 immer vorschreibt, was der Spieler zu tun hat.

41. Die vereinfachten Spiele passen sich den grundlegenden Fähigkeiten und auch den Bedürfnissen der jungen Spieler an und nicht umgekehrt, dass sich die Spieler dem Spiel anpassen müssen.

42. Die Erkenntnisse und Erfahrungen des Jugendtrainers wachsen beim Fotschreiten im Programm mit der dauernd zunehmenden Schwierigkeit der vorgeschlagenen Spiele.

43. Da der junge Spieler in den auf sein Alter zugeschnittenen vereinfachten Spielen häufiger zum Torerfolg kommt und weniger Fehler begeht, gewinnt er schnell an Selbstvertrauen.

44. Das Modell mit einem reichen Wettkampfmenü stellt sicher, dass die jungen Spieler kontinuierlich auf ihre Spielfähigkeit hin getestet werden, sodass es ihnen nie langweilig wird, denn sie werden ständig mit neuen Herausforderungen konfrontiert.

Vorteile, die sich durch ...
das entdeckende aktive Lernen ergeben, das durch die Fragen des Trainers gelenkt wird

45. Ein guter Fußballlehrer lehrt seinen Schülern praktisch gar nichts. Er hilft ihnen mit seinen Fragen nur dazu, das zu entdecken, was er beabsichtigt. Er denkt nicht für sie, sondern führt seine jungen Spieler zu eigenständigem Entdecken. Fehler sind wichtige Bausteine für neues Wissen.

46. Besonders diejenigen Spieler, die richtige Entscheidungen treffen und dafür gelobt werden, machen Fortschritte.

47. Spieler, die keine Angst haben für ihre Aktionen kritisiert zu werden, gewinnen schnell an Selbstvertrauen.

48. Spieler, die ihre Erfahrungen selbst machen, ohne dass der Trainer ihnen die Lösung vorgibt, vermögen ihre gemachten Erfahrungen in ihrem Langzeitgedächtnis zu speichern, während die Anweisungen der Trainer im Kurzzeitgedächtnis der Spieler verbleiben und in wenigen Tagen vergesen werden.

49. Weniger ist mehr: weniger Unterbrechungen während der Übungen oder Spiele, weniger Schlangestehen, weniger Erklärungen des Trainers und weniger Rundläufe um den Platz zum Aufwärmen bedeuten für die Kinder weniger Frustrationen ... und mehr Zeit, um das Fußballspielen zu genießen.

50. Dadurch, dass konditionelle Übungen mit Ausnahme der für die Koordination, des Gleichgewichtes und der Beweglichkeit nicht im Ausbildungsprogramm Berücksichtigung finden, bedeutet dies mehr Spielzeit mit dem Ball, was den jungen Spielern nur Recht ist.

51. Der Trainer sollte auch die Meinungen seiner Spieler berücksichtigen und wertschätzen.

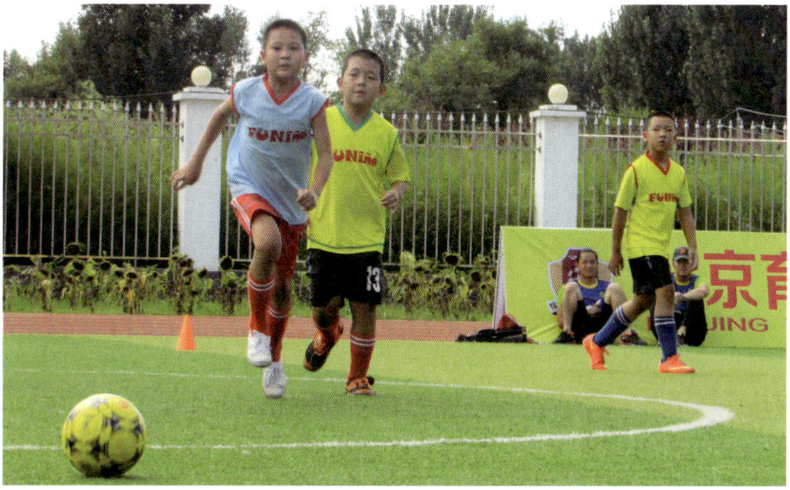

52. Anstatt den Spieler Anweisungen zu geben, konfrontiert der Trainer sie mit verschiedenen Problemen, die von ihnen selbst zu lösen sind. Er leitet seine Schüler an und ermutigt sie mit offenen (was, wie, wann und wo?) oder geschlossen Fragen (ja oder nein) die Lösung des Problems selbst zu finden. Dieses aktive Lernen stimuliert ihre Kreativität und Spielintelligenz.

53. Die jungen Spieler entwickeln so die Fähigkeit, Probleme, die mit steigendem Schwierigkeitsgrad auf dem Spielfeld auftreten, selbst zu lösen. Sie werden unabhängig vom Trainer.

54. Die Kinder lernen, genauso wie beim Straßenfußball, ohne den störenden Einfluss von Erwachsenen zu spielen.

55. Auch der Jugendtrainer sollte ständig von seinen Spielern lernen.

56. Eine optimale Wiederholungszahl (mehr als fünf und weniger als acht) von bestimmten Spielsituationen ermöglicht es den jungen Spielern eine breite Palette an Lösungsmöglichkeiten zu erarbeiten, um dann die beste Lösung im Gedächtnis zu speichern.

57. Eltern können sich entspannen, im Wissen, dass sich ihre Kinder wohl und gut aufgehoben fühlen.

58. Das Ergebnis von alldem ist, dass sich nach einer gewisser Zeit intelligentere Spieler herausbilden, die nicht mehr von den vielen Korrekturen und Ratschlägen ihrer Trainer abhängig sind, sondern sich selbst coachen können.

Vorteile wenn ...
die Fortschritte des Spielers als wichtiger erachtet werden als die Anzahl der Siege (d. h., keine Ligen bis zum Alter von 12 Jahren).

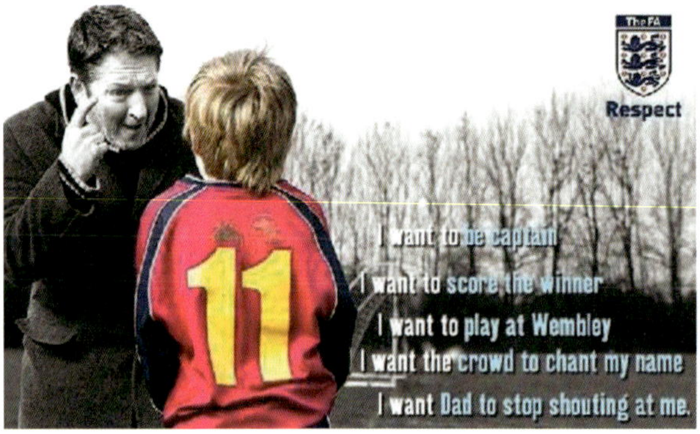

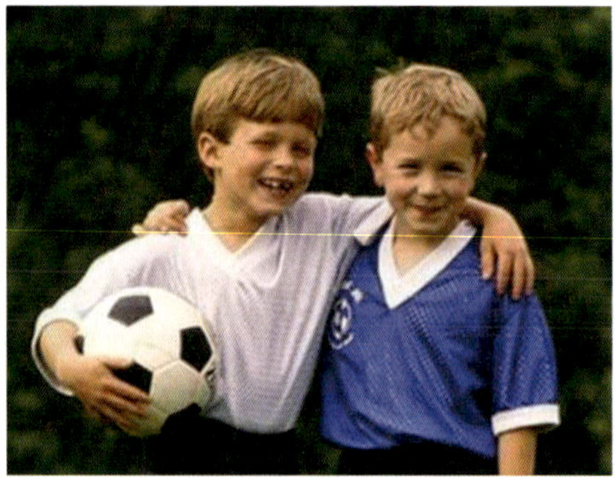

59. Anstatt auf der Ersatzbank zu sitzen und darauf zu warten, dass die großen und starken Spieler den Sieg sichern, kommen jetzt auch die kleineren und oft geschicktesten Spieler zum Einsatz (denken wir an Xavi, Iniesta, Messi, Arshavin, Modric, Maradona, etc.), die einige Jahre später häufig das Spiel oder die Meisterschaften zu gewinnen helfen.

60. In der fußballerischen Ausbildung haben alle das gleiche Recht zu spielen, unabhängig ihrer physischen und technischen Voraussetzungen. Die in ihrer physischen Entwicklung zurückgebliebenen (retardierten) Spieler dürfen vom Streben nach Erfolg nicht ausgeschlossen werden, sondern benötigen Zeit und auch das Vertrauen des Trainers, um ihre Leistungshöhepunkt zu erreichen.

61. Die Eltern haben das Recht, sich zu entspannen und sowohl die Teilnahme als auch die Erfolge ihrer Kinder zu genießen.

62. Beim Streben nach Siegen legen viele Trainer in den Spielen von 8-10-Jährigen bereits unangemessen viel Wert auf die Taktik und die physische Verfassung ihrer Spieler, anstatt mehr auf ihre Spielfähigkeit, ihre Koordinationsfähigkeit, ihr Spielverständnis, ihre Wahrnehmungsfähigkeit und ihre technische Geschicklichkeit zu achten. Fortschritte im physischen Bereich und in der Taktik sind in kurzer Zeit sichtbar und haben im Kinder- und Jugendfußball große Auswirkungen auf die Spielergebnisse

63. Spieler sollten dazu angehalten werden, nicht ständig auf die Ergebnistafel zu achten, was ihnen nur Stress vermittelt und damit ihre Leistungsfähigkeit negativ beeinflusst.

64. Wenn nur der Sieg wichtig ist und nicht die Art und Weise wie Fußball gespielt wird, dann suchen die Mannschaften den schnellsten Weg zum Tor und spielen hauptsächlich nur weite und vertikale Pässe. Sie haben es immer eilig, anstatt das Spiel mit Kurzpässen aufzubauen und den Ball in ihrem Besitz mit Ordnung und ohne Stress in Richtung gegnerisches Tor vorzutragen und dann zum Torschuss zu kommen, d. h. nach dem Ballerobern die drei Phasen eines jeden Angriffes zu durchlaufen: Ballbesitz, Ballvortag und Torschuss.

65. Die Spieler haben in allen vereinfachten Spielen, die das Modell anbietet, genügend Zeit und Raum, um es zu entdecken und genießen zu können. Es ist wichtig immer zu kämpfen und sich bis auf das Äußerste anzustrengen, aber es noch wichtiger versuchen immer gut zu spielen – und zwar mit dem Ball und nicht gegen ihn!.

66. Wenn das Ziel eine optimale Ausbildung ist, dann müssen die Spieler sich darauf konzentrieren, ihre ihnen zugedachten Aufgaben auf dem Spielfeld so gut wie irgend möglich zu erfüllen, ohne dabei von ihren Eltern oder ihrem Trainer unter Druck gesetzt oder angewiesen zu werden. Sie sollten die Freiheit haben in verschiedenen Zuständigkeitsbereichen wertvolle Erfahrungen in Angriff und Abwehr sowie auf der linken als auch auf der rechten Seite des Spielfeldes zu sammeln.

67. Das Zugehörigkeitsgefühl der Spieler zur Gruppe ist größer, wenn in der Fußballschule oder Akademie die oberste Priorität die Qualität der Ausbildung ist und nicht der Sieg auf jede Art und Weise im Vordergrund steht. Ein Trainer, der die Ausbildung einem Sieg vorzieht, wechselt gewöhnlich die Positionen seiner Spieler, um sie zu testen und Erfahrungen zu geben. Sollte der Trainer aber nach Siegen streben, dann spielen seine Spieler fast immer auf den gleichen Positionen ohne den Ersatzspielern eine Chance zu geben.

68. Um zu verhindern, dass die Eltern während des Spiels ihren Kindern Hinweise zuschreien, sollte der Trainer ihnen gewisse Aufgaben zugunsten der Mannschaft übertragen, zum Beispiel Erfrischungsgetränke besorgen, verschiedene Statistiken erstellen oder auch den heute besten Spieler zu benennen oder über jenen, der das Fair-Play am besten praktiziert.

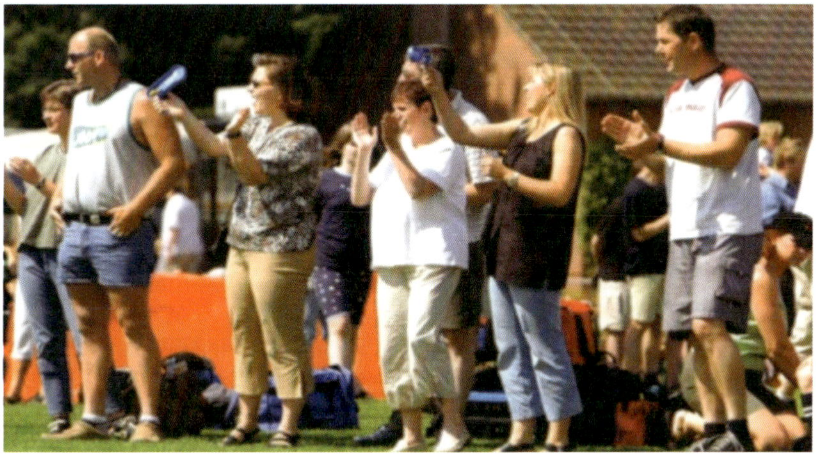

69. Die Eltern sollten lernen sich auf die Spiele ihrer Kinder zu konzentrieren – nicht in Bezug auf das Resultat, aber darauf, eine individuelle Leistungsbewertung ihres Sohnes durchzuführen, um in Anschluss an das Spiel die Defizite und Erfolge mit ihm zu besprechen.

70. Die Kinder können ohne Stress spielen, da die Erwartungen des Trainers und der Eltern realistisch sind.

71. Anstatt dem Trainer zu gehorchen, der von der Seitenlinie aus seine Anweisungen gibt, agiert der Spieler abhängig von dem, was er gerade wahrgenommen und daraufhin entschieden hat. Er spielt also Fußball zuerst im Kopf und dann mit seinen Füßen.

72. Wenn die Eltern erst einmal die Erfahrung gemacht haben, dass ein Sieg weniger wichtig ist als gut Fußball zu spielen, werden sie es genießen, wenn ihr Sohn oder Tochter mit gleichaltrigen Freunden ohne jeglichen Druck durch das Ergebnis viel Spaß und Freude am Spielen hat. Die Folge sind weniger destruktive Kommentare von der Seitenlinie.

Vorteile, die ...
ein optimales Entwicklungsmodell für die Ausbildung schafft

73. Alle Ausbildungsprogramme von „FÚTBOL A LA MEDIDA DEL NIÑO" orientieren sich am Zielspiel 11 gegen 11. Sie ermöglichen es jedem Spieler auf dem langen Weg zum Erfolg mit vielen vereinfachten Spielen mit 2, 3 und 4 Spielern wertvolle Erfahrungen zu sammeln. Das Programm ist immer vom Einfachen zum Komplexen strukturiert worden, sodass alle Spiele leicht zu verstehen, auszuführen und die grundlegenden Spielsituationen im Gedächnis zu speichern sind.

74. Das Entwicklungsmodell „Kindgerechtes Fußballtraining" verbessert die technischen, taktischen, körperlichen und kognitiven Fähigkeiten Schritt für Schritt. Es stellt einen abwechslungsreichen und kontinuierlichen Aneignungsprozess von allen Grundlagen dar, die den jungen Spieler befähigen, diese im Spiel einzusetzen. Die Vernachlässigung eines Aspektes wirkt sich dann negativ auf die Leistung aus des Spielers aus.

75. FÚTBOL A LA MEDIDA DEL NIÑO hilft nicht nur die Spielfähigkeit zu entwickeln, sondern formt anhand der vorgeschlagenen Übungen und Spiele auch den Charakter und die Persönlichkeit der Spieler. „Kindgerechtes Fußballtraining" sieht das Fußballspiel als ein wichtiges Werkzeug oder gar als Schule des Lebens. Man sagt häufig im Fußball: „Du spielst wie du lebst".

76. Dank ihrer ständigen Fortschritte im Erreichen eines hohen Niveaus der Spielfähigkeit, bleiben viele Spieler ein Leben lang dem Fußball verbunden oder „verfallen" ihm sogar.

77. Für die jungen Spieler ist es fazinierend festzustellen, wie sie die Qualität ihres Fußballspiels von einer Ausbildungsstufe auf die nächste dramatisch ändert.

78. Das Modell **„Kindgerechtes Fußballtraining"** ist eine hollistische Lehr- und Lernmethode, die den Willen, sich ständig zu verbessern, fördert .

79. **„Kindgerechtes Fußballtraining"** folgt den Gesetzmäßigkeiten der Natur. Kennt keine Hast und beschleunigt zu keinem Zeitpunkt die Prozesse. Im Modell gibt es keine Abkürzungen, obwohl heute für Eltern und Kinder alles sehr schnell (instant) gehen muss.

80. Es regt die Kreativität, das Verantwortungsbewusstsein, die Selbstbeherrschung und das Selbstvertrauen der Spieler an.

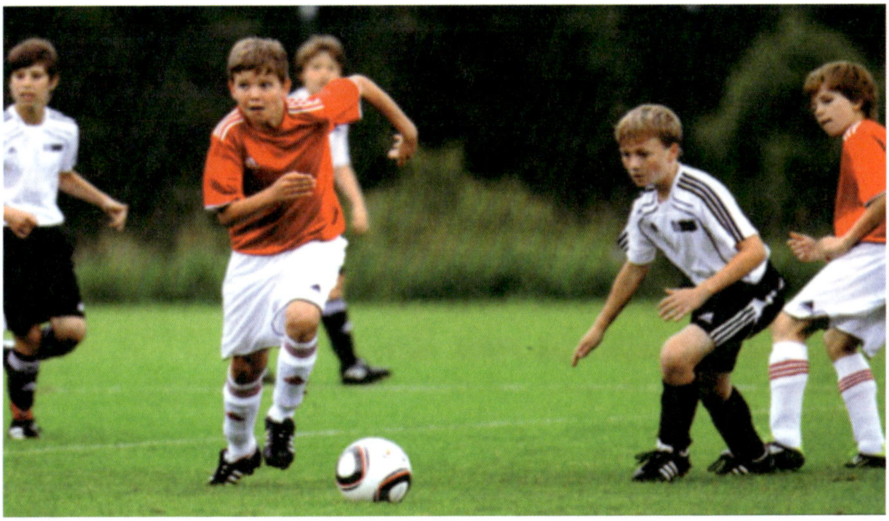

81. Durch die Anwendung der im Modell gemachten altersgerechten, spielgemäßen Trainingsinhalte verschwindet die häufig im traditionellen Training auftretende Monotonie.

82. Das Modell „**FÚTBOL A LA MEDIDA DEL NIÑO**" verfügt über ein vielfältiges Menü von Wettkämpfen (drei verschiedene Fußball-Triathlon und ein Torhüter und ein Feldspieler – Dekathlon, einen Fußball-Heptathlon für 11- und 12-Jährige , **FUNiño** 3:3 auf vier Tore, **FORMIño** 5:5 auf vier Tore, 5er-, 7er- und 8er-Fußball). Im gleichen Maße ,wie sich der junge Spieler geistig und körperlich entwickelt, wächst auch der Schwierigkeitsgrad und die Komplexität seines Fußballwettkampfs, genauso wie die dazugehörigen Ausbildungsprogramme zum Erreichen einer optimalen Spielfähigkeit in jedem Wettkampf.

83. Das Entwicklungsmodell lehrt nicht nur die verschiedenen fußballspezifischen Techniken, sondern sie werden in den vereinfachten Spielen durch die häufigen Ballkontakte auch in spielnahen Situationen gefestigt und schließlich unter Stressbedingungen und Ermüdung.

84. Spieler und Trainer machen die Erfahrung, dass die Qualität und Effektivität eines Fußballers neben seinem eigenen Fertig- und Fähigkeiten auch von denen seiner Mannschaftskameraden abhängt.

85. Zusätzlich zu den fußballpezifischen Fertigkeiten, fördert das Modell mit seinen vielfältigen Korrekturübungen und vereinfachten Spielformen auch die Kommunikation und Zusammenarbeit, sowohl im Angriff als auch in der Verteidigung.

86. **„Kindgerechtes Fußballtraining"** entwickelt die Antizipationsfähigkeit eines jeden Spielers in Bezug auf die Bewegungen der Gegenspieler und die Aktionen seiner Mitspieler.

87. Das Modell bereichert auch den Frauenfußball, da die vereinfachten Spielformen wegen ihrer geringeren Komplexität besonders bei Mädchen beliebt sind. Diese Spiele ermöglichen es ihnen, Schritt für Schritt die Schwierigkeit ihres Spiels anzuheben und somit ihre Spielfähigkeit im Fußball zu verbessern.

88. Die Übungen und Spiele des Modells **„Kindgerechtes Fußballtraining"** sind für Trainer und Spieler leicht zu verstehen, ohne viel organisatorische Schwierigkeiten schnell anzuwenden und da die Regeln immer sehr flexibel sind, können sie den äußeren Bedingungen leicht angepasst werden.

89. „**FÚTBOL A LA MEDIDA DEL NIÑO**" ist ein optimales Lehr-Lernmodell, das die jungen Fußballer auf die technischen, physischen und kognitiven Anforderungen ihrer vielfältigen Fußballwettkampfes vorbereitet.

90. Wenn mit dem Modell „Kindgerechtes Fußballtraining" gearbeitet wird, gibt es nur sehr wenige Spieler, die sich vorzeitig vom Fußball verabschieden oder zurückziehen (die „Drop-out"-Rate in den USA im Jahr 2000 lag bei bei 73 % aller Kinder, die mit fünf Jahren Soccer anfingen).

91. Wie im Straßenfußball lernen die jungen Spieler die schwächeren zu respektieren. Mit zunehmende Spielzeit gewinnen sie an Bedeutung, weil die besseren müde werden.

92. Die Eltern genießen es, wie sich ihre Kinder intensiv am Spiel beteiligen und Hauptdarsteller werden Tore schießen, ganz im Gegenteil vom tradionellen Fußball.

93. Die jungen Spieler haben nun ein größeres Interesse daran, mit gleichaltrigen zu spielen, anstatt ihre Freizeit mit Videospielen zu verbringen. Das Ergebnis ist ein viel aktiveres, sozial glücklicheres und gesünderes Leben.

94. Gruppen jeglichen Alters können das vielfältige Menü von Fußballwettkämpfen des Modells kosten, womit zum Wohlbefinden der gesamten Gesellschaft beigetragen wird.

95. Der Fußball verbindet und erlaubt viele Freundschaften. Er fördert gleichzeitig Tugenden wie Geduld, Großzügigkeit und den Wunsch nach ständigem Fortschritt.

96. Junge Menschen mit Selbstvertrauen, Intelligenz, Vorstellungskraft, Kreativität und guter Motorik sind das Produkt von **FÚTBOL A LA MEDIDA DEL NIÑO**.

97. Gruppen jeglichen Alters können das vielfältige Menü von Fußballwettkämpfen des Modells kosten, womit zum Wohlbefinden der gesamten Gesellschaft beigetragen wird.

98. Der Fußball verbindet und erlaubt viele Freundschaften. Er fördert gleichzeitig Tugenden wie Geduld, Großzügigkeit und den Wunsch nach ständigem Fortschritt.

99. Junge Menschen mit Selbstvertrauen, Intelligenz, Vorstellungskraft, Kreativität und guter Motorik sind das Produkt von **FÚTBOL A LA MEDIDA DEL NIÑO**.

100. Und letztendlich gewinnt jeder Einzelne!

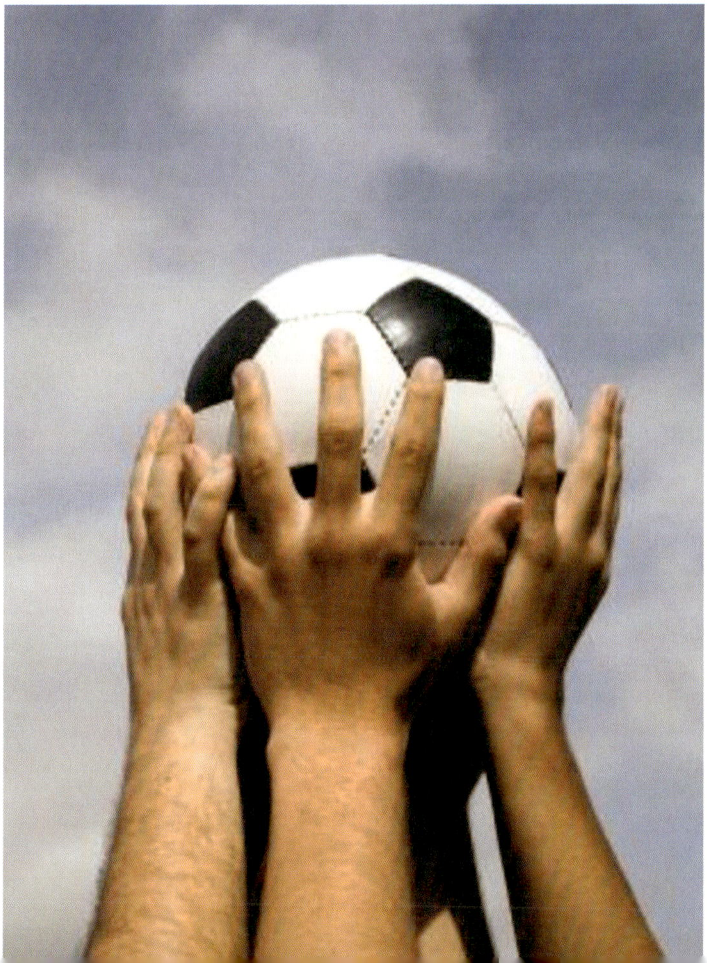

ANHANG

Literaturverzeichnis

- Almond, L. (1983). *Teaching games through action research* Pp.185-189 in *Teaching Team Sports* Roma: Comitato Olimpico Nazionale Italiano/Scuola dello Sport.
- Antonelli, F. & Salvini, A. (1982). *Psicologia del deporte.* Valladolid, Miñon.
- Arda, T. & Casal, C. (2003). *Metodología de la enseñanza de Fútbol.* Editorial Paidotribo.
- Blázquez, D. (1986). *Iniciación a los deportes de equipo.* Martínez Roca. Barcelona.
- Blázquez, D. (1995). *La iniciación deportiva y el deporte escolar.* Barcelona. INDE Publicaciones.
- Castillo, A. (2001). *Estudio en competición sobre el grado de utilización de la pierna no dominante en el fútbol profesional.*
- Carvalho, J. & Pacheco, R. (1990). Ensino do Futebol: Futebol de 11 ou Futebol de 7. *Revista Horizonte. Vol. V 25:* VII-Mi, Lisboa.
- Dietrich, K. (1968). *Fußball spielgemäß lernen – spielgemäß üben.* Karl Hofmann Verlag, Schorndorf.
- Dietrich, K. & Landau, G. (1976). *Beiträge zur Didaktik der Sportspiele, Teil 1: Spiel in der Leibeserziehung.* Karl Hofmann Verlag, Schorndorf.
- Döbler, E. & Döbler, K. (2003). *Kleine Spiele – Das Standardwerk für Ausbildung und Praxis.* Südwest-Verlag.
- Douglas Fields, R. (2004). Has science missed the brain? *Scientific American*, April.
- Durand, M. (1988). *El niño y el deporte.* Ediciones Paídos. Barcelona.
- Escudero, J. M. & Palao, J. M. (2003). *Incidencia de la modalidad de juego sobre la utilización de medios técnicos en categorías de formación.* Diplomarbeit, Murcia.
- Federación Andaluza de Fútbol (CEDIFA). *Reglas de Fútbol 7.*
- Filippi, C. (1994). Análisis de los 52 partidos del campeonato mundial en 1994, in der monatlichen Zeitschrift „Il Nuovo Calcio", Nummer 112, Editoriale Sport Italia S.r.l, Via Masaccio12, 20149, Milano.
- Gallahue, D. & MacClenaghan, B. (1985). *Movimientos fundamentales, su desarrollo y rehabilitación.* Ediciones Médica Panamericana. Buenos Aires.
- Gallahue, D. (1973). *Teaching physical education in elementary schools.* 5th. Edition, Saunders. Philadelphia.
- Gould, D. (1987). *Advances in pediatric sport sciences.* Vol. 2, Behavioral Issues Human Kinetics, Illinois.
- http://www.servimedia.es, 19.8.1999.
- Halliwell, W. (1994). *The motivation in team sports. Apuntes de Educación Física y Deportes, n. 35*, página 51-58, Barcelona.
- Harris, D. & Harris, B. (1984). *Sports psychology.* Leisure Press (USA).
- Leitner, S. (1991). *So lernt man lernen.* Herder Verlag. Freiburg.
- Marca (2001). Zeitschrift
- Mahlo, F. (1981). *La acción táctica en el juego.* Ed. Pueblo y Educación. La Habana.
- Martín, D. (1982). *Grundlagen der Trainingslehre.* Karl Hofmann Verlag, Schorndorf.

- Millmann, D. (1979). *The warrior athlete-body, mind and spirit.* NH: Stillpoint Publishing. Walpole.
- Moorehouse, L. & Gros, L. (1977). *Maximum Performance.* Mayflower Granada Publishing. New York.
- Mosston, M. (1988). *La enseñanza de la Educación Física.* Ediciones Paidos. Buenos Aires.
- Ostrander, S., Osrander, N. & Schroeder, L. (1979). *Leichter lernen ohne Stress – Superlearning.* Scherz Verlag, Bern.
- Pacheco, R. (2001). *O Ensino do Futebol – Futebol 7 um Jogo de Iniciaçao ao futebol de 11.* Ministerio da Juventiude e do Desporto. Centro de Estudios e Formaçao Desportiva (Portugal).
- Pierce, W. & Stratton, R. (1981). *Perceived sources of stress in young sport participants. Psychology of Motor Behaviour and Sport.* Human Kinetics, Champaign. Ilinois.
- Robbins, A. (1987). *Poder sin limites.* Ediciones Grijalbo. Barcelona.
- Roth, K. (2008). http:/wwww.schulsport-in-essen.de/agsportlehrer/fundgrube/taktik.pdf
- Spackmann, L. (1983). *Orientamenti practici per l'insegnamento dei giochi.* en L' insegnamento dei Giochi Sportivi. CONI-Scuola dello Sport. Roma.
- Thorpe, R. & Bunker, D. (1983). *A new approach in teaching of games in physical education curriculum* en *„Teaching Team Sports".* CONI –Scuola dello Sport. Roma.
- Thorpe, R., Bunker, D. & Almond, L. (1988). *Rethinking games teaching.* Loughborough University. Northans, England.
- Wahlsten, J. & Molley, T. (1995). *Quality ice hockey.* vol. 2. Understanding and learning the game of ice hockey. Finlands Ishockey Förbund. Helsinki.
- Whitmore, J. (1997). *Coaching for performance.* Nicholas Brealey Pub. London.
- Ziglar, Z. (1986). *Pasos hacia la cumbre del éxito.* Bogotá Editorial Norma, S.A. h.

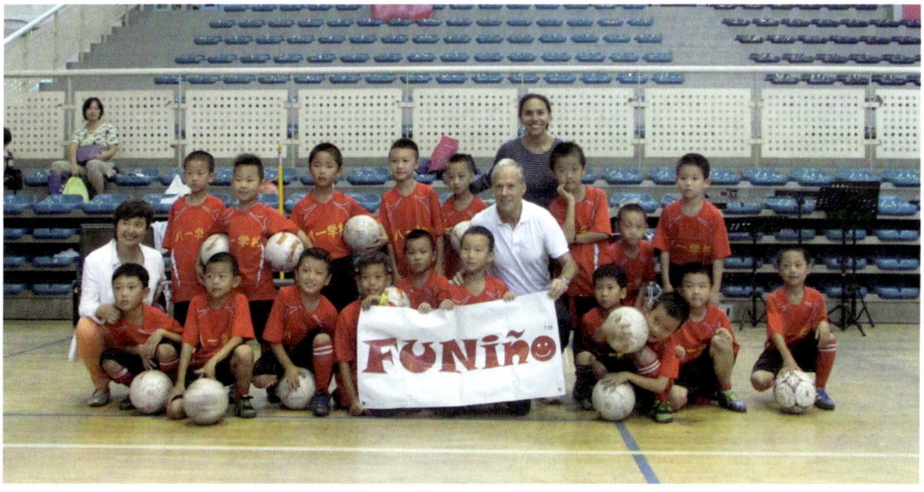

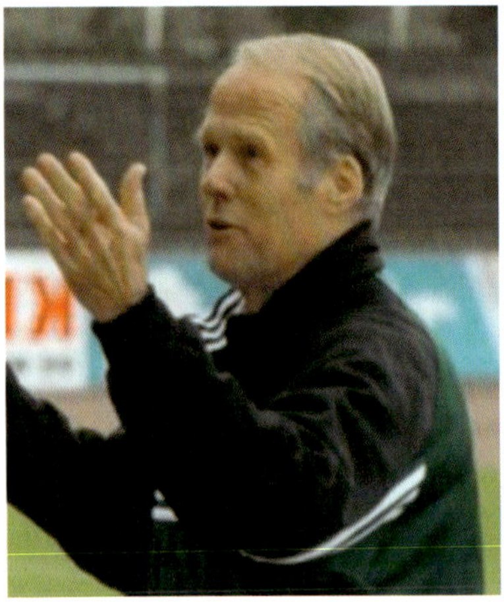

DER AUTOR: HORST WEIN

Horst Wein wurde überall liebevoll als „maestro dei maestri" bezeichnet, weil er in den letzten 30 Jahren mehr als 11.000 Fußballtrainer in 55 Ländern weltweit ausgebildet hat.

1985 veröffentlichte er sein international anerkanntes FUßBALL ENTWICKLUNGSMODELL „Fútbol a la medida del niño" – das erste dem Alter der jungen Spieler perfekt angepasste Ausbildungsprogramm. Seitdem ist es verfeinert, erweitert und den heutigen Trends angepasst worden und gilt heute in vielen Ländern als Vorbild für modernes Coachings.

Eines von seinen 34 Büchern, „Developing Youth Football Players", ist seit 27 Jahren Handbuch des Spanischen Fußball Verbandes und des Australischen Fußball Verbandes und seine deutsche Auflage „Spielintelligenz im Fußball – kindgemäß trainieren" bereits in der 4. Auflage. Es ist auch in sechs anderen Sprachen veröffentlicht und in englisch über 100.000 x weltweit verkauft.

Horst Wein ist seit 2002 weltweit Vorreiter des bahnbrechenden Konzepts von der Entwicklung der Spielintelligenz im Fußball („THE GAME INTELLIGENCE APPROACH TO COACHING FOOTBALL"). Zehn Handbücher wurden in mehreren Sprachen veröffentlicht und seine Seminare, Vorträge und Coachingkurse mit diesem interessanten Thema sind weltweit gefragt.

Zwischen 2000 und 2003 war er Head Coach für NIKE Football Club (UK) und beriet u. a.:

KLUBS:	NATIONALE FUSSBALLVERBÄNDE
Arsenal – Sunderland – Leeds United	England – Schottland – Irland
FC Barcelona – AtleticBilbao – Villareal – Real Sociedad	Spanien – Portugal – Honduras – Guatemala
Bayer Leverkusen – VFB Stuttgart – Schalke 04 – Mainz 05	Deutschland – Italien – Panamá – El Salvador
Inter Milan – St Pauli – TSG Hoffenheim – Pachuca – AC Milán	Schweden – Dänemark – Finnland
Deportiva Cali – Peñarol Montevideo – Pumas – Club America	Argentinen – Mexico – Uruguay – Kolombien
Nacional Montevideo – Universidad Católica – Liga Universit.	Chile – Peru – Ecuador – Venezuela
FC Adelaide – FC Kenkre	Australia – Indien – Singapore
1.FC Nürnberg, Greuther Fürth, HSV Hamburg, Colorado Rapids, Santa Fe Bogotá, Equidad Bogotá, FC Rubin Kazan, Atletico Nacional Medellín	

- Autor von 34 Büchern (besonders vom Fußball und Hockey), einem Multimedia-Fußballtraining-Kurs, Online-Seminare, eine Hockey-CD, und zwei DVDs.
- Einladungen zur Abhaltung von Coaching Seminaren und Vorträgen in fünf Olympischen Sportarten.

Horst hat Deutschland im Hockey fünf Jahre als Spieler und dann ein Jahr als Bundestrainer auf internationaler Ebene vertreten, bevor er Universitätsdozent für „Methodik und Didaktik der Sportspiele" wurde. Als Trainer von Spanien gewann er eine Olympische Silbermedaille und eine Europameisterschaft. Sein ältester Sohn, Christian, wuchs mit seinem Entwicklungsmodell auf und wurde 2002 Hockey-Weltmeister mit Deutschland und gewann drei Europameisterschaften.

Bildnachweis:

Coverbild: Horst Wein (Fußballer), ©Thinkstock/iStock (Hintergrundbild)

Covergestaltung: Andreas Reuel

Lektorat: Dr. Irmgard Jaeger

Bilder Innenteil: Horst Wein, Adolfo Sebastiani, Marion Becker, dfb (S. 20, 25, 402, 407)
©Thinkstock/iStock: S. 70, 72, 384

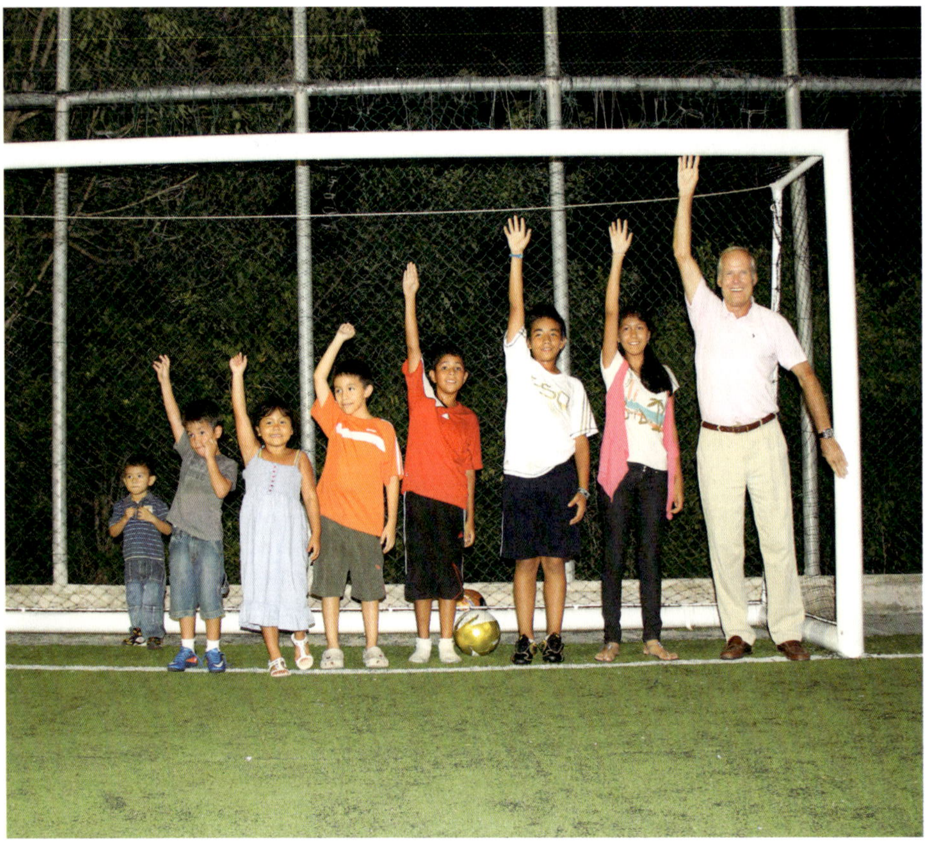

Nachruf auf Horst Wein (1941-2016)

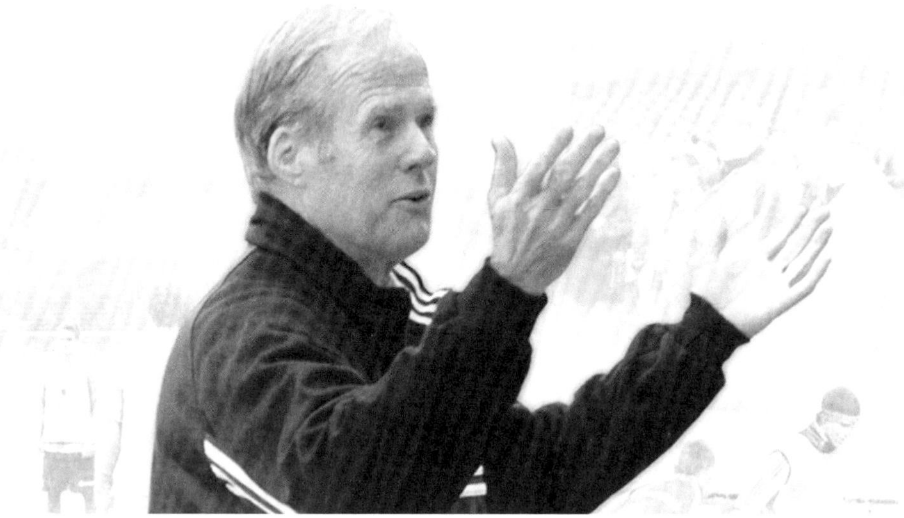

Am 14. Februar 2016 starb Horst Wein im Alter von 75 Jahren an den Folgen einer Herzoperation. Mit Horst Wein verliere ich einen Freund, mit dem ich über Jahre im ständigen Austausch war und viele Stunden über Fußball diskutierte. Unvergesslich bleiben mir die gemeinsamen Arbeiten an den DVDs „Entwicklung der Spielintelligenz" sowie die zahlreichen Seminare, die wir gemeinsam durchgeführt haben.

Horst Wein war einer der großen Visionäre, der mit seinen Seminaren, Büchern und seinem kindgerechten Trainings- und Spielsystem „FUNino" Jugendtrainer im Hockey und Fußball weltweit inspirierte und beeinflusste.

1969 ließ sich Horst Wein in der Nähe von Barcelona nieder und übernahm 1973 die spanische Hockey-Nationalmannschaft. Seine größten Erfolge waren der EM-Titelgewinn 1974 (durch einen 1:0-Finalsieg über Deutschland) und der Gewinn der olympischen Silbermedaille 1980. Horst Wein war der erste Deutsche, der das Prädikat „Master Coach" des Welthockeyverbandes FIH erhielt.

1980 wechselte Horst Wein dann in den Fußball.

Mit neuen Ideen in der Trainingslehre schuf sich der „Professor" einen weltweiten Ruf mit seinem Lieblingsthema, der Entwicklung der Spielintelligenz. Er war Dozent, Referent und Präsenter in über 50 Ländern und Autor von mehr als 35 Büchern und zahlreichen Veröffentlichungen in Fachzeitschriften und auf Webseiten.

Horst Wein war ein wunderbarer Mensch, der immer bereit war, zu lernen und seine Ideen mit Allen zu teilen. Wir werden ihn vermissen, doch die vielen Trainer weltweit, die von ihm lernen durften, tragen seine Leidenschaft für ein kindgerechtes Fußballtraining in sich und werden seine Arbeit fortsetzen.

Horst Wein war ein Fußballengel auf Erden und ich vermute, dass nun die Engel im Himmel „FUNino" spielen werden.

von Peter Schreiner

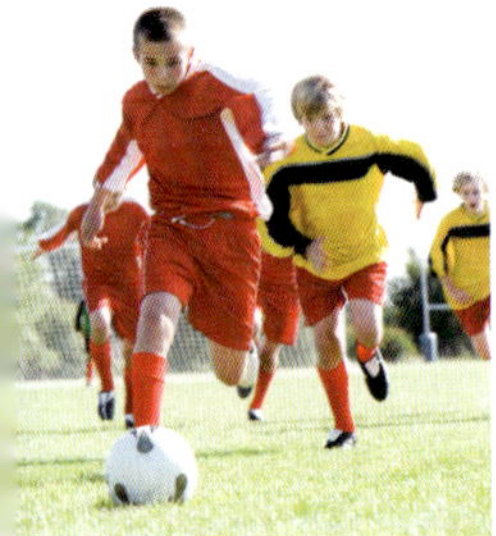

ERFOLGREICH DURCH SPIELNAHES FUSSBALLTRAINING

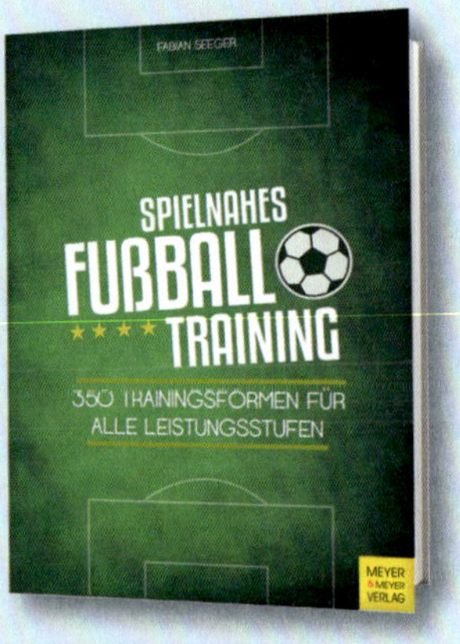

ISBN 978-3-89899-922-9

€ [D] 29,95/€ [A] 30,80

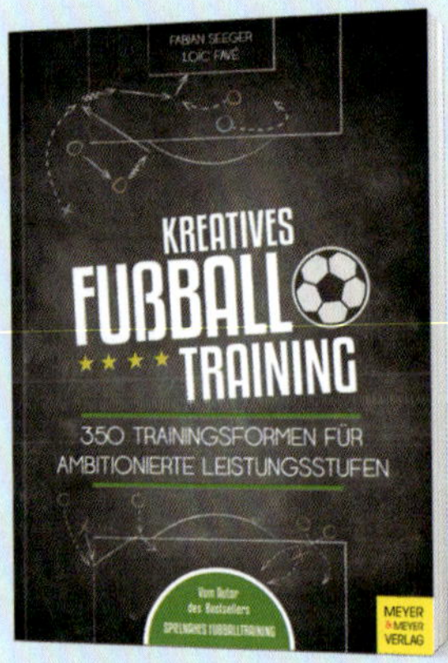

ISBN 978-3-8403-7549-1

€ [D] 35,00/€ [A] 36,00

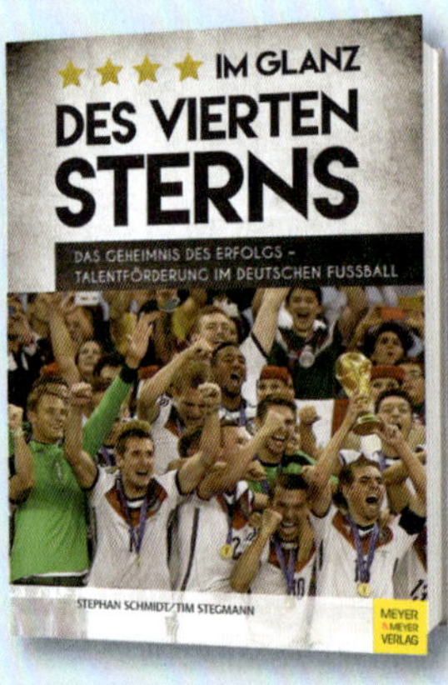

ISBN 978-3-89899-999-1

€ [D] 19,95/€ [A] 20,60

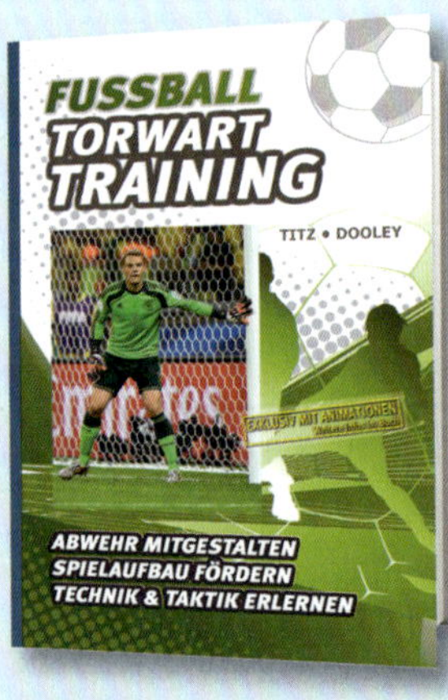

ISBN 978-3-89899-628-0

€ [D] 19,95/€ [A] 20,60

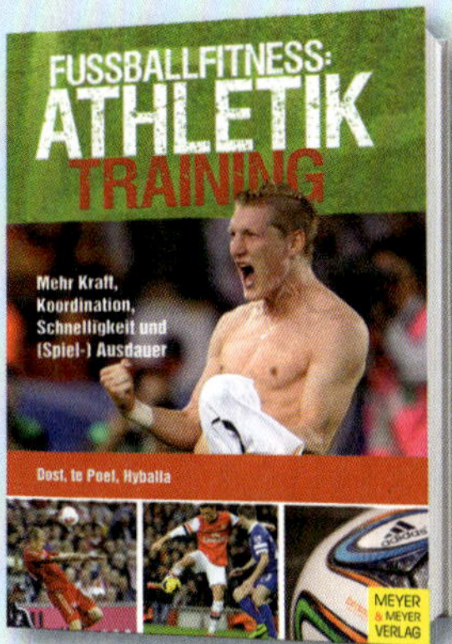

ISBN 978-3-89899-880-2

€ [D] 29,95/€ [A] 30,80

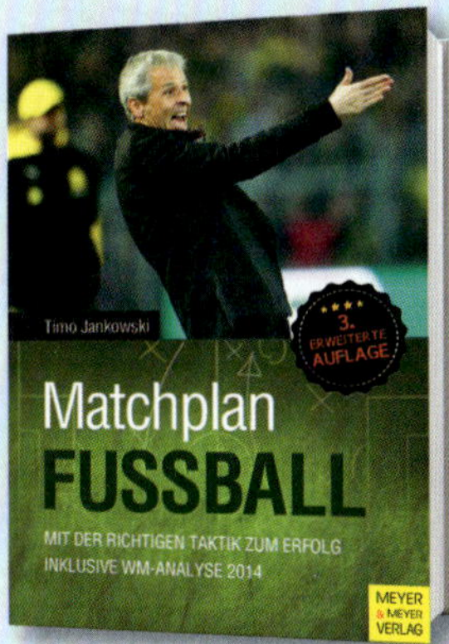

ISBN 978-3-89899-909-0

€ [D] 19,95/€ [A] 20,60

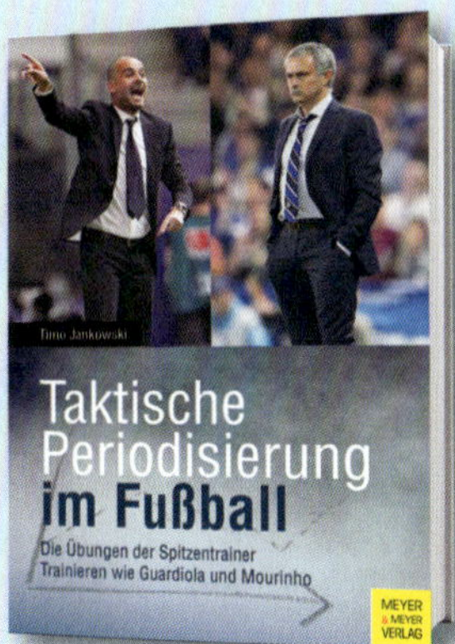

ISBN 978-3-89899-968-7

€ [D] 19,95/€ [A] 20,60

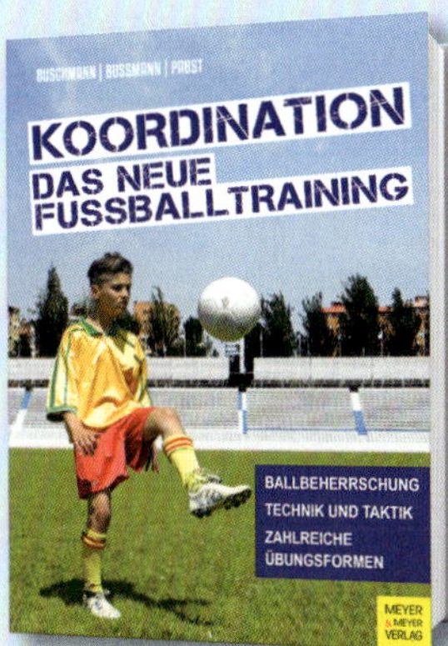

ISBN 978-3-89899-614-3

€ [D] 14,95/€ [A] 15,50

MEYER & MEYER
Fachverlag GmbH
Von-Coels-Str. 390
52080 Aachen

Telefon 02 41 - 9 58 10 - 13
Fax 02 41 - 9 58 10 - 10
E-Mail vertrieb@m-m-sports.com
Webseite www.dersportverlag.de

Unsere Bücher erhalten Sie online oder bei Ihrem Buchhändler.

MEYER
& MEYER
VERLAG